Wirtschaft und Gesellschaft

Max Weber

The Making of Modern Law collection of legal archives constitutes a genuine revolution in historical legal research because it opens up a wealth of rare and previously inaccessible sources in legal, constitutional, administrative, political, cultural, intellectual, and social history. This unique collection consists of three extensive archives that provide insight into more than 300 years of American and British history. These collections include:

Legal Treatises, 1800-1926: over 20,000 legal treatises provide a comprehensive collection in legal history, business and economics, politics and government.

Trials, 1600-1926: nearly 10,000 titles reveal the drama of famous, infamous, and obscure courtroom cases in America and the British Empire across three centuries.

Primary Sources, 1620-1926: includes reports, statutes and regulations in American history, including early state codes, municipal ordinances, constitutional conventions and compilations, and law dictionaries.

These archives provide a unique research tool for tracking the development of our modern legal system and how it has affected our culture, government, business – nearly every aspect of our everyday life. For the first time, these high-quality digital scans of original works are available via print-on-demand, making them readily accessible to libraries, students, independent scholars, and readers of all ages.

The BiblioLife Network

This project was made possible in part by the BiblioLife Network (BLN), a project aimed at addressing some of the huge challenges facing book preservationists around the world. The BLN includes libraries, library networks, archives, subject matter experts, online communities and library service providers. We believe every book ever published should be available as a high-quality print reproduction; printed on-demand anywhere in the world. This insures the ongoing accessibility of the content and helps generate sustainable revenue for the libraries and organizations that work to preserve these important materials.

The following book is in the "public domain" and represents an authentic reproduction of the text as printed by the original publisher. While we have attempted to accurately maintain the integrity of the original work, there are sometimes problems with the original work or the micro-film from which the books were digitized. This can result in minor errors in reproduction. Possible imperfections include missing and blurred pages, poor pictures, markings and other reproduction issues beyond our control. Because this work is culturally important, we have made it available as part of our commitment to protecting, preserving, and promoting the world's literature.

GUIDE TO FOLD-OUTS MAPS and OVERSIZED IMAGES

The book you are reading was digitized from microfilm captured over the past thirty to forty years. Years after the creation of the original microfilm, the book was converted to digital files and made available in an online database.

In an online database, page images do not need to conform to the size restrictions found in a printed book. When converting these images back into a printed bound book, the page sizes are standardized in ways that maintain the detail of the original. For large images, such as fold-out maps, the original page image is split into two or more pages

Guidelines used to determine how to split the page image follows:

• Some images are split vertically; large images require vertical and horizontal splits.
• For horizontal splits, the content is split left to right.
• For vertical splits, the content is split from top to bottom.
• For both vertical and horizontal splits, the image is processed from top left to bottom right.

GRUNDRISS

DER

SOZIALÖKONOMIK

BEARBEITET

VON

G. ALBRECHT, TH. BRAUER, G. BRIEFS, C. BRINKMANN, TH. BRINKMANN,
K. BÜCHER, J. ESSLEN, F. EULENBURG, E. GOTHEIN, FR. VON GOTTL-OTTLILIEN-
FELD, K. GRÜNBERG, F. GUTMANN, H. HAUSRATH, E. HEIMANN, H. HERKNER,
A. HETTNER, J. HIRSCH, H. HOENIGER, E. JAFFE, E. LEDERER, A. LEIST, FR. LEIT-
NER, W. LOTZ, J. MARSCHAK, H. MAUER, R. MICHELS, K. MILLER, P. MOLDENHAUER,
P. MOMBERT, G. NEUHAUS, H. NIPPERDEY, K. OLDENBERG, L. PESL, E. VON
PHILIPPOVICH, A. SALZ, K. SCHMIDT, G. VON SCHULZE-GAEVERNITZ, H. SCHU-
MACHER, J. SCHUMPETER, E. SCHWIEDLAND, H. SIEVEKING, W. SOMBART,
E. STEINITZER, F. SWART, TH. VOGELSTEIN, K. VON VÖLCKER, ADOLF WEBER,
ALFRED WEBER, MAX WEBER, E. WEGENER, M. R. WEYERMANN, K. WIEDENFELD,
FR. FREIHERRN VON WIESER, R. WILBRANDT, W. WITTICH,
W. WYGODZINSKI, O. VON ZWIEDINECK-SÜDENHORST

III. ABTEILUNG

Wirtschaft und Gesellschaft

Zweite, vermehrte Auflage

TÜBINGEN 1925
VERLAG VON J. C. B. MOHR (PAUL SIEBECK)

GRUNDRISS
DER
SOZIALÖKONOMIK

III. Abteilung
Wirtschaft und Gesellschaft

VON

MAX WEBER

Zweite, vermehrte Auflage
1. Halbband.

TÜBINGEN 1925
VERLAG VON J. C. B. MOHR (PAUL SIEBECK)

Das Recht der Uebersetzung in fremde Sprachen
behält sich die Verlagsbuchhandlung vor.

Druck von H. Laupp jr in Tübingen.

Dem Andenken

meiner Mutter

Helene Weber geb. Fallenstein

1844—1919

Vorwort zur ersten Auflage.

Die in dieser und den beiden folgenden Lieferungen erscheinende Fortsetzung von „Wirtschaft und Gesellschaft" fand sich im Nachlaß des Verfassers. Diese Schriften sind v o r dem Inhalt der ersten Lieferung: der systematischen soziologischen Begriffslehre fixiert, wesentlich, d. h. bis auf einige später eingeschobene Ergänzungen in den Jahren 1911—13. Der systematische Teil, der vermutlich noch fortgeführt worden wäre, setzte ja für den F o r s c h e r die Bewältigung des empirischen Stoffs, den er in eine möglichst prägnante soziologische Begriffslehre einbauen wollte, voraus; dagegen wird deren Verständnis und Aufnahme für den L e s e r wesentlich erleichtert durch die mehr schildernde Darstellung soziologischer Erscheinungen. Auch in diesen Teilen, die als „konkrete" Soziologie im Unterschied zur „abstrakten" des ersten Teils bezeichnet werden könnten, ist der riesenhafte historische Stoff schon „systematisch", d. h. im Unterschied zu bloß schildernder Darstellung, durch „idealtypische" Begriffe geordnet. (Eine vorwiegend darstellende Form ist nur für die in sich geschlossene Abhandlung „Die Stadt" gewählt.) Während aber im ersten, abstrakten Teil das auch dort überall herangezogene Historische wesentlich als Mittel zur Veranschaulichung der Begriffe dient, so treten nunmehr, umgekehrt, die idealtypischen Begriffe in den Dienst der verstehenden Durchdringung welthistorischer Tatsachenreihen, Einrichtungen und Entwicklungen. —

Die Herausgabe dieses nachgelassenen Hauptwerkes des Verfassers bot naturgemäß manche Schwierigkeiten. Für den Aufbau des Ganzen lag kein Plan vor. Der ursprüngliche, auf S. X und XI Band I des Grundrisses der Sozialökonomik skizzierte gab zwar noch Anhaltspunkte, war aber in wesentlichen Punkten verlassen. Die Reihenfolge der Kapitel mußte deshalb von der Herausgeberin und ihrem Mitarbeiter entschieden werden. Einige Abschnitte sind unvollendet und müssen so bleiben. Die Inhaltsangabe der Kapitel war nur für die „Rechtssoziologie" fixiert. Einige zur Erläuterung wichtiger typischer Vorgänge herangezogene Beispiele, ebenso einige besonders bedeutsame Thesen wiederholen sich mehrere Male, allerdings immer in anderer Beleuchtung. Es ist möglich, daß der Verfasser, wenn ihm die zusammenhängende Ueberarbeitung des Gesamtwerks vergönnt worden wäre, einiges herausgelöst hätte. Die Herausgeberin durfte sich dies nur an vereinzelten Stellen gestatten. — Die Entzifferung der Manuskripte, für welche den Setzern des Verlages ein großes Verdienst zukommt, namentlich die richtige Lesart der zahlreichen fremdsprachigen Fachwörter außereuropäischer Einrichtungen u. dgl. gab zu mancherlei Zweifeln und Nachfragen Anlaß, und es ist möglich, daß trotz des freundlichen Beistands verschiedener Fachgelehrter Unstimmigkeiten unterlaufen.

Der Herausgeberin stand bei der Lösung ihrer Aufgabe Herr Dr. M e l c h i o r P a l y i zur Seite. Sie wäre nicht möglich gewesen ohne die aufopfernde hingebende Mitarbeit dieses Fachgelehrten, der sich dadurch ein bleibendes Verdienst erworben hat.

Heidelberg, Oktober 1921.   Marianne Weber.

Vorwort zur zweiten Auflage.

———

Das Werk ist von Druckfehlern gereinigt und zur bequemen Handhabung auf zwei Halbbände verteilt. Außerdem ist ihm die musiksoziologische Abhandlung als Anhang beigefügt, ohne daß jedoch deren Inhalt in das Sachregister, dessen Neubearbeitung z. Z. nicht möglich war, hineinbezogen wurde.

Es schien angemessen, diese schwierige Arbeit, die zunächst als isolierte Broschüre mit einem Vorwort Professor Th. Kroyers', der sich um die sorgfältige Durchprüfung der Fachausdrücke ein großes Verdienst erworben hat, erschienen ist, nunmehr demjenigen soziologischen Werke Max Webers einzuverleiben, mit dem sie am meisten in — wenn auch nur indirektem — Zusammenhang steht. Sie ist der erste Baustein zu einer vom Autor geplanten Soziologie der Kunst. Was ihn bei der erstmaligen Durchforschung der musikalischen Gebilde des Orients und Okzidents so packte, war die Entdeckung, daß auch und gerade in der Musik — dieser scheinbar am reinsten aus dem Gefühl quellenden Kunst — die Ratio eine so bedeutsame Rolle spielt und daß ihre Eigenart im Okzident, ebenso wie die seiner Wissenschaft und aller staatlichen und gesellschaftlichen Institutionen, durch einen spezifisch gearteten Rationalismus bedingt ist. Während der Beschäftigung mit diesem spröden Stoff bemerkte er darüber 1912 brieflich: Ich werde wohl über gewisse s o z i a l e Bedingungen der Musik schreiben, aus denen sich erklärt, daß n u r w i r eine „harmonische" Musik haben, obwohl andere Kulturkreise ein viel feineres Gehör und viel mehr intensive Musikkultur aufweisen. Merkwürdig! — das ist ein Werk des Mönchtums, wie sich zeigen wird.

Heidelberg, März 1925. Marianne Weber.

Inhaltsverzeichnis.

1. Halbband.

Erster Teil.

Die Wirtschaft und die gesellschaftlichen Ordnungen und Mächte.

Zweiter Teil.

Typen der Vergemeinschaftung und Vergesellschaftung.

2. Halbband.

Dritter Teil.

Typen der Herrschaft.

Erster Teil

Die Wirtschaft
und die gesellschaftlichen Ordnungen
und Mächte

Kapitel I.

Soziologische Grundbegriffe.

Vorbemerkung. Die Methode dieser einleitenden, nicht gut zu entbehrenden, aber unvermeidlich abstrakt und wirklichkeitsfremd wirkenden Begriffsdefinition beansprucht in keiner Art: neu zu sein. Im Gegenteil wünscht sie nur in — wie gehofft wird — zweckmäßigerer und etwas korrekterer (eben deshalb freilich vielleicht pedantisch wirkender) Ausdrucksweise zu formulieren, was jede empirische Soziologie tatsächlich meint, wenn sie von den gleichen Dingen spricht. Dies auch da, wo scheinbar ungewohnte oder neue Ausdrücke verwendet werden. Gegenüber dem Aufsatz im Logos IV (1913, S. 253 f.) ist die Terminologie tunlichst vereinfacht und daher auch mehrfach verändert, um möglichst leicht verständlich zu sein. Das Bedürfnis nach unbedingter Popularisierung freilich wäre mit dem Bedürfnis nach größtmöglichster Begriffsschärfe nicht immer vereinbar und muß diesem gegebenenfalls weichen.

Ueber „Verstehen" vgl. die „Allgemeine Psychopathologie" von K. Jaspers (auch einige Bemerkungen von Rickert in der 2. Aufl. der „Grenzen der naturwissenschaftlichen Begriffsbildung" und namentlich von Simmel in den „Problemen der Geschichtsphilosophie" gehören dahin). Methodisch weise ich auch hier, wie schon öfter, auf den Vorgang von F. Gottl in der freilich etwas schwer verständlich geschriebenen und wohl nicht überall ganz zu Ende gedanklich durchgeformten Schrift: „Die Herrschaft des Worts" hin. Sachlich vor allem auf das schöne Werk von F. Tönnies, Gemeinschaft und Gesellschaft. Ferner auf das stark irreführende Buch von R. Stammler, Wirtschaft und Recht nach der materialistischen Geschichtsauffassung und meine Kritik dazu im Archiv f. Sozialwissensch. XXIV (1907), welche die Grundlagen des Nachfolgenden vielfach schon enthielt. Von Simmels Methode (in der „Soziologie" und in „Philos. des Geldes"), welche ich durch tunlichste Scheidung des gemeinten von dem objektiv gültigen „Sinn" ab, die beide Simmel nicht nur nicht immer scheidet, sondern oft absichtsvoll ineinander fließen läßt.

§ 1. Soziologie (im hier verstandenen Sinn dieses sehr vieldeutig gebrauchten Wortes) soll heißen: eine Wissenschaft, welche soziales Handeln deutend verstehen und dadurch in seinem Ablauf und seinen Wirkungen ursächlich erklären will. „Handeln" soll dabei ein menschliches Verhalten (einerlei ob äußeres oder innerliches Tun, Unterlassen oder Dulden) heißen, wenn und insofern als der oder die Handelnden mit ihm einen subjektiven Sinn verbinden. „Soziales" Handeln aber soll ein solches Handeln heißen, welches seinem von dem oder den Handelnden gemeinten Sinn nach auf das Verhalten anderer bezogen wird und daran in seinem Ablauf orientiert ist.

I. Methodische Grundlagen.

1. „Sinn" ist hier entweder a) der tatsächlich α. in einem historisch gegebenen Fall von einem Handelnden oder β. durchschnittlich und annähernd in einer gegebenen Masse von Fällen von den Handelnden oder b) in einem begrifflich konstruierten reinen Typus von dem oder den als Typus gedachten Handelnden subjektiv gemeinte Sinn. Nicht etwa irgendein objektiv „richtiger" oder ein metaphysisch ergründeter „wahrer" Sinn. Darin liegt der Unterschied der empirischen Wissen-

1

schaften vom Handeln: der Soziologie und der Geschichte, gegenüber allen dogmatischen: Jurisprudenz, Logik, Ethik, Aesthetik, welche an ihren Objekten den „richtigen“, „gültigen“ Sinn erforschen wollen.

2. Die Grenze sinnhaften Handelns gegen ein bloß (wie wir hier sagen wollen:) reaktives, mit einem subjektiv gemeinten Sinn nicht verbundenes, Sichverhalten ist durchaus flüssig. Ein sehr bedeutender Teil alles soziologisch relevanten Sichverhaltens, insbesondere das rein traditionale Handeln (s. u.) steht auf der Grenze beider. Sinnhaftes, d. h. verstehbares, Handeln liegt in manchen Fällen psychophysischer Vorgänge gar nicht, in andren nur für den Fachexperten vor; mystische und daher in Worten nicht adäquat kommunikable Vorgänge sind für den solchen Erlebnissen nicht Zugänglichen nicht voll verstehbar. Dagegen ist die Fähigkeit, aus Eignem ein gleichartiges Handeln zu produzieren, nicht Voraussetzung der Verstehbarkeit: „man braucht nicht Cäsar zu sein, um Cäsar zu verstehen.“ Die volle „Nacherlebbarkeit“ ist für die Evidenz des Verstehens wichtig, nicht aber absolute Bedingung der Sinndeutung. Verstehbare und nicht verstehbare Bestandteile eines Vorgangs sind oft untermischt und verbunden.

3. Alle Deutung strebt, wie alle Wissenschaft überhaupt, nach „Evidenz“. Evidenz des Verstehens kann entweder: rationalen (und alsdann entweder: logischen oder mathematischen) oder: einfühlend nacherlebenden: emotionalen, künsterisch-rezeptiven Charakters sein. Rational evident ist auf dem Gebiet des Handelns vor allem das in seinem gemeinten Sinnzusammenhang restlos und durchsichtig intellektuell Verstandene. Einfühlend evident ist am Handeln das in seinem erlebten Gefühlszusammenhang voll Nacherlebte. Rational verständlich, d. h. also hier: unmittelbar und eindeutig intellektuell sinnhaft erfaßbar sind im Höchstmaß vor allem die im Verhältnis mathematischer oder logischer Aussagen zueinander stehenden Sinnzusammenhänge. Wir verstehen ganz eindeutig, was es sinnhaft bedeutet, wenn jemand den Satz 2 × 2 = 4 oder den pythagoreischen Lehrsatz denkend oder argumentierend verwertet, oder wenn er eine logische Schlußkette — nach unseren Denkgepflogenheiten: — „richtig“ vollzieht. Ebenso, wenn er aus uns als „bekannt“ geltenden „Erfahrungstatsachen“ und aus gegebenen Zwecken die für die Art der anzuwendenden „Mittel“ sich (nach unsern Erfahrungen) eindeutig ergebenden Konsequenzen in seinem Handeln zieht. Jede Deutung eines derart rational orientierten Zweckhandelns besitzt — für das Verständnis der angewendeten Mittel — das Höchstmaß von Evidenz. Mit nicht der gleichen, aber mit einer für unser Bedürfnis nach Erklärung hinlänglichen Evidenz verstehen wir aber auch solche „Irrtümer“ (einschließlich der „Problemverschlingungen“), denen wir selbst zugänglich sind oder deren Entstehung einfühlend erlebbar gemacht werden kann. Hingegen manche letzten „Zwecke“ und „Werte“, an denen das Handeln eines Menschen erfahrungsgemäß orientiert sein kann, vermögen wir sehr oft nicht voll evident zu verstehen, sondern unter Umständen zwar intellektuell zu erfassen, dabei aber andrerseits, je radikaler sie von unseren eigenen letzten Wertungen abweichen, desto schwieriger uns durch die einfühlende Phantasie nacherlebend verständlich zu machen. Je nach Lage des Falles müssen wir dann uns begnügen, sie nur intellektuell zu deuten, oder unter Umständen, wenn auch das mißlingt, geradezu: sie als Gegebenheiten einfach hinnehmen, und aus ihren soweit als möglich intellektuell gedeuteten oder soweit möglich einfühlend annäherungsweise nacherlebten Richtpunkten den Ablauf des durch sie motivierten Handelns uns verständlich machen. Dahin gehören z. B. viele religiöse und karitative Virtuosenleistungen für den dafür Unempfänglichen. Ebenso auch extrem rationalistische Fanatismen („Menschenrechte“) für den, der diese Richtpunkte seinerseits radikal perhorresziert. — Aktuelle Affekte (Angst, Zorn, Ehrgeiz, Neid, Eifersucht, Liebe, Begeisterung, Stolz, Rachedurst, Pietät, Hingabe, Begierden aller Art) und die (vom rationalen Zweckhandeln aus angesehen:) irrationalen aus ihnen folgenden Reaktionen vermögen wir, je mehr wir ihnen selbst zugänglich sind, desto evidenter emotional nachzuerleben, in jedem Fall aber, auch wenn sie ihrem Grade nach unsre eignen Möglichkeiten absolut übersteigen, sinnhaft einfühlend zu verstehen und in ihrer Einwirkung auf die Richtung und Mittel des Handelns intellektuell in Rechnung zu stellen.

Für die typen bildende wissenschaftliche Betrachtung werden nun alle irrationalen, affektuell bedingten, Sinnzusammenhänge des Sichverhaltens, die das Handeln beeinflussen, am übersehbarsten als „Ablenkungen“ von einem konstruierten rein zweckrationalen Verlauf desselben erforscht und dargestellt. Z. B. wird bei einer Erklärung einer „Börsenpanik“ zweckmäßigerweise zunächst festgestellt: wie ohne Beeinflussung durch irrationale Affekte das Handeln abgelaufen wäre und dann werden jene irrationalen Komponenten als „Störungen“ eingetragen. Ebenso wird bei einer politischen oder militärischen Aktion zunächst zweckmäßigerweise festgestellt: wie das Handeln bei Kenntnis aller Umstände und aller Absichten der Mitbeteiligten und bei streng zweckrationaler, an der uns gültig scheinenden Erfahrung

orientierter, Wahl der Mittel verlaufen w ä r e. Nur dadurch wird alsdann die kausale
Zurechnung von Abweichungen davon zu den sie bedingenden Irrationalitäten möglich. Die Konstruktion eines streng zweckrationalen Handelns also dient in diesen
Fällen der Soziologie, seiner evidenten Verständlichkeit und seiner — an der Rationalität haftenden — Eindeutigkeit wegen, als T y p u s ("Idealtypus"), um das reale,
durch Irrationalitäten aller Art (Affekte, Irrtümer), beeinflußte Handeln als "Abweichung" von dem bei rein rationalem Verhalten zu gewärtigenden Verlaufe zu
verstehen.

I n s o f e r n und nur aus diesem methodischen Zweckmäßigkeitsgrunde ist
die Methode der "verstehenden" Soziologie "rationalistisch". Dies Verfahren darf
aber natürlich nicht als ein rationalistisches Vorurteil der Soziologie, sondern nur
als methodisches Mittel verstanden und also nicht etwa zu dem Glauben an die
tatsächliche Vorherrschaft des Rationalen über das Leben umgedeutet werden.
Denn darüber, inwieweit in der Realität rationale Zweckerwägungen das t a t s ä c h -
l i c h e Handeln bestimmen und inwieweit nicht, soll es ja nicht das Mindeste aussagen. (Daß die Gefahr rationalistischer Deutungen am unrechten Ort naheliegt,
soll damit nicht etwa geleugnet werden. Alle Erfahrung bestätigt leider deren Existenz.)

4. Sinnfremde Vorgänge und Gegenstände kommen für alle Wissenschaften vom
Handeln als: Anlaß, Ergebnis, Förderung oder Hemmung menschlichen Handelns
in Betracht. "Sinnfremd" ist nicht identisch mit "unbelebt" oder "nichtmensch-
lich". Jedes Artefakt, z. B. eine "Maschine", ist lediglich aus dem Sinn deutbar
und verständlich, den menschliches Handeln (von möglicherweise sehr verschiedener
Zielrichtung) der Herstellung und Verwendung dieses Artefakts verlieh (oder verleihen wollte); ohne Zurückgreifen auf ihn bleibt sie gänzlich unverständlich. Das
Verständliche daran ist also die Bezogenheit menschlichen H a n d e l n s darauf,
entweder als "Mittel" oder als "Zweck", der dem oder den Handelnden vorschwebte,
und woran ihr Handeln orientiert wurde. N u r in diesen Kategorien findet ein
Verstehen solcher Objekte statt. Sinnfremd bleiben dagegen alle — belebten, unbe-
lebten, außermenschlichen, menschlichen — Vorgänge oder Zuständlichkeiten ohne
g e m e i n t e n Sinngehalt, soweit sie n i c h t in die Beziehung vom "Mittel" und
"Zweck" zum Handeln treten, sondern nur seinen Anlaß, seine Förderung oder Hemmung darstellen. Der Einbruch des Dollart im Jahr 1277 hat (vielleicht!) "historische" Bedeutung als Auslösung gewisser Umsiedelungsvorgänge von beträchtlicher geschichtlicher Tragweite. Die Absterbeordnung und der organische Kreis-
lauf des Lebens überhaupt: von der Hilflosigkeit des Kindes bis zu der des Greises,
hat natürlich erstklassige soziologische Tragweite durch die verschiedenen Arten,
in welchen menschliches Handeln sich an diesem Sachverhalt orientiert hat und orientiert. Eine wiederum andere Kategorie bilden die nicht verstehbaren Erfahrungs-
sätze über den Ablauf psychischer oder psycho-physiologischer Erscheinungen (Er-
müdung, Uebung, Gedächtnis usw., ebenso aber z. B. typische Euphorien bei bestimmten Formen der Kasteiung, typische Unterschiede der Reaktionsweisen nach
Tempo, Art, Eindeutigkeit usw.). Letztlich ist der Sachverhalt aber der gleiche
wie bei andern unverstehbaren Gegebenheiten: wie der praktisch Handelnde, so
nimmt die verstehende Betrachtung sie als "Daten" hin, mit denen zu rechnen ist.

Die Möglichkeit ist nun gegeben, daß künftige Forschung auch u n verstehbare Regelmäßigkeiten für s i n n haft besondertes Verhalten auffindet, so wenig dies bisher
der Fall ist. Unterschiede des biologischen Erbguts (der "Rassen") z. B. würden —
wenn und soweit der statistisch schlüssige Nachweis des Einflusses auf die Art des
soziologisch relevanten Sichverhaltens, also: insbesondre des sozialen Handelns
in der Art seiner S i n n bezogenheit, erbracht würde, — für die Soziologie als Gegebenheiten ganz ebenso hinzunehmen sein, wie die physiologischen Tatsachen etwa
der Art des Nahrungsbedarfs oder der Wirkung der Seneszenz auf das Handeln. Und
die Anerkennung ihrer kausalen Bedeutung würde natürlich die Aufgaben der Soziologie (und der Wissenschaften vom Handeln überhaupt): die sinnhaft orientierten
Handlungen deutend zu verstehen, nicht im mindesten ändern. Sie würde in ihre
verständlich deutbaren Motivationszusammenhänge an gewissen Punkten nur u n -
verstehbare Tatsachen (etwa: typische Zusammenhänge der Häufigkeit bestimmter
Zielrichtungen des Handelns, oder des Grades seiner typischen Rationalität, mit
Schädelindex oder Hautfarbe oder welchen andren physiologischen Erbqualitäten
immer) einschalten, wie sie sich schon heute (s. o.) darin vorfinden.

5. Verstehen kann heißen: 1. das a k t u e l l e Verstehen des gemeinten Sinnes
einer Handlung (einschließlich: einer Aeußerung). Wir "verstehen" z. B. aktuell
den Sinn des Satzes 2 × 2 = 4, den wir hören oder lesen (rationales aktuelles Verstehen von Gedanken) oder einen Zornausbruch, der sich in Gesichtsausdruck,
Interjektionen, irrationalem Bewegungen manifestiert (irrationales aktuelles Ver-

1*

stehen von Affekten), oder das Verhalten eines Holzhackers oder jemandes, der nach
der Klinke greift um die Tür zu schließen oder der auf ein Tier mit dem Gewehr
anlegt (rationales aktuelles Verstehen von Handlungen). — Verstehen kann aber auch
heißen: 2. e r k l ä r e n d e s Verstehen. Wir „verstehen" m o t i v a t i o n s m ä ß i g,
welchen Sinn derjenige, der den Satz $2 \times 2 = 4$ ausspricht, oder niedergeschrieben
hat, damit verband, daß er dies gerade jetzt und in diesem Zusammenhang t a t,
wenn wir ihn mit einer kaufmännischen Kalkulation, einer wissenschaftlichen Demon-
stration, einer technischen Berechnung oder einer anderen Handlung befaßt sehen,
in deren Zusammenhang nach ihrem uns verständlichen S i n n dieser Satz „hineingehört", das heißt: einen uns verständlichen Sinn z u s a m m e n h a n g gewinnt
(rationales Motivationsverstehen). Wir verstehen das Holzhacken oder Gewehr-
anlegen nicht nur aktuell, sondern auch motivationsmäßig, wenn wir wissen, daß
der Holzhacker entweder gegen Lohn oder aber für seinen Eigenbedarf oder zu seiner
Erholung (rational), oder etwa „weil er sich eine Erregung abreagierte" (irrational),
oder wenn der Schießende auf Befehl zum Zweck der Hinrichtung oder der Bekämpfung von Feinden (rational) oder aus Rache (affektuell, also in diesem Sinn: irrational)
diese Handlung vollzieht. Wir verstehen endlich motivationsmäßig den Zorn, wenn
wir wissen, daß ihm Eifersucht, gekränkte Eitelkeit, verletzte Ehre zugrunde
liegt (affektuell bedingt, also: irrational motivationsmäßig). All dies sind verständliche S i n n z u s a m m e n h ä n g e, deren Verstehen wir als ein E r k l ä r e n
des tatsächlichen Ablaufs des Handelns ansehen. „Erklären" bedeutet also für eine
mit dem Sinn des Handelns befaßte Wissenschaft soviel wie: Erfassung des Sinn-
z u s a m m e n h a n g s, in den, seinem subjektiv gemeinten Sinn nach, ein aktuell
verständliches Handeln hineingehört. (Ueber die kausale Bedeutung dieses „Er-
klärens" s. Nr. 6.) In all diesen Fällen, auch bei affektuellen Vorgängen, wollen wir
den subjektiven Sinn des Geschehens, auch des Sinnzusammenhanges als „gemeinten" bezeichnen (darin also über den üblichen Sprachgebrauch hinausgehend,
der von „Meinen" in diesem Verstand nur bei rationalem und zweckhaft beabsichtigtem
Handeln zu sprechen pflegt).

6. „Verstehen" heißt in all diesen Fällen: deutende Erfassung: a) des im Einzelfall real gemeinten (bei historischer Betrachtung) oder b) des durchschnittlich und
annäherungsweise gemeinten (bei soziologischer Massenbetrachtung) oder c) des
für den r e i n e n Typus (Idealtypus) einer häufigen Erscheinung wissenschaftlich zu konstruierenden („idealtypischen") Sinnes oder Sinnzusammenhangs.
Solche idealtypische Konstruktionen sind z. B. die von der reinen Theorie der Volks-
wirtschaftslehre aufgestellten Begriffe und „Gesetze". Sie stellen dar, wie ein bestimmt geartetes, menschliches Handeln ablaufen w ü r d e, w e n n es streng
zweckrational, durch Irrtum und Affekte ungestört, und w e n n es ferner ganz
eindeutig nur an einem Zweck (Wirtschaft) orientiert wäre. Das reale Handeln verläuft nur in seltenen Fällen (Börse) und auch dann nur annäherungsweise, so wie im
Idealtypus konstruiert. (Ueber den Zweck solcher Konstruktionen s. Archiv f. Sozialwiss.
XIX S. 64 ff. und unten Nr. 8.)

Jede Deutung strebt zwar nach Evidenz. Aber eine sinnhaft noch so evidente
Deutung kann als solche und um dieses Evidenzcharakters willen noch nicht beanspruchen: auch die kausal g ü l t i g e Deutung zu sein. Sie ist stets an sich nur eine besonders evidente kausale H y p o t h e s e. a) Es verhüllen vorgeschobene „Motive"
und „Verdrängungen" (d. h. zunächst: nicht eingestandene Motive) oft genug gerade
dem Handelnden selbst den wirklichen Zusammenhang der Ausrichtung seines Handelns derart, daß auch subjektiv aufrichtige Selbstzeugnisse nur relativen Wert
haben. In diesem Fall steht die Soziologie vor der Aufgabe, diesen Zusammenhang
zu ermitteln und deutend festzustellen, o b w o h l er nicht oder, meist: nicht voll
als in concreto „gemeint" ins B e w u ß t s e i n gehoben wurde: ein Grenzfall der
Sinndeutung. b) Aeußeren Vorgängen des Handelns, die uns als „gleich" oder
„ähnlich" gelten, können höchst verschiedene Sinnzusammenhänge bei dem oder
den Handelnden zugrunde liegen und wir „verstehen" auch ein sehr stark abweichen-
des, oft sinnhaft geradezu gegensätzliches Handeln gegenüber Situationen, die wir
als unter sich „gleichartig" ansehen (Beispiele bei Simmel, Probl. der Geschichts-
phil.). c) Die handelnden Menschen sind gegebenen Situationen gegenüber sehr oft
gegensätzlichen, miteinander kämpfenden Antrieben ausgesetzt, die wir sämtlich
„verstehen". In welcher relativen S t ä r k e aber die verschiedenen im „Motiven-
kampf" liegenden, uns untereinander g l e i c h verständlichen Sinnbezogenheiten im
Handeln sich auszudrücken pflegen, läßt sich, nach aller Erfahrung, in äußerst vielen
Fällen nicht einmal annähernd, durchaus regelmäßig aber nicht sicher, abschätzen.
Der tatsächliche Ausschlag des Motivenkampfes allein gibt darüber Aufschluß. Kontrolle der verständlichen Sinndeutung durch den Erfolg: den Ausschlag im tatsächlichen Verlauf, ist also, wie bei jeder Hypothese, unentbehrlich. Sie kann mit
relativer Genauigkeit nur in den leider wenigen und sehr besondersartigen dafür ge-

eigneten Fällen im psychologischen Experiment erreicht werden. Nur in höchst verschiedener Annäherung in den (ebenfalls begrenzten) Fällen zählbarer und in ihrer Zurechnung eindeutiger Massenerscheinungen durch die Statistik. Im übrigen gibt es nur die Möglichkeit der Vergleichung möglichst vieler Vorgänge des historischen oder Alltagslebens, welche sonst gleichartig, aber in dem entscheidenden e i n e n Punkt: dem jeweils auf seine praktische Bedeutsamkeit hin untersuchten „Motiv" oder „Anlaß", verschieden geartet sind: eine wichtige Aufgabe der vergleichenden Soziologie. Oft freilich bleibt leider nur das unsichere Mittel des „gedanklichen Experiments", d. h. des Fort d e n k e n s einzelner Bestandteile der Motivationskette und der Konstruktion des d a n n wahrscheinlichen Verlaufs, um eine kausale Zurechnung zu erreichen.

Das sog. „Greshamsche Gesetz" z. B. ist eine rational evidente Deutung menschlichen Handelns bei gegebenen Bedingungen und unter der idealtypischen Voraussetzung rein zweckrationalen Handelns. Inwieweit t a t s ä c h l i c h ihm entsprechend gehandelt wird, kann nur die (letztlich im Prinzip irgendwie „statistisch" auszudrückende) Erfahrung über das tatsächliche Verschwinden der jeweils in der Geldverfassung zu niedrig bewerteten Münzsorten aus dem Verkehr lehren: sie lehrt tatsächlich seine sehr weitgehende Gültigkeit. In Wahrheit ist der Gang der Erkenntnis der gewesen: daß z u e r s t die Erfahrungsbeobachtungen vorlagen und dann die Deutung formuliert wurde. Ohne diese gelungene Deutung wäre unser kausales Bedürfnis offenkundig unbefriedigt. Ohne den Nachweis andrerseits, daß der — wie wir einmal annehmen wollen — gedanklich erschlossene Ablauf des Sichverhaltens auch wirklich in irgendeinem Umfang eintritt, wäre ein solches an sich noch so evidentes „Gesetz" für die Erkenntnis des wirklichen Handelns eine wertlose Konstruktion. In diesem Beispiel ist die Konkordanz von Sinnadäquanz und Erfahrungsprobe durchaus schlüssig und sind die Fälle zahlreich genug, um die Probe auch als genügend gesichert anzusehen. Die sinnhaft erschließbare, durch symptomatische Vorgänge (Verhalten der hellenischen Orakel und Propheten zu den Persern) gestützte geistvolle Hypothese Ed. Meyers über die kausale Bedeutung der Schlachten von Marathon, Salamis, Plataiai für die Eigenart der Entwicklung der hellenischen (und damit der okzidentalen) Kultur ist nur durch diejenige Probe zu erhärten, welche an den Beispielen des Verhaltens der Perser im Falle des Sieges (Jerusalem, Aegypten, Kleinasien) gemacht werden kann und in vieler Hinsicht notwendig unvollkommen bleiben muß. Die bedeutende rationale Evidenz der Hypothese muß hier notgedrungen als Stütze nachhelfen. In sehr vielen Fällen sehr evident scheinender historischer Zurechnung fehlt aber jede Möglichkeit auch nur einer solchen Probe, wie sie in diesem Fall noch möglich war. Alsdann bleibt die Zurechnung eben endgültig „Hypothese".

7. „Motiv" heißt ein Sinnzusammenhang, welcher dem Handelnden selbst oder dem Beobachtenden als sinnhafter „Grund" eines Verhaltens erscheint. „Sinnhaft adäquat" soll ein zusammenhängend ablaufendes Verhalten in dem Grade heißen, als die Beziehung seiner Bestandteile von uns nach den durchschnittlichen Denk- und Gefühlsgewohnheiten als typischer (wir pflegen zu sagen: „richtiger") Sinnzusammenhang bejaht wird. „Kausal adäquat" soll dagegen ein Aufeinanderfolgen von Vorgängen in dem Grade heißen, als nach Regeln der E r f a h r u n g eine Chance besteht: daß sie stets in gleicher Art tatsächlich abläuft. (S i n n haft adäquat in diesem Wortverstand ist z. B. die nach den uns geläufigen N o r m e n des Rechnens oder Denkens r i c h t i g e Lösung eines Rechenexempels. K a u s a l adäquat ist — im Umfang des statistischen Vorkommens — die nach erprobten Regeln der Erfahrung stattfindende Wahrscheinlichkeit einer — von jenen uns heute geläufigen Normen aus gesehen — „richtigen" o d e r „f a l s c h e n" Lösung, also auch eines typischen „Rechenfehlers" oder einer typischen „Problemverschlingung"). Kausale Erklärung bedeutet also die Feststellung: daß nach einer irgendwie abschätzbaren, im — seltenen — Idealfall: zahlenmäßig angebbaren, Wahrscheinlichkeitsr e g e l auf einen bestimmten beobachteten (inneren oder äußeren) Vorgang ein bestimmter anderer Vorgang folgt (oder: mit ihm gemeinsam auftritt).

Eine r i c h t i g e kausale D e u t u n g eines konkreten Handelns bedeutet: daß der äußere Ablauf und das Motiv z u t r e f f e n d und zugleich in ihrem Zusammenhang sinnhaft v e r s t ä n d l i c h erkannt sind. Eine richtige kausale Deutung t y p i - s c h e n Handelns (verständlicher Handlungstypus) bedeutet: daß der als typisch behauptete Hergang sowohl (in irgendeinem Grade) sinnadäquat erscheint wie (in irgendeinem Grade) als kausal adäquat festgestellt werden kann. Fehlt die Sinnadäquanz, dann liegt selbst bei größter und zahlenmäßig in ihrer Wahrscheinlichkeit präzis angebbarer Regelmäßigkeit des Ablaufs (des äußeren sowohl wie des psychischen) nur eine u n v e r s t e h b a r e (oder nur unvollkommen verstehbare) s t a - t i s t i s c h e Wahrscheinlichkeit vor. Andererseits bedeutet für die Tragweite soziologischer Erkenntnisse selbst die evidenteste Sinnadäquanz nur in dem Maß eine richtige k a u s a l e Aussage, als der Beweis für das Bestehen einer (irgendwie angebbaren) Chance erbracht wird, daß das Handeln den sinnadäquat erscheinenden Verlauf tatsächlich mit angebbarer Häufigkeit oder Annäherung (durchschnittlich oder im „reinen" Fall) zu nehmen pflegt. Nur solche statistische Regelmäßigkeiten, welche einem verständlichen gemeinten Sinn eines sozialen Handelns entsprechen, sind (im hier gebrauchten Wortsinn) verständliche Handlungstypen, also: „soziologische Regeln". Nur solche rationalen Konstruktionen eines sinnhaft verständlichen Handelns sind soziologische Typen realen Geschehens, welche in der Realität wenigstens in irgendeiner Annäherung beobachtet werden können. Es ist bei weitem nicht an dem: daß parallel der erschließbaren Sinnadäquanz immer auch die tatsächliche Chance der Häufigkeit des ihr entsprechenden Ablaufs wächst. Sondern ob dies der Fall ist, kann in jedem Fall nur die äußere Erfahrung zeigen. — Statistik gibt es (Absterbestatistik, Ermüdungsstatistik, Maschinenleistungsstatistik, Regenfallstatistik) von sinnfremden Vorgängen genau im gleichen Sinn wie von sinnhaften. Soziologische Statistik aber (Kriminalstatistik, Berufsstatistik, Preisstatistik, Anbaustatistik) nur von den letzteren (Fälle, welche beides enthalten: etwa Erntestatistik, sind selbstredend häufig).

8. Vorgänge und Regelmäßigkeiten, welche, weil unverstehbar, im hier gebrauchten Sinn des Wortes nicht als „soziologische Tatbestände" oder Regeln bezeichnet werden, sind natürlich um deswillen nicht etwa weniger wichtig. Auch nicht etwa für die Soziologie im hier betriebenen Sinne des Wortes (der ja eine Begrenzung auf „verstehende Soziologie" enthält, welche niemandem aufgenötigt werden soll und kann). Sie rücken nur, und dies allerdings methodisch ganz unvermeidlich, in eine andere Stelle als das verstehbare Handeln: in die von „Bedingungen", „Anlässen", „Hemmungen", „Förderungen" desselben.

9. Handeln im Sinn sinnhaft verständlicher Orientierung des eignen Verhaltens gibt es für uns stets nur als Verhalten von einer oder mehreren einzelnen Personen. Für andre Erkenntniszwecke mag es nützlich oder nötig sein, das Einzelindividuum z. B. als eine Vergesellschaftung von „Zellen" oder einen Komplex biochemischer Reaktionen, oder sein „psychisches" Leben als durch (gleichviel wie qualifizierte) Einzelelemente konstituiert aufzufassen. Dadurch werden zweifellos wertvolle Erkenntnisse (Kausalregeln) gewonnen. Allein wir verstehen dies in Regeln ausgedrückte Verhalten dieser Elemente nicht. Auch nicht bei psychischen Elementen, und zwar: je naturwissenschaftlich exakter sie gefaßt werden, desto weniger: zu einer Deutung aus einem gemeinten Sinn ist gerade dies niemals der Weg. Für die Soziologie (im hier gebrauchten Wortsinn, ebenso wie für die Geschichte) ist aber gerade der Sinnzusammenhang des Handelns Objekt der Erfassung. Das Verhalten der physiologischen Einheiten, etwa: der Zellen oder irgendwelcher psychischer Elemente können wir (dem Prinzip nach wenigstens) zu beobachten oder aus Beobachtungen zu erschließen suchen, Regeln („Gesetze") dafür gewinnen und Einzelvorgänge mit deren Hilfe kausal „erklären", d. h.: unter Regeln bringen. Die Deutung des Handelns nimmt jedoch von diesen Tatsachen und Regeln nur soweit und nur in dem Sinn Notiz, wie von irgendwelchen anderen (z. B. von physikalischen, astronomischen, geologischen, meteorologischen, geographischen, botanischen, zoologischen, physiologischen, anatomischen, von sinnfremden psychopathologischen oder von den naturwissenschaftlichen Bedingungen von technischen) Tatbeständen. Für wiederum andere (z. B. juristische) Erkenntniszwecke oder für praktische Ziele kann es andererseits zweckmäßig und geradezu unvermeidlich sein: soziale Gebilde („Staat", „Genossenschaft", „Aktiengesellschaft", „Stiftung") genau so zu behandeln, wie Einzelindividuen (z. B. als Träger von Rechten und Pflichten oder als Täter rechtlich relevanter Handlungen). Für die verstehende Deutung des Handelns durch die Soziologie sind dagegen diese Gebilde lediglich Abläufe und Zusammenhänge spezifischen Handelns einzelner Menschen, da diese allein für uns verständliche Träger von sinnhaft orientiertem Handeln sind. Trotzdem kann die Soziologie auch für ihre Zwecke jene kollektiven Gedankengebilde anderer Betrachtungsweisen nicht etwa ignorieren. Denn die Deutung des Handelns hat zu jenen Kollektivbegriffen folgende beiden Beziehungen: a) Sie selbst ist oft genötigt, mit ganz ähnlichen (oft mit ganz gleichartig bezeichneten) Kollektivbegriffen zu arbeiten, um überhaupt eine verständliche Terminologie zu gewinnen. Die Juristen- sowohl wie die Alltagssprache bezeichnet z. B. als „Staat" sowohl den Rechtsbegriff wie jenen Tatbestand sozialen Handelns, für welchen die Rechtsregeln gelten wollen. Für die Soziologie besteht der Tatbestand „Staat" nicht notwendig nur oder gerade aus den rechtlich relevanten Bestandteilen. Und jedenfalls gibt es für sie keine „handelnde" Kollektivpersönlichkeit. Wenn sie von „Staat" oder von „Nation" oder von „Aktiengesellschaft" oder von „Familie" oder von „Armeekorps" oder von ähnlichen „Gebilden" spricht, so meint sie damit vielmehr lediglich einen bestimmt gearteten Ablauf tatsächlichen, oder als möglich

konstruierten sozialen Handelns einzelner, schiebt also dem juristischen Begriff, den sie um seiner Präzision und Eingelebtheit willen verwendet, einen gänzlich anderen Sinn unter. — b) Die Deutung des Handelns muß von der grundlegend wichtigen Tatsache Notiz nehmen: daß jene dem Alltagsdenken oder dem juristischen (oder anderem Fach-)Denken angehörigen Kollektivgebilde **Vorstellungen** von etwas teils Seiendem, teils Geltensollendem in den Köpfen realer Menschen (der Richter und Beamten nicht nur, sondern auch des „Publikums") sind, an denen sich deren Handeln **orientiert**, und daß sie als solche eine ganz gewaltige, oft geradezu beherrschende, kausale Bedeutung für die Art des Ablaufs des Handelns der realen Menschen haben. Vor allem als Vorstellungen von etwas Gelten- (oder auch: **Nicht-Gelten-)Sollendem**. (Ein moderner „Staat" besteht zum nicht unerheblichen Teil deshalb in dieser Art: — als Komplex eines spezifischen Zusammenhandelns von Menschen, — **weil** bestimmte Menschen ihr Handeln an der **Vorstellung** orientieren, **daß** er bestehe oder so bestehen **solle**: daß also Ordnungen von jener juristisch-orientierten Art **gelten**. Darüber später.) Während für die eigene Terminologie der Soziologie (litt. a) es möglich, wennschon äußerst pedantisch und weitläufig, wäre: diese von der üblichen Sprache nun einmal **nicht** nur für das juristische Geltensollen, sondern auch für das reale Geschehen gebrauchten Begriffe ganz zu eliminieren und durch neu gebildete Worte zu ersetzen, wäre wenigstens für diesen wichtigen Sachverhalt natürlich selbst dies ausgeschlossen. — c) Die Methode der sogenannten „organischen" Soziologie (klassischer Typus: **Schäffles** geistvolles Buch: Bau und Leben des sozialen Körpers) sucht das gesellschaftliche Zusammenhandeln durch Ausgehen vom „Ganzen" (z. B. einer „Volkswirtschaft") zu erklären, innerhalb dessen dann der Einzelne und sein Verhalten ähnlich gedeutet wird, wie etwa die Physiologie die Stellung eines körperlichen „Organs" im „Haushalt" des Organismus (d. h. vom Standpunkt von dessen „Erhaltung" aus) behandelt. (Vgl. das berühmte Kolleg-Diktum eines Physiologen: „§ x: Die Milz. Von der Milz wissen wir nichts, meine Herren. Soweit die Milz!" Tatsächlich „wußte" natürlich der Betreffende von der Milz ziemlich viel: Lage, Größe, Form usw. — nur die „Funktion" konnte er nicht angeben, und dies Unvermögen nannte er „Nichtswissen"). Inwieweit bei andren Disziplinen diese Art der **funktionalen** Betrachtung der „**Teile**" eines „**Ganzen**" (notgedrungen) definitiv sein muß, bleibe hier unerörtert: es ist bekannt, daß die biochemische und biomechanische Betrachtung sich grundsätzlich nicht damit begnügen möchte. Für eine deutende Soziologie kann eine solche Ausdrucksweise 1. praktischen Veranschaulichungs- und provisorischen Orientierungszwecken dienen (und in dieser Funktion höchst nützlich und nötig — aber freilich auch, bei Ueberschätzung ihres Erkenntniswerts und falschem Begriffsrealismus: höchst nachteilig — sein). Und 2.: Sie allein kann uns unter Umständen dasjenige soziale Handeln herausfinden helfen, dessen deutendes Verstehen für die Erklärung eines Zusammenhangs **wichtig** ist. Aber an diesem Punkt **beginnt** erst die Arbeit der Soziologie (im hier verstandenen Wortsinn). Wir sind ja bei „sozialen Gebilden" (im Gegensatz zu „Organismen") in der Lage: **über** die bloße Feststellung von funktionellen Zusammenhängen und Regeln („Gesetzen") **hinaus** etwas aller „Naturwissenschaft" (im Sinn der Aufstellung von Kausalregeln für Geschehnisse und Gebilde und der „Erklärung" der Einzelgeschehnisse daraus) ewig Unzugängliches zu leisten: eben das „**Verstehen**" des Verhaltens der beteiligten **Einzelnen**, während wir das Verhalten z. B. von Zellen **nicht** „verstehen", sondern nur funktionell erfassen und dann nach **Regeln** seines Ablaufs feststellen können. Diese Mehrleistung der deutenden gegenüber der beobachtenden Erklärung ist freilich durch den wesentlich hypothetischeren und fragmentarischeren Charakter der durch Deutung zu gewinnenden Ergebnisse erkauft. Aber dennoch: sie ist gerade das dem soziologischen Erkennen Spezifische.

Inwieweit auch das Verhalten von Tieren uns sinnhaft „verständlich" ist und umgekehrt: — beides in höchst unsicherm Sinn und problematischem Umfang, — und inwieweit also theoretisch es auch eine Soziologie der Beziehungen des Menschen zu Tieren (Haustieren, Jagdtieren) geben könne (viele Tiere „verstehen" Befehl, Zorn, Liebe, Angriffsabsicht und reagieren darauf offenbar vielfach nicht ausschließlich mechanisch-instinktiv, sondern irgendwie auch bewußt sinnhaft und erfahrungsorientiert), bleibt hier völlig unerörtert. An sich ist das Maß unsrer Einfühlbarkeit bei dem Verhalten von „Naturmenschen" nicht wesentlich größer. Wir haben aber **sichere** Mittel, den subjektiven Sachverhalt beim Tier festzustellen, teils gar nicht, teils in nur sehr unzulänglicher Art: die Probleme der Tierpsychologie sind bekanntlich ebenso interessant wie dornenvoll. Es bestehen insbesondere bekanntlich Tiervergesellschaftungen der verschiedensten Art: monogame und polygame „Familien", Herden, Rudel, endlich funktionsteilige „Staaten". (Das Maß der Funktionsdifferenzierung dieser Tiervergesellschaftungen geht keineswegs parallel mit dem Maß der Organ-

oder der morphologischen Entwicklungs-Differenzierung der betreffenden Tiergattung.
So ist die Funktionsdifferenzierung bei den Termiten und sind infolgedessen deren
Artefakte weit differenzierter als bei den Ameisen und Bienen). Hier ist selbstver-
ständlich die rein funktionale Betrachtung: die Ermittlung der für die Erhaltung
d. h. die Ernährung, Verteidigung, Fortpflanzung, Neubildung der betreffenden
Tiergesellschaften entscheidenden Funktionen der einzelnen Typen von Individuen
(„Könige", „Königinnen", „Arbeiter", „Soldaten", „Drohnen", „Geschlechtstiere",
„Ersatz-Königinnen" usw.) sehr oft mindestens für jetzt das Definitive, mit dessen
Feststellung sich die Forschung begnügen muß. Was darüber hinausging, waren
lange Zeit lediglich Spekulationen oder Untersuchungen über das Maß, in welchem
Erbgut einerseits, Umwelt andererseits an der Entfaltung dieser „sozialen" Anlagen
beteiligt sein könnten. (So namentlich die Kontroversen zwischen Weismann —
dessen „Allmacht der Naturzüchtung" in ihrem Unterbau stark mit ganz außer-
empirischen Deduktionen arbeitete — und Götte). Darüber aber, daß es sich bei
jener Beschränkung auf die funktionale Erkenntnis eben um ein notgedrungenes
und, wie gehofft wird, nur provisorisches S i c h b e g n ü g e n handelt, ist sich die
ernste Forschung natürlich völlig einig. (S. z. B. für den Stand der Termiten-For-
schung die Schrift von E s c h e r i c h 1909). Man möchte eben nicht nur die ziemlich
leicht erfaßbare „Erhaltungswichtigkeit" der Funktionen jener einzelnen differenzierten Typen einsehen und die Art, wie, ohne Annahme der Vererbung erworbener
Eigenschaften oder umgekehrt im Falle dieser Annahme (und dann: bei welcher
Art von Deutung dieser Annahme), jene Differenzierung erklärlich ist, dargelegt
erhalten, sondern auch wissen: 1. was denn den Ausschlag der Differenzierung aus
dem noch neutralen, undifferenzierten, Anfangsindividuum e n t s c h e i d e t, —
2. was das differenzierte Individuum v e r a n l a ß t, sich (im Durchschnitt) so
zu verhalten wie dies tatsächlich dem Erhaltungsinteresse der differenzierten Gruppe
dient. Wo immer die Arbeit in dieser Hinsicht fortschritt, geschah dies durch Nachweis (oder Vermutung) von chemischen Reizen oder physiologischen Tatbeständen
(Ernährungsvorgänge, parasitäre Kastration usw.) bei den E i n z e l individuen
auf experimentellem Wege. Inwieweit die problematische Hoffnung besteht, ex-
perimentell auch die Existenz „psychologischer" und „sinnhafter" Orientierung
wahrscheinlich zu machen, könnte heute wohl selbst der Fachmann kaum sagen. Ein
kontrollierbares Bild der Psyche dieser sozialen Tierindividuen auf der Basis sinnhaften „Verstehens" erscheint selbst als ideales Ziel wohl nur in engen Grenzen erreichbar. Jedenfalls ist nicht von da aus das „Verständnis" menschlichen sozialen
Handelns zu erwarten, sondern grade umgekehrt: mit menschlichen Analogien wird
dort gearbeitet und muß gearbeitet werden. Erwartet darf vielleicht werden: daß
diese Analogien uns einmal für die Fragestellung nützlich werden: wie in den
Frühstadien der menschlichen sozialen Differenzierung der Bereich rein mecha-
nisch-i n s t i n k t i v e r Differenzierung im Verhältnis zum individuell sinnhaft Verständlichen und weiter zum b e w u ß t rational Geschaffenen einzuschätzen ist.
Die verstehende Soziologie wird sich selbstverständlich klar sein müssen: daß für die
Frühzeit auch der Menschen die erstere Komponente schlechthin überragend ist
und auch für die weiteren Entwicklungsstadien sich ihrer steten Mitwirkung (und
zwar: entscheidend wichtigen Mitwirkung) bewußt bleiben. Alles „traditionale"
Handeln (§ 2) und breite Schichten des „Charisma" (K. III) als des Keims psychischer
„Ansteckung" und dadurch Trägers soziologischer „Entwicklungsreize" stehen solchen
nur biologisch begreifbaren, nicht oder nur in Bruchstücken verständlich deutbaren
und motivationsmäßig erklärbaren, Hergängen mit unmerklichen Uebergängen sehr
nahe. Das alles entbindet aber die verstehende Soziologie nicht von der Aufgabe:
im Bewußtsein der engen Schranken, in die sie gebannt ist, zu leisten, was eben wieder
nur sie leisten k a n n.

Die verschiedenen Arbeiten von Othmar S p a n n, oft reich an guten Gedanken
neben freilich gelegentlichen Mißverständnissen und, vor allem, Argumentationen
auf Grund nicht zur empirischen Untersuchung gehöriger reiner Werturteile, haben
also unzweifelhaft recht mit der freilich von niemand ernstlich bestrittenen Betonung der Bedeutung der funktionalen V o r fragestellung (er nennt dies: „universalistische Methode") für jede Soziologie. Wir müssen gewiß erst wissen: welches Handeln
funktional, vom Standpunkt der „Erhaltung" (aber weiter und vor allem eben doch
auch: der Kultureigenart!) und: einer bestimmt gerichteten Fortbildung eines
sozialen Handelnstyps w i c h t i g ist, um dann die Frage stellen zu können: wie
kommt dies Handeln zustande? welche Motive bestimmen es? Man muß erst wissen:
was ein „König", „Beamter", „Unternehmer", „Zuhälter", „Magier" l e i s t e t:
— welches typische „Handeln" (das allein ja ihn zu einer dieser Kategorien stempelt)
also für die Analyse w i c h t i g ist und in Betracht kommt, ehe man an diese Analyse gehen kann („Wertbezogenheit" im Sinn H. Rickerts). Aber erst diese Analyse
leistet ihrerseits das, was das soziologische Verstehen des Handelns von typisch

differenzierten einzelnen Menschen (und: n u r bei den Menschen) leisten kann und also: soll. Das ungeheure Mißverständnis jedenfalls, als ob eine „indivi-dualistische" M e t h o d e eine (in i r g e n d e i n e m möglichen Sinn) indi-vidualistische W e r t u n g bedeute, ist ebenso auszuschalten, wie die Meinung: der unvermeidlich (relativ) rationalistische Charakter der B e g r i f f s bildung be-deute den Glauben an das V o r w a l t e n rationaler Motive oder gar: eine posi-tive W e r t u n g des „Rationalismus". Auch eine sozialistische Wirtschaft müßte soziologisch genau so „individualistisch", d. h.: aus dem H a n d e l n der E i n-z e l n e n: — der Typen von „Funktionären", die in ihr auftreten, — heraus deutend v e r s t a n d e n werden, wie etwa die Tauschvorgänge durch die Grenznutzlehre (oder eine zu findende „bessere", aber in d i e s e m Punkt ähnliche Methode). Denn stets beginnt auch dort die entscheidende empirisch-soziologische Arbeit erst mit der Frage: welche Motive b e s t i m m t e n und b e s t i m m e n die einzelnen Funktionäre und Glieder dieser „Gemeinschaft", sich so zu verhalten, d a ß sie e n t s t a n d und f o r t b e s t e h t? Alle funktionale (vom „Ganzen" ausge-hende) Begriffsbildung leistet nur V o r arbeit dafür, deren Nutzen und Unentbehr-lichkeit — wenn sie richtig geleistet wird — natürlich unbestreitbar ist.

10. Die „Gesetze", als welche man manche Lehrsätze der verstehenden Sozio-logie zu bezeichnen gewohnt ist, — etwa das Greshamsche „Gesetz" — sind durch Beobachtung erhärtete typische C h a n c e n eines bei Vorliegen gewisser Tatbe-stände zu g e w ä r t i g e n d e n Ablaufes von sozialem Handeln, welche aus typi-schen Motiven und typisch gemeintem Sinn der Handelnden v e r s t ä n d l i c h sind. Verständlich und eindeutig sind sie im Höchstmaß soweit, als rein zweckrationale Motive dem typisch beobachteten Ablauf zugrunde liegen (bzw. dem methodisch konstruierten Typus aus Zweckmäßigkeitsgründen zugrunde gelegt werden) und als dabei die Beziehung zwischen Mittel und Zweck nach Erfahrungssätzen eindeutig ist (beim „unvermeidlichen" Mittel). In diesem Fall ist die Aussage zulässig: daß, w e n n streng zweckrational gehandelt w ü r d e, so u n d n i c h t a n d e r s gehandelt werden m ü ß t e (weil den Beteiligten im Dienste ihrer — eindeutig angebbaren — Zwecke aus „technischen" Gründen nur diese und keine anderen Mittel zur Verfügung stehen). Gerade dieser Fall zeigt zugleich: wie irrig es ist, als d i e letzte „Grundlage" der verstehenden Soziologie irgendeine „Psychologie" anzusehen. Unter „Psychologie" versteht heute jeder etwas anderes. Ganz bestimmte methodische Zwecke rechtfertigen für eine naturwissenschaftliche Behandlung ge-wisser Vorgänge die Trennung vom „Physischen" und „Psychischem", welche in d i e s e m Sinn den Disziplinen vom Handeln fremd ist. Die Ergebnisse einer wirk-lich n u r das im Sinn naturwissenschaftlicher Methodik „Psychische" mit Mitteln der Naturwissenschaft erforschenden und also ihrerseits n i c h t — was etwas ganz andres ist — menschliches Verhalten auf seinen gemeinten S i n n hin deutenden psychologischen Wissenschaft, gleichviel wie sie methodisch geartet sein möge, können natürlich genau ebenso wie diejenigen irgendeiner anderen Wissenschaft, im Einzelfall Bedeutung für eine soziologische Feststellung gewinnen und haben sie oft in hohem Maße. Aber irgendwelche generell näheren Beziehungen als zu allen anderen Disziplinen hat die Soziologie zu ihr n i c h t. Der Irrtum liegt im Begriff des „Psychischen": Was nicht „physisch" sei, sei „psychisch". Aber der S i n n eines Rechenexempels, den jemand meint, ist doch nicht „psychisch". Die rationale Ueberlegung eines Menschen: ob ein bestimmtes Handeln bestimmt gegebenen Inter-essen nach den zu erwartenden Folgen förderlich sei oder nicht und der entsprechend dem Resultat gefaßte Entschluß werden uns nicht um ein Haar verständlicher durch „psychologische" Erwägungen. Gerade auf solchen rationalen Voraussetzungen aber baut die Soziologie (einschließlich der Nationalökonomie) die meisten ihrer „Gesetze" auf. Bei der soziologischen Erklärung von I r r a t i o n a l i t ä t e n des Handelns dagegen kann die v e r s t e h e n d e Psychologie in der Tat unzweifelhaft ent-scheidend wichtige Dienste leisten. Aber das ändert an dem methodologischen Grundsachverhalt nichts.

11. Die Soziologie bildet — wie schon mehrfach als selbstverständlich voraus-gesetzt — T y p e n - Begriffe und sucht g e n e r e l l e Regeln des Geschehens. Im Gegensatz zur Geschichte, welche die kausale Analyse und Zurechnung i n d i-v i d u e l l e r, k u l t u r w i c h t i g e r, Handlungen, Gebilde, Persönlichkeiten er-strebt. Die Begriffsbildung der Soziologie entnimmt ihr M a t e r i a l, als Para-digmata, sehr wesentlich, wenn auch keineswegs ausschließlich, den auch unter den Gesichtspunkten der Geschichte relevanten Realitäten des Handelns. Sie bildet ihre Begriffe und sucht nach ihren Regeln vor allem a u c h unter dem Gesichtspunkt: ob sie damit der historischen kausalen Zurechnung der kulturwichtigen Erschei-nungen einen Dienst leisten kann. Wie bei jeder generalisierenden Wissenschaft bedingt die Eigenart ihrer Abstraktionen es, daß ihre Begriffe gegenüber der kon-kreten Realität des Historischen relativ inhalts l e e r sein müssen. Was sie dafür zu

bieten hat, ist gesteigerte E i n d e u t i g k e i t der Begriffe. Diese gesteigerte Eindeutigkeit ist durch ein möglichstes Optimum von S i n n adäquanz erreicht, wie es die
soziologische Begriffsbildung erstrebt. Diese kann — und das ist bisher vorwiegend berücksichtigt — bei r a t i o n a l e n (wert- oder zweckrationalen) Begriffen
und Regeln besonders vollständig erreicht werden. Aber die Soziologie sucht auch
irrationale (mystische, prophetische, pneumatische, affektuelle) Erscheinungen in
theoretischen und zwar s i n n adäquaten Begriffen zu erfassen. In a l l e n Fällen,
rationalen wie irrationalen, e n t f e r n t sie sich von der Wirklichkeit und dient
der Erkenntnis dieser in der Form: daß durch Angabe des Maßes der A n n ä h e -
r u n g einer historischen Erscheinung an einen oder mehrere dieser Begriffe
diese eingeordnet werden kann. Die gleiche historische Erscheinung kann z. B. in
einem Teil ihrer Bestandteile „feudal", im anderen „patrimonial", in noch anderen
„bureaukratisch", in wieder anderen „charismatisch" geartet sein. Damit mit diesen
Worten etwas E i n d e u t i g e s gemeint sei, muß die Soziologie ihrerseits „reine"
(„I d e a l"-)Typen von Gebilden jener Arten entwerfen, welche je in sich die konsequente Einheit möglichst vollständiger S i n n adäquanz zeigen, eben deshalb aber
in dieser absolut idealen r e i n e n Form vielleicht ebensowenig je in der Realität
auftreten, wie eine physikalische Reaktion, die unter Voraussetzung eines absolut
leeren Raums errechnet ist. Nur vom r e i n e n („Ideal"-)Typus her ist soziologische Kasuistik möglich. Daß die Soziologie außerdem nach Gelegenheit
auch den D u r c h s c h n i t t s - Typus von der Art der empirisch-statistischen
Typen verwendet: — ein Gebilde, welches der methodischen Erläuterung nicht besonders bedarf, versteht sich von selbst. Aber wenn sie von „t y p i s c h e n" Fällen
spricht, meint sie im Zweifel stets den I d e a l typus, der seinerseits rational oder
irrational sein k a n n, zumeist (in der nationalökonomischen Theorie z. B. immer)
rational ist, stets aber s i n n adäquat konstruiert wird.

Man muß sich klar sein, daß auf soziologischem Gebiete „Durchschnitte" und
also „Durchschnittstypen" sich n u r da einigermaßen eindeutig bilden lassen, wo
es sich nur um G r a d unterschiede qualitativ g l e i c h artigen sinnhaft bestimmten Verhaltens handelt. Das kommt vor. In der Mehrzahl der Fälle ist aber das
historisch oder soziologisch relevante Handeln von qualitativ h e t e r o g e n e n
Motiven beeinflußt, zwischen denen ein „Durchschnitt" im eigentlichen Sinn gar
nicht zu ziehen ist. Jene idealtypischen Konstruktionen sozialen Handelns, welche
z. B. die Wirtschaftstheorie vornimmt, sind also in dem Sinn „wirklichkeitsfremd", als
sie — in diesem Fall — durchweg fragen: wie w ü r d e im Fall idealer und dabei
rein wirtschaftlich orientierter Zweckrationalität gehandelt w e r d e n, um so das
reine, durch Traditionshemmungen, Affekte, Irrtümer, Hineinspielen nicht wirtschaftlicher Zwecke oder Rücksichtnahmen mindestens m i t bestimmte Handeln
1. i n s o w e i t verstehen zu können, als es tatsächlich ökonomisch zweckrational
im konkreten Falle m i t bestimmt war, oder — bei Durchschnittsbetrachtung —
zu sein pflegt, 2. aber auch: gerade durch den A b s t a n d seines realen Verlaufes
vom idealtypischen die Erkenntnis seiner w i r k l i c h e n Motive zu erleichtern.
Ganz entsprechend würde eine idealtypische Konstruktion einer konsequenten,
mystisch bedingten, akosmistischen Haltung zum Leben (z. B. zur Politik und
Wirtschaft) zu verfahren haben. Je schärfer und eindeutiger konstruiert die Idealtypen sind: je welt f r e m d e r sie also, in diesem Sinne, sind, desto besser leisten
sie ihren Dienst, terminologisch und klassifikatorisch sowohl wie heuristisch. Die
konkrete kausale Zurechnung von Einzelgeschehnissen durch die Arbeit der Geschichte verfährt der Sache nach nicht anders, wenn sie, um z. B. den Verlauf des
Feldzuges von 1866 zu erklären, sowohl für Moltke wie für Benedek zunächst
(gedanklich) ermittelt (wie sie es schlechthin tun m u ß): wie jeder von ihnen, bei
voller Erkenntnis der eigenen und der Lage des Gegners, im Fall idealer Zweckrationalität disponiert haben w ü r d e, um damit zu vergleichen: wie tatsächlich
disponiert worden ist und dann gerade den beobachteten (sei es durch falsche In-
formation, tatsächlichen Irrtum, Denkfehler, persönliches Temperament oder
außerstrategische Rücksichten bedingten) Abstand kausal zu e r k l ä r e n. Auch
hier ist (latent) eine idealtypische zweckrationale Konstruktion verwendet. —

Idealtypisch sind aber die konstruktiven Begriffe der Soziologie nicht nur äußerlich, sondern auch innerlich. Das r e a l e Handeln verläuft in der großen Masse
seiner Fälle in dumpfer Halbbewußtheit oder Unbewußtheit seines „gemeinten
Sinns". Der Handelnde „fühlt" ihn mehr unbestimmt als daß er ihn wüßte oder
„sich klar machte", handelt in der Mehrzahl der Fälle triebhaft oder gewohnheits-
mäßig. Nur gelegentlich, und bei massenhaft gleichartigem Handeln oft nur von
Einzelnen, wird ein (sei es rationaler, sei es irrationaler) Sinn des Handelns in das
Bewußtsein gehoben. Wirklich effektiv, d. h. voll bewußt und klar, sinnhaftes
Handeln ist in der Realität stets nur ein Grenzfall. Auf diesen Tatbestand wird jede
historische und soziologische Betrachtung bei Analyse der R e a l i t ä t stets Rück-

sicht zu nehmen haben. Aber das darf nicht hindern, daß die Soziologie ihre B e - g r i f f e durch Klassifikation des möglichen „gemeinten Sinns" bildet, also so, als ob das Handeln tatsächlich bewußt sinnorientiert verliefe. Den Abstand gegen die Realität hat sie jederzeit, wenn es sich um die Betrachtung dieser in ihrer Konkret- heit handelt, in Betracht zu ziehen und nach Maß und Art festzustellen.

Man hat eben methodisch sehr oft nur die Wahl zwischen unklaren oder klaren, aber dann irrealen und „idealtypischen", Termini. In diesem Fall aber sind die letz- teren wissenschaftlich vorzuziehen. (S. über all dies Arch. f. Sozialwiss. XIX a. a. O.)

II. Begriff des sozialen Handelns.

1. Soziales Handeln (einschließlich des Unterlassens oder Duldens) kann orien- tiert werden am vergangenen, gegenwärtigen oder für künftig erwarteten Verhalten anderer (Rache für frühere Angriffe, Abwehr gegenwärtigen Angriffs, Verteidigungs- maßregeln gegen künftige Angriffe). Die „anderen" können Einzelne und Bekannte oder unbestimmt Viele und ganz Unbekannte sein („Geld" z. B. bedeutet ein Tausch- gut, welches der Handelnde beim Tausch deshalb annimmt, weil er sein Handeln an der Erwartung orientiert, daß sehr zahlreiche, aber unbekannte und unbestimmt viele Andre es ihrerseits künftig in Tausch zu nehmen bereit sein werden).

2. Nicht jede Art von Handeln — auch von äußerlichem Handeln — ist „soziales" Handeln im hier festgehaltenen Wortsinn. Aeußeres Handeln dann nicht, wenn es sich lediglich an den Erwartungen des Verhaltens sachlicher Objekte orientiert. Das innere Sichverhalten ist soziales Handeln nur dann, wenn es sich am Verhalten anderer orientiert. Religiöses Verhalten z. B. dann nicht, wenn es Kontemplation, einsames Gebet usw. bleibt. Das Wirtschaften (eines Einzelnen) erst dann und nur insofern, als es das Verhalten Dritter mit in Betracht zieht. Ganz allgemein und formal also schon: indem es auf die Respektierung der eignen faktischen Verfügungs- gewalt über wirtschaftliche Güter durch Dritte reflektiert. In materialer Hinsicht: indem es z. B. beim Konsum den künftigen Begehr Dritter mitberücksichtigt und die Art des eignen „Sparens" daran mitorientiert. Oder indem es bei der Produktion einen künftigen Begehr Dritter zur Grundlage seiner Orientierung macht usw.

3. Nicht jede Art von Berührung von Menschen ist sozialen Charakters, sondern nur ein sinnhaft am Verhalten des andern orientiertes eignes Verhalten. Ein Zu- sammenprall zweier Radfahrer z. B. ist ein bloßes Ereignis wie ein Naturgeschehen. Wohl aber wäre ihr Versuch, dem andern auszuweichen und die auf den Zusammen- prall folgende Schimpferei, Prügelei oder friedliche Erörterung „soziales Handeln".

4. Soziales Handeln ist weder identisch a) mit einem g l e i c h m ä ß i g e n Handeln mehrerer noch b) mit jedem durch das Verhalten anderer b e e i n f l u ß t e n Handeln. a) Wenn auf der Straße eine Menge Menschen beim Beginn eines Regens gleichzeitig den Regenschirm aufspannen, so ist (normalerweise) das Handeln des einen nicht an dem des andern orientiert, sondern das Handeln aller gleichartig an dem Bedürfnis nach Schutz gegen die Nässe. — b) Es ist bekannt, daß das Handeln des einzelnen durch die bloße Tatsache, daß er sich innerhalb einer örtlich zusammen- gedrängten „Masse" befindet, stark beeinflußt wird (Gegenstand der „massenpsycho- logischen" Forschung, z. B. von der Art der Arbeiten Le Bon's): massen b e d i n g t e s Handeln. Und auch zerstreute Massen können durch ein simultan oder sukzessiv auf den einzelnen (z. B. durch Vermittlung der Presse) wirkendes und als solches empfundenes Verhalten Vieler das Verhalten der Einzelnen massenbedingt werden lassen. Bestimmte Arten des Reagierens werden durch die bloße Tatsache, daß der Einzelne sich als Teil einer „Masse" fühlt, erst ermöglicht, andre erschwert. Infolge- dessen kann dann ein bestimmtes Ereignis oder menschliches Verhalten Empfindungen der verschiedensten Art: Heiterkeit, Wut, Begeisterung, Verzweiflung und Leiden- schaften aller Art hervorrufen, welche bei Vereinzelung nicht (oder nicht so leicht) als Folge eintreten würden, — ohne daß doch dabei (in vielen Fällen wenigstens) zwischen dem Verhalten des einzelnen und der Tatsache seiner Massenlage eine s i n n h a f t e Beziehung bestände. Ein derart durch das Wirken der bloßen Tat- sache der „Masse" rein als solcher in seinem Ablauf nur reaktiv verursachtes oder mitverursachtes, nicht auch darauf sinnhaft b e z o g e n e s Handeln würde be- grifflich nicht „soziales Handeln" im hier festgehaltenen Wortsinn sein. Indessen ist der Unterschied natürlich höchst flüssig. Denn nicht nur z. B. beim Demagogen, sondern oft auch beim Massenpublikum selbst kann dabei ein verschieden großes und verschieden deutbares Maß von Sinnbeziehung zum Tatbestand der „Masse" bestehen. — Ferner würde bloße „Nachahmung" fremden Handelns (auf deren Bedeutung G. Tarde berechtigtes Gewicht legt) nicht s p e z i f i s c h „soziales Handeln" sein, wenn sie lediglich reaktiv, ohne sinnhafte Orientierung des eigenen an dem fremden Handeln, erfolgt. Die Grenze ist derart flüssig, daß eine Unterscheidung oft kaum möglich erscheint. Die bloße Tatsache aber, daß jemand

eine ihm zweckmäßig scheinende Einrichtung, die er bei anderen kennen lernte, nun auch bei sich trifft, ist nicht in unserem Sinn: soziales Handeln. Nicht a m Verhalten des andern orientiert sich dies Handeln, sondern d u r c h Beobachtung dieses Verhaltens hat der Handelnde bestimmte objektive Chancen kennen gelernt und an d i e s e n orientiert er sich. Sein Handeln ist k a u s a l, nicht aber sinnhaft, durch fremdes Handeln bestimmt. Wird dagegen z. B. fremdes Handeln nachgeahmt, weil es „Mode" ist, als traditional, mustergültig oder als ständisch „vornehm" gilt, oder aus ähnlichen Gründen, so liegt die Sinnbezogenheit — entweder: auf das Verhalten der Nachgeahmten, oder: Dritter, oder: beider — vor. Dazwischen liegen naturgemäß Uebergänge. Beide Fälle: Massenbedingtheit und Nachahmung sind flüssig und Grenzfälle sozialen Handelns, wie sie noch oft, z. B. beim traditionalen Handeln (§ 2) begegnen werden. Der Grund der Flüssigkeit liegt in diesen wie anderen Fällen darin, daß die Orientierung an fremdem Verhalten und der Sinn des eigenen Handelns ja keineswegs immer eindeutig feststellbar oder auch nur b e w u ß t und noch seltener: vollständig bewußt ist. Bloße „Beeinflussung" und sinnhafte „Orientierung" sind schon um deswillen nicht immer sicher zu scheiden. Aber begrifflich sind sie zu trennen, obwohl, selbstredend, die nur „reaktive" Nachahmung m i n d e s t e n s die gleiche soziologische T r a g w e i t e hat wie diejenige, welche „soziales Handeln" im eigentlichen Sinn darstellt. Die Soziologie hat es eben keineswegs n u r mit „sozialem Handeln" zu tun, sondern dieses bildet nur (für die hier betriebene Art von Soziologie) ihren zentralen Tatbestand, denjenigen, der für sie als Wissenschaft sozusagen k o n s t i t u t i v ist. Keineswegs aber ist damit über die W i c h t i g k e i t dieses im Verhältnis zu anderen Tatbeständen etwas ausgesagt.

§ 2. Wie jedes Handeln kann auch das soziale Handeln bestimmt sein 1. z w e c k- r a t i o n a l: durch Erwartungen des Verhaltens von Gegenständen der Außenwelt und von anderen Menschen und unter Benutzung dieser Erwartungen als „Bedingungen" oder als „Mittel" für rational, als Erfolg, erstrebte und abgewogene eigne Z w e c k e, — 2. w e r t r a t i o n a l: durch bewußten Glauben an den — ethischen, ästhetischen, religiösen oder wie immer sonst zu deutenden — unbedingten E i g e n wert eines bestimmten Sichverhaltens rein als solchen und unabhängig vom Erfolg, — 3. a f f e k t u e l l, insbesondere e m o t i o n a l: durch aktuelle Affekte und Gefühlslagen, — 4. t r a d i t i o n a l: durch eingelebte Gewohnheit.

1. Das streng traditionale Verhalten steht — ganz ebenso wie die rein reaktive Nachahmung (s. vorigen §) — ganz und gar an der Grenze und oft jenseits dessen, was man ein „sinnhaft" orientiertes Handeln überhaupt nennen kann. Denn es ist sehr oft nur ein dumpfes, in der Richtung der einmal eingelebten Einstellung ablaufendes Reagieren auf gewohnte Reize. Die Masse alles eingelebten Alltagshandelns nähert sich diesem Typus, der nicht nur als Grenzfall in die Systematik gehört, sondern auch deshalb, weil (wovon später) die Bindung an das Gewohnte in verschiedenem Grade und Sinne bewußt aufrecht erhalten werden kann: in diesem Fall nähert sich dieser Typus dem von Nr. 2.
2. Das streng affektuelle Sichverhalten steht ebenso an der Grenze und oft jenseits dessen, was bewußt „sinnhaft" orientiert ist; es kann hemmungsloses Reagieren auf einen außeralltäglichen Reiz sein. Eine S u b l i m i e r u n g ist es, wenn das affektuell bedingte Handeln als b e w u ß t e Entladung der Gefühlslage auftritt; es befindet sich dann meist (nicht immer) schon auf dem Wege zur „Wertrationalisierung" oder zum Zweckhandeln oder zu beiden.
3. Affektuelle und wertrationale Orientierung des Handelns unterscheiden sich durch die bewußte Herausarbeitung der letzten Richtpunkte des Handelns und durch k o n s e q u e n t e planvolle Orientierung daran bei dem letzteren. Sonst haben sie gemeinsam: daß für sie der Sinn des Handelns nicht in dem jenseits seiner liegenden Erfolg, sondern in dem bestimmt gearteten Handeln als solchem liegt. Affektuell handelt, wer sein Bedürfnis nach aktueller Rache, aktuellem Genuß, aktueller Hingabe, aktueller kontemplativer Seligkeit oder nach Abreaktion aktueller Affekte (gleichviel wie massiver oder wie sublimer Art) befriedigt.
R e i n wertrational handelt, wer ohne Rücksicht auf die vorauszusehenden Folgen handelt im Dienst seiner Ueberzeugung von dem, was Pflicht, Würde, Schönheit, religiöse Weisung, Pietät, oder die Wichtigkeit einer „Sache" gleichviel welcher Art ihm zu gebieten scheinen. Stets ist (im Sinn unserer Terminologie) wertrationales Handeln ein Handeln nach „Geboten" oder gemäß „Forderungen", die der Handelnde an sich gestellt glaubt. Nur soweit menschliches Handeln sich an solchen

Forderungen orientiert — was stets nur in einem sehr verschieden großen, meist ziemlich bescheidenen, Bruchteil der Fall ist — wollen wir von Wertrationalität reden. Wie sich zeigen wird, kommt ihr Bedeutung genug zu, um sie als Sondertyp herauszuheben, obwohl hier im übrigen nicht eine irgendwie erschöpfende Klassifikation der Typen des Handelns zu geben versucht wird.

4. Zweckrational handelt, wer sein Handeln nach Zweck, Mittel und Nebenfolgen orientiert und dabei sowohl die Mittel gegen die Zwecke, wie die Zwecke gegen die Nebenfolgen, wie endlich auch die verschiedenen möglichen Zwecke gegeneinander rational a b w ä g t: also jedenfalls w e d e r affektuell (und insbesondere nicht emotional) n o c h traditional handelt. Die Entscheidung zwischen konkurrierenden und kollidierenden Zwecken und Folgen kann dabei ihrerseits w e r t rational orientiert sein: dann ist das Handeln nur in seinen Mitteln zweckrational. Oder es kann der Handelnde die konkurrierenden und kollidierenden Zwecke ohne wertrationale Orientierung an „Geboten" und „Forderungen" einfach als gegebene subjektive Bedürfnisregungen in eine bewußt von ihm a b g e w o g e n e Dringlichkeit bringen und darnach sein Handeln so orientieren, daß sie in dieser Reihenfolge nach Möglichkeit befriedigt werden (Prinzip des „Grenznutzens"). Die wertrationale Orientierung des Handelns kann also zur zweckrationalen in verschiedenartigen Beziehungen stehen. Vom Standpunkt der Zweckrationalität aus aber ist Wertrationalität immer, und zwar je mehr sie den Wert, an dem das Handeln orientiert wird, zum absoluten Wert steigert, desto mehr: i r r a t i o n a l, weil sie ja um so weniger auf die Folgen des Handelns reflektiert, je unbedingter allein dessen E i g e n wert (reine Gesinnung, Schönheit, absolute Güte, absolute Pflichtmäßigkeit) für sie in Betracht kommt. A b s o l u t e Zweckrationalität des Handelns ist aber auch nur ein im wesentlichen konstruktiver Grenzfall.

5. Sehr selten ist Handeln, insbesondere soziales Handeln, n u r in der einen o d e r der andren Art orientiert. Ebenso sind diese Arten der Orientierung natürlich in gar keiner Weise erschöpfende Klassifikationen der Arten der Orientierung des Handelns, sondern für soziologische Zwecke geschaffene, begrifflich reine Typen, denen sich das reale Handeln mehr oder minder annähert oder aus denen es — noch häufiger — gemischt ist. Ihre Zweckmäßigkeit für u n s kann nur der Erfolg ergeben.

§ 3. Soziale „Beziehung" soll ein seinem Sinngehalt nach aufeinander gegenseitig e i n g e s t e l l t e s und dadurch orientiertes Sichverhalten mehrerer heißen. Die soziale Beziehung b e s t e h t also durchaus und ganz ausschließlich: in der C h a n c e, daß in einer (sinnhaft) angebbaren Art sozial gehandelt wird, einerlei zunächst: worauf diese Chance beruht.

1. Ein Mindestmaß von Beziehung des b e i d e r seitigen Handelns a u f e i n a n d e r soll also Begriffsmerkmal sein. Der Inhalt kann der allerverschiedenste sein: Kampf, Feindschaft, Geschlechtsliebe, Freundschaft, Pietät, Marktaustausch, „Erfüllung" oder „Umgehung" oder „Bruch" einer Vereinbarung, ökonomische oder erotische oder andre „Konkurrenz", ständische oder nationale oder Klassengemeinschaft (f a l l s diese letzteren Tatbestände über bloße Gemeinsamkeiten hinaus „soziales Handeln" erzeugen, — wovon später). Der Begriff besagt also n i c h t s darüber: ob „Solidarität" der Handelnden besteht oder das gerade Gegenteil.

2. Stets handelt es sich um den im Einzelfall wirklich oder durchschnittlich oder im konstruierten „reinen" Typus von den Beteiligten g e m e i n t e n, empirischen, Sinngehalt, niemals um einen normativ „richtigen", oder metaphysisch „wahren" Sinn. Die soziale Beziehung b e s t e h t, auch wenn es sich um sogenannte „soziale Gebilde", wie „Staat", „Kirche", „Genossenschaft", „Ehe" usw. handelt, ausschließlich und lediglich in der C h a n c e, daß ein seinem Sinngehalt nach in angebbarer Art aufeinander eingestelltes Handeln stattfand, stattfindet oder stattfinden wird. Dies ist immer festzuhalten, um eine „substanzielle" Auffassung dieser Begriffe zu vermeiden. Ein „Staat" hört z. B. soziologisch zu „existieren" dann auf, sobald die C h a n c e, daß bestimmte Arten von sinnhaft orientiertem sozialen Handeln ablaufen, geschwunden ist. Diese Chance kann eine sehr große oder eine verschwindend geringe sein. In dem Sinn und M a ß e, als sie tatsächlich (schätzungsweise) bestand oder besteht, bestand oder besteht auch die betreffende soziale Beziehung. Ein anderer k l a r e r Sinn ist mit der Aussage: daß z. B. ein bestimmter „Staat" noch oder nicht mehr „existiere", schlechthin nicht zu verbinden.

3. Es ist in keiner Art gesagt: daß die an dem aufeinander eingestellten Handeln Beteiligten im Einzelfall den g l e i c h e n Sinngehalt in die soziale Beziehung legen oder sich sinnhaft entsprechend der Einstellung des Gegenpartners innerlich zu ihm einstellen, daß also in d i e s e m Sinn „Gegenseitigkeit" besteht. „Freundschaft", „Liebe", „Pietät", „Vertragstreue", „nationales Gemeinschaftsgefühl"

von der einen Seite kann auf durchaus andersartige Einstellungen der anderen Seite
stoßen. Dann verbinden eben die Beteiligten mit ihrem Handeln einen verschiedenen
Sinn: die soziale Beziehung ist insoweit von beiden Seiten objektiv „einseitig". Aufeinander bezogen ist sie aber auch dann insofern, als der Handelnde vom Partner
(vielleicht ganz oder teilweise irrigerweise) eine bestimmte Einstellung dieses letzteren
ihm (dem Handelnden) gegenüber v o r a u s s e t z t und an diesen Erwartungen
sein eigenes Handeln orientiert, was für den Ablauf des Handelns und die Gestaltung
der Beziehung Konsequenzen haben kann und meist wird. Objektiv „beiderseitig"
ist sie natürlich nur insoweit, als der Sinngehalt einander — nach den durchschnittlichen E r w a r t u n g e n jedes der Beteiligten — „entspricht", also z. B. der
Vatereinstellung die Kindeseinstellung wenigstens annähernd so gegenübersteht,
wie der Vater dies (im Einzelfall oder durchschnittlich oder typisch) erwartet. Eine
völlig und restlos auf gegenseitiger sinn e n t s p r e c h e n d e r Einstellung ruhende
soziale Beziehung ist in der Realität nur ein Grenzfall. Fehlen der Beiderseitigkeit
aber soll, nach unserer Terminologie, die Existenz einer „sozialen Beziehung" nur
dann ausschließen, wenn sie die Folge hat: daß ein Aufeinander b e z o g e n s e i n
des beiderseitigen Handelns tatsächlich fehlt. Alle Arten von Uebergängen sind hier
wie sonst in der Realität die Regel.

4. Eine soziale Beziehung kann ganz vorübergehenden Charakters sein oder aber
auf Dauer, d. h. derart eingestellt sein: daß die Chance einer kontinuierlichen W i e -
d e r k e h r eines sinnentsprechenden (d. h. dafür geltenden und demgemäß erwarteten) Verhaltens besteht. N u r das Vorliegen dieser Chance: — der mehr oder
minder großen W a h r s c h e i n l i c h k e i t also, daß ein sinnentsprechendes
Handeln stattfindet und n i c h t s darüber hinaus — bedeutet den „B e s t a n d" der
sozialen Beziehung, was zur Vermeidung falscher Vorstellungen stets gegenwärtig
zu halten ist. Daß eine „Freundschaft" oder daß ein „Staat" b e s t e h t oder bestand, bedeutet also ausschließlich und allein: wir (die B e t r a c h t e n d e n)
urteilen, daß eine C h a n c e vorliegt oder vorlag: daß auf Grund einer bestimmt
gearteten Einstellung bestimmter Menschen in einer nach einem d u r c h s c h n i t t -
l i c h g e m e i n t e n Sinn noch angebbaren Art g e h a n d e l t wird, und sonst
gar nichts (vgl. Nr. 2 a. E.). Die für die j u r i s t i s c h e Betrachtung unvermeidliche
Alternative: daß ein R e c h t s satz bestimmten Sinnes entweder (im Rechtssinn)
gelte oder nicht, ein R e c h t s verhältnis entweder bestehe oder nicht, gilt für
die soziologische Betrachtung also n i c h t.

5. Der Sinngehalt einer sozialen Beziehung kann wechseln: — z. B. eine politische Beziehung aus Solidarität in Interessenkollision umschlagen. Es ist dann nur
eine Frage der terminologischen Zweckmäßigkeit und des Maßes von K o n t i n u i -
t ä t der Wandlung, ob man in solchen Fällen sagt: daß eine „neue" Beziehung gestiftet sei oder: daß die fortbestehende alte einen neuen „Sinngehalt" erhalten habe.
Auch kann der Sinngehalt zum Teil perennierend, zum Teil wandelbar sein.

6. Der Sinngehalt, welcher eine soziale Beziehung p e r e n n i e r e n d konstituiert, kann in „Maximen" formulierbar sein, deren durchschnittliche oder sinnhaft annähernde Innehaltung die Beteiligten von dem oder den Partnern e r w a r t e n
und an denen sie ihrerseits (durchschnittlich und annähernd) ihr Handeln orientieren.
Je rationaler — zweckrationaler oder wertrationaler — orientiert das betreffende
Handeln seinem allgemeinen Charakter nach ist, desto mehr ist dies der Fall. Bei
einer erotischen oder überhaupt affektuellen (z. B. einer „Pietäts"-)Beziehung ist
die Möglichkeit einer rationalen Formulierung des gemeinten Sinngehalts z. B.
naturgemäß weit geringer als etwa bei einem geschäftlichen Kontraktverhältnis.

7. Der Sinngehalt einer sozialen Beziehung kann durch gegenseitige Zusage
v e r e i n b a r t sein. Dies bedeutet: daß die daran Beteiligten für ihr künftiges
Verhalten (sei es zu einander sei es sonst) V e r s p r e c h u n g e n machen. Jeder
daran Beteiligte zählt dann — soweit er rational erwägt — zunächst (mit verschiedener Sicherheit) normalerweise darauf, daß der a n d r e sein Handeln an einem
von ihm (dem Handelnden) selbst verstandenen Sinn der Vereinbarung orientieren
werde. Er orientiert sein eignes Handeln teils zweckrational (je nachdem mehr oder
minder sinnhaft „loyal") an dieser Erwartung, teils wertrational an der „Pflicht"
auch seinerseits die eingegangene Vereinbarung dem von ihm gemeinten Sinn gemäß zu „halten". Soviel hier vorweg. Im übrigen vgl. § 9 und § 13.

§ 4. Es lassen sich innerhalb des sozialen Handelns tatsächliche Regelmäßigkeiten beobachten, d. h. in einem typisch gleichartig g e m e i n t e n S i n n beim
gleichen Handelnden sich wiederholende oder (eventuell auch: zugleich) bei zahlreichen Handelnden verbreitete Abläufe von Handeln. Mit diesen T y p e n des
Ablaufs von Handeln befaßt sich die Soziologie, im Gegensatz zur Geschichte als
der kausalen Zurechnung wichtiger, d. h. schicksalhafter, Einzelzusammenhänge,

Eine tatsächlich bestehende Chance einer Regelmäßigkeit der Einstellung sozialen Handelns soll heißen Brauch, wenn und soweit die Chance ihres Bestehens innerhalb eines Kreises von Menschen lediglich durch tatsächliche Uebung gegeben ist. Brauch soll heißen Sitte, wenn die tatsächliche Uebung auf langer Eingelebtheit beruht. Sie soll dagegen bezeichnet werden als „bedingt durch Interessenlage" („interessenbedingt"), wenn und soweit die Chance ihres empirischen Bestandes lediglich durch rein zweckrationale Orientierung des Handelns der einzelnen an gleichartigen Erwartungen bedingt ist.

1. Zum Brauch gehört auch die „Mode". „Mode" im Gegensatz zu „Sitte" soll Brauch dann heißen, wenn (gerade umgekehrt wie bei Sitte) die Tatsache der Neuheit des betreffenden Verhaltens Quelle der Orientierung des Handelns daran wird. Sie hat ihre Stätte in der Nachbarschaft der „Konvention", da sie wie (meist) diese ständischen Prestigeinteressen entspringt. Hier wird sie nicht näher behandelt.

2. „Sitte" soll uns eine im Gegensatz zu „Konvention" und „Recht" nicht äußerlich garantierte Regel heißen, an welche sich der Handelnde freiwillig, sei es einfach „gedankenlos" oder aus „Bequemlichkeit" oder aus welchen Gründen immer, tatsächlich hält und deren wahrscheinliche Innehaltung er von andern diesem Menschenkreis Angehörigen aus diesen Gründen gewärtigen kann. Sitte in diesem Sinn wäre also nichts „Geltendes": es wird von niemandem „verlangt", daß er sie mitmache. Der Uebergang von da zur geltenden Konvention und zum Recht ist natürlich absolut flüssig. Ueberall ist das tatsächlich Hergebrachte der Vater des Geltenden gewesen. Es ist heute „Sitte", daß wir am Morgen ein Frühstück ungefähr angebbarer Art zu uns nehmen; aber irgendeine „Verbindlichkeit" dazu besteht (außer für Hotelbesucher) nicht; und es war nicht immer Sitte. Dagegen ist die Art der Bekleidung, auch wo sie aus „Sitte" entstanden ist, heut in weitem Umfang nicht mehr nur Sitte, sondern Konvention. Ueber Brauch und Sitte sind die betreffenden Abschnitte aus Jherings „Zweck im Recht" (Band II) noch heut lesenswert. Vgl. auch K. Oertmann, Rechtsregelung und Verkehrssitte (1914) und neustens: E. Weigelin, Sitte, Recht und Moral, 1919 (übereinstimmend mit mir gegen Stammler).

3. Zahlreiche höchst auffallende Regelmäßigkeiten des Ablaufs sozialen Handelns, insbesondere (aber nicht nur) des wirtschaftlichen Handelns, beruhen keineswegs auf Orientierung an irgendeiner als „geltend" vorgestellten Norm, aber auch nicht auf Sitte, sondern lediglich darauf: daß die Art des sozialen Handelns der Beteiligten, der Natur der Sache nach, ihren normalen, subjektiv eingeschätzten, Interessen so am durchschnittlich besten entspricht und daß sie an dieser subjektiven Ansicht und Kenntnis ihr Handeln orientieren: so etwa Regelmäßigkeiten der Preisbildung bei „freiem" Markt. Die Marktinteressenten orientieren eben ihr Verhalten, als „Mittel", an eigenen typischen subjektiven wirtschaftlichen Interessen als „Zweck" und an den ebenfalls typischen Erwartungen, die sie vom voraussichtlichen Verhalten der anderen hegen, als „Bedingungen", jenen Zweck zu erreichen. Indem sie derart, je strenger zweckrational sie handeln, desto ähnlicher auf gegebene Situationen reagieren, entstehen Gleichartigkeiten, Regelmäßigkeiten und Kontinuitäten der Einstellung und des Handelns, welche sehr oft weit stabiler sind, als wenn Handeln sich an Normen und Pflichten orientiert, die einem Kreise von Menschen tatsächlich für „verbindlich" gelten. Diese Erscheinung: daß Orientierung an der nackten eigenen und fremden Interessenlage Wirkungen hervorbringt, welche jenen gleichstehen, die durch Normierung — und zwar sehr oft vergeblich — zu erzwingen gesucht werden, hat insbesondere auf wirtschaftlichem Gebiet große Aufmerksamkeit erregt — sie war geradezu eine der Quellen des Entstehens der Nationalökonomie als Wissenschaft. Sie gilt aber von allen Gebieten des Handelns in ähnlicher Art. Sie bildet in ihrer Bewußtheit und inneren Ungebundenheit den polaren Gegensatz gegen jede Art von innerer Bindung durch Einfügung in bloße eingelebte „Sitte", wie andererseits gegen Hingabe an wertrational geglaubte Normen. Eine wesentliche Komponente der „Rationalisierung" des Handelns ist der Ersatz der inneren Einfügung in eingelebte Sitte durch die planmäßige Anpassung an Interessenlagen. Freilich erschöpft dieser Vorgang den Begriff der „Rationalisierung" des Handelns nicht. Denn außerdem kann diese positiv in der Richtung der bewußten Wertrationalisierung, negativ aber außer auf Kosten der Sitte auch auf Kosten affektuellen Handelns, und endlich auch zugunsten eines wertungläubigen, rein zweckrationalen, auf Kosten wertrational gebundenen

Handelns verlaufen. Diese V i e l d e u t i g k e i t des Begriffs der „Rationalisierung"
des Handelns wird uns noch öfter beschäftigen. (Begriffliches dazu am S c h l u ß!)

4. Die Stabilität der (bloßen) S i t t e beruht wesentlich darauf, daß derjenige,
welcher sein Handeln nicht an ihr orientiert, „unangepaßt" handelt, d. h. kleine
und große Unbequemlichkeiten und Unzuträglichkeiten mit in den Kauf nehmen muß,
so lange das Handeln der Mehrzahl seiner Umwelt nun einmal mit dem Bestehen der
Sitte rechnet und darauf eingestellt ist.

Die Stabilität der I n t e r e s s e n l a g e beruht, ähnlich, darauf, daß, wer
sein Handeln nicht an dem Interesse der andern orientiert, — *mit diesen nicht „rechnet"* — deren Widerstand herausfordert oder einen von ihm nicht gewollten und
nicht vorausgesehenen Erfolg hat und also Gefahr läuft, an eigenem Interesse Schaden
zu nehmen.

§ 5. Handeln, insbesondre soziales Handeln und wiederum insbesondre eine
soziale Beziehung, können von seiten der Beteiligten an der V o r s t e l l u n g
vom Bestehen einer l e g i t i m e n O r d n u n g orientiert werden. Die Chance,
daß dies tatsächlich geschieht, soll „Geltung" der betreffenden Ordnung heißen.

1. „Gelten" einer O r d n u n g soll uns also mehr bedeuten als eine bloße,
durch Sitte oder Interessenlage bedingte Regelmäßigkeit eines Ablaufs sozialen
Handelns. Wenn Möbeltransportgesellschaften regelmäßig um die Zeit der Um-
zugstermine inserieren, so ist diese Regelmäßigkeit durch „Interessenlage" bedingt.
Wenn ein Höker zu bestimmten Monats- oder Wochentagen eine bestimmte Kundschaft aufsucht, so ist das entweder eingelebte Sitte oder ebenfalls Produkt seiner
Interessenlage (Turnus in seinem Erwerbssprengel). Wenn ein Beamter aber
täglich zur festen Stunde auf dem Büro erscheint, so ist das (auch, aber:) nicht
n u r durch eingelebte Gewöhnung (Sitte) und (auch, aber:) nicht n u r durch
eigene Interessenlage bedingt, die er nach Belieben nachleben könnte oder nicht. Sondern (in der Regel: auch) durch das „Gelten" der Ordnung (Dienstreglement) als
Gebot, dessen Verletzung nicht nur Nachteile brächte, sondern — normalerweise —
auch von seinem „Pflichtgefühl" wertrational (wenn auch in höchst verschiedenem
Maße wirksam) perhorresziert wird.

2. Einen Sinngehalt einer sozialen Beziehung wollen wir a) nur dann eine „Ordnung" nennen, wenn das Handeln an angebbaren „Maximen" (durchschnittlich
und annähernd) orientiert wird. Wir wollen b) nur dann von einem „Gelten" dieser
Ordnung sprechen, wenn diese tatsächliche Orientierung an jenen Maximen mindestens a u c h (also in einem praktisch ins Gewicht fallenden Maß) deshalb erfolgt,
weil sie als irgendwie f ü r das Handeln geltend: verbindlich oder vorbildlich, angesehen werden. Tatsächlich findet die Orientierung des Handelns an einer Ordnung
naturgemäß bei den Beteiligten aus sehr verschiedenen Motiven statt. Aber der Umstand, daß n e b e n den andern Motiven die Ordnung mindestens einem Teil der
Handelnden auch als vorbildlich oder verbindlich und also gelten s o l l e n d vor-
schwebt, steigert naturgemäß die Chance, daß das Handeln an ihr orientiert wird, und
zwar oft in sehr bedeutendem Maße. Eine n u r aus zweckrationalen Motiven inne-
gehaltene Ordnung ist im allgemeinen weit labiler als die lediglich kraft Sitte, infolge
der Eingelebtheit eines Verhaltens, erfolgende Orientierung an dieser: die von allen
häufigste Art der inneren Haltung. Aber sie ist noch ungleich labiler als eine mit
dem Prestige der Vorbildlichkeit oder Verbindlichkeit, wir wollen sagen: der „L e g i-
t i m i t ä t", auftretende. Die Uebergänge von der bloß traditional oder bloß zweckrational motivierten Orientierung an einer Ordnung zum Legitimitäts-Glauben
sind natürlich in der Realität durchaus flüssig.

3. An der Geltung einer Ordnung „orientieren" kann man sein Handeln nicht
nur durch „Befolgung" ihres (durchschnittlich verstandenen) Sinnes. Auch im
Fall der „Umgehung" oder „Verletzung" ihres (durchschnittlich verstandenen) Sinnes
kann die Chance ihrer in irgendeinem Umfang bestehenden Geltung (als verbind-
liche Norm) w i r k e n. Zunächst rein zweckrational. Der Dieb orientiert an der
„Geltung" des Strafgesetzes sein Handeln: indem er es verhehlt. Daß die Ordnung
innerhalb eines Menschenkreises „gilt", äußert sich eben darin, daß er den Verstoß
verhehlen m u ß. Aber von diesem Grenzfall abgesehen: sehr häufig beschränkt
sich die Verletzung der Ordnung auf mehr oder minder zahlreiche Partialverstöße,
oder sie sucht sich, mit verschiedenem Maß von Gutgläubigkeit, als legitim hinzu-
stellen. Oder es bestehen tatsächlich verschiedene Auffassungen des Sinnes der Ordnung nebeneinander, die dann — für die Soziologie — jede in dem Umfang „gelten",
als sie das tatsächliche Verhalten bestimmen. Es macht der Soziologie keine Schwierigkeiten, das Nebeneinandergelten verschiedener, einander w i d e r s p r e c h e n-
d e r Ordnungen innerhalb des gleichen Menschenkreises anzuerkennen. Denn sogar
der Einzelne kann sein Handeln an einander widersprechenden Ordnungen orientieren.

Nicht nur sukzessiv, wie es alltäglich geschieht, sondern auch durch die gleiche Handlung. Wer einen Zweikampf vollzieht, orientiert sein Handeln am Ehrenkodex, indem er aber dies Handeln verhehlt oder umgekehrt: sich dem Gericht stellt, am Strafgesetzbuch. Wenn freilich Umgehung oder Verletzung des (durchschnittlich geglaubten) Sinns einer Ordnung zur R e g e l geworden sind, so „gilt" die Ordnung eben nur noch begrenzt oder schließlich gar nicht mehr. Zwischen Geltung und Nichtgeltung einer bestimmten Ordnung besteht also für die Soziologie nicht, wie für die Jurisprudenz (nach deren unvermeidlichem Zweck) absolute Alternative. Sondern es bestehen flüssige Uebergänge zwischen beiden Fällen und es können, wie bemerkt, einander widersprechende Ordnungen nebeneinander „gelten", jede — heißt dies dann — in dem Umfang, als die C h a n c e besteht, daß das Handeln t a t s ä c h l i c h an ihr orientiert wird.

Kenner der Literatur werden sich an die Rolle erinnern, welche der Begriff der „Ordnung" in R. Stammlers zweifellos — wie alle seine Arbeiten — glänzend geschriebenem, aber gründlich verfehltem und die Probleme verhängnisvoll verwirrendem, in der Vorbemerkung zitiertem Buch spielt. (Vgl. dazu meine ebendort zitierte — im Verdruß über die angerichtete Verwirrung leider in der Form etwas scharf geratene — Kritik). Bei Stammler ist nicht nur das empirische und das normative Gelten nicht geschieden, sondern überdies verkannt, daß das soziale Handeln sich nicht n u r an „Ordnungen" orientiert; vor allem aber ist in logisch völlig verfehlter Weise die Ordnung zur „Form" des sozialen Handelns gemacht und dann in eine ähnliche Rolle zum „Inhalt" gerückt, wie sie die „Form" im erkenntnistheoretischen Sinn spielt (von andern Irrtümern ganz abgesehen). Tatsächlich orientiert sich z. B. das (primär) wirtschaftliche Handeln (K. II) an der Vorstellung von der Knappheit bestimmter verfügbarer Mittel der Bedarfsbefriedigung im Verhältnis zum (vorgestellten) Bedarf und an dem gegenwärtigen und für künftig vorausgesehenen Handeln Dritter, die auf die gleichen Mittel reflektieren; d a b e i aber orientiert es sich natürlich a u ß e r d e m in der W a h l seiner „wirtschaftlichen" Maßregeln an jenen „Ordnungen", welche der Handelnde als Gesetze und Konventionen „geltend" weiß, d. h. von denen er weiß, daß ein bestimmtes Reagieren Dritter im Fall ihrer Verletzung eintreten wird. Diesen höchst einfachen empirischen Sachverhalt hat Stammler in der hoffnungslosesten Weise verwirrt und insbesondere ein Kausalverhältnis zwischen „Ordnung" und realem Handeln für begrifflich unmöglich erklärt. Zwischen dem juristisch-dogmatischen, normativen Gelten der Ordnung und einem empirischen Vorgang gibt es ja in der Tat kein Kausalverhältnis, sondern nur die Frage: wird der empirische Vorgang von der (r i c h t i g interpretierten) Ordnung juristisch „betroffen"? s o l l sie also (normativ) f ü r ihn gelten? und, wenn ja, was sagt sie als für ihn normativ geltend s o l l e n d aus? Zwischen der C h a n c e aber, daß an der V o r s t e l l u n g vom Gelten einer durchschnittlich so und so verstandenen Ordnung das Handeln orientiert wird, und dem wirtschaftlichen Handeln besteht selbstverständlich (gegebenenfalls) ein Kausalverhältnis im ganz gewöhnlichen Sinn des Worts. Für die Soziologie aber „i s t" eben lediglich jene Chance der Orientierung an dieser V o r s t e l l u n g „die" geltende Ordnung.

§ 6. Die Legitimität einer Ordnung kann g a r a n t i e r t sein:
I. rein innerlich und zwar
   1. rein affektuell: durch gefühlsmäßige Hingabe;
   2. wertrational: durch Glauben an ihre absolute Geltung als Ausdruck letzter verpflichtender Werte (sittlicher, ästhetischer oder irgendwelcher anderer);
   3. religiös: durch den Glauben an die Abhängigkeit eines Heilsgüterbesitzes von ihrer Innehaltung;
II. auch (oder: nur) durch Erwartungen spezifischer äußerer Folgen, also: durch Interessenlage; aber: durch Erwartungen von besonderer A r t.

Eine Ordnung soll heißen:

a) K o n v e n t i o n, wenn ihre Geltung äußerlich garantiert ist durch die Chance, bei Abweichung innerhalb eines angebbaren Menschenkreises auf eine (relativ) allgemeine und praktisch fühlbare M i ß b i l l i g u n g zu stoßen, —

b) R e c h t, wenn sie äußerlich garantiert ist durch die Chance (physischen oder psychischen) Z w a n g e s durch ein auf Erzwingung der Innehaltung oder Ahndung der Verletzung gerichtetes Handeln eines e i g e n s darauf eingestellten S t a b e s von Menschen.

Ueber Konvention s. neben Jhering a. a. O. Weigelin a. a. O. und F. T ö n n i e s, Die Sitte (1909).

1. Konvention soll die innerhalb eines Menschenkreises als „geltend" gebilligte und durch Mißbilligung gegen Abweichungen garantierte „Sitte" heißen. Im Gegensatz zum Recht (im hier gebrauchten Sinn des Worts) fehlt der speziell auf die Erzwingung eingestellte Menschenstab. Wenn Stammler die Konvention vom Recht durch die absolute „Freiwilligkeit" der Unterwerfung scheiden will, so ist das nicht im Einklang mit dem üblichen Sprachgebrauch und auch für seine eigenen Beispiele nicht zutreffend. Die Befolgung der „Konvention" (im üblichen Wortsinn) — etwa: des üblichen Grüßens, der anständig geltenden Bekleidung, der Schranken des Verkehrs nach Form und Inhalt — wird dem einzelnen als verbindlich oder vorbildlich durchaus ernstlich „zugemutet" und durchaus nicht, — wie etwa die bloße „Sitte", seine Speisen in bestimmter Art zu bereiten, — freigestellt. Ein Verstoß gegen die Konvention („Standessitte") wird oft durch die höchst wirksame und empfindliche Folge des sozialen Boykotts der Standesgenossen stärker geahndet als irgendein Rechtszwang dies vermöchte. Was fehlt, ist lediglich der besondere, auf ein spezifisches, die Innehaltung garantierendes Handeln eingestellte Stab von Menschen (bei uns: Richter, Staatsanwälte, Verwaltungsbeamte, Exekutoren usw.). Aber der Uebergang ist flüssig. Der Grenzfall der konventionellen Garantie einer Ordnung im Uebergang zur Rechtsgarantie ist die Anwendung des förmlichen, angedrohten und organisierten Boykotts. Dieser wäre für unsre Terminologie bereits ein Rechtszwangsmittel. Daß die Konvention außer durch die bloße Mißbilligung auch durch andre Mittel (etwa: Gebrauch des Hausrechts bei konventionswidrigem Verhalten) geschützt wird, interessiert hier nicht. Denn entscheidend ist: daß eben dann der einzelne, und zwar infolge der konventionellen Mißbilligung, diese (oft drastischen) Zwangsmittel anwendet, nicht: ein Stab von Menschen eigens dafür bereit steht.

2. Uns soll für den Begriff „Recht" (der für andre Zwecke ganz anders abgegrenzt werden mag) die Existenz eines Erzwingungs-Stabes entscheidend sein. Dieser braucht natürlich in keiner Art dem zu gleichen, was wir heute gewohnt sind. Insbesondere ist es nicht nötig, daß eine „richterliche" Instanz vorhanden sei. Auch die Sippe (bei der Blutrache und Fehde) ist ein solcher Stab, wenn für die Art ihres Reagierens Ordnungen irgendwelcher Art tatsächlich gelten. Allerdings steht dieser Fall auf der äußersten Grenze dessen, was gerade noch als „Rechtszwang" anzusprechen ist. Dem „Völkerrecht" ist bekanntlich die Qualität als „Recht" immer wieder bestritten worden, weil es an einer überstaatlichen Zwangsgewalt fehle. Für die hier (als zweckmäßig) gewählte Terminologie würde in der Tat eine Ordnung, die äußerlich lediglich durch Erwartungen der Mißbilligung und der Repressalien des Geschädigten, also konventionell und durch Interessenlage, garantiert ist, ohne daß ein Stab von Menschen existiert, dessen Handeln eigens auf ihre Innehaltung eingestellt ist, nicht als „Recht" zu bezeichnen sein. Für die juristische Terminologie kann dennoch sehr wohl das Gegenteil gelten. Die Mittel des Zwangs sind irrelevant. Auch die „brüderliche Vermahnung", welche in manchen Sekten als erstes Mittel sanften Zwangs gegen Sünder üblich war, gehört — wenn nur eine Regel geordnet und durch einen Menschenstab durchgeführt — dahin. Ebenso z. B. die zensorische Rüge als Mittel, „sittliche" Normen des Verhaltens zu garantieren. Erst recht also der psychische Zwang durch die eigentlichen kirchlichen Zuchtmittel. Es gibt also natürlich ganz ebenso wie ein hierokratisch oder ein durch Vereinsstatuten oder durch Hausautorität oder durch Genossenschaften und Einungen garantiertes „Recht". Auch die Regeln eines „Komments" gelten dieser Begriffsbestimmung als „Recht". Der Fall des § 888 Abs. 2 RZPO. (unvollstreckbare Rechte) gehört selbstverständlich dahin. Die „leges imperfectae" und die „Naturalobligationen" sind Formen der Rechtssprache, in welchen indirekt Schranken oder Bedingungen der Zwangsanwendung ausgedrückt werden. Eine zwangsmäßig oktroyierte „Verkehrssitte" ist insoweit Recht (§§ 157, 242 BGB.). Vgl. über den Begriff der „guten Sitte" (= billigenswerte und daher vom Recht sanktionierte Sitte) Max Rümelin in der „Schwäb. Heimatgabe für Th. Häring" (1918).

3. Nicht jede geltende Ordnung hat notwendig generellen und abstrakten Charakter. Geltender „Rechtssatz" und „Rechtsentscheidung" eines konkreten Falles z. B. waren keineswegs unter allen Umständen so voneinander geschieden, wie wir dies heute als normal ansehen. Eine „Ordnung" kann also auch als Ordnung lediglich eines konkreten Sachverhalts auftreten. Alles Nähere gehört in die Rechtssoziologie. Wir werden vorerst, wo nichts andres gesagt ist, zweckmäßigerweise mit der modernen Vorstellungsweise über die Beziehung von Rechtssatz und Rechtsentscheidung arbeiten.

4. „Aeußerlich" garantierte Ordnungen können außerdem auch noch „innerlich" garantiert sein. Die Beziehung zwischen Recht, Konvention und „Ethik" ist für die Soziologie kein Problem. Ein „ethischer" Maßstab ist für sie ein solcher, der eine

spezifische Art von wertrationalem G l a u b e n von Menschen als Norm an menschliches Handeln legt, welches das Prädikat des „sittlich Guten" in Anspruch nimmt, ebenso wie Handeln, welches das Prädikat „schön" in Anspruch nimmt, dadurch an ästhetischen Maßstäben sich mißt. Ethische Normvorstellungen in diesem Sinn können das Handeln sehr tiefgehend beeinflussen und doch jeder äußeren Garantie entbehren. Letzteres pflegt dann der Fall zu sein, wenn durch ihre Verletzung fremde Interessen wenig berührt werden. Sie sind andrerseits sehr oft religiös garantiert. Sie können aber auch (im Sinn der hier gebrauchten Terminologie) konventionell: durch Mißbilligung der Verletzung und Boykott oder auch noch rechtlich, durch strafrechtliche oder polizeiliche Reaktion oder zivilrechtliche Konsequenzen, garantiert sein. Jede tatsächlich — im Sinn der Soziologie — „geltende" Ethik pflegt weitgehend durch die Chance der Mißbilligung ihrer Verletzung, also: konventionell, garantiert zu sein. Andrerseits beanspruchen aber nicht (mindestens: nicht notwendig) alle konventionell oder rechtlich garantierten Ordnungen den Charakter e t h i s c h e r Normen, die rechtlichen — oft rein zweckrational gesatzten — im Ganzen noch weit weniger als die konventionellen. O b eine unter Menschen verbreitete Geltungsvorstellung als dem Bereich der „Ethik" angehörig anzusehen ist oder nicht (also „bloße" Konvention oder „bloße" Rechtsnorm ist), kann für die empirische S o z i o l o g i e nicht anders als nach demjenigen Begriff des „Ethischen" entschieden werden, der in dem in Frage stehenden Menschenkreise t a t s ä c h l i c h galt oder gilt. Allgemeines läßt sich darüber deshalb f ü r s i e nicht aussagen.

§ 7. L e g i t i m e Geltung kann einer Ordnung von den Handelnden zugeschrieben werden:

a) kraft T r a d i t i o n : Geltung des immer Gewesenen;

b) kraft a f f e k t u e l l e n (insbesondere: emotionalen) Glaubens: Geltung des neu Offenbarten oder des Vorbildlichen;

c) kraft w e r t r a t i o n a l e n Glaubens: Geltung des als absolut gültig Erschlossenen;

d) kraft positiver Satzung, an deren L e g a l i t ä t geglaubt wird.

Diese Legalität kann als legitim gelten

α) kraft Vereinbarung der Interessenten für diese;

β) kraft Oktroyierung auf Grund einer als legitim geltenden Herrschaft von Menschen über Menschen und Fügsamkeit.

Alles Nähere gehört (vorbehaltlich einiger noch weiter zu definierender Begriffe) in die Herrschafts- und Rechtssoziologie. Hier sei nur bemerkt:

1. Die Geltung von Ordnungen kraft Heilighaltung der Tradition ist die universellste und ursprünglichste. Angst vor magischen Nachteilen verstärkte die psychische Hemmung gegenüber jeder Aenderung eingelebter Gepflogenheiten des Handelns und die mannigfachen Interessen, welche sich an die Erhaltung der Fügsamkeit in die einmal geltende Ordnung zu knüpfen pflegen, wirkten im Sinn ihrer Erhaltung. Darüber später in Kap. III.

2. B e w u ß t e Neuschöpfungen von Ordnungen waren ursprünglich fast stets prophetische Orakel oder mindestens prophetisch sanktionierte und als solche heilig geglaubte Verkündigungen, bis herab zu den Statuten der hellenischen Aisymneten. Die Fügsamkeit hing dann am Glauben an die Legitimation des Propheten. Ohne Neuoffenbarung von Ordnungen war in Epochen der strengen Traditionalismus die Entstehung neuer Ordnungen, d. h. solcher, die als „neu" a n g e s e h e n wurden, nur so möglich, daß diese als in Wahrheit von jeher geltend und nur noch nicht r i c h t i g erkannt oder als zeitweise verdunkelt und nunmehr wieder e n t d e c k t behandelt wurden.

3. Der reinste Typus der wertrationalen Geltung wird durch das „Naturrecht" dargestellt. Wie begrenzt auch immer gegenüber seinen idealen Ansprüchen, so ist doch ein nicht ganz geringes Maß von realem Einfluß seiner logisch erschlossenen Sätze auf das Handeln nicht zu bestreiten und sind diese sowohl von dem offenbarten wie vom gesatzten wie vom traditionalen Recht zu scheiden.

4. Die heute geläufigste Legitimitätsform ist der L e g a l i t ä t s glaube: die Fügsamkeit gegenüber f o r m a l korrekt und in der üblichen Form zustandegekommenen Satzungen. Der Gegensatz paktierter und oktroyierter Ordnungen ist dabei nur relativ. Denn sobald die Geltung einer paktierten Ordnung nicht auf e i n m ü t i g e r Vereinbarung beruht, — wie dies in der Vergangenheit oft für erforderlich zur wirklichen Legitimität gehalten wurde, — sondern innerhalb eines Kreises von Menschen auf tatsächlicher Fügsamkeit abweichend Wollender gegenüber

2*

Majoritäten — wie es sehr oft der Fall ist, — dann liegt tatsächlich eine Oktroyierung gegenüber der Minderheit vor. Der Fall andrerseits, daß gewaltsame oder doch rücksichtslosere und zielbewußtere Minderheiten Ordnungen oktroyieren, die dann auch den ursprünglich Widerstrebenden als legitim gelten, ist überaus häufig. Soweit „Abstimmungen" als Mittel der Schaffung oder Aenderung von Ordnungen legal sind, ist es sehr häufig, daß der Minderheitswille die formale Mehrheit erlangt und die Mehrheit sich fügt, also: die Majorisierung nur Schein ist. Der Glaube an die Legalität paktierter Ordnungen reicht ziemlich weit zurück und findet sich zuweilen auch bei sog. Naturvölkern: fast stets aber ergänzt durch die Autorität von Orakeln.

5. Die Fügsamkeit gegenüber der Oktroyierung von Ordnungen durch einzelne oder mehrere setzt, soweit nicht bloße Furcht oder zweckrationale Motive dafür entscheidend sind, sondern Legalitätsvorstellungen bestehen, den Glauben an eine in irgendeinem Sinn legitime **Herrschafts**gewalt des oder der Oktroyierenden voraus, wovon daher gesondert zu handeln ist (§§ 13, 16 und K. III).

6. In aller Regel ist Fügsamkeit in Ordnungen außer durch Interessenlagen der allerverschiedensten Art durch eine Mischung von Traditionsgebundenheit und Legalitätsvorstellung bedingt, soweit es sich nicht um ganz neue Satzungen handelt. In sehr vielen Fällen ist den fügsam Handelnden dabei natürlich nicht einmal bewußt, ob es sich um Sitte, Konvention oder Recht handelt. Die Soziologie hat dann die **typische** Art der Geltung zu ermitteln.

§ 8. **Kampf** soll eine soziale Beziehung insoweit heißen, als das Handeln an der Absicht der Durchsetzung des eignen Willens gegen Widerstand des oder der Partner orientiert ist. „Friedliche" Kampfmittel sollen solche heißen, welche nicht in aktueller physischer Gewaltsamkeit bestehen. Der „friedliche" Kampf soll „Konkurrenz" heißen, wenn er als formal friedliche Bewerbung um eigne Verfügungsgewalt über Chancen geführt wird, die auch andre begehren. „Geregelte Konkurrenz" soll eine Konkurrenz insoweit heißen, als sie in Zielen und Mitteln sich an einer Ordnung orientiert. Der ohne sinnhafte Kampfabsicht **gegen** einander stattfindende (latente) Existenzkampf menschlicher Individuen oder Typen um Lebens- oder Ueberlebenschancen soll „Auslese" heißen: „soziale Auslese", sofern es sich um Chancen Lebender im Leben, „biologische Auslese", sofern es sich um Ueberlebenschancen von Erbgut handelt.

1. Vom blutigen, auf Vernichtung des Lebens des Gegners abzielenden, jede Bindung an Kampfregeln ablehnenden Kampf bis zum konventionell geregelten Ritterkampf (Heroldsruf vor der Schlacht von Fontenoy: „Messieurs les Anglais, tirez les premiers") und zum geregelten Kampfspiel (Sport), von der regellosen „Konkurrenz" etwa erotischer Bewerber um die Gunst einer Frau, dem an die Ordnung des Marktes gebundenen Konkurrenzkampf um Tauschchancen bis zu geregelten künstlerischen „Konkurrenzen" oder zum „Wahlkampf" gibt es die allerverschiedensten lückenlosen Uebergänge. Die begriffliche Absonderung des gewaltsamen Kampfes rechtfertigt sich durch die Eigenart der ihm normalen Mittel und die daraus folgenden Besonderheiten der soziologischen Konsequenzen seines Eintretens (s. K. II und später).

2. Jedes typisch und massenhaft stattfindende Kämpfen und Konkurrieren führt trotz noch so vieler ausschlaggebender Zufälle und Schicksale doch auf die Dauer im Resultat zu einer „Auslese" derjenigen, welche die für den Sieg im Kampf durchschnittlich wichtigen persönlichen Qualitäten in stärkerem Maße besitzen. Welches diese Qualitäten sind: ob mehr physische Kraft oder skrupelfreie Verschlagenheit, mehr Intensität geistiger Leistungs- oder Lungenkraft und Demagogentechnik, mehr Devotion gegen Vorgesetzte oder gegen umschmeichelte Massen, mehr originale Leistungsfähigkeit oder mehr soziale Anpassungsfähigkeit, mehr Qualitäten, die als außergewöhnlich oder solche, die als nicht über dem Massendurchschnitt stehend gelten: — darüber entscheiden die Kampf- und Konkurrenzbedingungen, zu denen, neben allen denkbaren individuellen und Massenqualitäten auch jene **Ordnungen** gehören, an denen sich, sei es traditional sei es wertrational oder zweckrational, das Verhalten im Kampf orientiert. **Jede** von ihnen beeinflußt die Chancen der sozialen Auslese. Nicht **jede** soziale Auslese ist in unsrem Sinn „Kampf". „Soziale Auslese" bedeutet vielmehr zunächst nur: daß bestimmte Typen des Sichverhaltens und also, eventuell, der persönlichen Qualitäten, bevorzugt sind in der Möglichkeit der Gewinnung einer bestimmten sozialen **Beziehung** (als „Geliebter", „Ehemann", „Abgeordneter", „Beamter", „Bauleiter", „Generaldirektor" „erfolgreicher Unternehmer" usw.). Ob diese soziale Vorzugschance durch „Kampf"

realisiert wird, ferner aber: ob sie auch die biologische U e b e r l e b e n s c h a n c e des Typus verbessert oder das Gegenteil, darüber sagt sie an sich nichts aus.

Nur wo wirklich K o n k u r r e n z stattfindet, wollen wir von „Kampf" sprechen. Nur im Sinn von „Auslese" ist der Kampf tatsächlich, nach aller bisherigen Erfahrung, und nur im Sinn von b i o l o g i s c h e r Auslese ist er p r i n z i p i e l l unausschaltbar. „Ewig" ist die Auslese deshalb, weil sich kein Mittel ersinnen läßt, sie völlig auszuschalten. Eine pazifistische Ordnung strengster Observanz kann immer nur Kampfmittel, Kampfobjekte und Kampfrichtung im Sinn der Ausschaltung bestimmter von ihnen regeln. Das bedeutet: daß a n d e r e Kampfmittel zum Siege in der (offenen) Konkurrenz oder — wenn man sich (was nur utopistisch-theoretisch möglich wäre) auch diese beseitigt denkt — dann immer noch in der (latenten) Auslese um Lebens- und Ueberlebenschancen führen und diejenigen begünstigen, denen sie, gleichviel ob als Erbgut oder Erziehungsprodukt, zur Verfügung stehen. Die soziale Auslese bildet empirisch, die biologische prinzipiell, die Schranke der Ausschaltung des Kampfes.

3. Zu scheiden von dem Kampf der e i n z e l n e n um Lebens- und Ueberlebenschancen ist natürlich „Kampf" und „Auslese" sozialer B e z i e h u n g e n. Nur in einem übertragenen Sinn kann man hier diese Begriffe anwenden. Denn „Beziehungen" e x i s t i e r e n ja nur als menschliches H a n d e l n bestimmten Sinngehalts. Und eine „Auslese" oder ein „Kampf" zwischen ihnen bedeutet also: daß eine bestimmte Art von Handeln durch eine andere, sei es der gleichen oder anderer Menschen, im Lauf der Zeit v e r d r ä n g t wird. Dies ist in verschiedener A r t möglich. Menschliches Handeln kann sich a) b e w u ß t darauf richten: bestimmte konkrete, oder: generell bestimmt geordnete, soziale Beziehungen d. h. das ihrem Sinngehalt entsprechend ablaufende H a n d e l n zu s t ö r e n oder im Entstehen oder Fortbestehen zu verhindern (einen „Staat" durch Krieg oder Revolution oder eine „Verschwörung" durch blutige Unterdrückung, „Konkubinate" durch polizeiliche Maßnahmen, „wucherische" Geschäftsbeziehungen durch Versagung des Rechtsschutzes und Bestrafung), oder durch Prämierung des Bestehens der einen Kategorie zuungunsten der andern bewußt zu beeinflussen: Einzelne sowohl wie viele verbundene Einzelne können sich derartige Ziele setzen. Es kann aber auch b) der ungewollte Nebenerfolg des Ablaufs sozialen Handelns und der dafür maßgebenden Bedingungen aller Art sein: daß bestimmte konkrete, oder bestimmt geartete, Beziehungen (d. h. stets: das betreffende H a n d e l n) eine abnehmende Chance haben, fortzubestehen oder neu zu entstehen. Alle natürlichen und Kultur-Bedingungen jeglicher Art wirken im Fall der Veränderung in irgendeiner Weise dahin, solche Chancen für die allerverschiedensten Arten sozialer Beziehungen zu verschieben. Es ist jedermann unbenommen, auch in solchen Fällen von einer „Auslese" der sozialen Beziehungen — z. B. der staatlichen Verbände — zu reden, in dem der „Stärkere" (im Sinn des „Angepaßteren") siege. Nur ist festzuhalten, daß diese sog. „Auslese" mit der Auslese der Menschen t y p e n weder im sozialen noch im biologischen Sinn etwas zu tun hat, daß in jedem einzelnen Fall nach dem G r u n d e zu fragen ist, der die Verschiebung der Chancen für die eine oder die andere Form des sozialen Handelns und der sozialen Beziehungen bewirkt, oder eine soziale Beziehung gesprengt, oder ihr die Fortexistenz gegenüber andern gestattet hat, und daß diese Gründe so mannigfaltig sind, daß ein einheitlicher Ausdruck dafür unpassend erscheint. Es besteht dabei stets die Gefahr: unkontrollierte W e r t u n g e n in die empirische Forschung zu tragen und vor allem: Apologie des im Einzelfall oft rein individuell bedingten, also in diesem Sinn des Wortes: „zufälligen", E r f o l g e s zu treiben. Die letzten Jahre brachten und bringen davon mehr als zuviel. Denn das oft durch rein konkrete Gründe bedingte Ausgeschaltetwerden einer (konkreten oder qualitativ spezifizierten) sozialen Beziehung beweist ja an sich noch nicht einmal etwas gegen ihre g e n e r e l l e „Angepaßtheit".

§ 9. „Vergemeinschaftung" soll eine soziale Beziehung heißen, wenn und soweit die Einstellung des sozialen Handelns — im Einzelfall oder im Durchschnitt oder im reinen Typus — auf subjektiv g e f ü h l t e r (affektueller oder traditionaler) Z u s a m m e n g e h ö r i g k e i t der Beteiligten beruht.

„Vergesellschaftung" soll eine soziale Beziehung heißen, wenn und soweit die Einstellung des sozialen Handelns auf rational (wert- oder zweckrational) motiviertem Interessen a u s g l e i c h oder auf ebenso motivierter Interessen v e r b i n d u n g beruht. Vergesellschaftung kann typisch insbesondere (aber nicht: nur) auf rationaler V e r e i n b a r u n g durch gegenseitige Zusage beruhen. Dann wird das vergesellschaftete Handeln im Rationalitätsfall orientiert a) wertrational an dem Glauben an die e i g e n e Verbindlichkeit, — b) zweckrational an der Erwartung der Loyalität des P a r t n e r s.

1. Die Terminologie erinnert an die von F. Tönnies in seinem grundlegenden Werk: Gemeinschaft und Gesellschaft, vorgenommene Unterscheidung. Doch hat T. für seine Zwecke dieser Unterscheidung alsbald einen wesentlich spezifischeren Inhalt gegeben, als hier für unsre Zwecke nützlich wäre. Die reinsten Typen der Vergesellschaftung sind a) der streng zweckrationale, frei paktierte T a u s c h auf dem Markt: — ein aktuelles Kompromiß entgegengesetzt, aber komplementär Interessierter; — b) der reine, frei paktierte Z w e c k v e r e i n, eine nach Absicht und Mitteln rein auf Verfolgung sachlicher (ökonomischer oder anderer) Interessen der Mitglieder abgestellte Vereinbarung kontinuierlichen Handelns, — c) der wertrational motivierte G e s i n n u n g s v e r e i n: die rationale Sekte, insoweit, als sie von der Pflege emotionaler und affektueller Interessen absieht und nur der „Sache" dienen will (was freilich nur in besondern Fällen in ganz reinem Typus vorkommt).
2. V e r g e m e i n s c h a f t u n g kann auf jeder Art von affektueller oder emotionaler oder aber traditionaler Grundlage ruhen: eine pneumatische Brüdergemeinde, eine erotische Beziehung, ein Pietätsverhältnis, eine „nationale" Gemeinschaft, eine kameradschaftlich zusammenhaltende Truppe. Den Typus gibt am bequemsten die Familiengemeinschaft ab. Die große Mehrzahl sozialer Beziehungen aber hat t e i l s den Charakter der Vergemeinschaftung, t e i l s den der Vergesellschaftung. Jede noch so zweckrationale und nüchtern geschaffene und abgezweckte soziale Beziehung (Kundschaft z. B.) k a n n Gefühlswerte stiften, welche über den gewillkürten Zweck hinausgreifen. Jede über ein aktuelles Zweckvereinshandeln hinausgehende, also auf längere Dauer eingestellte, soziale Beziehungen zwischen den gleichen Personen herstellende und nicht von vornherein auf sachliche Einzelleistungen begrenzte Vergesellschaftung — wie etwa die Vergesellschaftung im gleichen Heeresverband, in der gleichen Schulklasse, im gleichen Kontor, der gleichen Werkstatt — neigt, in freilich höchst verschiedenem Grade, irgendwie dazu. Ebenso kann umgekehrt eine soziale Beziehung, deren normaler Sinn Vergemeinschaftung ist, von allen oder einigen Beteiligten ganz oder teilweise zweckrational orientiert werden. Wie weit z. B. ein Familienverband von den Beteiligten als „Gemeinschaft" gefühlt oder als „Vergesellschaftung" ausgenutzt wird, ist sehr verschieden. Der Begriff der „Vergemeinschaftung" ist hier absichtlich noch ganz allgemein und also: sehr heterogene Tatbestände umfassend, definiert.
3. Vergemeinschaftung ist dem gemeinten Sinn nach normalerweise der radikalste Gegensatz gegen „K a m p f". Dies darf nicht darüber täuschen, daß tatsächlich Vergewaltigung jeder Art innerhalb auch der intimsten Vergemeinschaftungen gegenüber dem seelisch Nachgiebigeren durchaus normal ist, und daß die „Auslese" der Typen innerhalb der Gemeinschaften ganz ebenso stattfindet und zur Verschiedenheit der durch sie gestifteten Lebens- und Ueberlebenschancen führt wie irgendwo sonst. Vergesellschaftungen andrerseits sind sehr oft l e d i g l i c h Kompromisse widerstreitender Interessen, welche nur einen T e i l des Kampfgegenstandes oder der Kampfmittel ausschalten (oder: dies doch versuchen), den Interessengegensatz selbst und die K o n k u r r e n z um die Chancen im übrigen aber bestehen lassen. „Kampf" und Gemeinschaft sind relative Begriffe; der Kampf gestaltet sich eben sehr verschieden, je nach den Mitteln (gewaltsame oder „friedliche") und der Rücksichtslosigkeit ihrer Anwendung. Und jede wie immer geartete Ordnung sozialen Handelns läßt, wie gesagt, die reine tatsächliche A u s l e s e im Wettbewerb der verschiedenen Menschentypen um die Lebenschancen irgendwie bestehen.
4. Keineswegs jede Gemeinsam k e i t der Qualitäten, der Situation oder des Verhaltens i s t eine Vergemeinschaftung. Z. B. bedeutet die Gemeinsamkeit von solchem biologischen Erbgut, welches als „Rassen"-Merkmal angesehen wird, an sich natürlich noch keinerlei Vergemeinschaftung der dadurch Ausgezeichneten. Durch Beschränkung des commercium und connubium seitens der Umwelt können sie in eine gleichartige — dieser Umwelt gegenüber isolierte — Situation geraten. Aber auch wenn sie auf diese Situation gleichartig reagieren, so ist dies noch keine Vergemeinschaftung, und auch das bloße „Gefühl" für die gemeinsame Lage und deren Folgen erzeugt sie noch nicht. Erst wenn sie auf Grund dieses Gefühls ihr Verhalten irgendwie a n einander o r i e n t i e r e n, entsteht eine soziale Beziehung zwischen ihnen — nicht nur: jedes von ihnen zur Umwelt — und erst soweit diese eine gefühlte Zusammengehörigkeit dokumentiert, „Gemeinschaft". Bei den Juden z. B. ist dies — außerhalb der zionistisch orientierten Kreise und des Handelns einiger anderer Vergesellschaftungen für jüdische Interessen — nur in relativ sehr geringem Maße der Fall, wird von ihnen vielfach geradezu abgelehnt. Gemeinsamkeit der S p r a c h e, geschaffen durch gleichartige Tradition von seiten der Familie und

Nachbarumwelt, erleichtert das gegenseitige Verstehen, also die Stiftung aller sozialer Beziehungen, im höchsten Grade. Aber an sich bedeutet sie noch keine Vergemeinschaftung, sondern nur die Erleichterung des Verkehrs innerhalb der betreffenden Gruppen, also: der Entstehung von Vergesellschaftungen. Zunächst: zwischen den e i n z e l n e n und n i c h t in deren Eigenschaft als Sprachgenossen, sondern als Interessenten sonstiger Art: die Orientierung an den Regeln der gemeinsamen Sprache ist primär also nur Mittel der Verständigung, nicht Sinngehalt von sozialen Beziehungen. Erst die Entstehung bewußter Gegensätze gegen Dritte kann für die an der Sprachgemeinsamkeit Beteiligten eine gleichartige Situation, Gemeinschaftsgefühl und Vergesellschaftungen, deren bewußter Existenzgrund die gemeinsame Sprache ist, stiften. — Die Beteiligung an einem „Markt" (Begriff s. K. II) ist wiederum anders geartet. Sie stiftet Vergesellschaftung zwischen den einzelnen Tauschpartnern und eine soziale Beziehung (vor allem: „Konkurrenz") zwischen den Tauschreflektanten, die gegenseitig ihr Verhalten aneinander orientieren müssen. Aber darüber hinaus entsteht Vergesellschaftung nur, soweit etwa einige Beteiligte zum Zweck erfolgreicheren Preiskampfs, oder: sie alle zu Zwecken der Regelung und Sicherung des Verkehrs, Vereinbarungen treffen. (Der Markt und die auf ihm ruhende Verkehrswirtschaft ist im übrigen der wichtigste Typus der gegenseitigen Beeinflussung des Handelns durch nackte I n t e r e s s e n l a g e , wie sie der modernen Wirtschaft charakteristisch ist.)

§ 10. Eine soziale Beziehung (gleichviel ob Vergemeinschaftung oder Vergesellschaftung) soll nach außen „o f f e n" heißen, wenn und insoweit die Teilnahme an dem an ihrem Sinngehalt orientierten gegenseitigen sozialen Handeln, welches sie konstituiert, nach ihren geltenden Ordnungen niemand verwehrt wird, der dazu tatsächlich in der Lage und geneigt ist. Dagegen nach außen „g e s c h l o s s e n" dann, insoweit und in dem Grade, als ihr Sinngehalt oder ihre geltenden Ordnungen die Teilnahme ausschließen oder beschränken oder an Bedingungen knüpfen. Offenheit und Geschlossenheit können traditionell oder affektuell oder wert- oder zweckrational bedingt sein. Die r a t i o n a l e Schließung insbesondere durch folgenden Sachverhalt: Eine soziale Beziehung kann den Beteiligten Chancen der Befriedigung innerer oder äußerer Interessen eröffnen, sei es dem Zweck oder dem Erfolg nach, sei es durch solidarisches Handeln oder durch Interessenausgleich. Wenn die Beteiligten von ihrer Propagierung eine Verbesserung ihrer eigenen Chancen nach Maß, Art, Sicherung oder Wert erwarten, so sind sie an Offenheit, wenn umgekehrt von deren Monopolisierung, so sind sie an Schließung nach a u ß e n interessiert.

Eine geschlossene soziale Beziehung kann monopolisierte Chancen den Beteiligten a) f r e i oder b) nach Maß und Art r e g u l i e r t oder rationiert oder c) den einzelnen oder Gruppen von ihnen dauernd und relativ oder völlig unentziehbar a p p r o p r i i e r t garantieren (Schließung nach i n n e n). Appropriierte Chancen sollen „Rechte" heißen. Die Appropriation kann gemäß der Ordnung 1) an die an bestimmten Gemeinschaften und Gesellschaften — z. B. Hausgemeinschaften — Beteiligten oder 2) an Einzelne und in diesem Fall a: rein persönlich oder b: so erfolgen, daß im Todesfall ein oder mehrere durch eine soziale Beziehung oder durch Gebürtigkeit (Verwandtschaft) mit dem bisherigen Genießer der Chance Verbundenen oder der oder die von ihm zu bezeichnenden Anderen in die appropriierten Chancen einrücken (erbliche Appropriation). Sie kann endlich 3) so erfolgen, daß der Genießer die Chance a): bestimmten oder endlich b): daß er sie beliebigen anderen durch Vereinbarung mehr oder minder frei abtreten kann (veräußerliche Appropriation). Der an einer geschlossenen Beziehung Beteiligte soll G e n o s s e , im Fall der Regulierung der Beteiligung aber, sofern diese ihm Chancen appropriiert, R e c h t s g e n o s s e genannt werden. Erblich an Einzelne oder an erbliche Gemeinschaften oder Gesellschaften appropriierte Chancen sollen: E i g e n t u m (der einzelnen oder der betreffenden Gemeinschaften oder Gesellschaften), veräußerlich appropriierte: f r e i e s Eigentum heißen.

Die scheinbar nutzlos „mühselige" Definition dieser Tatbestände ist ein Beispiel dafür: daß gerade das „Selbstverständliche" (weil anschaulich Eingelebte) am wenigsten „gedacht" zu werden pflegt.

1. a) Traditional geschlossen pflegen z. B. Gemeinschaften zu sein, deren Zugehörigkeit sich auf Familienbeziehungen gründet.

b) Affektuell geschlossen zu sein pflegen persönliche Gefühlsbeziehungen (z. B. erotische oder — oft — pietätsmäßige).

c) Wertrational (relativ) geschlossen pflegen strikte Glaubensgemeinschaften zu sein.

d) Zweckrational typisch geschlossen sind ökonomische Verbände mit monopolistischem oder plutokratischem Charakter.

Einige Beispiele beliebig herausgegriffen:

Offenheit oder Geschlossenheit einer aktuellen Sprachvergesellschaftung hängt von dem Sinngehalt ab (Konversation im Gegensatz zu intimer oder geschäftlicher Mitteilung). — Die Marktbeziehung pflegt primär wenigstens oft offen zu sein. — Bei zahlreichen Vergemeinschaftungen und Vergesellschaftungen beobachten wir einen W e c h s e l zwischen Propagierung und Schließung. So z. B. bei den Zünften, den demokratischen Städten der Antike und des Mittelalters, deren Mitglieder zeitweise, im Interesse der Sicherung ihrer Chancen durch Macht, die möglichste Vermehrung, zu anderen Zeiten, im Interesse des Wertes ihres Monopols, Begrenzung der Mitgliedschaft erstrebten. Ebenso nicht selten bei Mönchsgemeinschaften und Sekten, die von religiöser Propaganda zur Abschließung im Interesse der Hochhaltung des ethischen Standards oder auch aus materiellen Gründen übergingen. Verbreiterung des Marktes im Interesse vermehrten Umsatzes und monopolistische Begrenzung des Marktes stehen ähnlich nebeneinander. Sprachpropaganda findet sich heute als normale Folge der Verleger- und Schriftsteller-Interessen gegenüber den früher nicht seltenen ständisch geschlossenen und Geheimsprachen.

2. Das Maß und die Mittel der Regulierung und Schließung nach außen können sehr verschieden sein, so daß der Uebergang von Offenheit zu Reguliertheit und Geschlossenheit flüssig ist: Zulassungsleistungen und Noviziate oder Erwerb eines bedingt käuflichen Mitgliedsanteils, Ballotage für jede Zulassung, Zugehörigkeit oder Zulassung kraft Gebürtigkeit (Erblichkeit) oder kraft jedermann freistehender Teilnahme an bestimmten Leistungen oder — im Fall der Schließung und Appropriation nach innen — kraft Erwerbs eines appropriierten Rechts und die verschiedensten Abstufungen der Teilnahmebedingungen finden sich. ,,Reguliertheit" und ,,Geschlossenheit" nach außen sind also relative Begriffe. Zwischen einem vornehmen Klub, einer gegen Billet zugänglichen Theatervorstellung und einer auf Werbung ausgehenden Parteiversammlung, einem frei zugänglichen Gottesdienst, demjenigen einer Sekte und den Mysterien eines Geheimbundes bestehen alle denkbaren Uebergänge.

3. Die Schließung nach i n n e n — unter den Beteiligten selbst und im Verhältnis dieser zueinander — kann ebenfalls die verschiedenste Form annehmen. Z. B. kann eine nach außen geschlossene Kaste, Zunft oder etwa: Börsengemeinschaft ihren Mitgliedern die freie Konkurrenz miteinander um alle monopolisierten Chancen überlassen oder ein jedes Mitglied streng auf bestimmte, ihm lebenslang oder auch (so namentlich in Indien) erblich und veräußerlich appropriierte Chancen, so z. B. Kundschaften oder Geschäftsobjekte, beschränken, eine nach außen geschlossene Markgenossenschaft dem Markgenossen entweder freie Nutzung oder ein streng an den Einzelhaushalt gebundenes Kontingent, ein nach außen geschlossener Siedlungsverband freie Nutzung des Bodens oder dauernd appropriierte feste Hufenanteile zubilligen und garantieren, alles dies mit allen denkbaren Uebergängen und Zwischenstufen. Historisch z. B. haben die Schließung der Anwartschaften auf Lehen, Pfründen und Aemter nach innen und die Appropriation an die Inhaber höchst verschiedene Formen angenommen, und ebenso kann — wozu die Entwicklung der ,,Betriebsräte" der erste Schritt sein k ö n n t e (aber nicht: sein m u ß) — die Anwartschaft auf und die Innehabung von Arbeitsstellen sich vom closed shop bis zum Recht an der einzelnen Stelle (Vorstufe: Verbot der Entlassung ohne Zustimmung der Vertreter der Arbeiterschaft) steigern. Alle Einzelheiten gehören in die sachliche Einzelanalyse. Das Höchstmaß dauernder Appropriation besteht bei solchen Chancen, welche dem einzelnen (oder bestimmten Verbänden einzelner, z. B. Hausgemeinschaften, Sippen, Familien) derart garantiert sind, daß 1. im Todesfall der Uebergang in bestimmte andere Hände durch die Ordnungen geregelt und garantiert ist, — 2. die Inhaber der Chance dieselbe frei an beliebige Dritte übertragen können, welche d a d u r c h Teilhaber der sozialen Beziehung werden: diese ist also, im Fall solcher vollen Appropriation nach i n n e n , zugleich eine nach a u ß e n (relativ) o f f e n e Beziehung (sofern sie den Mitgliedschafts-Erwerb n i c h t an die Zustimmung der andern Rechtsgenossen bindet).

4. M o t i v der Schließung kann sein a) Hochhaltung der Qualität und (eventuell) dadurch des Prestiges und der daran haftenden Chancen der Ehre und (eventuell) des Gewinnes. Beispiele: Asketen-, Mönchs- (insbesondere auch z. B. in Indien:Bettelmönchs-),Sekten- (Puritaner!),Krieger-, Ministerialen- und andereBeamten-

und politischen Bürgerverbände (z. B. in der Antike), Handwerkereinungen;
b) Knappwerden der Chancen im Verhältnis zum (Konsum-)Bedarf („Nahrungsspiel-
raum"): Konsumtionsmonopol (Archetypos: die Markgemeinschaft); c) Knappwerden der Erwerbschancen („Erwerbsspielraum"): Erwerbsmonopol (Archetypos:
die Zunft- oder die alten Fischereiverbände usw.). Meist ist das Motiv a mit b oder c
kombiniert.

§ 11. Eine soziale Beziehung kann für die Beteiligten nach traditionaler oder
gesatzter Ordnung die Folge haben: daß bestimmte Arten des Handelns a) j e d e s an
der Beziehung Beteiligten a l l e n Beteiligten („Solidaritätsgenossen") oder b) das
Handeln bestimmter Beteiligter („Vertreter") den andern Beteiligten („Vertretenen")
z u g e r e c h n e t wird, daß also sowohl die Chancen wie die Konsequenzen ihnen
zugute kommen bzw. ihnen zur Last fallen. Die Vertretungsgewalt (Vollmacht)
kann nach den geltenden Ordnungen — 1. in allen Arten und Graden appropriiert
(Eigenvollmacht) oder aber — 2. nach Merkmalen dauernd oder zeitweise zugewiesen
sein — oder 3. durch bestimmte Akte der Beteiligten oder Dritter, zeitweilig oder
dauernd, übertragen werden (gesatzte Vollmacht). Ueber die Bedingungen, unter
denen soziale Beziehungen (Gemeinschaften oder Gesellschaften) als Solidaritäts- oder
als Vertretungsbeziehungen behandelt werden, läßt sich generell nur sagen, daß der
Grad, in welchem ihr Handeln entweder a) auf gewaltsamen Kampf oder b) auf friedlichen Tausch als Zweck ausgerichtet ist, dafür in erster Linie entscheidend ist, daß
aber im übrigen zahlreiche erst in der Einzelanalyse festzustellende Sonderumstände
dafür maßgebend waren und sind. Am wenigsten pflegt naturgemäß diese Folge
bei den rein i d e e l l e Güter mit friedlichen Mitteln verfolgenden einzutreten. Mit
dem Maß der Geschlossenheit nach außen geht die Erscheinung der Solidarität oder
Vertretungsmacht zwar oft, aber nicht immer, parallel.

1. Die „Zurechnung" kann praktisch bedeuten: a) passive und aktive Solidarität: Für das Handeln des einen Beteiligten gelten alle ganz wie er selbst als verantwortlich, durch sein Handeln andrerseits alle ebenso wie er als legitimiert zur
Nutzung der dadurch gesicherten Chancen. Die Verantwortlichkeit kann Geistern
oder Göttern gegenüber bestehen, also religiös orientiert sein. Oder: Menschen gegenüber, und in diesem Fall konventionell für und gegen Rechtsgenossen (Blutrache
gegen und durch Sippengenossen, Repressalien gegen Stadtbürger und Konnationale)
oder rechtlich (Strafe gegen Verwandte, Hausgenossen, Gemeindegenossen, persönliche Schuldhaftung von Hausgenossen und Handelsgesellschaftern füreinander
und zugunsten solcher). Auch die Solidarität den Göttern gegenüber hat historisch
(für die altisraelitische, altchristliche, altpuritanische Gemeinde) sehr bedeutende
Folgen gehabt. b) Sie kann andrerseits (Mindestmaß!) auch nur bedeuten: daß
nach traditionaler oder gesatzter Ordnung die an einer geschlossenen Beziehung Beteiligten eine Verfügung über Chancen gleichviel welcher Art (insbesondere: ökonomische Chancen), welche ein Vertreter vornimmt, für ihr eigenes Verhalten als
l e g a l gelten lassen. („Gültigkeit" der Verfügungen des „Vorstandes" eines „Vereins" oder des Vertreters eines politischen oder ökonomischen Verbandes über Sachgüter, die nach der Ordnung „Verbandszwecken" dienen sollen.)
2. Der Tatbestand der „Solidarität" besteht typisch a) bei traditionalen Ge-
bürtigkeits- oder Lebens-Gemeinschaften (Typus: Haus und Sippe), — b) bei geschlossenen Beziehungen, welche die monopolisierten Chancen durch eigene Gewaltsamkeit behaupten (Typus: politische Verbände, insbesondere in der Vergangenheit, aber in weitestem Umfang, namentlich im Kriege, auch noch der Gegenwart), —
c) bei Erwerbs-Vergesellschaftungen mit persönlich durch die Beteiligten geführtem
Betrieb (Typus: offene Handelsgesellschaft), — d) unter Umständen bei Arbeitsge-
sellschaften (Typus: Artjel). — Der Tatbestand der „Vertretung" besteht typisch
bei Zweckvereinen und gesatzten Verbänden, insbesondere dann, wenn ein „Zweck-
vermögen" (darüber später in der Rechtssoziologie) gesammelt und verwaltet wird.
3. Nach „Merkmalen" zugewiesen ist eine Vertretungsgewalt z. B., wenn sie
nach der Reihenfolge des Alters oder nach ähnlichen Tatbeständen zuständig wird.
4. Alles Einzelne dieses Sachverhalts läßt sich nicht generell, sondern erst bei
der soziologischen Einzelanalyse darlegen. Der älteste und allgemeinste hierher
gehörige Tatbestand ist die R e p r e s s a l i e, als Rache sowohl wie als Pfand-
zugriff.

§ 12. V e r b a n d soll eine nach außen regulierend beschränkte oder geschlossene soziale Beziehung dann heißen, wenn die Innehaltung ihrer Ordnung garantiert wird durch das eigens auf deren Durchführung eingestellte Verhalten bestimmter Menschen: eines L e i t e r s und, eventuell, eines V e r w a l t u n g s s t a b e s, der gegebenenfalls normalerweise zugleich Vertretungsgewalt hat. Die Innehabung der Leitung oder einer Teilnahme am Handeln des Verwaltungsstabes — die „R e g i e r u n g s - g e w a l t e n" — können a) appropriiert oder b) durch geltende Verbandsordnungen bestimmten oder nach bestimmten Merkmalen oder in bestimmten Formen auszulesenden Personen dauernd oder zeitweise oder für bestimmte Fälle zugewiesen sein. „Verbandshandeln" soll a) das auf die Durchführung der Ordnung bezogene kraft Regierungsgewalt oder Vertretungsmacht legitime Handeln des Verwaltungsstabs selbst, b) das von ihm durch Anordnungen g e l e i t e t e Handeln der Verbandsbeteiligten heißen.

1. Ob es sich um Vergemeinschaftung oder Vergesellschaftung handelt, soll für den Begriff zunächst keinen Unterschied machen. Das Vorhandensein eines „Leiters": Familienhaupt, Vereinsvorstand, Geschäftsführer, Fürst, Staatspräsident, Kirchenhaupt, dessen Handeln auf Durchführung der Verbandsordnung eingestellt ist, soll genügen, weil diese spezifische Art von H a n d e l n: ein nicht bloß an der Ordnung orientiertes, sondern auf deren E r z w i n g u n g abgestelltes Handeln, soziologisch dem Tatbestand der geschlossenen „sozialen Beziehung" ein praktisch wichtiges neues Merkmal hinzufügt. Denn nicht jede geschlossene Vergemeinschaftung oder Vergesellschaftung ist ein „Verband": z. B. nicht eine erotische Beziehung oder eine Sippengemeinschaft ohne Leiter.
2. Die „Existenz" des Verbandes haftet ganz und gar an dem „Vorhandensein" eines Leiters und eventuell eines Verwaltungsstabes. D. h. genauer ausgedrückt: an dem Bestehen der C h a n c e, daß ein H a n d e l n angebbarer Personen stattfindet, welches seinem Sinn nach die Ordnungen des Verbandes durchzuführen trachtet: daß also Personen vorhanden sind, die darauf „e i n g e s t e l l t" sind, gegebenenfalls in jenem Sinn zu handeln. Worauf diese Einstellung beruht: ob auf traditionaler oder affektueller oder wertrationaler Hingabe (Lehens-, Amts-, Dienst-Pflicht) oder auf zweckrationalen I n t e r e s s e n (Gehaltsinteresse usw.), ist b e g r i f f l i c h vorerst gleichgültig. In etwas anderem als der Chance des Ablaufes jenes, in jener Weise orientierten, Handelns „besteht", soziologisch angesehen, der Verband also für unsere Terminologie nicht. Fehlt die Chance dieses Handelns eines angebbaren Personen s t a b e s (oder: einer angebbaren Einzelperson), so besteht für unsere Terminologie eben nur eine „soziale Beziehung", aber kein „Verband". So lange aber die Chance jenes Handelns besteht, so lange „besteht", soziologisch angesehen, der Verband t r o t z d e s W e c h s e l s d e r P e r s o n e n, die ihr Handeln an der betreffenden Ordnung orientieren. (Die Art der Definition hat den Zweck: eben d i e s e n Tatbestand sofort einzubeziehen).
3. a) Außer dem Handeln des Verwaltungsstabes selbst oder unter dessen Leitung kann auch ein spezifisches an der Verbandsordnung orientiertes Handeln der sonst Beteiligten typisch ablaufen, dessen Sinn die Garantie der Durchführung der Ordnung ist (z. B. Abgaben oder leiturgische persönliche Leistungen aller Art: Geschworenendienst, Militärdienst usw.). — b) Die geltende Ordnung kann auch Normen enthalten, an denen sich in a n d e r n Dingen das Handeln der Verbandsbeteiligten orientieren soll (z. B. im Staatsverband das „privatwirtschaftliche", nicht der Erzwingung der Geltung der Verbandsordnung, sondern Einzelinteressen dienende Handeln: am „bürgerlichen" Recht). Die Fälle a kann man „verbandsbezogenes Handeln", diejenigen der Fälle b verbands g e r e g e l t e s Handeln nennen. Nur das Handeln des Verwaltungsstabes selbst und außerdem alles planvoll von ihm g e l e i t e t e verbandsbezogene Handeln soll „Verbandshandeln" heißen. „Verbandshandeln" wäre z. B. für alle Beteiligten ein Krieg, den ein Staat „führt" oder eine „Eingabe", die ein Vereinsvorstand beschließen läßt, ein „Vertrag", den der Leiter schließt und dessen „Geltung" den Verbandsgenossen oktroyiert und zugerechnet wird (§ 11), ferner der Ablauf aller „Rechtsprechung" und „Verwaltung". (S. auch § 14.)

Ein Verband kann sein: a) autonom oder heteronom, b) autokephal oder heterokephal. Autonomie bedeutet, daß nicht, wie bei Heteronomie, die Ordnung des Verbands durch Außenstehende gesatzt wird, sondern durch Verbandsgenossen kraft dieser ihrer Qualität (gleichviel wie sie im übrigen erfolgt). Autokephalie bedeutet: daß der Leiter und der Verbandsstab nach den eignen Ordnungen des Verbandes, nicht, wie bei Heterokephalie, durch Außenstehende bestellt wird (gleichviel wie sonst die Bestellung erfolgt).

Heterokephalie besteht z. B. für die Ernennung der governors der kanadischen Provinzen (durch die Zentralregierung von Kanada). Auch ein heterokephaler Verband kann autonom und ein autokephaler heteronom sein. Ein Verband kann auch, in beiden Hinsichten, t e i l w e i s e das eine und teilweise das andere sein. Die autokephalen deutschen Bundesstaaten waren trotz der Autokephalie innerhalb der Reichskompetenz heteronom, innerhalb ihrer eigenen (in Kirchen- und Schulsachen z. B.) autonom. Elsaß-Lothringen war in Deutschland in beschränktem Umfang autonom, aber heterokephal (den Statthalter setzte der Kaiser). Alle diese Sachverhalte können auch teilweise vorliegen. Ein s o w o h l völlig heteronomer w i e heterokephaler Verband wird (wie etwa ein „Regiment" innerhalb eines Heeresverbandes) in aller Regel als „Teil" eines umfassenderen Verbandes zu bezeichnen sein. Ob dies der Fall ist, kommt aber auf das tatsächliche M a ß von Selbständigkeit der Orientierung des Handelns im Einzelfall an und ist terminologisch reine Zweckmäßigkeitsfrage.

§ 13. Die gesatzten Ordnungen einer Vergesellschaftung können entstehen a) durch freie Vereinbarung oder b) durch Oktroyierung und Fügsamkeit. Eine Regierungsgewalt in einem Verbande kann die legitime Macht zur Oktroyierung neuer Ordnungen in Anspruch nehmen. V e r f a s s u n g eines Verbandes soll die t a t s ä c h l i c h e Chance der Fügsamkeit gegenüber der O k t r o y i e r u n g s macht der bestehenden Regierungsgewalten nach Maß, Art und Voraussetzungen heißen. Zu diesen Voraussetzungen kann nach geltender Ordnung insbesondere die Anhörung oder Zustimmung bestimmter Gruppen oder Bruchteile der Verbandsbeteiligten, außerdem natürlich die verschiedensten sonstigen Bedingungen, gehören.

Ordnungen eines Verbandes können außer den Genossen auch Ungenossen oktroyiert werden, bei denen bestimmte T a t b e s t ä n d e vorliegen. Insbesondere kann ein solcher Tatbestand in einer Gebietsbeziehung (Anwesenheit, Gebürtigkeit, Vornahme gewisser Handlungen innerhalb eines Gebiets) bestehen: „Gebietsgeltung". Ein Verband, dessen Ordnungen grundsätzlich Gebietsgeltung oktroyieren, soll Gebietsverband heißen, einerlei inwieweit seine Ordnung auch nach innen: den Verbandsgenossen gegenüber, n u r Gebietsgeltung in Anspruch nimmt (was möglich ist und wenigstens in begrenztem Umfang vorkommt).

1. Oktroyiert im Sinn dieser Terminologie ist j e d e nicht durch persönliche freie Vereinbarung aller Beteiligten zustandegekommene Ordnung. Also auch der „Mehrheitsbeschluß", dem sich die Minderheit fügt. Die Legitimität des Mehrheitsentscheids ist daher (s. später bei der Soziologie der Herrschaft und des Rechts) in langen Epochen (noch im Mittelalter und den Ständen, und bis in die Gegenwart in der russischen Obschtschina) oft nicht anerkannt oder problematisch gewesen.

2. Auch die formal „freien" Vereinbarungen sind, wie allgemein bekannt, sehr häufig tatsächlich oktroyiert (so in der Obschtschina). Dann ist für die Soziologie nur der t a t s ä c h l i c h e Sachverhalt maßgebend.

3. Der hier gebrauchte „Verfassungs"-Begriff ist der auch von Lassalle verwendete. Mit der „geschriebenen" Verfassung, überhaupt mit der Verfassung im juristischen Sinn, ist er nicht identisch. Die soziologische Frage ist lediglich die: wann, für welche Gegenstände und i n n e r h a l b w e l c h e r G r e n z e n und — eventuell — unter welchen besonderen Voraussetzungen (z. B. Billigung von Göttern oder Priestern oder Zustimmung von Wahlkörperschaften usw.) f ü g e n sich dem Leiter die Verbandsbeteiligten und steht ihm der Verwaltungsstab und das Verbandshandeln zu Gebote, wenn er „Anordnungen trifft", insbesondere Ordnungen oktroyiert.

4. Den Haupttypus der oktroyierten „Gebietsgeltung" stellen dar: Strafrechtsnormen und manche andere „Rechtssätze", bei denen Anwesenheit, Gebürtigkeit, Tatort, Erfüllungsort usw. innerhalb des Gebietes des Verbandes Voraussetzungen der Anwendung der Ordnung sind, in politischen Verbänden. (Vgl. den Gierke-Preußschen Begriff der „Gebietskörperschaft".)

§ 14. Eine Ordnung, welche Verbandshandeln regelt, soll V e r w a l t u n g s o r d n u n g heißen. Eine Ordnung, welche anderes soziales Handeln regelt und die durch diese Regelung eröffneten Chancen den Handelnden g a r a n t i e r t , soll

R e g u l i e r u n g s o r d n u n g heißen. Insoweit ein Verband lediglich an Ordnungen der ersten Art orientiert ist, soll er Verwaltungsverband, insoweit lediglich
an solchen der letzteren, regulierender Verband heißen.

1. Selbstverständlich ist die Mehrzahl aller Verbände sowohl das eine wie das
andere; ein l e d i g l i c h regulierender Verband wäre etwa ein theoretisch denkbarer reiner „Rechtsstaat" des absoluten laissez faire (was freilich auch die Ueberlassung der Regulierung des Geldwesens an die reine Privatwirtschaft voraussetzen
würde).
2. Ueber den Begriff des „Verbandshandelns" s. § 12, Nr. 3. Unter den Begriff
der „Verwaltungsordnung" fallen alle Regeln, die gelten wollen für das Verhalten
sowohl des Verwaltungsstabs, wie der Mitglieder „gegenüber dem Verband", wie
man zu sagen pflegt, d. h. für jene Ziele, deren Erreichung die Ordnungen des Verbandes
durch ein von ihnen positiv vorgeschriebenes p l a n v o l l eingestelltes Handeln
seines Verwaltungsstabes und seiner Mitglieder zu sichern trachtet. Bei einer absolut
kommunistischen Wirtschaftsorganisation würde annähernd a l l e s soziale Handeln
darunter fallen, bei einem absoluten Rechtsstaat andererseits nur die Leistung der
Richter, Polizeibehörden, Geschworenen, Soldaten und die Betätigung als Gesetzgeber
und Wähler. Im allgemeinen — aber nicht immer im einzelnen — fällt die Grenze der
Verwaltungs- und der Regulierungsordnung mit dem zusammen, was man im politischen Verband als „öffentliches" und „Privatrecht" scheidet. (Das Nähere darüber
in der Rechtssoziologie.)

§ 15. B e t r i e b soll ein kontinuierliches Z w e c k handeln bestimmter Art,
B e t r i e b s v e r b a n d eine Vergesellschaftung mit kontinuierlich zweckhandeln-
dem Verwaltungsstab heißen.
V e r e i n soll ein vereinbarter Verband heißen, dessen gesatzte Ordnungen
nur für die kraft persönlichen Eintritts Beteiligten Geltung beanspruchen.
A n s t a l t soll ein Verband heißen, dessen gesatzte Ordnungen innerhalb eines
angebbaren Wirkungsbereiches jedem nach bestimmten Merkmalen angebbaren Handeln (relativ) erfolgreich oktroyiert werden.

1. Unter den Begriff des „Betriebs" fällt natürlich auch der Vollzug von politischen und hierurgischen Geschäften, Vereinsgeschäften usw., soweit das Merkmal
der zweckhaften Kontinuierlichkeit zutrifft.
2. „Verein" und „Anstalt" sind beide Verbände mit r a t i o n a l (planvoll)
gesatzten Ordnungen. Oder richtiger: s o w e i t ein Verband rational gesatzte
Ordnungen hat, soll er Verein oder Anstalt heißen. Eine „Anstalt" ist vor allem der
Staat nebst allen seinen heterokephalen Verbänden und — soweit ihre Ordnungen
rational gesatzt sind — die Kirche. Die Ordnungen einer „Anstalt" erheben den Anspruch zu gelten für jeden, auf den bestimmte Merkmale (Gebürtigkeit, Aufenthalt,
Inanspruchnahme bestimmter Einrichtungen) z u t r e f f e n, einerlei ob der Betreffende
persönlich — wie beim Verein — beigetreten ist und vollends: ob er bei den Satzungen
mitgewirkt hat. Sie sind also in ganz spezifischem Sinn o k t r o y i e r t e Ordnungen.
Die Anstalt k a n n insbesondere G e b i e t s verband sein.
3. Der Gegensatz von Verein und Anstalt ist r e l a t i v. Vereinsordnungen
können die Interessen Dritter berühren und es kann diesen dann die Anerkennung
der Gültigkeit dieser Ordnungen oktroyiert werden, durch Usurpation und Eigenmacht des Vereins sowohl wie durch legal gesatzte Ordnungen (z. B. Aktienrecht).
4. Es bedarf kaum der Betonung: daß „Verein" und „Anstalt" nicht etwa die
G e s a m t h e i t aller denkbaren Verbände restlos unter sich aufteilen. Sie sind,
ferner, nur „polare" Gegensätze (so auf religiösem Gebiet: „Sekte" und „Kirche").

§ 16. M a c h t bedeutet jede Chance, innerhalb einer sozialen Beziehung den
eigenen Willen auch gegen Widerstreben durchzusetzen, gleichviel worauf diese
Chance beruht.
H e r r s c h a f t soll heißen die Chance, für einen Befehl bestimmten Inhalts bei angebbaren Personen Gehorsam zu finden; D i s z i p l i n soll heißen
die Chance, kraft eingeübter Einstellung für einen Befehl prompten, automatischen
und schematischen Gehorsam bei einer angebbaren Vielheit von Menschen zu finden.

1. Der Begriff „Macht" ist soziologisch amorph. Alle denkbaren Qualitäten eines
Menschen und alle denkbaren Konstellationen können jemand in die Lage versetzen,

seinen Willen in einer gegebenen Situation durchzusetzen. Der soziologische Begriff der „Herrschaft" muß daher ein präziserer sein und kann nur die Chance bedeuten: für einen B e f e h l Fügsamkeit zu finden.

2. Der Begriff der „Disziplin" schließt die „Eingeübtheit" des kritik- und widerstandslosen M a s s e n gehorsams ein.

Der Tatbestand einer Herrschaft ist nur an das aktuelle Vorhandensein e i n e s erfolgreich a n d e r n Befehlenden, aber weder unbedingt an die Existenz eines Verwaltungsstabes noch eines Verbandes geknüpft; dagegen allerdings — wenigstens in allen normalen Fällen — an die e i n e s von beiden. Ein Verband soll insoweit, als seine Mitglieder als solche kraft geltender Ordnung Herrschaftsbeziehungen unterworfen sind, H e r r s c h a f t s v e r b a n d heißen.

1. Der Hausvater herrscht ohne Verwaltungsstab. Der Beduinenhäuptling, welcher Kontributionen von Karawanen, Personen und Gütern erhebt, die seine Felsenburg passieren, herrscht über alle jene wechselnden und unbestimmten, nicht in einem Verband miteinander stehenden Personen, welche, sobald und solange sie in eine bestimmte Situation geraten sind, kraft seiner Gefolgschaft, die ihm gegebenenfalls als Verwaltungsstab zur Erzwingung dient. (Theoretisch denkbar wäre eine solche Herrschaft auch seitens eines einzelnen ohne allen Verwaltungsstab.)

2. Ein Verband ist vermöge der Existenz seines Verwaltungsstabes stets in irgendeinem Grade Herrschaftsverband. Nur ist der Begriff relativ. Der normale Herrschaftsverband ist als solcher auch Verwaltungsverband. Die Art wie, der Charakter des Personenkreises, durch welchen, und die Objekte, welche verwaltet werden, und die Tragweite der Herrschaftsgeltung bestimmen die Eigenart des Verbandes. Die ersten beiden Tatbestände aber sind im stärksten Maß durch die Art der L e g i t i m i t ä t s grundlagen der Herrschaft begründet (über diese s. u. Kap. III.).

§ 17. P o l i t i s c h e r Verband soll ein Herrschaftsverband dann und insoweit heißen, als sein Bestand und die Geltung seiner Ordnungen innerhalb eines angebbaren geographischen G e b i e t s kontinuierlich durch Anwendung und Androhung p h y s i s c h e n Zwangs seitens des Verwaltungsstabes garantiert werden. S t a a t soll ein politischer A n s t a l t s b e t r i e b heißen, wenn und insoweit sein Verwaltungsstab erfolgreich das M o n o p o l l e g i t i m e n physischen Zwanges für die Durchführung der Ordnungen in Anspruch nimmt. — „Politisch orientiert" soll ein soziales Handeln, insbesondere auch ein Verbandshandeln, dann und insoweit heißen, als es die Beeinflussung der Leitung eines politischen Verbandes, insbesondere die Appropriation oder Expropriation oder Neuverteilung oder Zuweisung von Regierungsgewalten, bezweckt.

H i e r o k r a t i s c h e r Verband soll ein Herrschaftsverband dann und insoweit heißen, als zur Garantie seiner Ordnungen psychischer Zwang durch Spendung oder Versagung von Heilsgütern (hierokratischer Zwang) verwendet wird. K i r c h e soll ein hierokratischer A n s t a l t s b e t r i e b heißen, wenn und soweit sein Verwaltungsstab das M o n o p o l legitimen hierokratischen Zwanges in Anspruch nimmt.

1. Für politische Verbände ist selbstverständlich die Gewaltsamkeit weder das einzige, noch auch nur das normale Verwaltungsmittel. Ihre Leiter haben sich vielmehr aller überhaupt möglichen Mittel für die Durchsetzung ihrer Zwecke bedient. Aber ihre Androhung und, eventuell, Anwendung ist allerdings ihr s p e z i f i s c h e s Mittel und überall die ultima ratio, wenn andre Mittel versagen. Nicht n u r politische Verbände haben Gewaltsamkeit als l e g i t i m e s Mittel verwendet und verwenden sie, sondern ebenso: Sippe, Haus, Einungen, im Mittelalter unter Umständen: alle Waffenberechtigten. Den politischen Verband kennzeichnet n e b e n dem Umstand: daß die Gewaltsamkeit (mindestens auch) zur Garantie von „Ordnungen" angewendet wird, das Merkmal: daß er die Herrschaft seines Verwaltungsstabes und seiner Ordnungen für ein G e b i e t in Anspruch nimmt u n d gewaltsam garantiert. Wo immer für Verbände, welche Gewaltsamkeit anwenden, jenes Merkmal zutrifft — seien es Dorfgemeinden oder selbst einzelne Hausgemeinschaften oder Verbände von Zünften oder von Arbeiterverbänden („Räten") — müssen sie i n s o w e i t politische Verbände heißen.

2. Es ist nicht möglich, einen politischen Verband — auch nicht: den „Staat" — durch Angeben des Z w e c k e s seines Verbandshandelns zu definieren. Von der Nahrungsfürsorge bis zur Kunstprotektion hat es keinen Zweck gegeben, den politische Verbände n i c h t gelegentlich, von der persönlichen Sicherheitsgarantie bis zur Rechtsprechung keinen, den a l l e politischen Verbände verfolgt hätten. Man kann daher den „politischen" Charakter eines Verbandes n u r durch das — unter Umständen zum Selbstzweck gesteigerte — M i t t e l definieren, welches ihm nicht ihm allein eigen, aber allerdings spezifisch und für sein Wesen u n e n t b e h r l i c h ist: die Gewaltsamkeit. Dem Sprachgebrauch entspricht dies nicht ganz; aber er ist ohne Präzisierung unbrauchbar. Man spricht von „Devisenpolitik" der Reichsbank, von der „Finanzpolitik" einer Vereinsleitung, von der „Schulpolitik" einer Gemeinde und meint damit die planvolle Behandlung und F ü h r u n g einer bestimmten sachlichen Angelegenheit. In wesentlich charakteristischerer Art scheidet man die „politische" Seite oder Tragweite einer Angelegenheit, oder den „politischen" Beamten, die „politische" Zeitung, die „politische" Revolution, den „politischen" Verein, die „politische" Partei, die „politische" Folge von anderen: wirtschaftlichen, kulturlichen, religiösen usw. Seiten oder Arten der betreffenden Personen, Sachen, Vorgänge, — und meint damit alles das, was mit den Herrschaftsverhältnissen innerhalb des (nach unsrem Sprachgebrauch:) „politischen" Verbandes: des Staats, zu tun hat, deren Aufrechterhaltung, Verschiebung, Umsturz herbeiführen oder hindern oder fördern kann, im Gegensatz zu Personen, Sachen, Vorgängen, die damit nichts zu schaffen haben. Es wird also auch in diesem Sprachgebrauch das Gemeinsame in dem M i t t e l: „Herrschaft": in der A r t nämlich, wie eben staatliche Gewalten ausüben, unter Ausschaltung des Zwecks, dem die Herrschaft dient, gesucht. Daher läßt sich behaupten, daß die hier zugrunde gelegte Definition nur eine Präzision des Sprachgebrauchs enthält, indem sie das tatsächlich Spezifische: die Gewaltsamkeit (aktuelle oder eventuelle) scharf betont. Der Sprachgebrauch nennt freilich „politische Verbände" nicht nur die Träger der als legitim geltenden Gewaltsamkeit selbst, sondern z. B. auch Parteien und Klubs, welche die (auch: ausgesprochen n i c h t gewaltsame) Beeinflussung des politischen Verbandshandelns bezwecken. Wir wollen diese Art des sozialen Handelns als „politisch orientiert" von dem eigentlich „politischen" Handeln (dem V e r b a n d s handeln der politischen Verbände selbst im Sinn von § 12 Nr. 3) scheiden.

3. Den S t a a t s begriff empfiehlt es sich, da er in seiner Vollentwicklung durchaus modern ist, auch seinem modernen Typus entsprechend — aber wiederum: unter Abstraktion von den, wie wir ja gerade jetzt erleben, wandelbaren inhaltlichen Zwecken — zu definieren. Dem heutigen Staat formal charakteristisch ist: eine Verwaltungs- und Rechtsordnung, welche durch Satzungen abänderbar sind, an der der Betrieb des Verbandshandelns des (gleichfalls durch Satzung geordneten) Verwaltungsstabes sich orientiert und welche Geltung beansprucht nicht nur für die — im wesentlichen durch Geburt in den Verband hineingelangenden — Verbandsgenossen, sondern in weitem Umfang für alles auf dem beherrschten Gebiet stattfindende Handeln (also: gebietsanstaltsmäßig). Ferner aber: daß es „legitime" Gewaltsamkeit heute nur noch insoweit gibt, als die staatliche Ordnung sie zuläßt oder vorschreibt (z. B. dem Hausvater das „Züchtigungsrecht" beläßt, einen Rest einstmaliger eigenlegitimer, bis zur Verfügung über Tod und Leben des Kindes oder Sklaven gehender Gewaltsamkeit des Hausherren). Dieser Monopolcharakter der staatlichen Gewaltherrschaft ist ein ebenso wesentliches Merkmal ihrer Gegenwartslage wie ihr rationaler „Anstalts"- und kontinuierlicher „Betriebs"-Charakter.

4. Für den Begriff des hierokratischen Verbandes kann die A r t der in Aussicht gestellten Heilsgüter — diesseitig, jenseitig, äußerlich, innerlich — kein entscheidendes Merkmal bilden, sondern die Tatsache, daß ihre Spendung die Grundlage geistlicher H e r r s c h a f t über Menschen bilden kann. Für den Begriff „Kirche" ist dagegen nach dem üblichen (und zweckmäßigen) Sprachgebrauch ihr in der Art der Ordnungen und des Verwaltungsstabs sich äußernder (relativ) rationaler Anstalts- und Betriebscharakter und die beanspruchte monopolistische Herrschaft charakteristisch. Dem normalen S t r e b e n der kirchlichen Anstalt nach eignet ihr hierokratische G e b i e t s herrschaft und (parochiale) territoriale Gliederung, wobei im Einzelfall die Frage sich verschieden beantwortet: durch welche Mittel diesem Monopolanspruch Nachdruck verliehen wird. Aber derart wesentlich wie dem politischen Verband ist das tatsächliche G e b i e t s herrschaftsmonopol für die Kirchen historisch nicht gewesen und heute vollends nicht. Der „Anstalts"-Charakter, insbesondere der Umstand, daß man in die Kirche „hineingeboren" wird, scheidet sie von der „Sekte", deren Charakteristikum darin liegt: daß sie „Verein" ist und nur die religiös Qualifizierten persönlich in sich aufnimmt. (Das Nähere gehört in die Religionssoziologie.)

Kapitel II.

Soziologische Grundkategorien des Wirtschaftens.

Vorbemerkung. Nachstehend soll keinerlei „Wirtschaftstheorie" getrieben, sondern es sollen lediglich einige weiterhin oft gebrauchte Begriffe definiert und gewisse allereinfachste soziologische Beziehungen innerhalb der Wirtschaft festgestellt werden. Die Art der Begriffsbestimmung ist auch hier rein durch Zweckmäßigkeitsgründe bedingt. Der viel umstrittene Begriff „Wert" konnte terminologisch ganz umgangen werden. — Gegenüber der Terminologie K. B ü c h e r s sind hier in den betreffenden Partien (über die Arbeitsteilung) nur solche Abweichungen vorgenommen, welche für die hier verfolgten Zwecke wünschenswert schienen. — Jegliche „Dynamik" bleibt vorerst noch beiseite.

§ 1. „Wirtschaftlich o r i e n t i e r t" soll ein Handeln insoweit heißen, als es seinem gemeinten Sinne nach an der Fürsorge für einen Begehr nach Nutzleistungen orientiert ist. „Wirtschaften" soll eine f r i e d l i c h e Ausübung von Verfügungsgewalt heißen, welche p r i m ä r, „rationales Wirtschaften" eine solche, welche zweckrational, also p l a n v o l l, wirtschaftlich orientiert ist. „Wirtschaft" soll ein autokephal, „Wirtschaftsbetrieb" ein betriebsmäßig geordnetes k o n t i n u i e r l i c h e s Wirtschaften heißen.

1. Es wurde schon oben (zu § 1, II, 2 S. 11 unten) hervorgehoben, daß Wirtschaften an sich nicht schon soziales Handeln sein muß.

2. Die Definition des Wirtschaftens hat möglichst allgemein zu sein und hat zum Ausdruck zu bringen, daß alle „wirtschaftlichen" Vorgänge und Objekte ihr Gepräge als solche gänzlich durch den S i n n erhalten, welchen menschliches Handeln ihnen — als Zweck, Mittel, Hemmung, Nebenerfolg — gibt. — Nur darf man das doch nicht so ausdrücken, wie es gelegentlich geschieht: Wirtschaften sei eine „psychische" Erscheinung. Es fällt ja der Güterproduktion oder dem Preis oder selbst der „subjektiven Bewertung" von Gütern — wenn anders sie r e a l e Vorgänge sind — gar nicht ein, „psychisch" zu bleiben. Gemeint ist mit diesem mißverständlichen Ausdruck aber etwas Richtiges: sie haben einen besondersartigen gemeinten S i n n: dieser allein konstituiert die Einheit der betreffenden Vorgänge und macht sie allein verständlich. — Die Definition des „Wirtschaftens" muß ferner so gestaltet werden, daß sie die moderne Erwerbswirtschaft mit umfaßt, darf also ihrerseits zunächst nicht von „Konsum-Bedürfnissen" und deren „Befriedigung" a u s g e h e n, sondern einerseits von der — auch für das nackte Geldgewinnstreben zutreffenden — Tatsache: daß Nutzleistungen b e g e h r t werden, andrerseits von der — auch für die reine, schon die ganz primitive, Bedarfsdeckungswirtschaft zutreffenden — Tatsache: daß für diesen Begehr eben durch eine (und sei es noch so primitive und traditional eingelebte) F ü r s o r g e Deckung zu sichern versucht wird.

2. „Wirtschaftlich orientiertes Handeln" im Gegensatz zu „Wirtschaften" soll jedes Handeln heißen, welches a) primär an andern Zwecken orientiert ist, aber auf den „wirtschaftlichen Sachverhalt" (die subjektiv erkannte Notwendigkeit der wirtschaftlichen Vorsorge) in seinem Ablauf Rücksicht nimmt, oder welches b) primär daran orientiert ist, aber aktuelle G e w a l t s a m k e i t als Mittel verwendet. Also: alles nicht primär oder nicht friedlich sich wirtschaftlich orientierende Handeln, welches durch jenen Sachverhalt mitbestimmt ist. „Wirtschaften" soll also die

s u b j e k t i v e und p r i m ä r e wirtschaftliche Orientierung heißen. (Subjektiv:
denn auf den Glauben an die Notwendigkeit der Vorsorge, nicht auf die objektive
Notwendigkeit, kommt es an.) Auf den „subjektiven" Charakter des Begriffs:
darauf, daß der g e m e i n t e S i n n des Handelns dies zum Wirtschaften stempelt, legt R. L i e f m a n n mit Recht Gewicht, nimmt aber meines Erachtens zu
Unrecht bei allen andern das Gegenteil an.

3. Wirtschaftlich o r i e n t i e r t kann jede Art von Handeln, auch gewalt-
sames (z. B. kriegerisches) Handeln sein (Raubkriege, Handelskriege). Dagegen hat
namentlich Franz Oppenheimer mit Recht das „ökonomische" Mittel dem „politischen" gegenübergestellt. In der Tat ist es zweckmäßig, das letztere gegenüber der
„Wirtschaft" zu scheiden. Das Pragma der Gewaltsamkeit ist dem Geist der Wirtschaft — im üblichen Wortsinn — sehr stark entgegengesetzt. Die unmittelbare aktuelle
gewaltsame Fortnahme von Gütern und die unmittelbar aktuelle Erzwingung eines
fremden Verhaltens durch Kampf soll also n i c h t Wirtschaften heißen. Selbstverständlich ist aber der T a u s c h nicht d a s, sondern nur e i n ökonomisches Mittel,
wennschon eins der wichtigsten. Und selbstverständlich ist die wirtschaftlich orientierte, formal friedliche V o r s o r g e für die Mittel und Erfolge beabsichtigter Ge-
waltsamkeiten (Rüstung, Kriegswirtschaft) genau ebenso „Wirtschaft" wie jedes
andere Handeln dieser Art.

Jede rationale „Politik" bedient sich wirtschaftlicher Orientierung in den M i t t e l n
und jede Politik kann im Dienst wirtschaftlicher Z i e l e stehen. Ebenso bedarf
zwar theoretisch nicht jede Wirtschaft, wohl aber unsere moderne Wirtschaft unter
unsern modernen Bedingungen der Garantie der Verfügungsgewalt durch Rechtszwang des S t a a t e s. Also: durch Androhung eventueller Gewaltsamkeit für die
Erhaltung und Durchführung der Garantie formell „rechtmäßiger" Verfügungsgewalten. Aber die derart gewaltsam geschützte Wirtschaft selbst i s t nicht: Gewaltsamkeit.

Wie verkehrt es freilich ist, gerade für die (wie immer definierte) W i r t s c h a f t
in Anspruch zu nehmen, daß sie begrifflich n u r „Mittel" sei — im G e g e n s a t z
z. B. zum Staat" usw. — erhellt schon daraus, daß man gerade den Staat n u r
durch Angaben des von ihm heute monopolistisch verwendeten Mittels (Gewaltsamkeit) definieren kann. Wenn irgend etwas, dann bedeutet, praktisch angesehen,
Wirtschaft vorsorgliche Wahl grade zwischen Z w e c k e n, allerdings: o r i e n t i e r t
an der Knappheit der Mittel, welche für diese mehrere Zwecke verfügbar oder be-
schaffbar erscheinen.

4. Nicht jedes in seinen Mitteln rationale Handeln soll „rationales Wirtschaften"
oder überhaupt „Wirtschaften" heißen. Insbesondre soll der Ausdruck „Wirtschaft"
nicht identisch mit „Technik" gebraucht werden. „Technik" eines Handelns bedeutet uns den Inbegriff der verwendeten M i t t e l desselben im G e g e n s a t z
zu jenem Sinn oder Zweck, an dem es letztlich (in concreto) orientiert ist, „rationale"
Technik eine Verwendung von Mitteln, welche bewußt und planvoll orientiert ist
an Erfahrungen und Nachdenken, im Höchstfall der Rationalität: an wissenschaft-
lichem Denken. Was in concreto als „Technik" gilt, ist daher flüssig: der letzte
Sinn eines k o n k r e t e n Handelns kann, in einen G e s a m t zusammenhang
von Handeln gestellt, „technischer" Art, d. h. Mittel im Sinn jenes umfassenderen
Zusammenhanges sein; für das k o n k r e t e Handeln ist aber dann diese (von jenem
aus gesehen:) technische Leistung der „Sinn", und die von ihm dafür angewendeten
Mittel sind seine „Technik". Technik in diesem Sinn gibt es daher für alles und jedes
Handeln: Gebetstechnik, Technik der Askese, Denk- und Forschungstechnik, Mnemo-
technik, Erziehungstechnik, Technik der politischen oder hierokratischen Beherrschung, Verwaltungstechnik, erotische Technik, Kriegstechnik, musikalische Technik
(eines Virtuosen z. B.), Technik eines Bildhauers oder Malers, juristische Technik usw.
und sie alle sind eines höchst verschiedenen Rationalitätsgrades fähig. Immer bedeutet das Vorliegen einer „technischen F r a g e": daß über die rationalsten M i t t e l
Zweifel bestehen. Maßstab des Rationalen ist dabei für die Technik neben andern
a u c h das berühmte Prinzip des „kleinsten Kraftmaßes": Optimum des Erfolges
i m V e r g l e i c h mit den aufzuwendenden Mitteln (nicht: „mit den — absolut —
kleinsten Mitteln"). Das scheinbar gleichePrinzip gilt nun natürlich auch für die Wirtschaft (wie für jedes rationale Handeln überhaupt). Aber: in anderem S i n n. Solange die Technik in unserem Wortsinn reine „Technik" bleibt, fragt sie lediglich
nach den für d i e s e n Erfolg, der ihr als schlechthin und indiskutabel zu erstreben
gegeben ist, geeignetsten u n d dabei, bei g l e i c h e r Vollkommenheit, Sicherheit,
Dauerhaftigkeit des Erfolges vergleichsweise k r ä f t e ökonomischsten Mitteln.
Vergleichsweise, nämlich soweit überhaupt ein unmittelbar vergleich b a r e r Aufwand bei Einschlagung verschiedener Wege vorliegt. Soweit sie dabei r e i n e Technik bleibt, ignoriert sie die sonstigen Bedürfnisse. Ob z. B. ein technisch erforderlicher
Bestandteil einer Maschine ausEisen oder aus Platin herzustellen sei, würde sie — w e n n

in concreto von dem letzteren genügende Quantitäten für die Erreichung dieses konkreten Erfolgs vorhanden sein sollten, — nur unter dem Gesichtspunkt entscheiden: wie der Erfolg am vollkommensten erreicht wird und bei welchem von beiden Wegen die sonstigen vergleichbaren Aufwendungen dafür (Arbeit z. B.) am geringsten sind. Sobald sie aber weiter auch auf den Seltenheits-Unterschied von Eisen und Platin im Verhältnis zum Gesamtbedarf reflektiert, — wie es heut jeder „Techniker", schon im chemischen Laboratorium, zu tun gewohnt ist, — ist sie nicht mehr (im hier gebrauchten Wortsinn): „nur technisch" orientiert, sondern daneben wirtschaftlich. Vom Standpunkt des „Wirtschaftens" aus gesehen bedeuten „technische" Fragen: daß die „Kosten" erörtert werden: eine für die Wirtschaft stets grundlegend wichtige, aber: eine Frage, die ihrem Problemkreis stets in der Form angehört: wie stellt sich die Versorgung anderer (je nachdem: qualitativ verschiedener jetziger oder qualitativ gleichartiger zukünftiger) Bedürfnisse, wenn für dies Bedürfnis jetzt diese Mittel verwendet werden. (Aehnlich die Ausführungen von v. Gottl, dieser Grundriß Bd. II, jetzt während des Druckes; — ausführlich und sehr gut — die Erörterungen von R. Liefmann, Grundz. d. A. W. W. L. S. 336 f. Irrig ist die Reduktion aller „Mittel" auf „letztlich Arbeitsmühe".)

Denn die Frage: was, vergleichsweise, die Verwendung verschiedener Mittel für einen technischen Zweck „kostet", ist letztlich verankert an der Verwendbarkeit von Mitteln (darunter vor allem auch: von Arbeitskraft) für verschiedene Zwecke. „Technisch" (im hier gebrauchten Wortsinn) ist das Problem z. B.: welche Arten von Veranstaltungen getroffen werden müssen, um Lasten bestimmter Art bewegen oder um Bergwerksprodukte aus einer gewissen Tiefe fördern zu können, und welche von ihnen am „zweckmäßigsten", d. h. u. a. auch: mit dem vergleichsweisen (zum Erfolg) Mindestmaß von aktueller Arbeit zum Ziele führen. „Wirtschaftlich" wird das Problem bei der Frage: ob — bei Verkehrswirtschaft: sich diese Aufwendungen in Geld, durch Absatz der Güter bezahlt machen, ob — bei Planwirtschaft: — die dafür nötigen Arbeitskräfte und Produktionsmittel ohne Schädigung von andern, für wichtiger gehaltenen Versorgungsinteressen zur Verfügung gestellt werden können? — was beide Male ein Problem der Vergleichung von Zwecken ist. Wirtschaft ist primär orientiert am Verwendungszweck, Technik am Problem der (bei gegebenem Ziel) zu verwendenden Mittel. Daß ein bestimmter Verwendungszweck überhaupt dem technischen Beginnen zugrunde liegt, ist für die Frage der technischen Rationalität rein begrifflich (nicht natürlich: tatsächlich) im Prinzip gleichgültig. Rationale Technik gibt es nach der hier gebrauchten Definition auch im Dienst von Zwecken, für die keinerlei Begehr besteht. Es könnte z. B. jemand etwa, um rein „technischer" Liebhabereien willen, mit allem Aufwand modernster Betriebsmittel atmosphärische Luft produzieren, ohne daß gegen die technische Rationalität seines Vorgehens das geringste einzuwenden wäre: wirtschaftlich wäre das Beginnen in allen normalen Verhältnissen irrational, weil irgendein Bedarf nach Vorsorge für die Versorgung mit diesem Erzeugnis nicht vorläge (vgl. zum Gesagten: v. Gottl-Ottlilienfeld im G.S.Oe. II). Die ökonomische Orientiertheit der heute sog. technologischen Entwicklung an Gewinnchancen ist eine der Grundtatsachen der Geschichte der Technik. Aber nicht ausschließlich diese wirtschaftliche Orientierung, so grundlegend wichtig sie war, hat der Technik in ihrer Entwicklung den Weg gewiesen, sondern z. T. Spiel und Grübeln weltfremder Ideologen, z. T. jenseitige oder phantastische Interessen, z. T. künstlerische Problematik und andre außerwirtschaftliche Motive. Allerdings liegt von jeher und zumal heute der Schwerpunkt auf der ökonomischen Bedingtheit der technischen Entwicklung; ohne die rationale Kalkulation als Unterlage der Wirtschaft, also ohne höchst konkrete wirtschaftsgeschichtliche Bedingungen, würde auch die rationale Technik nicht entstanden sein.

Daß hier nicht gleich in den Anfangsbegriff das für den Gegensatz gegenüber der Technik Charakteristische ausdrücklich aufgenommen ist, folgt aus dem soziologischen Ausgangspunkt. Aus der „Kontinuierlichkeit" folgt für die Soziologie pragmatisch die Abwägung der Zwecke gegeneinander und gegen die „Kosten" (soweit diese etwas anderes sind als Verzicht auf einen Zweck zugunsten dringlicherer). Eine Wirtschaftstheorie würde im Gegensatz dazu wohl gut tun, sofort dies Merkmal einzufügen.

5. Im soziologischen Begriff des „Wirtschaftens" darf das Merkmal der Verfügungsgewalt nicht fehlen, schon weil wenigstens die Erwerbswirtschaft sich ganz und gar in Tauschverträgen, also planvollem Erwerb von Verfügungsgewalt, vollzieht. (Dadurch wird die Beziehung zum „Recht" hergestellt.) Aber auch jede andere Organisation der Wirtschaft würde irgendeine tatsächliche Verteilung der Verfügungsgewalt bedeuten, nur nach ganz andern Prinzipien als die heutige Privatwirtschaft,

die sie autonomen und autokephalen Einzelwirtschaften rechtlich garantiert. Entweder die Leiter (Sozialismus) oder die Glieder (Anarchismus) müssen auf Verfügungsgewalt über die gegebenen Arbeitskräfte und Nutzleistungen zählen können: das läßt sich nur terminologisch verschleiern, aber nicht fortinterpretieren. Wodurch — ob konventional oder rechtlich — diese Verfügung garantiert oder ob sie etwa äußerlich gar nicht garantiert ist, sondern nur kraft Sitte oder Interessenlage auf die Verfügung faktisch (relativ) sicher gezählt werden kann, ist an sich begrifflich irrelevant, so zweifellos für die moderne Wirtschaft die Unentbehrlichkeit der rechtlichen Zwangsgarantien sein mag: Die begriffliche Unentbehrlichkeit jener Kategorie für die wirtschaftliche Betrachtung sozialen Handelns bedeutet also nicht etwa eine begriffliche Unentbehrlichkeit der rechtlichen Ordnung der Verfügungsgewalten, mag man diese empirisch für noch so unentbehrlich ansehen.

6. Unter den Begriff „Verfügungsgewalt" soll hier auch die — faktische oder rgendwie garantierte — Möglichkeit der Verfügung über die eigene Arbeitskraft gefaßt werden (sie ist — bei Sklaven — nicht selbstverständlich).

7. Eine soziologische Theorie der Wirtschaft ist genötigt, alsbald den „Güter"-Begriff in ihre Kategorien einzustellen (wie dies § 2 geschieht). Denn sie hat es mit jenem „Handeln" zu tun, dem das Resultat der (nur theoretisch isolierbaren) Ueberlegungen der Wirtschaftenden seinen spezifischen Sinn verleiht. Anders kann (vielleicht) die Wirtschaftstheorie verfahren, deren theoretische Einsichten für die Wirtschaftssoziologie — so sehr diese nötigenfalls sich eigene Gebilde schaffen müßte — die Grundlage bilden.

§ 2. Unter „Nutzleistungen" sollen stets die von einem oder mehreren Wirtschaftenden als solche geschätzten konkreten einzelnen zum Gegenstand der Fürsorge werdenden (wirklichen oder vermeintlichen) Chancen gegenwärtiger oder künftiger Verwendungsmöglichkeiten gelten, an deren geschätzter Bedeutung als Mittel für Zwecke des (oder der) Wirtschaftenden sein (oder ihr) Wirtschaften orientiert wird.

Die Nutzleistungen können Leistungen nicht menschlicher (sachlicher) Träger oder Leistungen von Menschen sein. Die im Einzelfall sprachgebräuchlich gemeinten Träger möglicher sachlicher Nutzleistungen gleichviel welcher Art sollen „Güter", die menschlichen Nutzleistungen, sofern sie in einem aktiven Handeln bestehen, „Leistungen" heißen. Gegenstand wirtschaftender Vorsorge sind aber auch soziale Beziehungen, welche als Quelle gegenwärtiger oder künftiger möglicher Verfügungsgewalt über Nutzleistungen geschätzt werden. Die durch Sitte, Interessenlage oder (konventionell oder rechtlich) garantierte Ordnung zugunsten einer Wirtschaft in Aussicht gestellten Chancen sollen „ökonomische Chancen" heißen.

Vgl. v. Böhm-Bawerk, Rechte und Verhältnisse vom Standpunkt der volksw. Güterlehre (Innsbruck 1881).

1. Sachgüter und Leistungen erschöpfen nicht den Umkreis derjenigen Verhältnisse der Außenwelt, welche für einen wirtschaftenden Menschen wichtig und Gegenstand der Vorsorge sein können. Das Verhältnis der „Kundentreue" oder das Dulden von wirtschaftlichen Maßnahmen seitens derer, die sie hindern könnten und zahlreiche andere Arten von Verhaltensweisen können ganz die gleiche Bedeutung für das Wirtschaften haben und ganz ebenso Gegenstand wirtschaftender Vorsorge und z. B. von Verträgen werden. Es ergäbe aber unpräzise Begriffe, wollte man sie mit unter eine dieser beiden Kategorien bringen. Diese Begriffsbildung ist also lediglich durch Zweckmäßigkeitsgründe bestimmt.

2. Ganz ebenso unpräzis würden die Begriffe werden (wie v. Böhm-Bawerk richtig hervorgehoben hat), wenn man alle anschaulichen Einheiten des Lebens und des Alltagssprachgebrauches unterschiedslos als „Güter" bezeichnen und den Güterbegriff dann mit den sachlichen Nutzleistungen gleichstellen wollte. „Gut" im Sinn von Nutzleistung im strengen Sprachgebrauch ist nicht das „Pferd" oder etwa ein „Eisenstab", sondern deren einzelne als begehrenswert geschätzte und geglaubte Verwendungsmöglichkeiten, z. B. als Zugkraft oder als Tragkraft oder als was immer sonst. Erst recht nicht sind für diese Terminologie die als wirtschaftliche Verkehrsobjekte (bei Kauf und Verkauf usw.) fungierenden Chancen wie: „Kundschaft", „Hypothek", „Eigentum" Güter. Sondern die Leistungen, welche durch diese von seiten der Ordnung (traditionaler oder statutarischer) in

Aussicht gestellten oder garantierten Chancen von Verfügungsgewalten einer Wirtschaft über sachliche und persönliche Nutzleistungen dargeboten werden, sollen der Einfachheit halber als „ökonomische Chancen" (als „Chancen" schlechtweg, wo dies unmißverständlich ist) bezeichnet werden.

3. Daß nur aktives Handeln als „Leistung" bezeichnet werden soll (nicht ein „Dulden", „Erlauben", „Unterlassen"), geschieht aus Zweckmäßigkeitsgründen. Daraus folgt aber, daß „Güter" und „Leistungen" nicht eine erschöpfende Klassifikation aller ökonomisch geschätzten Nutzleistungen sind.

Ueber den Begriff „Arbeit" s. u. § 15.

§ 3. Wirtschaftliche Orientierung kann traditional oder zweckrational vor sich gehen. Selbst bei weitgehender Rationalisierung des Handelns ist der Einschlag traditionaler Orientiertheit relativ bedeutend. Die rationale Orientierung bestimmt in aller Regel primär das leitende Handeln (s. § 15), gleichviel welcher Art die Leitung ist. Die Entfaltung aus dem rationalen Wirtschaftens aus dem Schoße der instinktgebundenen reaktiven Nahrungssuche oder der traditionalistischen Eingelebtheit überlieferter Technik und gewohnter sozialer Beziehungen ist in starkem Maß auch durch nicht ökonomische, außeralltägliche, Ereignisse und Taten, daneben durch den Druck der Not bei zunehmender absoluter oder (regelmäßig) relativer Enge des Versorgungsspielraums bedingt gewesen.

1. Irgendeinen „wirtschaftlichen Urzustand" gibt es für die Wissenschaft natürlich prinzipiell nicht. Man könnte etwa konventionell sich einigen, den Zustand der Wirtschaft auf einem bestimmten technischen Niveau: dem der (für uns zugänglichen) geringsten Ausstattung mit Werkzeugen, als solchen zu behandeln und zu analysieren. Aber wir haben keinerlei Recht, aus den heutigen Rudimenten werkzeugarmer Naturvölker zu schließen: daß alle im gleichen technischen Stadium befindlichen Menschengruppen der Vergangenheit ebenso (also nach Art der Weddah oder gewisser Stämme Innerbrasiliens) gewirtschaftet hätten. Denn rein wirtschaftlich war in diesem Stadium sowohl die Möglichkeit starker Arbeitskumulation in großen Gruppen (s. unten § 16) wie umgekehrt starker Vereinzelung in kleinen Gruppen gegeben. Für die Entscheidung zwischen beiden konnten aber neben naturbedingten ökonomischen auch außerökonomische (z. B. militaristische) Umstände ganz verschiedene Antriebe schaffen.

2. Krieg und Wanderung sind zwar selbst nicht wirtschaftliche (wennschon gerade in der Frühzeit vorwiegend wirtschaftlich orientierte) Vorgänge, haben aber zu allen Zeiten oft, bis in die jüngste Gegenwart, radikale Aenderungen der Wirtschaft im Gefolge gehabt. Auf zunehmende (klimatisch oder durch zunehmende Versandung oder Entwaldung bedingte) absolute Enge des Nahrungsspielraums haben Menschengruppen, je nach der Struktur der Interessenlagen und der Art des Hineinspielens nichtwirtschaftlicher Interessen, sehr verschieden, typisch freilich durch Verkümmerung der Bedarfsdeckung und absoluten Rückgang der Zahl, auf zunehmende Enge des relativen (durch einen gegebenen Standard der Bedarfsversorgung und der Verteilung der Erwerbschancen — s. u. § 11 — bedingten) Versorgungsspielraums zwar ebenfalls sehr verschieden, aber (im ganzen) häufiger als im ersten Fall durch steigende Rationalisierung der Wirtschaft geantwortet. Etwas Allgemeines läßt sich indessen selbst darüber nicht aussagen. Die (soweit der „Statistik" dort zu trauen ist) ungeheure Volksvermehrung in China seit Anfang des 18. Jahrhunderts hat entgegengesetzt gewirkt als die gleiche Erscheinung gleichzeitig in Europa (aus Gründen, über die sich wenigstens einiges aussagen läßt), die chronische Enge des Nahrungsspielraumes in der arabischen Wüste nur in einzelnen Stadien die Konsequenz einer Aenderung der ökonomischen und politischen Struktur gehabt, am stärksten unter der Mitwirkung außerökonomischer (religiöser) Entwicklung.

3. Der lange Zeit starke Traditionalismus der Lebensführung z. B. der Arbeiterschichten im Beginn der Neuzeit hat eine sehr starke Zunahme der Rationalisierung der Erwerbswirtschaften durch kapitalistische Leitung nicht gehindert, ebenso aber z. B. nicht: die fiskal-sozialistische Rationalisierung der Staatsfinanzen in Aegypten. (Immerhin war jene traditionalistische Haltung im Okzident etwas, dessen wenigstens relative Ueberwindung die weitere Fortbildung zur spezifisch modernen, kapitalistisch rationalen Wirtschaft erst ermöglichte.)

§ 4. Typische Maßregeln des rationalen Wirtschaftens sind:

1. planvolle Verteilung solcher Nutzleistungen, auf deren Verfügung der Wirtschaftende gleichviel aus welchem Grunde zählen zu können glaubt, auf Gegenwart und Zukunft (Sparen);

3*

2. planvolle Verteilung verfügbarer Nutzleistungen auf mehrere Verwendungsmöglichkeiten in der Rangfolge der geschätzten Bedeutung dieser: nach dem Grenznutzen.

Diese (am strengsten: „statischen") Fälle kamen in Friedenszeiten in wirklich bedeutsamem Umfang, heute meist in Form von Geld einkommensbewirt-
schaftung vor.

3. planvolle Beschaffung — Herstellung und Herschaffung — solcher Nutzleistungen, für welche alle Beschaffungsmittel sich in der eignen Verfügungsgewalt
des Wirtschaftenden befinden. Im Rationalitätsfall erfolgt eine bestimmte Handlung
dieser Art, sofern die Schätzung der Dringlichkeit des Begehrs dem erwarteten
Ergebnis nach die Schätzung des Aufwands, das heißt: 1. der Mühe der etwa erforderlichen Leistungen, — 2. aber: der sonst möglichen Verwendungsarten der
zu verwendenden Güter und also: ihres technisch andernfalls möglichen End-
produkts übersteigt (Produktion im weiteren Sinn, der die Transportleistungen einschließt);

4. planvoller Erwerb gesicherter Verfügungsgewalt oder Mitverfügungsgewalt
über solche Nutzleistungen, welche

α. selbst oder

β. deren Beschaffungsmittel sich in fremder Verfügungsgewalt befinden oder
welche

γ. fremder, die eigne Versorgung gefährdender Beschaffungskonkurrenz ausgesetzt sind, —

durch Vergesellschaftung mit dem derzeitigen Inhaber der Verfügungsgewalt
oder Beschaffungskonkurrenten.

Die Vergesellschaftung mit fremden derzeitigen Inhabern der Verfügungsgewalt kann erfolgen

a) durch Herstellung eines Verbandes, an dessen Ordnung sich die Beschaffung
oder Verwendung von Nutzleistungen orientieren soll;

b) durch Tausch.

Zu a): Sinn der Verbandsordnung kann sein:

α. Rationierung der Beschaffung oder der Benutzung oder des Verbrauchs zur
Begrenzung der Beschaffungskonkurrenz (Regulierungsverband);

β. Herstellung einer einheitlichen Verfügungsgewalt zur planmäßigen Verwaltung der bisher in getrennter Verfügung befindlichen Nutzleistungen (Verwaltungsverband).

Zu b): Tausch ist ein Interessenkompromiß der Tauschpartner, durch welches
Güter oder Chancen als gegenseitiger Entgelt hingegeben werden. Der Tausch
kann

1. traditional oder konventional, also (namentlich im zweiten Fall) nicht wirtschaftlich rational, — oder

2. wirtschaftlich rational orientiert erstrebt und geschlossen werden. Jeder
rational orientierte Tausch ist Abschluß eines vorhergehenden offenen oder latenten Interessenkampfes durch Kompromiß. Der Tauschkampf der Interessenten,
dessen Abschluß das Kompromiß bildet, richtet sich einerseits stets, als Preiskampf,
gegen den als Tauschpartner in Betracht kommenden Tauschreflektanten (typisches
Mittel: Feilschen), andrerseits gegebenenfalls, als Konkurrenzkampf, gegen wirkliche
oder mögliche dritte (gegenwärtige oder für die Zukunft zu erwartende) Tauschreflektanten, mit denen Beschaffungskonkurrenz besteht (typisches Mittel: Unter- und
Ueberbieten).

1. In der Eigenverfügung eines Wirtschaftenden befinden Nutzleistungen (Güter,
Arbeit oder andre Träger von solchen) sich dann, wenn tatsächlich nach
(mindestens: relativ) freiem Belieben ohne Störung durch Dritte auf ihren Gebrauch
gezählt werden kann, einerlei ob diese Chance auf Rechtsordnung oder Konvention
oder Sitte oder Interessenlage beruht. Keineswegs ist gerade nur die rechtliche Siche-

rung der Verfügung die b e g r i f f l i c h (und auch nicht: die tatsächlich) ausschließliche, wennschon die heute für die s a c h l i c h e n Beschaffungsmittel empirisch unentbehrliche Vorbedingung des Wirtschaftens.

2. Fehlende Genußreife kann auch in örtlicher Entferntheit genußreifer Güter vom Genußort bestehen. Der Güter t r a n s p o r t (zu scheiden natürlich vom Güter h a n d e l , der Wechsel der V e r f ü g u n g s g e w a l t bedeutet) kann hier daher als Teil der „Produktion" behandelt werden.

3. Für die fehlende Eigenverfügung ist es prinzipiell irrelevant, ob Rechtsordnung oder Konvention oder Interessenlage oder eingelebte Sitte oder bewußt gepflegte Sittlichkeitsvorstellungen den Wirtschaftenden t y p i s c h hindern, die fremde Verfügungsgewalt gewaltsam anzutasten.

4. Beschaffungskonkurrenz kann unter den mannigfachsten Bedingungen bestehen. Insbesondere z. B. bei okkupatorischer Versorgung: Jagd, Fischfang, Holzschlag, Weide, Rodung. Sie kann auch und gerade innerhalb eines nach außen geschlossenen Verbandes bestehen. Die dagegen gerichtete Ordnung ist dann stets: Rationierung der Beschaffung, regelmäßig in Verbindung mit Appropriation der so garantierten Beschaffungschancen für eine fest begrenzte Zahl von einzelnen oder (meist) von Hausverbänden. Alle Mark- und Fischereigenossenschaften, die Regulierung der Rodungs-, Weide- und Holzungsrechte auf Allmenden und Marken, die „Stuhlung" der Alpenweiden usw. haben diesen Charakter. Alle Arten erblichen „Eigentums" an nutzbarem Grund und Boden sind dadurch propagiert worden.

5. Der Tausch kann sich auf alles erstrecken, was sich in irgendeiner Art in die Verfügung eines andern „übertragen" läßt und wofür ein Partner Entgelt zu geben bereit ist. Nicht nur auf „Güter" und „Leistungen" also, sondern auf ökonomische Chancen aller Art, z. B. auf eine rein kraft Sitte oder Interessenlage zur Verfügung stehende, durch nichts garantierte „Kundschaft". Erst recht natürlich auf alle irgendwie durch irgendeine Ordnung g a r a n t i e r t e n Chancen. Tauschobjekte sind also nicht nur aktuelle Nutzleistungen. Als Tausch soll für unsre Zwecke vorläufig, im weitesten Wortsinn, j e d e auf formal freiwilliger Vereinbarung ruhende Darbietung von aktuellen, kontinuierlichen, gegenwärtigen, künftigen Nutzleistungen von welcher Art immer gegen gleichviel welche Art von Gegenleistungen bezeichnet werden. Also z. B. die entgeltliche Hingabe oder Zurverfügungstellung der Nutzleistung von Gütern oder Geld gegen künftige Rückgabe gleichartiger Güter ebenso wie das Erwirken irgendeiner Erlaubnis, oder einer Ueberlassung der „Nutzung" eines Objekts gegen „Miete" oder „Pacht", oder die Vermietung von Leistungen aller Art gegen Lohn oder Gehalt. Daß heute, soziologisch angesehen, dieser letztgenannte Vorgang für die „Arbeiter" im Sinn des § 15 den Eintritt in einen Herrschaftsverband bedeutet, bleibt vorläufig noch ebenso außer Betracht wie die Unterschiede von „Leihe" und „Kauf" usw.

6. Der Tausch kann in seinen Bedingungen traditional und, in Anlehnung daran, konventional, oder aber rational bestimmt sein. Konventionale Tauschakte waren der Geschenkaustausch unter Freunden, Helden, Häuptlingen, Fürsten (cf. den Rüstungstausch des Diomedes und Glaukos), nicht selten übrigens (vgl. die Tell- el-Amarna-Briefe) schon sehr stark rational orientiert und kontrolliert. Der rationale Tausch ist nur möglich, wenn entweder b e i d e Teile dabei Vorteil zu finden hoffen, oder eine durch ökonomische Macht oder Not bedingte Zwangslage für einen Teil vorliegt. Er kann (s. § 11) entweder: naturalen Versorgungs- oder: Erwerbszwecken dienen, also: an der persönlichen Versorgung des oder der Eintauschenden mit einem Gut oder: an Marktgewinnchancen (s. § 11) orientiert sein. Im ersten Fall ist er in seinen Bedingungen weitgehend individuell bestimmt und in d i e s e m Sinn irrational: Haushaltsüberschüsse z. B. werden in ihrer Wichtigkeit nach dem i n d i v i d u e l l e n Grenznutzen der Einzelwirtschaft geschätzt und eventuell billig abgetauscht, zufällige Begehrungen des Augenblicks bestimmen den Grenznutzen der zum Eintausch begehrten Güter unter Umständen sehr hoch. Die durch den Grenznutzen bestimmten Tauschgrenzen sind also hochgradig schwankend. Ein r a t i o n a l e r Tauschkampf entwickelt sich nur bei marktgängigen (über den Begriff s. § 8) und im Höchstmaß bei erwerbswirtschaftlich (Begriff s. § 11) genutzten oder abgetauschten Gütern.

7. Die zu a α genannten Eingriffe eines Regulierungsverbandes sind nicht etwa die einzig m ö g l i c h e n eines solchen, aber diejenigen, welche, als am unmittelbarsten aus Bedrohung der B e d a r f s deckung als solcher hervorgehend, hierher gehören. Ueber die Absatzregulierung s. später.

§ 5. Ein wirtschaftlich orientierter Verband kann, je nach seinem Verhältnis zur Wirtschaft, sein:

a) wirtschaftender Verband, — wenn das an seiner Ordnung orientierte primär außerwirtschaftliche Verbandshandeln ein Wirtschaften mit umschließt;

b) Wirtschaftsverband, — wenn das durch die Ordnung geregelte Verbandshandeln p r i m ä r ein autokephales Wirtschaften bestimmter Art ist;

c) wirtschaftsregulierender Verband, — wenn und insoweit als an den Ordnungen des Verbandes sich das autokephale Wirtschaften der Verbandsglieder m a t e r i a l heteronom orientiert.

d) Ordnungsverband, — wenn seine Ordnungen das autokephale und autonome Wirtschaften der Verbandsmitglieder nur f o r m a l durch Regeln normieren und die dadurch erworbenen Chancen garantieren.

Materiale Wirtschaftsr e g u l i e r u n g e n haben ihre faktischen Schranken da, wo die Fortsetzung eines bestimmten wirtschaftlichen Verhaltens noch mit vitalem Versorgungsinteresse der regulierten Wirtschaften vereinbar ist.

1. Wirtschaftende Verbände sind der (n i c h t sozialistische oder kommunistische) „Staat" und alle anderen Verbände (Kirchen, Vereine usw.) mit eigener Finanzwirtschaft, aber auch z. B. die Erziehungsgemeinschaften, die nicht primär ökonomischen Genossenschaften usw.

2. Wirtschaftsverbände sind natürlich, im Sinn dieser Terminologie, nicht nur die üblicherweise so bezeichneten, wie etwa Erwerbs-(Aktien-)gesellschaften, Konsumvereine, Artjels, Genossenschaften, Kartelle, sondern alle das Handeln mehrerer Personen umfassenden wirtschaftlichen „Betriebe" überhaupt, von der Werkstattgemeinschaft zweier Handwerker bis zu einer denkbaren weltkommunistischen Assoziation.

3. Wirtschaftsregulierende Verbände sind z. B. Markgenossenschaften, Zünfte, Gilden, Gewerkschaften, Arbeitgeberverbände, Kartelle und alle Verbände mit einer material den Inhalt und die Zielrichtung des Wirtschaftens regulierenden: „Wirtschaftspolitik" treibenden Leitung, also: die Dörfer und Städte des Mittelalters ebenso wie jeder eine solche Politik treibende Staat der Gegenwart.

4. Ein reiner Ordnungsverband ist z. B. der reine Rechtsstaat, welcher das Wirtschaften der Einzelhaushalte und -betriebe material gänzlich autonom läßt und nur formal im Sinne der Streitschlichtung die Erledigung der frei paktierten Tauschverpflichtungen regelt.

5. Die Existenz von wirtschaftsregulierenden und Ordnungsverbänden setzt prinzipiell die (nur verschieden große) Autonomie der Wirtschaftenden voraus. Also: die prinzipielle, nur in verschiedenem Maße (durch Ordnungen, an denen sich das Handeln orientiert) begrenzte, Freiheit der Verfügungsgewalt der Wirtschaftenden. Mithin: die (mindestens relative) Appropriation von ökonomischen Chancen an sie, über welche von ihnen autonom verfügt wird. Der reinste Typus des Ordnungsverbandes besteht daher dann, wenn alles m e n s c h l i c h e Handeln inhaltlich autonom verläuft und nur an formalen Ordnungsbestimmungen orientiert ist, alle s a c h l i c h e n Träger von Nutzleistungen aber voll a p p r o p r i i e r t sind, derart, daß darüber, insbesondere durch Tausch, beliebig verfügt werden kann, wie dies der typischen modernen Eigentumsordnung entspricht. Jede andere Art von Abgrenzung der Appropriation und Autonomie enthält eine Wirtschaftsregulierung, weil sie menschliches Handeln in seiner Orientierung bindet.

6. Der Gegensatz zwischen Wirtschaftsregulierung und bloßem Ordnungsverband ist flüssig. Denn natürlich kann (und muß) auch die Art der „formalen" Ordnung das Handeln irgendwie material, unter Umständen tiefgehend, beeinflussen. Zahlreiche moderne gesetzliche Bestimmungen, welche sich als reine „Ordnungs"Normen geben, sind in der Art ihrer Gestaltung darauf zugeschnitten, einen solchen Einfluß zu üben (davon in der Rechtssoziologie). Außerdem aber ist eine wirklich ganz strenge Beschränkung auf r e i n e Ordnungsbestimmungen nur in der Theorie möglich. Zahlreiche „zwingende" Rechtssätze — und solche sind nie zu entbehren — enthalten in irgendeinem Umfang auch für die Art des m a t e r i a l e n Wirtschaftens wichtige Schranken. Grade „Ermächtigungs"-Rechtssätze aber enthalten unter Umständen (z. B. im Aktienrecht) recht fühlbare Schranken der wirtschaftlichen Autonomie.

7. Die B e g r e n z t h e i t der materialen Wirtschaftsregulierungen in ihrer Wirkung kann sich a) im Aufhören bestimmter Richtungen des Wirtschaftens (Bestellung von Land nur zum Eigenbedarf bei Preistaxen) oder b) in faktischer Umgehung (Schleichhandel) äußern.

§ 6. T a u s c h m i t t e l soll ein sachliches Tauschobjekt insoweit heißen, als dessen Annahme beim Tausch in typischer Art p r i m ä r an der Chance für den Annehmenden orientiert ist, daß dauernd — das heißt: für die in Betracht gezogene Zukunft — die Chance bestehen werde, es gegen andre Güter in einem seinem Interesse entsprechenden Austauschverhältnis in Tausch zu geben, sei es gegen alle (allgemeines Tauschmittel), sei es gegen bestimmte (spezifisches Tauschmittel). Die Chance der Annahme in einem abschätzbaren Tauschverhältnis zu anderen (spezifisch angebbaren) Gütern soll materiale Geltung des Tauschmittels im Verhältnis zu diesen heißen, f o r m a l e Geltung die Verwendung an sich.

Z a h l u n g s m i t t e l soll ein typisches Objekt insoweit heißen, als für die Erfüllung bestimmter paktierter oder oktroyierter Leistungspflichten die Geltung seiner Hingabe als Erfüllung konventionell oder rechtlich g a r a n t i e r t ist (f o r m a l e Geltung des Zahlungsmittels, die zugleich f o r m a l e Geltung als Tauschmittel bedeuten k a n n).

C h a r t a l sollen Tauschmittel oder Zahlungsmittel heißen, wenn sie Artefakte sind, kraft der ihnen gegebenen F o r m ein konventionelles, rechtliches, paktiertes oder oktroyiertes Ausmaß formaler Geltung innerhalb eines personalen oder regionalen Gebiets haben und g e s t ü c k e l t sind, das heißt: auf bestimmte Nennbeträge oder Vielfache oder Bruchteile von solchen lauten, so daß rein mechanische R e c h n u n g mit ihnen möglich ist.

G e l d soll ein chartales Zahlungsmittel heißen, welches Tauschmittel ist.

Tauschmittel-, Zahlungsmittel- oder Geld-Verband soll ein Verband heißen mit Bezug auf Tauschmittel, Zahlungsmittel oder Geld, welche und soweit sie innerhalb des Geltungsbereichs seiner Ordnungen durch diese in einem relevanten Maß wirksam als konventionell oder rechtlich (f o r m a l) geltend oktroyiert sind: Binnengeld, bzw. Binnen-Tausch- bzw. -Zahlungsmittel. Im Tausch mit Ungenossen verwendete Tauschmittel sollen Außen-Tauschmittel heißen.

N a t u r a l e Tausch- oder Zahlungsmittel sollen die nicht chartalen heißen. In sich sind sie unterschieden:

a) 1. technisch: je nach dem Naturalgut, welches sie darstellt (insbesondere: Schmuck, Kleider, Nutzobjekte und Geräte) —, oder

2. der Verwendung in Form der Wägung (pensatorisch) oder nicht;

b) ökonomisch: je nach ihrer Verwendung

1. primär für Tauschzwecke oder für ständische Zwecke (Besitzprestige),

2. primär als Binnen- oder als Außentausch- bzw. Zahlungsmittel.

Zeichenmäßig heißen Tausch- und Zahlungsmittel oder Geld insoweit, als sie primär eine eigene Schätzung außerhalb ihrer Verwendung als Tausch- oder Zahlungsmittel nicht (in der Regel: nicht mehr) genießen,

Stoffmäßig insoweit, als ihre m a t e r i a l e Schätzung als solche durch die Schätzung ihrer Verwendbarkeit als Nutzgüter beeinflußt wird oder doch werden k a n n.

G e l d ist entweder:

a) monetär: Münze, oder

b) notal: Urkunde.

Das notale Geld pflegt durchweg in seiner Form einer monetären Stückelung angepaßt oder im Nennbetrag historisch auf eine solche bezogen zu sein.

Monetäres Geld soll heißen:

1. „f r e i e s" oder „V e r k e h r s g e l d", wenn von der Geldausgabestelle auf Initiative jedes Besitzers des monetären Stoffs dieser in beliebigen Mengen in chartale „Münz"-Form verwandelt wird, material also die Ausgabe an Zahlungsbedürfnissen von Tauschinteressenten orientiert ist, —

2. „g e s p e r r t e s" oder „V e r w a l t u n g s g e l d", — wenn die Verwandlung in chartale Form nach dem formell freien, material primär an Zahlungsbedürfnissen der Verwaltungsl e i t u n g eines Verbandes orientierten, Belieben dieser erfolgt, —

3. „r e g u l i e r t e s", wenn sie zwar gesperrt, die Art und das Ausmaß ihrer Schaffung aber durch Normen wirksam geregelt ist.

Umlaufsmittel soll eine als notales Geld fungierende Urkunde heißen, wenn ihre Annahme als „provisorisches" Geld sich an der Chance orientiert: daß ihre jederzeitige Einlösung in „definitives": Münzen oder pensatorische Metalltauschmittel für alle normalen Verhältnisse gesichert sei. Zertifikat dann, wenn dies durch Regulierungen bedingt ist, welche Vorratshaltung im Betrag voller Deckung in Münze oder Metall sicherstellen.

Tausch- oder Zahlungsmittelskalen sollen die innerhalb eines Verbandes konventionalen oder rechtlich oktroyierten gegenseitigen Tarifierungen der einzelnen naturalen Tausch- und Zahlungsmittel heißen.

Kurantgeld sollen die von der Ordnung eines Geld-Verbands mit nach Art und Maß unbeschränkter Geltung als Zahlungsmittel ausgestatteten Geldarten heißen, Geldmaterial das Herstellungsmaterial eines Geldes, Währungsmetall das gleiche bei Verkehrsgeld, Geldtarifierung die bei der Stückelung und Benennung zugrunde gelegte Bewertung der einzelnen unter einander stoffverschiedenen naturalen oder Verwaltungsgeldarten, Währungsrelation das gleiche zwischen stoffverschiedenen Verkehrsgeldarten.

Intervalutarisches Zahlungsmittel soll dasjenige Zahlungsmittel heißen, welches zum Ausgleich des Zahlungssaldos zwischen verschiedenen Geldverbänden jeweils letztlich — das heißt wenn nicht durch Stundung die Zahlung hinausgeschoben wird — dient. —

Jede neugeschaffene Verbandsordnung des Geldwesens legt unvermeidlich die Tatsache zugrunde: daß bestimmte Zahlmittel für Schulden verwendet wurden. Sie begnügt sich entweder mit deren Legalisierung als Zahlungsmittel oder — bei Oktroyierung neuer Zahlungsmittel — rechnet bestimmte bisherige naturale oder pensatorische oder chartale Einheiten in die neuen Einheiten um (Prinzip der sogenannten „historischen Definition" des Geldes als Zahlungsmittel, von der hier völlig dahingestellt bleibt, wieweit sie auf die Austauschrelation des Geldes als Tauschmittel zu den Gütern zurückwirkt).

Es sei nachdrücklich bemerkt: daß hier nicht eine „Geldtheorie" beabsichtigt ist, sondern eine möglichst einfache terminologische Feststellung von Ausdrücken, die später öfter gebraucht werden. Weiterhin kommt es vorerst auf gewisse ganz elementare soziologische Folgen des Geldgebrauchs an. (Die mir im ganzen annehmbarste materiale Geldtheorie ist die von Mises. Die „Staatliche Theorie" G. F. Knapps — das großartigste Werk des Fachs — löst ihre formale Aufgabe in ihrer Art glänzend. Für materiale Geldprobleme ist sie unvollständig; s. später. Ihre sehr dankenswerte und terminologisch wertvolle Kasuistik wurde hier noch beiseite gelassen).

1. Tauschmittel und Zahlungsmittel fallen historisch zwar sehr oft, aber doch nicht immer zusammen. Namentlich nicht auf primitiven Stufen. Die Zahlungsmittel für Mitgiften, Tribute, Pflichtgeschenke, Bußen, Wergelder z. B. sind oft konventional oder rechtlich eindeutig, aber ohne Rücksicht auf das tatsächlich umlaufende Tauschmittel bestimmt. Nur bei geldwirtschaftlichem Verbandshaushalt ist die Behauptung von Mises, Theorie des Geldes und der Umlaufsmittel (München 1912) richtig, daß auch der Staat die Zahlungsmittel nur als Tauschmittel begehre. Nicht für Fälle, wo der Besitz bestimmter Zahlungsmittel primär ständisches Merkmal war. (S. dazu K. Schurtz, Grundriß einer Entstehungsgeschichte des Geldes, 1918). — Mit dem Beginn staatlicher Geldsatzungen wird Zahlungsmittel der rechtliche, Tauschmittel der ökonomische Begriff.

2. Die Grenze zwischen einer „Ware" welche gekauft wird nur weil künftige Absatzchancen in Betracht gezogen werden, und einem „Tauschmittel" ist scheinbar flüssig. Tatsächlich pflegen aber bestimmte Objekte derart ausschließlich die Funktion als Tauschmittel zu monopolisieren, — und zwar schon unter sonst primitiven Verhältnissen —, daß ihre Stellung als solche eindeutig ist. („Terminweizen" ist dem gemeinten Sinn nach bestimmt, einen endgültigen Käufer zu finden, also weder ein „Zahlungs"- noch gar „Tauschmittel", noch vollends „Geld").

3. Die Art der Tauschmittel ist, solange chartales Geld nicht besteht, in ihrer Entstehung primär durch Sitte, Interessenlage und Konventionen aller Art bestimmt, an denen sich die Vereinbarungen der Tauschpartner orientieren. Diese hier nicht näher zu erörternden Gründe, aus denen Tauschmittel primär diese Qualität

erlangten, waren sehr verschiedene, und zwar auch nach der Art des Tausches, um den es sich typisch handelte. Nicht jedes Tauschmittel war notwendig (auch nicht innerhalb des Personenkreises, der es als solches verwendete) universell für Tausch jeder Art anwendbar (z. B. war Muschel-„Geld" nicht spezifisches Tauschmittel für Weiber und Vieh).

4. Auch „Zahlungsmittel", welche n i c h t die üblichen „Tauschmittel" waren, haben in der Entwicklung des Geldes zu seiner Sonderstellung eine beachtliche Rolle gespielt. Die „Tatsache", daß Schulden existierten (G. F. Knapp): — Tributschulden, Mitgift- und Brautpreisschulden, konventionale Geschenkschulden an Könige oder umgekehrt von Königen an ihresgleichen, Wergeldschulden und andere — und daß diese oft (nicht immer) in spezifischen typischen Güterarten abzuleisten waren (konventional oder kraft Rechtszwangs), schuf diesen Güterarten (nicht selten: durch ihre Form spezifizierten Artefakten) eine Sonderstellung.

5. „Geld" (im Sinne dieser Terminologie) könnten auch die „Fünftelschekelstücke" mit dem Stempel des (Händler-)Hauses sein, die sich in babylonischen Urkunden finden. Vorausgesetzt, daß sie Tauschmittel waren. Dagegen rein „pensatorisch" verwendete, nicht gestückelte Barren sollen hier nicht als „Geld", sondern als pensatorisches Tausch- und Zahlungsmittel bezeichnet werden, so ungemein wichtig die Tatsache der W ä g b a r k e i t für die Entwicklung der „Rechenhaftigkeit" war. Die Uebergänge (Annahme von Münzen nur nach Gewicht usw.) sind natürlich massenhaft.

6. „Chartal" ist ein Ausdruck, den Knapps „Staatliche Theorie des Geldes" eingeführt hat. Alle Arten durch Rechtsordnung oder Vereinbarung mit Geltung versehene gestempelte und gestückelte Geldsorten, metallische ebenso wie nicht-metallische, gehören nach ihm dahin. Nicht abzusehen ist, warum nur s t a a t l i c h e Proklamation, nicht auch Konvention oder paktierter Zwang zur Annahme für den Begriff ausreichen sollen. Ebensowenig könnte natürlich die Herstellung in Eigenregie oder unter Kontrolle der politischen Gewalt — die in China wiederholt ganz fehlte, im Mittelalter nur relativ bestand, — entscheidend sein, sofern nur N o r m e n für die entscheidende Formung bestehen. (So auch K n a p p.) Die Geltung als Zahlungs- und die f o r m a l e Benutzung als Tauschmittel im Verkehr i n n e r h a l b des Machtgebietes des politischen Verbandes kann durch die Rechtsordnung erzwungen werden. S. später.

7. Die naturalen Tausch- und Zahlungsmittel sind primär teils das Eine, teils das Andere, teils mehr Binnen-, teils mehr Außen-Tausch- und Zahlungs-Mittel. Die Kasuistik gehört nicht hierher. Ebenso — n o c h n i c h t — die Frage der m a t e r i a l e n Geltung des Geldes.

8. Ebensowenig gehört eine m a t e r i a l e Theorie des Geldes in bezug auf die Preise schon an diese Stelle (soweit sie ü b e r h a u p t in die Wirtschafts s o z i o - l o g i e gehört). Hier muß zunächst die Konstatierung der Tatsache des Geldgebrauchs (in seinen wichtigsten Formen) genügen, da es auf die ganz allgemeinen soziologischen K o n s e q u e n z e n dieser an sich, ökonomisch angesehen, formalen Tatsache ankommt. Festgestellt sei vorerst nur, daß „Geld" n i e m a l s nur eine harmlose „Anweisung" oder eine b l o ß nominale „Rechnungseinheit" sein wird und kann, solange es eben: G e l d ist. Seine Wertschätzung ist (in sehr verwickelter Form) stets a u c h eine Seltenheits- (oder bei „Inflation": Häufigkeits-) Wertschätzung, wie gerade die Gegenwart, aber auch jede Vergangenheit zeigt.

Eine sozialistische, etwa auf dem Grund von (als „nützlich" anerkannter) „Arbeit" eines bestimmten Maßes emittierte „Anweisung" auf bestimmte Güter könnte zum Gegenstand der Thesaurierung oder des Tausches werden, würde aber den Regeln des (eventuell: indirekten) N a t u r a l tausches folgen.

9. Die Beziehungen zwischen monetärer und nicht monetärer Benutzung eines technischen Geld s t o f f e s lassen sich an der chinesischen Geldgeschichte in ihren weittragenden Folgen für die Wirtschaft am deutlichsten verfolgen, weil bei Kupferwährung mit hohen Herstellungskosten und stark schwankender Ausbeute des W ä h r u n g s m a t e r i a l s die Bedingungen dort besonders klarlagen.

§ 7. Die primären Konsequenzen t y p i s c h e n Geldgebrauches sind:

1. der sogenannte „indirekte Tausch" als Mittel der Bedarfsversorgung von Konsumenten. Das heißt die Möglichkeit: a) örtlicher, b) zeitlicher, c) personaler, d) (sehr wesentlich auch:) mengenhafter T r e n n u n g der jeweils zum Abtauschen bestimmten Güter von den zum Eintausch begehrten. Dadurch: die außerordentliche Ausweitung der jeweils gegebenen Tauschmöglichkeiten, und, in Verbindung, damit:

2. die Bemessung g e s t u n d e t e r Leistungen, insbesondere: Gegenleistungen beim Tausch (Schulden), in Geldbeträgen;

3. die sogenannte „Wertaufbewahrung", das heißt: die Thesaurierung von Geld in Natura oder von jederzeit einzufordernden Geldforderungen als Mittel der Sicherung von künftiger Verfügungsgewalt über Eintausch c h a n c e n;

4. die zunehmende Verwandlung ökonomischer Chancen in solche: über G e l d - beträge verfügen zu können;

5. die qualitative Individualisierung und damit, indirekt, Ausweitung der Bedarfsdeckung derjenigen, die über Geld oder Geldforderungen oder die Chancen von Gelderwerb verfügen, und also: Geld für b e l i e b i g e Güter und Leistungen anbieten können;

6. die heute typische Orientierung der Beschaffung von Nutzleistungen am Grenznutzen jener G e l d beträge, über welche der Leiter einer Wirtschaft in einer von ihm übersehbaren Zukunft voraussichtlich verfügen zu können annimmt. Damit:

7. Erwerbsorientierung an allen jenen Chancen, welche durch jene zeitlich, örtlich, personal und sachlich vervielfältigte Tauschmöglichkeit (Nr. 1) dargeboten werden. Dies alles auf Grund des prinzipiell wichtigsten Moments von allen, nämlich:

8. der Möglichkeit der A b s c h ä t z u n g aller für den Abtausch oder Eintausch in Betracht kommenden Güter und Leistungen in Geld: G e l d r e c h n u n g.

M a t e r i a l bedeutet die Geldrechnung zunächst: daß Güter nicht nur nach ihrer derzeitigen, örtlichen und personalen, Nutzleistungsbedeutung geschätzt werden. Sondern daß bei der Art ihrer Verwendung (gleichviel zunächst ob als Konsum- oder als Beschaffungsmittel) auch alle künftigen Chancen der Verwertung und Bewertung, unter Umständen durch unbestimmt viele Dritte für deren Zwecke, insoweit mit in Betracht gezogen werden, als sie sich in einer dem Inhaber der Verfügungsgewalt z u g ä n g l i c h e n Geldabtauschchance ausdrücken. Die Form, in welcher dies bei typischer Geldrechnung geschieht, ist: die M a r k t l a g e.

Das Vorstehende gibt nur die einfachsten und wohlbekannten Elemente jeglicher Erörterung über „Geld" wieder und bedarf daher keines besonderen Kommentars. Die Soziologie des „Marktes" wird an dieser Stelle noch nicht verfolgt (s. über die formalen Begriffe § 8, 10).

„K r e d i t" im allgemeinsten Sinn soll jeder Abtausch gegenwärtig innegehabter gegen Eintausch der Zusage künftig zu übertragender Verfügungsgewalt über Sachgüter gleichviel welcher Art heißen. Kreditgeben bedeutet zunächst die Orientierung an der Chance: daß diese künftige Uebertragung tatsächlich erfolgen werde. Kredit in diesem Sinn bedeutet primär den Austausch gegenwärtig fehlender, aber für künftig im Ueberschuß erwarteter Verfügungsgewalt einer Wirtschaft über Sachgüter oder Geld — gegen derzeit vorhandene, nicht zur eigenen Verwertung bestimmte Verfügungsgewalt einer andern. Wovon im Rationalitätsfall beide Wirtschaften sich günstigere Chancen (gleichviel welcher Art) versprechen, als sie die Gegenwartsverteilung ohne diesen Austausch darböte.

1. Die in Betracht gezogenen Chancen müssen keineswegs notwendig wirtschaftlicher Art sein. Kredit kann zu allen denkbaren Zwecken (karitativen, kriegerischen) gegeben und genommen werden.

2. Kredit kann in Naturalform oder in Geldform und in beiden Fällen gegen Zusage von Naturalleistungen oder von Geldleistungen gegeben und genommen werden. Die Geldform bedeutet aber die g e l d r e c h n u n g s m ä ß i g e Kreditgewährung und Kreditnahme mit allen ihren Konsequenzen (von denen alsbald zu reden ist).

3. Im übrigen entspricht auch diese Definition dem Landläufigen. Daß auch zwischen Verbänden jeder Art, insbesondere: sozialistischen oder kommunistischen Verbänden, Kredit möglich (und bei Nebeneinanderbestehen mehrerer nicht ökonomisch autarker Verbände dieser Art unumgänglich) ist, versteht sich von selbst. Ein Problem bedeutete dabei freilich im Fall völligen Fehlens des Geldgebrauches die rationale Rechnungsbasis. Denn die bloße (unbestreitbare) Tatsache der Möglichkeit des „Kompensationsverkehrs" würde, zumal für langfristigen Kredit, für die Beteiligten noch nichts über die Rationalität der gewährten Bedingungen aus-

sagen. Sie wären etwa in der Lage, wie in der Vergangenheit Oikenwirtschaften (s. später), welche ihre Ueberschüsse gegen Bedarfsartikel abtauschten. Mit dem Unterschied jedoch, daß in der Gegenwart ungeheure Masseninteressen und dabei: solche auf lange Sicht, im Spiel wären, während für die schwach versorgten Massen grade der Grenznutzen der aktuellen Befriedigung besonders hoch steht. Also: Chance ungünstigen Eintausches dringend bedurfter Güter.

4. Kredit kann zum Zweck der Befriedigung gegenwärtiger unzulänglich gedeckter Versorgungsbedürfnisse (Konsumtivkredit) genommen werden. Im ökonomischen Rationalitätsfall wird er auch dann nur gegen Einräumung von Vorteilen gewährt. Doch ist dies (bei dem geschichtlich ursprünglichen Konsumtions-, insbesondere beim Notkredit) nicht das Ursprüngliche, sondern der Appell an Brüderlichkeitspflichten (darüber bei Erörterung des Nachbarschaftsverbandes Kap. V).

5. Die allgemeinste Grundlage des entgeltlichen Sach- oder Geld-Kredits ist selbstverständlich: daß bei dem Kreditgeber infolge besserer Versorgtheit (was, wohl zu beachten, ein relativer Begriff ist) meist der Grenznutzen der Zukunftserwartung höher steht als beim Kreditnehmer.

§ 8. Marktlage eines Tauschobjektes soll die Gesamtheit der jeweils für Tauschreflektanten bei der Orientierung im Preis- und Konkurrenzkampf erkennbaren Aus- und Eintauschchancen desselben gegen Geld heißen, —

Marktgängigkeit das Maß von Regelmäßigkeit, mit welcher jeweils ein Objekt marktmäßiges Tauschobjekt zu werden pflegt, —

Marktfreiheit der Grad von Autonomie der einzelnen Tauschreflektanten im Preis- und Konkurrenzkampf, —

Marktregulierung dagegen der Zustand: daß für mögliche Tauschobjekte die Marktgängigkeit oder für mögliche Tauschreflektanten die Marktfreiheit material durch Ordnungen wirksam beschränkt ist. — Marktregulierungen können bedingt sein:

1. nur traditional: durch Gewöhnung an überlieferte Schranken des Tauschs oder an überlieferte Tauschbedingungen;

2. konventional, durch soziale Mißbilligung der Marktgängigkeit bestimmter Nutzleistungen oder des freien Preis- oder Konkurrenzkampfs in bestimmten Tauschobjekten oder für bestimmte Personenkreise;

3. rechtlich: durch wirksame rechtliche Beschränkung des Tausches oder der Freiheit des Preis- oder Konkurrenzkampfes, allgemein oder für bestimmte Personenkreise oder für bestimmte Tauschobjekte, im Sinne: der Beeinflussung der Marktlage von Tauschobjekten (Preisregulierung) oder der Beschränkung des Besitzes oder Erwerbes oder Abtauschs von Verfügungsgewalt über Güter auf bestimmte Personenkreise (rechtlich garantierte Monopole oder rechtliche Schranken der Freiheit des Wirtschaftens);

4. voluntaristisch: durch Interessenlage: materiale Marktregulierung bei formaler Marktfreiheit. Sie hat die Tendenz zu entstehen, wenn bestimmte Tauschinteressenten kraft ihrer faktisch ganz oder annähernd ausschließlichen Chance des Besitzes oder Erwerbes von Verfügungsgewalt über bestimmte Nutzleistungen (monopolistischen Lage) imstande sind: die Marktlage unter tatsächlicher Ausschaltung der Marktfreiheit für andere zu beeinflussen. Insbesondere können sie zu diesem Zweck untereinander oder (und eventuell: zugleich) mit typischen Tauschpartnern marktregulierende Vereinbarungen (voluntaristische Monopole und Preiskartelle) schaffen.

1. Von Marktlage wird zweckmäßigerweise (nicht: notwendigerweise) nur bei Geldtausch gesprochen, weil nur dann ein einheitlicher Zahlenausdruck möglich ist. Die naturalen „Tauschchancen" werden besser mit diesem Wort bezeichnet. Marktgängig waren und sind — was hier nicht im einzelnen auszuführen ist — bei Existenz des typischen Geldtauschs die einzelnen Arten von Tauschobjekten in höchst verschiedenem und wechselndem Grade. Generell nach Sorten angebbare Massenproduktions- und -verbrauchsgegenstände im Höchstmaß, einzigartige Objekte eines Gelegenheitsbegehrs im Mindestmaß, Versorgungsmittel mit langfristiger und wiederholter Ge- und Verbrauchsperiode und Beschaffungsmittel mit langfristiger Verwendungs- und Ertragsperiode, vor allem: land- oder vollends

forstwirtschaftlich nutzbare Grundstücke in weit geringerem Maß als Güter des Alltagsverbrauchs in genußreifem Zustand, oder Beschaffungsmittel, welche schnellem Verbrauch dienen, oder nur einer einmaligen Verwendung fähig sind oder baldigen Ertrag geben.

2. Der ökonomisch rationale Sinn der Marktregulierungen ist geschichtlich mit Zunahme der formalen Marktfreiheit und der Universalität der Marktgängigkeit im Wachsen gewesen. Die primären Marktregulierungen waren teils traditional und magisch, teils sippenmäßig, teils ständisch, teils militärisch, teils sozialpolitisch, teils endlich durch den Bedarf von Verbandsherrschern bedingt, in jedem Fall aber: beherrscht von Interessen, welche nicht an der Tendenz zum Maximum der rein zweckrationalen marktmäßigen Erwerbs- oder Güterversorgungschancen von Marktinteressenten orientiert waren, oft mit ihm kollidierten. Sie schlossen entweder 1. wie die magischen oder sippenmäßigen oder ständischen Schranken (z. B. magisch: Tabu, sippenmäßig: Erbgut, ständisch: Ritterlehn) bestimmte Objekte von der Marktgängigkeit dauernd oder, wie teuerungspolitische Regulierungen (z. B. für Getreide), zeitweise aus. Oder sie banden ihren Absatz an Vorangebote (an Verwandte, Standesgenossen, Gilde- und Zunftgenossen, Mitbürger) oder Höchstpreise (z. B. Kriegspreisregulierungen) oder umgekehrt Mindestpreise (z. B. ständische Honorartaxen von Magiern, Anwälten, Aerzten). Oder 2. sie schlossen gewisse Kategorien von Personen (Adel, Bauern, unter Umständen Handwerker) von der Beteiligung an marktmäßigem Erwerb überhaupt oder für bestimmte Objekte aus. Oder 3. sie schränkten durch Konsumregulierung (ständische Verbrauchsordnungen, kriegswirtschaftliche oder teuerungspolitische Rationierungen) die Marktfreiheit der Verbraucher ein. Oder 4. sie schränkten aus ständischen (z. B. bei den freien Berufen) oder konsumpolitischen, erwerbspolitischen, sozialpolitischen ("Nahrungspolitik der Zünfte") Gründen die Marktfreiheit der konkurrierenden Erwerbenden ein. Oder 5. sie behielten der politischen Gewalt (fürstliche Monopole) oder den von ihr Konzessionierten (typisch bei den frühkapitalistischen Monopolisten) die Ausnutzung bestimmter ökonomischer Chancen vor. Von diesen war die fünfte Kategorie von Marktregulierungen am meisten, die erste am wenigsten marktrational, d. h. der Orientierung des Wirtschaftens der einzelnen am Verkauf und Einkauf von Gütern auf dem Markt interessierten Schichten an Marktlagen förderlich, die andern, in absteigender Reihenfolge, hinderlich. Marktfreiheitsinteressenten waren diesen Marktregulierungen gegenüber alle jene Tauschreflektanten, welche am größtmöglichen Umfang der Marktgängigkeit der Güter, sei es als Verbrauchs-, sei es als Absatzinteressenten ein Interesse haben mußten. Voluntaristische Marktregulierungen traten zuerst und dauernd weitaus am stärksten auf seiten der Erwerbsinteressenten auf. Sie konnten im Dienst von monopolistischen Interessen sowohl nur 1. die Absatz- und Eintauschs-Chancen regulieren (typisch: die universell verbreiteten Händlermonopole), als 2. die Transporterwerbschancen (Schiffahrts- und Eisenbahnmonopole), als 3. die Güterherstellung (Produzentenmonopole), als 4. die Kreditgewährung und Finanzierung (bankmäßige Konditions-Monopole) erfassen. Die beiden letzteren bedeuteten am meisten eine Zunahme verbandsmäßiger, jedoch — im Gegensatz zu den primären, irrationalen Marktregulierungen — einer planmäßig an Marktlagen orientierten Regulierung der Wirtschaft. Die voluntaristischen Marktregulierungen gingen naturgemäß regelmäßig von solchen Interessenten aus, deren prominente tatsächliche Verfügungsgewalt über Beschaffungsmittel ihnen monopolistische Ausbeutung der formalen Marktfreiheit gestattete. Voluntaristische Verbände der Konsuminteressenten (Konsumvereine, Einkaufsgenossenschaften) gingen dagegen regelmäßig von ökonomisch schwachen Interessenten aus und vermochten daher zwar Kostenersparnisse für die Beteiligten, eine wirksame Marktregulierung aber nur vereinzelt und lokal begrenzt durchzusetzen.

§ 9. Als formale Rationalität eines Wirtschaftens soll hier das Maß der ihm technisch möglichen und von ihm wirklich angewendeten Rechnung bezeichnet werden. Als materiale Rationalität soll dagegen bezeichnet werden der Grad, in welchem die jeweilige Versorgung von gegebenen Menschengruppen (gleichviel wie abgegrenzter Art) mit Gütern durch die Art eines wirtschaftlich orientierten sozialen Handelns sich gestaltet unter dem Gesichtspunkt bestimmter (wie immer gearteter) wertender Postulate, unter welchen sie betrachtet wurde, wird oder werden könnte. Diese sind höchst vieldeutig.

1. Die vorgeschlagene Art der Bezeichnung (übrigens lediglich eine Präzisierung dessen, was in den Erörterungen über "Sozialisierung" "Geld"- und "Natural"-

Rechnung als Problem immer wiederkehrt) möchte lediglich der größeren Eindeutigkeit in der sprachgebräuchlichen Verwendung des Wortes „rational" auf diesem Problemgebiet dienen.

2. F o r m a l „rational" soll ein Wirtschaften je nach dem Maß heißen, in welchem die jeder rationalen Wirtschaft wesentliche „Vorsorge" sich in zahlenmäßigen, „rechenhaften", Ueberlegungen ausdrücken kann und ausdrückt (zunächst ganz unabhängig davon, wie diese Rechnungen technisch aussehen, ob sie also als Geld- oder als Naturalschätzungen vollzogen werden). Dieser Begriff ist also (wenn auch, wie sich zeigen wird, nur relativ) e i n d e u t i g wenigstens in dem Sinn, daß die Geldform das Maximum dieser f o r m a l e n Rechenhaftigkeit darstellt (natürlich auch dies: ceteris paribus!).

3. Dagegen ist der Begriff der m a t e r i a l e n Rationalität durchaus vieldeutig. Er besagt lediglich dies Gemeinsame: daß eben die Betrachtung sich mit der rein formalen (relativ) eindeutig feststellbaren Tatsache: daß zweckrational, mit technisch tunlichst adäquaten Mitteln, g e r e c h n e t wird, n i c h t begnügt, sondern ethische, politische, utilitarische, hedonische, ständische, egalitäre oder irgendwelche anderen F o r d e r u n g e n stellt und daran die Ergebnisse des — sei es auch formal noch so „rationalen", d. h. rechenhaften — Wirtschaftens w e r t r a t i o n a l oder m a t e r i a l zweckrational bemißt. Der möglichen, in diesem Sinn rationalen, Wertmaßstäbe sind prinzipiell schrankenlos viele, und die unter sich wiederum nicht eindeutigen sozialistischen und kommunistischen, in irgendeinem Grade stets: ethischen und egalitären, Wertmaßstäbe sind selbstverständlich nur e i n e Gruppe unter dieser Mannigfaltigkeit (ständische Abstufung, Leistung für politische Macht-, insbesondere aktuelle Kriegszwecke und alle denkbaren sonstigen Gesichtspunkte sind in diesem Sinn gleich „material"). — S e l b s t ä n d i g, gegenüber auch dieser materialen Kritik des Wirtschafts e r g e b n i s s e s, ist dagegen überdies eine ethische, asketische, ästhetische Kritik der Wirtschaftsg e s i n n u n g sowohl wie der Wirtschafts m i t t e l möglich, was wohl zu beachten ist. Ihnen allen k a n n die „bloß formale" Leistung der Geldrechnung als subaltern oder geradezu als ihren Postulaten feindlich erscheinen (noch ganz abgesehen von den Konsequenzen der spezifisch modernen Rechnungsart). Hier ist nicht eine Entscheidung, sondern nur die Feststellung und Begrenzung dessen, was „formal" heißen soll, möglich. „M a t e r i a l" ist hier also auch selbst ein „f o r m a l e r", d. h. hier: ein abstrakter G a t t u n g s begriff.

§ 10. Rein technisch angesehen, ist G e l d das „vollkommenste" wirtschaftliche Rechnungsmittel, das heißt: das formal rationalste Mittel der Orientierung wirtschaftlichen Handelns.

Geldr e c h n u n g, nicht: aktueller Geldg e b r a u c h, ist daher das spezifische Mittel zweckrationaler Beschaffungswirtschaft. Geldrechnung bedeutet aber im vollen Rationalitätsfall p r i m ä r:

1. Schätzung aller für einen Beschaffungszweck jetzt oder künftig als benötigt erachteten wirklich oder möglicherweise verfügbaren oder aus fremder Verfügungsgewalt beschaffbaren, in Verlust geratenen oder gefährdeten, Nutzleistungen oder Beschaffungsmittel, und ebenso aller irgendwie relevanten ökonomischen Chancen überhaupt, nach der (aktuellen oder erwarteten) M a r k t l a g e;

2. zahlenmäßige Ermittelung a) der Chancen jeder beabsichtigten und b) Nachrechnung des Erfolges jeder vollzogenen Wirtschaftshandlung in Form einer die verschiedenen Möglichkeiten vergleichenden „Kosten-" und „Ertrags"-Rechnung in Geld und vergleichende Prüfung des geschätzten „Reinertrags" verschiedener möglicher Verhaltungsweisen an der Hand dieser Rechnungen;

3. periodischer Vergleich der einer Wirtschaft insgesamt verfügbaren Güter und Chancen mit den bei Beginn der Periode verfügbar gewesenen, beide Male in Geld geschätzt;

4. vorherige Abschätzung und nachträgliche Feststellung derjenigen aus Geld bestehenden oder in Geld schätzbaren Zugänge und Abgänge, welche die Wirtschaft, bei Erhaltung der Geldschätzungssumme ihrer insgesamt verfügbaren Mittel (Nr. 3), die Chance hat, während einer Periode zur Verwendung verfügbar zu haben;

5. die Orientierung der Bedarfsversorgung an diesen Daten (Nr. 1—4) durch Verwendung des (nach Nr. 4) in der Rechnungsperiode verfügbaren Geldes für die begehrten Nutzleistungen nach dem Prinzip des Grenznutzens.

Die kontinuierliche Verwendung und Beschaffung (sei es durch Produktion oder Tausch) von Gütern zum Zweck 1. der eignen Versorgung oder 2. zur Erzielung von selbst verwendeten anderen Gütern heißt H a u s h a l t. Seine Grundlage bildet für einen einzelnen oder eine haushaltsmäßig wirtschaftende Gruppe im Rationalitätsfall der Haushaltsplan, welcher aussagt: in welcher Art die vorausgesehenen Bedürfnisse einer Haushaltsperiode (nach Nutzleistungen oder selbst zu verwendenden Beschaffungsmitteln) durch erwartetes Einkommen gedeckt werden sollen.

E i n k o m m e n eines Haushalts soll derjenige in Geld geschätzte Betrag von Gütern heißen, welcher ihr bei Rechnung nach dem in Nr. 4 angegebenen Prinzip in einer vergangenen Periode bei rationaler Schätzung zur Verfügung gestanden hat, oder mit dessen Verfügbarkeit sie für eine laufende oder künftige Periode bei rationaler Schätzung rechnen zu können die Chance hat.

Die Gesamtschätzungssumme der in der Verfügungsgewalt eines Haushalts befindlichen, von ihr zur — normalerweise — dauernden unmittelbaren Benutzung oder zur Erzielung von Einkommen verwendeten Güter (abgeschätzt nach Marktchancen, Nr. 3) heißt: ihr V e r m ö g e n.

Die Voraussetzung der r e i n e n Geld-H a u s h a l t s-Rechnung ist: daß das Einkommen und Vermögen entweder in Geld oder in (prinzipiell) j e d e r z e i t durch Abtausch in Geld verwandelbaren, also im absoluten Höchstmaß marktgängigen, Gütern besteht.

Haushalt und (im Rationalitätsfall) Haushaltsplan kennt auch die weiterhin noch zu erörternde N a t u r a l r e c h n u n g. Ein einheitliches „Vermögen" im Sinn der Geldabschätzung kennt sie so wenig wie ein einheitliches (d. h. geldgeschätztes) „Einkommen". Sie rechnet mit „B e s i t z" von Naturalgütern und (bei Beschränkung auf friedlichen Erwerb) konkreten „Einkünften" aus dem Aufwand von verfügbaren Gütern und Arbeitskräften in Naturalform, die sie unter Abschätzung des Optimums der möglichen Bedarfsdeckung als Mittel dieser verwaltet. Bei f e s t g e g e b e n e n Bedürfnissen ist die Art dieser Verwendung so lange ein relativ einfaches rein technisches Problem, als die Versorgungslage n i c h t eine genaue rechnerische Feststellung des Optimums des Nutzens der Verwendung von Bedarfsdeckungsmitteln unter Vergleichung sehr heterogener möglicher Verwendungsarten erfordert. Andernfalls treten schon an den einfachen tausch-losen Einzelhaushalt Anforderungen heran, deren (formal exakte) r e c h n u n g s-m ä ß i g e Lösung enge Schranken hat und deren tatsächliche Lösung teils traditional, teils an der Hand sehr grober Schätzungen zu geschehen pflegt, welche freilich bei relativ typischen, übersehbaren, Bedürfnissen und Beschaffungsbedingungen auch völlig ausreichen. Besteht der Besitz aus heterogenen Gütern (wie es im Fall tauschl o s e n Wirtschaftens der Fall sein muß), so ist eine rechnerische, formal exakte V e r g l e i c h u n g des Besitzes am Beginn und Ende einer Haushaltsperiode ebenso wie eine Vergleichung der Einkünftechancen nur innerhalb der qualitativ g l e i c h e n Arten von Gütern möglich. Zusammenstellung zu einem naturalen G e s a m t b e s i t z s t a n d und Auswerfung naturaler Verbrauchs-D e p u t a t e, die ohne Minderung dieses Besitzstandes voraussichtlich dauernd verfügbar sind, ist dann typisch. Jede Aenderung des Versorgungsstandes (z. B. durch Ernteausfälle) oder der Bedürfnisse bedingt aber neue Dispositionen, da sie die Grenznutzen verschiebt. Unter einfachen und übersehbaren Verhältnissen vollzieht sich die Anpassung leicht. Sonst t e c h n i s c h schwerer als bei reiner Geldrechnung, bei welcher jede Verschiebung der Preischancen (im Prinzip) nur die mit den letzten Geldeinkommenseinheiten zu befriedigenden Grenzbedürfnisse der Dringlichkeitsskala beeinflußt.

Bei ganz r a t i o n a l e r (also nicht traditionsgebundener) Naturalrechnung gerät überdies die Grenznutzrechnung, welche bei Verfügung über Geldvermögen und Geldeinkommen relativ einfach — an der Hand der Dringlichkeitsskala der Bedürfnisse — verläuft, in eine starke Komplikation. Während dort als „Grenz"-

Frage lediglich Mehrarbeit oder: die Befriedigung bzw. Opferung eines Bedürfnisses zugunsten eines (oder mehrerer) anderen auftaucht (denn darin drücken
sich im reinen Geldhaushalt letztlich die „Kosten" aus), findet sie sich hier
in die Nötigung versetzt: neben der Dringlichkeitsskala der Bedürfnisse noch zu
erwägen: 1. mehrdeutige Verwendbarkeit der Beschaffungsmittel einschließlich des
bisherigen Maßes von Gesamtarbeit, also eine je nach der Verwendbarkeit
verschiedene (und: wandelbare) Relation zwischen Bedarfsdeckung und
Aufwand, also: 2. Maß und Art neuer Arbeit, zu welcher der Haushalter
behufs Gewinnung neuer Einkünfte genötigt wäre, und: 3. Art der Verwendung des Sachaufwands im Fall verschiedener in Betracht kommender
Güterbeschaffungen. Es ist eine der wichtigsten Angelegenheiten der ökonomischen Theorie, die rational mögliche Art dieser Erwägungen zu analysieren,
der Wirtschaftsgeschichte: durch den Verlauf der Geschichtsepochen hindurch zu
verfolgen, in welcher Art tatsächlich sich das naturale Haushalten damit abgefunden hat. Im wesentlichen läßt sich sagen: 1. daß der formale Rationalitätsgrad tatsächlich (im allgemeinen) das faktisch mögliche (vollends aber: das
theoretisch zu postulierende) Niveau nicht erreichte, daß vielmehr die Naturalhaushaltsrechnungen in ihrer gewaltigen Mehrzahl notgedrungen stets weitgehend
traditionsgebunden blieben, 2. also: den Großhaushaltungen, gerade weil die
Steigerung und Raffinierung von Alltagsbedürfnissen unterblieb, eine außeralltägliche (vor allem: künstlerische) Verwertung ihrer Ueberschußversorgtheit nahelag (Grundlage der künstlerischen, stilgebundenen Kultur naturalwirtschaftlicher
Zeitalter).

1. Zum „Vermögen" gehören natürlich nicht nur Sachgüter. Sondern: alle
Chancen, über welche eine sei es durch Sitte, Interessenlage, Konvention oder
Recht oder sonstwie verläßlich gesicherte Verfügungsgewalt besteht (auch „Kundschaft"
eines Erwerbsbetriebs gehört — sei dies ein ärztlicher, anwaltlicher oder Detaillisten-
Betrieb — zum „Vermögen" des Inhabers, wenn sie aus gleichviel welchen
Gründen stabil ist: im Fall rechtlicher Appropriation kann sie ja nach der Definition
im Kap. I § 10 „Eigentum" sein).
2. Die Geldrechnung ohne aktuellen Geldgebrauch oder doch mit Einschränkung desselben auf in natura unausgleichbare Ueberschüsse der beiderseitigen
Tauschgütermengen findet man typisch in ägyptischen und babylonischen Urkunden, die Geldrechnung als Bemessung einer Naturalleistung in der z. B.
sowohl im Kodex Hammurabi wie im vulgärrömischen und frühmittelalterlichen Recht
typischen Erlaubnis an den Schuldner: den Geldrechnungsbetrag zu leisten: „in
quo potuerit". (Die Umrechnung kann dabei nur auf der Basis traditioneller oder
oktroyierter Binnenpreise vollzogen worden sein.)
3. Im übrigen enthalten die Darlegungen nur Altbekanntes im Interesse einer
eindeutigen Feststellung des Begriffs des rationalen „Haushalts" gegenüber dem
gleich zu erörternden gegensätzlichen Begriff der rationalen Erwerbswirtschaft. Zweck
ist die ausdrückliche Feststellung: daß beide in rationaler Form möglich sind, „Bedarfsdeckung" nicht etwas, im Rationalitätsfall, „Primitiveres" ist als: „Erwerb",
„Vermögen" nicht eine notwendig „primitivere" Kategorie als: „Kapital", oder „Einkommen" als: „Gewinn". Geschichtlich und hingesehen auf die in der Vergangenheit
vorwaltende Form der Betrachtung wirtschaftlicher Dinge geht allerdings, und selbstverständlich, „Haushalten" voran.
4. Wer Träger des „Haushalts" ist, ist gleichgültig. Ein staatlicher „Haushaltsplan" und das „Budget" eines Arbeiters fallen beide unter die gleiche Kategorie.
5. Haushalten und Erwerben sind nicht exklusive Alternativen. Der Betrieb
eines „Konsumvereins" z. B. steht im Dienst (normalerweise) des Haushaltens,
ist aber kein Haushalts-, sondern nach der Form seines Gebarens ein Erwerbsbetrieb ohne materialen Erwerbszweck. Haushalten und Erwerben können im
Handeln des einzelnen derart ineinandergreifen (und dies ist der in der Vergangenheit typische Fall), daß nur der Schlußakt (Absatz hier, Verzehr dort) den Ausschlag
für den Sinn des Vorgangs gibt (bei Kleinbauern insbesondere typisch). Der haushaltsmäßige Tausch (Konsumeintausch, Ueberschuß-Abtausch) ist Bestandteil des
Haushalts. Ein Haushalt (eines Fürsten oder Grundherrn) kann Erwerbsbetriebe
im Sinn des folgenden § einschließen und hat dies in typischer Art früher getan:
ganze Industrien sind aus solchen heterokephalen und heteronomen „Nebenbetrieben"
zur Verwertung von eigenen Forst- und Feldprodukten von Grundherren, Klöstern,

Fürsten entstanden. Allerhand „Betriebe" bilden schon jetzt den Bestandteil namentlich kommunaler, aber auch staatlicher, Haushaltungen. Zum „Einkommen" gehören natürlich bei rationaler Rechnung nur die für den Haushalt verfügbaren
„Rein-Erträge" dieser Betriebe. Ebenso können umgekehrt Erwerbsbetriebe sich,
z. B. für die Ernährung ihrer Sklaven oder Lohnarbeiter, fragmentarische heteronome „Haushaltungen" („Wohlfahrtseinrichtungen", Wohnungen, Küchen) an-
gliedern. „Rein-Erträge" sind (Nr. 2) G e l d überschüsse abzüglich aller G e l d kosten.
        6. Auf die Bedeutung der Naturalrechnung für die allgemeine Kulturentwick-
lung konnte hier nur mit den ersten Andeutungen eingegangen werden.

        § 11. E r w e r b e n soll ein an den Chancen der (einmaligen oder regelmäßig
wiederkehrenden: kontinuierlichen) Gewinnung von neuer Verfügungsgewalt über
Güter orientiertes Verhalten, E r w e r b s t ä t i g k e i t die an Chancen des Erwerbes m i t orientierte Tätigkeit, w i r t s c h a f t l i c h e s E r w e r b e n ein an
friedlichen Chancen orientiertes, m a r k t m ä ß i g e s E r w e r b e n ein an Marktlagen
orientiertes, E r w e r b s m i t t e l solche Güter und Chancen, welche dem wirtschaftlichen Erwerben dienstbar gemacht werden, E r w e r b s t a u s c h ein an
Marktlagen zu Erwerbszwecken orientierter Ab- oder Eintausch im Gegensatz zum
Ab- und Eintausch für Bedarfsdeckungszwecke (h a u s h a l t s m ä ß i g e m T a u s c h),
E r w e r b s k r e d i t der zur Erlangung der Verfügungsgewalt über Erwerbsmittel gegebene und genommene Kredit heißen.
        Dem rationalen wirtschaftlichen Erwerben ist zugehörig eine besondere
Form der Geldrechnung: die K a p i t a l r e c h n u n g. K a p i t a l r e c h n u n g
ist die Schätzung und Kontrolle von Erwerbschancen und -erfolgen durch Vergleichung des Geldschätzungsbetrages einerseits der sämtlichen Erwerbsgüter (in Natur
oder Geld) bei Beginn und andererseits der (noch vorhandenen und neu beschafften)
Erwerbsgüter bei Abschluß des einzelnen Erwerbsunternehmens oder, im Fall eines
kontinuierlichen Erwerbsbetriebes: einer Rechnungsperiode, durch Anfangs- bzw.
Abschluß-B i l a n z. K a p i t a l heißt die zum Zweck der Bilanzierung bei Kapitalrechnung festgestellte Geldschätzungssumme der für die Zwecke des Unternehmens
verfügbaren Erwerbsmittel, G e w i n n bzw. V e r l u s t der durch die Abschluß-
bilanz ermittelte Mehr- bzw. Minderbetrag der Schätzungssumme gegenüber derjenigen der Anfangsbilanz, K a p i t a l r i s i k o die geschätzte Chance bilanzmäßigen Verlustes, wirtschaftliches U n t e r n e h m e n ein an Kapitalrechnung autonom orientierbares Handeln. Diese Orientierung erfolgt durch K a l k u l a t i o n: Vor-
kalkulation des bei einer zu treffenden Maßnahme zu erwartenden Risikos und Gewinns, Nachkalkulation zur Kontrolle des tatsächlich eingetretenen Gewinn- oder
Verlust-Erfolges. R e n t a b i l i t ä t bedeutet (im Rationalitätsfall) 1. den, als
möglich und durch die Maßregeln des Unternehmers zu erstrebend, durch Vorkalku-
lation errechneten —, 2. den laut Nachkalkulation tatsächlich erzielten und
ohne Schädigung künftiger Rentabilitätschancen für den H a u s h a l t des (oder
der) Unternehmers verfügbaren Gewinn einer Periode, ausgedrückt üblicherweise
im Quotienten- (heute: Prozent-) Verhältnis zum bilanzmäßigen Anfangskapital.
        Kapitalrechnungsmäßige Unternehmungen können an M a r k t e r w e r b s -
chancen oder an der Ausnutzung anderer — z. B. durch Gewaltverhältnisse bedingter (Steuerpacht-, Amtskauf-) — Erwerbschancen orientiert sein.
        Alle Einzelmaßnahmen rationaler Unternehmen werden durch Kalkulation
am geschätzten Rentabilitätserfolg orientiert. Kapitalrechnung setzt bei M a r k t -
e r w e r b voraus: 1. daß für die Güter, welche der Erwerbsbetrieb beschafft, hinlänglich breite und gesicherte, durch Kalkulation abschätzbare, Absatzchancen bestehen,
also (normalerweise): Marktgängigkeit, 2. daß ebenso die Erwerbsmittel: sachliche
Beschaffungsmittel und Arbeitsleistungen, hinlänglich sicher und mit durch Kalkulation errechenbaren „Kosten" auf dem Markt zu erwerben sind, endlich: 3. daß auch
die technischen und rechtlichen Bedingungen der mit den Beschaffungsmitteln bis
zur Absatzreife vorzunehmenden Maßregeln (Transport, Umformung, Lagerung
usw.) prinzipiell berechenbare (Geld-) Kosten entstehen lassen. — Die außer-

ordentliche Bedeutung optimaler B e r e c h e n b a r k e i t als Grundlage optimaler Kapitalrechnung wird uns in der Erörterung der soziologischen Bedingungen der Wirtschaft stets neu entgegentreten. Weit entfernt, daß hier nur wirtschaftliche Momente in Betracht kämen, werden wir sehen, daß äußere u n d innere Obstruktionen verschiedenster Art an dem Umstand schuld sind, daß Kapitalrechnung als eine Grundform der Wirtschaftsrechnung nur im Okzident entstand.

Die Kapitalrechnung und Kalkulation des Marktunternehmers kennt, im Gegensatz zur Haushaltsrechnung, keine Orientierung am „Grenznutzen", sondern an der R e n t a b i l i t ä t. Deren Chancen sind ihrerseits letztlich von den Einkommensverhältnissen und durch diese von den Grenznutzen-Konstellationen der verfügbaren G e l d einkommen bei den l e t z t e n Konsumenten der genußreifen Güter (an deren „Kaufkraft" für Waren der betreffenden Art, wie man zu sagen pflegt) bedingt. Technisch aber sind Erwerbsbetriebsrechnung und Haushaltsrechnung ebenso grundverschieden, wie Bedarfsdeckung und Erwerb, denen sie dienen. Für die ökonomische Theorie ist der Grenz k o n s u m e n t der Lenker der Richtung der Produktion. Tatsächlich, nach der Machtlage, ist dies für die Gegenwart nur bedingt richtig, da weitgehend der „Unternehmer" die Bedürfnisse des Konsumenten „weckt" und „dirigiert", — wenn dieser kaufen k a n n.

J e d e rationale Geldrechnung und insbesondere daher jede K a p i t a l rechnung ist bei M a r k t e r w e r b orientiert an Preischancen, die sich durch Interessenkampf (Preis- und Konkurrenzkampf) und Interessenkompromiß auf dem Markt bilden. Dies tritt in der Rentabilitätsrechnung besonders plastisch bei der technisch (bisher) höchst entwickelten Form der Buchführung (der sog. „doppelten" Buchführung) darin hervor: daß durch ein Kontensystem die Fiktion von Tauschvorgängen zwischen den einzelnen Betriebsabteilungen oder gesonderten Rechnungsposten zugrunde gelegt wird, welches technisch am vollkommensten die Kontrolle der Rentabilität jeder einzelnen Maßregel gestattet. Die Kapitalrechnung in ihrer f o r m a l rationalsten Gestalt setzt daher den K a m p f d e s M e n s c h e n m i t d e n M e n s c h e n voraus. Und zwar unter einer weiteren sehr besondersartigen Vorbedingung. Für k e i n e Wirtschaft kann subjektiv vorhandene „Bedarfsempfindung" gleich effektivem, das heißt: für die Deckung durch Güterbeschaffung in Rechnung zu stellenden, Bedarf sein. Denn ob jene subjektive Regung befriedigt werden kann, hängt von der Dringlichkeitsskala einerseits, den (vorhandenen, oder, in aller Regel, dem Schwerpunkt nach: erst zu beschaffenden) zur Deckung schätzungsweise verfügbaren Gütern andererseits ab. Die Deckung bleibt versagt, wenn Nutzleistungen für d i e s e Bedarfsdeckung nach Deckung der an Dringlichkeit vorgehenden nicht vorhanden und gar nicht oder nur unter solchen Opfern an Arbeitskraft oder Sachgütern zu beschaffen wären, daß künftige, aber schon in ihrer Gegenwartsschätzung dringlichere Bedürfnisse leiden würden. So in jeder Konsum- wirtschaft, auch einer kommunistischen.

In einer Wirtschaft mit Kapitalrechnung, a l s o: mit Appropriation der Beschaffungsmittel an Einzelwirtschaften, a l s o: mit „Eigentum" (s. Kap. I § 10) bedeutet dies Abhängigkeit der Rentabilität von den P r e i s e n, welche die „Konsumenten" (nach dem Grenznutzen des Geldes gemäß ihrem Einkommen) zahlen können und wollen: es kann nur für diejenigen Konsumenten rentabel produziert werden, welche (nach eben jenem Prinzip) mit dem entsprechenden E i n k o m m e n ausgestattet sind. Nicht nur wenn dringlichere (e i g e n e) Bedürfnisse, sondern auch wenn stärkere (f r e m d e) Kaufkraft (zu Bedürfnissen a l l e r Art) vorgeht, bleibt die Bedarfsdeckung aus. Die Voraussetzung des Kampfes des Menschen mit dem Menschen auf dem Markt als Bedingung der Existenz rationaler Geldrechnung setzt also weiter auch die entscheidende Beeinflussung des Resultates durch die Ueberbietungsmöglichkeiten reichlicher mit Geldeinkommen versorgter Konsumenten und die Unterbietungsmöglichkeit vorteilhafter für die Güterbeschaffung ausgestatteter — insbesondere: mit Verfügungsgewalt über beschaffungswichtige Güter oder Geld ausgestatteter — Produzenten absolut voraus. Insbesondere setzt sie effektive — nicht konventionell zu irgendwelchen rein technischen Zwecken fingierte — Preise und also effektives, als begehrtes Tauschmittel umlaufendes Geld voraus (nicht bloße Zeichen für technische Betriebsabrechnungen). Die Orientierung an Geldpreischancen und Rentabilität bedingt also 1. daß die Unterschiede der Ausstattung der einzelnen Tauschreflektanten mit Besitz an Geld oder an spezifisch marktgängigen Gütern maßgebend wird für die Richtung der Güterbeschaffung, soweit sie erwerbsbetriebsmäßig erfolgt: indem nur der „kaufkräftige" Bedarf befriedigt wird und werden kann. Sie bedingt also: 2. daß die Frage, welcher Bedarf durch die Güterbeschaffung gedeckt wird, durchaus abhängig wird von der Rentabilität der Güterbeschaffung, welche ihrerseits zwar formal eine rationale Kategorie ist, aber eben deshalb materialen Postulaten gegenüber sich indifferent verhält, falls diese nicht in Form von hinlänglicher Kaufkraft auf dem Markt zu erscheinen fähig sind.

Kapitalgüter (im Gegensatz zu Besitzobjekten oder Vermögensteilen) sollen alle solchen Güter heißen, über welche und solange über sie unter Orientierung an einer Kapitalrechnung verfügt wird. Kapitalzins soll — im Gegensatz zum Leihezins der verschiedenen möglichen Arten — 1. die in einer Rentabilitätsrechnung den sachlichen Erwerbsmitteln als normal angerechnete Mindest-Rentabilitätschance, — 2. der Zins, zu welchem Erwerbsbetriebe Geld oder Kapitalgüter beschaffen, heißen.

Die Darstellung enthält nur Selbstverständlichkeiten in einer etwas spezifischeren Fassung. Für das technische Wesen der Kapitalrechnung sind die üblichen, zum Teil vortrefflichen, Darstellungen der Kalkulationslehre (Leitner, Schär usw.) zu vergleichen.

1. Der Kapitalbegriff ist hier streng privatwirtschaftlich und „buchmäßig" gefaßt, wie dies zweckmäßigerweise zu geschehen hat. Mit dem üblichen Sprachgebrauch kollidiert diese Terminologie weit weniger als mit dem leider mehrfach wissenschaftlich üblich gewesenen, freilich in sich bei weitem nicht einheitlichen. Um den jetzt zunehmend wieder wissenschaftlich benutzten, streng privatwirtschaftlichen Sprachgebrauch in seiner Verwendbarkeit zu erproben, braucht man nur etwa sich folgende einfache Fragen zu stellen: Was bedeutet es, wenn 1. eine Aktiengesellschaft ein „Grundkapital" von 1 Million hat, wenn 2. dies „herabgesetzt" wird, wenn 3. die Gesetze über das Grundkapital Vorschriften machen und etwa angeben: was und wie darauf „eingebracht" werden darf? Es bedeutet, daß (zu 1) bei der Gewinnverteilung so verfahren wird, daß erst derjenige durch Inventur und ordnungsmäßige Geldabschätzung ermittelte Gesamtmehrbetrag der „Aktiva" über die „Passiva", der über 1 Million beträgt, als „Gewinn" gebucht und an die Beteiligten zur beliebigen Verwendung verteilt werden darf (bei einem Einzelunternehmen: daß erst dieser Ueberschußbetrag für den Haushalt verbraucht werden darf), daß (zu 2) bei starken Verlusten nicht gewartet werden soll, bis durch Gewinste und deren Aufspeicherung, vielleicht nach langen Jahren, wieder ein Gesamtmehrbetrag von mehr als 1 Million errechnet wird, sondern schon bei einem niedrigeren Gesamtmehrbetrag „Gewinn" verteilt werden kann: dazu muß eben das „Kapital" herabgesetzt werden und dies ist der Zweck der Operation, — 3. der Zweck von Vorschriften über die Art, wie das Grundkapital durch Einbringung „gedeckt" und wann und wie es „herabgesetzt" oder „erhöht" werden darf, ist: den Gläubigern und Aktienerwerbern die Garantie zu geben, daß die Gewinnverteilung nach den Regeln der rationalen Betriebsrechnung „richtig" erfolgt: so also, daß a) die Rentabilität nachhaltig bleibt, b) sie nicht die Haftobjekte der Gläubiger schmälert. Die Vorschriften über die „Einbringung" sind sämtlich Vorschriften über die „Anrechnung" von Objekten als „Kapital". — 4. Was bedeutet es, wenn gesagt wird: „das Kapital wendet sich anderen Anlagen zu" (infolge Unrentabilität)? Entweder ist hier „Vermögen" gemeint. Denn „Anlegen" ist eine Kategorie der Vermögensverwaltung, nicht des Erwerbsbetriebs. Oder (selten) es heißt: daß Kapitalgüter dieser Eigenschaft teils durch Veräußerung der Bestände als Alteisen und Ramschware entkleidet werden, teils anderweit sie neu gewinnen. — 5. Was bedeutet es, wenn von „Kapitalmacht" gesprochen wird? Daß die Inhaber der Verfügungsgewalt über Erwerbsmittel und ökonomische Chancen, welche als Kapitalgüter in einem Erwerbsbetrieb verwendbar sind, kraft dieser Verfügungsge-

walt und kraft der Orientierung des Wirtschaftens an den Prinzipien kapitalistischer Erwerbsrechnung eine spezifische Machtstellung gegenüber andern einnehmen.

Schon in den frühesten Anfängen rationaler Erwerbsakte taucht das Kapital (nicht unter diesem Namen!) als Geld r e c h n u n g s betrag auf: so in der Commenda. Güter verschiedener Art wurden einem reisenden Kaufmann zur Veräußerung auf fremdem Markt und — eventuell — Einkauf anderer für den einheimischen Markt gegeben, der Gewinn und Verlust zwischen dem reisenden und dem kapitalgebenden Interessenten des Unternehmens dann in bestimmtem Verhältnis geteilt. Damit aber dies geschehen konnte, mußten sie in Geld geschätzt — also: eine Anfangs- und eine Abschluß b i l a n z des Unternehmens aufgestellt — werden: das „Kapital" der Commenda (oder societas maris) war dieser Schätzungsbetrag, der ganz und gar n u r Abrechnungszwecken zwischen den Beteiligten und keinen anderen diente.

Was bedeutet es, wenn man von „Kapitalmarkt" spricht? Daß Güter — insbesondre: Geld — zu dem Zwecke begehrt werden, um als Kapital g ü t e r Verwendung zu finden, und daß Erwerbsbetriebe (insbesondere: „Banken" bestimmter Art) bestehen, welche aus der betriebsweisen Beschaffung dieser Güter (insbesondre: von Geld) für diesen Zweck Gewinn ziehen. Beim sog. „Leihkapital": — Hergeben von Geld gegen Rückgabe des gleichen Nennbetrags mit oder ohne „Zinsen", — werden w i r von „Kapital" nur für den reden, dem das Darlehen Gegenstand seines Erwerbsbetriebes bildet, sonst aber nur von „Geldleihe". Der vulgäre Sprachgebrauch pflegt von „Kapital" zu reden, sofern „Zinsen" gezahlt werden, weil diese als eine Quote des Nennbetrags berechnet zu werden pflegen: nur wegen dieser r e c h n e r i s c h e n Funktion heißt der Geldbetrag des Darlehens oder Deposits ein „Kapital". Freilich ist dies Ausgangspunkt des S p r a c h gebrauchs (capitale = Hauptsumme des Darlehens, angeblich — nicht: nachweislich — von den „Häuptern" des Viehleihverträge). Indessen dies ist irrelevant. Schon die geschichtlichen Anfänge zeigen übrigens die Hergabe von Naturalgütern zu einem Geld r e c h n u n g s betrag, von dem dann der Zins berechnet wurde, so daß auch hier „Kapitalgüter" und „Kapital r e c h n u n g" in der seither typischen Art nebeneinander standen. Wir wollen bei einem einfachen Darlehen, welches ja einen Teil einer V e r m ö g e n s verwaltung bildet, auf seiten des Darleihenden n i c h t von „Leihkapital" reden, wenn es H a u s h a l t s zwecken dient. Ebensowenig natürlich als Darleiher. —

Der Begriff des „Unternehmens" entspricht dem Ueblichen, nur daß die Orientierung an der Kapitalrechnung, die meist als selbstverständlich vorausgesetzt wird, ausdrücklich hervorgehoben ist, um damit anzudeuten: daß nicht jedes Aufsuchen von Erwerb als solches schon „Unternehmung" heißen soll, sondern eben nur sofern es an Kapitalrechnung (einerlei ob groß- oder „zwerg"-kapitalistisch) orientierbar ist. Ob diese Kapitalrechnung auch tatsächlich r a t i o n a l vollzogen und eine Kalkulation nach rationalen Prinzipien durchgeführt wird, soll dagegen indifferent sein. Von „Gewinn" und „Verlust" soll ebenfalls nur in Kapitalrechnungs-Unternehmungen die Rede sein. Auch der kapitallose Erwerb (des Schriftstellers, Arztes, Anwalts, Beamten, Professors, Angestellten, Technikers, Arbeiters) ist uns natürlich „Erwerb", aber er soll nicht „Gewinn" heißen (auch der Sprachgebrauch nennt ihn nicht so). „Rentabilität" ist ein Begriff, der auf j e d e n mit den Mitteln der kaufmännischen Rechnungstechnik k a l k u l i e r b a r e n Erwerbsakt (Einstellung eines bestimmten Arbeiters oder einer bestimmten Maschine, Gestaltung der Arbeitspausen usw.) anwendbar ist.

Für die Bestimmung des Kapitalzins-Begriffs kann zweckmäßigerweise nicht vom bedungenen Darlehens-Zins ausgegangen werden. Wenn jemand einem Bauern mit Saatgetreide aushilft und sich dafür einen Zuschlag bei der Rückleistung ausbedingt, oder wenn das gleiche mit Geld geschieht, welches ein Haushalt bedarf, ein anderer hergeben kann, so wird man das zweckmäßigerweise noch nicht einen „kapitalistischen" Vorgang nennen. Der Zuschlag (die „Zinsen") wird — im Falle rationalen Handelns — bedungen, weil der Darlehens n e h m e r den Unterschied seiner Versorgungschance für den Fall des Darlehens um m e h r als den zugesagten Zuschlag verbessert zu sehen erwartet, gegenüber denjenigen Chancen seiner Lage, die er für den Fall des Verzichts auf das Darlehen voraussieht, der Darlehens g e b e r aber diese Lage kennt und ausnutzt in dem Maße, daß der Grenznutzen der gegenwärtigen eigenen Verfügung über die dargeliehenen Güter durch den geschätzten Grenznutzen des für die Zeit der Rückgabe bedungenen Zuschlags ü b e r b o t e n wird. Es handelt sich dabei noch um Kategorien des Haushaltens und der Vermögensverwaltung, nicht aber um solche der Kapitalrechnung. Auch wer von einem „Geldjuden" sich ein Notdarlehen für Eigenbedarfszwecke geben läßt, „zahlt" im Sinn dieser Terminologie keinen „Kapitalzins" und der Darleihende empfängt keinen, — sondern: Darlehensentgelt. Der betriebsmäßig Darleihende rechnet s i c h von seinem G e s c h ä f t s kapital (bei rationaler Wirtschaft) „Zins" an und hat mit „Verlust"

4*

gewirtschaftet, wenn durch Ausfälle von Darlehen-Rückzahlungen dieser Rentabilitätsgrad nicht erreicht wird. D i e s e r Zins ist uns „Kapitalzins", jener andre einfach: „Zins". Kapitalzins im Sinn dieser Terminologie ist also stets Zins v o m Kapital, nicht Zins f ü r Kapital, knüpft stets an Geldschätzungen und also an die soziologische Tatsache der „privaten", d. h. a p p r o p r i i e r t e n V e r f ü g u n g s g e w a l t über marktmäßige oder andre E r w e r b s m i t t e l an, ohne welche eine „Kapital"rechnung, a l s o auch eine „Zins" r e c h n u n g gar nicht denkbar wäre. Im rationalen Erwerbsbetrieb ist jener Zins, mit welchem z. B. ein als „Kapital" erscheinender Posten rechnungsmäßig belastet wird, das Rentabilitäts-Minimum, an dessen Erzielung oder Nichterreichung die Zweckmäßigkeit der betreffenden Art von Verwendung von Kapital g ü t e r n g e s c h ä t z t wird („Zweckmäßigkeit" natürlich unter Erwerbs- d. h. Rentabilitäts-Gesichtspunkten). Der Satz für dieses Rentabilitätsminimum richtet sich bekanntlich nur in einer gewissen Annäherung nach den jeweiligen Zinschancen für Kredite auf dem „Kapitalmarkt", obwohl natürlich deren Existenz ebenso der Anlaß für diese Maßregel der Kalkulation ist, wie die Existenz des Markttausches für die Behandlung der Buchungen auf den Konten. Die Erklärung jenes Grundphänomens kapitalistischer Wirtschaft aber: daß für „Leih k a p i t a l i e n" — also v o n Unternehmern — dauernd Entgelt gezahlt w i r d, kann nur durch Beantwortung der Frage gelöst werden: warum die Unternehmer durchschnittlich dauernd hoffen dürfen, bei Zahlung dieses Entgelts an die Darleihenden dennoch Rentabilität zu erzielen, bzw. unter welchen allgemeinen Bedingungen es eben durchschnittlich zutrifft: daß der Eintausch von gegenwärtigen 100 gegen künftige 100 + x rational ist. Die ökonomische Theorie wird darauf mit der Grenznutzrelation künftiger im Verhältnis zu gegenwärtigen Gütern antworten wollen. Gut! Den Soziologen würde dann interessieren: in welchem H a n d e l n von Menschen diese angebliche Relation derart zum Ausdruck kommt: daß sie die Konsequenzen dieser Differenzialschätzung in der Form eines „Zinses" ihren Operationen zugrunde legen können. Denn wann und wo dies der Fall ist, das wäre nichts weniger als selbstverständlich. Tatsächlich geschieht es bekanntlich in den E r w e r b s wirtschaften. Dafür aber ist primär die ökonomische M a c h t l a g e maßgebend zwischen einerseits den Erwerbsunternehmen und andrerseits den Haushaltungen, sowohl den die dargebotenen Güter konsumierenden, wie den gewisse Beschaffungsmittel (Arbeit vor allem) darbietenden. Nur dann werden Unternehmungen begründet und dauernd (kapitalistisch) betrieben, w e n n das Minimum des „Kapitalzins" erhofft wird. Die ökonomische T h e o r i e — die höchst verschieden aussehen könnte — würde dann wohl sagen: daß jene Ausnutzung der Machtlage: — eine Folge des Privateigentums an den Beschaffungsmitteln und Produkten — nur d i e s e r Kategorie von Wirtschaftssubjekten ermögliche: so zu sagen „zinsgemäß" zu wirtschaften.

2. Vermögensverwaltung und Erwerbsbetrieb können sich einander äußerlich bis zur Identität zu nähern scheinen. Die erstere ist in der Tat nur durch den konkreten letzten S i n n des Wirtschaftens von dem letzteren geschieden: Erhöhung und Nachhaltigkeit der Rentabilität und der Marktmachtstellung des Betriebes auf der einen Seite, — Sicherung und Erhöhung des Vermögens und Einkommens auf der anderen Seite. Dieser letzte Sinn muß aber keineswegs in der Realität stets in der einen oder anderen Richtung exklusiv entschieden oder auch nur entscheidbar sein. Wo das Vermögen eines Betriebsleiters z. B. mit der Verfügungsgewalt über die Betriebsmittel und das Einkommen mit dem Gewinn völlig zusammenfällt, scheint beides völlig Hand in Hand zu gehen. Aber: persönliche Verhältnisse aller Art können den Betriebsleiter veranlassen: einen, von der Orientierung an der B e t r i e b s rationalität aus gesehen: irrationalen Weg der Betriebsführung einzuschlagen. Vor allem aber fällt Vermögen und Verfügung über den Betrieb sehr oft nicht zusammen. Ferner übt oft persönliche Ueberschuldung des Besitzers, persönliches Bedürfnis hoher Gegenwartseinnahmen, Erbteilung usw. einen, betriebsmäßig gewertet, höchst irrationalen Einfluß auf die Betriebsführung aus, was ja oft zur Ergreifung von Mitteln Anlaß gibt, diese Einflüsse ganz auszuschalten (Aktiengründung von Familienunternehmen z. B.). Diese Tendenz zur Scheidung von Haushalt und Betrieb ist nicht zufällig. Sie folgt eben daraus: daß das V e r m ö g e n und seine Schicksale vom Standpunkt des B e t r i e b s aus und die jeweiligen Einkommensinteressen der Besitzer vom Standpunkt der Rentabilität aus i r r a t i o n a l sind. So wenig wie die Rentabilitätsrechnung eines Betriebs etwas Eindeutiges über die Versorgungschancen der als Arbeiter oder als Verbraucher interessierten Menschen aussagt, ebensowenig liegen die Vermögens- und Einkommensinteressen eines mit der Verfügungsgewalt über den Betrieb ausgestatteten Einzelnen oder Verbandes notwendig in der Richtung des n a c h h a l t i g e n Betriebs-Rentabilitätsoptimums und der Marktmachtlage. (Natürlich auch dann nicht — und g e r a d e dann oft nicht — wenn der Erwerbsbetrieb in der Verfügungsgewalt einer „Produktivgenossenschaft" steht.

Die s a c h l i c h e n Interessen einer modernen rationalen Betriebsführung sind mit den p e r s ö n l i c h e n Interessen des oder der Inhaber der Verfügungsgewalt keineswegs identisch, oft entgegengesetzt: d i e s bedeutet die prinzipielle Scheidung von „Haushalt" und „Betrieb" auch da, wo beide, auf die Inhaber der Verfügungsgewalt und auf die Verfügungsobjekte hin angesehen, identisch sind.

Die Scheidung von „Haushalt" und „Erwerbsbetrieb" sollte zweckmäßigerweise auch terminologisch scharf festgehalten und durchgeführt werden. Ein Ankauf von Wertpapieren zum Zweck des Genusses der Gelderträge seitens eines Rentners ist keine „Kapital"-, sondern eine V e r m ö g e n s anlage. Ein Gelddarlehen seitens eines Privatmanns zum Zweck des Erwerbes der Zinsansprüche ist von einem Gelddarlehen einer Bank an ganz denselben Empfänger vom Standpunkt des Gebers verschieden; ein Gelddarlehen an einen Konsumenten oder an einen Unternehmer (für Erwerbszwecke) sind voneinander vom Standpunkte des Nehmers verschieden: im ersten Fall Kapital a n l a g e der Bank, im letzten Kapital a u f n a h m e des Unternehmers. Die Kapitalanlage des Gebers im ersten Fall kann aber für den Nehmer einfache haushaltsmäßige Darlehensaufnahme, die Kapitalaufnahme des Nehmers im zweiten für den Geber einfache „Vermögensanlage" sein. Die Feststellung des Unterschieds von Vermögen und Kapital, Haushalt und Erwerbsbetrieb ist nicht unwichtig, weil insbesondere das Verständnis der antiken Entwicklung und der Grenzen des damaligen Kapitalismus ohne diese Scheidung nicht zu gewinnen ist (dafür sind die bekannten Aufsätze von R o d b e r t u s , trotz aller seiner Irrtümer und trotz ihrer Ergänzungsbedürftigkeit, immer noch wichtig und mit den zutreffenden Ausführungen K. B ü c h e r s zusammenzuhalten).

3. Keineswegs alle Erwerbsbetriebe mit Kapitalrechnung waren und sind „doppelseitig" m a r k t orientiert in d e m Sinn, daß sie s o w o h l die Beschaffungsmittel auf dem Markt kaufen, w i e die Produkte (oder Endleistungen) dort anbieten. Steuerpacht und Finanzierungen verschiedenster Art werden mit Kapitalrechnung betrieben, ohne das letztere zu tun. Die sehr wichtigen Konsequenzen sind später zu erörtern. Dies ist dann: n i c h t marktmäßiger, kapitalrechnungsmäßiger Erwerb.

4. Erwerbs t ä t i g k e i t und Erwerbs b e t r i e b sind hier, aus Zweckmäßigkeitsgründen, geschieden. Erwerbs t ä t i g ist jeder, der in einer bestimmten Art tätig ist mindestens a u c h , u m Güter (Geld oder Naturalgüter), die er noch nicht besitzt, neu zu erwerben. Also der Beamte und Arbeiter nicht minder als der Unternehmer. Markt-Erwerbs b e t r i e b aber wollen wir nur eine solche Art von Erwerbstätigkeit nennen, welche kontinuierlich an M a r k t chancen orientiert ist, indem sie G ü t e r als Erwerbsmittel darauf verwendet, um a) durch Herstellung und Absatz begehrter G ü t e r , — oder b) um durch Darbietung begehrter L e i s t u n g e n G e l d zu erlauschen, es sei durch freien Tausch oder durch Ausnutzung appropriierter Chancen, wie in den in der vorigen Nummer bezeichneten Fällen. N i c h t „erwerbstätig" ist im Sinn dieser Terminologie der Besitz-Rentner jeder Art, mag er noch so rational mit seinem Besitz „wirtschaften".

5. So selbstverständlich t h e o r e t i s c h festzuhalten ist, daß die je nach dem Einkommen sich gestaltenden Grenznutzen-Schätzungen der letzten K o n s u m e n t e n die Rentabilitätsrichtung der Güterbeschaffungsbetriebe bestimmen, so ist soziologisch doch die Tatsache nicht zu ignorieren: daß die kapitalistische Bedarfsdeckung a) Bedürfnisse neu „weckt", und alte verkümmern läßt, — b) in hohem Maß, durch aggressive Reklame, A r t und M a ß der Bedarfsdeckung der Konsumenten beeinflußt. Es gehört dies geradezu zu ihren wesentlichen Zügen. Richtig ist: daß es sich dabei meist um Bedürfnisse nicht ersten Dringlichkeitsgrades handelt. Indessen auch die A r t der Ernährung und Wohnung wird in einer kapitalistischen Wirtschaft sehr weitgehend durch die Anbieter bestimmt.

§ 12. N a t u r a l r e c h n u n g kann in den verschiedensten Kombinationen vorkommen. Man spricht von Geld w i r t s c h a f t im Sinn einer Wirtschaft mit typischem Geldgebrauch und also: Orientierung an geldgeschätzten Marktlagen, von Natural w i r t s c h a f t im Sinn von Wirtschaft ohne Geldgebrauch, und kann darnach die historisch gegebenen Wirtschaften je nach dem Grade ihrer Geld- oder Naturalwirtschaftlichkeit scheiden.

Natural w i r t s c h a f t aber ist nichts Eindeutiges, sondern kann sehr verschiedener Struktur sein. Sie kann

a) absolut t a u s c h l o s e Wirtschaft bedeuten oder

b) eine Wirtschaft mit Natural t a u s c h ohne Gebrauch von Geld als Tauschmittel.

Im ersten Fall (a) kann sie sowohl

α. eine 1. vollkommunistisch oder eine 2. genossenschaftlich (mit Anteilsrechnung) wirtschaftende Einzelwirtschaft und in beiden Fällen ohne alle Autonomie oder Autokephalie einzelner Teile: g e s c h l o s s e n e H a u s w i r t s c h a f t, sein, wie

β. eine Kombination verschiedener sonst autonomer und autokephaler Einzelwirtschaften, alle belastet mit naturalen Leistungen an eine (für herrschaftliche oder für genossenschaftliche Bedürfnisse bestehende) Zentralwirtschaft: N a t u - r a l l e i s t u n g s w i r t s c h a f t („Oikos", streng leiturgischer politischer Verband).

In beiden Fällen kennt sie, im Fall der Reinheit des Typus (oder soweit dieser reicht) nur Natural r e c h n u n g. Im zweiten Fall (b) kann sie

α. Naturalwirtschaft mit reinem Natural t a u s c h ohne Geldgebrauch und ohne Geldrechnung (reine Naturaltauschwirtschaft) sein oder

β. Naturaltauschwirtschaft mit (gelegentlicher oder typischer) Geld r e c h - n u n g (typisch im alten Orient nachweisbar, aber sehr verbreitet gewesen).

Für die Probleme der Natural r e c h n u n g bietet nur der Fall a, α in seinen beiden Formen oder aber eine solche Gestaltung des Falles a, β Interesse, bei welcher die Leiturgien in rationalen B e t r i e b s einheiten abgeleistet werden, wie dies bei Aufrechterhaltung der modernen Technik bei einer sog. „Vollsozialisierung" unvermeidlich wäre.

Alle Naturalrechnung ist ihrem innersten Wesen nach am Konsum: Bedarfsdeckung, orientiert. Selbstverständlich ist etwas dem „Erwerben" ganz Entsprechendes auf naturaler Basis möglich. Entweder so, daß a) bei tausch l o s e r Naturalwirtschaft: verfügbare naturale Beschaffungsmittel und Arbeit planvoll zur Güterherstellung oder Güterherbeischaffung verwendet werden auf Grund einer Rechnung, in welchem der so zu erzielende Zustand der Bedarfsdeckung mit dem ohne diese oder bei einer andern Art der Verwendung bestehenden verglichen und als haushaltsmäßig vorteilhafter geschätzt wird. Oder daß b) bei Natural t a u s c h - wirtschaft im Wege des streng naturalen Abtauschs und Eintauschs (eventuell: in wiederholten Akten) eine Güterversorgung planmäßig erstrebt wird, welche, mit der ohne diese Maßregeln vorher bestehenden verglichen, als eine ausgiebigere Versorgung von Bedürfnissen bewertet wird. Nur bei Unterschieden qualitativ g l e i - c h e r Güter aber kann dabei eine z i f f e r mäßige Vergleichung e i n d e u t i g und ohne ganz subjektive Bewertung durchgeführt werden. Natürlich kann man typische Konsum-D e p u t a t e zusammenstellen, wie sie den Naturalgehalts- und Naturalpfründen-Ordnungen besonders des Orients zugrunde lagen (sogar Gegenstände des Tauschverkehrs, wie unsre Staatspapiere, wurden). Bei typisch sehr gleichartigen Gütern (Niltal-Getreide) war Lagerung mit Giroverkehr (wie in Aegypten) natürlich technisch ebenso möglich, wie für Silberbarren bei Bankowährungen. Ebenso kann (und dies ist wichtiger) ziffermäßig der t e c h n i s c h e Erfolg eines bestimmten Produktionsprozesses ermittelt und mit technischen Prozessen anderer Art verglichen werden. Entweder, bei gleichem Endprodukt, nach der Art des Beschaffungsmittelbedarfs nach Art und Maß. Oder, bei gleichen Beschaffungsmitteln, nach den — bei verschiedenem Verfahren — verschiedenen Endprodukten. Nicht immer, aber oft, ist hier ziffermäßiger Vergleich für wichtige Teilprobleme möglich. Das Problematische der bloßen „Rechnung" beginnt aber, sobald Produktionsmittel verschiedener Art und mehrfacher Verwendbarkeit oder qualitativ verschiedene Endprodukte in Betracht kommen.

Jeder kapitalistische Betrieb vollzieht allerdings in der Kalkulation fortwährend Naturalrechnungsoperationen: Gegeben ein Webstuhl bestimmter Konstruktion, Kette und Garn bestimmter Qualität. Festzustellen: bei gegebener Leistungsfähigkeit der Maschinen, gegebenem Feuchtigkeitsgehalt der Luft, gegebenem Kohlen-, Schmieröl-, Schlichtmaterial- usw. Verbrauch: die Schußzahl pro Stunde und Arbeiter, — und zwar für den e i n z e l n e n Arbeiter — und darnach das Maß der in der Zeiteinheit von ihm fälligen Einheiten des erstrebten Produkts. Derartiges

ist für Industrien mit t y p i s c h e n Abfall- oder Nebenprodukten ohne jede Geldrechnung feststellbar, und wird auch so festgestellt. Ebenso kann, unter gegebenen
Verhältnissen, der bestehende normale Jahresbedarf des Betriebes an Rohstoffen,
bemessen nach seiner technischen Verarbeitungsfähigkeit, die Abnutzungsperiode
für Gebäude und Maschinen, der typische Ausfall durch Verderb oder andern
Abgang und Materialverlust naturalrechnungsmäßig festgestellt werden und dies
geschieht. Aber: die Vergleichung von Produktionsprozessen verschiedener A r t
und mit Beschaffungsmitteln verschiedener Art und mehrfacher Verwendbarkeit
erledigt die Rentabilitätsrechnung der heutigen Betriebe für ihre Zwecke spielend
an der Hand der Geldkosten, während für die Naturalrechnung hier schwierige,
„objektiv" nicht zu erledigende, Probleme liegen. Zwar — scheinbar ohne Not
— nimmt die tatsächliche Kalkulation in der Kapitalrechnung eines heutigen Betriebs die Form der Geldrechnung tatsächlich schon ohne diese Schwierigkeiten an.
Aber mindestens zum Teil nicht zufällig. Sondern z. B. bei den „Abschrei-
bungen" deshalb, weil dies diejenige Form der Vorsorge für die Zukunftsbedingungen
der Produktion des Betriebes ist, welche die maximal anpassungsbereite Bewegungsfreiheit (die ja bei jeder realen Aufspeicherung von Vorräten oder gleichviel welchen
anderen rein naturalen Vorsorgemaßregeln o h n e dieses Kontrollmittel irrational
und schwer gehemmt wäre) mit maximaler Sicherheit verbindet. Es ist schwer
abzusehen, welche Form denn bei Naturalrechnung „Rücklagen" haben sollten,
die nicht s p e z i f i z i e r t wären. Ferner aber ist innerhalb eines Unternehmens
die Frage: ob und welche seiner Bestandteile, rein technisch-natural angesehen,
irrational (= unrentabel) arbeiten und weshalb? d. h. welche Bestandteile des naturalen Aufwandes (kapitalrechnerisch: der „Kosten"), zweckmäßigerweise e r s p a r t
oder, und vor allem: anderweit rationaler verwendet werden könnten? zwar relativ leicht und sicher aus einer Nachkalkulation der buchmäßigen „Nutzen"- und
„Kosten"-Verhältnisse in G e l d, — wozu als Index auch die Kapital z i n s -
belastung des Kontos gehört, — äußerst schwer aber und überhaupt nur
in sehr groben Fällen und Formen durch Naturalrechnung gleichviel welcher
Art zu ermitteln. (Es dürfte sich schon hierbei nicht um zufällige, durch „Ver-
besserungen" der Rechnungsmethode zu lösende, sondern um prinzipielle
Schranken jedes Versuchs wirklich e x a k t e r Naturalrechnung handeln. Doch
könnte dies immerhin bestritten werden, wenn auch natürlich nicht mit Argumenten
aus dem Taylor-System und mit der Möglichkeit, durch irgendwelche Prämien- oder
Point-Rechnung „Fortschritte" ohne Geld v e r w e n d u n g zu erzielen. Die
Frage wäre ja gerade: wie man e n t d e c k t, an welcher S t e l l e eines Betriebs diese
Mittel eventuell in Ansatz zu bringen wären, weil gerade an dieser Stelle noch zu
beseitigende Irrationalitäten stecken, — die ihrerseits exakt zu e r m i t t e l n die
Naturalrechnung eben auf Schwierigkeiten stößt, welche einer Nachkalkulation
durch Geldrechnung nicht erwachsen). Die Naturalrechnung als Grundlage einer
Kalkulation in Betrieben (die bei ihr als heterokephale und heteronome Betriebe
einer planwirtschaftlichen Leitung der Güterbeschaffung zu denken wären) findet
ihre Rationalitätsgrenze am Z u r e c h n u n g s problem, welches für sie ja nicht
in der einfachen Form der buchmäßigen Nachkalkulation, sondern in jener höchst
umstrittenen Form auftritt, die es in der „Grenznutzlehre" besitzt. Die Naturalrechnung müßte ja zum Zwecke der rationalen Dauerbewirtschaftung von Beschaffungsmitteln „W e r t-Indices" für die einzelnen Objekte ermitteln, welche die Funktion der „Bilanz-Preise" in der heutigen Kalkulation zu übernehmen hätten. Ohne
daß abzusehen wäre, wie sie denn entwickelt und k o n t r o l l i e r t werden
könnten: einerseits für jeden Betrieb (standortmäßig) verschieden, andrerseits
einheitlich unter Berücksichtigung der „gesellschaftlichen Nützlichkeit", d. h. des
(jetzigen u n d k ü n f t i g e n) K o n s u m bedarfs?

Mit der Annahme, daß sich ein Rechnungssystem „schon finden" bzw. erfinden
lassen werde, wenn man das Problem der geldlosen Wirtschaft nur resolut anfasse,

ist hier nicht geholfen: das Problem ist ein Grundproblem aller „Vollsozialisierung"; und von einer r a t i o n a l e n „Planwirtschaft" jedenfalls kann keine Rede sein, solange in d e m alles entscheidenden Punkt kein Mittel zur rein rationalen Aufstellung eines „Planes" bekannt ist.

Die Schwierigkeiten der Naturalrechnung wachsen weiter, wenn ermittelt werden soll: ob ein gegebener Betrieb mit konkreter Produktionsrichtung an d i e s e r Stelle seinen rationalen S t a n d o r t habe oder — stets: vom Standpunkt der Bedarfsdeckung einer gegebenen Menschengruppe — an einer andern, möglichen, Stelle, und ob ein gegebener naturaler Wirtschaftsverband vom Standpunkt rationalster Verwendung der Arbeitskräfte und Rohmaterialien, die ihm verfügbar sind, richtiger durch „Kompensationstausch" mit andern oder durch Eigenherstellung sich bestimmte Produkte beschafft. Zwar sind die Grundlagen der Standortsbestimmung natürlich rein naturale und auch ihre einfachsten Prinzipien sind in Naturaldaten formulierbar (s. darüber Alfred W e b e r in diesem Grundriß). Aber die k o n k r e t e Feststellung: ob nach den an einem konkreten Ort gegebenen standortswichtigen Umständen ein Betrieb mit einer bestimmten Produktionsrichtung oder ein anderer mit einer modifizierten rational w ä r e, ist — von absoluter Ortsgebundenheit durch Monopolrohstoffvorkommen abgesehen — naturalrechnungsmäßig nur in ganz groben Schätzungen möglich, geldrechnungsmäßig aber trotz der Unbekannten, mit denen stets zu rechnen ist, eine im Prinzip stets lösbare Kalkulationsaufgabe. Die davon wiederum verschiedene Vergleichung endlich der W i c h t i g k e i t, d. h. B e g e h r t h e i t, spezifisch verschiedener Güterarten, deren Herstellung und Eintausch in den gegebenen Verhältnissen gleich möglich ist: ein Problem, welches in letzter Linie in jede einzelne Betriebskalkulation mit seinen Konsequenzen hineinreicht, unter Geldrechnungsverhältnissen die Rentabilität entscheidend bestimmt und damit die Richtung der Güterbeschaffung der Erwerbsbetriebe bedingt, ist für eine Naturalrechnung p r i n z i p i e l l überhaupt nur löslich in Anlehnung entweder: an die Tradition, oder: an einen diktatorischen Machtspruch, der den Konsum eindeutig (einerlei ob ständisch verschieden oder egalitär) reguliert u n d: Fügsamkeit findet. Auch dann aber bliebe die Tatsache bestehen: daß die Naturalrechnung das Problem der Z u r e c h n u n g der Gesamtleistung eines Betriebes zu den einzelnen „Faktoren" und Maßnahmen n i c h t in der Art zu lösen vermag, wie dies die Rentabilitätsrechnung in Geld nun einmal leistet, daß also gerade die heutige M a s s e n versorgung durch Massen b e t r i e b e ihr die stärksten Widerstände entgegenstellt.

1. Die Probleme der Naturalrechnung sind anläßlich der „Sozialisierungs"-Tendenzen in letzter Zeit, besonders eindringlich von Dr. O. N e u r a t h, in seinen zahlreichen Arbeiten, angeregt worden. Für eine „V o l l sozialisierung", d. h. eine solche, welche mit dem Verschwinden effektiver P r e i s e rechnet, ist das Problem in der Tat durchaus zentral. (Seine r a t i o n a l e Unlösbarkeit würde, wie ausdrücklich bemerkt sei, nur besagen: was alles, auch rein ökonomisch, bei einer derartigen Sozialisierung „in den Kauf zu nehmen" wäre, nie aber die „Berechtigung" dieses Bestrebens, sofern es sich eben n i c h t auf technische, sondern, wie aller G e s i n n u n g s - Sozialismus, auf ethische oder andre absolute Postulate stützt, „widerlegen" können: — was keine Wissenschaft vermag. Rein technisch angesehen, wäre aber die M ö g l i c h k e i t in Betracht zu ziehen, daß auf Gebieten mit n u r auf der Basis exakter R e c h n u n g zu unterhaltender Volksdichte die Grenze der möglichen Sozialisierung nach Form und Umfang durch den Fortbestand effektiver P r e i s e gegeben wäre. Doch gehört das nicht hierher. Nur sei bemerkt: daß die begriffliche Scheidung von „Sozialismus" und „Sozialreform", wenn irgendwo, dann gerade h i e r liegt.)

2. Es ist natürlich vollkommen zutreffend, daß „b l o ß e" Geldrechnungen, sei es von Einzelbetrieben, sei es noch so vieler oder selbst aller Einzelbetriebe und daß auch die umfassendste Güterbewegungsstatistik usw. in G e l d noch gar nichts über die Art der Versorgung einer gegebenen Menschengruppe mit dem was sie letztlich benötigt: Naturalgütern, aussagen, daß ferner die vielberedeten „Volksver-

mögens"-Schätzungen in G e l d nur soweit ernst zu nehmen sind, als sie fiskalischen
Zwecken dienen (und also: nur das s t e u e r b a r e Vermögen feststellen). Für Ein-
kommensstatistiken in Geld gilt jedoch das gleiche, auch vom Standpunkt der naturalen
Güterversorgung, schon bei weitem nicht in gleichem Maße, wenn die Güter p r e i s e
in Geld statistisch bekannt sind. Nur fehlt auch dann jegliche Möglichkeit einer
Kontrolle unter m a t e r i a l e n Rationalitätsgesichtspunkten. Richtig ist ferner
(und an dem Beispiel der römischen Campagna von Sismondi und W. Sombart vor-
trefflich dargelegt:), daß befriedigende R e n t a b i l i t ä t (wie sie die höchst extensive Campagna-Wirtschaft zeigte, und zwar für a l l e Beteiligten) in zahlreichen
Fällen nicht das mindeste mit einer, vom Standpunkt optimaler Nutzung gegebener
Güterbeschaffungsmittel für einen Güter b e d a r f einer gegebenen Menschengruppe befriedigenden Gestaltung der Wirtschaft gemein hat; die Art der A p p r o -
p r i a t i o n , (insbesondre — wie, insoweit, F. Oppenheimer schlechthin zuzugeben
ist: — der Bodenappropriation, aber freilich: nicht nur dieser), stiftet Renten- und
Verdienstchancen mannigfacher Art, welche die Entwicklung zur technisch optimalen Verwertung von Produktionsmitteln dauernd obstruieren k ö n n e n. (Allerdings ist dies s e h r weit davon entfernt, eine Eigentümlichkeit gerade der kapitalistischen Wirtschaft zu sein: — insbesondre die vielberedeten Produktionsein-
schränkungen im Interesse der Rentabilität beherrschten gerade die Wirtschaftsverfassung des Mittelalters restlos und die Machtstellung der Arbeiterschaft in der
Gegenwart kann Aehnliches zeitigen. Aber unstreitig existiert der Tatbestand auch
in ihrer Mitte.) — Die Tatsache der Statistik von Geldbewegungen oder in Form
von Geldschätzungen hat aber doch die Entwicklung einer Naturalstatistik nicht etwa,
wie man nach manchen Ausführungen glauben sollte, gehindert, man mag nun von
idealen Postulaten aus deren Zustand und Leistungen im übrigen tadeln wie immer.
Neun Zehntel und mehr unserer Statistik sind n i c h t Geld-, sondern Naturalstatistik.
Im ganzen hat die Arbeit einer vollen Generation letztlich fast n i c h t s anderes getan, als
eine Kritik der Leistungen der reinen Rentabilitäts-Orientiertheit der Wirtschaft für die
n a t u r a l e Güterversorgung (denn darauf lief alle und jede Arbeit der sog. ,,Kathe-
dersozialisten" doch letztlich, und zwar ganz bewußt, hinaus) nur hat sie allerdings
als Beurteilungsmaßstab eine sozial p o l i t i s c h — und das heißt im Gegensatz
gegen die Naturalrechnungswirtschaft: eine an fortbestehenden e f f e k t i v e n
Preisen — orientierte Sozialreform, nicht eine Vollsozialisierung, für das (sei es derzeit, sei es definitiv) in Massenwirtschaften allein mögliche angesehen. Diesen Standpunkt für eine ,,Halbheit" zu halten, steht natürlich frei; nur war er an sich nicht
in sich widersinnig. Daß den Problemen der Natural w i r t s c h a f t und insbesondere der möglichen Rationalisierung der Natural r e c h n u n g nicht sehr viel
Aufmerksamkeit, jedenfalls im ganzen nur historische, nicht aktuelle, Beachtung
geschenkt worden ist, trifft zu. Der Krieg hat — wie auch in der Vergangenheit
jeder Krieg — diese Probleme in Form der Kriegs- und Nachkriegs-Wirtschafts-
probleme mit gewaltiger Wucht aufgerollt. (Und unzweifelhaft gehört zu den Verdien-
sten des Herrn Dr. O. Neurath eine besonders f r ü h e und eindringliche, im einzelnen
sowohl wie im Prinzipiellen gewiß bestreitbare, Behandlung eben dieser Probleme.
Daß ,,die Wissenschaft" zu seinen Formulierungen wenig Stellung genommen habe,
ist insofern nicht erstaunlich, als b i s h e r nur höchst anregende, aber doch mehr
Kapitelüberschrift-artige Prognosen vorliegen, mit denen eine eigentliche ,,Ausein-
andersetzung" schwer ist. Das Problem beginnt da, wo seine ö f f e n t l i c h e n Darlegungen — bisher — enden).

3. Die Leistungen und Methoden der Kriegswirtschaft können nur mit großer
Vorsicht für die Kritik auch der m a t e r i a l e n Rationalität einer Wirtschaftsverfassung verwendet werden. Kriegswirtschaft ist an e i n e m (im Prinzip) eindeutigen Zwecke orientiert und in der Lage, Machtvollkommenheiten auszunutzen,
wie sie der Friedenswirtschaft nur bei ,,Staatssklaverei" der ,,Untertanen" zur Verfügung stehen. Sie ist ferner ,,Bankerotteurswirtschaft" ihrem innersten Wesen
nach: der überragende Zweck läßt fast jede Rücksicht auf die kommende Friedenswirtschaft schwinden. Es wird nur t e c h n i s c h präzis, ökonomisch aber, bei
allen nicht mit völligem Versiegen bedrohten Materialien und vollends mit den
Arbeitskräften, nur im groben gerechnet". Die Rechnungen haben daher vorwiegend
(nicht: ausschließlich) technischen Charakter; soweit sie wirtschaftlichen Charakter
haben, d. h. die Konkurrenz von Z w e c k e n — nicht nur: von Mitteln zum gegebenen Zweck — berücksichtigen, begnügen sie sich mit (vom Standpunkt jeder
genauen Geldkalkulation aus gesehen) ziemlich primitiven Erwägungen und Berech-
nungen nach dem Grenznutzprinzip, sind dem Typus nach ,,Haushalts"-Rechnungen
und haben gar nicht den Sinn, d a u e r n d e Rationalität der gewählten Auf-
teilung von Arbeit und Beschaffungsmitteln zu garantieren. Es ist daher, — so be-
lehrend gerade die Kriegswirtschaft und Nachkriegswirtschaft für die Erkenntnis
ökonomischer ,,Möglichkeiten" ist, — bedenklich, aus den ihr gemäßen naturalen Rech-

nungsformen Rückschlüsse auf deren Eignung für die Nachhaltigkeits-Wirtschaft des Friedens zu ziehen.

Es ist auf das bereitwilligste zuzugestehen: 1. daß auch die Geldrechnung zu willkürlichen Annahmen genötigt ist bei solchen Beschaffungsmitteln, welche keinen Marktpreis haben (was besonders in der landwirtschaftlichen Buchführung in Betracht kommt), — 2. daß in abgemindertem Maß etwas Aehnliches für die Auf t e i l u n g der „Generalunkosten" bei der Kalkulation insbesondere von vielseitigen Betrieben gilt, — 3. daß jede, auch noch so rationale, d. h. an Marktchancen orientierte, Kartellierung sofort den Anreiz zur exakten Kalkulation schon auf dem Boden der Kapitalrechnung herabsetzt, weil nur da und soweit genau kalkuliert wird, wo und als eine N ö t i g u n g dafür vorhanden ist. Bei der Naturalrechnung würde aber der Zustand zu 1 universell bestehen, zu 2 j e d e exakte B e r e c h n u n g der „Generalunkosten", welche immerhin von der Kapitalrechnung geleistet wird, unmöglich und, — zu 3 j e d e r Antrieb zu exakter Kalkulation ausgeschaltet und durch Mittel von fraglicher Wirkung (s. o.) künstlich neu geschaffen werden müssen. Der Gedanke einer Verwandlung des umfangreichen, mit Kalkulation befaßten Stabes „kaufmännischer Angestellter" in ein Personal einer Universal s t a t i s t i k , von der geglaubt wird, daß sie die Kalkulation bei Naturalrechnung e r s e t z e n könne, verkennt nicht nur die grundverschiedenen Antriebe, sondern auch die grundverschiedene Funktion von „Statistik" und „Kalkulation". Sie unterscheiden sich wie Bureaukrat und Organisator.

4. Sowohl die Naturalrechnung wie die Geldrechnung sind r a t i o n a l e Techniken. Sie teilen keineswegs die Gesamtheit alles Wirtschaftens unter sich auf. Vielmehr steht daneben das zwar tatsächlich wirtschaftlich orientierte, aber rechnungs- f r e m d e Handeln. Es kann traditional orientiert oder affektuell bedingt sein. Alle primitive Nahrungssuche der Menschen ist der instinktbeherrschten tierischen Nahrungssuche verwandt. Auch das voll bewußte, aber auf religiöser Hingabe, kriegerischer Erregung, Pietätsempfindungen und ähnlichen affektuellen Orientierungen ruhende Handeln ist in seinem Rechenhaftigkeitsgrad sehr wenig entwickelt. „Unter Brüdern" (Stammes-, Gilde-, Glaubens-Brüdern) wird nicht gefeilscht, im Familien-, Kameraden-, Jüngerkreise nicht gerechnet oder doch nur sehr elastisch, im Fall der Not, „rationiert": ein bescheidener Ansatz von Rechenhaftigkeit. Ueber das Eindringen der Rechenhaftigkeit in den urwüchsigen Familienkommunismus s. unten Kap. V. Träger des Rechnens war überall das Geld, und dies erklärt es, daß in der Tat die Naturalrechnung technisch noch unentwickelter geblieben ist als ihre immanente Natur dies erzwingt (insoweit dürfte O. Neurath Recht zu geben sein).

Während des Druckes erscheint (im Archiv f. Sozialwiss. 47) die mit diesen Problemen befaßte Arbeit von L. M i s e s .

§ 13. Die f o r m a l e „Rationalität" der Geldrechnung ist also an sehr spezifische m a t e r i a l e Bedingungen geknüpft, welche hier soziologisch interessieren, vor allem:

1. den Markt k a m p f (mindestens: relativ) autonomer Wirtschaften. Geldpreise sind Kampf- und Kompromißprodukte, also Erzeugnisse von Machtkonstellationen. „Geld" ist keine harmlose „Anweisung auf unbestimmte Nutzleistungen", welche man ohne grundsätzliche Ausschaltung des durch Kampf von Menschen mit Menschen geprägten Charakters der Preise beliebig umgestalten könnte, sondern primär: Kampfmittel und Kampfpreis, Rechnungsmittel aber nur in der Form des quantitativen Schätzungsausdrucks von Interessen k a m p f chancen.

2. Das Höchstmaß von Rationalität als rechnerisches Orientierungsmittel des Wirtschaftens erlangt die Geldrechnung in der F o r m der Kapitalrechnung, und dann unter der m a t e r i a l e n Voraussetzung weitestgehender Marktfreiheit im Sinn der Abwesenheit sowohl oktroyierter und ökonomisch irrationaler wie voluntaristischer und ökonomisch rationaler (d. h. an Marktchancen orientierter) Monopole. Der mit diesem Zustand verknüpfte Konkurrenzkampf um Abnahme der Produkte erzeugt, insbesondere als Absatzorganisation und Reklame (im weitesten Sinn), eine Fülle von Aufwendungen, welche ohne jene Konkurrenz (also bei Planwirtschaft o d e r rationalen Vollmonopolen) fortfallen. S t r e n g e Kapitalrechnung ist ferner sozial an „Betriebsdisziplin" u n d Appropriation der sachlichen Beschaffungsmittel, also: an den Bestand eines H e r r s c h a f t s verhältnisses, gebunden.

3. Nicht „Begehr" an sich, sondern: k a u f k r ä f t i g e r Begehr nach Nutz-leistungen regelt durch Vermittlung der Kapitalrechnung m a t e r i a l die erwerbs-mäßige Güterbeschaffung. Es ist also die Grenznutzen-Konstellation bei der letzten jeweils nach der Art der Besitzverteilung noch für eine bestimmte Nutzleistung typisch kaufkräftigen und kaufgeneigten Einkommensschicht maßgebend für die Richtung der Güterbeschaffung. In Verbindung mit der — im Fall voller Marktfreiheit — absoluten Indifferenz gerade der formal vollkommensten Rationalität der Kapital-rechnung gegen alle, wie immer gearteten, m a t e r i a l e n Postulate begründen diese im Wesen der Geldrechnung liegenden Umstände die prinzipielle S c h r a n k e ihrer Rationalität. Diese ist eben rein f o r m a l e n Charakters. Formale und materiale (gleichviel an welchem Wertmaßstab orientierte) Rationalität fallen unter allen Umständen p r i n z i p i e l l auseinander, mögen sie auch in noch so zahlreichen (der theoretischen, unter allerdings völlig irrealen Voraussetzungen zu kon-struierenden, Möglichkeit nach selbst: in allen) Einzelfällen empirisch zusammen-treffen. Denn die formale Rationalität der Geldrechnung s a g t a n s i c h n i c h t s a u s über die Art der materialen Verteilung der Naturalgüter. Diese bedarf stets der besonderen Erörterung. Vom Standpunkt der Beschaffung eines gewissen materiellen Versorgungs-M i n i m u m s einer Maximal- Z a h l von Menschen als Rationalitätsmaß-stab treffen allerdings, nach der Erfahrung der l e t z t e n Jahrzehnte, formale und materiale Rationalität in relativ hohem Maße zusammen, aus Gründen, die in der Art der Antriebe liegen, welche die der Geldrechnung allein adäquate Art des wirtschaftlich orientierten sozialen Handelns in Bewegung setzt. Aber unter allen Umständen gilt: daß die formale Rationalität erst in Verbindung mit der Art der E i n k o m m e n s verteilung etwas über die Art der materiellen Versorgung besagt.

§ 14. „V e r k e h r s w i r t s c h a f t l i c h e" Bedarfsdeckung soll alle, rein durch I n t e r e s s e n l a g e ermöglichte, an Tauschchancen orientierte und nur durch Tausch vergesellschaftete wirtschaftliche Bedarfsdeckung heißen. „P l a n-w i r t s c h a f t l i c h e" Bedarfsdeckung soll alle an g e s a t z t e n, paktierten oder oktroyierten, materialen Ordnungen systematisch orientierte Bedarfsdeckung inner-halb eines V e r b a n d e s heißen.

Verkehrswirtschaftliche Bedarfsdeckung setzt, normalerweise und im Ratio-nalitätsfall, Geldrechnung und, im Fall der Kapitalrechnung, ökonomische T r e n-n u n g v o n H a u s h a l t u n d B e t r i e b voraus. Planwirtschaftliche Be-darfsdeckung ist (je nach ihrem Umfang in verschiedenem Sinn und Maß) auf Na-turalrechnung als letzte Grundlage der materialen Orientierung der Wirtschaft, f o r-m a l aber, für die Wirtschaftenden, auf Orientierung an den Anordnungen eines, für sie unentbehrlichen, Verwaltungsstabes angewiesen. In der Verkehrswirtschaft orientiert sich das Handeln der autokephalen Einzelwirtschaften autonom: beim Haushalten am Grenznutzen des Geldbesitzes und des erwarteten Geldeinkommens, beim Gelegenheitserwerben an den Marktchancen, in den Erwerbs b e t r i e b e n an der Kapitalrechnung. In der Planwirtschaft wird alles wirtschaftliche Handeln — s o w e i t sie durchgeführt ist — streng h a u s h a l t s m ä ß i g und heteronom an gebietenden und verbietenden Anordnungen, in Aussicht gestellten Belohnungen und Strafen orientiert. Soweit als Mittel der Weckung des Eigeninteresses in der Planwirtschaft Sonder-Einkunftchancen in Aussicht gestellt sind, bleibt mindestens die Art und R i c h t u n g des dadurch belohnten Handelns material heteronom normiert. In der Verkehrswirtschaft k a n n zwar, aber in formal voluntaristischer Art, weitgehend das gleiche geschehen. Ueberall da nämlich, wo die Vermögens-, insbe-sondere die Kapitalgüter-Besitzdifferenzierung die Nichtbesitzenden zwingt, sich A n w e i s u n g e n zu fügen, um überhaupt Entgelt für die von ihnen angebotenen Nutzleistungen zu erhalten. Sei es Anweisungen eines vermögenden Hausherrn, oder den an einer Kapitalrechnung orientierten Anweisungen von Kapitalgüter-Besitzen-den (oder der von diesen zu deren Verwertung designierten Vertrauensmänner).

Dies ist in der rein kapitalistischen Betriebswirtschaft das Schicksal der gesamten Arbeiterschaft.

Entscheidender Antrieb für alles Wirtschaftshandeln ist unter verkehrswirtschaftlichen Bedingungen normalerweise 1. für die Nichtbesitzenden: a) der Zwang des Risikos völliger Unversorgtheit für sich selbst u n d für diejenigen persönlichen „Angehörigen" (Kinder, Frauen, eventuell Eltern), deren Versorgung der einzelne typisch übernimmt, b) — in verschiedenem Maß — auch innere Eingestelltheit auf die wirtschaftliche Erwerbsarbeit als Lebensform, — 2. für die durch Besitzausstattung oder (besitzbedingte) bevorzugte Erziehungsausstattung tatsächlich Privilegierten: a) Chancen bevorzugter Erwerbseinkünfte, b) Ehrgeiz, c) die Wertung der bevorzugten (geistigen, künstlerischen, technisch fachgelernten) Arbeit als „Beruf", — 3. für die an den Chancen von Erwerbsunternehmungen Beteiligten: a) eigenes Kapitalrisiko und eigene Gewinnchancen in Verbindung mit b) der „berufsmäßigen" Eingestelltheit auf rationalen Erwerb als α) „Bewährung" der eigenen Leistung und β) Form autonomen Schaltens über die von den eigenen Anordnungen abhängigen Menschen, daneben γ) über kultur- oder lebenswichtige Versorgungschancen einer unbestimmten Vielheit: M a c h t. Eine an Bedarfsdeckung orientierte Planwirtschaft muß — im Fall radikaler Durchführung — von diesen Motiven den Arbeits z w a n g durch das Unversorgtheits-Risiko mindestens abschwächen, da sie im Fall materialer Versorgungsrationalität jedenfalls die A n g e h ö r i g e n nicht beliebig stark unter der etwaigen Minderleistung des Arbeitenden leiden lassen könnte. Sie muß ferner, im gleichen Fall, die Autonomie der Leitung von Beschaffungsbetrieben sehr weitgehend, letztlich: vollkommen, ausschalten, kennt das Kapitalrisiko und die Bewährung durch formal a u t o n o m e s Schalten ebenso wie die a u t o n o m e Verfügung über Menschen und lebenswichtige Versorgungschancen entweder gar nicht oder nur mit sehr stark beschränkter Autonomie. Sie hat also neben (eventuell) rein materiellen Sondergewinnchancen wesentlich ideale Antriebe „altruistischen" Charakters (im weitesten Sinn) zur Verfügung, um ähnliche L e i s t u n g e n in der Richtung planwirtschaftlicher Bedarfsdeckung zu erzielen, wie sie erfahrungsgemäß die autonome Orientierung an Erwerbschancen innerhalb der Erwerbswirtschaft in der Richtung der Beschaffung k a u f k r ä f t i g begehrter Güter vollbringt. Sie muß dabei ferner im Fall radikaler Durchführung, die Herabminderung der formalen, r e c h n u n g s m ä ß i g e n Rationalität in Kauf nehmen, wie sie (in diesem Fall) der Fortfall der Geld- und Kapitalrechnung unvermeidlich bedingt. Materiale und (im Sinn exakter R e c h n u n g:) formale Rationalität fallen eben unvermeidlich weitgehend auseinander: diese grundlegende und letztlich unentrinnbare Irrationalität der Wirtschaft ist eine der Quellen aller „sozialen" Problematik, vor allem: derjenigen alles Sozialismus.

Zu §§ 13 und 14:

1. Die Ausführungen geben offensichtlich nur allgemein bekannte Dinge mit einer etwas schärferen Pointierung (s. die Schlußsätze von § 14) wieder. Die Verkehrswirtschaft ist die weitaus wichtigste Art alles an „Interessenlage" orientierten typischen und universellen sozialen Handelns. Die Art, wie sie zur Bedarfsdeckung führt, ist Gegenstand der Erörterungen der Wirtschaftstheorie und hier im Prinzip als bekannt vorauszusetzen. Daß der Ausdruck „Planwirtschaft" verwendet wird, bedeutet natürlich keinerlei Bekenntnis zu den bekannten Entwürfen des früheren Reichswirtschaftsministers; der Ausdruck ist aber allerdings deshalb gewählt, weil er, an sich nicht sprachwidrig gebildet, seit diesem offiziellen Gebrauch sich vielfach eingebürgert hat (statt des von O. Neurath gebrauchten, an sich auch nicht unzweckmäßigen Ausdrucks „Verwaltungswirtschaft").

2. N i c h t unter den Begriff „Planwirtschaft" in diesem Sinn fällt alle Verbandswirtschaft oder verbandsregulierte Wirtschaft, die an E r w e r b s chancen orientiert ist (zunftmäßig oder kartellmäßig oder trustmäßig) orientiert ist. Sondern lediglich eine an B e d a r f s d e c k u n g orientierte Verbandswirtschaft. Eine an Erwerbschancen orientierte, sei es auch noch so straff regulierte oder durch einen Verbandsstab geleitete Wirtschaft setzt stets e f f e k t i v e „Preise", gleichviel wie sie formell entstehen (im Grenzfall des Pankartellismus: durch interkartellmäßiges Kompro-

miß, Lohntarife von „Arbeitsgemeinschaften" usw.), also Kapitalrechnung und Orientierung an dieser voraus. „Vollsozialisierung" im Sinn einer rein haushaltsmäßigen Planwirtschaft und Partialsozialisierung (von Beschaffungsbranchen) mit Erhaltung der Kapitalrechnung liegen trotz Identität des Ziels und trotz aller Mischformen technisch nach prinzipiell verschiedenen R i c h t u n g e n. Vorstufe einer haushaltsmäßigen Planwirtschaft ist jede Rationierung des Konsums, überhaupt jede primär auf die Beeinflussung der naturalen V e r t e i l u n g der Güter ausgehende Maßregel. Die planmäßige Leitung der Güterb e s c h a f f u n g, einerlei ob sie durch voluntaristische oder oktroyierte Kartelle oder durch staatliche Instanzen unternommen wird, geht primär auf rationale Gestaltung der Verwendung der Beschaffungsmittel und Arbeitskräfte aus und kann eben deshalb den P r e i s nicht — mindestens (nach ihrem eigenen Sinn:) n o c h nicht — entbehren. Es ist daher kein Zufall, daß der „Rationierungs"-Sozialismus mit dem „Betriebsrats"-Sozialismus, der (gegen den Willen seiner rationalsozialistischen Führer) an A p p r o p r i a t i o n sinteressen der A r b e i t e r anknüpfen muß, sich gut verträgt.

3. Die kartell-, zunft- oder gildenmäßige wirtschaftliche Verbandsbildung, also die Regulierung oder monopolistische Nutzung von E r w e r b s c h a n c e n, einerlei ob oktroyiert oder paktiert (regelmäßig: das erstere, auch wo formal das letztere vorliegt) ist an dieser Stelle nicht besonders zu erörtern. Vgl. über sie (ganz allgemein) oben Kap. I § 10 und weiterhin bei Besprechung der Appropriation ökonomischer Chancen (dieses Kapitel § 19 ff.). Der Gegensatz der evolutionistisch und am Produktionsproblem orientierten, vor allem: marxistischen, gegen die von der Verteilungsseite ausgehende, heute wieder „kommunistisch" genannte rational-planwirtschaftliche Form des Sozialismus ist seit Marx' Misère de la philosophie (in der deutschen Volksausgabe der „Intern. Bibl." vor allem S. 38 und vorher und nachher) nicht wieder erloschen; der Gegensatz innerhalb des russischen Sozialismus mit seinen leidenschaftlichen Kämpfen zwischen Plechanoff und Lenin war letztlich ebenfalls dadurch bedingt, und die heutige Spaltung des Sozialismus ist zwar primär durch höchst massive Kämpfe um die Führerstellungen (und: -Pfründen), daneben und dahinter aber durch diese Problematik bedingt, welche durch die Kriegswirtschaft ihre spezifische Wendung zugunsten des Planwirtschaftsgedankens einerseits, der Entwicklung der Appropriationsinteressen andrerseits, erhielt. — Die Frage: ob man „Planwirtschaft" (in gleichviel welchem Sinn und Umfang) schaffen s o l l, ist in dieser Form natürlich kein wissenschaftliches Problem. Es kann wissenschaftlich nur gefragt werden: welche Konsequenzen wird sie (bei gegebener Form) v o r a u s s i c h t l i c h haben, was also muß in den Kauf genommen werden, w e n n der Versuch gemacht wird. Dabei ist es Gebot der Ehrlichkeit, von a l l e n Seiten zuzugeben, daß zwar mit e i n i g e n bekannten, aber mit ebensoviel teilweise unbekannten Faktoren gerechnet wird. Die Einzelheiten des Problems können in dieser Darstellung materiell entscheidend überhaupt nicht und in den hergehörigen Punkten nur stückweise und im Zusammenhang mit den Formen der Verbände (des Staates insbesondere) berührt werden. An dieser Stelle konnte nur die (unvermeidliche) kurze Besprechung der elementarsten technischen Problematik in Betracht kommen. Das Phänomen der r e g u l i e r t e n Verkehrswirtschaft ist hier, aus den eingangs dieser Nr. angegebenen Gründen, gleichfalls noch nicht behandelt.

4. Verkehrswirtschaftliche Vergesellschaftung des Wirtschaftens setzt A p p r o p r i a t i o n der sachlichen Träger von Nutzleistungen einerseits, Markt f r e i h e i t andererseits voraus. Die Marktfreiheit an Tragweite 1. je vollständiger die Appropriation der sachlichen Nutzleistungsträger, insbesondere der Beschaffungs-(Produktions- und Transport-)Mittel ist. Denn das Maximum von deren Marktgängigkeit bedeutet das Maximum von Orientierung des Wirtschaftens an Marktlagen. Sie steigt aber ferner 2. je mehr die Appropriation auf s a c h l i c h e Nutzleistungsträger beschränkt ist. Jede Appropriation von Menschen (Sklaverei, Hörigkeit) oder von ökonomischen Chancen (Kundschaftsmonopole) bedeutet Einschränkung des an Marktlagen orientierten menschlichen Handelns. Mit Recht hat namentlich F i c h t e (im „Geschlossenen Handelsstaat") diese Einschränkung des „Eigentums"-Begriffs auf Sachgüter (bei gleichzeitiger Ausweitung des im Eigentum enthaltenen Gehalts an Autonomie der Verfügungsgewalt) als Charakteristikum der modernen verkehrswirtschaftlichen Eigentumsordnung bezeichnet. An dieser Gestaltung des Eigentums waren alle M a r k t i n t e r e s s e n t e n zugunsten der Unbeengtheit ihrer Orientierung an den Gewinnchancen, welche die Marktlage ergibt, interessiert, und die Entwicklung zu dieser Ausprägung der Eigentumsordnung war daher vornehmlich das Werk ihres Einflusses.

5. Der sonst oft gebrauchte Ausdruck „Gemeinwirtschaft" ist aus Zweckmäßigkeitsgründen vermieden, weil er ein „Gemeininteresse" oder „Gemeinschaftsgefühl" als normal vortäuscht, welches begrifflich nicht erfordert ist: die Wirtschaft

eines Fronherren oder Großkönigs (nach Art des pharaonischen im „Neuen Reich")
gehört, im Gegensatz zur Verkehrswirtschaft, zur gleichen Kategorie wie die eines
Familienhaushalts.

6. Der Begriff der',,Verkehrswirtschaft" ist indifferent dagegen, ob „kapitalistische", d. h. an Kapitalrechnung orientierte Wirtschaften und in welchem Umfang
sie bestehen. Insbesondere ist dies auch der Normaltypus der Verkehrswirtschaft:
die geldwirtschaftliche Bedarfsdeckung. Es wäre falsch, anzunehmen, daß die Existenz
kapitalistischer Wirtschaften proportional der Entfaltung der geldwirtschaftlichen
Bedarfsdeckung stiege, vollends: in der Richtung sich entwickelte, welche sie im
Okzident angenommen hat. Das Gegenteil trifft zu. Steigender Umfang der Geldwirtschaft konnte 1. mit steigender Monopolisierung der mit Großprofit verwertbaren
Chancen durch einen fürstlichen Oikos Hand in Hand gehen: so in Aegypten in der
Ptolemäerzeit bei sehr umfassend — nach Ausweis der erhaltenen Haushaltsbücher
— entwickelter Geldwirtschaft: diese blieb eben h a u s h a l t s m ä ß i g e Geldrechnung und wurde nicht: Kapitalrechnung; — 2. konnte mit steigender Geldwirtschaft „Verpfründung" der fiskalischen Chancen eintreten, mit dem Erfolg der
traditionalistischen Stabilisierung der Wirtschaft (so in China, wie am gegebenen
Ort zu besprechen sein wird); — 3. konnte die kapitalistische Verwertung von Geldvermögen Anlage in n i c h t an Tauschchancen eines freien Gütermarkts und also
n i c h t an G ü t e r b e s c h a f f u n g orientierten Erwerbsgelegenheiten suchen
(so, fast ausschließlich, in allen außer den modern okzidentalen Wirtschaftsgebieten,
aus weiterhin zu erörternden Gründen).

§ 15. Jede innerhalb einer Menschengruppe typische Art von wirtschaftlich
orientiertem sozialem Handeln und wirtschaftlicher Vergesellschaftung bedeutet
in irgendeinem Umfang eine besondere Art von Verteilung und Verbindung menschlicher Leistungen zum Zweck der Güterbeschaffung. Jeder Blick auf die Realitäten
wirtschaftlichen Handelns zeigt eine Verteilung verschiedenartiger Leistungen auf
verschiedene Menschen und eine Verbindung dieser zu gemeinsamen Leistungen
in höchst verschiedenen Kombinationen mit den sachlichen Beschaffungsmitteln.
In der unendlichen Mannigfaltigkeit dieser Erscheinungen lassen sich immerhin
einige T y p e n unterscheiden.

Menschliche Leistungen wirtschaftlicher Art können unterschieden werden als
a) disponierende, oder
b) an Dispositionen orientierte: A r b e i t (in diesem, hier weiterhin gebrauchten, Sinne des Wortes).

Disponierende Leistung ist selbstverständlich a u c h und zwar im stärksten
denkbaren Maße Arbeit, wenn „Arbeit" gleich Inanspruchnahme von Zeit und Anstren-
gung gesetzt wird. Der nachfolgend gewählte Gebrauch des Ausdrucks im G e g e n-
s a t z zur disponierenden Leistung ist aber heute aus sozialen Gründen sprachgebräuchlich und wird nachstehend in d i e s e m besonderen Sinne gebraucht. Im
allgemeinen soll aber von „Leistungen" gesprochen werden.

Die Arten, wie innerhalb einer Menschengruppe Leistung und Arbeit sich vollziehen können, unterscheiden sich in typischer Art:
1. t e c h n i s c h , — je nach der Art, wie für den technischen Hergang von
Beschaffungsmaßnahmen die Leistungen mehrerer Mitwirkender untereinander
verteilt und unter sich und mit sachlichen Beschaffungsmitteln verbunden sind;
2. s o z i a l , — und zwar:
A) je nach der Art, wie die einzelnen Leistungen Gegenstand autokephaler und
autonomer W i r t s c h a f t e n sind oder nicht, und je nach dem ökonomischen
Charakter dieser Wirtschaften; — damit unmittelbar zusammenhängend:
B) je nach Maß und Art, in welchen a) die einzelnen Leistungen, — b) die sachlichen Beschaffungsmittel, — c) die ökonomischen Erwerbschancen (als Erwerbsquellen
oder -Mittel) a p p r o p r i i e r t sind oder nicht und der dadurch bedingten Art
α) der B e r u f s gliederung (sozial) und β) der M a r k t bildung (ökonomisch).
Endlich
3. muß bei jeder Art der Verbindung von Leistungen unter sich und
mit sachlichen Beschaffungsmitteln und bei der Art ihrer Verteilung auf

Wirtschaften und Appropriation ö k o n o m i s c h gefragt werden: handelt es sich um haushaltsmäßige oder um erwerbsmäßige Verwendung?

Zu diesem und den weiter folgenden §§ ist vor allem zu vergleichen die dauernd maßgebende Darstellung von K. B ü c h e r in dem Art. „Gewerbe" im HWB. d. Staatswiss. und von d e m s e l b e n: „Die Entstehung der Volkswirtschaft": grundlegende Arbeiten, von deren Terminologie und Schema nur aus Zweckmäßigkeitsgründen in manchem abgewichen wird. Sonstige Zitate hätten wenig Zweck, da im nachstehenden ja keine n e u e n Ergebnisse, sondern ein für uns zweckmäßiges Schema vorgetragen wird.

1. Es sei nachdrücklich betont, daß hier nur — wie dies in den Zusammenhang gehört — die s o z i o l o g i s c h e Seite der Erscheinungen in tunlichster Kürze rekapituliert wird, die ökonomische aber nur so weit, als sie eben in formalen soziologischen Kategorien Ausdruck findet. M a t e r i a l ökonomisch würde die Darstellung erst durch Einbeziehung der bisher lediglich theoretisch berührten Preis- und Marktbedingungen. Es ließen sich diese materialen Seiten der Problematik aber nur unter s e h r bedenklichen Einseitigkeiten in Thesenform in eine derartige allgemeine Vorbemerkung hineinarbeiten. Und die r e i n ökonomischen Erklärungsmethoden sind ebenso verführerisch wie anfechtbar. Beispielsweise so: Die für die Entstehung der mittelalterlichen, verbandsregulierten, aber „freien Arbeit" entscheidende Zeit sei die „dunkle" Epoche vom 10.—12. Jahrhundert und insbesondere die an R e n t e n chancen der Grund-, Leib- und Gerichtsherren — lauter p a r t i k u l ä r e r, um diese Chancen k o n k u r r i e r e n d e r Gewalten — orientierte Lage der qualifizierten: bäuerlichen, bergbaulichen, gewerblichen Arbeit. Die für die Entfaltung des Kapitalismus entscheidende Epoche sei die große chronische Preisrevolution des 16. Jahrhunderts. Sie bedeute absolute und relative P r e i s s t e i g e r u n g für (fast) alle (okzidentalen) B o d e n produkte, damit — nach bekannten Grundsätzen der landwirtschaftlichen Oekonomik — sowohl Anreiz wie Möglichkeit der Absatz u n t e r n e h m u n g und damit des teils (in England) kapitalistischen, teils (in den Zwischengebieten zwischen der Elbe und Rußland) fronhofsmäßigen großen B e t r i e b s. Andererseits bedeute sie zwar teilweise (und zwar meist) absolute, n i c h t aber (im allgemeinen) r e l a t i v e Preissteigerung, sondern umgekehrt in typischer Art relative P r e i s s e n k u n g von wichtigen g e w e r b l i c h e n Produkten und damit, s o w e i t die betriebsmäßigen und sonstigen äußeren und inneren Vorbedingungen dazu gegeben waren, — was in Deutschland, dessen „Niedergang" ökonomisch eben deshalb damit einsetze, n i c h t der Fall gewesen sei: — Anreiz zur Schaffung konkurrenzfähiger Marktbetriebsformen. Weiterhin später in deren Gefolge: der kapitalistischen gewerblichen Unternehmungen. Vorbedingung dafür seien die Entstehung von M a s s e n märkten. Dafür, daß diese im Entstehen gewesen sei, seien vor allem bestimmte Wandlungen der englischen Handelspolitik ein Symptom (von andern Erscheinungen abgesehen). — Derartige und ähnliche Behauptungen müßten zum Beleg t h e o r e t i s c h e r Erwägungen über die m a t e r i a l e n ökonomischen Bedingtheiten der Entwicklung der Wirtschaftsstruktur verwertet werden. Das aber geht nicht an. Diese und zahlreiche ähnliche, durchweg bestreitbare, Thesen können nicht in diese absichtlich nur soziologischen B e g r i f f e hineingenommen werden, auch soweit sie nicht ganz falsch sein sollten. Mit dem Verzicht auf diesen Versuch in d i e s e r Form verzichten aber die folgenden Betrachtungen dieses Kapitels auch (ganz ebenso wie die vorangegangenen durch den Verzicht auf Entwicklung der Preis- und Geldtheorie) vorerst bewußt auf wirkliche „Erklärung" und beschränken sich (vorläufig) auf soziologische T y p i s i e r u n g. Dies ist sehr stark zu betonen. Denn nur ö k o n o m i s c h e Tatbestände liefern das Fleisch und Blut für eine wirkliche Erklärung des G a n g e s auch der soziologisch relevanten Entwicklung. Es soll eben vorerst hier nur ein Gerippe gegeben werden, hinlänglich, um mit leidlich eindeutig bestimmten Begriffen operieren zu können.

Daß an dieser Stelle, also bei einer schematischen Systematik, nicht nur die empirisch-historische, sondern auch die typisch-g e n e t i s c h e Aufeinanderfolge der einzelnen möglichen Formen nicht zu ihrem Recht kommt, ist selbstverständlich.

2. Es ist häufig und mit Recht beanstandet worden, daß in der nationalökonomischen Terminologie „Betrieb" und „Unternehmung" oft nicht getrennt werden. „Betrieb" ist auf dem Gebiet des wirtschaftlich orientierten Handelns an sich eine t e c h n i s c h e, die Art der kontinuierlichen Verbindung bestimmter Arbeitsleistungen untereinander und mit sachlichen Beschaffungsmitteln bezeichnende Kategorie. Sein Gegensatz ist: entweder a) unstetes oder b) t e c h n i s c h diskontinuierliches Handeln, wie es in jedem rein empirischen Haushalt fortwährend vorkommt. Der Gegensatz zu „Unternehmen": einer Art der w i r t s c h a f t l i c h e n Orien-

tierung (am Gewinn) ist dagegen: „Haushalt" (Orientierung an Bedarfsdeckung).
Aber der Gegensatz von „Unternehmen" und „Haushalt" ist nicht erschöpfend.
Denn es gibt E r w e r b s handlungen, welche nicht unter die Kategorie des „Unter-
nehmens" fallen: aller nackte A r b e i t s erwerb, der Schriftsteller-, Künstler-,
Beamten-Erwerb sind weder das eine noch das andre. Während der Bezug und Ver-
brauch von R e n t e n offenkundig „Haushalt" ist.

Vorstehend ist, trotz jener Gegensätzlichkeit, von „E r w e r b s betrieb" überall
da gesprochen worden, wo ein kontinuierlich zusammenhängendes, dauerndes Unternehmer h a n d e l n stattfindet: ein solches ist in der Tat o h n e Konstituierung
eines „Betriebes" (eventuell: Alleinbetriebes ohne allen Gehilfenstab) nicht denkbar. Und es kam hier hauptsächlich auf die Betonung der Trennung von Haushalt
und Betrieb an. Passend (weil eindeutig) ist aber — wie jetzt festzustellen ist —
der Ausdruck „Erwerbsbetrieb" statt: kontinuierliches Erwerbsunternehmen nur
für den einfachsten Fall des Zusammenfallens der t e c h n i s c h e n Betriebseinheit
mit der Unternehmungseinheit. Es können aber in der Verkehrswirtschaft mehrere, technisch gesonderte, „Betriebe" zu einer „Unternehmungseinheit" verbunden sein. Diese letztere ist dann aber natürlich n i c h t durch die bloße Per-
sonalunion des Unternehmers, sondern wird durch die Einheit der Ausrichtung
auf einem irgendwie e i n h e i t l i c h gestalteten Plan der Ausnutzung zu Erwerbszwecken konstituiert (Uebergänge sind daher möglich). Wo nur von „Betrieb" die
Rede ist, soll jedenfalls darunter immer jene technisch — in Anlagen, Arbeitsmitteln,
Arbeitskräften und (eventuell: heterokephaler und heteronomer) t e c h n i s c h e r
Leitung — gesonderte Einheit verstanden werden, die es ja auch in der kommunistischen Wirtschaft (nach dem schon jetzt geläufigen Sprachgebrauch) gibt. Der
Ausdruck „Erwerbsbetrieb" soll fortan nur da verwendet werden, wo technische und
ökonomische (Unternehmungs-)Einheit identisch sind.

Die Beziehung von „Betrieb" und „Unternehmung" wird terminologisch besonders akut bei solchen Kategorien wie „Fabrik" und „Hausindustrie". Die letztere
ist ganz klar eine Kategorie der U n t e r n e h m u n g. „Betriebsmäßig" angesehen
stehen ein kaufmännischer Betrieb und Betriebe als T e i l der Arbeiter h a u s h a l -
t u n g e n (ohne — außer bei Zwischenmeisterorganisation — Werkstattarbeit) mit
spezifizierten L e i s t u n g e n an den kaufmännischen Betrieb und umgekehrt dieses
an jene nebeneinander; der Vorgang ist also rein betriebsmäßig gar nicht verständlich,
sondern es müssen die Kategorien: Markt, Unternehmung, Haushalt (der Einzelar-
beiter), erwerbsmäßige Verwertung der entgoltenen Leistungen dazutreten. „Fabrik"
k ö n n t e man an sich — wie dies oft vorgeschlagen ist — ökonomisch indifferent
insofern definieren, als die Art der Arbeiter (frei oder unfrei), die Art der Arbeitsspezialisierung (innere technische Spezialisierung oder nicht) und der verwendeten
Arbeitsmittel (Maschinen oder nicht) beiseite gelassen werden k a n n. Also einfach: als
W e r k s t a t t arbeit. Immerhin muß aber a u ß e r d e m die Art der A p p r o-
p r i a t i o n der Werkstätte und der Arbeitsmittel (an e i n e n Besitzer) in die
Definition aufgenommen werden, sonst zerfließt der Begriff wie der des „Ergasterion".
Und geschieht einmal dies, d a n n scheint es prinzipiell zweckmäßiger, „Fabrik"
wie „Hausindustrie" zu zwei streng ö k o n o m i s c h e n Kategorien der K a p i-
t a l r e c h n u n g s unternehmung zu stempeln. Bei streng sozialistischer Ordnung
würde die „Fabrik" dann so wenig wie die „Hausindustrie" vorkommen, sondern nur:
naturale W e r k s t ä t t e n , A n l a g e n , M a s c h i n e n , W e r k z e u g e ,
Werkstatt- und Heimarbeitsleistungen aller Art.

3. Es ist nachstehend über das Problem der ökonomischen „Entwicklungsstufen" noch nichts bzw. nur soweit nach der Natur der Sache absolut unvermeidlich
und beiläufig etwas zu sagen. Nur soviel sei hier vorweg bemerkt:

Mit Recht zwar unterscheidet man neuerdings genauer: Arten der W i r t-
s c h a f t und Arten der Wirtschafts p o l i t i k. Die von Schönberg präludierten
S c h m o l l e r schen und seitdem abgewandelten Stufen: Hauswirtschaft, Dorfwirtschaft — dazu als weitere „Stufe": grundherrliche und patrimonialfürstliche
Haushalts-Wirtschaft —, Stadtwirtschaft, Territorialwirtschaft, Volkswirtschaft
waren in s e i n e r Terminologie bestimmt durch die Art des wirtschaftsregulierenden
V e r b a n d e s. Aber es ist nicht gesagt, daß auch nur die Art dieser Wirtschafts-
r e g u l i e r u n g bei Verbänden verschiedenen Umfangs verschieden wäre. So ist
die deutsche „Territorialwirtschaftspolitik" in ziemlich weitgehendem Umfang nur
eine Uebernahme der stadtwirtschaftlichen Regulierungen gewesen und waren ihre
n e u e n Maßnahmen nicht spezifisch verschieden von der „merkantilistischen"
Politik spezifisch patrimonialer, dabei aber schon relativ rationaler S t a a t e n-
verbände (also insoweit „Volkswirtschaftspolitik" nach dem üblichen, wenig glücklichen Ausdruck). Vollends aber ist nicht gesagt, daß die innere Struktur der Wirtschaft: die Art der Leistungsspezifikation oder -Spezialisierung und -Verbindung,
die Art der Verteilung dieser Leistungen auf selbständige Wirtschaften und die Art

der Appropriation von Arbeitsverwertung, Beschaffungsmitteln und Erwerbschancen mit demjenigen Umfang des Verbandes parallel ging, der (möglicher!) Träger einer Wirtschafts p o l i t i k war und vollends: daß sie mit dem Umfang dieses immer gleich s i n n i g wechsle. Die Vergleichung des Okzidents mit Asien und des modernen mit dem antiken Okzident würde das Irrige dieser Annahme zeigen. Dennoch kann bei der ö k o n o m i s c h e n Betrachtung niemals die Existenz oder Nicht-Existenz m a t e r i a l wirtschaftsregulierender Verbände — aber freilich nicht nur gerade: p o l i t i s c h e r Verbände — und der prinzipielle S i n n ihrer Regulierung beiseite gelassen werden. Die A r t des E r w e r b s wird dadurch sehr stark bestimmt.

4. Z w e c k der Erörterung ist auch hier vor allem: Feststellung der optimalen Vorbedingungen f o r m a l e r Rationalität der Wirtschaft und ihrer Beziehung zu m a t e r i a l e n „Forderungen" gleichviel welcher Art.

§ 16. I. T e c h n i s c h unterscheiden sich die Arten der Leistungs-Gliederung:

A. je nach der Verteilung und Verbindung der L e i s t u n g e n. Und zwar:

1. je nach der Art der Leistungen, die e i n u n d d i e s e l b e Person auf sich nimmt. Nämlich:

a) entweder liegen in ein und derselben Hand

α. zugleich leitende und ausführende, oder

β. nur das eine oder das andere, —

Zu a: Der Gegensatz ist natürlich relativ, da gelegentliches „Mitarbeiten" eines normalerweise nur Leitenden (großen Bauern z. B.) vorkommt. Im übrigen bildet jeder Kleinbauer oder Handwerker oder Kleinschiffer den Typus von α.

b) Entweder vollzieht ein und dieselbe Person

α. technisch v e r s c h i e d e n a r t i g e und verschiedene Endergebnisse hervorbringende Leistungen (Leistungskombination) und zwar entweder

αα) wegen mangelnder Spezialisierung der Leistung in ihre technischen Teile,

ββ) im Saison-Wechsel, — oder

γγ) zur Verwertung von Leistungskräften, die durch eine Hauptleistung nicht in Anspruch genommen werden (Nebenleistung).

Oder es vollzieht eine und dieselbe Person

β. nur b e s o n d e r s a r t i g e Leistungen, und zwar entweder

αα) besondert nach dem Endergebnis: so also, daß der gleiche Leistungsträger alle zu diesem Erfolg erforderlichen, technisch untereinander v e r s c h i e d e n - artigen simultanen und sukzessiven Leistungen vollzieht (so daß also in d i e s e m Sinn Leistungs k o m b i n a t i o n vorliegt): L e i s t u n g s s p e z i f i z i e r u n g; — oder

ββ) technisch spezialisiert nach der Art der L e i s t u n g, so daß erforderlichenfalls das Endprodukt nur durch (je nachdem) simultane oder sukzessive Leistungen mehrerer erzielt werden kann: L e i s t u n g s s p e z i a l i s i e r u n g.

Der Gegensatz ist vielfach relativ, aber prinzipiell vorhanden und historisch wichtig.

Zu b, α: Der Fall αα besteht typisch in primitiven Hauswirtschaften, in welchen — vorbehaltlich der typischen Arbeitsteilung der Geschlechter (davon in Kap. V) — jeder alle Verrichtungen je nach Bedarf besorgt.

Für den Fall ββ war typisch der Saison-Wechsel zwischen Landwirtschaft und gewerblicher Winterarbeit.

Für γγ der Fall ländlicher N e b e n arbeit von städtischen Arbeitern und die zahlreichen „Nebenarbeiten", die — bis in moderne Büros hinein — übernommen wurden, weil Zeit frei blieb.

Zu b, β: Für den Fall αα ist die Art der Berufsgliederung des Mittelalters typisch: eine Unmasse von Gewerben, welche sich je auf e i n Endprodukt spezialisierten, aber ohne alle Rücksicht darauf, daß technisch oft heterogene Arbeitsprozesse zu diesem hinführten, also: Leistungs k o m b i n a t i o n bestand. Der Fall ββ umschließt die gesamte moderne Entwicklung der Arbeit. Doch ist vom streng psychophysischen

Standpunkt aus kaum irgendeine, selbst die höchstgradig „spezialisierte" Leistung, wirklich bis zum äußersten Maße i s o l i e r t ; es steckt immer noch ein Stück Leistungs-S p e z i f i k a t i o n darin, nur nicht mehr orientiert nach dem Endprodukt, wie im Mittelalter.

Die Art der Verteilung und Verbindung der Leistungen (siehe oben A) ist ferner verschieden:

2. Je nach der Art, wie die Leistungen mehrerer Personen zur Erzielung e i n e s Erfolges v e r b u n d e n werden. Möglich ist:

a) Leistungs h ä u f u n g : technische Verbindung gleich a r t i g e r Leistungen mehrerer Personen zur Herbeiführung eines Erfolges:

α. durch geordnete, technisch unabhängig voneinander verlaufende Parallel-Leistungen, —

β. durch technisch zu einer Gesamtleistung vergesellschaftete (gleichartige) Leistungen.

Für den Fall α können parallel arbeitende Schnitter oder Pflästerer, für den Fall β die, namentlich in der ägyptischen Antike im größten Maßstab (Tausende von Zwangs-Arbeitern) vorkommenden Transportleistungen von Kolossen durch Zusammenspannen zahlreicher die gleiche Leistung (Zug an Stricken) Vollbringender als Beispiele gebraucht werden.

b) Leistungs v e r b i n d u n g : technische Verbindung qualitativ v e r s c h i e - d e n e r , also: spezialisierter (A 1 b β, ββ) Leistungen zur Herbeiführung eines Erfolges:

α. durch technisch unabhängig voneinander
αα) simultan, also: parallel —
ββ) sukzessiv spezialisiert vorgenommene Leistungen, oder

β. durch technisch v e r g e s e l l s c h a f t e t e spezialisierte (technisch komplementäre) Leistungen in simultanen Akten.

1. Für den Fall α, αα sind die parallel laufenden Arbeiten etwa des Spinnens an Kette und Schuß ein besonders einfaches Beispiel, dem sehr viele ähnliche, letztlich a l l e schließlich auf ein Gesamt-Endprodukt hinzielenden, nebeneinander technisch unabhängig herlaufenden Arbeitsprozesse zur Seite zu stellen sind.

2. Für den Fall α, ββ gibt die Beziehung zwischen Spinnen, Weben, Walken, Färben, Appretieren das übliche und einfachste, in allen Industrien sich wieder-findende Beispiel.

3. Für den Fall β gibt, von dem Halten des Eisenstücks und dem Hammer-schlag des Schmiedes angefangen (das sich im großen in jeder modernen Kessel-schmiede wiederholt), jede Art des einander „In-die-Hand-Arbeitens" in modernen Fabriken — für welche dies zwar nicht allein spezifisch, aber doch ein wichtiges Charakteristikum ist — den Typus. Das Ensemble eines Orchesters oder einer Schau-spielertruppe sind ein außerhalb des Fabrikhaften liegender höchster Typ.

§ 17. (noch: I. vgl. § 16).

Technisch unterscheiden sich die Arten der Leistungs-Gliederung ferner:

B. je nach Maß und Art der Verbindung mit komplementären sachlichen Be-schaffungsmitteln. Zunächst,

1. je nachdem sie

a) reine Dienstleistungen darbieten:

Beispiele: Wäscher, Barbiere, künstlerische Darbietungen von Schauspielern usw.

b) Sachgüter herstellen oder umformen, also: „Rohstoffe" bearbeiten, oder transportieren. Näher: je nachdem sie

α. Anbringungsleistungen, oder

β. Güterherstellungsleistungen, oder

γ. Gütertransportleistungen sind. Der Gegensatz ist durchaus flüssig.

Beispiele von Anbringungsleistungen: Tüncher, Dekorateure, Stukkateure usw.

Ferner:

2. je nach dem Stadium der Genußreife, in welches sie die beschafften Güter versetzen. —

Vom landwirtschaftlichen bzw. bergbaulichen Rohprodukt bis zum genußreifen u n d : an die S t e l l e des Konsums verbrachten Produkt.

3. endlich: je nachdem sie benützen:

a) „A n l a g e n" und zwar:

αα) Kraftanlagen, d. h. Mittel zur Gewinnung von verwertbarer Energie und zwar

1. naturgegebener (Wasser, Wind, Feuer), — oder

2. mechanisierter (vor Allem: Dampf- oder elektrischer oder magnetischer) Energie;

ββ) gesonderte Arbeitswerkstätten,

b) A r b e i t s m i t t e l, und zwar

αα) Werkzeuge,

ββ) Apparate,

γγ) Maschinen,

eventuell: nur das eine oder andere oder keine dieser Kategorien von Beschaffungsmitteln. Reine „Werkzeuge" sollen solche Arbeitsmittel heißen, deren Schaffung an den psychophysischen Bedingungen menschlicher Handarbeit orientiert ist, „Apparate" solche, an deren Gang menschliche Arbeit sich als „Bedienung" orientiert, „Maschinen": mechanisierte Apparate. Der durchaus flüssige Gegensatz hat für die Charakterisierung bestimmter Epochen der gewerblichen Technik eine gewisse Bedeutung.

Die für die heutige Großindustrie charakteristische mechanisierte Kraftanlagen- und Maschinen-Verwendung ist t e c h n i s c h bedingt durch a) spezifische Leistungsfähigkeit und Ersparnis an menschlichem Arbeitsaufwand, und b) spezifische Gleichmäßigkeit und Berechenbarkeit der Leistung nach Art und Maß. Sie ist daher rational nur bei hinlänglich breitem Bedarf an Erzeugnissen der betreffenden Art. Unter den Bedingungen der Verkehrswirtschaft also: bei hinlänglich breiter Kaufkraft für Güter der betreffenden Art, also: entsprechender Geldeinkommengestaltung.

Eine Theorie der Entwicklung der Werkzeug- und Maschinentechnik und -Oekonomik könnte hier natürlich nicht einmal in den bescheidensten Anfängen unternommen werden. Unter „Apparaten" sollen Arbeitsgeräte wie etwa der durch Treten in Bewegung gesetzte Webstuhl und die zahlreichen ähnlichen verstanden werden, die immerhin schon die E i g e n gesetzlichkeit der mechanischen Technik gegenüber dem menschlichen (oder: in andern Fällen: tierischen) Organismus zum Ausdruck brachten und ohne deren Existenz (namentlich die verschiedenen „Förderungsanlagen" des Bergbaues gehörten dahin) die Maschine in ihren heutigen Funktionen nicht entstanden wäre. (Lionardo's „Erfindungen" waren „Apparate".)

§ 18. II. S o z i a l unterscheidet sich die Art der Leistungsverteilung:

A. je nach der Art, wie qualitativ verschiedene oder wie insbesondere komplementäre Leistungen auf autokephale und (mehr oder minder) autonome W i r t s c h a f t e n verteilt sind und alsdann weiterhin ö k o n o m i s c h, je nachdem diese sind: a) Haushaltungen, b) Erwerbsbetriebe. Es kann bestehen:

1. Einheitswirtschaft mit rein i n t e r n e r, also: völlig heterokephaler und heteronomer, rein technischer, Leistungsspezialisierung (oder: -Spezifizierung) und Leistungsverbindung (einheitswirtschaftliche Leistungsverteilung). Die Einheitswirtschaft kann ökonomisch sein:

a) ein Haushalt,

b) ein Erwerbsunternehmen.

Ein Einheits-H a u s h a l t wäre im größten Umfang eine kommunistische Volkswirtschaft, im kleinsten war es die primitive Familienwirtschaft, welche alle oder die Mehrzahl aller Güterbeschaffungsleistungen umschloß (geschlossene Hauswirtschaft). Der Typus des Erwerbsunternehmens mit interner Leistungsspezialisierung und -Verbindung ist natürlich die kombinierte Riesenunternehmung bei ausschließlich einheitlichem händlerischem Auftreten gegen Dritte. Diese beiden Gegensätze eröffnen und schließen (vorläufig) die Entwicklung der autonomen „Einheitswirtschaften".

2. Oder es besteht Leistungsverteilung z w i s c h e n autokephalen Wirtschaften. Diese kann sein:

a) Leistungsspezialisierung oder -Spezifizierung zwischen heteronomen, aber autokephalen Einzelwirtschaften, welche sich an einer paktierten oder oktroyierten Ordnung orientieren. Diese Ordnung kann, material, ihrerseits orientiert sein:

1. an den Bedürfnissen einer beherrschenden Wirtschaft, und zwar entweder:

α. eines Herren h a u s h a l t s (oikenmäßige Leistungsverteilung), oder

β. einer herrschaftlichen Erwerbswirtschaft.

2. an den Bedürfnissen der Glieder eines genossenschaftlichen Verbandes (verbandswirtschaftliche Leistungsverteilung), und zwar, ökonomisch angesehen, entweder

α. haushaltsmäßig, oder

β. erwerbswirtschaftlich.

Der Verband seinerseits kann in allen diesen Fällen denkbarer Weise sein:

I. nur (material) wirtschaftsregulierend, oder

II. zugleich Wirtschaftsverband. — Neben allem dem steht

b) V e r k e h r s wirtschaftliche Leistungsspezialisierung zwischen autokephalen und a u t o n o m e n Wirtschaften, welche sich material lediglich an der Interessenlage, also formal lediglich an der Ordnung eines Ordnungsverbandes (I § 15, d) orientieren.

1. Typus für den Fall I: nur wirtschaftsregulierender Verband, vom Charakter 2 (Genossenverband) und α (Haushalt): das indische Dorfhandwerk („establishment"); für den Fall II: Wirtschaftsverband, vom Charakter I (Herrenhaushalt) ist es die Umlegung fürstlicher oder grundherrlicher oder leibherrlicher Haushaltsbedürfnisse (oder auch, bei Fürsten: politischer Bedürfnisse) auf Einzelwirtschaften der Untertanen, Hintersassen, Hörigen oder Sklaven oder Dorfkötter oder demiurgische (s. u.) Dorfhandwerker, die sich in der ganzen Welt urwüchsig fand. Nur wirtschaftsregulierend (I) im Fall 1 waren oft z. B. die kraft Bannrechts des Grundherren, im Fall 2 die kraft Bannrechts der Stadt gebotenen Gewerbeleistungen, (soweit sie, wie häufig, n i c h t materiale, sondern lediglich fiskalische Zwecke verfolgten). Erwerbswirtschaftlich (Fall a 1 β): Umlegung hausindustrieller Leistungen auf Einzelhaushalte.

Der Typus für a 2 β im Falle II sind alle Beispiele oktroyierter Leistungsspezialisierung in manchen sehr alten Kleinindustrien. In der Solinger Metallindustrie war ursprünglich genossenschaftlich paktierte Leistungsspezialisierung vorhanden, die erst später herrschaftlichen (Verlags-)Charakter annahm.

Für den Fall a 2 β I (nur regulierender Verband) sind alle „dorf"- oder „stadtwirtschaftlichen" Ordnungen des Verkehrs, soweit sie m a t e r i a l in die Art der Güterbeschaffung eingriffen, Typen.

Der Fall 2 b ist der der modernen Verkehrswirtschaft.

Im einzelnen sei noch folgendes hinzugefügt:

2. Haushaltswirtschaftlich orientiert sind die Verbandsordnungen im Fall a 2 α I in besonderer Art: dadurch, daß sie am vorausgesehenen Bedarf der einzelnen G e n o s s e n orientiert sind, nicht an Haushaltszwecken des (Dorf-)V e r b a n d e s. Derartig orientierte spezifizierte Leistungspflichten sollen d e m i u r g i s c h e N a t u r a l l e i t u r g i e n heißen, diese Art der Bedarfsvorsorge: d e m i u r g i s c h e Bedarfsdeckung. Stets handelt es sich um verbandsmäßige Regulierungen der Arbeitsverteilung und — eventuell — Arbeitsverbindung.

Wenn dagegen (Fälle 2 a II) der V e r b a n d selbst (sei es ein herrschaftlicher oder genossenschaftlicher) eine eigene Wirtschaft hat, für welche Leistungen spezialisiert umgelegt werden, so soll diese Bezeichnung nicht verwendet werden. Für diese Fälle bilden die Typen die spezialisierten oder spezifizierten Naturalleistungsordnungen von Fronhöfen, Grundherrschaften und anderen Großhaushaltungen. Aber auch die von Fürsten, politischen und kommunalen oder anderen primär außerwirtschaftlich orientierten Verbänden für den herrschaftlichen oder Verbands h a u s h a l t umgelegten Leistungen. Derart qualitativ spezifizierend geordnete Robott- oder Lieferungspflichten von Bauern, Handwerkern, Händlern sollen bei persönlichen Großhaushaltungen als Empfängern o i k e n m ä ß i g e, bei Verbandshaushaltungen als Empfängern v e r b a n d s m ä ß i g e N a t u r a l l e i t u r g i e n heißen, das Prinzip dieser Art von Versorgung des Haushalts eines wirtschaftenden Verbandes: l e i t u r g i s c h e Bedarfsdeckung. Diese Art von Bedarfsdeckung hat eine außerordentlich bedeutende historische Rolle gespielt, von der noch mehrfach zu sprechen sein wird. In politischen Verbänden hat sie die Stelle der modernen „Finanzen" vertreten, in Wirtschaftsverbänden bedeutete sie eine „Dezentralisierung" des Großhaushalts durch Umlegung des Bedarfs desselben auf nicht mehr im gemeinsamen Haushalt unterhaltene und verwendete, sondern je ihre eigenen Haushaltungen führende, aber dem Verbandshaushalt leistungspflichtige, insoweit also von ihm abhängige, Fron- und Naturalzins-Bauern, Gutshandwerker und Leistungspflichtige aller Art. Für den Großhaushalt der Antike hat R o d b e r t u s zuerst den Ausdruck „Oikos" verwendet, dessen Begriffsmerkmal die — prinzipielle — Autarkie der Bedarfsdeckung durch Hausangehörige oder haushörige Arbeitskräfte, welchen die sachlichen Beschaffungsmittel tauschlos zur Verfügung stehen, sein sollte. In der Tat stellen die grundherrlichen und noch mehr die fürstlichen Haushaltungen der Antike (vor allem: des „Neuen Reichs" in Aegypten) in einer allerdings sehr verschieden großen A n n ä h e r u n g (selten: reine) Typen solcher, die Beschaffung des Großhaushaltsbedarfs auf abhängige Leistungspflichtige (Robott- und Abgabepflichtige) umlegende Haushaltungen dar. Das gleiche findet sich zeitweise in China und Indien und, in geringerem Maß, in unserem Mittelalter, vom Kapitulare de villis angefangen: Tausch nach außen fehlte meist dem Großhaushalt nicht, hatte aber den Charakter des haushaltsmäßigen Tausches. Geldumlagen fehlten ebenfalls oft nicht, spielten aber für die Bedarfsdeckung eine Nebenrolle und waren traditional gebunden. — Tausch nach außen fehlte auch den leiturgisch belasteten Wirtschaften oft nicht. Aber das Entscheidende war: daß dem Schwerpunkt nach die Bedarfsdeckung durch die als Entgelt der umgelegten Leistungen verliehenen Naturalgüter: Deputate oder Landpfründen erfolgte. Natürlich sind die Uebergänge flüssig. Stets aber handelt es sich um eine verbandswirtschaftliche Regulierung der Leistungsorientierung hinsichtlich der Art der Arbeitsverteilung und Arbeitsverbindung.

3. Für den Fall a 2 I (wirtschafts r e g u l i e r e n d e r Verband) sind für den Fall β (erwerbswirtschaftliche Orientierung) diejenigen Wirtschaftsregulierungen in den okzidentalen mittelalterlichen Kommunen, ebenso in den Gilden und Kasten von China und Indien ein ziemlich reiner Typus, welche die Zahl und Art der Meisterstellen und die Technik der Arbeit, also: die Art der Arbeitsorientierung in den Handwerken regulierten. S o w e i t der Sinn n i c h t: Versorgung des Konsumbedarfs mit Nutzleistungen der Handwerker, s o n d e r n, — was nicht immer, aber häufig der Fall war: — Sicherung der Erwerbschancen der Handwerker war: insbesondere Hochhaltung der Leistungsqualität und Repartierung der Kundschaft. Wie jede Wirtschaftsregulierung bedeutete diese selbstverständlich auch diese Beschränkung der Marktfreiheit und daher der autonomen erwerbswirtschaftlichen Orientierung der Handwerker: sie war orientiert an der Erhaltung der „Nahrung" für die gegebenen Handwerksbetriebe und also insoweit der haushaltswirtschaftlichen Orientierung trotz ihrer erwerbswirtschaftlichen Form doch innerlich material verwandt.

4. Für den Fall a 2 II im Fall β sind außer den schon angeführten reinen Typen der Hausindustrie vor allem die Gutswirtschaften unseres Ostens mit den an ihren Ordnungen orientierten Instmanns-Wirtschaften, die des Nordwestens mit den Heuerlings-Wirtschaften Typen. Die Gutswirtschaft sowohl, wie die Verlagswirtschaft sind Erwerbsbetriebe des Gutsherrn bzw. Verlegers; die Wirtschaftsbetriebe der Instleute und hausindustriellen Arbeiter orientieren sich in der Art der ihnen oktroyierten Leistungsverteilung und Arbeitsleistungsverbindung sowohl wie in ihrer Erwerbswirtschaft überhaupt primär an den Leistungspflichten, welche ihnen die Arbeitsordnung des Gutsverbandes bzw. die hausindustrielle Abhängigkeit auferlegt. Im übrigen sind sie: Haushaltungen. Ihre Erwerbsleistung ist nicht autonom, sondern heteronome Erwerbsleistung für den Erwerbsbetrieb des Gutsherrn bzw. Verlegers. Je nach dem Maß der materialen Uniformierung dieser Orientierung kann der Tatbestand sich der rein technischen Leistungsverteilung i n n e r h a l b eines und desselben Betriebes annähern, wie sie bei der „Fabrik" besteht.

§ 19. (noch: II vgl. § 18). Sozial unterscheidet sich die Art der Leistungsverteilung ferner:

B. je nach der Art, wie die als Entgelte bestimmten Leistungen bestehenden Chancen a p p r o p r i i e r t sind. Gegenstand der Appropriation können sein:

1. Leistungsverwertungschancen, —
2. sachliche Beschaffungsmittel, —
3. Chancen von Gewinn durch disponierende Leistungen.

Ueber den soziologischen Begriff der „Appropriation" s. oben Kap. I § 10.

Erste Möglichkeit:
1. Appropriation von Arbeitsverwertungschancen: Möglich ist dabei:
I. daß die Leistung an einen einzelnen Empfänger (Herren) oder Verband erfolgt,
II. daß die Leistung auf dem Markt abgesetzt wird.

In beiden Fällen bestehen folgende vier einander radikal entgegengesetzten Möglichkeiten: Erste:
a) Monopolistische Appropriation der Verwertungschancen an den einzelnen Arbeitenden („zünftig freie Arbeit"), und zwar:
α. erblich und veräußerlich, oder
β. persönlich und unveräußerlich, oder
γ. zwar erblich, aber unveräußerlich, — in allen diesen Fällen entweder unbedingt oder an materiale Voraussetzungen geknüpft.

Für 1 a α sind für I indische Dorfhandwerker, für II mittelalterliche „Real"-Gewerberechte, für 1 a β in dem Fall I alle „Rechte auf ein Amt", für 1 a γ I und II gewisse mittelalterliche, vor allem aber indische Gewerberechte und mittelalterliche „Aemter" verschiedenster Art Beispiele.

Zweite Möglichkeit:
b) Appropriation der Verwertung der Arbeitskraft an einen Besitzer der Arbeiter („unfreie Arbeit")
α. frei, d. h. erblich und veräußerlich (Vollsklaverei), oder
β. zwar erblich, aber nicht oder nicht frei veräußerlich, sondern z. B. nur mit den sachlichen Arbeitsmitteln — insbesondere Grund und Boden — zusammen (Hörigkeit, Erbuntertänigkeit).

Die Appropriation der Arbeitsverwertung an einen Herren kann material beschränkt sein (b, β: Hörigkeit). Weder kann dann der Arbeiter seine Stelle einseitig verlassen, noch kann sie ihm einseitig genommen werden.

Diese Appropriation der Arbeitsverwertung kann vom Besitzer benutzt werden
a) haushaltsmäßig und zwar
α. als naturale oder Geld-Rentenquelle, oder
β. als Arbeitskraft im Haushalt (Haus-Sklaven oder Hörige);
b) erwerbsmäßig
α. als αα. Lieferanten von Waren oder ββ. Bearbeiter gelieferten Rohstoffes für den Absatz (unfreie Hausindustrie,)
β. als Arbeitskraft im Betrieb (Sklaven- oder Hörigenbetrieb).

Unter „Besitzer" wird hier und weiterhin stets ein (normalerweise) nicht als solcher notwendig, sei es leitend, sei es arbeitend, am Arbeitsprozeß Beteiligter bezeichnet. Er kann, als Besitzer, „Leiter" sein; indessen ist dies nicht notwendig und sehr häufig nicht der Fall.
Die „haushaltsmäßige" Benützung von Sklaven und Hörigen (Hintersassen jeder Art): nicht als Arbeiter in einem Erwerbsbetriebe; sondern als Rentenquelle, war typisch in der Antike und im frühen Mittelalter. Keilschriften kennen z. B. Sklaven eines persischen Prinzen, die in die Lehre gegeben werden, vielleicht, um für den Haushalt als Arbeitskraft tätig zu sein, vielleicht aber auch, um gegen Abgabe (griechisch „ἀποφορά", russisch „obrok", deutsch „Hals"- oder „Leibzins") material frei für Kunden zu arbeiten. Das war bei den hellenischen Sklaven geradezu die (freilich nicht ausnahmslose) Regel, in Rom hat sich die selbständige Wirtschaft mit peculium oder merx peculiaris (und, selbstverständlich, Abgaben an

den Herrn) zu Rechtsinstituten verdichtet. Im Mittelalter ist die Leibherrschaft
vielfach, in West- und Süddeutschland z. B. ganz regelmäßig, in ein bloßes Renten-
recht an im übrigen fast unabhängigen Menschen verkümmert, in Rußland die
tatsächliche Beschränkung des Herren auf obrok-Bezug von tatsächlich (wenn auch
rechtlich prekär) freizügigen Leibeigenen sehr häufig (wenn auch nicht die Regel) gewesen.

Die „erwerbsmäßige" Nutzung unfreier Arbeiter hatte insbesondere in den grundherrlichen (daneben wohl auch in manchen fürstlichen, so vermutlich den pharaonischen) Hausindustrien die Form angenommen entweder:

a) des unfreien L i e f e r u n g s gewerbes: der Abgabe von Naturalien, deren Rohstoff (etwa: Flachs) die Arbeiter (hörige Bauern) selbst gewonnen und verar-
beitet hatten, oder

b) des unfreien V e r w e r t u n g s gewerbes: der Verarbeitung von Material, welches
der Herr lieferte. Das Produkt wurde möglicherweise, wenigstens teilweise, vom
Herren zu Geld gemacht. In sehr vielen Fällen (so in der Antike) hielt sich aber
diese Marktverwertung in den Schranken des Gelegenheitserwerbes, — was in
der beginnenden Neuzeit namentlich in den deutsch-slavischen Grenzgebieten nicht
der Fall war: besonders (nicht: nur) hier sind grund- und leibherrliche Hausindustrien
entstanden. — Zu einem kontinuierlichen B e t r i e b konnte der leibherrliche Erwerb sowohl in Form

a) der u n f r e i e n H e i m a r b e i t wie
b) der u n f r e i e n W e r k s t a t t a r b e i t

werden. Beide finden sich, die letztere als e i n e der verschiedenen Formen des
Ergasterion in der Antike, in den pharaonischen und Tempel-Werkstätten und (nach
Ausweis der Grabfresken) auch privater Leibherren, im Orient, ferner in Hellas
(Athen: Demosthenes), in den römischen Gutsnebenbetrieben (vgl. die Darstellung
von Gummerus), in Byzanz, im karolingischen „genitium" (= Gynaikeion) und in
der Neuzeit z. B. in der russischen Leibeigenenfabrik (vgl. v. Tugan-Baranowskis
Buch über die russische Fabrik).

Dritte Möglichkeit:

c) Fehlen j e d e r Appropriation (formal „f r e i e A r b e i t" in diesem Sinn
des Wortes): Arbeit kraft formal beiderseits freiwilligen Kontraktes. Der Kontrakt
kann dabei jedoch m a t e r i a l in mannigfacher Art reguliert sein durch konventional oder rechtlich oktroyierte Ordnung der Arbeitsbedingungen.

Die freie Kontraktarbeit kann verwertet werden und wird typisch verwendet
a) haushaltsmäßig:
α. als Gelegenheitsarbeit (von Bücher „Lohnwerk" genannt);
αα) im eigenen Haushalt des Mieters: Stör;
ββ) vom Haushalt des Arbeiters aus (von Bücher „Heimwerk" genannt);
β. als Dauerarbeit
αα) im eigenen Haushalt des Mieters (gemieteter Hausdienstbote);
ββ) vom Haushalt des Arbeiters aus (typisch: Kolone);
b) erwerbsmäßig und zwar
α. als Gelegenheits- oder
β. als Dauerarbeit, — in beiden Fällen ebenfalls entweder
1. vom Haushalt des Arbeiters aus (Heimarbeit), oder
2. im geschlossenen Betrieb des Besitzers (Guts- oder Werkstattarbeiter, insbesondere: Fabrikarbeiter).

Im Fall a steht der Arbeiter kraft Arbeitskontrakts im Dienst eines K o n s u -
m e n t e n, welcher die Arbeit „leitet", im zweiten im Dienst eines Erwerbs u n t e r -
n e h m e r s: ein, bei oft rechtlicher Gleichheit der Form, ökonomisch grundstürzen-
der Unterschied. Kolonen k ö n n e n beides sein, sind aber typisch O i k e n -
Arbeiter.

Vierte Möglichkeit:

d) Die Appropriation von Arbeitsverwertungschancen kann endlich erfolgen
an einen Arbeiter v e r b a n d o h n e jede oder doch ohne freie Appropriation an die
einzelnen Arbeiter, durch

α. absolute oder relative Schließung nach außen;

β. Ausschluß oder Beschränkung der Entziehung der Arbeitserwerbschancen durch den Leiter ohne Mitwirkung der Arbeiter.

Jede Appropriation an eine K a s t e von Arbeitern oder an eine „Berggemeinde" von solchen (wie im mittelalterlichen Bergbau) oder an einen hofrechtlichen Ministerialenverband oder an die „Dreschgärtner" eines Gutsverbandes gehört hierher. In unendlichen Abstufungen zieht sich diese Form der Appropriation durch die ganze Sozialgeschichte aller Gebiete. — Die zweite, ebenfalls sehr verbreitete Form ist durch die „closed shops" der Gewerkschaften, vor allem aber durch die „Betriebsräte", sehr modern geworden.

Jede Appropriation der Arbeitsstellen von Erwerbsbetrieben a n Arbeiter, e b e n s o aber umgekehrt die Appropriation der Verwertung von Arbeitern („Unfreien") an Besitzer, bedeutet eine Schranke freier Rekrutierung der Arbeitskräfte, also: der A u s l e s e nach dem technischen Leistungsoptimum der Arbeiter, und also eine Schranke der f o r m a l e n Rationalisierung des Wirtschaftens. Sie befördert material die Einschränkung der technischen Rationalität, sofern

I. die Erwerbs v e r w e r t u n g der Arbeitserzeugnisse einem B e s i t z e r appropriiert ist:

a) durch die Tendenz zur Kontingentierung der Arbeitsleistung (traditional, konventional oder kontraktlich), —

b) durch Herabsetzung oder — bei freier Appropriation der Arbeiter an Besitzer (Vollsklaverei) — völliges Schwinden des Eigeninteresses der Arbeiter am Leistungsoptimum, —

II. bei Appropriation an die Arbeiter: durch Konflikte des Eigeninteresses der Arbeiter an der traditionalen Lebenslage mit dem Bestreben des Verwertenden a) zur Erzwingung des technischen Optimums ihrer Leistung oder b) zur Verwendung technischer Ersatzmittel für ihre Arbeit. Für den Herren wird daher stets die Verwandlung der Verwertung in eine bloße R e n t e n quelle naheliegen. Eine Appropriation der Erwerbsverwertung der Erzeugnisse an die A r b e i t e r begünstigt daher, unter sonst dafür geeigneten Umständen, die mehr oder minder vollkommene Expropriation des B e s i t z e r s von der L e i t u n g. Weiterhin aber regelmäßig: die Entstehung von materialen Abhängigkeiten der Arbeiter von überlegenen Tauschpartnern (Verlegern) als Leitern.

1. Die beiden formal entgegengesetzten Richtungen der Appropriation: der Arbeitsstellen an Arbeiter und der Arbeiter an einen Besitzer, wirken praktisch sehr ähnlich. Dies hat nichts Auffallendes. Zunächst sind beide sehr regelmäßig schon f o r m a l miteinander verbunden. Dies dann, wenn Appropriation der Arbeiter an einen Herren mit Appropriation der Erwerbschancen der Arbeiter an einen geschlossenen V e r b a n d der Arbeiter zusammentrifft, wie z. B. im hofrechtlichen Verbande. In diesem Fall ist weitgehende Stereotypierung der Verwertbarkeit der Arbeiter, also Kontingentierung der Leistung, Herabsetzung des Eigeninteresses daran und daher erfolgreicher Widerstand der Arbeiter gegen jede Art von technischer „Neuerung", selbstverständlich. Aber auch wo dies nicht der Fall ist, bedeutet Appropriation von Arbeitern an einen Besitzer t a t s ä c h l i c h auch das Hingewiesensein des Herren auf die Verwertung d i e s e r Arbeitskräfte, die er nicht, wie etwa in einem modernen Fabrikbetrieb, durch A u s l e s e sich beschafft, sondern auslesefrei hinnehmen muß. Dies gilt insbesondere für Sklavenarbeit. Jeder Versuch, andere als traditional eingelebte Leistungen aus appropriierten Arbeitern herauszupressen, stößt auf traditionalistische Obstruktion und könnte nur durch die rücksichtslosesten und daher, normalerweise, für das Eigeninteresse des Herren nicht ungefährlichen, weil die T r a d i t i o n s grundlage seiner Herrenstellung gefährdenden Mittel erzwungen werden. Fast überall haben daher die Leistungen appropriierter Arbeiter die Tendenz zur Kontingentierung gezeigt, und wo diese durch die Macht der Herren gebrochen wurde (wie namentlich in Osteuropa im Beginn der Neuzeit) hat die fehlende Auslese und das fehlende Eigeninteresse und Eigenrisiko der appropriierten Arbeiter die Entwicklung zum technischen Optimum obstruiert. — Bei formaler Appropriation der Arbeitsstellen an die A r b e i t e r ist der gleiche Erfolg nur noch schneller eingetreten.

2. Der im letzten Satz bezeichnete Fall ist typisch für die Entwicklung des frühen Mittelalters (10.—13. Jahrhundert). Die „Beunden" der Karolingerzeit und alle andern Ansätze landwirtschaftlicher „Großbetriebe" schrumpften und verschwanden. Die Rente des Bodenbesitzers und des Leibherren stereotypierte sich, und zwar auf sehr niedrigem Niveau, das naturale Produkt ging zu steigenden Bruchteilen (Landwirtschaft, Bergbau), der Erwerbsertrag in Geld (Handwerk) fast ganz in die Hände der Arbeiter über. Die „begünstigenden Umstände" dieser s o nur im Okzident eingetretenen Entwicklung waren: 1. die durch politisch-militärische Inanspruchnahme der Besitzerschicht, und — 2. durch das Fehlen eines geeigneten Verwaltungsstabes geschaffene Unmöglichkeit: ihrerseits die Arbeiter anders denn als Rentenquelle zu nutzen, verbunden — 3. mit der schwer zu hindernden faktischen Freizügigkeit zwischen den um sie konkurrierenden partikularen Besitzinteressenten, — 4. den massenhaften Chancen der Neurodung und Neuerschließung von Bergwerken und lokalen Märkten, in Verbindung mit — 5. der antiken technischen Tradition. — Je mehr (klassische Typen: der Bergbau und die englischen Zünfte) die Appropriation der Erwerbschancen a n die Arbeiter an die Stelle der Appropriation d e r Arbeiter an den Besitzer eintrat und dann die Expropriation der Besitzer zunächst zu reinen Rentenempfängern (schließlich auch schon damals vielfach die Ablösung oder Abschüttelung der Rentenpflicht: „Stadtluft macht frei") vorschritt, desto mehr begann, fast sofort, die Differenzierung der Chancen, M a r k t gewinn zu machen in ihrer (der Arbeiter) eigenen Mitte (und: von außen her durch Händler).

§ 20 (noch: II B vgl. §§ 18, 19). 2. A p p r o p r i a t i o n d e r z u r A r b e i t k o m p l e m e n t ä r e n s a c h l i c h e n B e s c h a f f u n g s m i t t e l. Sie kann sein Appropriation

a) an Arbeiter, einzelne oder Verbände von solchen, oder

b) an Besitzer oder

c) an regulierende Verbände Dritter;

Zu a) Appropriation an Arbeiter. Sie ist möglich

α. an die einzelnen Arbeiter, die dann „im Besitz" der sachlichen Beschaffungsmittel sind,

β. an einen, völlig oder relativ, geschlossenen Verband von Arbeitenden (Genossen), so daß also zwar nicht der einzelne Arbeiter, aber ein Verband von solchen im Besitz der sachlichen Beschaffungsmittel ist.

Der Verband kann wirtschaften:

αα) als Einheitswirtschaft (kommunistisch),

ββ) mit Appropriation von Anteilen (genossenschaftlich).

Die Appropriation kann in all diesen Fällen

1. haushaltsmäßig, oder

2. erwerbsmäßig verwertet werden.

Der Fall α bedeutet entweder volle verkehrswirtschaftliche Ungebundenheit der im Besitz ihrer sachlichen Beschaffungsmittel befindlichen Kleinbauern oder Handwerker („Preiswerker" der Bücherschen Terminologie) oder Schiffer oder Fuhrwerksbesitzer. Oder es bestehen unter ihnen wirtschaftsregulierende Verbände s. u. Der Fall β umschließt sehr heterogene Erscheinungen, je nachdem haushaltsmäßig oder erwerbsmäßig gewirtschaftet wird. Die — im Prinzip, nicht notwendig „ursprünglich" oder tatsächlich (s. Kap. V) kommunistische — H a u s w i r t s c h a f t kann rein eigenbedarfsmäßig orientiert sein. Oder sie kann, zunächst gelegentlich, Ueberschüsse einer durch Standortsvorzüge (Rohstoffe spezifischer Art) oder spezifisch fachgelernte Kunstübung monopolistisch von ihr hergestellte Erzeugnisse durch B e d a r f s tausch absetzen. Weiterhin kann sie zum regelmäßigen E r w e r b s t a u s c h übergehen. Dann pflegen sich „Stammesgewerbe" mit — da die Absatzchancen auf Monopol und, meist, auf ererbtem Geheimnis ruhen — i n t e r - ethnischer Spezialisierung und interethnischem Tausch zu entwickeln, die dann entweder zu Wandergewerben und Pariagewerben oder (bei Vereinigung in einem politischen Verband) zu K a s t e n (auf der Grundlage interethnischer ritueller Fremdheit) werden, wie in Indien. — Der Fall ββ ist der Fall der „Produktivgenossenschaft". Hauswirtschaften können sich, bei Eindringen der Geldrechnung, ihm nähern. Sonst findet er sich, als Arbeiterverband, als Gelegenheitserscheinung. In typischer Art wesentlich in einem freilich wichtigen Fall: bei den B e r g w e r k e n des frühen Mittelalters.

b) Appropriation an B e s i t z e r oder Verbände solcher kann — da die Appropriation an einen Arbeiter v e r b a n d schon besprochen ist — hier nur bedeuten: Expropriation der Arbeiter von den Beschaffungsmitteln, nicht nur als Einzelne, sondern als Gesamtheit. Appropriiert sein können dabei

1. an Besitzer alle oder einige oder einer der folgenden Posten:
α. der Boden (einschließlich von Gewässern)
β. die unterirdischen Bodenschätze,
γ. die Kraftquellen,
δ. die Arbeitswerkstätten,
ε. die Arbeitsmittel (Werkzeuge, Apparate, Maschinen),
ζ. die Rohstoffe.

Alle können im Einzelfall in einer und derselben Hand oder sie können auch in verschiedenen Händen appropriiert sein.

Die Besitzer können die ihnen appropriierten Beschaffungsmittel verwerten
α. haushaltmäßig,
αα. als Mittel eigener Bedarfsdeckung,
ββ. als Rentenquellen, durch Verleihen und zwar
I. zu haushaltsmäßiger Verwendung,
II. zur Verwertung als Erwerbsmittel, und zwar
ααα) in einem Erwerbsbetrieb ohne Kapitalrechnung,
βββ) als Kapitalgüter (in fremder Unternehmung), endlich
β. als eigene Kapitalgüter (in eigener Unternehmung);

Möglich ist ferner:

2. Appropriation an einen Wirtschafts v e r b a n d , für dessen Gebarung dann die gleichen Alternativen wie bei b bestehen.

Endlich ist möglich:

3. Appropriation an einen wirtschafts r e g u l i e r e n d e n Verband, der die Beschaffungsmittel weder selbst als Kapitalgüter verwertet noch zu einer Rentenquelle macht, sondern den Genossen darbietet.

1. Bodenappropriation findet sich an E i n z e l wirtschaften p r i m ä r :
a) auf die Dauer der aktuellen B e s t e l l u n g bis zur Ernte,
b) soweit der Boden Artefakt war, also:
α. bei Rodung,
β. bei Bewässerung
für die Dauer der kontinuierlichen Bestellung.

Erst bei fühlbarer Bodenknappheit findet sich
c) Schließung der Zulassung zur Bodenbestellung, Weide- und Holznutzung und Kontingentierung des Maßes der Benutzung für die Genossen des Siedelungsverbandes.

Träger der dann eintretenden A p p r o p r i a t i o n kann sein
1. ein Verband, — verschieden groß je nach der Art der Nutzbarkeit (für Gärten, Wiesen, Aecker, Weiden, Holzungen: Verbände aufsteigender Größe von den Einzelhaushaltungen bis zum „Stamm").

Typisch:
a) ein Sippen- (oder: daneben)
b) ein Nachbarschaftsverband (normal: Dorfverband) für die Aecker, Wiesen und Weiden,
c) ein wesentlich umfassenderer Markverband verschiedenen Charakters und Umfanges für die Holzungen,
d) die Haushaltungen für Gartenland und Hofstätte unter anteilsmäßiger Beteiligung an Acker und Weiden. Diese anteilsweise Beteiligung kann ihren Ausdruck finden
α. in empirischer Gleichstellung bei den Neubrüchen bei ambulantem Ackerbau (Feldgraswirtschaft).
β. in rationaler systematischer Neuumteilung bei seßhaftem Ackerbau: regelmäßig erst Folge
α. fiskalischer Ansprüche mit Solidarhaft der Dorfgenossen, oder
β. der politischen Gleichheitsansprüche der Genossen.

Träger des B e t r i e b e s sind normalerweise die Hausgemeinschaften (über deren Entwicklung Kap. V).

2. Ein G r u n d h e r r, gleichviel ob (was später zu erörtern ist) diese Herrenlage ihre Quelle in primärer Sippenhauptsstellung oder Häuptlingswürde mit Bittarbeitsansprüchen (Kap. V) oder in fiskalischen oder militärischen Oktroyierungen oder systematischen Neubrüchen oder Bewässerungen hat.

Die Grundherrschaft kann genutzt werden:

a) mit unfreier (Sklaven- oder Hörigen-)Arbeit

1. haushaltsmäßig

α. durch Abgaben

β. durch Dienstleistungen;

2. erwerbsmäßig:

als Plantage

b) mit freier Arbeit:

I. haushaltsmäßig als Rentengrundherrschaft

αα) durch Naturalrenten (Naturalteilbau oder Naturalabgabe) von Pächtern,

ββ) durch Geldrenten von Pächtern. Beides:

ααα) mit eigenem Inventar (Erwerbspächter),

βββ) mit grundherrlichem Inventar (Kolonen);

II. erwerbsmäßig: als rationaler Großbetrieb.

Im Fall a, 1 pflegt der Grundherr in der Art der Ausnutzung traditional gebunden zu sein sowohl an die Person der Arbeiter (also: ohne Auslese) wie an ihre Leistungen. Der Fall a, 2 ist nur in den antik-karthagischen und römischen, in den kolonialen und in den nordamerikanischen Plantagen, der Fall b, II nur im modernen Okzident eingetreten. Die Art der Entwicklung der Grundherrschaft (und, vor allem, ihrer Sprengung) entschied über die Art der m o d e r n e n Appropriationsverhältnisse. Diese kennen im r e i n e n Typus n u r die Figuren des a) Bodenbesitzers — b) kapitalistischen Pächters — c) besitzlosen Landarbeiters. Allein dieser reine Typus ist nur die (in England bestehende) Ausnahme.

2. B e r g b a u l i c h nutzbare Bodenschätze sind entweder

a) dem Grundbesitzer (in der Vergangenheit meist: Grund h e r r e n) oder

b) einem politischen Herren (Regalherren) appropriiert, oder

c) jedem „Finder" abbauwürdigen Vorkommens („Bergbaufreiheit")

d) einem Arbeiterverband

e) einer Erwerbs-Unternehmung.

Grund- und Regalherren konnten die ihnen appropriierten Vorkommen entweder in eigener Regie abbauen (so im frühen Mittelalter gelegentlich) oder als Rentenquelle benutzen, also verleihen, und zwar entweder

α. an einen Verband von Arbeitern (Berggemeinde), — Fall d — oder

β. an jeden (oder jeden einem bestimmten Personenkreis zugehörigen) Finder (so auf den „gefreiten Bergen" im Mittelalter, von wo die Bergbaufreiheit ihren Ausgang nahm).

Die Arbeiterverbände nahmen im Mittelalter typisch die Form von Anteilsgenossenschaften mit P f l i c h t zum Bau (gegenüber den an der Rente interessierten Bergherren oder den solidarisch haftenden Genossen) und Recht auf Ausbeuteanteil, weiterhin von reinen Besitzer-„Genossenschaften" mit Anteilen an Ausbeute und Zubuße an. Der Bergherr wurde zunehmend zugunsten der Arbeiter expropriiert, diese selbst aber mit zunehmendem Bedarf nach Anlagen von Kapitalgüter besitzenden Gewerken, so daß als Endform der Appropriation sich die kapitalistische „Gewerkschaft" (oder Aktiengesellschaft) ergab.

3. Beschaffungsmittel, welche den Charakter von „Anlagen" hatten (Kraftanlagen, besonders Wasserkraftanlagen, „Mühlen" aller Arten von Zweckverwendung, und Werkstätten, eventuell mit stehenden Apparaten) sind in der Vergangenheit, besonders im Mittelalter, sehr regelmäßig appropriiert worden:

a) an Fürsten und Grundherren (Fall 1),

b) an Städte (Fall 1 oder 2),

c) an Verbände der Arbeitenden (Zünfte, Gewerkschaften, Fall 2),

o h n e daß ein Einheits b e t r i e b hergestellt worden wäre.

Sondern im Fall a und b findet sich dann Verwertung als Rentenquelle durch Gestattung der Benutzung gegen Entgelt und sehr oft mit Monopolbann und -Zwang zur Nutzung. Die Nutzung erfolgte im Einzelbetrieb reihum oder nach Bedarf, unter Umständen war sie ihrerseits Monopol eines geschlossenen Regulierungsverbandes. Backöfen, Mahlmühlen aller Art (für Getreide und Oel), Walkmühlen, auch Schleifwerke, Schlachthäuser, Färbekessel, Bleichanlagen (z. B. klösterliche), Hammerwerke (diese allerdings regelmäßig zur Verpachtung an B e t r i e b e), ferner Brauereien, Brennereien und andere Anlagen, insbesondere auch Werften (in der Hansa städtischer Besitz) und Verkaufsstände aller Gattungen waren in dieser Art präkapitalistisch durch Gestattung der Nutzung durch Arbeiter gegen Entgelt, also als V e r m ö g e n des Besitzers, nicht als Kapitalgut, von diesem (einem einzelnen oder einem Verband, insbesondere einer Stadt) genutzt. Diese Herstellung und h a u s h a l t s m ä ß i g e Ausnutzung als Rentenquelle besitzender Einzelner oder Verbände oder die produktivgenossenschaftliche Beschaffung ging der Verwandlung in „stehendes Kapital" von Eigenbetrieben voran. Die B e n u t z e r der Anlagen nutzten ihrerseits teils haushaltsmäßig (Backöfen, auch Brauanlagen und Brennanlagen), teils erwerbswirtschaftlich.

4. Für die Seeschiffahrt der Vergangenheit war die Appropriation des Schiffes an eine Mehrheit von Besitzern (Schiffspartenbesitzern), die ihrerseits zunehmend von den nautischen Arbeitern getrennt waren, typisch. Daß die Seefahrt dann zu einer R i s i k o - Vergesellschaftung mit den Befrachtern führte, und daß Schiffsbesitzer, nautische Leiter und Mannschaft auch als Befrachter mitbeteiligt waren, schuf keine prinzipiell abweichenden A p p r o p r i a t i o n s verhältnisse, sondern nur Besonderheiten der Abrechnung und also der Erwerbschancen.

5. Daß a l l e Beschaffungsmittel: Anlagen (jeder Art) und Werkzeuge in e i n e r Hand appropriiert sind, wie es für die heutige Fabrik konstitutiv ist, war in der Vergangenheit die Ausnahme. Insbesondere ist das hellenisch-byzantinische Ergasterion (römisch: ergastulum) in seinem ö k o n o m i s c h e n Sinn durchaus vieldeutig, was von Historikern beharrlich verkannt wird. Es war eine „Werkstatt", welche 1. Bestandteil eines H a u s h a l t s sein konnte, in welcher a) Sklaven bestimmte Arbeiten für den E i g e n bedarf (z. B. der Gutswirtschaft) des Herrn verrichteten, oder aber b) Stätte eines „Nebenbetriebes" für den Absatz, auf Sklavenarbeit ruhend. Oder 2. die Werkstatt konnte als R e n t e n quelle Bestandteil des Besitzes eines Privatmanns oder Verbandes (Stadt — so die Ergasterien im Peiraieus) sein, welche gegen Entgelt v e r m i e t e t wurde an einzelne oder an Arbeitergenossenschaften. — Wenn also im Ergasterion (insbesondere im städtischen) gearbeitet wurde, so fragt es sich stets: wem gehörte das E. selbst? wem die sonstigen Beschaffungsmittel, die bei der Arbeit verwendet wurden? Arbeiteten freie Arbeiter darin? auf eigene Rechnung? Oder: Sklaven? e v e n t u e l l : wem gehörten die Sklaven, die darin arbeiteten? arbeiteten sie auf eigene Rechnung (gegen Apophora) oder auf Rechnung des Herrn? Jede Art der Antwort auf diese Fragen ergab ein qualitativ radikal verschiedenes wirtschaftliches Gebilde. In der Masse der Fälle scheint das Ergasterion — wie noch die byzantinischen und islamischen Stiftungen zeigen — als R e n t e n quelle gegolten zu haben, war also etwas g r u n d s ä t z l i c h anderes als jede „Fabrik" oder selbst deren Vorläufer, an ökonomischer Vieldeutigkeit am ehesten den verschiedenen „Mühlen"-Arten des Mittelalters vergleichbar.

6. Auch wo Werkstatt und Betriebsmittel e i n e m Besitzer appropriiert sind und er Arbeiter mietet, ist ökonomisch noch nicht jener Tatbestand erreicht, welchen wir üblicherweise h e u t e „Fabrik" nennen, solange 1. die mechanische Kraftquelle, 2. die Maschine, 3. die innere Arbeitsspezialisierung und Arbeitsverbindung nicht vorliegen. Die „Fabrik" ist heute eine Kategorie der kapitalistischen Wirtschaft. Es soll der Begriff auch hier nur im Sinn eines Betriebes gebraucht werden, der Gegenstand einer Unternehmung mit stehendem Kapital sein k a n n , welcher also die F o r m eines Werkstattbetriebes mit innerer Arbeitsteilung und Appropriation aller sachlichen Betriebsmittel, bei mechanisierter, also Motoren- und Maschinen- orientierter Arbeit besitzt. Die große, von Zeitdichtern besungene Werkstatt des „Jack of Newbury" (16. Jahrhundert), in welcher angeblich hunderte von Hand-Webstühlen standen, die sein Eigentum waren, an welchen selbständig, wie zu Hause, nebeneinander gearbeitet und die Rohstoffe für den Arbeiter vom Unternehmer gekauft wurden und allerhand „Wohlfahrtseinrichtungen" bestanden, entbehrte aller dieser Merkmale. Ein im Besitz eines Herren von (unfreien) Arbeitern befindliches ägyptisches, hellenistisches, byzantinisches, islamisches Ergasterion k o n n t e — solche Fälle finden sich unzweifelhaft — mit innerer Arbeitsspezialisierung und Arbeitsverbindung arbeiten. Aber schon der Umstand, daß a u c h in diesem Fall der Herr sich gelegentlich mit Apophora (von jedem Arbeiter, vom Vorarbeiter mit erhöhter Apophora) begnügte (wie die griechischen Quellen deutlich ergeben), muß davor warnen, es einer „Fabrik", ja selbst nur einem Werkstattbetriebe von der Art des „Jack of Newbury", ökonomisch gleichzusetzen. Die fürstlichen Manufakturen, so die kaiserlich chinesische Porzellanmanufaktur und die ihr nachgebildeten europäischen Werkstattbetriebe für höfische Luxusbedürfnisse, v o r a l l e m aber: für H e e r e s bedarf, stehen der „Fabrik" im üblichen Wortsinn am nächsten. Es kann niemand verwehrt werden, sie „Fabriken" zu n e n n e n . Erst recht nahe standen äußerlich der modernen Fabrik die russischen Werkstattbetriebe mit Leibeigenenarbeit. Der Appropriation der Beschaffungsmittel trat hier die Appropriation der Arbeiter hinzu. H i e r soll der Begriff „Fabrik" aus dem angegebenen Grunde n u r für Werkstattbetriebe mit 1. an B e s i t z e r voll appropriierten sachlichen Beschaffungsmitteln,

o h n e Appropriation der Arbeiter, — 2. mit innerer Leistungsspezialisierung, — 3. mit Verwendung mechanischer Kraftquellen und Maschinen, welche „Bedienung" erfordern, gebraucht werden. Alle anderen Arten von „Werkstattbetrieben" werden mit d i e s e m Namen und entsprechenden Zusätzen bezeichnet.

§ 21 (noch: II B 1, §§ 18, 19). 3. A p p r o p r i a t i o n d e r d i s p o n i e - r e n d e n L e i s t u n g e n. Sie ist typisch:

1. für alle Fälle der traditionalen H a u s h a l t s leitung:

a) zugunsten des Leiters (Familien- oder Sippenhaupt) selbst,

b) zugunsten seines für die Leitung des Haushalts bestimmten Verwaltungs-stabs (Dienstlehen der Hausbeamten).

Sie kommt vor:

2. für die E r w e r b s betriebe

a) im Falle völligen (oder annähernd völligen) Zusammenfalles von Leitung und Arbeit. Sie ist in diesem Fall typisch identisch mit der Appropriation der sachlichen Beschaffungsmittel an die Arbeiter (B, 2, a). Sie kann in diesem Fall sein:

α. unbeschränkte Appropriation, also vererblich und veräußerlich garantierte Appropriation an die einzelnen,

αα) mit, oder

ββ) ohne garantierte Kundschaft, oder

β. Appropriation an einen V e r b a n d, mit nur persönlicher oder material regulierter und also nur bedingter oder an Voraussetzungen geknüpfter Appropriation an die einzelnen, mit der gleichen Alternative;

b) bei Trennung der Erwerbsleitung und der Arbeit kommt sie vor als monopo-listische Appropriation von Unternehmungschancen in ihren verschiedenen mög-lichen Formen durch

α. genossenschaftliche — gildenmäßige — oder

β. von der politischen Gewalt verliehene Monopole.

3. Im Fall des Fehlens jeder formalen Appropriation der Leitung ist die Ap-propriation der Beschaffungsmittel — oder der für die Beschaffung der Kapitalgüter erforderlichen Kreditmittel — praktisch, bei Kapitalrechnungsbetrieben, identisch mit Appropriation der Verfügung über die leitenden Stellen an die betreffenden Besitzer. Diese Besitzer können diese Verfügung ausüben

a) durch Eigenbetrieb,

b) durch Auslese, (eventuell, bei mehreren Besitzern: Zusammenwirken bei der Auslese) des Betriebsleiters. —

Ein Kommentar erübrigt sich wohl bei diesen Selbstverständlichkeiten.

Jede Appropriation der sachlichen komplementären Beschaffungsmittel be-deutet natürlich praktisch normalerweise auch mindestens entscheidendes M i t-bestimmungsrecht auf die Auslese der Leitung und die (mindestens relative) Ex-propriation der Arbeiter von diesen. Aber nicht jede Expropriation der e i n z e l-n e n Arbeiter bedeutet Expropriation der Arbeiter ü b e r h a u p t, sofern ein Verband von Arbeitern, trotz formaler Expropriation in der Lage ist, material die Mitleitung oder Mitauslese der Leitung zu erzwingen.

§ 22. Die Expropriation des e i n z e l n e n Arbeiters vom Besitz der sachlichen Beschaffungsmittel ist rein t e c h n i s c h bedingt:

a) im Fall die Arbeits m i t t e l die simultane und sukzessive Bedienung durch zahlreiche Arbeiter bedingen,

b) bei K r a f t anlagen, welche nur bei simultaner Verwendung für zahlreiche einheitlich organisierte gleichartige Arbeitsprozesse rational auszunutzen sind,

c) wenn die technisch rationale Orientierung des Arbeitsprozesses nur in Ver-bindung mit komplementären Arbeitsprozessen unter gemeinsamer kontinuierlicher A u f s i c h t erfolgen kann,

d) wenn das Bedürfnis gesonderter fachmäßiger S c h u l u n g für die Leitung von zusammenhängenden Arbeitsprozessen besteht, welche ihrerseits nur bei Verwertung im großen rational voll auszunutzen ist,

e) durch die Möglichkeit straffer A r b e i t s d i s z i p l i n und dadurch Leistungs-k o n t r o l l e und dadurch gleichmäßiger P r o d u k t e im Fall der einheitlichen Verfügung über Arbeitsmittel und Rohstoffe.

Diese Momente würden aber die Appropriation an einen V e r b a n d von Arbeitern (Produktivgenossenschaft) offen lassen, also nur die Trennung des e i n-z e l n e n Arbeiters von den Beschaffungsmitteln bedeuten.

Die Expropriation der G e s a m t h e i t der Arbeiter (einschließlich der kauf-männisch und technisch geschulten Kräfte) vom Besitz der Beschaffungsmittel ist ökonomisch vor allem bedingt:

a) allgemein durch die u n t e r s o n s t g l e i c h e n U m s t ä n d e n größere Betriebsrationalität bei freier Disposition der Leitung über die Auslese und die Art der Verwendung der Arbeiter, gegenüber den durch Appropriation der Arbeitsstellen oder der Mitleitungsbefugnis entstehenden technisch irrationalen Hemmungen und ökonomischen Irrationalitäten, insbesondere: Hineinspielen von betriebsfremden Kleinhaushalts- und Nahrungs-Gesichtspunkten,

b) innerhalb der Verkehrswirtschaft durch überlegene Kreditwürdigkeit einer durch keine Eigenrechte der Arbeiter in der Verfügung beschränkten, sondern in uneingeschränkter Verfügungsgewalt über die sachlichen Kredit-(Pfand-)Unterlagen befindlichen Betriebsleitung durch geschäftlich geschulte und als „sicher" gel-tende, weil durch kontinuierliche Geschäftsführung bekannte, Unternehmer.

c) Geschichtlich entstand sie innerhalb einer sich seit dem 16. Jahrhundert durch extensive und intensive M a r k t e r w e i t e r u n g entwickelnden Wirt-schaft durch die absolute Ueberlegenheit und tatsächliche Unentbehrlichkeit der individuell marktorientiert disponierenden L e i t u n g einerseits, durch reine M a c h tkonstellationen andererseits.

Ueber diese allgemeinen Umstände hinaus wirkt die an Marktchancen orientierte Unternehmung aber im Sinn jener Expropriation:

a) durch Prämiierung der rational technisch nur bei Vollappropriation an Besitzer möglichen K a p i t a l r e c h n u n g gegenüber jeder rechnungsmäßig minder rationalen Wirtschaftsgebarung,

b) durch Prämiierung der rein händlerischen Qualitäten der Leitung gegenüber den technischen, und der Festhaltung des technischen und kommerziellen Geheimwissens,

c) durch die Begünstigung spekulativer Betriebsführung, welche jene Expro-priation voraussetzt. Diese wird letztlich ohne Rücksicht auf den G r a d ihrer technischen Rationalität ermöglicht:

d) durch die Ueberlegenheit, welche

α. auf dem Arbeitsmarkt, jede Besitzversorgtheit als solche, gegenüber den Tauschpartnern (Arbeitern),

β. auf dem Gütermarkt die mit Kapitalrechnung, Kapitalgüterausstattung und Erwerbskredit arbeitende Erwerbswirtschaft über jeden minder rational rechnenden oder minder ausgestatteten und kreditwürdigen Tauschkonkurrenten besitzt. — Daß das Höchstmaß von f o r m a l e r Rationalität der K a p i t a l r e c h-n u n g nur bei Unterwerfung der Arbeiter unter die Herrschaft von Unter-nehmern möglich ist, ist eine weitere spezifische m a t e r i a l e Irrationalität der Wirtschaftsordnung.

Endlich

e) ist die D i s z i p l i n bei freier Arbeit und Vollappropriation der Beschaf-fungsmittel optimal.

§ 23. Die Expropriation a l l e r Arbeiter von den Beschaffungsmitteln k a n n praktisch bedeuten:

1. Leitung durch den Verwaltungsstab eines Verbandes: auch (und gerade) jede r a t i o n a l sozialistische Einheitswirtschaft würde die Expropriation aller Arbeiter beibehalten und nur durch die Expropriation der privaten Besitzer vervollständigen; —

2. Leitung kraft Appropriation der Beschaffungsmittel an Besitzer durch diese o d e r ihre Designatäre.

Die Appropriation der Verfügung über die Person des Leitenden an Besitzinteressenten kann bedeuten:

a) Leitung durch einen (oder mehrere) Unternehmer, die z u g l e i c h die Besitzer sind: unmittelbare Appropriation der Unternehmerstellung. Sie schließt aber nicht aus, daß tatsächlich die Verfügung über die Art der Leitung kraft K r e d i t - m a c h t oder F i n a n z i e r u n g (s. später!) weitgehend in den Händen betriebsfremder Erwerbsinteressenten (z. B. kreditgebender Banken) oder F i n a n z e n liegt;

b) Trennung von Unternehmerleistung und appropriiertem Besitz, insbesondere durch Beschränkung der Besitzinteressenten auf die Designierung des Unternehmers und anteilsmäßige freie (veräußerliche) Appropriation des Besitzes nach Anteilen des Rechnungskapitals (Aktien, Kuxe). Dieser Zustand (der durch Uebergänge aller Art mit der rein persönlichen Appropriation verbunden ist) ist f o r m a l rational in dem Sinn, als er, — im Gegensatz zur dauernden und erblichen Appropriation der Leitung selbst an den zufällig ererbten Besitz, — die A u s l e s e des (vom Rentabilitätsstandpunkt aus) qualifizierten Leiters gestattet. Aber praktisch kann dies verschiedenerlei bedeuten:

α. die Verfügung über die Unternehmerstellung liegt kraft Besitzappropriation in den Händen von betriebsfremden V e r m ö g e n s interessenten: Anteilsbesitzern, die vor allem: hohe R e n t e suchen,

β. die Verfügung über die Unternehmerstellung liegt kraft temporären Markterwerbs in den Händen von betriebsfremden S p e k u l a t i o n s interessenten (Aktienbesitzern, die nur Gewinn durch V e r ä u ß e r u n g suchen),

γ. die Verfügung über die Unternehmerstellung liegt kraft Markt- oder Kreditmacht in den Händen von betriebsfremden E r w e r b s interessenten (Banken oder Einzelinteressenten, — z. B. den „Finanzen" — welche ihren, oft dem E i n z e l betrieb fremden, Erwerbsinteressen nachgehen).

„Betriebsfremd" heißen hier diejenigen Interessenten, welche nicht primär an nachhaltiger Dauer-R e n t a b i l i t ä t des Unternehmens orientiert sind. Dies kann bei jeder Art von Vermögensinteresse eintreten. In spezifisch hohem Maß aber bei Interessenten, welche die Verfügung über ihren Besitz an Anlagen und Kapitalgütern oder eines Anteils daran (Aktie, Kux) nicht als dauernde Vermögensanlage, sondern als Mittel: einen rein aktuell spekulativen Erwerbsgewinn daraus zu ziehen, verwenden. Am relativ leichtesten sind reine R e n t e n interessen (α) mit den sachlichen Betriebsinteressen (das heißt h i e r: an aktueller und Dauer-Rentabilität) auszugleichen.

Das Hineinspielen jener „betriebsfremden" Interessen in die Art der Verfügung über die leitenden Stellen, gerade im Höchstfall der f o r m a l e n Rationalität ihrer Auslese, ist eine weitere spezifische m a t e r i a l e Irrationalität der modernen Wirtschaftsordnung (denn es können sowohl ganz individuelle Vermögensinteressen wie: an ganz andern, mit dem Betrieb in keinerlei Verbindung stehenden, Zielen orientierte Erwerbsinteressen, wie endlich: reine Spiel-Interessen sich der appropriierten Besitzanteile bemächtigen und über die Person des Leiters und — vor allem — die ihm oktroyierte Art der Betriebsführung entscheiden). Die Beeinflussung der Marktchancen, vor allem der Kapitalgüter und damit der Orientierung der erwerbsmäßigen Güterbeschaffung durch betriebsfremde, rein s p e k u l a t i v e Interessen ist e i n e der Quellen der als „Krisen" bekannten Erscheinungen der modernen Verkehrswirtschaft (was hier nicht weiter zu verfolgen ist).

§ 24. B e r u f soll jene Spezifizierung, Spezialisierung und Kombination von Leistungen einer Person heißen, welche für sie Grundlage einer kontinuierlichen Versorgungs- oder Erwerbschance ist. Die Berufsverteilung kann

1. durch heteronome Zuteilung von Leistungen und Zuwendung von Versorgungsmitteln innerhalb eines wirtschaftsregulierenden Verbandes (unfreie Berufsteilung), oder durch autonome Orientierung an Marktlagen für Berufsleistungen (freie Berufsteilung) geschehen, —

2. auf Leistungsspezifikation oder auf Leistungsspezialisierung beruhen, —

3. wirtschaftlich autokephale oder heterokephale Verwertung der Berufsleistungen durch ihren Träger bedeuten.

Typische Berufe und typische Arten von Einkommens-Erwerbschancen stehen im Zusammenhang miteinander, wie bei Besprechung der „ständischen" und „Klassenlagen" zu erörtern sein wird.

Ueber „Berufsstände" und Klassen im allgemeinen s. Kap. IV.

1. Unfreie Berufsteilung: leiturgisch oder oikenmäßig durch Zwangsrekrutierung der einem Beruf Zugewiesenen innerhalb eines fürstlichen, staatlichen, fronherrlichen, kommunalen Verbandes. — Freie Berufsteilung: kraft erfolgreichen Angebots von Berufsleistungen auf dem Arbeitsmarkt oder erfolgreicher Bewerbung um freie „Stellungen".

2. Leistungsspezifikation, wie schon § 16 bemerkt: die Berufsteilung des Gewerbes im Mittelalter, Leistungsspezialisierung: die Berufsteilung in den modernen rationalen Betrieben. Die Berufsteilung in der V e r k e h r s w i r t s c h a f t ist, methodisch angesehen, sehr vielfach technisch irrationale Leistungsspezifikation und nicht rationale Leistungsspezialisierung schon deshalb, weil sie an Absatzchancen und deshalb an Käufer-, also Verbraucher-Interessen orientiert ist, welche das Ensemble der von einem und demselben Betrieb angebotenen Leistungen abweichend von der Leistungsspezialisierung determinieren und zu Leistungsverbindungen methodisch irrationaler Art nötigen.

3. Autokephale Berufsspezialisierung: Einzelbetrieb (eines Handwerkers, Arztes Rechtsanwalts, Künstlers). Heterokephale Berufsspezialisierung: Fabrikarbeiter, Beamter.

Die Berufsgliederung gegebener Menschengruppen ist verschieden:

a) je nach dem Maß der Entwicklung von typischen und stabilen Berufen überhaupt. Entscheidend dafür ist namentlich

α. die Bedarfsentwicklung,

β. die Entwicklung der (vor allem:) gewerblichen Technik.

γ. die Entwicklung entweder

αα) von Großhaushalten: — für unfreie Berufsverteilung, oder

ββ) von Marktchancen: — für freie Berufsverteilung,

b) je nach dem Grade und der Art der berufsmäßigen Spezifikation oder der Spezialisierung der W i r t s c h a f t e n.

Entscheidend dafür ist vor allem

α. die durch Kaufkraft bestimmte Marktlage für die Leistungen spezialisierter Wirtschaften,

β. die Art der Verteilung der Verfügung über Kapitalgüter;

c) je nach dem Maße und der Art der Berufskontinuität oder des Berufswechsels. Für diesen letztgenannten Umstand sind entscheidend vor allem

α. das Maß von Schulung, welches die spezialisierten Leistungen voraussetzen,

β. das Maß von Stabilität oder Wechsel der Erwerbschancen, welches abhängig ist von dem Maß der Stabilität einerseits der Einkommensverteilung und von deren Art, andererseits von der Technik.

Für a l l e Gestaltungen der Berufe ist schließlich wichtig: die s t ä n d i s c h e Gliederung mit den s t ä n d i s c h e n Chancen und Erziehungsformen, welche sie für bestimmte Arten gelernter Berufe schafft.

Zum Gegenstand selbständiger und stabiler Berufe werden nur Leistungen, welche ein Mindestmaß von Schulung voraussetzen und für welche kontinuierliche Erwerbschancen bestehen. Berufe können traditional (erblich) überkommen oder aus zweckrationalen (insbesondere: Erwerbs-)Erwägungen gewählt oder charismatisch eingegeben oder affektuell, insbesondere aus ständischen („Ansehens")-Interessen ausgeübt werden. Die i n d i v i d u e l l e n Berufe waren primär durchaus charismatischen (magischen) Charakters, der gesamte Rest der Berufsgliederung — soweit Ansätze einer solchen überhaupt bestanden — traditional bestimmt. Die nicht spezifisch persönlichen charismatischen Qualitäten wurden entweder Gegenstand von traditionaler

Anschulung in geschlossenen Verbänden oder erblicher Tradition. Individuelle Berufe nicht streng charismatischen Charakters schufen zunächst — leiturgisch — die großen Haushaltungen der Fürsten und Grundherren, dann — verkehrswirtschaftlich — die Städte. Daneben aber stets: die im Anschluß an die magische oder rituelle oder klerikale Berufsschulung entstehenden l i t e r a r i s c h e n und als vornehm geltenden ständischen Erziehungsformen.

Berufsmäßige Spezialisierung bedeutet nach dem früher Gesagten n i c h t notwendig: k o n t i n u i e r l i c h e Leistungen e n t w e d e r 1. leiturgisch für einen Verband (z. B. einen fürstlichen Haushalt oder eine Fabrik) oder 2. für einen völlig freien „Markt". Es ist vielmehr möglich und h ä u f i g:

1. daß besitzlose berufsspezialisierte A r b e i t e r je nach Bedarf nur als G e l e g e n h e i t s arbeitskräfte verwendet werden, von einem relativ gleichbleibenden Kreis

    a) von haushaltmäßigen Kunden (Konsumenten) oder

    b) von Arbeitgeber k u n d e n (Erwerbswirtschaften).

Zu a) In H a u s h a l t u n g e n: dahin gehört

α. bei Expropriation mindestens: der R o h s t o f f beschaffung, also: der Verfügung über das Erzeugnis, vom Arbeiter:

I. Die „S t ö r"

αα) als reiner Wanderbetrieb,

ββ) als seßhafte, aber in einem örtlichen Kreis von H a u s h a l t u n g e n ambulante Arbeit;

II. das „L o h n w e r k": seßhafte Arbeit, in eigener Werkstatt (bzw. Haushalt) für einen H a u s h a l t arbeitend.

In allen Fällen liefert der H a u s h a l t den Rohstoff; dagegen pflegen die Werkzeuge dem Arbeiter appropriiert zu sein (Sensen den Schnittern, Nähwerkzeug der Näherin, alle Arten von Werkzeugen den Handwerkern).

Das Verhältnis bedeutet in den Fällen Nr. I den temporären Eintritt in den Haushalt eines K o n s u m e n t e n.

Dem gegenüber ist von K. B ü c h e r der Fall der vollen Appropriation aller Beschaffungsmittel an den Arbeiter als „P r e i s w e r k" bezeichnet worden.

Zu b) Gelegenheitsarbeit berufsspezialisierter Arbeiter für E r w e r b s w i r t s c h a f t e n:

bei Expropriation mindestens der Rohstoffbeschaffung, also: der Verfügung über das Erzeugnis, vom Arbeiter:

I. Wanderarbeit in wechselnden Betrieben von Arbeitgebern,

II. gelegentliche oder Saison-Heimarbeit für einen Arbeitgeber in eigener Haushaltung.

Beispiel zu I: Sachsengänger,

Zu II: jede gelegentlich ergänzend zur Werkstattarbeit tretende Heimarbeit.

2. Das Gleiche bei Wirtschaften mit appropriierten Beschaffungsmitteln:

α. Bei Kapitalrechnung und p a r t i e l l e r, insbesondere: auf die Anlagen beschränkter Appropriation der Beschaffungsmittel an Besitzer; Lohnwerkstattbetriebe (Lohnfabriken) und vor allem: v e r l e g t e Fabriken — erstere seit langem, letztere neuerdings häufig vorkommend.

β. Bei voller Appropriation der Beschaffungsmittel an Arbeiter

a) kleinbetrieblich, ohne Kapitalrechnung:

αα) für Haushaltungen: Kunden p r e i s w e r k e r

ββ) für Erwerbsbetriebe: Hausindustrie o h n e Expropriation der Beschaffungsmittel, also formal ungebundene aber tatsächlich an einen monopolistischen K r e i s von Abnehmern absetzende Erwerbsbetriebe,

b) großbetrieblich mit Kapitalrechnung: Beschaffung für einen festen Abnehmerkreis: — Folge (regelmäßig, aber nicht: nur) von kartellmäßigen Absatzregulierungen.

Es ist schließlich noch festzustellen: daß w e d e r

a) jeder Erwerbsakt Bestandteil eines b e r u f s m ä ß i g e n Erwerbens ist, — n o c h

b) alle noch so häufigen Erwerbsakte begriffsnotwendig irgendeiner kontinuierlichen g l e i c h sinnigen S p e z i a l i s i e r u n g zugehören.

Zu a: Es gibt G e l e g e n h e i t s erwerb;

α. der Ueberschüsse des Hausfleißes abtauschenden Hauswirtschaft. Ebenso zahlreiche ihnen entsprechende großhaushaltungsmäßige, namentlich grundherrliche, Gelegenheits-Erwerbsabtausche. Von da führt eine k o n t i n u i e r l i c h e Reihe von möglichen „Gelegenheitserwerbsakten" bis:

β. zur Gelegenheitss p e k u l a t i o n eines Rentners, dem Gelegenheits a b d r u c k eines Artikels, Gedichtes usw. eines Privaten und ähnlichen modernen Vorfällen. — Von da wieder bis zum „Nebenberuf".

Zu b: Es ist ferner zu erinnern: daß es auch vollkommen wechselnde und in ihrer Art absolut unstete, zwischen a l l e n Arten von Gelegenheitserwerb und zwar eventuell auch zwischen normalen Erwerbsakten und Bettel, Raub, Diebstahl wechselnde Formen der Existenzfristung gibt.

Eine S o n d e r stellung nehmen ein

a) rein karitativer Erwerb,

b) n i c h t karitativer Anstaltsunterhalt (insbesondere: strafweiser),

c) geordneter G e w a l t erwerb:

d) ordnungsfremder (krimineller) Erwerb durch Gewalt oder List. Die Rolle von b und d bietet wenig Interesse. Die Rolle von a war für die hierokratischen Verbände (Bettelmönchtum), die Rolle von c für die politischen Verbände (Kriegsbeute) und in beiden Fällen für dies Wirtschaften oft ganz ungeheuer groß. Die „Wirtschafts f r e m d h e i t" ist in diesen beiden Fällen das Spezifische. Deshalb ist eine nähere Klassifikation h i e r nicht am Platz.' Die Formen werden anderwärts zu entwickeln sein. Aus teilweise (aber nur teilweise) ähnlichen Gründen ist der B e a m t e n erwerb (einschließlich des Offiziererwerbes, der dazu gehört) unten (§ 39) nur zwecks „systematische Ortsbezeichnung" als Unterart des Arbeitserwerbes g e n a n n t, ohne vorerst näher kasuistisch erörtert zu sein. Denn dazu gehört die Erörterung der A r t d e r H e r r s c h a f t s beziehung, in welcher diese Kategorien stehen.

§ 24 a. Die Kasuistik der technischen, betriebsmäßigen Appropriations- und Marktbeziehungen ist also nach den von § 15 angefangen bis hier entwickelten theoretischen Schemata eine höchst vielseitige.

Tatsächlich spielen von den zahlreichen Möglichkeiten nur einige eine b e h e r r s c h e n d e Rolle.

1. Auf dem Gebiet des landwirtschaftlichen Bodens:

a) ambulanter, d. h. nach Ausnutzung des Bodens den Standort wechselnder Ackerbau: Hauswirtschaft mit Appropriation des Bodens an den Stamm und — zeitweilig oder dauernd — der Nutzung an Nachbarschaftsverbände mit nur zeitweiser Appropriation der Bodennutzung an Haushaltungen.

Die Größe der Haushaltsverbände ist regelmäßig entweder

α. große Hauskommunion, oder

β. organisierte Sippenwirtschaft, oder

γ. Großfamilienhaushalt, oder

δ. Kleinfamilienhaushalt.

„Ambulant" ist der Ackerbau regelmäßig nur in bezug auf den bebauten Boden, weit seltener und in größeren Perioden: für Hofstätten.

b) Seßhafter Ackerbau: mark- und dorf-genossenschaftliche Regulierung der Nutzungsrechte an Aeckern, Wiesen, Weiden, Holzungen, Wasser mit (normalerweise) Kleinfamilienhaushaltungen. Appropriation von Hofgütern und Gärten an Kleinfamilien; Acker, (meist) Wiesen, Weiden an den Dorfverband; Holzungen an größere Markgemeinschaften. Bodenumteilungen sind dem Recht nach ursprünglich möglich, aber nicht systematisch organisiert und daher meist obsolet. Die Wirtschaft ist meist durch Dorfordnung reguliert (primäre Dorfwirtschaft).

Die Sippengemeinschaft als Wirtschaftsgemeinschaft besteht nur ausnahmsweise (China), und dann in rationalisierter Verbandsform (Sippenvergesellschaftung).

c) Grundherrschaft und Leibherrschaft mit grundherrlichem Fronhof und gebundenen Naturalgüter- und Arbeits-Leistungen der abhängigen Bauernbetriebe. Gebundene Appropriation: des Bodenbesitzes und der Arbeiter an den Herren, der Bodennutzung und der Rechte auf die Arbeitsstellen an die Bauern (einfacher grundherrlicher Naturalleistungsverband).

d) α. Grundherrschaftliches oder β. fiskalisches Bodenmonopol mit Solidarhaft der Bauerngemeindeverbände für fiskalische Lasten. Daher: Feldgemeinschaft und systematisierte regelmäßige Neuverteilung des Bodens: oktroyierte dauernde Appropriation des Bodens als Korrelat der Lasten an den Bauern gemeinde verband, nicht an die Haushaltungen, an diese nur zeitweise und vorbehaltlich der Neuumteilung zur Nutzung. Regulierung der Wirtschaft durch Ordnungen des Grundherrn oder politischen Herrn (grundherrliche oder fiskalische Feldgemeinschaft).

e) Freie Grundherrschaft mit haushaltsmäßiger Nutzung der abhängigen Bauernstellen als Rentenquelle. Also: Appropriation des Bodens an den Grundherren, aber:

α. Kolonen, oder

β. Teilpacht- oder

γ. Geldzinsbauern

als Träger der Wirtschaftsbetriebe.

f) Plantagenwirtschaft: freie Appropriation des Bodens und der Arbeiter (als Kaufsklaven) an den Herren als Erwerbs mittel in einem kapitalistischen Betrieb mit unfreier Arbeit.

g) Gutswirtschaft: Appropriation des Bodens

α. an Bodenrentenbesitzer, Verleihung an Großpächterwirtschaften. Oder

β. an die Bewirtschafter als Erwerbsmittel. Beidemal mit freien Arbeitern, in

a) eigenen oder

b) vom Herrn gestellten Haushaltungen, in beiden Fällen

α. mit landwirtschaftlicher Erzeugung oder — Grenzfall — β. ohne alle eigene Gütererzeugung.

h) Fehlen der Grundherrschaft: bäuerliche Wirtschaft mit Appropriation des Bodens an die Bewirtschafter (Bauern). Die Appropriation kann praktisch bedeuten:

α. daß tatsächlich vorwiegend nur erblich erworbener Boden oder

β. umgekehrt, daß Parzellenumsatz besteht,

ersteres bei Einzelhofsiedelung und Großbauernstellen, letzteres bei Dorfsiedelung und Kleinbauernstellen typisch.

Normale Bedingung ist für den Fall e γ ebenso wie für den Fall h, β die Existenz ausreichender lokaler Marktchancen für bäuerliche Bodenprodukte.

2. Auf dem Gebiet des Gewerbes und Transports (einschließlich des Bergbaues) und Handels:

a) Hausgewerbe, primär als Mittel des Gelegenheitstausches, sekundär als Erwerbsmittel mit

α. interethnischer Leistungsspezialisierung (Stammesgewerbe). Daraus erwachsen:

6*

β. Kastengewerbe.

In beiden Fällen primär: Appropriation der Rohstoffquellen und also der Rohstofferzeugung; Kauf der Rohstoffe oder Lohngewerbe erst sekundär. Im ersten Fall oft: Fehlen formaler Appropriation. Daneben, und im zweiten Fall stets: erbliche Appropriation der leistungs s p e z i f i z i e r t e n Erwerbschancen an Sippen- oder Hausverbände.

b) G e b u n d e n e s K u n d e n g e w e r b e : Leistungs s p e z i f i k a t i o n für einen K o n s u m e n t e n - Verband:

α. einen herrschaftlichen (oikenmäßig, grundherrlich) —

β. einen genossenschaftlichen (demiurgisch).

Kein Markterwerb. Im Fall α haushaltsmäßige Leistungsverbindung, zuweilen Werkstattarbeit im Ergasterion des Herren. Im Fall β erbliche (zuweilen: veräußerliche) Appropriation der Arbeitsstellen, Leistung für appropriierte (Konsumenten-)Kundschaft — kärgliche Fortentwicklungen:

I. Erster Sonderfall: Appropriierte (f o r m a l u n f r e i e) leistungsspezifizierte Träger des Gewerbes

α. als Rentenquelle der Herren, dabei aber als, trotz der formalen Unfreiheit, m a t e r i a l f r e i e (meist) Kundenproduzenten (Rentensklaven),

β. als unfreie Hausgewerbetreibende für Erwerbszwecke,

γ. als Werkstatt-Arbeiter in einem Ergasterion des Herren für Erwerbszwecke (unfreie Hausindustrie).

II. Zweiter Sonderfall: l e i t u r g i s c h e Leistungsspezifikation für fiskalische Zwecke: Typus dem Kastengewerbe (a, β) gleichartig.

Entsprechend auf dem Gebiet des Bergbaues:

fürstlicher oder grundherrlicher Betrieb mit Unfreien: Sklaven oder Hörigen.

Entsprechend auf dem Gebiet des Binnentransports:

a) grundherrliche Appropriation der Transportanlagen als R e n t e n quelle: Umlegung demiurgischer Leistungen auf die dafür bestimmten Kleinbauernstellen. Genossenschaftlich regulierte Kleinhändlerkarawanen. Die Ware war ihnen appropriiert.

Auf dem Gebiet des Seetransports:

a) oikenmäßiger oder grundherrlicher oder patrizischer Schiffsbesitz mit Eigenhandel des Herren;

b) genossenschaftlicher Schiffsbau und Schiffsbesitz, Schiffsführer und Mannschaft als Eigenhändler beteiligt, i n t e r l o k a l reisende Kleinhändler neben ihnen als Befrachter, Risikovergesellschaftung aller Interessenten, streng regulierte Schiffskarawanen. In allen Fällen war dabei „Handel" mit i n t e r l o k a l e m Handel, also T r a n s p o r t , noch identisch.

c) F r e i e s G e w e r b e :

F r e i e Kundenproduktion als

a) Stör, oder

b) Lohnwerk

bei Appropriation der Rohstoffe an den Kunden (Konsumenten), der Arbeitswerkzeuge an den Arbeiter, der etwaigen Anlagen an Herren (als Rentenquelle) oder Verbände (zur Reihum-Benutzung), oder

c) „Preiswerk", mit Appropriation der Rohstoffe und Arbeitswerkzeuge, damit auch: der Leitung, an Arbeiter, etwaiger Anlagen (meist) an einen Arbeiterverband (Zunft).

In allen diesen Fällen typisch: Erwerbs r e g u l i e r u n g durch die Z u n f t .

Im Bergbau: Appropriation des Vorkommens an politische oder Grundherren als Rentenquelle; Appropriation des Abbaurechts an einen Arbeiterverband; zünftige Regelung des Abbaus als Pflicht gegen den Bergherren als Renteninteressenten und gegen die Berggemeinde als jenem solidarisch haftend und am Ertrag interessiert. —

Auf dem Gebiet des Binnen-Transports: Schiffer- und Frachtfahrer-Zünfte mit festen Reihefahrten und Regulierung ihrer Erwerbschancen.

Auf dem Gebiet der Seeschiffahrt: Schiffspartenbesitz, Schiffskarawanen, reisende Kommendahändler.

Entwicklung zum Kapitalismus:

α. tatsächliche Monopolisierung der G e l d betriebsmittel durch Unternehmer als Mittel der Bevorschussung der Arbeiter. Damit Leitung der Güterbeschaffung kraft Beschaffungskredits und Verfügung über das Produkt trotz formal fortbestehender Appropriation der Erwerbsmittel an die Arbeiter (so im Gewerbe und Bergbau).

β. Appropriation des Absatz r e c h t e s von Produkten auf Grund vorangegangener tatsächlicher Monopolisierung der Marktkenntnis und damit der Marktchancen und Geldbetriebsmittel kraft oktroyierter monopolistischer (Gilden)-Verbandsordnung oder Privilegs der politischen Gewalt (als Rentenquelle oder gegen Darlehen).

γ. Innere Disziplinierung der hausindustriell abhängigen Arbeiter: Lieferung der Rohstoffe und Apparate durch den Unternehmer.

Sonderfall: Rationale monopolistische Organisation von Hausindustrien auf Grund von Privilegien im Finanz- und populationistischen (Erwerbsversorgungs)Interesse. Oktroyierte Regulierung der Arbeitsbedingungen mit Erwerbskonzessionierung.

δ. Schaffung von Werkstattbetrieben ohne rationale Arbeitsspezialisierung im Betriebe bei Appropriation sämtlicher sachlicher Beschaffungsmittel durch den Unternehmer. Im Bergbau: Appropriation der Vorkommen, Stollen und Apparate durch Besitzer. Im Transportwesen: Reedereibetrieb durch Großbesitzer. Folge überall: Expropriation der Arbeiter von den Beschaffungsmitteln.

ε. Als letzter Schritt zur kapitalistischen Umwandlung der B e s c h a f f u n g s betriebe: Mechanisierung der Produktion und des Transports. Kapitalrechnung. Alle s a c h l i c h e n Beschaffungsmittel werden („stehendes" oder B e t r i e b s)-K a p i t a l. Alle Arbeitskräfte: „Hände". Durch Verwandlung der Unternehmungen in Vergesellschaftungen von Wertpapierbesitzern wird auch der L e i t e r expropriiert und formal zum „Beamten", der Besitzer material zum Vertrauensmann der Kreditgeber (B a n k e n).

Von diesen verschiedenen T y p e n ist

1. auf dem Gebiet der Landwirtschaft der Typus a überall, aber in der Form α (Hauskommunion und Sippenwirtschaft) in Europa nur stellenweise, dagegen in Ostasien (China) typisch vertreten gewesen, — der Typus b (Dorf- und Markgemeinschaft) in Europa und Indien heimisch gewesen, — der Typus c (gebundene Grundherrschaft) überall heimisch gewesen und im Orient teilweise noch jetzt heimisch, — der Typus d in den Formen α und β (G r u n d herrschaft und Fiskalherrschaft mit systematischer Feldumteilung der Bauern) in mehr g r u n d herrlicher Form russisch und (in abweichendem Sinn: Boden r e n t e n umteilung) indisch, in mehr fiskalischer Form ostasiatisch und vorderasiatisch-ägyptisch gewesen. Der Typus e (freie Renten-Grundherrschaft mit Kleinpächtern) ist typisch in Irland, kommt in Italien und Südfrankreich, ebenso in China und im antikhellenistischen Orient vor. Der Typus f (Plantage mit unfreier Arbeit) gehörte der karthagisch-römischen Antike, den Kolonialgebieten und den Südstaaten der amerikanischen Union an, der Typus g (Gutswirtschaft) in der Form α (Trennung von Bodenbesitz und Betrieb) England, in der Form β (Betrieb des Bodenbesitzers) dem östlichen Deutschland, Teilen von Oesterreich, Polen, Westrußland, der Typus h (bäuerliche Besitzer-Wirtschaft) ist in Frankreich, Süd- und Westdeutschland, Teilen Italiens, Skandinavien, ferner (mit Einschränkungen) in Südwestrußland und besonders im modernen China und Indien (mit Modifikationen) heimisch.

Diese starken Verschiedenheiten der (e n d g ü l t i g e n) Agrarverfassung sind nur zum Teil auf ökonomische Gründe (Gegensatz der Waldrodungs- und der Bewässerungskultur), zum andern auf historische Schicksale, insbesondere die Form der öffentlichen Lasten und der Wehrverfassung, zurückzuführen.

2. Auf dem Gebiet des Gewerbes — die Transport- und Bergverfassung ist noch nicht universell genug geklärt — ist

a) der Typus a, α (Stammesgewerbe) überall verbreitet gewesen.

b) Der Typus a, β (Kastengewerbe) hat n u r in Indien universelle Verbreitung erlangt, sonst nur für deklassierte („unreine") Gewerbe.

c) Der Typus b, α (oikenmäßige Gewerbe) hat in allen Fürstenhaushalten der Vergangenheit, am stärksten in Aegypten, geherrscht, daneben in den Grundherrschaften der ganzen Welt, in der Form b, β (demiurgische Gewerbe) ist er vereinzelt überall (auch im Okzident), als Typus aber nur in Indien, verbreitet gewesen. Der Sonderfall I (Leibherrschaft als Rentenquelle) herrschte in der Antike, der Sonderfall II (leiturgische Leistungsspezifikation) in Aegypten, dem Hellenismus, der römischen Spätantike und zeitweise in China und Indien.

d) Der Typus c findet seine klassische Stätte als herrschender Typus im okzidentalen Mittelalter und n u r dort, obwohl er überall vorkam und insbesondere die Z u n f t universell (namentlich: in China und Vorderasien) verbreitet war, — freilich gerade in der „klassischen" Wirtschaft der Antike völlig f e h l t e. In Indien bestand statt der Zunft die Kaste.

e) Die Stadien der kapitalistischen Entwicklung fanden beim Gewerbe außerhalb des Okzidents n u r bis zum Typus β universelle Verbreitung. Dieser Unterschied ist n i c h t a u s s c h l i e ß l i c h durch rein ökonomische Gründe zu erklären.

§ 25. I. Zur Erreichung von r e c h n u n g s m ä ß i g e n Leistungsoptima der a u s f ü h r e n d e n Arbeit (im allgemeinsten Sinn) gehört a u ß e r h a l b des Gebiets der drei typisch kommunistischen Verbände, bei welchen a u ß e r ökonomische Motive mitspielen:

1. Optimum der Angepaßtheit an die Leistung,
2. Optimum der Arbeits ü b u n g ,
3. Optimum der Arbeits n e i g u n g.

Zu 1. Angepaßtheit (gleichviel inwieweit durch Erbgut oder Erziehungs- und Umwelteinflüsse bedingt) kann nur durch P r o b e festgestellt werden. Sie ist in der Verkehrswirtschaft bei Erwerbsbetrieben in Form der „Anlerne"-Probe üblich. Rational will sie das Taylor-System durchführen.

Zu 2. Arbeitsübung ist im Optimum nur durch rationale und kontinuierliche Spezialisierung erreichbar. Sie ist heute nur wesentlich empirisch, unter Kostenersparnis-Gesichtspunkten (im Rentabilitätsinteresse und durch dieses begrenzt) vorgenommene Leistungsspezialisierung. Rationale (physiologische) Spezialisierung liegt in den Anfängen (Taylor-System).

Zu 3 Die Bereitwilligkeit zur Arbeit kann ganz ebenso orientiert sein wie jedes andere Handeln (s. Kap. I, § 2). Arbeitswilligkeit (im spezifischen Sinn der A u s f ü h r u n g von eigenen Dispositionen oder von solchen anderer Leitender) ist aber stets entweder durch starkes e i g e n e s Interesse am Erfolg oder durch unmittelbaren oder mittelbaren Z w a n g bedingt gewesen; in besonders hohem Maß Arbeit im Sinn der Ausführung der Disposition a n d e r e r. Der Zwang kann bestehen entweder

1. in unmittelbarer Androhung von physischer Gewaltsamkeit oder anderen Nachteilen, oder

2. in der Chance der Erwerbslosigkeit im Falle ungenügender Leistung.

Da die zweite Form, welche der Verkehrswirtschaft wesentlich ist, ungleich stärker an das Eigeninteresse sich wendet und die Freiheit der Auslese nach der Leistung (in Maß und Art) erzwingt (natürlich: unter Rentabilitätsgesichtspunkten), wirkt sie formal rationaler (im Sinn des technischen Optimums als jeder unmittelbare Arbeitszwang. Vorbedingung ist die Expropriation der Arbeiter von den Beschaffungsmitteln und ihre Verweisung auf Bewerbung um Arbeitslohnverdienstchancen, also: gewaltsamer Schutz der Appropriation der Beschaffungsmittel an Besitzer. Gegenüber dem unmittelbaren Arbeitszwang ist damit außer der Sorge für die Reproduktion (Familie) auch ein Teil der Sorge um die Auslese (nach der Art der Eignung) auf die Arbeitsuchenden selbst abgewälzt. Außerdem ist der Kapitalbedarf und das Kapitalrisiko gegenüber der Verwertung unfreier Arbeit beschränkt und kalkulierbar gemacht, endlich — durch massenhaften Geldlohn — der Markt für Massengüter verbreitert. Die p o s i t i v e Arbeitsneigung ist nicht dergestalt obstruiert, wie — unter sonst gleichen Verhältnissen — bei unfreier Arbeit, freilich besonders bei weitgehender technischer Spezialisierung auf einfache (taylorisierte) monotone Verrichtungen auf die rein materiellen Lohnchancen beschränkt. Diese enthalten n u r bei Lohn nach der Leistung (Akkordlohn) einen Anreiz zu deren Erhöhung. — Akkordlohnchancen und Kündigungsgefahr bedingen in der kapitalistischen Erwerbsordnung p r i m ä r die Arbeitswilligkeit.

Unter der Bedingung der freien, von den Beschaffungsmitteln getrennten, Arbeit gilt im übrigen folgendes:

1. Die Chancen a f f e k t u e l l e r Arbeitswilligkeit sind — unter sonst gleichen Umständen — bei Leistungs s p e z i f i k a t i o n größer als bei Leistungsspezialisierung, weil der individuelle Leistungs e r f o l g dem Arbeitenden sichtbarer vor Augen liegt. Demnächst, naturgemäß, bei allen Qualitäts l e i s t u n g e n.

2. T r a d i t i o n a l e Arbeitswilligkeit, wie sie namentlich innerhalb der Landwirtschaft und der Hausindustrie (unter a l l g e m e i n traditionalen Lebensbedingungen) typisch ist, hat die Eigenart: daß die Arbeiter ihre Leistung entweder: an nach Maß und Art stereotypen Arbeitsergebnissen oder aber: am traditionalen Arbeits l o h n orientieren (oder: beides), daher schwer rational verwertbar und in ihrer Leistung durch Leistungsprämien (Akkordlohn) nicht zu steigern sind. Dagegen können traditional p a t r i a r c h a l e Beziehungen zum Herren (Besitzer) die affektuelle Arbeitswilligkeit erfahrungsgemäß hoch halten.

3. W e r t r a t i o n a l e Arbeitswilligkeit ist in typischer Art entweder religiös bedingt, oder durch spezifisch hohe soziale Wertung der betreffenden spezifischen Arbeit als solcher. Alle anderen Anlässe dazu sind, nach alter Erfahrung, Uebergangserscheinungen.

Selbstverständlich enthält die „altruistische" Fürsorge für die eigene Familie eine typische Pflichtkomponente der Arbeitswilligkeit. —

II. Die A p p r o p r i a t i o n von Beschaffungsmitteln und die (sei es noch so formale) E i g e n verfügung über den Arbeitshergang bedeutet eine der stärksten Quellen schrankenloser Arbeitsneigung. Dies ist der letzte Grund der außerordentlichen Bedeutung des Klein- und zwar insbesondere: des Parzellenbetriebs in der Landwirtschaft, sowohl als Kleineigentümer, wie als Kleinpächter (mit der Hoffnung künftigen Aufstiegs zum Bodeneigentümer). Das klassische Land dafür ist: China; auf dem Boden des fachgelernten leistungs s p e z i f i z i e r t e n Gewerbes vor allem: Indien; demnächst alle asiatischen Gebiete, aber auch das Mittelalter des Okzidents, dessen wesentliche Kämpfe um die (formale) Eigenverfügung geführt worden sind. Das sehr starke Arbeits-Mehr, welches der (stets, auch als Gärtner: leistungs s p e z i f i z i e r t e, nicht: -spezialisierte) Kleinbauer in den Betrieb steckt und die Einschränkung der Lebenshaltung, die er sich im Interesse der Behauptung seiner f o r m a l e n Selbständigkeit auferlegt, verbunden mit der in der Landwirtschaft möglichen h a u s h a l t s m ä ß i g e n Ausnutzung von e r w e r b s m ä ß i g, also im Großbetrieb, nicht verwertbaren Nebenerzeugnissen und „Abfällen" aller Art ermöglicht seine Existenz gerade w e g e n des Fehlens der Kapitalrechnung und der Beibehaltung der Einheit von Haushalt und Betrieb. Der Kapitalrechnungsbetrieb in der Landwirtschaft ist — im Fall des E i g e n -t ü m e r betriebs — nach allen Ermittlungen (s. meine Rechnungen in den Verh.

des D. Juristentags XXIV) ungleich Konjunkturen-empfindlicher als der Klein-
betrieb.

Auf dem Gebiet des Gewerbes bestand die entsprechende Erscheinung b i s in
die Zeit mechanisierter und streng spezialisierter arbeitsverbindender Betriebe.
Betriebe, wie die des „Jack of Newbury" konnte man noch im 16. Jahrhundert
einfach, ohne Katastrophe für die Erwerbschancen der Arbeiter, v e r b i e t e n
(wie es in England geschah). Denn die Zusammenziehung von, dem Besitzer appropriierten, Webstühlen nebst ihren Arbeitern in einer Werkstatt o h n e wesentliche Steigerung der Spezialisierung und Verbindung der Arbeit bedeutete unter den gegebenen
Marktverhältnissen keineswegs eine derartige Steigerung der Chancen für den Unternehmer, daß das immerhin größere Risiko und die Werkstattkosten dadurch mit
Sicherheit gedeckt worden wären. Vor allem aber ist im Gewerbe ein Betrieb mit
hohem K a p i t a l von A n l a g e n („stehendem" K.) nicht nur, wie auch in der
Landwirtschaft, konjunkturempfindlich, sondern im Höchstmaß empfindlich gegen
jede Irrationalität (U n b e r e c h e n b a r k e i t) der Verwaltung und Rechtspflege,
wie sie, a u ß e r h a l b des modernen Okzidentes, überall bestand. Die dezentralisierte Heimarbeit hat hier, wie in Konkurrenz mit den russischen „Fabriken" und
überall sonst, das Feld behaupten können, b i s — noch v o r Einfügung der mechani-
sierten Kraftquellen und Werkzeugmaschinen — das Bedürfnis nach genauer Kosten-
kalkulation und Standardisierung der Produkte zum Zweck der Ausnutzung der ver-
breiterten M a r k t chancen, in Verbindung mit technisch rationalen A p p a r a t e n,
zur Schaffung von Betrieben mit (Wasser- oder Pferdegöpel und) innerer Spezialisierung führte, in welche dann die mechanischen Motoren und Maschinen eingefügt
wurden. Alle vorher, in der ganzen Welt, gelegentlich entstandenen großen Werkstattbetriebe konnten ohne jede nennenswerte Störung der Erwerbschancen a l l e r
Beteiligten und ohne daß die Bedarfsdeckung ernstlich gefährdet worden wäre,
wieder verschwinden. Erst mit der „Fabrik" wurde dies anders. Die Arbeitswilligkeit
der F a b r i k arbeiter aber war primär durch einen mit Abwälzung des Versorgungs-
risikos auf sie kombinierten sehr starken indirekten Z w a n g (englisches Arbeits-
haussystem!) bedingt und ist dauernd an der Zwangsgarantie der Eigentumsordnung
orientiert geblieben, wie der Verfall dieser Arbeitswilligkeit in der Gegenwart im
Gefolge des Zerbrechens der Zwangsgewalt in der Revolution zeigte.

§ 26. Kommunistische u n d dabei rechnungs f r e m d e Leistungsvergemein-
schaftung oder -vergesellschaftung gründet sich nicht auf Errechnung von Versorgungs-
optima, sondern auf unmittelbar g e f ü h l t e Solidarität. Geschichtlich ist sie
daher — bis zur Gegenwart — aufgetreten auf der Grundlage von primär a u ß e r-
wirtschaftlich orientierten Gesinnungs-Einstellungen, nämlich:

1. als Hauskommunismus der F a m i l i e, — auf traditionaler und affektueller
Grundlage,

2. als Kameradschaftskommunismus des H e e r e s, —

3. als Liebeskommunismus der (religiösen) G e m e i n d e, in diesen beiden
Fällen (2 und 3) primär auf spezifisch emotionaler (charismatischer) Grundlage. Stets
aber entweder:

a) im G e g e n s a t z zur traditional oder zweckrational, und dann rechenhaft,
leistungsteilig wirtschaftenden Umwelt: entweder selbst arbeitend, oder gerade umgekehrt: rein mäzenatisch sustentiert (oder beides); — oder

b) als Haushaltsverband von P r i v i l e g i e r t e n, die nicht einbezogenen Haushaltungen beherrschend und mäzenatisch oder leiturgisch durch sie erhalten, — oder

c) als Konsumentenhaushalt, getrennt von dem Erwerbsbetriebe und sein
Einkommen von ihm beziehend, also mit ihm vergesellschaftet.

Der Fall a ist typisch für die religiös oder weltanschauungsmäßig kommunistischen Wirtschaften (weltflüchtige oder arbeitende Mönchsgemeinschaften, Sekten-
gemeinschaften, ikarischer Sozialismus).

Der Fall b ist typisch für die militaristischen, ganz oder teilweise kommunistischen Gemeinschaften (Männerhaus, spartiatische Syssitien, ligurische Räubergemeinschaft, Organisation des Khalifen Omar, Konsum- und — partieller — Requisitionskommunismus von Heereskörpern im Felde in jeder Epoche), daneben für autoritäre religiöse Verbände (Jesuitenstaat in Paraguay, indische und andere aus Bettelpfründen lebende Mönchsgemeinschaften).

Der Fall c ist der typische Fall aller familialen Haushaltungen in der Verkehrswirtschaft.

Die Leistungsbereitschaft und der rechnungsfremde Konsum innerhalb dieser Gemeinschaften ist F o l g e der außerwirtschaftlich orientierten Gesinnung und gründet sich in den Fällen 2 und 3 zum erheblichen Teil auf das Pathos des Gegensatzes und K a m p f e s gegen die Ordnungen der „Welt". Alle modernen kommunistischen Anläufe sind, sofern sie eine kommunistische M a s s e n organisation erstreben, für ihre Jüngerschaft auf w e r t r a t i o n a l e, für ihre Propaganda aber auf z w e c k r a t i o n a l e Argumentation, in beiden Fällen also: auf spezifisch r a t i o n a l e Erwägungen und — im Gegensatz zu den militaristischen und religiösen a u ß e r alltäglichen Vergemeinschaftungen — auf A l l t a g s - Erwägungen angewiesen. Die Chancen für sie liegen daher unter Alltagsverhältnissen auch innerlich wesentlich anders als für jene außeralltäglichen oder primär außerwirtschaftlich orientierten Gemeinschaften.

§ 27. K a p i t a l g ü t e r treten typisch im Keim zuerst auf als interlokal oder interethnisch getauschte W a r e n, unter der Voraussetzung, (s. § 29) daß der „Handel" von der haushaltsmäßigen Güterbeschaffung g e t r e n n t auftritt. Denn der Eigenhandel der Hauswirtschaften (Ueberschuß-Absatz) kann eine gesonderte Kapitalrechnung nicht kennen. Die interethnisch abgesetzten Produkte des Haus-, Sippen-, Stammesgewerbes sind W a r e n, die Beschaffungsmittel, solange sie Eigenprodukte bleiben, sind Werkzeuge und Rohstoffe, nicht: Kapitalgüter. Ebenso wie die Absatzprodukte und die Beschaffungsmittel des Bauern und Fronherren, solange nicht auf Grund von Kapitalrechnung (sei es auch primitiver Form) gewirtschaftet wird (wofür z. B. bei Cato schon Vorstufen bestehen). Daß alle internen Güterbewegungen im Kreise der Grundherrschaft und des Oikos, auch der Gelegenheits- oder der typische interne Austausch von Erzeugnissen, das Gegenteil von Kapitalrechnungswirtschaft sind, versteht sich von selbst. Auch der Handel des Oikos (z. B. des Pharao) ist, selbst wenn er n i c h t reiner Eigenbedarfshandel, also: hausetatsmäßiger Tausch, ist, sondern teilweise Erwerbszwecken dient, im Sinn dieser Terminologie so lange nicht kapitalistisch, als er nicht an Kapital r e c h n u n g, insbesondere an vorheriger Abschätzung der Gewinnchancen in Geld orientier b a r ist. Dies war bei den reisenden Berufs h ä n d l e r n der Fall, gleichviel ob sie eigene oder kommendierte oder gesellschaftlich zusammengelegte Waren absetzten. H i e r, in der Form der Gelegenheitsunternehmung, ist die Quelle der Kapitalrechnung und der Kapitalgüterqualität. Leibherrlich und grundherrlich als R e n t e n quelle benutzte Menschen (Sklaven, Hörige) oder Anlagen aller Art sind selbstverständlich nur rententragende Vermögensobjekte, nicht Kapitalgüter, ganz ebenso wie heute (für den an der Rentenchance und allenfalls einer Gelegenheitsspekulation orientierten P r i v a t mann — im Gegensatz zur zeitweiligen Anlage von E r w e r b s - b e t r i e b s kapital darin —) Renten oder Dividenden tragende Papiere. Waren, die der Grundherr oder Leibherr von seinen Hintersassen kraft seiner Herrengewalt als Pflichtabgaben erhält und auf den Markt bringt, sind für unsre Terminologie: Waren, nicht Kapitalgüter, da die rationale Kapitalrechnung (Kosten!) p r i n z i p i e l l (nicht nur: faktisch) fehlt. Dagegen sind bei Verwendung von Sklaven als Erwerbsmitteln (zumal: bei Existenz eines Sklavenmarktes und typischer Kaufsklaverei) in einem Betriebe diese: Kapitalgüter. Bei Fronbetrieben mit n i c h t frei käuflichen und verkäuflichen (Erb-)Untertanen wollen wir n i c h t von kapitalistischen Betrieben, sondern nur von Erwerbsbetrieben mit gebundener Arbeit sprechen (Bindung auch

des H e r r e n an die Arbeiter ist das Entscheidende!), einerlei ob es sich um landwirtschaftliche Betriebe oder um unfreie Hausindustrie handelt.

Im Gewerbe ist das „P r e i s w e r k" kleinkapitalistischer" Betrieb, die Hausindustrie dezentralisierter, jede Art von wirklich kapitalistischem Werkstattbetrieb
zentralisierter kapitalistischer Betrieb. Alle Arten von Stör, Lohnwerk und Heimarbeit sind bloße Arbeitsformen, die beiden ersteren im Haushalts-, die letzte im Er-
werbsinteresse des Arbeitgebers.

Entscheidend ist also nicht die empirische T a t s a c h e, sondern die prinzipielle M ö g l i c h k e i t der materialen Kapitalrechnung.

§ 28. N e b e n allen früher besprochenen Arten von spezialisierten oder
spezifizierten Leistungen steht in jeder Verkehrswirtschaft (auch, normalerweise:
einer material regulierten): die V e r m i t t l u n g des Eintauschs eigener oder des
Abtauschs fremder Verfügungsgewalt.

Sie kann erfolgen:

1. durch die Mitglieder eines Verwaltungsstabes von Wirtschaftsverbänden,
gegen festen oder nach der Leistung abgestuften Natural- oder Geld-Entgelt;

2. durch einen eigens für die Ein- oder Abtauschbedürfnisse der Genossen geschaffenen Verband dieser (genossenschaftlich) oder

3. als Erwerbsberuf gegen Gebühr ohne eigenen Erwerb der Verfügungsgewalt
(agentenmäßig), in sehr verschiedener rechtlicher Form;

4. als kapitalistischer Erwerbsberuf (E i g e n h a n d e l): durch gegenwärtigen
Kauf in der Erwartung gewinnbringenden künftigen Wiederverkaufs oder Verkauf
auf künftigen Termin in der Erwartung gewinnbringenden vorherigen Einkaufs, entweder

   a) ganz frei auf dem Markt, oder
   b) material reguliert;

5. durch kontinuierlich geregelte entgeltliche Expropriation von Gütern und
deren entgeltlichen — freien oder oktroyierten — Abtausch seitens eines politischen
Verbandes (Z w a n g s h a n d e l);

6. durch berufsmäßige Darbietung von Geld oder Beschaffung von Kredit zu
erwerbsmäßigen Zahlungen oder Erwerb von Beschaffungsmitteln durch K r e d i t-
gewährung an:

   a) Erwerbswirtschaften, oder
   b) Verbände (insbesondere: politische): Kreditgeschäft. — Der ökonomische
Sinn kann sein

   α. Zahlungskredit, oder
   β. Kredit für Beschaffung von Kapitalgütern.

Die Fälle Nr. 4 und 5, und nur sie, sollen „H a n d e l" heißen, der Fall 4 „freier"
Handel, der Fall 5 „zwangsmonopolistischer" Handel.

Fall 1: a) Haushaltswirtschaften: fürstliche, grundherrliche, klösterliche „ne-
gotiatores" und „actores", — b) Erwerbswirtschaften: „Kommis".
Fall 2: Ein- und Verkaufs-Genossenschaften (einschließlich der „Konsum-
vereine").
Fall 3: Makler, Kommissionäre, Spediteure, Versicherungs- und andere „Agen-
ten".
Fall 4: a) moderner Handel,
        b) heteronom oktroyierte oder autonom paktierte Zuweisung von Ein-
           kauf oder Absatz von oder an Kunden, oder Einkauf oder Absatz
           von Waren bestimmter Art, oder materiale Regulierung der Tausch-
           bedingungen durch Ordnungen eines politischen oder Genossen-
           Verbandes.
Fall 5: Beispiel: staatliches Getreidehandelsmonopol.

§ 29. F r e i e r Eigenhandel (Fall 4) — von dem zunächst allein die Rede sein soll — ist stets „Erwerbsbetrieb", nie „Haushalt", und also unter allen normalen Verhältnissen (wenn auch nicht unvermeidlich): G e l d tauscherwerb in Form von Kauf- und Verkauf-Verträgen. Aber er k a n n sein:

a) „Nebenbetrieb" eines Haushalts,

Beispiel: Abtausch von Hausgewerbe-Ueberschüssen durch e i g e n s dafür bestimmte Hausgenossen a u f d e r e n R e c h n u n g. Der bald von diesen bald von jenen Genossen betriebene Abtausch ist dagegen nicht einmal „Nebenbetrieb". Wenn die betreffenden Genossen sich auf eigene Rechnung n u r dem Abtausch (oder Eintausch) widmen, liegt der Fall Nr. 4 (modifiziert) vor, wenn sie auf Rechnung der G e s a m t h e i t handeln, der Fall Nr. 1.

b) untrennbarer Bestandteil einer Gesamtleistung, welche durch eigene Arbeit (örtliche) G e n u ß r e i f e herstellt.

Beispiel: Die Hausierer und die ihnen entsprechenden m i t den Waren reisenden, p r i m ä r die ö r t l i c h e Bewegung an den Marktort besorgenden K l e i n händler, die deshalb früher unter „Transport" miterwähnt sind. Die reisenden „Kommendahändler" bilden zuweilen den Uebergang zu Nr. 3. Wann die Transportleistung „primär" ist, der „Handelsgewinn" sekundär und wann umgekehrt, ist ganz flüssig. „Händler" sind alle diese Kategorien in jedem Fall.

Eigenhandel (Fall 4) wird betrieben s t e t s auf Grundlage der A p p r o p r i a t i o n der Beschaffungsmittel, mag die Verfügungsgewalt auch durch Kreditnahme beschafft sein. Stets trifft das Kapitalrisiko den Eigenhändler als Eigenrisiko und stets ist ihm die Gewinnchance, kraft Appropriation der Beschaffungsmittel, appropriiert.

Die Spezifizierung und Spezialisierung innerhalb des freien Eigenhandels (Fall 4) ist unter sehr verschiedenen Gesichtspunkten möglich. Es interessieren ökonomisch vorerst nur die Arten:

a) nach dem Typus der Wirtschaften, von denen und an welche der Händler tauscht.

1. Handel zwischen Ueberschuß h a u s h a l t u n g e n und Konsum h a u s h a l t u n g e n.

2. Handel zwischen Erwerbswirtschaften („Produzenten" oder „Händlern") und Haushaltungen: „Konsumenten", mit Einschluß, natürlich, aller Verbände, insbesondere: der politischen.

3. Handel zwischen Erwerbswirtschaften und anderen Erwerbswirtschaften.

Die Fälle 1 und 2 entsprechen dem Begriff „Detailhandel", der bedeutet: Absatz an Konsumenten (e i n e r l e i: woher gekauft), der Fall 3 entspricht dem Begriff „Großhandel" oder „Kaufmannshandel".

Der Handel kann sich vollziehen

a) marktmäßig

α. auf dem Markt für Konsumenten, normalerweise in Anwesenheit der Ware (M a r k t d e t a i l h a n d e l),

β. auf dem Markt für Erwerbswirtschaften,

αα) in Anwesenheit der Ware (M e ß h a n d e l),

Meist, aber nicht begriffsnotwendig, saisonmäßig.

ββ) in Abwesenheit der Ware (B ö r s e n h a n d e l);

Meist, aber nicht begriffsnotwendig, ständig.

b) kundenmäßig, bei Versorgung f e s t e r Abnehmer, und zwar entweder

α. Haushaltungen (K u n d e n d e t a i l h a n d e l), oder β. Erwerbswirtschaften, und zwar entweder

αα) produzierende (G r o s s i s t), oder

ββ) detaillierende (E n g r o s s o r t i m e n t e r), oder endlich

γγ) andere grossierende: „erste", „zweite" usw. „Hand" im Großhandel (En-
g r o s z w i s c h e n h a n d e l).

Er kann sein, je nach dem örtlichen Bezug der am Ort abgesetzten Güter:

a) interlokaler Handel,

b) Platzhandel.

Der Handel kann m a t e r i a l oktroyieren

a) seinen Einkauf den an ihn kundenmäßig absetzenden Wirtschaften (Ver-
lagshandel),

b) seinen Verkauf den von ihm kaufenden Wirtschaften (Absatzmonopolhandel).

Der Fall a steht der Verlagsform des Gewerbebetriebs nahe und ist meist mit
ihr identisch.

Der Fall b ist material „r e g u l i e r t e r" Handel (Nr. 4 Fall b).

Der e i g e n e Güter a b s a t z ist selbstverständlich Bestandteil j e d e s
marktmäßigen Erwerbsbetriebes, auch eines primär „produzierenden". D i e s e r
Absatz aber ist nicht „Vermittlung" im Sinne der Definition, solange nicht e i g e n s
dafür spezialisiert bestimmte Verwaltungsstabsmitglieder (z. B.: „Kommis") vorhanden sind, also eine e i g e n e berufsmäßige „händlerische" Leistung stattfindet.
Alle Uebergänge sind völlig flüssig.

Die Kalkulation des Handels soll „spekulativ" in dem Grade heißen, als sie an
Chancen sich orientiert, deren Realisierung als „zufällig" und in diesem Sinn „un-
berechenbar" g e w e r t e t werden und daher die Uebernahme eines „Zufalls-
Risiko" bedeutet. Der Uebergang von rationaler zu (in diesem Sinn) spekulativer
Kalkulation ist völlig flüssig, da k e i n e auf die Zukunft abgestellte Berechnung
vor unerwarteten „Zufällen" objektiv gesichert ist. Der Unterschied bedeutet also
nur verschiedene G r a d e der R a t i o n a l i t ä t.

Die technische und ökonomische Leistungs-Spezialisierung und -Spezifikation
des Handels bietet keine Sondererscheinungen. Der „Fabrik" entspricht — durch
ausgiebigste Verwendung i n n e r e r Leistungsspezialisierung — das „Warenhaus".

§ 29 a. B a n k e n sollen jene Arten von erwerbsmäßigen Händlerbetrieben
heißen, welche berufsmäßig G e l d

a) verwalten,

b) beschaffen.

Zu a): Geld v e r w a l t e n

α. für private Haushaltungen (Haushaltsdepositen, Vermögensdepots),

β. für politische Verbände (bankmäßige Kassenführung für Staaten),

γ. für Erwerbswirtschaften (Depots der Unternehmungen, laufende Rechnungen
derselben). —

Zu b): Geld b e s c h a f f e n

α. für Haushaltungsbedürfnisse:

αα) Privater (Konsumkredit),

ββ) politischer Verbände (politischer Kredit);

β. für Erwerbswirtschaften:

αα) zu Zahlungszwecken an Dritte:

ααα) Geld w e c h s e l,

βββ) Giro oder bankmäßige Ueberweisung;

ββ) als Bevorschussung von künftig fälligen Zahlungen von Kunden. Haupt-
fall: die Wechseldiskontierung;

γγ) zu K a p i t a l kreditzwecken.

Gleichgültig ist formal, ob sie

1. dies Geld aus eigenem Besitz vorstrecken oder vorschießen oder versprechen,

es auf Erfordern bereit zu stellen („laufende Rechnung"), ebenso ob mit oder ohne Pfand oder andere Sicherheitsleistung des Geldbedürftigen, oder ob sie

2. durch Bürgschaft oder in anderer Art andere veranlassen, es zu k r e d i - t i e r e n.

Tatsächlich ist das Erwerbswirtschaften der Banken normalerweise darauf eingestellt: durch Kreditgabe mit Mitteln, welche ihnen selbst kreditiert worden sind, Gewinn zu machen.

Das kreditierte Geld kann die Bank beschaffen entweder:

1. aus pensatorischen Metall- oder aus den Münzvorräten der bestehenden Geldemissionstätten, die sie auf Kredit erwirbt, oder

2. durch eigene S c h a f f u n g von

α. Zertifikaten (Banko-Geld), oder

β. Umlaufsmitteln (Banknoten). Oder:

3. aus Depositen anderer ihr von Privaten kreditierten Geldmitteln.

In jedem Fall, in welchem die Bank

a) selbst Kredit in Anspruch nimmt, oder

b) Umlaufsmittel schafft,

ist sie bei rationalem Betrieb darauf hingewiesen, durch „Deckung", d. h. Bereithaltung eines hinlänglich großen Einlösungsgeldbestandes oder entsprechende Bemessung der e i g e n e n Kreditgewährungsfristen für „Liquidität", d. h. die Fähigkeit, den n o r m a l e n Zahlungsforderungen gerecht zu werden, Sorge zu tragen.

In aller Regel (nicht: immer) ist für die Innehaltung der Liquiditätsnormen bei solchen Banken, welche Geld s c h a f f e n (Notenbanken) durch oktroyierte Regulierungen von Verbänden (Händlergilden oder politischen Verbänden) Sorge getragen. Diese Regulierungen pflegen z u g l e i c h orientiert zu sein an dem Zweck: die einmal gewählte G e l d ordnung eines Geldgebiets gegen Aenderungen der m a t e r i a l e n Geltung des Geldes tunlichst zu schützen und so die (formal) rationalen wirtschaftlichen Rechnungen der Haushaltungen, vor allem: derjenigen des politischen Verbandes, und ferner: der Erwerbswirtschaften, gegen „Störung" durch (materiale) Irrationalitäten zu sichern; insbesondere pflegt aber ein tunlichst stabiler Preis der eigenen Geldsorten in den Geldsorten a n d e r e r Geldgebiete, mit denen Handels- und Kreditbeziehungen bestehen oder gewünscht werden („fester Kurs", „G e l d p a r i"), angestrebt zu werden. Diese gegen Irrationalitäten des Geldwesens gerichtete Politik soll „l y t r i s c h e P o l i t i k" (nach G. F. Knapp) heißen. Sie ist beim r e i n e n „Rechtsstaat" (laissez-faire-Staat) die wichtigste ü b e r h a u p t von ihm typisch übernommene wirtschaftspolitische Maßregel. In r a t i o n a l e r Form ist sie dem m o d e r n e n Staat durchaus eigentümlich.

Die Maßregeln der chinesischen Kupfermünz- und Papiergeldpolitik und der antik-römischen Münzpolitik werden an gegebenem Ort erwähnt werden. Sie waren k e i n e m o d e r n e lytrische Politik. Nur die Bankogeld-Politik der chinesischen Gilden (Muster der Hamburger Mark-Banko-Politik) waren in unserem Sinn rational.

F i n a n z i e r u n g s g e s c h ä f t e sollen alle jene — einerlei ob von „Banken" oder von anderen (als Gelegenheits- oder privater Nebenerwerb, oder Bestandteil der Spekulationspolitik eines „Finanzers") — betriebenen Geschäfte heißen, welche orientiert werden an dem Zweck der gewinnbringenden Verfügung über Unternehmungserwerbschancen:

a) durch Verwandlung von Rechten an appropriierten Erwerbschancen in W e r t p a p i e r e („K o m m e r z i a l i s i e r u n g") und durch Erwerb von solchen, direkt oder durch im Sinn von c „finanzierte" Unternehmungen, —

b) durch systematisierte Darbietung (und eventuell: Verweigerung) von E r - w e r b s k r e d i t, —

c) (nötigen- oder erwünschtenfalls) durch Erzwingung einer Verbindung zwischen bisher konkurrierenden Unternehmungen

α. im Sinn einer monopolistischen R e g u l i e r u n g von gleichstufigen Unternehmungen (K a r t e l l i e r u n g), oder

β. im Sinn einer monopolistischen Vereinigung von bisher konkurrierenden Unternehmungen unter e i n e r Leitung zum Zweck der Ausmerzung der mindestrentablen (F u s i o n i e r u n g), oder

γ. im Sinn einer (nicht n o t w e n d i g monopolistischen) V e r e i n i g u n g s u k z e s s i v = stufig spezialisierter Unternehmungen in einer „K o m b i n a t i o n".

δ. im Sinn einer durch Wertpapieroperationen erstrebten Beherrschung massenhafter Unternehmungen von einer Stelle aus (Vertrustung) und — erwünschtenfalls — der planmäßigen Schaffung von neuen solchen zu Gewinn- oder zu reinen Machtzwecken (Finanzierung i. o. S.).

„Finanzierungsgeschäfte" werden zwar o f t von Banken, ganz regelmäßig, oft unvermeidlich, unter deren Mithilfe, gemacht. Aber gerade die Leitung liegt oft bei B ö r s e n händlern (Harriman), oder bei einzelnen Großunternehmern der Produktion (Carnegie), bei Kartellierung ebenfalls oft bei Großunternehmern (Kirdorf usw.), bei „Vertrustung" von besonderen „Finanzern" (Graed, Rockefeller, Stinnes, Rathenau). (Näheres später.)

§ 30. Das Höchstmaß von f o r m a l e r R a t i o n a l i t ä t der Kapitalrechnung von B e s c h a f f u n g s betrieben ist erreichbar unter den Voraussetzungen:

1. vollständiger Appropriation aller sachlichen Beschaffungsmittel an Besitzer und vollkommenen Fehlens formaler Appropriation von Erwerbschancen auf dem Markt (Gütermarktfreiheit);

2. vollkommener Autonomie der Auslese der Leiter durch die Besitzer, also vollkommenen Fehlens formaler Appropriation der Leitung (Unternehmungsfreiheit);

3. völligen Fehlens der Appropriation sowohl von Arbeitsstellen und Erwerbschancen an Arbeiter wie umgekehrt der Arbeiter an Besitzer (freie Arbeit, Arbeitsmarktfreiheit und Freiheit der Arbeiter a u s l e s e);

4. völligen Fehlens von materialen Verbrauchs-, Beschaffungs- oder Preisregulierungen oder anderen die freie Vereinbarung der Tauschbedingungen einschränkenden Ordnungen (materiale wirtschaftliche Vertragsfreiheit);

5. völliger Berechenbarkeit der technischen Beschaffungsbedingungen (mechanisch rationale Technik);

6. völliger Berechenbarkeit des Funktionierens der Verwaltungs- und Rechtsordnung und verläßlicher r e i n f o r m a l e r Garantie aller Vereinbarungen durch die politische Gewalt (formal rationale Verwaltung und formal rationales Recht);

7. möglichst vollkommener Trennung des Betriebs und seines Schicksals vom Haushalt und dem Schicksal des Vermögens, insbesondere der Kapitalausstattung und des Kapitalzusammenhalts der Betriebe von der Vermögensausstattung und den Erbschicksalen des Vermögens der Besitzer. Dies wäre generell für Großunternehmungen f o r m a l optimal der Fall: 1. in den Rohstoffe verarbeitenden und Transportunternehmungen und im Bergbau in der Form der Gesellschaften mit frei veräußerlichen Anteilen und garantiertem Kapital ohne Personalhaftung, 2. in der Landwirtschaft in der Form (relativ) langfristiger Großpacht;

8. möglichst f o r m a l e r rationaler Ordnung des G e l d w e s e n s.

Der Erläuterung bedürfen nur wenige (übrigens schon früher berührte) Punkte. 1. Zu Nr. 3. Unfreie Arbeit (insbesondere Vollsklaverei) gewährte eine formal schrankenlosere Verfügung über die Arbeiter, als die Miete gegen Lohn. Allein a) war der erforderliche in Menschenbesitz anzulegende Kapital b e d a r f für Anschaffung und Fütterung der Sklaven größer als bei Arbeitsmiete, — b) war das Menschenkapital risiko spezifisch irrational (durch außerwirtschaftliche Umstände aller Art, insbesondere aber im höchsten Grad durch politische Momente stärker bedingt als bei Arbeitsmiete), — c) war die Bilanzierung des Sklavenkapitals infolge des schwankenden Sklavenmarkts und der darnach schwankenden Preise irrational, — d) aus dem gleichen Grund auch und vor allem: die Ergänzung und Rekrutierung (politisch bedingt), — e) war die Sklavenverwendung im Falle der Zulassung von Sklaven-Familien belastet mit Unterbringungskosten, vor allem aber mit den Kosten der Fütterung der Frauen und der Aufzucht der Kinder, für welche nicht schon an sich eine ökonomisch rationale Verwertung als Arbeitskräfte gegeben war, — f) war volle Ausnutzung der Sklavenleistung nur bei Familienlosigkeit und rücksichtsloser Disziplin möglich, welche die Tragweite des unter d angegebenen Moments noch wesentlich in ihrer Irrationalität steigerte, — g) war die Verwendung von Sklavenarbeit an Werkzeugen und Apparaten mit hohen Anforderungen an die Eigenverantwortlichkeit und das Eigeninteresse nach allen Erfahrungen nicht möglich, — h) vor allem aber fehlte die Möglichkeit der Auslese: Engagement nach Probe an der Maschine und Entlassung bei Konjunkturschwankungen oder Verbrauchtheit.

Nur bei a) der Möglichkeit sehr billiger Ernährung der Sklaven, — b) regelmäßiger Versorgung des Sklavenmarkts, — c) plantagenartigen landwirtschaftlichen Massenkulturen oder sehr einfachen gewerblichen Manipulationen hat sich der Sklavenbetrieb rentiert. Die karthagischen, römischen, einige kolonialen und die nordamerikanischen Plantagen und die russischen „Fabriken" sind die wichtigsten Beispiele dieser Verwertung. Das Versiegen des Sklavenmarkts (durch Befriedung des Imperium) ließ die antiken Plantagen schrumpfen; in Nordamerika führte der gleiche Umstand zur stetigen Jagd nach billigem Neuland, da neben der Sklavennicht noch eine Grundrente möglich war; in Rußland konnten die Sklavenfabriken die Konkurrenz des Kustar (Hausindustrie) nur sehr schwer und die Konkurrenz der freien Fabrikarbeit gar nicht aushalten, petitionierten schon vor der Emanzipation ständig um Erlaubnis zur Freilassung der Arbeiter und verfielen mit Einführung der freien Werkstattarbeit.

Bei der Lohnarbeiter miete ist a) das Kapitalrisiko und der Kapitalaufwand geringer, — b) die Reproduktion und Kinderaufzucht ganz dem Arbeiter überlassen, dessen Frau und Kinder ihrerseits Arbeit „suchen" müssen, — c) ermöglicht deshalb die Kündigungsgefahr die Herausholung des Leistungsoptimums, — d) besteht Auslese nach der Leistungsfähigkeit und -willigkeit.

2. Zu Punkt 7. Die Trennung der Pachtbetriebe mit Kapitalrechnung von dem fideikommissarisch gebundenen Grundbesitz in England ist nichts Zufälliges, sondern Ausdruck der dort (wegen des Fehlens des Bauernschutzes: Folge der insularen Lage) seit Jahrhunderten sich selbst überlassenen Entwicklung. Jede Verbindung des Bodenbesitzes mit der Bodenbewirtschaftung verwandelt den Boden in ein Kapitalgut der Wirtschaft, steigert dadurch den Kapitalbedarf und das Kapitalrisiko, hemmt die Trennung von Haushalt und Betrieb (Erbabfindungen fallen dem Betrieb als Schulden zur Last), hemmt die Freiheit der Bewegung des Kapitals des Wirtschafters, belastet endlich die Kapitalrechnung mit irrationalen Posten. Formal also entspricht die Trennung von Bodenbesitz und Landwirtschaftsbetrieb der Rationalität der Kapitalrechnungsbetriebe (die materiale Bewertung des Phänomens ist eine Sache für sich und kann je nach dem maßgebenden Bewertungsstandpunkt sehr verschieden ausfallen).

§ 31. Es gibt untereinander artverschiedene typische Richtungen „kapitalistischer" (d. h. im Rationalitätsfall: kapitalrechnungsmäßiger) Orientierung des Erwerbs:

1. Orientierung a) an Rentabilitätschancen des kontinuierlichen Markterwerbs und -absatzes („Handel") bei freiem (formal: nicht erzwungenem, material: wenigstens relativ freiwilligem) Ein- und Abtausch, — b) an Chancen der Rentabilität in kontinuierlichen Güter-Beschaffungsbetrieben mit Kapitalrechnung.

2. Orientierung an Erwerbschancen a) durch Handel und Spekulation in Geldsorten, Uebernahme von Zahlungsleistungen aller Art und Schaffung von Zahlungsmitteln; b) durch berufsmäßige Kreditgewährung α. für Konsumzwecke, β. für Erwerbszwecke.

3. Orientierung an Chancen des aktuellen Beuteerwerbs von politischen oder politisch orientierten Verbänden oder Personen: Kriegsfinanzierung oder Revolutionsfinanzierung oder Finanzierung von Parteiführern durch Darlehen und Lieferungen.

4. Orientierung an Chancen des kontinuierlichen Erwerbs kraft gewaltsamer, durch die politische Gewalt garantierter Herrschaft: a) kolonial (Erwerb durch Plantagen mit Zwangslieferung oder Zwangsarbeit, monopolistischer und Zwangshandel); b) fiskalisch (Erwerb durch Steuerpacht und Amtspacht, einerlei ob in der Heimat oder kolonial).

5. Orientierung an Chancen des Erwerbs durch außeralltägliche Lieferungen politischer Verbände.

6. Orientierung an Chancen des Erwerbs a) durch r e i n spekulative Transaktionen in typisierten Waren oder wertpapiermäßig verbrieften Anteilen an Unternehmungen; b) durch Besorgung kontinuierlicher Zahlungsgeschäfte der öffentlichen Verbände; c) durch Finanzierung von Unternehmungs g r ü n d u n g e n in Form von Wertpapierabsatz an angeworbene Anleger; d) durch spekulative Finanzierung von kapitalistischen Unternehmungen und Wirtschaftsverbandsbildungen aller Art mit dem Ziel der rentablen Erwerbsregulierung oder: der M a c h t.

Die Fälle unter Nr. 1 und 6 sind dem Okzident weitgehend e i g e n t ü m l i c h. Die übrigen Fälle (Nr. 2—5) haben sich in aller Welt seit Jahrtausenden überall gefunden, wo (für 2) Austauschmöglichkeit und Geldwirtschaft und (für 3—5) G e l d finanzierung stattfand. Sie haben im Okzident nur lokal und z e i t w e i l i g (besonders: in Kriegszeiten) eine so hervorragende Bedeutung als Erwerbsmittel gehabt wie in der Antike. Sie sind überall da, wo Befriedung großer Erdteile (Einheitsreich: China, Spätrom) bestand, auch ihrerseits geschrumpft, so daß dann n u r Handel und Geldgeschäft (Nr. 2) als Formen kapitalistischen Erwerbs übrig blieben. Denn die kapitalistische Finanzierung der Politik war überall Produkt:

a) der Konkurrenz der Staaten untereinander um die Macht,

b) ihrer dadurch bedingten Konkurrenz um das — zwischen ihnen freizügige — Kapital.

Das endete erst mit den Einheitsreichen.

Dieser Gesichtspunkt ist, soviel ich mich entsinne, bisher am deutlichsten von J. P l e n g e (Von der Diskontpolitik zur Herrschaft über den Geldmarkt, Berlin 1913) beachtet. Vgl. vorher nur m e i n e Ausführungen im Artikel „Agrargeschichte, Altertum" HW. d. StW. 3. Aufl. Bd. I.

Nur der Okzident kennt rationale kapitalistische Betriebe mit s t e h e n d e m K a p i t a l, freier Arbeit und rationaler Arbeitsspezialisierung und -verbindung und rein verkehrswirtschaftliche Leistungsverteilung auf der Grundlage kapitalistischer Erwerbswirtschaften. Also: die kapitalistische Form der formal rein voluntaristischen O r g a n i s a t i o n d e r A r b e i t als typische und herrschende Form der Bedarfsdeckung breiter Massen, mit Expropriation der Arbeiter von den Beschaffungsmitteln, Appropriation der Unternehmungen an Wertpapierbesitzer. Nur er kennt öffentlichen Kredit in Form von Rentenpapieremissionen, Kommerzialisierung, Emissions- und Finanzierungsgeschäfte als Gegenstand rationaler Betriebe, den Börsenhandel in Waren und Wertpapieren, den „Geld"- und „Kapitalmarkt", die monopolistischen Verbände als Form erwerbswirtschaftlich rationaler Organisation der unternehmungsweisen Güter h e r s t e l l u n g (nicht nur: des Güterumsatzes).

Der Unterschied bedarf der E r k l ä r u n g, die nicht aus ökonomischen Gründen a l l e i n gegeben werden kann. Die Fälle 3—5 sollen hier als p o l i t i s c h orientierter Kapitalismus zusammengefaßt werden. Die ganzen späteren Erörterungen gelten vor allem a u c h diesem Problem. Allgemein ist nur zu sagen:

1. Es ist von vornherein klar: daß jene p o l i t i s c h orientierten Ereignisse, welche diese Erwerbsmöglichkeiten bieten, ökonomisch: — von der Orientierung an M a r k t chancen (d. h. Konsumbedarf von Wirtschaftshaushaltungen) her gesehen, i r r a t i o n a l sind.

2. Ebenso ist offenbar, daß die r e i n spekulativen Erwerbschancen (2, a und 6, a) und der reine Konsumtivkredit (2, b, α) für die Bedarfsdeckung und für die Güter-

beschaffungswirtschaften irrational, weil durch zufällige Besitz- oder Marktchancen-Konstellationen bedingt sind und daß auch Gründungs- und Finanzierungschancen (6b, c und d) es unter Umständen sein können, aber allerdings nicht: sein m ü s s e n.

Der modernen Wirtschaft eigentümlich ist neben der rationalen kapitalistischen Unternehmung an sich 1. die Art der Ordnung der Geldverfassung 2. die Art der Kommerzialisierung von Notenrechnungsanteilen und Wertpapierformen. Beides ist hier noch in seiner Eigenart zu erörtern. Zunächst: Die Geldverfassung.

§ 32. 1. Der moderne Staat hat sich zugeeignet
a) d u r c h w e g: das Monopol der Geld o r d n u n g durch Satzungen,
b) in fast ausnahmsloser Regel: das Monopol der Geld s c h a f f u n g (Geld-emission), mindestens für Metallgeld.

Für diese Monopolisierung waren zunächst r e i n fiskalische Gründe maßgebend (Schlagschatz und andere Münzgewinne). Daher — was hier beiseite bleibt — zuerst das V e r b o t fremden Geldes.
2. Die Monopolisierung der Geld s c h a f f u n g hat bis in die Gegenwart nicht überall bestanden (in Bremen bis zur Münzreform kursierten als Kurantgeld ausländische Geldmünzen).

Ferner:
c) ist er, mit steigender Bedeutung seiner Steuern und Eigenwirtschaftsbetriebe, entweder durch seine eigenen oder durch die für seine Rechnung geführten Kassen (beides zusammen soll: „regiminale Kassen" heißen)
α. der größte Zahlungsempfänger,
β. der größte Zahlungsleister.
Auch abgesehen von den Punkten a und b ist daher gemäß Punkt c für ein modernes Geldwesen das Verhalten der staatlichen K a s s e n zum Geld, vor allem die Frage, welches Geld sie t a t s ä c h l i c h („regiminal")
1. zur Verfügung haben, also hergeben k ö n n e n,
2. dem Publikum, als l e g a l e s Geld, a u f d r ä n g e n, —
andererseits die Frage, welches Geld sie t a t s ä c h l i c h (regiminal)
1. nehmen,
2. ganz oder teilweise repudiieren,
von entscheidender Bedeutung für das Geldwesen.

Teilweise repudiiert ist z. B. Papiergeld, wenn Zollzahlung in Geld verlangt wird, voll repudiiert wurden (schließlich) z. B. die Assignaten der französischen Revolution, das Geld der Sezessionsstaaten und die Emissionen der chinesischen Regierung in der Taiping-Rebellionszeit.

L e g a l kann das Geld nur als „gesetzliches Zahlungsmittel", welches jedermann — also auch und vor allem die staatlichen Kassen — zu nehmen und zu geben, in bestimmtem Umfang oder unbeschränkt, „verpflichtet" ist, d e f i n i e r t werden. R e g i m i n a l kann das Geld definiert werden als jenes Geld, welches Regierungskassen annehmen und aufdrängen, — legales Zwangsgeld ist insbesondere dasjenige Geld, welches sie aufdrängen.
Das „Aufdrängen" kann
a) kraft von jeher bestehender l e g a l e r Befugnis erfolgen zu währungspolitischen Zwecken (Taler und Fünffrankenstücke nach der Einstellung der Silberprägung, — sie erfolgte bekanntlich n i c h t!).
Oder aber es kann:
b) das Aufdrängen erfolgen kraft Zahlungsunfähigkeit in den andern Zahlmitteln, welche dazu führt, daß entweder
α. von jener legalen Befugnis jetzt erst regiminal Gebrauch gemacht werden muß oder daß

β. ad hoc eine formale (legale) Befugnis der Aufdrängung eines neuen Zahlmittels geschaffen wird (so fast stets bei Uebergang zur Papierwährung).

Im letzten Fall (b β) ist der Verlauf regelmäßig der, daß ein bisheriges (legal oder faktisch) einlösliches Umlaufsmittel, mochte es vorher legal aufdrängbar sein, nun effektiv aufgedrängt wird und effektiv uneinlöslich bleibt.

Legal kann ein Staat beliebige Arten von Objekten als „gesetzliches Zahlungsmittel" und jedes chartale Objekt als „Geld" im Sinn von „Zahlungsmittel" bestimmen. Er kann sie in beliebige Werttarifierungen, bei Verkehrsgeld: Währungsrelationen, setzen.

Was er auch an f o r m a l e n Störungen der legalen Geldverfassung nur sehr schwer oder gar nicht herbeiführen kann, ist

a) bei Verwaltungsgeld: die Unterdrückung der dann fast stets sehr rentablen Nachahmung,

b) bei allem Metallgeld

α. die außermonetäre Verwendung des Metalls als Rohstoff, falls die Produkte einen sehr hohen Preis haben; dies insbesondere dann nicht, wenn eine für das betreffende Metall ungünstige Währungsrelation besteht (s. γ);

β. die Ausfuhr in andere Gebiete mit g ü n s t i g e r e r Währungsrelation (bei Verkehrsgeld);

γ. die Anbietung von legalem Währungsmetall zum Ausprägen bei einer im Verhältnis zum Marktpreis zu niedrigen Tarifierung des Metallgeldes im Verhältnis zum Kurantgeld (Metallgeld oder Papiergeld).

Zu Papiergeld wird die Tarifierung: ein Nominale Metall gleich dem gleichnamigen Nominale Papier immer dann zu ungünstig für das Metallgeld, wenn die Einlösung des Umlaufmittels eingestellt ist: denn dies geschieht bei Zahlungsunfähigkeit in Metallgeld.

Währungsrelationen mehrerer metallener V e r k e h r s geldarten können festgestellt werden

1. durch Kassenkurstarifierung im Einzelfall (freie Parallelwährung),

2. durch periodische Tarifierung (periodisch tarifierte Parallelwährung),

3. durch legale Tarifierung für die Dauer (Plurametallismus, z. B.: Bimetallismus).

Bei Nr. 1 und 2 ist durchaus regelmäßig nur e i n Metall das regiminale und effektive Währungsmetall (im Mittelalter: Silber), das andere: Handelsmünze (Friedrichsd'or, Dukaten) mit Kassenkurs. Völlige Scheidung der spezifischen Verwertbarkeit von V e r k e h r s geld ist im modernen Geldwesen selten, war aber früher (China, Mittelalter) häufig.

2. Die Definition des Geldes als gesetzliches Zahlungsmittel und Geschöpf der „lytrischen" (Zahlmittel-)Verwaltung ist soziologisch nicht erschöpfend. Sie geht von der „Tatsache aus, daß es Schulden" gibt (G. F. Knapp), insbesondere Steuerschulden an die Staaten und Zinsschulden der Staaten. Für deren l e g a l e Ableistung ist das gleichbleibende Geld n o m i n a l e (mag auch der Geld s t o f f inzwischen geändert sein) oder, bei Wechsel des Nominale, die „historische Definition" maßgebend. Und darüber hinaus schätzt der e i n z e l n e heute die Geldnominaleinheit als aliquoten Teil seines Geldnominal e i n k o m m e n s, nicht: als chartales metallisches oder notales Stück.

Der Staat kann durch seine Gesetzgebung und der Verwaltungsstab desselben durch sein tatsächliches (regiminales) Verhalten f o r m a l in der Tat die geltende „Währung" des von ihm beherrschten Geldgebiets ebenfalls beherrschen.

Wenn er mit modernen Verwaltungsmitteln arbeitet. C h i n a z. B. konnte es nicht. Weder früher: dazu waren die „apozentrischen" und „epizentrischen" Zahlungen (Zahlungen „von" und „an" Staatskassen) zu unbedeutend im Verhältnis zum Gesamtverkehr. Noch neuerdings: es scheint, daß es Silber nicht zum

Sperrgeld mit Geldreserve machen konnte, da die Machtmittel gegen die dann ganz sichere Nachprägung nicht ausreichen.

Allein es gibt nicht n u r (schon bestehende) Schulden, sondern auch aktuell Tausch und Neukontrahierung von Schulden für die Zukunft. Dabei aber erfolgt die Orientierung primär an der Stellung des Geldes als T a u s c h m i t t e l — und das heißt: an der Chance, daß es von unbestimmten Arten zu bestimmten oder unbestimmt gedachten Gütern künftig in einer (ungefähr geschätzten) Preis r e l a t i o n in Abtausch werde genommen werden.

1. Zwar unter Umständen a u c h primär an der Chance, daß dringliche Schulden an den Staat oder Private mit dem Erlös abgetragen werden könnten. Doch darf dieser Fall hier zurückgestellt werden, denn er setzt „Notlage" voraus.
2. An d i e s e m Punkte b e g i n n t die Unvollständigkeit der im übrigen völlig „richtigen" und schlechthin glänzenden, für immer grundlegenden, „Staatlichen Theorie des Geldes" von G. F. K n a p p.

Der Staat seinerseits ferner begehrt das Geld, welches er durch Steuern oder andere Maßregeln erwirbt, zwar nicht n u r als Tauschmittel, sondern oft sehr stark auch zur Schuldzinsen-Zahlung. Aber seine G l ä u b i g e r wollen es dann eben doch als Tauschmittel verwenden und begehren es deshalb. Und fast stets begehrt es der Staat selbst auch, sehr oft aber: n u r als Tauschmittel für künftig auf dem Markt (verkehrswirtschaftlich) zu deckende staatliche Nutzleistungsbedürfnisse. Also ist die Zahlmittelqualität, so gewiß sie begrifflich zu sondern ist, doch nicht das Definitivum. Die Tausch c h a n c e eines Geldes zu bestimmten anderen Gütern, beruhend auf seiner Schätzung im Verhältnis zu Marktgütern, soll m a t e r i a l e Geltung (gegenüber 1. der f o r m a l e n, legalen, als Zahlmittel und 2. dem oft bestehenden legalen Zwang zur f o r m a l e n Verwendung eines Geldes als Tauschmittel) heißen. „Materiale" S c h ä t z u n g gibt es als feststellbare Einzeltatsache prinzipiell 1. nur im Verhältnis zu bestimmten A r t e n von Gütern und 2. für jeden e i n z e l n e n, als dessen Schätzung auf Grund des Grenznutzens des Geldes (je nach seinem Einkommen) für i h n. Dieser wird — wiederum für den einzelnen — natürlich durch Vermehrung des ihm verfügbaren Geldbestandes verschoben. Primär sinkt daher der Grenznutzen des Geldes für die Geldemissionsstelle (nicht nur, aber:), vor allem dann, wenn sie V e r w a l t u n g s g e l d schafft und „apozentrisch" als Tauschmittel verwendet oder als Zahlungsmittel aufdrängt. Sekundär für diejenigen Tauschpartner des Staats, in deren Händen infolge der ihnen (gemäß der gesunkenen Grenznutzenschätzung der Staatsverwaltung) bewilligten höheren Preise eine Vermehrung des Geldbestandes eintritt. Die so bei ihnen entstehende „Kaufkraft", — das heißt: der nunmehr bei diesen Geldbesitzern sinkende Grenznutzen des Geldes, — kann alsdann wiederum bei i h r e n Einkäufen die Bewilligung höherer Preise im Gefolge haben usw. Würde umgekehrt der Staat das bei ihm eingehende Notalgeld teilweise „einziehen", d. h. nicht wieder verwenden (und: vernichten), so müßte er seine Ausgaben entsprechend der für ihn nunmehr gestiegenen Grenznutzenschätzung seiner gesunkenen Geldvorräte einschränken, seine Preisangebote also entsprechend herabsetzen. Dann würde die genau umgekehrte Folge eintreten. Verkehrswirtschaftlich kann also (nicht nur, aber:) vor allem V e r w a l t u n g s g e l d in einem e i n z e l n e n Geldgebiet preisumgestaltend wirken.

Auf welche Güter überhaupt und in welchem Tempo, gehört nicht hierher.

3. Universell könnte eine Verbilligung und Vermehrung oder umgekehrt eine Verteuerung und Einschränkung der W ä h r u n g s m e t a l l-Beschaffung eine ähnliche Folge für a l l e betreffenden Verkehrsgeld-Länder haben. Monetäre und außermonetäre Verwendung der Metalle stehen nebeneinander. Aber nur bei Kupfer

7*

(China) war die außermonetäre Verwertung zeitweilig maßgebend für die Schätzung. Bei Geld ist die äquivalente Bewertung in der nominalen Gold-Geldeinheit abzüglich der Prägekosten so lang selbstverständlich, solange es inter valutarisches Zahlmittel und zugleich: in dem Geldgebiet führender Handelsstaaten Verkehrsgeld ist, wie heute. Bei Silber war und wäre es im gleichen Fall noch heute ebenso. Ein Metall, welches nicht inter valutarisches Zahlmittel, aber für einige Geldgebiete Verkehrsgeld ist, wird natürlich nominal gleich mit der dortigen nominalen Geldeinheit geschätzt, — aber diese ihrerseits hat eine je nach den Ergänzungs-Kosten und Quantitäten und je nach der sogenannten „Zahlungsbilanz" („pentapolisch") schwankende intervalutarische Relation. Dasjenige Edelmetall schließlich, welches universell zwar für regulierte (also: begrenzte) Verwaltungsgeldprägung verwendet wird, aber nicht Verkehrsgeld (sondern: Spargeld, s. den folgenden Paragraphen) ist, wird durchaus primär nach der außermonetären Schätzung bewertet. Die Frage ist stets: ob und wieviel des betreffenden Edelmetalls rentabel produziert werden kann. Bei voller Demonetisierung richtet sie sich lediglich nach der Relation der im intervalutarischen Zahlmittel geschätzten Geldkosten zu der außermonetären Verwendbarkeit. Im Fall der Verwendung als universelles Verkehrsgeld und intervalutarisches Zahlmittel natürlich nach der Relation der Kosten primär zu der monetären Verwendbarkeit. Im Fall endlich der Verwendung als partikuläres Verkehrsgeld oder als Verwaltungsgeld auf die Dauer nach derjenigen „Nachfrage", welche die Kosten, in dem intervalutarischen Zahlmittel ausgedrückt, ausgiebiger zu überbieten vermag. Dies wird bei partikulärer Verkehrsgeldverwendung auf die Dauer schwerlich die monetäre Verwendung sein, da die intervalutarische Relation des nur partikulären Verkehrsgeldgebiets sich auf die Dauer für dieses letztere zu senken die Tendenz haben wird und dies nur bei vollständiger Absperrung (China, Japan früher, jetzt: alle gegeneinander noch faktisch kriegsabgesperrten Gebiete) nicht auf die Inlandspreise zurückwirkt. Auch im Fall bloßer Verwertung als reguliertes Verwaltungsgeld würde diese fest begrenzte monetäre Verwertungsgelegenheit nur bei ungemein hoher Ausprägungsrate entscheidend mitspielen, dann aber — aus den gleichen Gründen wie im Fall partikulärer freier Prägung — ähnlich enden.

Der theoretische Grenzfall der Monopolisierung der gesamten Produktion und — monetären wie nicht-monetären — Verarbeitung des Geldmetalls (in China temporär praktisch geworden) eröffnet bei Konkurrenz mehrerer Geldgebiete und: bei Verwendung von Lohn arbeitern keine so neuen Perspektiven, wie vielleicht geglaubt wird. Denn wenn für alle apozentrischen Zahlungen das betreffende Metallgeld verwertet würde, so würde bei jedem Versuch, die Ausmünzung einzuschränken oder aber fiskalisch sehr hoch zu verwerten (ein bedeutender Gewinn wäre sehr wohl zu erzielen), das gleiche eintreten, wie es bei den hohen chinesischen Schlagschätzen geschah. Das Geld würde, zunächst, im Verhältnis zum Metall, sehr „teuer", daher die Bergwerksproduktion (bei Lohn arbeit) weitgehend unrentabel. Mit ihrer zunehmenden Einschränkung würde dann umgekehrt die Wirkung einer „Kontra-Inflation" („Kontraktion") eintreten und dieser Prozeß sich (wie in China, wo er zu zeitweiliger völliger Freigabe der Prägung geführt hat) bis zum Uebergang zu Geldsurrogaten und zur Naturalwirtschaft fortsetzen (wie dies in China die Folge war). Bei fortbestehender Verkehrs wirtschaft könnte also die lytrische Verwaltung auf die Dauer kaum grundsätzlich anders verfahren, wie wenn „freie Prägung" legal bestände, — nur daß nicht mehr „Interessenten"betrieb herrschte, über dessen Bedeutung später zu reden ist. Bei Vollsozialisierung andererseits wäre das „Geld"-Problem beseitigt und Edelmetalle schwerlich Gegenstände der Produktion.

4. Die Stellung der Edelmetalle als normale Währungsmetalle und Geldmaterialien ist zwar rein historisch aus ihrer Funktion als Schmuck und daher typisches Geschenkgut erwachsen, war aber neben ihrer rein technischen Qualität durch ihre Eigenschaft als spezifisch nach Wägung umgesetzter Güter bedingt. Ihre Erhaltung in dieser Funktion ist, da heute im Verkehr bei Zahlungen über etwa

100 M. Vorkriegswährung jedermann normalerweise mit N o t a l zahlmitteln (Banknoten vor allem) zahlte und Zahlung begehrte, nicht selbstverständlich, aber allerdings durch gewichtige Motive veranlaßt.

5. Auch die n o t a l e Geldemission ist in allen modernen Staaten nicht nur legal geordnet, sondern durch den Staat m o n o p o l i s i e r t. Entweder in Eigenregie des Staates oder in einer (oder einigen) privilegierten und durch oktroyierte Normen und durch Kontrolle staatlich reglementierten Emissionsstelle (N o t e n b a n k e n).

6. R e g i m i n a l e s Kurantgeld soll nur das von jenen Kassen f a k t i s c h jeweils aufgedrängte Geld heißen, anderes, faktisch nicht von jenen Kassen, dagegen im Verkehr zwischen Privaten kraft des formalen Rechts aufgedrängtes Währungsgeld soll a k z e s s o r i s c h e s Währungsgeld heißen. Geld, welches nach legaler Ordnung nur bis zu Höchstbeträgen im Privatverkehr aufgedrängt werden darf, soll S c h e i d e g e l d heißen.

Die Terminologie lehnt sich an Knappsche Begriffe an. Das Folgende erst recht.

„D e f i n i t i v e s" Kurantgeld soll das regiminale Kurantgeld, „p r o v i s o r i s c h e s" jedes tatsächlich (gleichviel bei welchen Kassen) jederzeit e f f e k t i v e durch Einlösung oder Umwechslung in solches umwandelbare Geld heißen.

7. Regiminales Kurantgeld muß natürlich auf die Dauer das gleiche wie e f f e k t i v e s, nicht also das etwa davon abweichende „offizielle", nur legal geltende, Kurantgeld sein. „Effektives" Kurantgeld ist aber, wie früher erörtert (§ 6 oben), entweder 1. freies Verkehrsgeld oder 2. unreguliertes oder 3. reguliertes Verwaltungsgeld. Die staatlichen Kassen zahlen nicht etwa nach ganz freien, an irgendeiner ihnen ideal scheinenden Geldordnung orientierten, Entschlüssen sondern verhalten sich so, wie es ihnen 1. eigene finanzielle, — 2. die Interessen mächtiger Erwerbsklassen oktroyieren.

Seiner chartalen Form nach kann effektives Währungsgeld sein:

A. M e t a l l g e l d. Nur Metallgeld k a n n freies Verkehrsgeld sein. Aber Metallgeld m u ß dies keineswegs sein.

Es ist:

I. f r e i e s V e r k e h r s g e l d dann, wenn die lytrische Verwaltung jedes Metallquantum Währungsmetall ausprägt oder in chartalen Stücken (Münzen) einwechselt: H y l o d r o m i e. Je nach der Art feinen Währungsmetalls herrscht dann effektive freie Geld-, Silber- oder Kupfer-Verkehrsgeldwährung. Ob die lytrische Verwaltung Hylodromien e f f e k t i v walten lassen kann, hängt nicht von ihrem freien Entschluß, sondern davon ab, ob Leute am Ausprägen i n t e r e s s i e r t sind.

a) Die Hylodromie kann also „offiziell" bestehen, ohne „effektiv" zu sein. Sie ist nach dem Gesagten trotz offiziellen Bestehens nicht effektiv:

aa) wenn für m e h r e r e Metalle tarifiert legale Hylodromie besteht (Plurametallismus), dabei aber eines (oder einige) dieser im Verhältnis zum jeweiligen Marktpreis des Rohmetalls zu n i e d r i g tarifiert ist (sind). Denn dann wird nur das jeweils zu hoch tarifierte Metall von Privaten zur Ausprägung dargeboten und von den Zahlenden zur Zahlung verwendet. Wenn sich die öffentlichen Kassen dem entziehen, so „staut" sich bei ihnen das zu niedrig tarifierte Geld so lange an, bis auch ihnen andere Zahlungsmittel nicht bleiben. Bei hinlänglicher Preissperrung können dann die Münzen aus dem zu niedrig tarifierten Metall eingeschmolzen oder nach Gewicht als Ware gegen Münzen des zu niedrig tarifierten Metalls verkauft werden;

bb) wenn die Zahlenden, insbesondere aber notgedrungen (s. aa) die staatlichen Kassen andauernd und massenhaft von dem ihnen formal zustehenden oder usurpierten Recht Gebrauch machen, ein anderes, metallenes oder notales Zahlungsmittel aufdrängen, welches nicht nur provisorisches Geld ist, sondern entweder 1. akzessorisch

oder 2. zwar provisorisch gewesen, aber infolge Zahlungsunfähigkeit der Einlösungs-
stelle n i c h t mehr einlöslich ist.

In dem Fall aa immer, in den Fällen bb Nr. 1 und namentlich 2 bei starkem und
anhaltendem Aufdrängen der akzessorischen bzw. nicht mehr effektiv provisorischen
Geldarten hört die frühere Hylodromie auf.

Im Fall aa tritt ausschließlich Hylodromie des übertarifierten Metalls, welches
nun allein freies Verkehrsgeld wird, auf, also: eine neue Metall-(Verkehrsgeld-)Wäh-
rung; in den Fällen bb wird das „akzessorische" Metall- bzw. das nicht mehr effektiv
provisorische Notal-Geld Währungsgeld (im Fall 1: Sperrgeld-, im Fall 2: Papiergeldwährung).

b) Die Hylodromie kann andererseits „effektiv" sein, o h n e „offiziell", kraft
Rechtssatz, zu gelten.

Beispiel: Die rein fiskalisch, durch Schlagschatz-Interessen, bedingte Konkurrenz der Münzherren des Mittelalters nur möglichst mit Münzmetall zu prägen,
obwohl eine f o r m e l l e Hylodromie noch nicht bestand. Die Wirkung war
trotzdem wenigstens ähnlich.

Monometallisches (je nachdem: Geld-, Silber- oder Kupfer-) Währungs r e c h t
wollen wir im Anschluß an das Gesagte den Zustand nennen, wo ein Metall l e g a l
hylodromisch ist, plurametallisches (je nachdem: bi- oder trimetallisches) Währungs-
r e c h t, wo l e g a l mehrere Metalle in fester Währungs r e l a t i o n hylodromisch
sein sollen, Parallelwährungs r e c h t, wo l e g a l mehrere Metalle o h n e feste
Währungs r e l a t i o n hylodromisch sein s o l l e n. Von „Währungsmetall" und
„Metall"- (je nachdem: Gold-, Silber-, Kupfer-, Parallel-) „Währung" soll nur für
dasjenige Metall jeweils geredet werden, welches e f f e k t i v hylodromisch, also:
effektiv „Verkehrsgeld" ist (Verkehrsgeldwährung).

„L e g a l" bestand Bimetallismus in allen Staaten des lateinischen Münzbundes
bis zur Einstellung der freien Silberprägung nach der deutschen Münzreform. E f f e k-
t i v e s Währungsmetall war i n a l l e r R e g e l — denn die Relationsstabili-
sierung hat so stark gewirkt, daß man die Aenderung sehr oft gar nicht bemerkte
und e f f e k t i v e r „Bimetallismus" herrschte — jeweils aber nur das des, nach
den jeweiligen Marktverhältnissen, jeweilig zu hoch tarifierten, daher allein hylodromischen, Metalls. Das Geld aus den anderen wurde: „akzessorisches Geld". (In
der Sache ganz mit K n a p p übereinstimmend.) „Bimetallismus" ist also — mindestens bei K o n k u r r e n z mehrerer autokephaler und autonomer Münzstätten —
als effektives Währungssystem stets nur ein transitorischer und im übrigen normalerweise ein rein „legaler", nicht effektiver Zustand.
D a ß das zu niedrig bewertete Metall nicht zur Prägestätte gebracht wird,
ist natürlich kein „regiminaler" (durch Verwaltungsmaßregeln herbeigeführter)
Zustand, sondern Folge der (nehmen wir an: veränderten) Marktlage und der fortbestehenden Relationsbestimmung. Freilich könnte die Geldverwaltung das Geld
als „Verwaltungsgeld" mit Verlust p r ä g e n, aber sie könnte es, da die außermonetäre Verwertung des Metalls lohnender ist, nicht im Verkehr h a l t e n.

§ 33. II. S p e r r g e l d soll jedes n i c h t hylodromisch metallische Geld
dann heißen, wenn es K u r a n t geld ist.
Sperrgeld läuft um entweder:
α. als „akzessorisches", d. h. in einem anderen Kurantgeld des gleichen Geldgebiets tarifiertes Geld,
αα) in einem anderen Sperrgeld,
ββ) in einem Papiergeld,
γγ) in einem Verkehrsgeld.
Oder es läuft um als:
β. „intervalutarisch orientiertes" Sperrgeld. Dies dann, wenn es zwar als e i n-
z i g e s Kurantgeld in seinem Geldgebiet umläuft, aber Vorkehrungen getroffen
sind, für Zahlungen in andern Geldgebieten das intervalutarische Zahlmittel (in

Barren- oder Münzform) verfügbar zu halten (i n t e r v a l u t a r i s c h e r R e -
s e r v e f o n d s): i n t e r v a l u t a r i s c h e S p e r r g e l d w ä h r u n g.

a) Partikuläres Sperrgeld soll Sperrgeld dann heißen, wenn es zwar einziges
Kurantgeld, aber n i c h t intervalutarisch orientiert ist.

Das Sperrgeld kann dann entweder ad hoc, beim Ankauf des intervalutarischen
Zahlmittels oder der „Devise", im Einzelfall, oder — für die zulässigen Fälle —
generell regiminal in dem intervalutarischen Zahlmittel tarifiert werden.
(Zu a und b): Valutarisch tarifiertes Sperrgeld waren die Taler und sind die
silbernen Fünffrankenstücke, beide „akzessorisch". „Intervalutarisch orientiert"
(an Gold) sind die silbernen holländischen Gulden (nachdem sie kurze Zeit nach der
Sperrung der Ausprägung „partikulär" gewesen waren), jetzt auch die Rupien;
„partikulär" würden nach der Münzordnung vom 24. V. 10 die chinesischen „Yuan"
(Dollars) so lange sein, als die im Statut n i c h t erwähnte Hylodromie wirklich
n i c h t bestehen sollte (eine intervalutarische Orientierung, wie sie die amerikanische
Kommission vorschlug, wurde abgelehnt). (Zeitweise waren es die holländischen
Gulden, s. oben.)

Bei Sperrgeld wäre die Hylodromie für die Edelmetallbesitzer privatwirtschaftlich sehr lohnend. Trotzdem (und: eben deshalb) ist die Sperrung verfügt, damit
nicht, bei Einführung der Hylodromie des bisherigen Sperrgeldmetalls, die Hylodromie des nunmehr in ihnen in zu niedriger Relation tarifierten andern Metalls als
unrentabel aufhört und der monetäre Bestand des aus diesem Metall hergestellten,
nunmehr o b s t r u i e r t e n Sperrgeldes (s. gleich) zu außermonetären, rentableren,
Zwecken verwendet werde. Der Grund, weshalb dies zu vermeiden getrachtet wird,
ist bei rationaler lytrischer Verwaltung: daß dies andere Metall intervalutarisches
Zahlmittel ist.

b) Obstruiertes Verkehrsgeld soll Sperrgeld (also: Kurantgeld) dann heißen,
wenn gerade umgekehrt wie bei a die freie Ausprägung zwar legal besteht, privatwirtschaftlich aber unrentabel ist und deshalb tatsächlich unterbleibt. Die Unrentabilität beruht dann auf entweder:

α. einer im Verhältnis zum Marktpreis zu ungünstigen Währungsrelation des
Metalls zum Verkehrsgeld, oder

β. zu Papiergeld.

Derartiges Geld ist einmal Verkehrsgeld gewesen, aber entweder

bei α: bei Plurametallismus Aenderungen der Marktpreisrelation, — oder

bei β: bei Mone- oder Plurametallismus Finanzkatastrophen, welche die Me-
tallgeldzahlung den staatlichen Kassen unmöglich machten und sie nötigten, notales
Geld aufzudrängen und dessen Einlösung zu sistieren, haben die privatwirtschaftliche
Möglichkeit effektiver Hylodromie unmöglich gemacht. Das betreffende Geld wird
(mindestens rational) nicht mehr im Verkehr verwendet.

c) Außer Sperr k u r a n t geld (hier allein „Sperrgeld" genannt) kann es ge-
sperrtes metallenes S c h e i d e g e l d geben, d. h. Geld mit einem auf einen „kriti-
schen" Betrag begrenzten Annahmezwang als Zahlmittel. Nicht notwendig, aber
regelmäßig ist es dann im Verhältnis zu den Währungsmünzen absichtlich „unter-
wertig" ausgeprägt (um es gegen die Gefahr des Einschmelzens zu bewahren) und
dann meist (nicht: immer): provisorisches Geld, d. h. einlösbar bei bestimmten
Kassen.

Der Fall gehört der alltäglichen Erfahrung an und bietet kein besonderes Interesse.

Alles Scheidegeld und sehr viele Arten von metallischem Sperrgeld stehen dem
rein n o t a l e n (heute: Papier-) Geld in ihrer Stellung im Geldwesen nahe und
sind von ihm nur durch die immerhin e t w a s ins Gewicht fallende anderweitige
Verwertbarkeit des Geldstoffs verschieden. Sehr nahe steht metallisches Sperrgeld

den Umlaufsmitteln dann, wenn es „provisorisches Geld" ist, wenn also hinlängliche
Vorkehrungen zur Einlösung in Verkehrsgeld getroffen sind.

§ 34. B. N o t a l e s G e l d ist natürlich s t e t s : Verwaltungsgeld. Für
eine soziologische Theorie ist stets, genau die U r k u n d e bestimmter chartaler
Formen (einschließlich des Aufdrucks bestimmten formalen S i n n e s) das „Geld",
nie: die etwaige — keineswegs notwendig — wirklich durch sie repräsentierte „Forderung" (die ja bei reinem uneinlöslichen Papiergeld völlig fehlt).
     Es kann formal rechtlich eine, offiziell, einlösliche Inhaberschuldurkunde:
          a) eines Privaten (z. B. im 17. Jahrhundert in England eines Goldschmieds),
          b) einer privilegierten B a n k (Banknoten),
          c) eines politischen Verbandes (Staatsnoten)
sein. Ist es „effektiv" einlöslich, also nur Umlaufsmittel, und also „provisorisches
Geld", so kann es sein:
          1. voll gedeckt: Zertifikat,
          2. nur nach Kassenbedarf gedeckt: Umlaufsmittel.
Die Deckung kann geordnet sein:
          α. durch pensatorisch normierte Metallbestände (Bankowährung),
          β. durch Metallgeld.
     Primär e m i t t i e r t worden ist notales Geld ganz regelmäßig als p r o v i -
s o r i s c h e s (einlösbares) Geld, und zwar in modernen Zeiten typisch als U m -
l a u f s m i t t e l , fast immer als: B a n k n o t e , daher durchweg auf schon
vorhandene Nominale von Metallwährungen lautend.

     1. Natürlich gilt der erste Teil des letzten Satzes nicht in Fällen, wo eine notale
Geldart durch eine neue ersetzt wurde, Staatsnoten durch Banknoten oder umgekehrt. Aber dann ist eben keine p r i m ä r e Emission vorhanden.
     2. Zum Eingangssatz von B: Gewiß kann es Tausch- und Zahlmittel geben,
die n i c h t chartal, also weder Münzen noch Urkunden noch andere sachliche
Objekte sind: das ist ganz zweifellos. Aber diese wollen wir dann nicht „Geld",
sondern — je nachdem — „Rechnungseinheit" oder wie immer ihre Eigenart dies
nahelegt, nennen. Dem „Gelde" ist eben dies charakteristisch: daß es an Q u a n t i -
t ä t e n von chartalen A r t e f a k t e n gebunden ist, — eine ganz und gar nicht
„nebensächliche" und nur „äußerliche" Eigenschaft.

     Im Fall der faktischen S i s t i e r u n g der Einlösung von bisher provisorischem
Gelde ist zu unterscheiden, ob dieselbe von dem Interessenten eingeschätzt wird: —
„gilt":
          a) als eine transitorische Maßregel, —
          b) als für absehbare Zeit definitiv.
     Im ersten Fall p f l e g t sich, da ja Metallgeld oder Metallbarren zu allen inter-
valutarischen Zahlungen gesucht sind, ein „Disagio" der notalen Zahlmittel gegen
die im Nominal gleichen metallischen einzustellen; doch ist dies nicht unbedingt
notwendig und das Disagio pflegt (aber auch dies wiederum: nicht notwendig, da
jener Bedarf ja sehr akut sein kann) mäßig zu sein.
     Im zweiten Fall entwickelt sich nach einiger Zeit definitive („autogenische")
P a p i e r g e l d w ä h r u n g . Von „Disagio" kann man dann nicht mehr sprechen,
sondern (historisch!) von „Entwertung".

     Denn es ist dann sogar möglich, daß das Währungsmetall jenes früheren, jetzt
des obstruierten Verkehrsgeldes, auf welches die Noten ursprünglich lauteten, aus
gleichviel welchen Gründen auf dem Markt sehr stark im Preise gegenüber den intervalutarischen Zahlungsmitteln sinkt, die Papierwährung aber in geringem Grade.
Was die Folge haben muß (und in Oesterreich und Rußland gehabt hat): daß schließlich die frühere Nominal g e w i c h t s einheit (Silber) zu einem „geringeren" No-
minalbetrag in den inzwischen „autogenisch" gewordenen Noten käuflich war. Das
ist völlig verständlich. Wenn also auch das Anfangsstadium der reinen Papierwährung
intervalutarisch wohl ausnahmslos eine N i e d r i g e r bewertung der Papiernominale

gegenüber der gleichnamigen Silbernominale bedeutete, — weil sie stets Folge von aktueller Zahlungsunfähigkeit ist, — so hing z. B. in Oesterreich und Rußland die weitere Entwicklung doch 1. von den intervalutarisch sich entwickelnden sog. „Zahlungsbilanzen", welche die Nachfrage des Auslands nach einheimischen Zahlmitteln bestimmen, — 2. von dem M a ß der Papiergeldemissionen, — 3. von dem Erfolg der Emissionsstelle: intervalutarische Zahlungsmittel zu beschaffen (der sog. „Devisenpolitik") ab. Diese drei Momente k o n n t e n und können sich so gestalten und gestalteten sich in diesem Fall so, daß die Schätzung des betreffenden Papiergelds im „Weltmarktverkehr", d. h. in seiner Relation zum intervalutarischen Zahlmittel (heute: G e l d) sich im Sinn zunehmend stabiler, zeitweise wieder: steigender Bewertung entwickelte, während das frühere Währungsmetall aus Gründen a) der vermehrten und verbilligten Silberproduktion, — b) der zunehmenden Demonetialisierung des Silbers zunehmend im Preise, am Gold gemessen, sank. Eine e c h t e („autogenische") Papierwährung ist eben eine solche, bei welcher auf eine effektive „R e s t i t u t i o n" der a l t e n Einlösungsrelation in Metall gar nicht mehr gezählt wird.

§ 35. Daß die Rechtsordnung und Verwaltung des Staats die f o r m a l e legale und auch die formale regiminale Geltung einer Geldart als „Währung" im Gebiet ihrer Zwangsgewalt heute bewerkstelligen kann, falls s i e s e l b s t in dieser Geldart überhaupt z a h l u n g s f ä h i g bleibt, ist richtig. Sie bleibt es n i c h t mehr, sobald sie eine bisher „akzessorische" Geldart oder „provisorische" zu freiem Verkehrsgeld (bei Metallgeld) oder zu autogenem Papiergeld (bei Notalgeld) werden läßt, weil dann d i e s e Geldarten sich bei ihr so lange aufstauen, bis sie selbst nur noch über sie verfügt, also sie bei Zahlungen aufdrängen m u ß.

Von Knapp richtig als das normale Schema der „obstruktionalen" Währungsänderung dargelegt.

Damit ist aber natürlich über dessen m a t e r i a l e Geltung, d. h. darüber: in welcher Tausch r e l a t i o n es zu anderen, n a t u r a l e n Gütern genommen wird, noch nichts gesagt, also auch nicht darüber: ob und wieweit die Geldverwaltung darauf Einfluß gewinnen kann. Daß die politische Gewalt durch Rationierungen des Konsums, Produktionskontrolle und Höchst- (natürlich auch: Mindest-) Preis-Verordnungen weitgehend auch darauf Einfluß nehmen kann, s o w e i t e s s i c h u m i m I n l a n d s c h o n v o r h a n d e n e o d e r i m I n l a n d h e r g e s t e l l t e Güter (u n d: A r b e i t s l e i s t u n g e n i m I n l a n d) handelt, ist ebenso erfahrungsmäßig beweisbar wie: daß dieser Einfluß auch da seine höchst fühlbaren Grenzen hat (worüber anderwärts). Jedenfalls aber sind solche Maßnahmen ersichtlich nicht solche der G e l d verwaltung.

Die modernen rationalen Geldverwaltungen stecken sich vielmehr, der Tatsache nach, ein ganz anderes Ziel: die materiale Bewertung der Inlandswährung in a u s l ä n d i s c h e r W ä h r u n g, den „Valutakurs" genannten Börsenpreis der fremden Geldsorten also zu beeinflussen, und zwar, in aller Regel, zu „befestigen", d. h. möglichst stetig (unter Umständen: möglichst h o c h) zu halten. Neben Prestige- und politischen Machtinteressen sind dabei Finanzinteressen (bei Absicht k ü n f t i g e r Auslandsanleihen), außerdem die Interessen sehr mächtiger Erwerbsinteressenten: der Importeure, der mit fremden Rohstoffen arbeitenden Inlandsgewerbe, endlich Konsuminteressen der Auslandsprodukte begehrenden Schichten maßgebend. „Lytrische Politik" ist unstreitig heute, der Tatsache nach, p r i m ä r intervalutarische Kurspolitik.

Auch dies und das Folgende d u r c h a u s gemäß Knapp. Das Buch ist formell und inhaltlich eines der größten Meisterstücke deutscher schriftstellerischer Kunst und wissenschaftlicher Denkschärfe. Die Augen fast aller Fachkritiker aber waren auf die (relativ wenigen, freilich nicht ganz unwichtigen) b e i s e i t e gelassenen Probleme gerichtet.

Während England s. Z. noch vielleicht halb widerwillig in die Goldwährung hineingeriet, weil das als Währungsstoff gewünschte Silber in der Währungsrelation zu niedrig tarifiert war, sind a l l e anderen modern organisierten und g e o r d - n e t e n Staaten unzweifelhaft d e s h a l b entweder zur reinen Goldwährung oder zur Goldwährung mit akzessorischem Silbersperrgeld, oder zur Sperrgeldsilber- währung oder regulierten Notalwährung mit (in beiden Fällen) einer auf G o l d - beschaffung für Auslandszahlungen gerichteten lytrischen Politik übergegangen, um eine möglichst feste intervalutarische Relation zum englischen Goldgeld zu erhalten. Fälle des Uebergangs zur reinen Papierwährung sind n u r im Gefolge politischer Katastrophen, als eine Form der Abhilfe gegen die eigene Zahlungsunfähigkeit im bisherigen Währungsgeld aufgetreten, — so jetzt massenhaft.

Es scheint nun richtig, daß für jenen intervalutarischen Zweck (fester Kurs heute: gegen Gold) nicht ausschließlich die eigene effektive Gold-Hylodromie (Chryso- dromie) das mögliche Mittel ist. Auch das Münzpari chrysodromer chartaler Münz- sorten k a n n aktuell sehr heftig erschüttert werden, — wenn auch die Chance, eventuell durch Versendung und Umprägung von Geld intervalutarische Zahlungs- mittel für Leistungen vom ausländischen Verkehr zu erlangen, durch eigene Chryso- dromie immerhin sehr stark erleichtert wird und, solange diese besteht, nur durch natürliche Verkehrsobstruktion oder durch Goldausfuhrverbot z e i t w e i s e stark gestört werden kann. Andererseits kann aber erfahrungsgemäß unter n o r m a l e n Friedensverhältnissen recht wohl auch ein Papierwährungsgebiet mit geordnetem Rechtszustand, günstigen Produktionsbedingungen und planvoll auf Geldbeschaffung für Auslandszahlungen gerichteter lytrischer Politik einen leidlich stabilen „Devisen- kurs" erreichen, — wenn auch, ceteris paribus, mit merklich höheren Opfern für: die Finanzen, oder: die Goldbedürftigen. (Ganz ebenso läge es natürlich, wenn das intervalutarische Zahlungsmittel Silber wäre, also „Argyrodromie" in den Haupt- handelsstaaten der Welt herrschte.)

§ 36. Die typischen elementarsten Mittel der intervalutarischen lytrischen Politik (deren Einzelmaßnahmen sonst hier nicht erörtert werden können) sind:
I. in Gebieten mit Gold-Hylodromie:
1. Deckung der nicht in bar gedeckten Umlaufsmittel prinzipiell durch W a r e n - W e c h s e l , d. h. Forderungen über verkaufte Waren, aus welchen „sichere" Per- sonen (bewährte Unternehmer) haften, unter Beschränkung der auf e i g e n e s Risiko gehenden Geschäfte der Notenbanken tunlichst auf diese und auf Warenpfand- geschäfte, Depositenannahme- und, daran anschließend, Girozahlungsgeschäfte, endlich: Kassenführung für den Staat; —
2. „Diskontpolitik" der Notenbanken, d. h. Erhöhung des Zinsabzugs für an- gekaufte Wechsel im Fall der Chance, daß die Außenzahlungen einen Bedarf nach Goldgeld ergeben, der den einheimischen Goldbestand, insbesondere den der Noten- bank, mit Ausfuhr bedroht, — um dadurch Auslandsgeldbesitzer zur Ausnutzung dieser Zinschance anzuregen und Inlandsinanspruchnahme zu erschweren.
II. in Gebieten mit nicht goldener Sperrgeldwährung oder mit Papierwährung:
1. Diskontpolitik wie bei Nr. I, 2, um zu starke Kreditinanspruchnahme zu hemmen; außerdem:
2. Gold p r ä m i e n politik, — ein Mittel, welches auch in Goldwährungsgebieten mit akzessorischem Silbersperrgeld häufig ist, —
3. planvolle Gold a n k a u f s politik und planvolle Beeinflussung der „Devisen- kurse" durch eigene Käufe oder Verkäufe von Auslandswechseln.

Diese zunächst rein „lytrisch" orientierte Politik kann aber in eine materiale Wirtschafts r e g u l i e r u n g umschlagen.

Die Notenbanken k ö n n e n , durch ihre große Machtstellung innerhalb der K r e d i t gebenden Banken, welche in sehr vielen Fällen ihrerseits auf den Kredit der Notenbank angewiesen sind, dazu beitragen, die Banken zu veranlassen: den „Geldmarkt", d. h. die Bedingungen kurzfristigen (Zahlungs- und Betriebs-) Kredits einheitlich zu regulieren und von da aus zu einer planmäßigen Regulierung des Erwerbskredits, dadurch aber: der Richtung der Gütererzeugung, fortzuschreiten: die bisher am stärksten einer „Planwirtschaft" sich annähernde Stufe kapitalistischer, formal valutaristischer, m a t e r i a l e r Ordnung des Wirtschaftens innerhalb des Gebiets des betreffenden politischen Verbandes.

Diese vor dem Kriege typischen Maßregeln bewegten sich alle auf dem Boden einer Geldpolitik, die p r i m ä r von dem Streben nach „B e f e s t i g u n g", also Stabilisierung, w e n n aber eine Aenderung gewünscht wurde — (bei Ländern mit Sperrgeld- oder Papierwährung) am ehesten: langsame Hebung, des intervalutarischen Kurses ausging, also letztlich an dem hylodromischen Geld des größten Handelsgebiets orientiert war. Aber es treten an die Geldbeschaffungsstellen auch mächtige Interessenten heran, welche durchaus entgegengesetzte Absichten verfolgen. Sie wünschen eine lytrische Politik, welche

1. den intervalutarischen Kurs des eigenen Geldes s e n k t e, um Exportchancen für Unternehmer zu schaffen, und welche

2. durch V e r m e h r u n g der Geldemissionen, also: Argyrodromie neben (und das hätte bedeutet: s t a t t) Chrysodromie und eventuell: planvolle Papiergeldemissionen die Austauschrelation des Geldes gegen Inlandsgüter s e n k t, was dasselbe ist: den Geld-(Nominal-)Preis der Inlandsgüter s t e i g e r t. Der Zweck war: Gewinnchancen für die erwerbsmäßige Herstellung solcher Güter, deren Preishebung, berechnet in Inlandnominalen, als wahrscheinlich s c h n e l l s t e Folge der Vermehrung des Inlandgeldes und damit seiner Preissenkung in der intervalutarischen Relation angesehen wurde. Der beabsichtigte Vorgang wird als „I n f l a t i o n" bezeichnet.

Es ist nun einerseits:

1. zwar (der Tragweite nach) nicht ganz unbestritten, aber sehr wahrscheinlich: daß auch bei (jeder Art von) Hylodromie im Fall s e h r starker Verbilligung und Vermehrung der Edelmetallproduktion (oder des billigen Beuteerwerbs von solchen) eine fühlbare T e n d e n z zu einer Preishebung wenigstens für v i e l e, vielleicht: in verschiedenem Maß für alle, Produkte in den Gebieten mit Edelmetallwährung entstand. Andererseits steht als unbezweifelte T a t s a c h e fest:

2. daß lytrische Verwaltungen in Gebieten mit (autogenischem) Papiergeld, in Zeiten schwerer finanzieller Not (insbesondere: Krieg) in aller Regel ihre Geldemissionen lediglich an ihren finanziellen Kriegsbedürfnissen orientieren. Ebenso steht freilich fest, daß Länder mit Hylodromie oder mit metallischem Sperrgeld in solchen Zeiten nicht nur — was nicht notwendig zu einer dauernden Währungsänderung führte — die Einlösung ihrer notalen Umlaufmittel zu sistieren, sondern ferner auch durch rein finanziell (wiederum: kriegsfinanziell) orientierte Papiergeldemissionen zur definitiven reinenPapierwährung übergingen und dann das akzessorisch gewordene Metallgeld infolge der Ignorierung seines Agio bei der Tarifierung im Verhältnis zum Papiernominale lediglich außermonetär verwertet werden konnte und also monetär verschwand. Endlich steht fest: daß in Fällen eines solchen Wechsels zur r e i n e n Papierwährung und hemmungslosen Papiergeldemission der Zustand der Inflation mit allen Folgen tatsächlich in kolossalem Umfang eintrat.

Beim Vergleich aller dieser Vorgänge (1 und 2) zeigt sich:

A. Solange freies Metall-Verkehrsgeld besteht, ist die Möglichkeit der „Inflation" eng begrenzt:

1. „mechanisch" dadurch: daß das jeweilig für monetäre Zwecke erlangbare Quantum des betreffenden Edelmetalls, wenn auch in elastischer Art, so doch letztlich fest b e g r e n z t ist, —

2. ökonomisch (normalerweise) dadurch: daß die Geldschaffung lediglich auf Initiative von privaten I n t e r e s s e n t e n erfolgt, also das Ausprägungsbegehren an Zahlungsbedürfnissen der m a r k t orientierten Wirtschaft orientiert ist.

3. Inflation ist dann n u r durch Verwandlung bisherigen Metall-S p e r r g e l d e s (z. B. heute: Silbers in den Goldwährungsländern) in freies Verkehrsgeld

möglich, in dieser Form allerdings bei stark verbilligter und gesteigerter Produktion
des Sperrgeldmetalls sehr weitgehend.

4. Inflation mit U m l a u f s m i t t e l n ist n u r als sehr langfristige, allmähliche Steigerung des Umlaufs durch Kreditstundung denkbar, und zwar elastisch,
aber letztlich doch fest durch die Rücksicht auf die Solvenz der Notenbank begrenzt.
Akute Inflationschance liegt hier n u r bei Insolvenzgefahr der Bank vor, also
normalerweise wiederum: bei kriegsbedingter Papiergeldwährung.

> Sonderfälle, wie die durch Kriegsexporte bedingte „Inflation" Schwedens mit
> G o l d sind so besonders gelagert, daß sie hier beiseite gelassen werden.

B. Wo einmal autogenische P a p i e r w ä h r u n g besteht, ist die Chance
vielleicht nicht immer der Inflation selbst, — denn im Krieg gehen fast alle Länder
bald zur Papierwährung über, — wohl aber meist der E n t f a l t u n g d e r F o l -
g e n der Inflation immerhin merklich größer. Der Druck finanzieller Schwierigkeiten und die i n f o l g e der Inflationspreise gestiegenen Gehalt- und Lohnfor-
derungen und sonstigen Kosten begünstigt recht fühlbar die Tendenz der Finanzverwaltung, auch o h n e absoluten Zwang der Not und trotz der Möglichkeit, sich
durch starke Opfer ihnen zu entziehen, die Inflation weiter fortzusetzen. Der Unterschied ist — wie die Verhältnisse der Entente einerseits, Deutschlands zweitens,
Oesterreichs und Rußlands drittens zeigen, — gewiß nur ein quantitativer, aber
immerhin doch fühlbar.

Lytrische Politik k a n n also, insbesondere bei akzessorischem Metallsperrgeld
oder bei Papierwährung auch I n f l a t i o n s p o l i t i k (sei es plurametallistische
oder sei es „papieroplatische") sein. Sie ist es in einem am intervalutarischen Kurs
relativ so wenig interessierten Lande, wie Amerika, eine Zeitlang in ganz n o r m a -
l e n Zeiten ohne alles und jedes Finanzmotiv wirklich gewesen. Sie ist es heute
unter dem Druck der Not in nicht wenigen Ländern, welche die Kriegszahlmittel-
inflation über sich ergehen ließen, nach dem Krieg g e b l i e b e n. Die T h e o r i e
der Inflation ist hier nicht zu entwickeln. Stets bedeutet sie zunächst eine besondere
Art der Schaffung von Kaufkraft bestimmter Interessenten. Es soll nur festgestellt
werden: daß die m a t e r i a l planwirtschaftliche rationale Leitung der lytrischen
Politik, die scheinbar bei Verwaltungsgeld, vor allem Papiergeld, weit l e i c h t e r
zu entwickeln wäre, doch gerade besonders leicht (vom Standpunkt der Kursstabili-
sierung aus) irrationalen Interessen dient.

Denn f o r m a l e verkehrswirtschaftliche Rationalität der lytrischen Politik
und damit: des Geldwesens könnte, entsprechend dem bisher durchgehend festgehaltenen Sinn, nur bedeuten: die Ausschaltung von solchen Interessen, welche entweder 1. nicht m a r k t orientiert sind, — wie die finanziellen, — oder 2. nicht an
tunlichster Erhaltung stabiler intervalutarischer Relationen als optimale Grundlage
rationaler K a l k u l a t i o n interessiert sind, — sondern im Gegenteil an jener
bestimmten Art der Schaffung von „Kaufkraft" jener Kategorien von Interessenten
durch das Mittel der Inflation und ihrer Erhaltung auch o h n e Zwang der Finanzen.
Ob dieser letzte Vorgang zu begrüßen oder zu tadeln ist, ist natürlich keine empirisch
zu beantwortende Frage. Aber sein empirisches Vorkommen steht fest. Und darüber
hinaus: eine an m a t e r i a l e n sozialen Idealen orientierte Anschauung kann sehr
wohl gerade die Tatsache: daß die Geld- und Umlaufsmittelschaffung in der Verkehrswirtschaft Angelegenheit des nur nach „Rentabilität" fragenden I n t e r e s s e n -
t e n betriebs ist, nicht aber orientiert ist an der Frage nach dem „richtigen" Geld-
quantum und der „richtigen" Geldart, zum Anlaß der Kritik nehmen. Nur das
V e r w a l t u n g s geld kann man, würde sie mit Recht argumentieren, „beherrschen", n i c h t: das Verkehrsgeld. Also ist ersteres, vor allem aber: das billig in
beliebigen Mengen und Arten zu schaffende Papiergeld, das spezifische Mittel, ü b e r -
h a u p t Geld unter — gleichviel welchen — m a t e r i a l rationalen Gesichts-

punkten zu schaffen. Die Argumentation, — deren Wert gegenüber der Tatsache, daß „Interessen" der einzelnen, nicht „Ideen" einer Wirtschaftsverwaltung, künftig wie heut die Welt beherrschen werden, natürlich ihre Schranken hat, ist doch formal logisch schlüssig. Damit aber ist der mögliche Widerstreit der (im hier festgehaltenen Sinn) f o r m a l e n und der (gerade für eine von jeder hylodromischen Rücksicht auf das Metall völlig gelösten lytrischen Verwaltung theoretisch konstruierbaren) m a t e r i a l e n Rationalität auch an diesem Punkt gegeben; und darauf allein kam es an.

Ersichtlich sind diese gesamten Auseinandersetzungen eine freilich n u r in diesem Rahmen gehaltene und auch innerhalb seiner höchst summarischen, alle Feinheiten ganz beiseite lassenden Diskussion mit G. F. K n a p p s prachtvollem Buch: „Staatliche Theorie des Geldes" (1. Aufl. 1905, inzwischen 2. Aufl.). Das Werk ist s o f o r t , entgegen seiner Absicht, aber vielleicht nicht ganz ohne seine Schuld, für W e r t u n g e n ausgeschlachtet und natürlich besonders von der „papieroplatischen" lytrischen Verwaltung Oesterreichs stürmisch begrüßt worden. Die Ereignisse haben der Knappschen T h e o r i e in keinem Punkte „Unrecht" gegeben, wohl aber gezeigt, was ohnehin feststand: daß sie allerdings nach der Seite der m a t e r i a l e n Geldgeltung unvollständig ist. Dies soll nachfolgend etwas näher begründet werden.

E x k u r s ü b e r d i e s t a a t l i c h e T h e o r i e d e s G e l d e s .

Knapp weist siegreich nach: daß jede so wohl unmittelbar staatliche als staatlich regulierte „lytrische" (Zahlmittel-)Politik der letzten Zeit beim Bestreben zum Uebergang zur Goldwährung oder einer ihr möglichst nahestehenden, indirekt chrysodromischen, Währung „exodromisch": durch Rücksicht auf den Valutakurs der eigenen in fremder, vor allem: e n g l i s c h e r , Währung, bestimmt war. Wegen des „Münzparis" mit dem größten Handelsgebiet und dem universellsten Zahlungsvermittler im Weltverkehr, dem Goldwährungslande England demonetisierte zuerst Deutschland das Silber, verwandelten dann Frankreich, die Schweiz und die anderen Länder des „Münzbundes", ebenso Holland, schließlich Indien, ihr bis dahin als freies Verkehrsgeld behandeltes Silber in Sperrgeld und trafen weiterhin indirekt chrysodromische Einrichtungen für Außenzahlungen, taten Oesterreich und Rußland das gleiche, trafen die „lytrischen" Verwaltungen dieser Geldgebiete mit „autogenischem" (nicht einlöslichem, also selbst als Währung fungierendem) Papiergeld ebenfalls indirekt chrysodromische Maßregeln, um wenigstens ins Ausland tunlichst jederzeit in Gold zahlen zu können. Auf den (tunlichst) f e s t e n intervalutarischen K u r s allein also kam es ihnen in der Tat an. Deshalb meint Knapp: n u r diese Bedeutung habe die Frage des Währungsstoffs und der Hylodromie überhaupt. Diesem „exodromischen" Zweck aber genügten, schließt er, jene anderen indirekt chrysodromischen Maßregeln (der Papierwährungsverwaltungen) e b e n s o wie die direkt hylodromischen Maßregeln (siehe Oesterreich und Rußland!). Das ist zwar — ceteris paribus — für die Hylodromien keineswegs u n b e d i n g t wörtlich richtig. Denn solange keine gegenseitigen Münzausfuhrverbote zwischen zwei gleichsinnig hylodromischen (entweder beide chryso- oder beide argyrodromischen) Währungsgebieten bestehen, e r l e i c h t e r t dieser Tatbestand der gleichsinnigen Hylodromie die Kursbefestigung doch unzweifelhaft ganz erheblich. Aber soweit es wahr ist — und es ist unter normalen Verhältnissen in der Tat weitgehend wahr —, beweist es doch noch nicht: daß bei der Wahl des „Hyle" (Stoff) des Geldes, heute also vor allem der Wahl einerseits zwischen metallischem (heute vor allem: goldenem oder silbernem Geld) und andererseits notalem Gelde (die Spezialitäten des Bimetallismus und des Sperrgeldes, die früher besprochen sind, lassen wir jetzt füglich einmal beiseite) n u r jener Gesichtspunkt in Betracht kommen k ö n n e . Das hieße: daß Papierwährung im übrigen der metallischen Währung g l e i c h a r t i g fungiere. Schon formell ist der Unterschied bedeutend: Papiergeld ist s t e t s das, was Metallgeld nur sein k a n n , nicht: sein m u ß , „Verwaltungsgeld"; Papiergeld k a n n (sinnvollerweise!) nicht hylodromisch sein. Der Unterschied zwischen „entwerteten" Assignaten und künftig vielleicht, bei universeller Demonetisation, einmal ganz zum industriellen Rohstoff „entwerteten" Silber ist nicht gleich Null (wie übrigens auch Knapp gelegentlich zugibt). Papier war und ist gerade jetzt (1920) so gewiß wenig wie ein Edelmetall ein „beliebig" jederzeit vorrätiges Gut. Aber der Unterschied 1. der objektiven Beschaffungsmöglichkeit und 2. der K o s t e n der Beschaffung im Verhältnis zum in Betracht kommenden B e d a r f ist dennoch so kolossal, die

Metalle sind an die gegebenen Borgvorkommnisse immerhin relativ s o stark gebunden, daß er den Satz gestattet: Eine „lytrische" Verwaltung k o n n t e (vor dem Kriege!) papierenes Verwaltungsgeld (verglichen sogar mit kupfernem — China —, vollends: mit silbernem, erst recht: mit goldenem) unter allen normalen Verhältnissen wirklich j e d e r z e i t , wenn sie den Entschluß faßte, in (relativ) „beliebig" großen Stück-Quantitäten herstellen. Und mit (relativ) winzigen „Kosten". V o r a l l e m : in r e i n nach Ermessen bestimmter n o m i n a l e r Stückelung, also: in b e l i e b i - g e n , mit dem Papierquantum außer Zusammenhang stehenden N o m i n a l - beträgen. Das letztere w a r offenbar bei m e t a l l i s c h e m Gelde überhaupt nur in Scheidegeldform, also n i c h t e n t f e r n t in gleichem Maß und Sinn der Fall. Bei Währungsmetall nicht. Für dieses war die Quantität der Währungsmetalle eine elastische, aber doch schlechthin „unendlich" viel f e s t e r e Größe als die der Papierherstellungsmöglichkeit. Also schuf sie Schranken. Gewiß: w e n n sich die lytrische Verwaltung ausschließlich exodromisch, am Ziel des (möglichst) festen K u r s e s orientierte, d a n n hatte sie gerade bei der Schaffung notalen Geldes wenn auch keine „technischen", so doch n o r m a t i v fest gegebene Schranken: das würde Knapp wohl einwenden. Und darin hätte er formal — aber eben nur for-mal — recht. Wie stand es mit „autogenischem" Papiergeld? Auch da, würde Knapp sagen, die gleiche Lage (siehe Oesterreich und Rußland): „Nur" die technisch-„m e c h a n i s c h e n " Schranken der Metallknappheit fehlten. War das bedeutungs-los? Knapp ignoriert die Frage. Er würde wohl sagen, daß „gegen den Tod" (einer Währung) „kein Kraut gewachsen ist". Nun aber gab und g i b t es (denn wir wollen von der momentanen absoluten Papierherstellungsobstruktion hier einmal absehen) unstreitig s o w o h l 1. eigene Interessen der Leiter der p o l i t i s c h e n Verwal-tung — die auch Knapp als Inhaber oder Auftraggeber der „lytrischen" Verwaltung voraussetzt —, wie 2. auch p r i v a t e Interessen, welche beide keineswegs p r i - m ä r an der Erhaltung des „festen Kurses" interessiert, oft sogar — pro tempore wenigstens — geradezu d a g e g e n interessiert sind. Auch sie können — im eigenen Schoß der politisch-lytrischen Verwaltung oder durch einen starken Druck von In-teressenten auf sie, wirksam auf den Plan treten und „Inflationen" — das würde für Knapp (der den Ausdruck streng vermeidet) nur heißen dürfen: a n d e r s als „exodromisch" (am intervalutarischen Kurs) orientierten und darnach „zulässige" notale Emissionen vornehmen.

Zunächst finanzielle Versuchungen: eine durchschnittliche „Entwertung" der deutschen Mark durch Inflation auf $^1/_{20}$ im Verhältnis zu den wichtigsten naturalen I n l a n d s vermögensstücken würde, w e n n erst einmal die „Anpassung" der Gewinne und Löhne an diese Preisbedingungen hergestellt, also alle Inlandskonsum-güter und alle Arbeit 20 mal so hoch bewertet würden (n e h m e n w i r h i e r a n !), für alle diejenigen, die in dieser glücklichen Lage wären, ja eine A b b ü r d u n g der K r i e g s s c h u l d e n in Höhe von $^1/_{20}$ sein. Der Staat aber, der nun von den g e s t i e g e n e n (Nominal-) Einkommen entsprechend gestiegene (Nominal-) S t e u e r n erhöbe, würde wenigstens eine recht starke Rückwirkung davon spüren. Wäre dies nicht verlockend? Daß „jemand" die „Kosten" zahlen würde ist klar. Aber nicht: der Staat oder jene beiden Kategorien. Und wie verlockend wäre es gar, eine alte A u ß e n schuld den Ausländern in einem Zahlmittel, das man b e l i e b i g höchst billig fabriziert, zahlen zu können! Bedenken stehen — außer wegen mög-licher politischer Interventionen — bei einer reinen Außenanleihe freilich wegen Gefährdung k ü n f t i g e r Kredite im Wege, — aber das Hemd ist ja doch recht oft dem Staat näher als der Rock. Und nun gibt es Interessenten unter den Unter-nehmern, denen eine Preissteigerung ihrer Verkaufsprodukte durch Inflation auf das Zwanzigfache nur recht wäre, falls dabei — was sehr leicht möglich ist — die Ar-beiter, aus Machtlosigkeit oder weil sie die Lage nicht übersehen oder warum immer, „nur" 5- oder „nur" 10 „mal so hohe" (Nominal-) Löhne erhalten. Derartige rein f i n a n z mäßig bedingte, akute „Inflationen" pflegen von den Wirtschaftspolitikern stark perhorresziert zu werden. In der Tat: mit exodromischer Politik Knappscher Art sind sie nicht vereinbar. Während im Gegensatz dazu eine p l a n m ä ß i g e ganz allmähliche Vermehrung der Umlaufsmittel, wie sie unter Umständen die Kre-ditbanken durch Erleichterung des Kredits vornehmen, gern angesehen wird als im Interesse vermehrter „Anregung" des spekulativen Geistes — der erhofften Profitchancen, heißt das —: damit der Unternehmungslust und also der kapitalisti-schen Güterbeschaffung durch Anreiz zur „Dividenden-Kapitalanlage" statt der „Rentenanlage" von freien Geldmitteln. Wie steht es aber bei ihr mit der exodromi-schen Orientiertheit? Ihre eigene Wirkung aber: jene „Anregung der Unternehmungs-lust" mit ihren Folgen vermag die sogenannte „Zahlungsbilanz" („pentopolisch") im Sinn der S t e i g e r u n g oder doch der Hinderung der Senkung des Kurses der eigenen Währung zu beeinflussen. Wie oft? wie stark? ist eine andere Frage. Ob eine f i n a n z mäßig bedingte, n i c h t akute Steigerung des Währungsgeldes

ähnlich wirken kann, sei hier nicht erörtert. Die „Lasten" dieser exodromisch un-
schädlichen Anreicherungen des Währungsgeldvorrats zahlt in langsamem Tempo
die gleiche Schicht, welche im Fall der akuten Finanzinflation material „konfiskato-
risch" betroffen wird: alle diejenigen, die ein nominal g l e i c h gebliebenes Einkommen oder ein Nominal-W e r t p a p i e r vermögen haben (vor allem: der f e s t e
Rentner dann: der ‚fest" — d. h. nur durch langes Lamentieren erhöhbar besoldete
Beamte, aber auch: der „fest" — d. h. nur durch schweren Kampf beweglich — ent-
lohnte Arbeiter). — Man wird also Knapp jedenfalls nicht dahin verstehen dürfen:
daß für die Papierwährungspolitik immer n u r der exodromische Gesichtspunkt:
„fester Kurs" maßgebend sein könne (das behauptet er nicht) und nicht für wahrscheinlich halten, daß — wie er glaubt — eine große Chance sei, daß nur er es sein
w e r d e. Daß es bei einer völlig in s e i n e m Sinn rational, d. h. aber (ohne daß
er dies ausspricht): im Sinn der möglichsten Ausschaltung von „Störungen" der
Preisrelationen durch G e l d schaffungsvorgänge, orientierten lytrischen Politik
sein w ü r d e, ist nicht zu leugnen. Keineswegs aber wäre zuzugestehen — Knapp
sagt auch das nicht —, daß die praktische W i c h t i g k e i t der Art der Währungs-
politik sich auf den „festen Kurs" beschränke. Wir haben hier von „Inflation" als
einer Quelle von Preisrevolutionen oder Preisevolutionen geredet, auch davon: daß
sie durch das S t r e b e n nach solchen bedingt sein kann. Preisr e v o l u t i o n ä r e
(notale) Inflationen pflegen natürlich auch den festen Kurs zu erschüttern (preis-
evolutionäre Geldvermehrungen, sahen wir, nicht notwendig). Knapp wird das zu-
geben. Er nimmt offenbar, und mit Recht, an, daß in seiner Theorie kein Platz für
eine v a l u t a r i s c h bestimmte W a r e n preis p o l i t i k sei (revolutionäre,
evolutionäre oder konservative). Warum nicht? Vermutlich aus folgendem formalen
Grund: Das Valutapreisverhältnis zwischen zwei oder mehreren Ländern äußert
sich täglich in einer sehr kleinen Zahl (formal) eindeutiger und einheitlicher B ö r-
s e n p r e i s e, an denen man eine „lytrische Politik" rational orientieren k a n n.
Es läßt sich ferner auch für eine „lytrische", insbesondere eine Umlaufsmittelver-
waltung schätzen, — aber nur (an der Hand vorhandener, durch periodischen Begehr
danach sich äußernder, Tatbestände) s c h ä t z e n: welche Schwankungen
eines gegebenen Z a h l u n g s mittelvorrats (zu reinen Zahlungszwecken), für eine
bestimmte verkehrswirtschaftlich verbundene Menschengruppe in absehbarer Zukunft, bei annähernd gleichbleibenden Verhältnissen, „erforderlich" sein werden.
Hingegen w e l c h e s M a ß von preisrevolutionären oder preisevolutionären oder
(umgekehrt) preiskonservativen Wirkungen eine Inflation oder (umgekehrt) eine
Einziehung von Geld in einer gegebenen Zukunft haben werde, läßt sich nicht im
gleichen Sinn berechnen. Dazu müßte man bei Erwägung einer Inflation (die wir
hier allein in Betracht ziehen wollen) kommen: 1. die gegenwärtige Einkommensverteilung. — Daran anschließend 2. die gegenwärtig darauf aufgebauten Erwägungen
der einzelnen Wirtschaftenden, — die „Wege" der Inflation, d. h.: den primären
und weiteren V e r b l e i b der Neuemissionen. Dies wiederum hieße aber: die
R e i h e n f o l g e und das Maß der Erhöhung von Nominaleinkommen durch die
Inflation. Dann 4. die Art der Verwendung (Verzehr, Vermögensanlage, Kapitalanlage) der dadurch wiederum verursachten Güternachfrage nach Maß und vor
allem: A r t (Genußgüter oder Beschaffungsmittel in all ihren Arten). Endlich
5. die Richtung, in welcher dadurch die Preisverschiebung und durch diese wiederum
die Einkommensverschiebung fortschreitet, — und die zahllosen nun weiter anschlie-
ßenden Erscheinungen von „Kaufkraft"-Verschiebung, auch das M a ß der (möglichen) „Anregung" der naturalen Güter m e h r beschaffung. Alles das wären Dinge,
die ganz und gar durch künftige E r w ä g u n g e n einzelner W i r t s c h a f -
t e n d e n gegenüber der n e u geschaffenen Lage bestimmt wären und ihrerseits
wieder auf Preis s c h ä t z u n g e n von anderen solchen Einzelnen zurückwirken
würden: diese erst würden dann im Interessenkampf die künftigen „Preise" ergeben.
Hier kann in der Tat von „Berechnung": (etwa: 1 Milliarde Mehr-Emission voraussichtlich gleich Eisenpreis von + x, Getreidepreis von + y usw.) gar keine Rede
sein. Um so weniger, als zwar t e m p o r ä r für reine B i n n e n produkte wirksame Preisregulierungen möglich sind, aber nur als Höchst-, nicht als Mindestpreise
und mit bestimmt begrenzter Wirkung. — Mit der (empirisch unmöglichen) Berechnung
der „Preise" an sich wäre überdies noch nichts gewonnen. Denn sie würde allenfalls
die als reines Z a h l mittel erforderte Geldmenge bestimmen. Aber daneben und
w e i t darüber hinaus würde Geld als Mittel der K a p i t a l g ü t e r beschaffung,
in K r e d i t formen, neu und anderweit beansprucht werden. Hier würde es sich
aber um mögliche Folgen der beabsichtigten Inflation handeln, die sich jeglicher
näheren „Berechnung" überhaupt entzögen. Es ist also, alles in allem (denn nur dies
sollten diese höchst groben Ausführungen illustrieren) verständlich, daß Knapp
für m o d e r n e V e r k e h r s wirtschaften die Möglichkeit einer p l a n v o l l e n,
r a t i o n a l e n, auf einer der „Devisenpolitik" an Rechenhaftigkeit irgendwie

ähnlichen Grundlage ruhenden Preis p o l i t i k d u r c h Inflation ganz außer
Betracht ließ. Aber sie ist historische Realität. Inflation und Kontra-Inflation sind —
in recht plumper Form freilich — in C h i n a unter wesentlich primitiveren Ver-
hältnissen der Geldwirtschaft wiederholt, aber mit erheblichen Mißerfolgen, in der
Kupferwährung versucht worden. Und sie ist in Amerika e m p f o h l e n worden.
Knapp begnügt sich aber in seinem offenbar nur mit, in seinem Sinn, „beweisbaren"
Annahmen operierenden Buch mit dem Rat: der Staat solle „vorsichtig" bei der
Emission autogenen Papiergelds sein. Und da er sich ganz und gar am „festen Kurs"
orientiert, s c h e i n t dies auch l e i d l i c h eindeutig: Inflationsentwertung und
intervalutarische Entwertung hängen m e i s t sehr eng zusammen. Nur sind sie
nicht identisch und i s t vor allem nicht etwa jede Inflationsentwertung primär
intervalutarisch bedingt. Daß tatsächlich p r e i s p o l i t i s c h orientierte infla-
tionistische lytrische Verwaltung gefordert worden ist, und zwar nicht n u r von den
Silberbergwerksbesitzern bei der Silberkampagne, von den Farmern für Green-
backs, gibt Knapp nicht a u s d r ü c k l i c h zu, bestreitet es aber auch nicht.
Sie ist — das beruhigte ihn wohl — jedenfalls nie d a u e r n d geglückt. — Aber
so einfach liegen die Dinge vielleicht doch n i c h t . Einerlei ob als Preismaßregel
b e a b s i c h t i g t , haben Inflationen (im obigen Sinn) jedenfalls oft tatsächlich
s t a t t g e f u n d e n und Assignatenkatastrophen sind in Ostasien wie in Europa
nicht unbekannt geblieben. Damit muß sich die m a t e r i a l e Geldtheorie doch
befassen. Daß g a r kein Unterschied zwischen der „Entwertung" des Silbers und
der „Entwertung" von Assignaten stattfinde, wird gerade Knapp nicht behaupten.
Schon formal nicht: entwertet ist das n i c h t in Münzform gebrachte, sondern umgekehrt das für industriale Zwecke angebotene, rohe, Silber; nicht notwendig die
(g e s p e r r t e) chartale Silber m ü n z e (oft im Gegenteil!). Entwertet wird dagegen n i c h t das für industriale Zwecke angebotene rohe „Papier", sondern (natürlich) gerade die chartale A s s i g n a t e . Endgültig, auf Null oder den „Sammler"-
und „Museums"-Wert, allerdings (wie Knapp mit Recht sagen würde) erst: wenn
sie von den Staatskassen r e p u d i i e r t wird: also sei auch dies immerhin „staatlich", durch regiminale Verfügung, bedingt. Das trifft zu. Aber auf winzige Pro-
zente ihrer einstigen m a t e r i a l e n Geltung (ihrer Preisrelation zu b e l i e b i g e n
Gütern) trotz nominaler „epizentrischer" Weitergeltung oft schon lange vorher.
    Aber von diesen Katastrophen ganz abgesehen, gab es sonst der Inflationen
und andererseits (in China) der „Währungsklemmen" durch außermonetäre Verwertung des Währungsmetalls genug in der Geschichte. Und da nehmen wir nicht
n u r davon Notiz: daß dann unter Umständen (gar nicht i m m e r) eben gewisse
Geldarten „akzessorisch" werden, die es nicht waren, sich in den Staatskassen
„stauen" und „obstruktionale" Währungsänderungen erzwingen. Sondern die m a -
t e r i a l e Geldlehre müßte natürlich a u c h die Frage nach der Art der Beeinflussung der Preise und Einkommen und dadurch der Wirtschaft in solchen Fällen
wenigstens s t e l l e n , zweifelhaft aus den früher erwähnten Gründen vielleicht —:
wieweit sie t h e o r e t i s c h zu beantworten wäre. Und ebenso wollen wir, wenn
infolge Sinkens des Gold- oder Silberpreises (im anderen Metall ausgedrückt) in
formal bimetallistischen Frankreich material bald Gold allein, bald Silber allein
effektiv valutarisches Geld, das andere Metall „akzessorisch" wird, nicht n u r
darauf verweisen, daß jene Preisverschiebungen eben „pentopolisch" bedingt seien.
Ebenso nicht in sonstigen Fällen von Geldstoffänderungen. Sondern wir wollen auch
fragen: Liegt in Fällen der Vermehrung eines Edelmetalls Beutegewinn (Cortez,
Pizarro) oder Anreicherung durch Handel (China im Anfang unserer Aera und seit
16. Jahrhundert) oder Mehrproduktion vor? Wenn letzteres, hat sich die Produktion
nur vermehrt oder auch (oder nur) verbilligt und warum? Welche Verschiebungen
in der Art der nicht monetären Verwendung haben etwa mitgewirkt? Ist etwa ein
für d i e s Wirtschaftsgebiet (z. B. das antik mittelländische) d e f i n i t i v e r
Export in ein ganz fremdes (China, Indien) eingetreten (wie in den ersten Jahrhunderten nach Chr.)? Oder liegen die Gründe nur (oder auch) auf seiten einer „pentopolisch"
bedingten Verschiebung der m o n e t ä r e n Nachfrage (A r t des Kleinverkehrs-
bedarfs?). Mindestens diese und andere verschiedene M ö g l i c h k e i t e n müssen
in der A r t , wie sie zu wirken pflegen, erörtert werden.
    Schließlich noch ein Blick auf die v e r k e h r s wirtschaftliche Regulierung
des „Bedarfs" an „Geld" und das, was dieser Begriff in ihr b e d e u t e t . Das ist
klar: Aktueller Zahlmittel-„Bedarf" von M a r k t - I n t e r e s s e n t e n bestimmt
die Schaffung „f r e i e n V e r k e h r s g e l d s " („freie Prägung"). Und: aktueller
Zahlmittel- und vor allem K r e d i t b e d a r f von M a r k t - I n t e r e s s e n t e n
in Verbindung mit Beachtung der eigenen Solvenz und der zu diesem Zweck oktroyierten Normen sind es, welche die U m l a u f s m i t t e l - Politik der modernen
N o t e n b a n k e n bestimmen. Immer also herrscht heute primär I n t e r e s s e n -
t e n b e t r i e b , — dem allgemeinen Typus unserer Wirtschaftsordnung entsprechend.

Nur das kann also in u n s e r e r (f o r m a l legalen) Wirtschaftsordnung „Geld-bedarf" überhaupt h e i ß e n. Gegen „materiale" Anforderungen verhält sich auch dieser Begriff — wie der der „Nachfrage" (des „k a u f k r ä f t i g e n Bedarfs") nach „Gütern" — also ganz indifferent. In der Verkehrswirtschaft gibt es e i n e zwingende Schranke der Geldschaffung nur für Edelmetallgeld. Die Existenz d i e s e r Schranke aber bedingt eben, nach dem Gesagten, gerade die Bedeutung der Edel-metalle für das Geldwesen. Bei Beschränkung auf „hylisches" Geld aus einem (praktisch) n i c h t „beliebig" vermehrbaren Stoff, insbesondere aus Edelmetall, u n d daneben: auf gedeckte Umlaufsmittel ist jeder Geldschaffung eine — gewiß: elastische, evolutionäre Bankinflation nicht gänzlich ausschließende, aber: immerhin innerlich recht f e s t e — Grenze gesetzt. Bei Geldschaffung aus einem im Ver-gleich dazu (praktisch) „beliebig" vermehrbarem Stoff, wie: Papier, gibt es eine solche mechanische Grenze n i c h t. Hier ist dann w i r k l i c h der „freie Ent-schluß" einer politischen Verbandsleitung, das h e i ß t: es sind dann, wie an-gedeutet, deren Auffassungen von den F i n a n z-Interessen des H e r r e n, unter Umständen sogar (Gebrauch der Notenpresse durch die roten Horden!) ganz per-sönliche Interessen ihres V e r w a l t u n g s s t a b e s die von jenen mechanischen Hemmungen g e l ö s t e n Regulatoren der Geldquantität. In der Ausschaltung, richtiger: da der Staat ja von ihnen zur Aufgabe der Metall- und zum Uebergang zur Papierwährung gedrängt werden k a n n — in einer gewissen H e m m u n g dieser Interessen also besteht heute noch die Bedeutung der Metallwährungen: der Chryso- und Argyrodromie, welche — trotz des höchst mechanischen Charakters dieses Sachverhalts — immerhin ein höheres Maß f o r m a l e r, weil nur an reinen Tauschchancen orientierter, verkehrswirtschaftlicher Rationalität bedeuten. Denn die finanzmäßig bedingte lyrische Politik von Geldverwaltungen bei r e i n e r Papierwährung ist zwar, wie oben zugegeben: — Oesterreich und Rußland h a b e n es bewiesen — nicht notwendig r e i n an persönlichen Interessen des Herrn oder Ver-waltungsstabs oder an rein aktuellen Finanzinteressen und also an der möglichst kostenlosen Schaffung von soviel Z a h l mitteln wie möglich, einerlei was aus der „Gattung" als T a u s c h mittel wird, orientiert. Aber die Chance, daß diese Orien-tierung eintritt, ist unbestreitbar chronisch vorhanden, während sie bei Hylodromie („freiem Verkehrsgeld") in d i e s e m Sinn n i c h t besteht. Diese Chance ist das — vom Standpunkt der f o r m a l e n Ordnung der Verkehrswirtschaft aus gesehen — (also ebenfalls f o r m a l) „Irrationale" der nicht „hylodromischen" Währungen, so sehr zuzugeben ist, daß selbst durch jene „mechanische" Bindung, nur eine r e l a t i v e formale Rationalität besitzen. Dies Zugeständnis k ö n n t e — und sollte — G. F. Knapp machen.

Denn so unsäglich plump die a l t e n Quantitätstheorien" waren, so sicher ist die „Entwertungsgefahr" bei jeder „Inflation" mit rein f i n a n z mäßig orien-tierten Notalgeldemissionen, wie ja doch niemand, auch Knapp nicht, leugnet. Sein „Trost" dem gegenüber ist durchaus abzulehnen. Die „amphitropische" Stel-lung „aller" (!) einzelnen aber, die bedeutet: — jeder sei ja s o w o h l Gläu-biger w i e Schuldner, — die Knapp allen Ernstes zum Nachweis der absoluten Indifferenz jeder „Entwertung" vorführt, ist, wir alle erleben es jetzt: Phantom. Wo ist sie nicht nur beim Rentner, sondern auch beim Festbesoldeten, dessen Ein-nahmen n o m i n a l gleichbleiben (oder in ihrer Erhöhung auf vielleicht das Doppelte von der f i n a n z i e l l e n Konstellation u n d: von der Laune der Verwaltungen abhängen), dessen Ausgaben aber n o m i n a l sich vielleicht (wie jetzt) verzwanzig-fachen? Wobei j e d e m langfristigen Gläubiger? Derartige starke Umgestaltungen der (m a t e r i a l e n) Geltung des Geldes bedeuten heute: c h r o n i s c h e Ten-denz zur sozialen Revolution, mögen auch viele Unternehmer intervalutarische Ge-winne zu machen in der Lage sein und m a n c h e (wenige!) Arbeiter die Macht haben, sich nominale Mehrlöhne zu sichern. Diesen sozialrevolutionären Effekt und damit die ungeheure Störung der Verkehrswirtschaft mag man je nach dem Stand-punkt nun für sehr „erfreulich" halten. Das ist „wissenschaftlich" unwiderlegbar. Denn es kann (mit Recht oder Unrecht) jemand davon die Evolution aus der „Ver-kehrswirtschaft" zum Sozialismus erwarten. Oder den Nachweis: daß nur die r e-g u l i e r t e Wirtschaft mit Kleinbetrieben material rational sei, einerlei, wieviel „Opfer" auf der Strecke bleiben. Aber die demgegenüber neutrale Wissenschaft hat jenen Effekt zunächst jedenfalls so nüchtern als möglich zu k o n s t a t i e r e n, — und das verhült die in ihrer Allgemeinheit ganz falsche „Amphitropie"-Be-hauptung Knapps. Neben Einzel-Irrtümern scheint mir in dem vorstehend Gesagten die wesentlichste U n v o l l s t ä n d i g k e i t seiner Theorie zu liegen, — diejenige, welche ihr auch Gelehrte zu „prinzipiellen" Gegnern gemacht hat, welche dies durch-aus nicht sein müßten.

§ 37. Abgesehen von der Geldverfassung liegt die Bedeutung der Tatsache, daß selbständige p o l i t i s c h e V e r b ä n d e existieren, für die Wirtschaft, primär in
folgenden Umständen:

1. darin, daß sie für den E i g e n bedarf an Nutzleistungen die eigenen Angehörigen unter annähernd gleichen Umständen als Lieferanten zu bevorzugen pflegen.
Die Bedeutung dieses Umstandes ist um so größer, je mehr die Wirtschaft dieser
Verbände Monopolcharakter oder haushaltsmäßigen Bedarfsdeckungscharakter annimmt, steigt also derzeit dauernd; —

2. in der Möglichkeit, den Austauschverkehr über die Grenzen hinweg nach
m a t e r i a l e n Gesichtspunkten planmäßig zu begünstigen oder zu hemmen oder zu
regulieren („Handelspolitik“); —

3. in der Möglichkeit und den Unterschieden der formalen und materialen
Wirtschaftsregulierung durch diese Verbände nach Maß und Art; —

4. in den Rückwirkungen der sehr starken Verschiedenheiten der Herrschaftsstruktur, der damit zusammenhängenden verwaltungsmäßigen und ständischen
Gliederung der für die Art der Gebarung maßgebenden Schichten und der daraus
folgenden Haltung zum Erwerbe; —

5. in der Tatsache der K o n k u r r e n z d e r L e i t u n g e n dieser Verbände
um eigene Macht und um Versorgung der von ihr beherrschten Verbandsangehörigen
rein als solcher mit Konsum- und Erwerbsmitteln, und den daraus für diesen folgenden Erwerbschancen,

6. aus der Art der eigenen Bedarfsdeckung dieser Verbände: siehe den folgenden
Paragraphen.

§ 38. Am unmittelbarsten ist die Beziehung zwischen Wirtschaft und (primär)
a u ß e r wirtschaftlich orientierten Verbänden bei der Art der B e s c h a f f u n g
d e r N u t z l e i s t u n g e n f ü r d a s V e r b a n d s h a n d e l n : das Handeln
des Verwaltungsstabs als solchem und das von ihm geleitete Handeln (Kap. I § 12),
s e l b s t („Finanzen“ in weitesten, auch die Naturalbeschaffung einbeziehenden
Wortsinn).

Die „Finanzierung“, d. h. die Ausstattung mit b e w i r t s c h a f t e t e n Nutzleistungen, eines Verbandshandelns, kann — in einer Uebersicht der einfachsten
Typen — geordnet sein

I. unstet, und zwar:

a) auf Grundlage rein freiwilliger Leistungen, und dies

α. mäzenatisch: durch Großgeschenke und Stiftungen: für karitative, wissenschaftliche und andere n i c h t primär ökonomische oder politische Zwecke typisch.

β. durch Bettel: für bestimmte Arten asketischer Gemeinschaften typisch.

Doch finden sich in Indien auch profane Bettlerkasten, anderwärts besonders
in China Bettlerverbände.

Der Bettel kann dabei weitgehend (sprengelhaft) und monopolistisch systematisiert werden und, infolge der Pflichtmäßigkeit oder Verdienstlichkeit für die An-
gebettelten, material aus dem unsteten in den Abgabencharakter übergehen.

γ. durch formal freiwillige Geschenke an politisch oder sozial als übergeordnet
Geltende: Geschenke an Häuptlinge, Fürsten, Patrone, Leib- und Grundherren,
die durch Konventionalität material dem Charakter von Abgaben nahestehen können,
regelmäßig aber nicht zweckrational, sondern durch Gelegenheiten (bestimmte Ehren-
tage, Familienereignisse, politische Ereignisse) bestimmt sind.

Die Unstetheit kann ferner bestehen:

b) auf Grundlage erpreßter Leistungen.

Typus: die Camorra in Süditalien, die Mafia in Sizilien, und ähnliche Verbände
in Indien: die rituell besonderten sog. „Diebs“- und „Räuberkasten“, in China, Sekten
und Geheimverbände mit ähnlicher ökonomischer Versorgung. Die Leistungen sind

nur primär, weil formal „unrechtlich": unstet; praktisch nehmen sie oft den Charakter von „Abonnements" an, gegen deren Entrichtung bestimmte Gegenleistungen, namentlich: Sicherheitsgarantie, geboten werden (Aeußerung eines Neapolitaner Fabrikanten vor ca. 20 Jahren zu mir, auf Bedenken wegen der Wirksamkeit der Camorra auf Betriebe: „Signore, la Camorra mi prende x lire nel mese, ma garantisce la sicurezza, — lo Stato me ne prende 10 × x, e garantisce — niente. (Die namentlich in Afrika typischen Geheimklubs (Rudimente des einstigen „Männerhauses") fungieren ähnlich (Vehme-artig) und garantieren so die Sicherheit.

Politische Verbände k ö n n e n (wie der ligurische Räuberstaat) primär (nie dauernd ausschließlich) auf reinem B e u t e gewinn ruhen.

Die Finanzierung kann geordnet sein

II. stetig, und zwar:

A. ohne wirtschaftlichen Eigenbetrieb:

a) durch Abgabe in S a c h gütern:

α. rein geldwirtschaftlich: Erwerb der Mittel durch Geldabgaben und Versorgung durch Geldeinkauf der benötigten Nutzleistungen (reine Geldabgaben-Verbandswirtschaft). Alle Gehälter des Verwaltungsstabs sind Geldgehälter.

β. Rein naturalwirtschaftlich (s. § 37): Umlagen mit Natural l i e f e r u n g s spezifikation (reine Naturalleistungsverbandwirtschaft). Möglichkeiten:

αα) Die Ausstattung des Verwaltungsstabs erfolgt durch Natural p r ä b e n d e n und die Deckung des Bedarfs erfolgt in Natura. Oder

ββ) die in Naturalien erhobenen Abgaben werden ganz oder teilweise durch Verkauf zu G e l d gemacht und die Bedarfsdeckung erfolgt insoweit geldwirtschaftlich.

Die Abgaben selbst, sowohl in Geld wie in Naturalien, können in allen Fällen in ihren ökonomisch elementarsten Typen sein

α. Steuern, d. h. Abgaben von

αα) allem Besitz oder, geldwirtschaftlich, Vermögen,

ββ) allen Einkünften oder, geldwirtschaftlich, Einkommen,

γγ) nur vom Beschaffungsmittel b e s i t z oder von Erwerbs b e t r i e b e n bestimmter Art (sogenannte „Ertragsabgaben"). — Oder sie können sein:

β. Gebühren, d. h. Leistungen aus Anlaß der Benutzung oder Inanspruchnahme von Verbandseinrichtungen, Verbandsbesitz oder Verbandsleistungen. — Oder:

γ. Auflagen auf:

αα) Ge- und Verbrauchshandlungen spezifizierter Art,

ββ) Verkehrsakte spezifizierter Art. Vor allem:

1. Gütertransportbewegungen (Zölle),

2. Güterumsatzbewegungen (Akzisen und Umsatzabgaben).

Alle Abgaben können ferner:

1. in Eigenregie erhoben, oder

2. verpachtet oder

3. verliehen oder v e r p f ä n d e t werden.

Die Verpachtung (gegen G e l d pauschale) k a n n fiskalisch rational, weil allein die Möglichkeit der B u d g e t i e r u n g bietend, wirken.

Verleihung und Verpfändung sind fiskalisch meist irrational bedingt, und zwar durch

α. finanzielle Notlage, oder

β. Usurpationen des Verwaltungsstabes: Folge des Fehlens eines verläßlichen Verwaltungsstabes.

Dauernde A p p r o p r i a t i o n von Abgabenchancen durch Staatsgläubiger, private Garanten der Militär- und Steuerleistung, unbezahlte Kondottiere und Soldaten, „endlich" Amtsanwärter soll „V e r p f r ü n d u n g" heißen. Sie kann die Form annehmen

8*

1. der in d i v i d u e l l e n Appropriation, oder

2. der k o l l e k t i v e n Appropriation (mit freier Neubesetzung aus dem Kreise der kollektiv Appropriierten).

Die Finanzierung o h n e wirtschaftlichen Eigenbetrieb (II A) kann ferner erfolgen:

b) durch Auflage persönlicher Leistungen: unmittelbare persönliche Natural- d i e n s t e mit N a t u r a l l e i s t u n g s spezifikation. — Die stetige Finanzierung kann des weiteren, im Gegensatz zu den Fällen II A:

II. B. Durch wirtschaftlichen Eigen b e t r i e b:

α. haushaltsmäßig (Oikos, Domänen),

β. erwerbswirtschaftlich

αα) frei, also in Konkurrenz mit anderen Erwerbswirtschaften und

ββ) monopolistisch erfolgen.

Wiederum kann die Nutzung im Eigenbetrieb oder durch Verpachtung, Ver- leihung und Verpfändung erfolgen. — Sie kann endlich, anders als in den Fällen sowohl II A wie II B, erfolgen:

II. C. leiturgisch durch p r i v i l e g i e r e n d e Belastung:

α. positiv privilegierend: durch Lastenfreiheit spezifizierter Menschengruppen von bestimmten Leistungen, oder (damit eventuell identisch):

β. negativ privilegierend: durch Vorbelastung spezifizierter Menschengruppen — insbesondere bestimmter

αα) Stände, oder

ββ) Vermögensklassen — mit bestimmten Leistungen, — oder:

γ. korrelativ: durch Verknüpfung spezifizierter Monopole mit der Vorbe- lastung durch spezifizierte Leistungen oder Lieferungen. Dies kann geschehen:

αα) ständisch: durch Zwangsgliederung der Verbandsgenossen in (oft) erblich geschlossenen leiturgischen Besitz- und Berufsverbänden mit Verleihung ständischer Privilegien,

ββ) kapitalistisch: durch Schaffung geschlossener Gilden oder Kartelle mit Monopolrechten und mit Vorbelastung durch Geldkontributionen.

Zu II:

Die (ganz rohe) Kasuistik gilt für Verbände a l l e r A r t. Hier wird nur an den politischen Verbänden exemplifiziert.

Zu A, a, α: Die moderne staatliche Steuerordnung auch nur in Umrissen zu analy- sieren, liegt an dieser Stelle natürlich ganz fern. Es wird vielmehr erst weiterhin der „soziologische Ort", d. h. jener Typus von Herrschaftsverhältnis, der bestimmten Abgabenarten (z. B. den Gebühren, Akzisen, Steuern) typisch zur Entstehung verhalf, zu erörtern sein.

Die Naturalabgabe, auch bei Gebühren, Zöllen, Akzisen, Umsatzabgaben ist noch im ganzen Mittelalter häufig gewesen, ihr geldwirtschaftlicher Ersatz relativ modern.

Zu a, β. Natural l i e f e r u n g e n: Typisch in Form von Tributen und Um- lagen von E r z e u g n i s s e n auf abhängige Wirtschaften. Die Naturalver- sendung ist nur bei kleinen Verbänden oder sehr günstigen Verkehrsbedingungen möglich (Nil, Kaiserkanal). Sonst müssen die Abgaben in Geld verwandelt werden, um an den letzten Empfänger zu gelangen (so vielfach in der Antike), oder sie müssen je nach der Entfernung in Objekte verschiedenen spezifischen Preises umgelegt werden (so angeblich im alten China).

Zu A, b. Beispiele: Heeresdienst-, Gerichtsdienst-, Geschworenen-, Wege- und Brückenbau-, Deich-, Bergarbeits-Pflicht und alle Arten von Robott für Ver- bandspflichten bei Verbänden aller Art. Typus der Fronstaaten: Altägypten (neues Reich), zeitweise China, in geringerem Maß Indien und in noch geringerem das spätrömische Reich und zahlreiche Verbände des frühen Mittelalters. — Typus der V e r p f r ü n d u n g: 1. an die Amtsanwärterschaft kollektiv: China, — 2. an private Garanten der Militär- und Steuerleistungen: Indien, — 3. an unbezahlte Kondottiere und Soldaten: das späte Khalifat und die Mamelucken- herrschaft, — 4. an Staatsgläubiger: der überall verbreitete Aemterkauf.

Zu B, *α*. Beispiele: Domänenbewirtschaftung für den Haushalt in eigener Regie, Benutzung der Robottpflicht der Untertanen zur Schaffung von Bedarfsdeckungsbetrieben (Aegypten) für Hofhalts- und politische Zwecke, modern etwa: Korps-Bekleidungsämter und staatliche Munitionsfabriken.

Zu B, *β*. Für den Fall *αα* nur Einzelbeispiele (Seehandlung usw.). Für den Fall *ββ* zahlreiche Beispiele in allen Epochen der Geschichte, Höhepunkt im Okzident: 16. bis 18. Jahrhundert.

Zu C. Für *α*: Beispiele: Die Entlastung der Literaten von den Fronden in China, privilegierter Stände von den sordida munera in aller Welt, der Bildungsqualifizierten vom Militärdienst in zahlreichen Ländern.

Für *β*: einerseits Vorbelastung der Vermögen mit Leiturgien in der antiken Demokratie; andererseits: der von den Lasten in den Beispielen unter *α* nicht entlasteten Gruppen.

Für *γ*: Der Fall *αα* ist die wichtigste Form systematischer Deckung der öffentlichen Bedürfnisse auf anderer Grundlage als der des „Steuerstaates". China sowohl wie Indien und Aegypten, also die Länder ältester (Wasserbau-)Bureaukratie haben die leiturgische Organisation als N a t u r a l lasten-Leiturgie gekannt und von da ist sie (teilweise) im Hellenismus und im spätrömischen Reich verwertet worden, freilich dort in wesentlichen Teilen als geldwirtschaftliche S t e u e r -, nicht als Naturallasten-Leiturgie. Stets bedeutet sie b e r u f s s t ä n d i s c h e Gliederung. In dieser Form k a n n sie auch heute wiederkehren, wenn die steuerstaatliche öffentliche Bedarfsdeckung versagen und die kapitalistische private Bedarfsdeckung staatlich reguliert werden sollte. Bisher ist bei Finanzklemmen der modernen Art der öffentlichen Bedarfsdeckung der Fall *ββ* adäquat gewesen: Erwerbsmonopole gegen Lizenzen und Kontribution (einfachstes Beispiel: Zwangskontrollierung von Pulverfabriken mit Monopolschutz gegen Neugründungen und hoher laufender Kontribution an die Staatskasse in Spanien). Es liegt der Gedanke sehr nahe, die „Sozialisierung" der einzelnen Branchen von Erwerbsbetrieben, von der Kohle angefangen, in dieser Art: durch Verwendung von Zwangskartellen oder Zwangsvertrustungen als Steuerträgern, fiskalisch nutzbar zu machen, da so die (formal) rationale p r e i s orientierte Güterbeschaffung bestehen bleibt.

§ 39. Die Art der Deckung des Verbandsbedarfs der p o l i t i s c h e n (und hierokratischen) Verbände wirkt sehr stark auf die Gestaltung der Privatwirtschaften zurück. Der reine. G e l d a b g a b e n s t a a t mit Eigenregie bei der Abgabeneinhebung (und n u r bei ihr) und mit Heranziehung naturaler p e r s ö n l i c h e r Dienste nur: zu politischen und Rechtspflegezwecken, gibt dem rationalen, marktorientierten Kapitalismus optimale Chancen. Der Geldabgabenstaat mit V e r p a c h t u n g begünstigt den politisch orientierten Kapitalismus, dagegen nicht die marktorientierte Erwerbswirtschaft. Die Verleihung und V e r p f r ü n d u n g von Abgaben hemmt normalerweise die Entstehung des Kapitalismus durch Schaffung von Interessen an der Erhaltung b e s t e h e n d e r Sportel- und Abgabequellen und dadurch: Stereotypierung und Traditionalisierung der Wirtschaft.

Der reine Natural l i e f e r u n g s verband befördert den Kapitalismus nicht und hindert ihn im Umfang der dadurch erfolgenden tatsächlichen — erwerbswirtschaftlich irrationalen — Bindungen der Beschaffungs r i c h t u n g der Wirtschaften.

Der reine Natural d i e n s t verband hindert den marktorientierten Kapitalismus durch Beschlagnahme der Arbeitskräfte und Hemmung der Entstehung eines freien Arbeits m a r k t e s, den politisch orientierten Kapitalismus durch Abschneidung der typischen Chancen seiner Entstehung.

Die monopolistisch erwerbswirtschaftliche Finanzierung, die Naturalabgabenleistung mit Verwandlung der Abgabegüter in Geld und die leiturgisch den Besitz vorbelastende Bedarfsdeckung haben gemeinsam, daß sie den a u t o n o m marktorientierten Kapitalismus nicht fördern, sondern durch fiskalische, also marktirrationale Maßregeln: Privilegierungen und Schaffung marktirrationaler Gelderwerbschancen, die Markterwerbschancen zurückschieben. Sie begünstigen dagegen — unter Umständen — den politisch orientierten Kapitalismus.

Der Erwerbsbetrieb mit stehendem Kapital und exakter Kapitalrechnung setzt

formal vor allem B e r e c h e n b a r k e i t der Abgaben, material aber eine solche
Gestaltung derselben voraus, daß keine stark negative Privilegierung der K a p i -
t a l v e r w e r t u n g, und das heißt vor allem: der Markt u m s ä t z e eintritt. Spekulativer Handelskapitalismus ist dagegen mit jeder nicht direkt, durch leiturgische
Bindung, die händlerische Verwertung von Gütern als Waren hindernden Verfassung
der öffentlichen Bedarfsdeckung vereinbar.

Eine e i n d e u t i g e Entwicklungsrichtung aber begründet auch die Art der
öffentlichen Lastenverfassung, so ungeheuer wichtig sie ist, für die Art der Orientierung des Wirtschaftens n i c h t. Trotz (scheinbaren) Fehlens aller typischen
Hemmungen von dieser Seite hat sich in großen Gebieten und Epochen der rationale
(marktorientierte) Kapitalismus n i c h t entwickelt; trotz (scheinbar) oft sehr
starker Hemmungen von seiten der öffentlichen Lastenverfassung hat er sich anderwärts durchgesetzt. Neben dem materialen Inhalt der Wirtschafts p o l i t i k , die
sehr stark auch an Zielen außerwirtschaftlicher Art orientiert sein kann und neben
Entwicklungen geistiger (wissenschaftlicher und technologischer) Art haben auch Obstruktionen gesinnungsmäßiger (ethischer, religiöser) Natur für die lokale B e g r e n -
z u n g der autochthonen kapitalistischen Entwicklung moderner Art eine erhebliche Rolle gespielt. Auch darf nie vergessen werden: daß Betriebs- und Unternehmungsformen ebenso wie technische Erzeugnisse „erfunden" werden müssen, und daß
dafür sich historisch nur „negative", die betreffende Gedankenrichtung erschwerende
oder geradezu obstruierende, oder „positive", sie b e g ü n s t i g e n d e, Umstände,
nicht aber ein schlechthin zwingendes Kausalverhältnis angeben läßt, sowenig wie
für s t r e n g individuelle Geschehnisse irgendwelcher Natur überhaupt.

1. Zum Schlußsatz: Auch individuelle reine N a t u r geschehnisse lassen sich
nur unter sehr besonderen Bedingungen exakt auf individuelle Kausalkomponenten
zurückführen: d a r i n besteht ein prinzipieller Unterschied gegen das Handeln
n i c h t.

2. Zum ganzen Absatz:
Die grundlegend wichtigen Zusammenhänge zwischen der Art der Ordnung und
Verwaltung der politischen Verbände und der Wirtschaft können hier nur provisorisch
angedeutet werden.

1. Der historisch wichtigste Fall der Obstruktion marktorientierter kapitalistischer Entwicklung durch Abgaben-V e r p f r ü n d u n g ist China, durch Abgaben-
V e r l e i h u n g (damit vielfach identisch): Vorderasien seit dem Khalifenreich
(darüber an seinem Ort). Abgaben - V e r p a c h t u n g findet sich in Indien, Vorderasien, dem Okzident in Antike und Mittelalter, ist aber für die okzidentale Antike
besonders weitgehend für die Art der Orientierung des kapitalistischen Erwerbs
(römischer Ritterstand) maßgebend gewesen, während sie in Indien und Vorderasien mehr die Entstehung von Vermögen (Grundherrschaften) beherrscht hat.

2. Der historisch wichtigste Fall der Obstruktion der kapitalistischen Entwicklung ü b e r h a u p t durch l e i t u r g i s c h e Bedarfsdeckung ist die Spätantike,
vielleicht auch Indien in nachbuddhistischer Zeit und, zeitweise, China. Auch davon
an seinem Ort.

3. Der historisch wichtigste Fall der m o n o p o l i s t i s c h e n Ablenkung
des Kapitalismus ist, nach hellenistischen (ptolemäischen) Vorläufern, die Epoche des
fürstlichen Monopol- und Monopolkonzessionserwerbs im Beginn der Neuzeit (Vor-
spiel: gewisse Maßregeln Friedrichs II. in Sizilien, vielleicht nach byzantinischem
Muster, prinzipieller Schlußkampf: unter den Stuarts), wovon an seinem Ort zu reden
sein wird.

Die ganze Erörterung ist hier, in dieser abstrakten Form, n u r zur einigermaßen
korrekten Problemstellung vorgenommen. Ehe auf die Entwicklungsstufen und Entwicklungsbedingungen der Wirtschaft zurückgekommen wird, muß erst die rein
soziologische Erörterung der a u ß e r wirtschaftlichen Komponenten vorgenommen
werden.

§ 40. Für jede V e r b a n d s b i l d u n g hat ferner die Wirtschaft dann eine
ganz allgemeine soziologische Konsequenz, wenn die Leitung und der Verwaltungsstab, wie in aller Regel, e n t g o l t e n werden. Dann ist ein überwältigend
starkes ö k o n o m i s c h e s Interesse mit dem Fortbestand des Verbandes ver-

knüpft, einerlei ob seine vielleicht primär ideologischen Grundlagen inzwischen gegenstandslos geworden sind.

Es ist eine Alltagserscheinung, daß, nach der eigenen Ansicht der Beteiligten „sinnlos" gewordene, Verbände aller Art nur deshalb weiterbestehen, weil ein „Verbandssekretär" oder anderer Beamter „sein Leben (materiell) daraus macht" und sonst subsistenzlos würde.

J e d e appropriierte, aber unter Umständen auch eine formal nicht appropriierte Chance k a n n die Wirkung haben, bestehende Formen sozialen Handelns zu stereotypieren. Innerhalb des Umkreises der (friedlichen und auf Alltagsgüterversorgung gerichteten) wirtschaftlichen Erwerbschancen sind im allgemeinen nur die Gewinnchancen von E r w e r b s u n t e r n e h m e r n autochthone, rationale r e v o l u t i o n i e r e n d e Mächte. Selbst diese aber nicht immer.

Z. B. haben die Courtage-Interessen der Bankiers lange Zeit die Zulassung des I n d o s s e m e n t s obstruiert, und ähnliche Obstruktionen formal rationaler Institutionen a u c h durch kapitalistische G e w i n n interessen werden uns oft begegnen, wenn sie auch sehr wesentlich seltener sind als namentlich die präbendalen, ständischen und die ökonomisch irrationalen Obstruktionen.

§ 41. Alles Wirtschaften wird in der Verkehrswirtschaft von den e i n z e l n e n Wirtschaftenden zur Deckung e i g e n e r , ideeller oder materieller, Interessen unternommen und durchgeführt. Auch dann natürlich, wenn es sich an den Ordnungen von wirtschaftenden, Wirtschafts- oder wirtschaftsregulierenden V e r b ä n d e n orientiert, — was merkwürdigerweise oft verkannt wird.

In einer sozialistisch organisierten Wirtschaft wäre dies nicht prinzipiell anders. Das D i s p o n i e r e n freilich würde in den Händen der Verbandsleitung liegen, die Einzelnen innerhalb der Güter b e s c h a f f u n g auf lediglich „technische" Leistungen: „Arbeit" in diesem Sinn des Worts (oben § 15) beschränkt sein. Dann und solange nämlich, als sie „d i k t a t o r i s c h", also autokratisch verwaltet würden, ohne gefragt zu werden. Jedes Recht der Mitbestimmung würde s o f o r t auch formell die Austragung von Interessenkonflikten ermöglichen, die sich auf die Art des Disponierens, vor allem aber: auf das Maß des „Sparens" (Rücklagen) erstrecken würden. Aber das ist nicht das Entscheidende. Entscheidend ist: daß der einzelne auch dann primär fragen würde: ob i h m die Art der zugewiesenen Rationen und der zugewiesenen Arbeit, verglichen mit anderem, seinen Interessen entsprechend erscheine. Darnach würde er sein Verhalten einrichten, und gewaltsame Machtkämpfe um Aenderung oder Erhaltung der einmal zugewiesenen Rationen (z. B. Schwerarbeiterzulagen), Appropriation oder Expropriation beliebter, durch die Entgeltrationierung oder durch angenehme Arbeitsbedingungen beliebter Arbeitsstellen, Sperrung der Arbeit (Streik oder Exmission aus den Arbeitsstellen), Einschränkung der Güterbeschaffung zur Erzwingung von Aenderungen der Arbeitsbedingungen bestimmter Branchen, Boykott und gewaltsame Vertreibung unbeliebter Arbeitsleiter, — kurz: A p p r o p r i a t i o n s vorgänge aller Art und Interessenkämpfe wären auch dann das Normale. Daß sie meist verbandsweise ausgefochten werden, daß dabei die mit besonders „lebenswichtigen" Arbeiten Befaßten und die rein körperlich Kräftigsten bevorzugt wären, entspräche dem bestehenden Zustand. Immer aber stände dies Interesse des E i n z e l n e n — eventuell: die gleichartigen aber gegen andere antagonistischen Interessen v i e l e r Einzelner hinter allem Handeln. Die Interessenkonstellationen wären abgeändert, die Mittel der Interessenwahrnehmung andere, aber jenes Moment würde ganz ebenso zutreffen. So sicher es ist, daß rein ideologisch an f r e m d e n Interessen orientiertes wirtschaftliches Handeln vorkommt, so sicher ist auch: daß die Masse der Menschen nicht so handelt und nach aller Erfahrung nicht so handeln kann und also: wird.

In einer vollsozialistischen („Plan"-) Wirtschaft wäre Raum nur für:

a) eine Verteilung von Naturalgütern nach einem rationierten Bedarfs p l a n, —

b) eine Herstellung dieser Naturalgüter nach einem Produktions p l a n. Die geldwirtschaftliche Kategorie des „Einkommens" müßte notwendig fehlen. Rationierte E i n k ü n f t e wären möglich.

In einer Verkehrswirtschaft ist das Streben nach E i n k o m m e n die unvermeidliche letzte Triebfeder alles wirtschaftlichen Handelns. Denn jede Disposition setzt, soweit sie Güter oder Nutzleistungen, die dem Wirtschaftenden nicht vollverwendungsbereit zur Verfügung stehen, in Anspruch nimmt, Erwerbung und Disposition über künftiges Einkommen, und fast jede bestehende Verfügungsgewalt setzt früheres Einkommen voraus. Alle erwerbswirtschaftlichen Betriebs-Gewinne verwandeln sich auf i r g e n d einer Stufe in i r g e n d einer Form in Einkommen von Wirtschaftenden. In einer regulierten Wirtschaft ist die Sorge der Regulierungsordnung normalerweise, die Art der Verteilung des Einkommens. (In Naturalwirtschaften ist hier nach der festgestellten Terminologie kein „Einkommen", sondern sind E i n k ü n f t e in Naturalgütern und -leistungen da, welche nicht in ein Einheitstauschmittel abschätzbar sind).

Einkommen und Einkünfte können — soziologisch angesehen — folgende H a u p t formen annehmen und aus folgenden typischen H a u p t quellen fließen:

A. Leistungs-Einkommen und -Einkünfte (geknüpft an spezifizierte oder spezialisierte Leistungen.

I. Löhne:

1. frei bedungene feste Lohn-Einkommen und -Einkünfte (nach Arbeits p e r i o d e n berechnet);

2. skalierte feste Einkommen und Einkünfte (Gehälter, Deputate von Beamten);

3. bedungene Akkordarbeitserträge angestellter Arbeiter;

4. ganz freie Arbeitserträge.

II. Gewinne:

1. freie Tauschgewinne durch unternehmungsweise Beschaffung von Sachgütern oder Arbeitsleistungen;

2. regulierte Tauschgewinne ebenso.

In diesen Fällen (1 und 2): Abzug der „Kosten": „Reinerträge".

3. Beutegewinne;

4. Herrschafts-, Amtssportel-, Bestechungs-, Steuerpacht- und ähnliche Gewinne aus der Appropriation von Gewaltrechten.

Kostenabzug in den Fällen 3 und 4 bei d a u e r n d e m betriebsmäßigem Erwerb dieser Art, sonst nie immer.

B. Besitzeinkommen und -Einkünfte (geknüpft an die Verwertung von Verfügungsgewalt über wichtige Beschaffungsmittel).

I. Normalerweise „Reinrenten" nach Kostenabzug:

1. Menschenbesitzrenten (von Sklaven oder Hörigen oder Freigelassenen), in Natura oder Geld, fest oder in Erwerbsanteilen (Abzug der Unterhaltskosten);

2. appropriierte Herrschaftsrenten (Abzug der Verwaltungskosten), ebenso:

3. Grundbesitzrenten (Teilpacht, feste Zeitpacht, in Natura oder Geld, grundherrliche Renteneinkünfte — Abzug der Grundsteuerkosten und Erhaltungskosten), ebenso

4. Hausrenten (Abzug der Unterhaltungskosten), ebenso

5. Renten aus appropriierten Monopolen (Bannrechten, Patenten — Abzug der Gebühren), ebenso

II. normalerweise ohne Kostenabzug:

6. Anlagerenten (aus Hingabe der Nutzung von „Anlagen" (oben § 11) gegen sogenannten „Zins" an Haushaltungen oder Erwerbswirtschaften).

7. Viehrenten, ebenso

8. Naturaldarlehens-„Zinsen" und bedungene Deputatrenten, in Natura,

   9. Gelddarlehens-,,Zinsen'',

10. Hypothekenrenten, in Geld,

11. Wertpapierrenten, in G e l d und zwar:

a) feste (sog. ,,Zinsen''),

b) nach einem Rentabilitätsertrag schwankende (Typus: sog. Dividenden).

12. Andere Gewinn a n t e i l e (s. A. II, 1):

1. Gelegenheitsgewinnanteile und rationale Spekulationsgewinnanteile,

2. rationale Dauer-Rentabilitätsgewinnanteile an Unternehmen aller Art.

Alle ,,Gewinne'' und die ,,Renten'' aus Wertpapieren sind nicht bedungene, bzw. nur in den Voraussetzungen (Tauschpreisen, Akkordsätzen) bedungene Einkommen. Feste Zinsen und Löhne, Grundbesitzpachten, Mieten sind bedungene Einkommen, die Herrschafts-, Menschenbesitz-, Grundherrschafts- und Beutegewinne gewaltsam appropriierte Einkommen oder Einkünfte. Besitzeinkommen k a n n berufloses Einkommen sein, falls der Beziehende den Besitz durch andere verwerten läßt. Löhne, Gehälter, Arbeitsgewinne, Unternehmergewinne sind Berufseinkommen; die anderen Arten von Renten und Gewinnen können sowohl das eine wie das andere sein (eine Kasuistik ist hier noch nicht beabsichtigt).

Eminent d y n a m i s c h e n — wirtschaftsrevolutionierenden — Charakters sind von allen diesen Einkommensarten die aus Unternehmer g e w i n n (A II, 1) und bedungenen oder freien Arbeits e r t r ä g e n (A I, 3 und 4) abgeleiteten, demnächst die freien Tausch- und, in anderer Art, unter Umständen: die Beutegewinne (A II, 3).

Eminent s t a t i s c h — wirtschaftskonservativ — sind skalierte Einkommen (Gehälter), Zeitlöhne, Amtsgewaltgewinne, (normalerweise) alle Arten von Renten.

O e k o n o m i s c h e Quelle von E i n k o m m e n (in der Tauschwirtschaft) ist in der Masse der Fälle die Tauschkonstellation auf dem Markt für Sachgüter und Arbeit, also letztlich: Konsumentenschätzungen, in Verbindung mit mehr oder minder starker natürlicher oder gesatzter monopolistischer Lage des Erwerbenden.

Oekonomische Quelle von E i n k ü n f t e n (in der Naturalwirtschaft) ist regelmäßig monopolistische Appropriation von Chancen: Besitz oder Leistungen gegen Entgelt zu verwerten.

Hinter allen diesen Einkommen steht nur die E v e n t u a l i t ä t der Gewaltsamkeit des Schutzes der appropriierten Chancen (s. oben dies Kap. § 1 Nr. 2). Die Beute- und die ihnen verwandten Erwerbsarten sind Ertrag a k t u e l l e r Gewaltsamkeit. Alle Kasuistik mußte bei dieser ganz rohen Skizze vorerst noch ausgeschaltet werden.

Ich halte von R. L i e f m a n n s Arbeiten bei vielen Abweichungen der Einzelansichten die Partien über ,,Einkommen'' für eine der wertvollsten. Hier soll auf das ö k o n o m i s c h e Problem gar nicht näher eingegangen werden. Die Zusammenhänge der ökonomischen Dynamik mit der Gesellschaftsordnung werden s. Z. stets erneut erörtert werden.

Kapitel III.

Die Typen der Herrschaft.

1. Die Legitimitätsgeltung.

§ 1. „Herrschaft" soll, definitionsgemäß (Kap. I, § 16) die Chance heißen, für spezifische (oder: für alle) Befehle bei einer angebbaren Gruppe von Menschen Gehorsam zu finden. Nicht also jede Art von Chance, „Macht" und „Einfluß" auf andere Menschen auszuüben. Herrschaft („Autorität") in diesem Sinn kann im Einzelfall auf den verschiedensten Motiven der Fügsamkeit: von dumpfer Gewöhnung angefangen bis zu rein zweckrationalen Erwägungen, beruhen. Ein bestimmtes Minimum an Gehorchen wollen, also: Interesse (äußerem oder innerem) am Gehorchen, gehört zu jedem echten Herrschaftsverhältnis.

Nicht jede Herrschaft bedient sich wirtschaftlicher Mittel. Noch weit weniger hat jede Herrschaft wirtschaftliche Zwecke. Aber jede Herrschaft über eine Vielzahl von Menschen bedarf normalerweise (nicht: absolut immer) eines Stabes von Menschen (Verwaltungsstab, s. Kap. I, § 12), d. h. der (normalerweise) verläßlichen Chance eines eigens auf Durchführung ihrer generellen Anordnungen und konkreten Befehle eingestellten Handelns angebbarer zuverlässig gehorchender Menschen. Dieser Verwaltungsstab kann an den Gehorsam gegenüber dem (oder: den) Herren rein durch Sitte oder rein affektuell oder durch materielle Interessenlage oder ideelle Motive (wertrational) gebunden sein. Die Art dieser Motive bestimmt weitgehend den Typus der Herrschaft. Rein materielle und zweckrationale Motive der Verbundenheit zwischen Herrn und Verwaltungsstab bedeuten hier wie sonst einen relativ labilen Bestand dieser. Regelmäßig kommen andere — affektuelle oder wertrationale — hinzu. In außeralltäglichen Fällen können diese allein ausschlaggebend sein. Im Alltag beherrscht Sitte und daneben: materielles, zweckrationales, Interesse diese wie andere Beziehungen. Aber Sitte oder Interessenlage so wenig wie rein affektuelle oder rein wertrationale Motive der Verbundenheit könnten verläßliche Grundlagen einer Herrschaft darstellen. Zu ihnen tritt normalerweise ein weiteres Moment: der Legitimitätsglaube.

Keine Herrschaft begnügt sich, nach aller Erfahrung, freiwillig mit den nur materiellen oder nur affektuellen oder nur wertrationalen Motiven als Chancen ihres Fortbestandes. Jede sucht vielmehr den Glauben an ihre „Legitimität" zu erwecken und zu pflegen. Je nach der Art der beanspruchten Legitimität aber ist auch der Typus des Gehorchens, des zu dessen Garantie bestimmten Verwaltungsstabes und der Charakter der Ausübung der Herrschaft grundverschieden. Damit aber auch ihre Wirkung. Mithin ist es zweckmäßig, die Arten der Herrschaft je nach dem ihnen typischen Legitimitätsanspruch zu unterscheiden. Dabei wird zweckmäßigerweise von modernen und also bekannten Verhältnissen ausgegangen.

1. Daß dieser und nicht irgendein anderer Ausgangspunkt der Unterscheidung gewählt wird, kann nur der Erfolg rechtfertigen. Daß g e w i s s e andere typische Unterscheidungsmerkmale dabei vorläufig zurücktreten und erst später eingefügt werden können, dürfte kein entscheidender Mißstand sein. Die „Legitimität" einer Herrschaft hat — schon weil sie zur Legitimität des B e s i t z e s sehr bestimmte Beziehungen besitzt, eine durchaus nicht nur „ideelle" Tragweite.

2. Nicht jeder konventional oder rechtlich gesicherte „Anspruch" soll ein Herrschaftsverhältnis heißen. Sonst wäre der Arbeiter im Umfang seines Lohnanspruchs „Herr" des Arbeitgebers, weil ihm auf Verlangen der Gerichtsvollzieher zur Verfügung gestellt werden muß. In Wahrheit ist er formal ein zum Empfang von Leistungen „berechtigter" Tauschpartner desselben. Dagegen soll es den Begriff eines Herrschaftsverhältnisses natürlich nicht ausschließen, daß es durch formal freien Kontrakt e n t s t a n d e n ist: so die in den Arbeitsordnungen und -anweisungen sich kundgebende Herrschaft des Arbeitgebers über den Arbeiter, des Lehensherrn über den frei in die Lehensbeziehung tretenden Vasallen. Daß der Gehorsam kraft militärischer Disziplin formal „unfreiwillig", der kraft Werkstattdisziplin formal „freiwillig" ist, ändert an der Tatsache, daß auch Werkstattdisziplin Unterwerfung unter eine H e r r s c h a f t ist, nichts. Auch die Beamtenstellung wird durch Kontrakt übernommen und ist kündbar, und selbst die „Untertanen"-Beziehung kann freiwillig übernommen und (in gewissen Schranken) gelöst werden. Die absolute Unfreiwilligkeit besteht erst beim Sklaven. Allerdings aber soll andererseits eine durch monopolistische Lage bedingte ökonomische „Macht", d. h. in diesem Fall: Möglichkeit, den Tauschpartnern die Tauschbedingungen zu „diktieren", allein und für sich ebensowenig schon „Herrschaft" heißen, wie irgendein anderer: etwa durch erotische oder sportliche oder diskussionsmäßige oder andere Ueberlegenheit bedingter „Einfluß". Wenn eine große Bank in der Lage ist, anderen Banken ein „Konditionenkartell" aufzuzwingen, so soll dies so lange nicht „Herrschaft" heißen, als nicht ein unmittelbares Obödienzverhältnis derart hergestellt ist: daß A n w e i s u n g e n der Leitung jener Bank mit dem Anspruch und der Chance, rein als solche Nachachtung zu finden, erfolgen und in ihrer Durchführung kontrolliert werden. Natürlich ist auch hier, wie überall, der Uebergang flüssig: von Schuldverpflichtung zur Schuldverknechtung finden sich alle Zwischenstufen. Und die Stellung eines „Salons" kann bis hart an die Grenze einer autoritären Machtstellung gehen, ohne doch notwendig „Herrschaft" zu sein. S c h a r f e Scheidung ist in der Realität oft nicht möglich, klare B e g r i f f e sind aber dann deshalb nur um so nötiger.

3. Die „Legitimität" einer Herrschaft darf natürlich auch nur als C h a n c e , dafür in einem relevanten Maße gehalten und praktisch behandelt zu werden, angesehen werden. Es ist bei weitem nicht an dem: daß jede Fügsamkeit gegenüber einer Herrschaft primär (oder auch nur: überhaupt immer) sich an diesem Glauben orientierte. Fügsamkeit kann vom einzelnen oder von ganzen Gruppen rein aus Opportunitätsgründen geheuchelt, aus materiellem Eigeninteresse praktisch geübt, aus individueller Schwäche und Hilflosigkeit als unvermeidlich hingenommen werden. Das ist aber nicht maßgebend für die Klassifizierung einer Herrschaft. Sondern: daß ihr eigener Legitimitäts a n s p r u c h der A r t nach in einem relevanten Maß „gilt", ihren Bestand festigt und die Art der gewählten Herrschaftsmittel mit bestimmt. Eine Herrschaft kann ferner — und das ist ein praktisch häufiger Fall — so absolut durch augenfällige Interessengemeinschaft des Herrn und seines Verwaltungsstabs (Leibwache, Prätorianer, „rote" oder „weiße" Garden) gegenüber den Beherrschten und durch deren Wehrlosigkeit gesichert sein, daß sie selbst den Anspruch auf „Legitimität" zu verschmähen vermag. Dann ist n o c h i m m e r die Art der Legitimitätsbeziehung zwischen Herrn und V e r w a l t u n g s s t a b je nach der Art der zwischen ihnen bestehenden Autoritätsgrundlage sehr verschieden geartet und in hohem Grade maßgebend für die Struktur der Herrschaft, wie sich zeigen wird.

4. „Gehorsam" soll bedeuten: daß das Handeln des Gehorchenden im wesentlichen so abläuft, als ob er den Inhalt des Befehls um dessen selbst willen zur Maxime seines Verhaltens gemacht habe, und zwar l e d i g l i c h um des formalen Gehorsamsverhältnisses halber, ohne Rücksicht auf die eigene Ansicht über den Wert oder Unwert des Befehls als solchen.

5. Rein psychologisch kann die Kausalkette verschieden aussehen, insbesondre: „Eingebung" oder „Einfühlung" sein. Diese Unterscheidung ist aber hier für die Typenbildung der Herrschaft nicht brauchbar.

6. Der Bereich der herrschaftsmäßigen Beeinflussung der sozialen Beziehungen und Kulturerscheinungen ist wesentlich breiter, als es auf den ersten Blick scheint. Beispielsweise ist es diejenige H e r r s c h a f t , welche in der Schule geübt wird, welche die als orthodox geltende Sprach- und Schreibform prägt. Die als Kanzlei-

sprachen der politisch autokephalen Verbände, also ihrer Herrscher, fungierenden
Dialekte sind zu diesen orthodoxen Sprach- und Schreibformen geworden und haben
die „nationalen" Trennungen (z. B. Hollands von Deutschland) herbeigeführt. Eltern-
herrschaft und Schulherrschaft reichen aber weit über die Beeinflussung jener (übrigens
nur scheinbar:) formalen Kulturgüter hinaus in der Prägung der Jugend und damit
der Menschen.

7. Daß Leiter und Verwaltungsstab eines Verbandes der Form nach als „Diener"
der Beherrschten auftreten, beweist gegen den Charakter als „Herrschaft" natürlich
noch gar nichts. Es wird von den materialen Tatbeständen der sogenannten
„Demokratie" später gesondert zu reden sein.   Irgendein Minimum von maß-
geblicher Befehlsgewalt, insoweit also: von „Herrschaft", muß ihnen aber fast in
jedem denkbaren Falle eingeräumt werden.

§ 2. Es gibt drei reine Typen legitimer Herrschaft. Ihre Legitimitätsgeltung
kann nämlich primär sein:

1. rationalen Charakters: auf dem Glauben an die Legalität gesatzter
Ordnungen und des Anweisungsrechts der durch sie zur Ausübung der Herrschaft Berufenen ruhen (legale Herrschaft) — oder

2. traditionalen Charakters: — auf dem Alltagsglauben an die Heilig
keit von jeher geltender Traditionen und die Legitimität der durch sie zur Autorität
Berufenen ruhen (traditionale Herrschaft), — oder endlich

3. charismatischen Charakters: auf der außeralltäglichen Hingabe
an die Heiligkeit oder die Heldenkraft oder die Vorbildlichkeit einer Person und der
durch sie offenbarten oder geschaffenen Ordnungen (charismatische Herrschaft).

Im Fall der satzungsmäßigen Herrschaft wird der legal gesatzten sachlichen
unpersönlichen Ordnung und dem durch sie bestimmten Vorgesetzten kraft formaler Legalität seiner Anordnungen und in deren Umkreis gehorcht. Im Fall der traditionalen Herrschaft wird der Person des durch Tradition
berufenen und an die Tradition (in deren Bereich) gebundenen Herrn kraft Pietät
im Umkreis des Gewohnten gehorcht. Im Fall der charismatischen Herrschaft wird
dem charismatisch qualifizierten Führer als solchem kraft persönlichen Vertrauens
in Offenbarung, Heldentum oder Vorbildlichkeit im Umkreis der Geltung des
Glaubens an dieses sein Charisma gehorcht.

1. Die Zweckmäßigkeit dieser Einteilung kann nur der dadurch erzielte Ertrag
an Systematik erweisen. Der Begriff des „Charisma" („Gnadengabe") ist altchrist-
licher Terminologie entnommen. Für die christliche Hierokratie hat zuerst Rudolf
Sohms Kirchenrecht der Sache, wenn auch nicht der Terminologie nach den
Begriff, andere (z. B. Holl in „Enthusiasmus und Bußgewalt") gewisse wichtige Konsequenzen davon verdeutlicht. Er ist also nichts Neues.

2. Daß keiner der drei, im folgenden zunächst zu erörternden, Idealtypen historisch wirklich „rein" vorzukommen pflegt, darf natürlich hier sowenig wie sonst
die begriffliche Fixierung in möglichst reiner Ausprägung hindern. Weiterhin (§ 11 ff.)
wird die Abwandlung des reinen Charisma durch Veralltäglichung erörtert und dadurch
der Anschluß an die empirischen Herrschaftsformen wesentlich gesteigert werden.
Aber auch dann gilt für jede empirische historische Erscheinung der Herrschaft:
daß sie „kein ausgeklügelt Buch" zu sein pflegt. Und die soziologische Typologie
bietet der empirisch historischen Arbeit lediglich den immerhin oft nicht zu unter-
schätzenden Vorteil: daß sie im Einzelfall an einer Herrschaftsform angeben kann:
was „charismatisch", „erbcharismatisch" (§ 10, 11), „amtscharismatisch", „patriar-
chal" (§ 7), „bureaukratisch" (§ 4), „ständisch" usw. ist oder sich diesem Typus
nähert, und daß sie dabei mit leidlich eindeutigen Begriffen arbeitet. Zu glauben:
die historische Gesamtrealität lasse sich in das nachstehend entwickelte Begriffs-
schema „einfangen", liegt hier so fern wie möglich.

2. Die legale Herrschaft mit bureaukratischem Verwal-
tungsstab.

Vorbemerkung: Es wird hier absichtlich von der spezifisch modernen
Form der Verwaltung ausgegangen, um nachher die anderen mit ihr kontrastieren
zu können.

§ 3. Die legale Herrschaft beruht auf der Geltung der folgenden untereinander zusammenhängenden Vorstellungen,

1. daß beliebiges Recht durch Paktierung oder Oktroyierung rational, zweckrational oder wertrational orientiert (oder: beides) g e s a t z t werden könne mit dem Anspruch auf Nachachtung mindestens durch die Genossen des Verbandes, regelmäßig aber auch: durch Personen, die innerhalb des Machtbereichs des Verbandes (bei Gebietsverbänden: des Gebiets) in bestimmte von der Verbandsordnung für relevant erklärte soziale Beziehungen geraten oder sozial handeln; —

2. daß jedes Recht seinem Wesen nach ein Kosmos abstrakter, normalerweise: absichtsvoll gesatzter R e g e l n sei, die Rechtspflege die Anwendung dieser Regeln auf den Einzelfall, die Verwaltung die rationale Pflege von, durch Verbandsordnungen vorgesehenen, Interessen, innerhalb der Schranken von Rechtsregeln, und: nach allgemein angebbaren Prinzipien, welche Billigung oder mindestens keine Mißbilligung in den Verbandsordnungen finden; —

3. daß also der typische legale Herr: der „Vorgesetzte", indem er anordnet und mithin befiehlt, seinerseits der unpersönlichen Ordnung gehorcht, an welcher er seine Anordnungen orientiert, —

Dies gilt auch für denjenigen legalen Herrn, der n i c h t „Beamter" ist, z. B. einen gewählten Staatspräsidenten.

4. daß — wie man dies meist ausdrückt — der Gehorchende nur als G e n o s s e und nur „dem Recht" gehorcht.

Als Vereinsgenosse, Gemeindegenosse, Kirchenmitglied, im Staat: B ü r g e r.

5. gilt in Gemäßheit von Nr. 3 die Vorstellung, daß die Verbandsgenossen, indem sie dem Herren gehorchen, nicht seiner Person, sondern jenen unpersönlichen Ordnungen gehorchen und daher zum Gehorsam nur innerhalb der ihm durch diese zugewiesenen rational abgegrenzten sachlichen Z u s t ä n d i g k e i t verpflichtet sind.

Die Grundkategorien der rationalen Herrschaft sind also
1. ein kontinuierlicher regelgebundener Betrieb von Amtsgeschäften, innerhalb:
2. einer K o m p e t e n z (Zuständigkeit), welche bedeutet:
a) einen kraft Leistungsverteilung sachlich abgegrenzten Bereich von Leistungspflichten, —
b) mit Zuordnung der e t w a dafür erforderlichen Befehlsgewalten und
c) mit fester Abgrenzung der eventuell zulässigen Zwangsmittel und der Voraussetzungen ihrer Anwendung.
Ein derart geordneter Betrieb soll „B e h ö r d e" heißen.

„Behörden" in diesem Sinn gibt es in großen Privatbetrieben, Parteien, Armeen natürlich genau wie in „Staat" und „Kirche". Eine „Behörde" im Sinne d i e s e r Terminologie ist auch der gewählte Staatspräsident (oder das Kollegium der Minister oder gewählten „Volksbeauftragten"). Diese Kategorien interessieren aber jetzt noch nicht. Nicht j e d e Behörde hat in gleichem S i n n e „Befehlsgewalten"; aber diese Scheidung interessiert hier nicht.

Dazu tritt
3. das Prinzip der A m t s h i e r a r c h i e, d. h. die Ordnung fester Kontroll- und Aufsichtsbehörden für jede Behörde mit dem Recht der Berufung oder Beschwerde von den nachgeordneten an die vorgesetzten. Verschieden ist dabei die Frage geregelt, ob und wann die Beschwerdeinstanz die abzuändernde Anordnung selbst durch eine „richtige" ersetzt oder dies dem ihr untergeordneten Amt, über welches Beschwerde geführt wird, aufträgt.

4. Die „Regeln", nach denen verfahren wird, können
a) technische Regeln, —
b) Normen sein.

Für deren Anwendung ist in beiden Fällen, zur vollen Rationalität, F a c h -
s c h u l u n g nötig. Normalerweise ist also zur Teilnahme am Verwaltungsstab
eines Verbandes nur der nachweislich erfolgreich Fachgeschulte qualifiziert und
darf nur ein solcher als B e a m t e r angestellt werden. „Beamte" bilden den
typischen Verwaltungsstab rationaler Verbände, seien dies politische, hierokratische,
wirtschaftliche (insbesondere: kapitalistische) oder sonstige.

5. Es gilt (im Rationalitätsfall) das Prinzip der vollen Trennung des Verwaltungsstabs von den Verwaltungs- und Beschaffungsmitteln. Die Beamten, Angestellten, Arbeiter des Verwaltungsstabs sind nicht im Eigenbesitz der sachlichen
Verwaltungs- und Beschaffungsmittel, sondern erhalten diese in Natural- oder Geldform geliefert und sind rechnungspflichtig. Es besteht das Prinzip der vollen Trennung
des Amts- (Betriebs-) Vermögens (bzw. Kapitals) vom Privatvermögen (Haushalt)
und der Amtsbetriebsstätte (Bureau) von der Wohnstätte.

6. Es fehlt im vollen Rationalitätsfall jede Appropriation der Amtsstelle an
den Inhaber. Wo ein „Recht" am „Amt" konstituiert ist (wie z. B. bei Richtern
und neuerdings zunehmenden Teilen der Beamten- und selbst der Arbeiterschaft),
dient sie normalerweise nicht dem Zweck einer Appropriation an den Beamten,
sondern der Sicherung der rein sachlichen („unabhängigen"), nur normgebundenen,
Arbeit in seinem Amt.

7. Es gilt das Prinzip der A k t e n m ä ß i g k e i t der Verwaltung, auch da,
wo mündliche Erörterung tatsächlich Regel oder geradezu Vorschrift ist: mindestens
die Vorerörterungen und Anträge und die abschließenden Entscheidungen, Verfügungen und Anordnungen aller Art sind s c h r i f t l i c h fixiert. Akten u n d
kontinuierlicher Betrieb durch B e a m t e zusammen ergeben: das B u r e a u ,
als d e n Kernpunkt jedes modernen Verbandshandelns.

8. Die legale Herrschaft kann sehr verschiedene Formen annehmen, von denen
später gesondert zu reden ist. Im folgenden wird zunächst absichtlich nur die am
meisten rein h e r r s c h a f t l i c h e Struktur des V e r w a l t u n g s stabes: des
„Beamtentums", der „Bureaukratie", idealtypisch analysiert.

Daß die typische Art des L e i t e r s beiseite gelassen wird, erklärt sich aus
Umständen, die erst später ganz verständlich werden. Sehr wichtige Typen rationaler Herrschaft sind f o r m a l in ihrem Leiter andern Typen angehörig (erbcharismatisch: Erbmonarchie, charismatisch: plebiszitärer Präsident), andere wieder
sind m a t e r i a l in wichtigen Teilen rational, aber in einer zwischen Bureaukratie
und Charismatismus in der Mitte liegenden Art konstruiert (Kabinettsregierung), noch
andre sind durch die (charismatischen oder b u r e a u k r a t i s c h e n) Leiter a n d e r e r
Verbände („Parteien") geleitet (Parteiministerien). Der Typus des rationalen legalen
Verwaltungsstabs ist universaler Anwendung fähig und e r ist das im Alltag W i c h -
t i g e. Denn Herrschaft ist im A l l t a g primär: V e r w a l t u n g.

§ 4. Der reinste Typus der legalen Herrschaft ist diejenige mittelst b u r e a u -
k r a t i s c h e n Verwaltungsstabs. Nur der Leiter des Verbandes besitzt
seine Herrenstellung entweder kraft Appropriation oder kraft einer Wahl oder Nachfolgerdesignation. Aber auch seine Herrenbefugnisse sind legale „Kompetenzen".
Die Gesamtheit des Verwaltungs s t a b e s besteht im reinsten Typus aus E i n z e l -
b e a m t e n (Monokratie, im Gegensatz zur „Kollegialität", von der später zu reden
ist), welche
1. persönlich frei nur s a c h l i c h e n Amtspflichten gehorchen,
2. in fester Amts h i e r a r c h i e,
3. mit festen Amts k o m p e t e n z e n,
4. kraft Kontrakts, also (prinzipiell) auf Grund freier Auslese nach

5. F a c h q u a l i f i k a t i o n , — im rationalsten Fall: durch Prüfung ermittelter, durch Diplom beglaubigter Fachqualifikation — a n g e s t e l l t (nicht: gewählt) sind, —

6. entgolten sind mit festen Gehältern in G e l d , meist mit Pensionsberechtigung, unter Umständen allerdings (besonders in Privatbetrieben) kündbar auch von seiten des Herrn, stets aber kündbar von seiten des Beamten; dies Gehalt ist abgestuft primär nach dem hierarchischen Rang, daneben nach der Verantwortlichkeit der Stellung, im übrigen nach dem Prinzip der „Standesgemäßheit" (Kap. IV),

7. ihr Amt als einzigen oder Haupt-B e r u f behandeln,

8. eine Laufbahn: „Aufrücken" je nach Amtsalter oder Leistungen oder beiden, abhängig vom Urteil der Vorgesetzten, vor sich sehen,

9. in völliger „Trennung von den Verwaltungsmitteln" und ohne Appropriation der Amtsstelle arbeiten,

10. einer strengen einheitlichen Amts d i s z i p l i n und Kontrolle unterliegen.

Diese Ordnung ist im Prinzip in erwerbswirtschaftlichen oder karitativen oder beliebigen anderen private ideelle oder materielle Zwecke verfolgenden Betrieben und in politischen oder hierokratischen Verbänden gleich anwendbar und auch historisch (in mehr oder minder starker Annäherung an den reinen Typus) nachweisbar.

1. Z. B. ist die Bureaukratie in Privatkliniken ebenso wie in Stiftungs- oder Ordenskrankenhäusern im Prinzip die gleiche. Die moderne sog. „Kaplanokratie": die Enteignung der alten weitgehend appropriierten Kirchenpfründen, aber auch der Universalepiskopat (als formale universale „Kompetenz") und die Infallibilität (als materiale universale „Kompetenz", nur „ex cathedra", im A m t , fungierend, also unter der typischen Scheidung von „Amt" und „Privat"-Tätigkeit) sind typisch bureaukratische Erscheinungen. Ganz ebenso der großkapitalistische Betrieb, je größer desto mehr, und nicht minder der P a r t e i betrieb (von dem gesondert zu reden sein wird) oder das durch, „Offiziere" genannte, militärische B e a m t e besonderer Art geführte moderne bureaukratische H e e r .

2. Die bureaukratische Herrschaft ist da am reinsten durchgeführt, wo das Prinzip der E r n e n n u n g der Beamten am reinsten herrscht. Eine Wahlbeamten-H i e r a r c h i e gibt es im gleichen Sinne wie die Hierarchie der ernannten Beamten nicht: schon die Disziplin vermag ja natürlich niemals auch nur annähernd die gleiche Strenge zu erreichen, wo der unterstellte Beamte auf Wahl ebenso zu pochen vermag wie der übergeordnete und nicht von d e s s e n Urteil seine Chancen abhängen. (S. über die Wahlbeamten unten § 14.)

3. Kontrakts-Anstellung, also freie Auslese, ist der m o d e r n e n Bureaukratie w e s e n t l i c h . Wo u n f r e i e Beamte (Sklaven, Ministeriale) in hierarchischer Gliederung mit sachlichen Kompetenzen, also in formal bureaukratischer Art, fungieren, wollen wir von „Patrimonialbureaukratie" sprechen.

4. Das Ausmaß der Fachqualifikation ist in der Bureaukratie in stetem Wachsen. Auch der Partei- und Gewerkschaftsbeamte bedarf des f a c h mäßigen (empirisch erworbenen) Wissens. Daß die modernen „Minister" und „Staatspräsidenten" die einzigen „Beamten" sind, für die k e i n e Fachqualifikation verlangt wird, beweist: daß sie Beamte nur im f o r m a l e n , nicht im m a t e r i a l e n Sinne sind, ganz ebenso wie der „Generaldirektor" eines großen Privataktienbetriebs. Vollends der kapitalistische Unternehmer ist ebenso appropriiert wie der „Monarch". Die bureaukratische Herrschaft hat also an der S p i t z e unvermeidlich ein mindestens nicht r e i n bureaukratisches Element. Sie ist nur eine Kategorie der Herrschaft durch einen besonderen V e r w a l t u n g s s t a b .

5. Das feste Gehalt ist das N o r m a l e . (Appropriierte Sporteleinnahmen wollen wir als „Pfründen" bezeichnen: über den Begriff s. § 7). Ebenso das Geldgehalt. Es ist durchaus nicht begriffswesentlich, entspricht aber doch am reinsten dem Typus. (Naturaldeputate haben „Pfründen"-Charakter. Pfründe ist normalerweise eine Kategorie der A p p r o p r i a t i o n von Erwerbschancen und Stellen.) Aber die Uebergänge sind hier völlig flüssig, wie gerade solche Beispiele zeigen. Die Appropriationen kraft Amtspacht, Amtskauf, Amtspfand gehören einer andern Kategorie als der reinen Bureaukratie an (§ 7, 1).

6. „Aemter" im „Nebenberuf" und vollends „Ehrenämter" gehören in später (§ 14 unten) zu erörternde Kategorien. Der typische „bureaukratische" Beamte ist Hauptberufsbeamter.

7. Die Trennung von den Verwaltungsmitteln ist in der öffentlichen und der Privatbureaukratie (z. B. im großkapitalistischen Unternehmen) genau im gleichen Sinn durchgeführt.

8. K o l l e g i a l e „Behörden" werden weiter unten (§ 15) gesondert betrachtet werden. Sie sind in schneller Abnahme zugunsten der faktisch und meist auch formal monokratischen Leitung begriffen (z. B. waren die kollegialen „Regierungen" in Preußen längst dem monokratischen Regierungs p r ä s i d e n t e n gewichen). Das Interesse an schneller, eindeutiger, daher von Meinungskompromissen und Meinungs umschlägen der Mehrheit freier Verwaltung ist dafür entscheidend.

9. Selbstverständlich sind moderne Offiziere eine mit ständischen Sondermerk malen, von denen andernorts (Kap. IV) zu reden ist, ausgestattete Kategorie von ernannten B e a m t e n , ganz im Gegenteil zu Wahlführern einerseits, charis matischen (§ 10) Kondottieren andererseits, kapitalistischen Unternehmeroffizieren (Soldheer) drittens, Offizierstellen-Käufern (§ 8) viertens. Die Uebergänge können flüssig sein. Die patrimonialen „Diener", getrennt von den Verwaltungsmitteln und die kapitalistischen Heeres u n t e r n e h m e r sind ebenso wie, oft, die kapi talistischen Privatunternehmer, Vorläufer der modernen Bureaukratie gewesen. Da von später im einzelnen.

§ 5. Die rein bureaukratische, also: die bureaukratisch-monokratische aktenmäßige Verwaltung ist nach allen Erfahrungen die an Präzision, Stetigkeit, Disziplin, Straffheit und Verläßlichkeit, also: Berechenbarkeit für den Herren wie für die Interessenten, Intensität und Extensität der Leistung, formal universeller Anwendbarkeit auf alle Aufgaben, rein t e c h n i s c h zum Höchstmaß der Leistung vervollkommenbare, in all diesen Bedeutungen: formal r a t i o n a l s t e , Form der Herrschaftsausübung. Die Entwicklung „moderner" Verbandsformen auf a l l e n Gebieten (Staat, Kirche, Heer, Partei, Wirtschaftsbetrieb, Interessentenverband, Verein, Stiftung und was immer es sei) ist schlechthin identisch mit Entwicklung und stetiger Zunahme der b u r e a u k r a t i s c h e n Verwaltung: ihre Entstehung ist z. B. die Keimzelle des modernen okzidentalen Staats. Man darf sich durch alle scheinbaren Gegeninstanzen, seien es kollegiale Interessentenvertretungen oder Parlamentsausschüsse oder „Räte-Diktaturen" oder Ehrenbeamte oder Laienrichter oder was immer (und vollends durch das Schelten über den „hl. Bureaukratius") nicht einen Augenblick darüber täuschen lassen, daß alle k o n t i n u i e r l i c h e A r b e i t durch B e a m t e in B u r e a u s erfolgt. Unser gesamtes Alltagsleben ist in diesen Rahmen eingespannt. Denn wenn die bureaukratische Verwaltung ü b e r a l l die — ceteris paribus! — formal-technisch rationalste ist, so ist sie für die Bedürfnisse der M a s s e n verwaltung (personalen oder sachlichen) heute schlecht hin unentrinnbar. Man hat nur die Wahl zwischen „Bureaukratisierung" und „Di lettantisierung" der Verwaltung, und das große Mittel der Ueberlegenheit der bureau kratischen Verwaltung ist: F a c h w i s s e n , dessen völlige Unentbehrlichkeit durch die moderne Technik und Oekonomik der Güterbeschaffung bedingt wird, höchst einerlei ob diese kapitalistisch oder — was, wenn die g l e i c h e technische Leistung erzielt werden sollte, nur eine ungeheure S t e i g e r u n g der Bedeutung der Fachbureaukratie bedeuten würde — sozialistisch organisiert sind. Wie die Be herrschten sich einer bestehenden bureaukratischen Herrschaft normalerweise nur erwehren können durch Schaffung einer eigenen, ebenso der Bureaukratisierung ausgesetzten Gegenorganisation, so ist auch der bureaukratische Apparat selbst durch zwingende Interessen materieller und rein sachlicher, also: ideeller Art an sein eigenes Weiterfunktionieren gebunden: Ohne ihn würde in einer Gesellschaft mit T r e n n u n g des Beamten, Angestellten, Arbeiters, von den Verwaltungsmitteln und Unentbehrlichkeit der D i s z i p l i n und G e s c h u l t h e i t die moderne Exi stenzmöglichkeit für alle außer die noch im Besitz der Versorgungsmittel befind lichen (die Bauern) aufhören. Er funktioniert für die zur Gewalt gelangte Revolution und für den okkupierenden Feind normalerweise einfach weiter wie für die bisher legale Regierung. Stets ist die Frage: w e r b e h e r r s c h t den bestehenden bureaukratischen Apparat? Und stets ist seine Beherrschung dem N i c h t-

Fachmann nur begrenzt möglich: der Fach-Geheimrat ist dem Nichtfachmann als Minister auf die Dauer meist überlegen in der Durchsetzung seines Willens. Der Bedarf nach stetiger, straffer, intensiver und k a l k u l i e r b a r e r Verwaltung, wie ihn der Kapitalismus — nicht: n u r er, aber allerdings und unleugbar: er vor allem — historisch geschaffen hat (er kann ohne sie nicht bestehen) und jeder r a t i o n a l e Sozialismus einfach übernehmen müßte und steigern würde, bedingt diese Schicksalhaftigkeit der Bureaukratie als des Kerns j e d e r Massenverwaltung. Nur der (politische, hierokratische, vereinliche, wirtschaftliche) K l e i n betrieb könnte ihrer weitgehend entraten. Wie der Kapitalismus in seinem heutigen Entwicklungsstadium die Bureaukratie f o r d e r t — obwohl er und sie aus verschiedenen g e s c h i c h t l i c h e n Wurzeln gewachsen sind —, so ist er auch die rationalste, weil fiskalisch die nötigen G e l d mittel zur Verfügung stellende, wirtschaftliche Grundlage, auf der er in rationalster Form bestehen kann.

Neben den fiskalischen Voraussetzungen bestehen für die bureaukratische Verwaltung w e s e n t l i c h verkehrstechnische Bedingungen. Ihre Präzision fordert Eisenbahn, Telegramm, Telephon und ist zunehmend an sie gebunden. Daran könnte eine sozialistische Ordnung nichts ändern. Die Frage wäre (s. Kap. II, § 12), ob sie in der L a g e wäre, ähnliche Bedingungen für eine r a t i o n a l e, und das hieße g e r a d e für sie: straff bureaukratische Verwaltung zu noch festeren formalen R e g e l n zu schaffen, wie die kapitalistische Ordnung. Wenn nicht, — so läge hier wiederum eine jener großen Irrationalitäten: Antinomie der formalen und materialen Rationalität, vor, deren die Soziologie so viele zu konstatieren hat.

Die bureaukratische Verwaltung bedeutet: Herrschaft kraft W i s s e n: dies ist ihr spezifisch rationaler Grundcharakter. Ueber die durch das F a c h wissen bedingte gewaltige Machtstellung hinaus hat die Bureaukratie (oder der Herr, der sich ihrer bedient), die Tendenz, ihre Macht noch weiter zu steigern durch das D i e n s t wissen: die durch Dienstverkehr erworbenen oder „aktenkundigen" Tatsachenkenntnisse. Der nicht nur, aber allerdings spezifisch bureaukratische Begriff des „Amtsgeheimnisses" — in seiner Beziehung zum Fachwissen etwa den kommerziellen Betriebsgeheimnissen gegenüber den technischen vergleichbar — entstammt diesem Machtstreben.

U e b e r l e g e n ist der Bureaukratie an Wissen: Fachwissen und Tatsachenkenntnis, innerhalb s e i n e s Interessenbereichs, regelmäßig n u r: der private Erwerbsinteressent. Also: der kapitalistische Unternehmer. Er ist die e i n z i g e wirklich gegen die Unentrinnbarkeit der bureaukratischen rationalen Wissens-Herrschaft (mindestens: relativ) i m m u n e Instanz. Alle andern sind in M a s s e n verbänden der bureaukratischen Beherrschung unentrinnbar verfallen, genau wie der Herrschaft der sachlichen Präzisionsmaschine in der Massengüterbeschaffung.

Die bureaukratische Herrschaft bedeutet sozial im allgemeinen:

1. die Tendenz zur N i v e l l i e r u n g im Interesse der universellen Rekrutierbarkeit aus den f a c h l i c h Qualifiziertesten,

2. die Tendenz zur P l u t o k r a t i s i e r u n g im Interesse der möglichst lang (oft bis fast zum Ende des dritten Lebensjahrzehnts) dauernden Facheinschulung,

3. die Herrschaft der formalistischen U n p e r s ö n l i c h k e i t: sine ira et studio, ohne Haß und Leidenschaft, daher ohne „Liebe" und „Enthusiasmus", unter dem Druck schlichter P f l i c h t begriffe; „ohne Ansehen der Person", formal gleich für „jedermann", d. h. jeden in gleicher f a k t i s c h e r Lage befindlichen Interessenten, waltet der ideale Beamte seines Amtes.

Wie aber die Bureaukratisierung ständische Nivellierung (der normalen, historisch auch als normal erweislichen Tendenz nach) s c h a f f t, so fördert umgekehrt jede soziale Nivellierung, indem sie den s t ä n d i s c h e n, kraft Appropriation der Verwaltungsmittel und der Verwaltungsgewalt, Herrschenden und im Interesse der „Gleichheit", den kraft B e s i t z zu „ehrenamtlicher" oder „nebenamtlicher"

Verwaltung befähigten Amtsinhaber beseitigt, die Bureaukratisierung, die überall
der unentrinnbare Schatten der vorschreitenden „Massendemokratie" ist, —
wovon eingehender in anderem Zusammenhang.

Der normale „Geist" der rationalen Bureaukratie ist, allgemein gesprochen:

1. Formalismus, gefordert von allen an Sicherung persönlicher Lebenschancen
gleichviel welcher Art Interessierten, — weil sonst Willkür die Folge wäre, und der
Formalismus die Linie des kleinsten Kraftmaßes ist. Scheinbar und zum Teil
wirklich im Widerspruch mit dieser Tendenz dieser Art von Interessen steht

2. die Neigung der Beamten zu material-utilitarisch gerichteter Behandlung ihrer Verwaltungsaufgaben im Dienst der zu beglückenden Beherrschten.
Nur pflegt sich dieser materiale Utilitarismus in der Richtung der Forderung entsprechender — ihrerseits wiederum: formaler und in der Masse der Fälle formalistisch
behandelter — Reglements zu äußern. (Darüber in der Rechtssoziologie.)
Unterstützung findet diese Tendenz zur materialen Rationalität von seiten
aller derjenigen Beherrschten, welche nicht zu der unter Nr. 1 bezeichneten
Schicht der an „Sicherung" Interessierten gegen besessene Chancen gehören.
Die daher rührende Problematik gehört in die Theorie der „Demokratie".

3. Traditionale Herrschaft.

§ 6. Traditional soll eine Herrschaft heißen, wenn ihre Legitimität
sich stützt und geglaubt wird auf Grund der Heiligkeit altüberkommener („von
jeher bestehender") Ordnungen und Herrengewalten. Der Herr (oder: die mehreren
Herren) sind kraft traditional überkommener Regel bestimmt. Gehorcht wird ihnen
kraft der durch die Tradition ihnen zugewiesenen Eigenwürde. Der Herrschaftsverband ist, im einfachsten Fall, primär ein durch Erziehungsgemeinsamkeit bestimmter Pietätsverband. Der Herrschende ist nicht „Vorgesetzter", sondern
persönlicher Herr, sein Verwaltungsstab primär nicht „Beamte", sondern persönliche „Diener", die Beherrschten nicht „Mitglieder" des Verbandes, sondern
entweder: 1. „traditionale Genossen" (§ 7) oder 2. „Untertanen". Nicht sachliche
Amtspflicht, sondern persönliche Dienertreue bestimmten die Beziehungen des Verwaltungsstabes zum Herrn.

Gehorcht wird nicht Satzungen, sondern der durch Tradition oder durch den
traditional bestimmten Herrscher dafür berufenen Person, deren Befehle legitim sind in zweierlei Art:

a) teilweise kraft eindeutig den Inhalt der Anordnungen bestimmender Tradition und in deren geglaubtem Sinn und Ausmaß, welches durch Ueberschrei-
tung der traditionalen Grenzen zu erschüttern für die eigene traditionale Stellung
des Herrn gefährlich werden könnte,

b) teilweise kraft der freien Willkür des Herren, welcher die Tradition
den betreffenden Spielraum zuweist.

Diese traditionale Willkür beruht primär auf der prinzipiellen Schrankenlosigkeit
von pietätspflichtmäßiger Obedienz.

Es existiert also das Doppelreich

a) des material traditionsgebundenen Herrenhandelns,

b) des material traditionsfreien Herrenhandelns.

Innerhalb des letzteren kann der Herr nach freier Gnade und Ungnade, persönlicher Zu- und Abneigung, und rein persönlicher, insbesondere auch durch Geschenke — die Quellen der „Gebühren" — zu erkaufender Willkür „Gunst" erweisen. Soweit er da nach Prinzipien verfährt, sind dies solche der materialen
ethischen Billigkeit, Gerechtigkeit oder der utilitarischen Zweckmäßigkeit, nicht
aber, — wie bei der legalen Herrschaft: — formale Prinzipien. Die tatsächliche
Art der Herrschaftsausübung richtet sich darnach: was üblicherweise der Herr
(und sein Verwaltungsstab) sich gegenüber der traditionalen Fügsamkeit der Unter-

tanen gestatten dürfen, ohne sie zum Widerstand zu reizen. Dieser Widerstand richtet sich, wenn er entsteht, gegen die P e r s o n des Herren (oder: Dieners), der die traditionalen Schranken der Gewalt mißachtete, nicht aber: gegen das System als solches („traditionalistische Revolution").

Recht oder Verwaltungsprinzipien durch Satzung absichtsvoll neu zu „schaffen", ist bei reinem Typus der traditionalen Herrschaft unmöglich. Tatsächliche Neuschöpfungen können sich also nur als von jeher geltend und nur durch „Weistum" e r k a n n t legitimieren. Als Orientierungsmittel für die Rechtsfindung kommen nur Dokumente der Tradition: „Präzedenzien und Präjudizien" in Frage.

§ 7. Der Herr herrscht entweder 1. o h n e oder 2. m i t Verwaltungsstab. Ueber den ersten Fall s. § 6 Nr. 1.

Der typische Verwaltungsstab kann r e k r u t i e r t sein aus:

a) traditional, durch Pietätsbande, mit dem Herren Verbundenen („patrimonial rekrutiert"):

α. Sippenangehörigen,

β. Sklaven,

γ. haushörige Hausbeamte, insbesondere: „Ministerialen",

δ. Klienten,

ε. Kolonen,

ξ. Freigelassenen;

b) („extrapatrimonial rekrutiert" aus:)

α. persönlichen Vertrauensbeziehungen (freie „Günstlinge" aller Art) oder

β. Treubund mit dem zum Herrn Legitimierten (Vasallen) endlich

γ. freie, in das Pietätsverhältnis zu ihm eintretende B e a m t e.

Zu a α) Es ist ein sehr oft sich findendes Verwaltungsprinzip traditionalistischer Herrschaften, die wichtigsten Stellungen mit Angehörigen der Herrensippe zu besetzen.

Zu a β): Sklaven und (a ξ) Freigelassene finden sich in patrimonialen Herrschaften oft bis in die höchsten Stellungen (frühere Sklaven als Großveziere waren nicht selten).

Zu a γ) Die typischen Hausbeamten: Seneschall (Großknecht), Marschall (Pferdeknecht), Kämmerer, Truchseß, Hausmeier (Vorsteher des Gesindes und eventuell der Vasallen) finden sich in Europa überall. Im Orient treten als besonders wichtig der Großeunuch (Haremswächter), bei den Negerfürsten oft der Henker, außerdem überall oft der Leibarzt, Leibastrologe und ähnliche Chargen hinzu.

Zu a δ) Die Königsklientel ist in China wie in Aegypten die Quelle des patrimonialen Beamtentums gewesen.

Zu a ε) Kolonenheere hat der ganze Orient, aber auch die Herrschaft der römischen Nobilität gekannt. (Noch der islamische Orient der Neuzeit kannte Sklavenheere.)

Zu b α) Die „Günstlings"-Wirtschaft ist jedem Patrimonialismus spezifisch und oft Anlaß „traditionalistischer Revolutionen" (Begriff s. am Schluß des §).

Zu b β) Ueber die „Vasallen" ist gesondert zu sprechen.

Zu b γ) Die „Bureaukratie" ist in Patrimonialstaaten zuerst e n t s t a n d e n, als Beamtentum mit extrapatrimonialer Rekrutierung. Aber d i e s e Beamten waren, wie bald zu erwähnen, zunächst p e r s ö n l i c h e Diener des Herren.

Es fehlt dem Verwaltungsstab der traditionalen Herrschaft im reinen Typus:

a) die feste „Kompetenz" nach sachlicher Regel,

b) die feste rationale Hierarchie,

c) die geregelte Anstellung durch freien Kontrakt und das geregelte Aufrücken,

d) die Fachgeschultheit (als Norm),

e) (oft) der feste und (noch öfter) der in Geld gezahlte Gehalt.

Zu a) An Stelle der festen sachlichen Kompetenz steht die Konkurrenz der vom Herren zunächst nach freier Willkür gegebenen jeweiligen, dann dauernd werdenden, schließlich oft traditional stereotypierten Aufträge und Vollmachten unter-

9*

einander, die insbesondere durch die Konkurrenz um die ebenso den Beauftragten
wie dem Herren selbst bei Inanspruchnahme ihrer Bemühungen zustehenden Sportelchancen geschaffen wird: durch solche Interessen werden oft erstmalig die sachlichen
Zuständigkeiten und damit die Existenz einer „Behörde" konstituiert.

Alle mit Dauerzuständigkeit versehenen Beauftragten sind zunächst Hausbeamte
des Herren, ihre n i c h t hausgebundene („extrapatrimoniale") Zuständigkeit ist
eine an ihren Hausdienst nach oft ziemlich äußerlichen sachlichen Verwandtschaften
des Tätigkeitsgebiets angelehnte oder nach zunächst ganz freiem Belieben des Herren,
welches später traditional stereotypiert wird, ihnen zugewiesene Zuständigkeit.
Neben den Hausbeamten gab es p r i m ä r nur Beauftragte ad hoc.

Der fehlende „Kompetenz"-Begriff ergibt sich leicht bei Durchmusterung
etwa der Liste der Bezeichnungen altorientalischer Beamter. Es ist — mit seltenen
Ausnahmen — unmöglich, eine rational abgegrenzte sachliche Tätigkeitssphäre
nach Art unserer „Kompetenz" als d a u e r n d feststehend zu ermitteln.
Die Tatsache der Abgrenzung faktischer Dauerzuständigkeiten durch Konkurrenz und Kompromiß von Sportelinteressen ist insbesondere im Mittelalter zu
beobachten. Die Wirkung dieses Umstandes ist eine sehr weitreichende gewesen.
Sportelinteressen der mächtigen Königsgerichte und des mächtigen nationalen An-
waltsstandes haben in England die Herrschaft des römischen und kanonischen Rechts
teils vereitelt, teils begrenzt. Die irrationale Abgrenzung zahlreicher Amtsbefug-
nisse aller Epochen war durch die einmal gegebene Abgrenzung der Sportelinteressen-
sphären stereotypiert.

Zu b) Die Bestimmung, ob und an welche Beauftragten oder ob von dem Herren
selbst die Entscheidung eines Gegenstandes oder einer Beschwerde dagegen erledigt
werden soll, ist entweder

α. traditional, zuweilen unter Berücksichtigung der Provenienz bestimmter
von außen her übernommener Rechtsnormen oder Präzedenzien (Oberhof-System)
geregelt, oder

β. völlig dem jeweiligen Belieben des Herren anheimgestellt, dem, wo immer
er persönlich erscheint, alle Beauftragten weichen.

Neben dem traditionalistischen Oberhof-System steht das aus der Sphäre
der Herrenmacht stammende deutschrechtliche Prinzip: daß dem anwesenden Herrn
alle Gerichtsbarkeit ledig wird, das aus der gleichen Quelle und der freien Herren-
gnade stehende jus evocandi und sein moderner Ableger: die „Kabinettsjustiz".
Der „Oberhof" ist im Mittelalter besonders oft die Rechtsweisungsbehörde, von
welcher aus das Recht eines Ortes importiert ist.

Zu c) Die Hausbeamten und Günstlinge sind sehr oft rein patrimonial rekrutiert:
Sklaven oder Hörige (Ministerialen) des Herren. Oder sie sind, wenn extrapatrimonial rekrutiert, Pfründner (s. u.) die er nach formal freiem Ermessen versetzt.
Erst der Eintritt freier Vasallen und die Verleihung der Aemter kraft Lehens k o n -
t r a k t s ändert dies grundsätzlich, schafft aber, — da die Lehen keineswegs durch
sachliche Gesichtspunkte in Art und Ausmaß bestimmt werden, — in den Punkten
a und b keine Aenderung. Ein Aufrücken gibt es, außer unter Umständen bei p r ä -
b e n d a l e r Struktur des Verwaltungsstabes (s. § 8), nur nach Willkür und Gnade
des Herren.

Zu d) Rationale Fachgeschultheit als prinzipielle Qualifikation fehlt primär
allen Hausbeamten und Günstlingen des Herren. Der Beginn der Fachschulung
der Angestellten (gleichviel welcher Art) macht überall Epoche in der Art der Verwaltung.

Ein gewisses Maß empirischer Schulung ist für manche Aemter schon sehr früh
erforderlich gewesen. Indessen vor allem die Kunst zu lesen und zu schreiben,
ursprünglich wirklich noch eine „Kunst" von hohem Seltenheitswert, hat oft —
wichtigstes Beispiel: China — durch die Art der Lebensführung der Literaten
die ganze Kulturentwicklung entscheidend beeinflußt und die i n t r a patrimo-

niale Rekrutierung der Beamten b e s e i t i g t, dadurch also die Macht des Herren „ständisch" (s. Nr. 3) b e s c h r ä n k t.

Zu e) Die Hausbeamten und Günstlinge werden primär am Tisch des Herrn und aus seiner Kammer verpflegt und equipiert. Ihre Abschichtung vom Herrentisch bedeutet in aller Regel Schaffung von (zunächst: Natural-) P f r ü n d e n, deren Art und Ausmaß sich leicht stereotypiert. Daneben (oder statt ihrer) stehen den außerhaushaltsmäßig beauftragten Organen des Herren regelmäßig ebenso wie ihm selbst „Gebühren" zu (oft ohne jede Tarifierung von Fall zu Fall mit den um eine „Gunst" sich Bewerbenden vereinbart).

Ueber den Begriff der „Pfründe" s. gleich.

§ 7a. 1. Die primären Typen der traditionalen Herrschaft sind die Fälle des F e h l e n s eines p e r s ö n l i c h e n V e r w a l t u n g s s t a b s des Herrn:
 a) Gerontokratie und
 b) primärer Patriarchalismus.
Gerontokratie heißt der Zustand, daß, soweit ü b e r h a u p t Herrschaft im Verband geübt wird, die (ursprünglich im wörtlichen Sinn: an Jahren) Aeltesten, als beste Kenner der heiligen Tradition, sie ausüben. Sie besteht oft für n i c h t primär ökonomische oder familiale Verbände. Patriarchalismus heißt der Zustand, daß innerhalb eines, meist, primär ökonomischen und familialen (Haus-)Verbandes ein (normalerweise) nach fester Erbregel bestimmter einzelner die Herrschaft ausübt. Gerontokratie und Patriarchalismus stehen nicht selten nebeneinander. Entscheidend ist dabei: daß die Gewalt der Gerontokraten sowohl wie des Patriarchen im reinen Typus an der Vorstellung der Beherrschten („Genossen") orientiert ist: daß diese Herrschaft zwar traditionales Eigenrecht des Herren sei, aber m a t e r i a l als präeminentes Genossenrecht, daher in ihrem, der Genossen, I n t e r e s s e ausgeübt werden müsse, ihm also nicht frei appropriiert sei. Das, bei d i e s e n Typen, v ö l l i g e Fehlen eines rein p e r s ö n l i c h e n („patrimonialen") Verwaltungsstabs des Herren ist dafür bestimmend. Der Herr ist daher vom Gehorchen w o l l e n der Genossen noch weitgehend abhängig, da er keinen „Stab" hat. Die Genossen sind daher noch „Genossen", und noch nicht: „Untertanen". Aber sie sind „Genossen" kraft T r a d i t i o n, nicht: „Mitglieder" kraft S a t z u n g. Sie schulden die Obödienz dem H e r r e n, nicht der gesatzten R e g e l. Aber dem Herren allerdings n u r: g e m ä ß Tradition. Der Herr seinerseits ist s t r e n g traditionsgebunden.

Ueber die Arten der Gerontokratie s. später. Primärer Patriarchalismus ist ihr insofern verwandt, als die Herrschaft nur innerhalb des Hauses obligat, im übrigen aber — wie bei den arabischen Schechs — nur exemplarisch, also nach Art der charismatischen durch Beispiel, oder aber: durch Rat und Einflußmittel wirkt.

2. Mit dem Entstehen eines rein persönlichen Verwaltungs- (und: Militär-) Stabes des Herren neigt jede traditionale Herrschaft zum P a t r i m o n i a l i s m u s und im Höchstmaß der Herrengewalt: zum S u l t a n i s m u s:
 die „Genossen" werden nun erst zu „Untertanen", das bis dahin als präeminentes Genossenrecht gedeutete Recht des Herren zu seinem Eigenrecht, ihm in (prinzipiell) gleicher Art appropriiert wie irgendein Besitzobjekt beliebigen Charakters, verwertbar (verkäuflich, verpfändbar, erbteilbar) prinzipiell wie irgendeine wirtschaftliche Chance. Aeußerlich stützt sich die patrimoniale Herrengewalt auf (oft: gebrandmarkte) Sklaven- oder Kolonen- oder gepreßte Untertanen oder — um die Interessengemeinschaft gegenüber den letzteren möglichst unlöslich zu machen — Sold-Leibwachen und -Heere (patrimoniale Heere). Kraft dieser Gewalt erweitert der Herr das Ausmaß der traditionsfreien Willkür, Gunst und Gnade auf Kosten der

patriarchalen und gerontokratischen Traditionsgebundenheit. P a t r i m o n i a l e
Herrschaft soll jede primär tradational orientierte, aber kraft vollen Eigenrechts
ausgeübte, s u l t a n i s t i s c h e eine in der Art ihrer Verwaltung sich primär
in der Sphäre freier traditionsungebundener Willkür bewegende Patrimonialherrschaft heißen. Der Unterschied ist d u r c h a u s fließend. Vom p r i m ä r e n
Patriarchalismus scheidet beide, auch den Sultanismus, die Existenz des persönlichen V e r w a l t u n g s s t a b s.

> Die sultanistische Form des Patrimonialismus ist zuweilen, dem äußeren An-
> scheine nach, — in Wahrheit: nie wirklich — völlig traditionsungebunden. Sie ist
> aber nicht s a c h l i c h rationalisiert, sondern es ist in ihr nur die Sphäre der freien
> Willkür und Gnade ins Extrem entwickelt. Dadurch unterscheidet sie sich von jeder
> Form rationaler Herrschaft.

3. S t ä n d i s c h e Herrschaft soll diejenige Form patrimonialer Herrschaft
heißen, bei welcher dem V e r w a l t u n g s s t a b bestimmte Herrengewalten und
die entsprechenden ökonomischen Chancen a p p r o p r i i e r t sind. Die Appropriation kann — wie in allen ähnlichen Fällen (Kap. II, § 19):

a) einem Verbande oder einer durch Merkmale ausgezeichneten Kategorie
von Personen, oder

b) individuell und zwar: nur lebenslänglich oder auch erblich oder als freies
Eigentum erfolgen.

Ständische Herrschaft bedeutet also

a) stets Begrenzung der freien Auslese des Verwaltungsstabes durch den Herren,
durch die Appropriation der Stellen oder Herrengewalten:

α. an einen Verband,

β. an eine ständisch (Kap. IV) qualifizierte Schicht, — oder

b) oft — und dies soll hier als „Typus" gelten — ferner:

α. Appropriation der Stellen, also (eventuell) der durch ihre Innehabung geschaffenen Erwerbschancen und

β. Appropriation d e r s a c h l i c h e n V e r w a l t u n g s m i t t e l,

γ. Appropriation der Befehlsgewalten:

an die e i n z e l n e n Mitglieder des Verwaltungsstabs.

Die Appropriierten können dabei h i s t o r i s c h sowohl 1. aus dem vorher
n i c h t ständischen Verwaltungsstab hervorgegangen sein, wie 2. vor der Appropriation n i c h t dazu gehört haben.

Der appropriierte ständische Inhaber von Herrengewalten b e s t r e i t e t d i e
K o s t e n d e r V e r w a l t u n g aus eigenen und ungeschieden ihm appropriierten Verwaltungsmitteln. Inhaber von militärischen Herrengewalten oder
s t ä n d i s c h e Heeresangehörige e q u i p i e r e n s i c h s e l b s t und eventuell
die von ihnen zu stellenden patrimonial oder wiederum ständisch rekrutierten Kon-
tingente (ständisches Heer). Oder aber: die Beschaffung der Verwaltungsmittel und
des Verwaltungsstabs wird geradezu als Gegenstand einer Erwerbsunternehmung
gegen Pauschalleistungen aus dem Magazin oder der Kasse des Herren appropriiert,
wie namentlich (aber nicht nur) beim Soldheer des 16. und 17. Jahrhunderts in
Europa (kapitalistisches Heer). Die Gesamtgewalt ist in den Fällen voller ständischer Appropriation zwischen dem Herren und den appropriierten Gliedern des
Verwaltungsstabs kraft deren Eigenrechts regelmäßig geteilt, oder aber es bestehen
durch besondere Ordnungen des Herren oder besondere Kompromisse mit den Appropriierten regulierte Eigengewalten.

> Fall 1 z. B. Hofämter eines Herren, welche als Lehen appropriiert werden.
> Fall 2 z. B. Grundherren, welche kraft Herren-Privileg oder durch Usurpation
> (meist ist das erste die Legalisierung des letzteren) Herrenrechte appropriierten.

Die Appropriation an die einzelnen kann beruhen auf:

1. Verpachtung,
2. Verpfändung,
3. Verkauf,
4. persönlichem oder erblichem oder frei appropriiertem, unbedingtem oder durch Leistungen bedingtem Privileg, gegeben:

    a) als Entgelt für Dienste oder um Willfährigkeit zu erkaufen oder

    b) in Anerkennung der tatsächlichen Usurpation von Herrengewalten.

5. Appropriation an einen Verband oder eine ständisch qualifizierte Schicht, regelmäßig Folge eines Kompromisses von Herren und Verwaltungsstab oder, einer vergesellschafteten ständischen Schicht; es kann

    α. dem Herren volle oder relative Freiheit der A u s w a h l im Einzelfall lassen, oder

    β. für die persönliche Innehabung der Stelle feste Regeln satzen, —

6. auf L e h r e , worüber besonders zu reden sein wird.

1. Die Verwaltungsmittel sind — der dabei herrschenden, allerdings meist ungeklärten Vorstellung nach — bei Gerontokratie und reinem Patriarchalismus dem verwalteten Verband oder dessen einzelnen an der Verwaltung beteiligten Haushaltungen appropriiert: „für" den Verband wird die Verwaltung geführt. Die Appropriation an den Herren als solchen gehört erst der Vorstellungswelt des Patrimonialismus an und kann sehr verschieden voll — bis zu vollem Bodenregal und voller Herrensklaverei der Untertanen („Verkaufsrecht" des Herren) — durchgeführt sein. Die ständische Appropriation bedeutet Appropriation mindestens eines Teils der Verwaltungsmittel an die Mitglieder des Verwaltungsstabes. Während also beim reinen Patrimonialismus volle Trennung der Verwalter von den Verwaltungsmitteln stattfindet, ist dies beim ständischen Patrimonialismus gerade umgekehrt: der Verwaltende ist im Besitz der Verwaltungsmittel, aller oder mindestens eines wesentlichen Teils. So war der Lehensmann, der sich selbst equipierte, der belehnte Graf, der die Gerichts- und andern Gebühren und Auflagen für sich vereinnahmte und aus eigenen Mitteln (zu denen auch die appropriierten gehörten) dem Lehensherrn seine Pflicht bestritt, der indische jagirdar, der aus seiner Steuerpfründe sein Heereskontingent stellte, im V o l l b e s i t z der Verwaltungsmittel, dagegen der Oberst, der ein Söldnerregiment in eigener Entreprise aufstellte und dafür bestimmte Zahlungen aus der fürstlichen Kasse erhielt und sich für das Defizit durch Minderleistung und aus der Beute oder durch Requisitionen bezahlt machte, im t e i l w e i s e n (und: regulierten) Besitz der Verwaltungsmittel. Während der Pharao, der Sklaven- oder Kolonen-Heere aufstellte und durch Königsklienten führen ließ, sie aus seinen Magazinen kleidete, ernährte, bewaffnete, als Patrimonial h e r r im vollen E i g e n b e s i t z der Verwaltungsmittel war. Dabei ist die formale Regelung nicht immer das Ausschlaggebende: die Mameluken waren formal Sklaven, rekrutierten sich formal durch „Kauf" des Herren, — tatsächlich aber monopolisierten sie die Herrengewalten so vollkommen, wie nur irgendein Ministerialenverband die Dienstlehen. Die Appropriation von Dienstland an einen geschlossenen Verband, aber o h n e individuelle Appropriation, kommt vor, sowohl mit innerhalb des Verbands freier Besetzung durch den Herrn, (Fall a, α des Textes), wie mit Regulierung der Qualifikation zur Uebernahme (Fall a, β des Textes), z. B. durch Verlangen militärischer oder anderer (ritueller) Qualifikation des Anwärters und andererseits (bei deren Vorliegen) Vorzugsrecht der nächsten Blutsverwandten. Ebenso bei hofrechtlichen oder zünftigen Handwerker- oder Bauernstellen, deren Leistungen militärischen oder Verwaltungsbedürfnissen zu dienen bestimmt sind.

2. Appropriation durch Verpachtung (Steuerpacht insbesondere), Verpfändung oder Verkauf waren dem Okzident, aber auch dem Orient und Indien bekannt; in der Antike war Vergebung durch Auktion bei Priesterstellen nicht selten. Der Zweck war bei der Verpachtung teils ein rein aktuell finanzpolitischer (Notlage besonders infolge von Kriegskosten), teils ein finanztechnischer (Sicherung einer festen, haushaltsmäßig verwendbaren Geldeinnahme), bei Verpfändung und Verkauf durchweg der erstgenannte, im Kirchenstaat auch: Schaffung von Nepoten-Renten. Die Appropriation durch Verpfändung hat noch im 18. Jahrhundert bei der Stellung der Juristen (Parlamente) in Frankreich eine erhebliche Rolle gespielt, die Appropriation durch (regulierten) Kauf von Offizierstellen im englischen Heer noch bis in das 19. Jahrhundert. Dem Mittelalter war das Privileg, als Sanktion von Usurpation oder als Lohn oder Werbemittel für politische Dienste, im Okzident ebenso wie anderwärts geläufig.

§ 8. Der patrimoniale Diener kann seinen Unterhalt beziehen

a) durch Versorgung am Tisch des Herren, —

b) durch (vorwiegend Natural-)Deputate aus Güter- und Geld-Vorräten des Herren, —

c) durch Dienstland, —

d) durch appropriierte Renten-, Gebühren- oder Steuer-Einkunftschancen, —

e) durch Lehen.

Die Unterhaltsformen b bis d sollen, wenn sie in einem nach Umfang (b und c) oder Sprengel (d) traditionalen Ausmaß stets neu vergeben und individuell, aber nicht erblich appropriiert sind, „P f r ü n d e n" heißen, die Existenz einer Ausstattung des Verwaltungsstabes p r i n z i p i e l l in dieser Form: P r ä b e n d a l i s - m u s. Dabei k a n n ein Aufrücken nach Alter oder bestimmten objektiv bemeß-baren Leistungen bestehen und es k a n n die ständische Qualifikation und also: Standes e h r e gefordert werden (s. über den Begriff des „Standes" Kap. IV).

Lehen sollen appropriierte Herrengewalten heißen, wenn sie kraft Kontrakts an individuell Qualifizierte p r i m ä r vergeben werden und die gegenseitigen Rechte und Pflichten p r i m ä r an konventionalen s t ä n d i s c h e n, und zwar: m i l i t a r i s t i s c h e n E h r b e g r i f f e n orientiert werden. Das Bestehen eines p r i m ä r mit Lehen ausgestatteten Verwaltungsstabes soll L e h e n s feuda-lismus heißen.

Lehen und M i l i t ä r-Pfründe gehen oft bis zur Ununterscheidbarkeit inein-ander über. (Darüber die Erörterung des „Standes" Kap. IV.)

In den Fällen d und e, zuweilen auch im Fall c, bestreitet der appropriierte Inhaber der Herrengewalten die Kosten der Verwaltung, eventuell: Equipierung, in der schon angegebenen Art, aus den Mitteln der Pfründe bzw. des Lehens. Seine eigene Herrschaftsbeziehung zu den Untertanen kann dann patrimonialen Charakter annehmen (also: vererblich, veräußerlich, erbteilbar werden).

1. Die Versorgung am Tisch des Herren oder nach dessen freiem Ermessen aus seinen Vorräten war sowohl bei fürstlichen Dienern wie Hausbeamten, Priestern und allen Arten von patrimonialen (z. B. grundherrlichen) Bediensteten das Primäre. Das „Männerhaus", die älteste Form der militärischen Berufsorganisation (wovon später gesondert zu reden sein wird) hatte oft den Charakter des herrschaftlichen Konsumhaushalts-Kommunismus. Abschichtung vom Herren (oder: Tempel- und Kathedral-)Tisch und Ersatz dieser unmittelbaren Versorgung durch Deputate oder Dienstland ist keineswegs stets als erstrebenswert angesehen worden, war aber bei eigener Familiengründung die Regel. Naturaldeputate der abgeschichteten Tempel-priester und Beamten waren im ganzen vorderasiatischen Orient die ursprüngliche Form der Beamtenversorgung und bestanden ebenso in China, Indien und vielfach im Okzident. Dienstland findet sich gegen Leistung von Militärdiensten im ganzen Orient seit der frühen Antike, ebenso im deutschen Mittelalter als Versorgung der ministerialen und höfrechtlichen Haus- und anderer Beamten. Die Einkünfte der türkischen Sipahi ebenso wie der japanischen Samurai und zahlreicher ähnlicher orientalischer Ministerialen und Ritter sind — in unserer Terminologie— „Pfründen", nicht Lehen, wie später zu erörtern sein wird. Sie können sowohl auf bestimmte Landrenten, wie auf Steuereinkünfte von Bezirken angewiesen sein. Im letzteren Fall sind sie nicht notwendig, wohl aber der allgemeinen Tendenz nach, mit Appro-priation von Herrengewalten in diesen Bezirken verbunden oder ziehen diese nach sich. Der Begriff des „Lehens" kann erst im Zusammenhang mit dem Begriff des „Staats" näher erörtert werden. Sein Gegenstand kann sowohl grundherrliches Land (also eine Patrimonialherrschaft), wie die verschiedensten Arten von Renten- und Gebühren-Chancen sein.

2. Appropriierte Renten-, Gebühren- und Steuer-Einkunftschancen finden sich als Pfründen und Lehen aller Art weit verbreitet, als selbständige Form und in hoch entwickelter Weise besonders in Indien: Vergebung von Einkünften gegen Gestellung von Heereskontingenten und Zahlung der Verwaltungskosten.

§ 9. Die patrimoniale und insbesondere die ständisch-patrimoniale Herrschaft be-handelt, im Fall des reinen Typus, alle Herrengewalten und ökonomischen Herrenrechte nach Art privater appropriierter ökonomischer Chancen. Das schließt nicht aus, daß sie sie qualitativ unterscheidet. Insbesondere indem sie einzelne von ihnen als präeminent in besonders regulierter Form appropriiert. Namentlich aber, indem sie die Appropriation von gerichts- oder militärherrlichen Gewalten als Rechtsgrund s t ä n - d i s c h bevorzugter Stellung des Appropriierten gegenüber der Appropriation rein ökonomischer (domanialer oder steuerlicher oder Sportel-) Chancen behandelt und innerhalb der letzteren wieder die primär patrimonialen von den primär extrapatri- monialen (fiskalischen) in der Art der Appropriation scheidet. Für unsere Termino- logie soll die Tatsache der prinzipiellen Behandlung von Herrenrechten und der mit ihnen verknüpften Chancen jeden Inhalts n a c h A r t privater Chancen maßgebend sein.

Durchaus mit Recht betont z. B. v. B e l o w (der deutsche Staat des Mittel- alters) scharf, daß namentlich die Appropriation der Gerichtsherrlichkeit gesondert be- handelt wurde und Quelle ständischer Sonderstellungen war, daß überhaupt ein r e i n patrimonialer oder r e i n feudaler Charakter des mittelalterlichen politischen Verbandes sich nicht feststellen lasse. Indessen: s o w e i t die Gerichtsherrlichkeit und andere Rechte rein politischen Ursprungs nach Art privater Berechtigungen behandelt wurden, scheint es für unsere Zwecke terminologisch richtig, von „patri- monialer" Herrschaft zu sprechen. Der Begriff selbst stammt bekanntlich (in konse- quenter Fassung) aus H a l l e r's Restauration der Staatswissenschaften. Einen abso- lut idealtypisch r e i n e n „Patrimonial"staat hat es historisch nicht gegeben.

4. S t ä n d i s c h e G e w a l t e n t e i l u n g soll der Zustand heißen, bei dem V e r b ä n d e von ständisch, durch appropriierte Herrengewalten Privilegierten durch K o m p r o m i ß mit dem Herren von Fall zu Fall politische oder Verwal- tungssatzungen (oder: beides) oder konkrete Verwaltungsanordnungen oder Ver- waltungskontrollmaßregeln schaffen und eventuell selbst, zuweilen durch eigene Verwaltungsstäbe mit, unter Umständen, eigenen Befehlsgewalten, ausüben.

1. Daß auch n i c h t ständisch privilegierte Schichten (Bauern) unter Um- ständen zugezogen werden, soll am Begriff nichts ändern. Denn das Eigenrecht der Privilegierten ist das typisch Entscheidende. Das Fehlen aller ständisch privilegierten Schichten würde ja offensichtlich sofort einen anderen Typus ergeben.
2. Der Typus ist voll n u r im Okzident entwickelt. Ueber seine nähere Eigenart und den Grund seiner Entstehung dort ist später gesondert zu sprechen.
3. Eigener ständischer Verwaltungsstab war nicht die Regel, vollends ˍmit eigener Befehlsgewalt die Ausnahme.

§ 9 a. Auf die Art des W i r t s c h a f t e n s wirkt eine traditionale Herrschaft in aller Regel zunächst und ganz allgemein durch eine gewisse Stärkung der tradi- tionalen Gesinnung, am stärksten die gerontokratische und rein patriarchale Herr- schaft, welche ganz und gar auf die durch keinen im Gegensatz zu den Genossen des Verbandes stehenden Sonderstab des Herren gestützt, also in ihrer eigenen Legi- timitätsgeltung am stärksten auf Wahrung der Tradition in jeder Hinsicht hinge- wiesen sind.

Im übrigen richtet sich die Wirkung auf die Wirtschaft
1. nach der typischen Finanzierungsart des Herrschaftsverbandes (Kap. II, § 36). Patrimonialismus kann in dieser Hinsicht höchst Verschiedenes bedeuten. Typisch aber ist namentlich:
a) Oikos des Herren mit ganz oder vorwiegend natural-leiturgischer Bedarfs- deckung (Naturalabgaben und Fronden). In diesem Fall sind die Wirtschafts- beziehungen streng traditionsgebunden, die Marktentwicklung gehemmt, der Geld- gebrauch ein wesentlich naturaler und Konsum-orientierter, Entstehung von Kapi- talismus unmöglich. In diesen Wirkungen steht diesem Fall nahe der ihm verwandte:
b) mit ständisch privilegierender Bedarfsdeckung. Die Marktentwicklung ist auch hier, wenn auch nicht notwendig in gleichem Maße, begrenzt durch die, die

„Kaufkraft" beeinträchtigende naturale Inanspruchnahme des Güterbesitzes und der Leistungsfähigkeit der Einzelwirtschaften für Zwecke des Herrschaftsverbandes.

Oder der Patrimonialismus kann sein:

c) monopolistisch mit teils erwerbswirtschaftlicher, teils gebührenmäßiger, teils steuerlicher Bedarfsdeckung. In diesem Fall ist die Marktentwicklung je nach der Art der Monopole stärker oder schwächer irrational eingeschränkt, die großen Erwerbschancen in der Hand des Herren und seines Verwaltungsstabes, der Kapitalismus in seiner Entwicklung daher entweder

α. bei voller Eigenregie der Verwaltung unmittelbar gehemmt oder aber

β. im Fall Steuerpacht, Amtspacht oder -Kauf und kapitalistische Heeres- oder Verwaltungs-Beschaffung als Finanzmaßregeln bestehen, auf das Gebiet des politisch orientierten Kapitalismus (Kap. II, § 31) abgelenkt.

Die Finanzwirtschaft des Patrimonialismus, und vollends des Sultanismus, wirkt, auch wo sie geldwirtschaftlich ist, irrational:

1. durch das Nebeneinander von

α. Traditionsgebundenheit in Maß und Art der Inanspruchnahme d i r e k t e r Steuerquellen, und

β. völliger Freiheit, und daher: Willkür in Maß und Art der 1. Gebühren- und 2. Auflagenbemessung und 3. Gestaltung der Monopole. All dies besteht jedenfalls dem A n s p r u c h nach; effektiv ist es historisch am meisten bei 1 (dem Prinzip der „bittweisen Tätigkeit" des Herren und des Stabes gemäß), weit weniger bei 2, verschieden stark bei 3.

2. Es fehlt aber überhaupt für die Rationalisierung der Wirtschaft die sichere Kalkulierbarkeit der Belastung nicht nur, sondern auch des Maßes privater Erwerbsfreiheit.

3. Im Einzelfall kann allerdings der patrimoniale Fiskalismus durch planvolle Pflege der Steuerfähigkeit und r a t i o n a l e Monopolschaffung rationalisierend wirken. Doch ist dies ein durch historische Sonderbedingungen, die teilweise im Okzident bestanden, bedingter „Zufall".

Die Finanzpolitik bei s t ä n d i s c h e r G e w a l t e n t e i l u n g hat die typische Eigenschaft: durch Kompromiß fixierte, also: k a l k u l i e r b a r e Lasten aufzuerlegen, die Willkürlichkeit des Herren in der Schaffung von Auflagen, vor allem aber auch von Monopolen, zu beseitigen oder mindestens stark zu beschränken. Inwieweit die materiale Finanzpolitik dabei die rationale Wirtschaft fördert oder hemmt, hängt von der Art der in der Machtstellung vorwaltenden Schicht ab, vor allem: ob

a) feudale, oder

b) patrizische.

Das Vorwalten der ersteren pflegt kraft der normalerweise überwiegend patrimonialen Struktur der verlehnten Herrschaftsrechte die Erwerbsfreiheit und Marktentwicklung fest zu begrenzen oder geradezu absichtsvoll, machtpolitisch, zu unterbinden, das Verwalten der letzteren kann entgegengesetzt wirken.

1. Das Gesagte muß hier genügen, da darauf in den verschiedensten Zusammenhängen eingehender zurückgekommen wird.

2. Beispiele für

a) (Oikos): Altägypten und Indien,

Für b) erhebliche Gebiete des Hellenismus, das spätrömische Reich, China, Indien, teilweise Rußland und die islamischen Staaten.

Für c) das Ptolemäerreich, Byzanz (teilweise). in anderer Art die Herrschaft der Stuarts.

Für d) die okzidentalen Patrimonialstaaten in der Zeit des „aufgeklärten Despotismus" (insbesondere des Colbertismus).

2. Der normale Patrimonialismus bereitet nicht nur durch seine Finanzpolitik der rationalen Wirtschaft Hemmungen, sondern vor allem durch die allgemeine Eigenart seiner Verwaltung. Nämlich:

a) durch die Schwierigkeit, die der Traditionalismus f o r m a l rationalen und in ihrer Dauer verläßlichen, daher in ihrer wirtschaftlichen Tragweite und Ausnutzbarkeit kalkulierbaren S a t z u n g e n bereitet, —

b) durch das t y p i s c h e Fehlen des f o r m a l fachgeschulten Beamtenstabs.

Die Entstehung eines solchen i n n e r h a l b des okzidentalen Patrimonialismus ist, wie sich zeigen wird, durch einzigartige Bedingungen herbeigeführt, die nur hier bestanden, und war p r i m ä r gänzlich a n d e r e n Quellen entwachsen.

c) durch den weiten Bereich materialer Willkür und rein persönlicher Beliebungen des Herren und des Verwaltungsstabes, — wobei die eventuelle Bestechlichkeit, die ja lediglich die Entartung des unreglementierten Gebühren-Rechts ist, noch die relativ geringste, weil praktisch kalkulierbare, Bedeutung hätte, w e n n sie eine konstante Größe und nicht vielmehr einen mit der Person des Beamten stets wechselnden Faktor darstellen würde. Herrscht Amtspacht, so ist der Beamte auf die Herauswirtschaftung seines Anlagekapitals durch beliebige, noch so irrational wirkende, Mittel der Erpressung ganz unmittelbar angewiesen;

d) durch die allem Patriarchalismus und Patrimonialismus innewohnende, aus der Art der Legitimitätsgeltung und dem Interesse an der Zufriedenheit der Beherrschten folgende Tendenz zur m a t e r i a l — an utilitarischen oder sozialethischen oder materialen „Kultur"-Idealen — orientierten Regulierung der Wirtschaft, also: Durchbrechung ihrer f o r m a l e n, an Juristenrecht orientierten, Rationalität. Im Höchstmaß ist dieseWirkung bei hierokratisch orientiertem Patrimonialismus entscheidend, während der reine Sultanismus mehr durch seine fiskalische Willkür wirkt.

Aus allen diesen Gründen ist unter der Herrschaft normaler patrimonialer Gewalten zwar

a) Händler-Kapitalismus, —

b) Steuerpacht-, Amtspacht-, Amtskauf-Kapitalismus, —

c) Staatslieferanten- und Kriegsfinanzierungs-Kapitalismus, —

d) unter Umständen: Plantagen- und Kolonial-Kapitalismus

bodenständig und oft in üppigster Blüte, dagegen n i c h t die gegen Irrationalitäten der Rechtspflege, Verwaltung und Besteuerung, welche die K a l k u l i e r b a r k e i t stören, höchstempfindliche, an Marktlagen der privaten Konsumenten orientierte Erwerbsunternehmung mit s t e h e n d e m K a p i t a l und rationaler O r g a n i s a t i o n f r e i e r A r b e i t.

Grundsätzlich anders steht es n u r da, wo der Patrimonialherr im eigenen Macht- und Finanzinteresse zu r a t i o n a l e r Verwaltung mit F a c h beamtentum greift. Dazu ist 1. die E x i s t e n z von Fach s c h u l u n g, — 2. ein hinlänglich starkes Motiv in aller Regel: scharfe K o n k u r r e n z m e h r e r e r patrimonialer T e i l g e w a l t e n innerhalb des gleichen K u l t u r kreises, — 3. ein sehr besondersartiges Moment: die Einbeziehung s t ä d t i s c h e r Gemeindeverbände als Stütze der F i n a n z macht in die konkurrierenden Patrimonialgewalten erforderlich.

1. Der moderne, spezifisch okzidentale Kapitalismus, ist vorbereitet worden in den (relativ) rational verwalteten spezifisch okzidentalen s t ä d t i s c h e n Verbänden (von deren Eigenart später gesondert zu reden sein wird); er entwickelte sich vom 16.—18. Jahrhundert innerhalb des s t ä n d i s c h e n holländischen und englischen, durch Vorwalten der bürgerlichen Macht und Erwerbsinteressen ausgezeichneten politischen Verbände primär, während die fiskalisch und utilitarisch bedingten sekundären Nachahmungen in den rein patrimonialen oder feudal-ständisch beeinflußten Staaten des Kontinents ganz ebenso wie die Stuartschen Monopolindustrien n i c h t in realer Kontinuität mit der später einsetzenden autonomen kapitalistischen Entwicklung standen, obwohl einzelne (agrar- und gewerbepolitische) Maßregeln, soweit und dadurch daß sie an englischen, holländischen oder, später, französischen Vorbildern orientiert waren, sehr wichtige Entwicklungsbedingungen für sein Entstehen schufen (auch darüber gesondert).

2. Die Patrimonialstaaten des Mittelalters unterschieden sich durch die f o r -
m a l rationale Art eines Teils ihres Verwaltungsstabes (vor allem: Juristen, weltliche und kanonische) prinzipiell von allen andern Verwaltungsstäben aller politischen Verbände der Erde. Auf die Quelle dieser Entwicklung und ihre Bedeutung
wird näher gesondert einzugehen sein. Hier mußten die am Schluß des Textes ge-
machten allgemeinen Bemerkungen vorläufig genügen.

4. Charismatische Herrschaft.

§ 10. „C h a r i s m a" soll eine als außeralltäglich (ursprünglich, sowohl bei
Propheten wie bei therapeutischen wie bei Rechts-Weisen wie bei Jagdführern wie
bei Kriegshelden: als magisch bedingt) geltende Qualität einer Persönlichkeit heißen,
um derentwillen sie als mit übernatürlichen oder übermenschlichen oder mindestens
spezifisch außeralltäglichen, nicht jedem andern zugänglichen Kräften oder Eigenschaften oder als gottgesendet oder als vorbildlich und deshalb als „F ü h r e r"
gewertet wird. Wie die betreffende Qualität von irgendeinem ethischen, ästhetischen
oder sonstigen Standpunkt aus „objektiv" richtig zu bewerten sein w ü r d e, ist
natürlich dabei begrifflich völlig gleichgültig: darauf allein, wie sie tatsächlich von
den charismatisch Beherrschten, den „A n h ä n g e r n", bewertet w i r d, kommt
es an.

Das Charisma eines „Berserkers" (dessen manische Anfälle man, anscheinend
mit Unrecht, der Benutzung bestimmter Gifte zugeschrieben hat: man hielt sich
in Byzanz im Mittelalter eine Anzahl dieser mit dem Charisma der Kriegs-Tobsucht
Begabten als eine Art von Kriegswerkzeugen), eines „Schamanen" (Magiers, für dessen
Ekstasen im reinen Typus die Möglichkeit epileptoider Anfälle als eine Vorbedingung
gelten), oder etwa des (vielleicht, aber nicht ganz sicher, wirklich einen raffinierten
Schwindlertyp darstellenden) Mormonenstifters, oder eines den eigenen demagogischen Erfolgen preisgegebenen Literaten wie Kurt Eisner werden von der wert-
freien Soziologie mit dem Charisma der nach der üblichen Wertung „größten" Helden,
Propheten, Heilande durchaus gleichartig behandelt.

1. Ueber die Geltung des Charisma entscheidet die durch B e w ä h r u n g — ursprünglich stets: durch Wunder — gesicherte freie, aus Hingabe an Offenbarung,
Heldenverehrung, Vertrauen zum Führer geborene, A n e r k e n n u n g durch die
Beherrschten. Aber diese ist (bei genuinem Charisma) nicht der Legitimitäts g r u n d,
sondern sie ist P f l i c h t der kraft Berufung und Bewährung zur Anerkennung
dieser Qualität Aufgerufenen. Diese „Anerkennung" ist psychologisch eine aus Begeisterung oder Not und Hoffnung geborene gläubige, ganz persönliche Hingabe.

Kein Prophet hat seine Qualität als abhängig von der Meinung der Menge über
ihn angesehen, kein gekorener König oder charismatischer Herzog die Widerstrebenden oder abseits Bleibenden anders denn als Pflichtwidrige behandelt: die Nicht-
Teilnahme an dem formal voluntaristisch rekrutierten Kriegszug eines Führers wurde
in aller Welt mit Spott entgolten.

2. Bleibt die Bewährung dauernd aus, zeigt sich der charismatische Begnadete
von seinem Gott oder seiner magischen oder Heldenkraft verlassen, bleibt ihm der
Erfolg dauernd versagt, vor allem: b r i n g t s e i n e F ü h r u n g kein Wohl-
e r g e h e n f ü r d i e B e h e r r s c h t e n, so hat seine charismatische Autorität
die Chance, zu schwinden. Dies ist der genuine charismatische Sinn des „Gottesgnadentums".

Selbst für altgermanische Könige kommt ein „Verschmäher" vor. Ebenso
massenhaft bei sog. primitiven Völkern. Für China war die (erbcharismatisch unmodi-
fiziert s. § 11) charismatische Qualifikation des Monarchen so absolut festgehalten
worden, daß jegliches, gleichviel wie geartete, Mißgeschick: nicht nur Kriegsunglück,
sondern ebenso: Dürre, Ueberschwemmungen, unheilvolle astronomische Vorgänge
usw. ihn zu öffentlicher Buße, eventuell zur Abdankung zwangen. Er hatte dann das

Charisma der vom Himmelsgeist verlangten (klassisch determinierten) „Tugend"
nicht und war also nicht legitimer „Sohn des Himmels".

3. Der Herrschaftsverband G e m e i n d e: ist eine emotionale Vergemeinschaftung.
Der V e r w a l t u n g s s t a b des charismatischen Herren ist kein „Beamtentum"
am wenigsten ein fachmäßig eingeschultes. Er ist weder nach ständischen noch nach
Gesichtspunkten der Haus- oder persönlichen Abhängigkeit ausgelesen. Sondern
er ist seinerseits nach charismatischen Qualitäten ausgelesen: dem „Propheten"
entsprechen die „Jünger", dem „Kriegsfürsten" die „Gefolgschaft", dem „Führer"
überhaupt: „Vertrauensmänner". Es gibt keine „Anstellung" oder „Absetzung",
keine „Laufbahn" und kein „Aufrücken". Sondern nur Berufung nach Eingebung des
Führers auf Grund der charismatischen Qualifikation des Berufenen. Es gibt keine
„Hierarchie", sondern nur Eingreifen des Führers bei genereller oder im Einzelfall
sich ergebender charismatischer Unzulänglichkeit des Verwaltungsstabes für eine
Aufgabe, eventuell auf Anrufen. Es gibt keine „Amtssprengel" und „Kompetenzen",
aber auch keine Appropriation von Amtsgewalten durch „Privileg". Sondern nur
(möglicherweise) örtliche oder sachliche Grenzen des Charisma und der „Sendung".
Es gibt keinen „Gehalt" und keine „Pfründe". Sondern die Jünger oder Gefolgen
leben (primär) mit dem Herren in Liebes- bzw. Kameradschaftskommunismus aus
den mäzenatisch beschafften Mitteln. Es gibt keine feststehenden „Behörden",
sondern nur charismatisch, im Umfang des Auftrags des Herren und: des eigenen
Charisma, beauftragte Sendboten. Es gibt kein Reglement, keine abstrakten Rechtssätze, keine an ihnen orientierte rationale Rechtsfindung, keine an traditionalen
Präzedenzien orientierten Weistümer und Rechtssprüche. Sondern formal sind aktuelle
Rechts s c h ö p f u n g e n von Fall zu Fall, ursprünglich nur Gottesurteile und
Offenbarungen maßgebend. Material aber gilt für alle genuin charismatische Herrschaft der Satz: „es steht geschrieben, — ich aber sage euch"; der genuine Prophet
sowohl wie der genuine Kriegsfürst wie jeder genuine Führer überhaupt verkündet,
schafft, fordert n e u e Gebote, — im ursprünglichen Sinn des Charisma: kraft
Offenbarung, Orakel, Eingebung oder: kraft konkretem Gestaltungswillen, der von der
Glaubens-, Wehr-, Partei- oder anderer Gemeinschaft um seiner Herkunft willen anerkannt wird. Die Anerkennung ist pflichtmäßig. Sofern der Weisung nicht eine konkurrierende Weisung eines andern mit dem Anspruch auf charismatische Geltung
entgegentritt, liegt ein letztlich nur durch magische Mittel oder (p f l i c h t m ä ß i g e)
Anerkennung der Gemeinschaft entscheidbarer Führerkampf vor, bei dem notwendig auf der einen Seite nur Recht, auf der anderen nur sühnepflichtiges Unrecht
im Spiel sein kann.

Die charismatische Herrschaft ist, als das A u ß e r alltägliche, sowohl der rationalen, insbesondere der bureaukratischen, als der traditionalen, insbesondere der
patriarchalen und patrimonialen oder ständischen, schroff entgegengesetzt. Beide
sind spezifische A l l t a g s -Formen der Herrschaft, — die (genuin) charismatische
ist spezifisch das Gegenteil. Die bureaukratische Herrschaft ist spezifisch rational
im Sinn der Bindung an diskursiv analysierbare Regeln, die charismatische spezifisch irrational im Sinn der Regelfremdheit. Die traditionale Herrschaft ist gebunden
an die Präzedenzien der Vergangenheit und insoweit ebenfalls regelhaft orientiert,
die charismatische stürzt (innerhalb ihres Bereichs) die Vergangenheit um und
ist in diesem Sinn spezifisch revolutionär. Sie kennt keine Appropriation der Herrengewalt nach Art eines Güterbesitzes, weder an den Herren noch an ständische Gewalten. Sondern legitim ist sie nur soweit und solange, als das persönliche Charisma
kraft Bewährung „gilt", das heißt: Anerkennung findet und „brauchbar" der Vertrauensmänner, Jünger, Gefolge, nur auf die Dauer seiner charismatischen Bewährt-
heit.

Das Gesagte dürfte kaum einer Erläuterung benötigen. Es gilt für den r e i n
„plebiszitären" charismatischen Herrscher (Napoleons „Herrschaft des Genies",

welche Plebejer zu Königen und Generälen machte) ganz ebenso wie für den Propheten oder Kriegshelden.

4. Reines Charisma ist spezifisch w i r t s c h a f t s f r e m d. Es konstituiert, wo es auftritt, einen „Beruf" im emphatischen Sinn des Worts: als „Sendung" oder innere „Aufgabe". Es verschmäht und verwirft, im reinen Typus, die ökonomische Verwertung der Gnadengaben als Einkommensquelle, — was freilich oft mehr Anforderung als Tatsache bleibt. Nicht etwa daß das Charisma immer auf Besitz und Erwerb verzichtete, wie das unter Umständen (s. gleich) Propheten und ihre Jünger tun. Der Kriegsheld und seine Gefolgschaft s u c h e n Beute, der plebiszitäre Herrscher oder charismatische Parteiführer materielle Mittel ihrer Macht, der erstere außerdem: materiellen Glanz seiner Herrschaft zur Festigung seines Herrenprestiges. Was sie alle verschmähen — solange der genuincharismatische Typus besteht — ist: die traditionale oder rationale A l l t a g s wirtschaft, die Erzielung von regulären „Einnahmen" durch eine darauf gerichtete kontinuierliche wirtschaftliche Tätigkeit. Mäzenatische — großmäzenatische (Schenkung, Stiftung, Bestechung, Großtrinkgelder) — oder: bettelmäßige Versorgung auf der einen, Beute, gewaltsame oder (formal) friedliche Erpressung auf der anderen Seite sind die typischen Formen der charismatischen Bedarfsdeckung. Sie ist, von einer r a t i o n a l e n Wirtschaft her gesehen, eine typische Macht der „Unwirtschaftlichkeit". Denn sie lehnt jede Verflechtung in den A l l t a g ab. Sie kann nur, in voller innerer Indifferenz, unsteten G e l e g e n h e i t s erwerb sozusagen „mitnehmen". „Rentnertum" als Form der Wirtschafts e n t h o b e n h e i t k a n n — für m a n c h e Arten — die wirtschaftliche Grundlage charismatischer Existenzen sein. Aber für die normalen charismatischen „Revolutionäre" pflegt das nicht zu gelten.

Die Ablehnung kirchlicher Aemter durch die Jesuiten ist eine rationalisierte Anwendung dieses „Jünger"-Prinzips. Daß alle Helden der Askese, Bettelorden und Glaubenskämpfer dahin gehören, ist klar. Fast alle Propheten sind mäzenatisch unterhalten worden. Der gegen das Missionarsschmarotzertum gerichtete Satz des Paulus: „wer nicht arbeitet, soll auch nicht essen", bedeutet natürlich keinerlei Bejahung der „Wirtschaft", sondern nur die Pflicht, gleichviel wie, „im Nebenberuf" sich den notdürftigen Unterhalt zu schaffen, weil das eigentlich charismatische Gleichnis von den „Lilien auf dem Felde" nicht im Wortsinn, sondern nur in dem des N i c h t: sorgens für den nächsten Tag durchführbar war. — Auf der andern Seite ist es bei einer primär künstlerischen charismatischen Jüngerschaft denkbar, daß die Enthebung aus den Wirtschaftskämpfen durch Begrenzung der im eigentlichen Sinn Berufenen auf „wirtschaftlich Unabhängige" (also: Rentner) als das Normale gilt (so im Kreise Stefan Georges, wenigstens der primären Absicht nach[1]).

5. Das Charisma ist d i e große revolutionäre Macht in traditional gebundenen Epochen. Zum Unterschied von der ebenfalls revolutionierenden Macht der „ratio", die entweder geradezu von außen her wirkt: durch Veränderung der Lebensumstände und Lebensprobleme und dadurch, mittelbar der Einstellungen zu diesen, oder aber: durch Intellektualisierung, k a n n Charisma eine Umformung von innen her sein, die, aus Not oder Begeisterung geboren, eine Wandlung der zentralen Gesinnungs- und Tatenrichtung unter völliger Neuorientierung aller Einstellungen zu allen einzelnen Lebensformen und zur „Welt" überhaupt bedeutet. In vorrationalistischen Epochen teilen Tradition und Charisma nahezu die Gesamtheit der Orientierungsrichtungen des Handelns unter sich auf.

5. Die Veralltäglichung des Charisma.

§ 11. In ihrer genuinen Form ist die charismatische Herrschaft spezifisch a u ß e r a l l t ä g l i c h e n Charakters und stellt eine streng persönlich, an die Charisma-Geltung persönlicher Qualitäten und deren B e w ä h r u n g, geknüpfte

---

[1] Bei diesem Beispiel hat der Verfasser vermutlich nicht an die auf arbeitslosem Einkommen beruhende, sondern an die den ökonomischen Gütererwerb ablehnende Seite des Rentnertums gedacht. (Anm. der Herausgeberin.)

soziale Beziehung dar. Bleibt diese nun aber nicht rein ephemer, sondern nimmt sie den Charakter einer D a u e r beziehung: — „Gemeinde" von Glaubensgenossen oder Kriegern oder Jüngern, oder: Parteiverband, oder politischer, oder hierokratischer Verband — an, so muß die charismatische Herrschaft, die sozusagen nur in statu nascendi in idealtypischer Reinheit bestand, ihren Charakter wesentlich ändern: sie wird traditionalisiert oder rationalisiert (legalisiert) oder: beides in verschiedenen Hinsichten. Die treibenden Motive dafür sind die folgenden:

a) das ideelle oder auch materielle Interesse der A n h ä n g e r s c h a f t an der Fortdauer und steten Neubelebung der Gemeinschaft, —

b) das noch stärkere ideelle und noch stärkere materielle Interesse des V e r - w a l t u n g s s t a b e s : der Gefolgschaft, Jüngerschaft, Parteivertrauensmänner- schaft usw., daran:

1. die Existenz der Beziehung fortzusetzen, — und zwar sie

2. so fortzusetzen, daß dabei die eigene Stellung ideell und materiell auf eine dauerhafte A l l t a g s grundlage gestellt wird: äußerlich Herstellung der F a m i - l i e n -Existenz oder doch der s a t u r i e r t e n Existenz an Stelle der welt- enthobenen Familien- und wirtschaftsfremden „Sendungen".

Diese Interessen werden typisch aktuell beim Wegfall der Person des Charisma- Trägers und der nun entstehenden N a c h f o l g e r frage. Die Art, wie sie gelöst wird — w e n n sie gelöst wird und also: die charismatische Gemeinde fortbesteht (oder: n u n erst e n t steht) — ist sehr wesentlich bestimmend für die Gesamtnatur der nun entstehenden sozialen Beziehungen.

Sie kann folgende Arten von Lösungen erfahren.

a) Neu-A u f s u c h e n eines als Charisma-Träger zum Herren Qualifizierten nach M e r k m a l e n .

Ziemlich reiner Typus: das Aufsuchen des neuen Dalai Lama (eines nach Merkmalen der Verkörperung des Göttlichen auszulesenden Kindes, (ganz der Auf- suchung des Apis-Stiers ähnlich).

Dann ist die Legitimität des neuen Charisma-Trägers an M e r k m a l e , also: „Regeln", für die eine Tradition entsteht, geknüpft (Traditionalisierung), also: der r e i n persönliche Charakter zurückgebildet.

b) Durch O f f e n b a r u n g : Orakel, Los, Gottesurteil oder andere Techniken der Auslese. Dann ist die Legitimität des neuen Charisma-Trägers eine aus der Legi- timität der T e c h n i k abgeleitete (Legalisierung).

Die israelitischen Schofetim hatten zuweilen angeblich diesen Charakter. Das alte Kriegsorakel bezeichnete angeblich S a u l .

c) Durch Nachfolgerdesignation seitens des bisherigen Charisma-Trägers und Anerkennung seitens der Gemeinde.

Sehr häufige Form. Die Kreation der römischen Magistraturen (am deutlichsten erhalten in der Diktaten-Kreation und in der Institution des „interrex") hatte ur- sprünglich durchaus diesen Charakter.

Die Legitimität wird dann eine durch die Designation e r w o r b e n e Legi- timität.

d) Durch Nachfolgerdesignation seitens des charismatisch qualifizierten Ver- waltungsstabs und Anerkennung durch die Gemeinde. Die Auffassung als „Wahl" bzw. „Vorwahl"- oder „Wahlvorschlagsrecht" muß diesem Vorgang in seiner genuinen Bedeutung durchaus ferngehalten werden. Es handelt sich nicht um freie, sondern um streng pflichtmäßig gebundene Auslese, nicht um Majoritätsabstimmungen, sondern um r i c h t i g e Bezeichnung, Auslese des Richtigen, des wirklichen Cha- risma-Trägers, den auch die Minderheit zutreffend herausgefunden haben kann. Die Einstimmigkeit ist Postulat, das Einsehen des Irrtums Pflicht, das Verharren in ihm schwere Verfehlung, eine „falsche" Wahl ein zu sühnendes (ursprünglich: magisches) Unrecht.

Aber allerdings scheint die Legitimität doch leicht eine solche des unter allen Kautelen der Richtigkeit getroffenen Rechtserwerbs, meist mit bestimmten Formalitäten (Inthronisation usw.).

Dies der ursprüngliche Sinn der Bischofs- und Königs-Krönung durch Klerus oder Fürsten mit Zustimmung der Gemeinde im Okzident und zahlreicher analoger Vorgänge in aller Welt. Daß daraus der Gedanke der „Wahl" e n t s t a n d , ist später zu erörtern.

e) Durch die Vorstellung, daß das Charisma eine Qualität des B l u t e s sei und also an der Sippe, insbesondere den Nächstversippten, des Trägers hafte: E r b - c h a r i s m a . Dabei ist die E r b o r d n u n g nicht notwendig die für appropriierte Rechte, sondern oft heterogen, oder es muß mit Hilfe der Mittel unter a—d der „richtige" Erbe innerhalb der Sippe festgestellt werden.

Zweikampf von Brüdern kommt bei Negern vor. Erbordnung derart, daß die Ahnengeisterbeziehung nicht gestört wird (nächste Generation), z. B. in China. Seniorat oder Bezeichnung durch die Gefolgschaft sehr oft im Orient (daher die „Pflicht" der Ausrottung aller sonst denkbaren Anwärter im Hause Osmans).

Nur im mittelalterlichen Okzident und in Japan, sonst nur vereinzelt, ist das eindeutige Prinzip des Primogenitur e r b rechts an der Macht durchgedrungen und hat dadurch die Konsolidierung der politischen Verbände (Vermeidung der Kämpfe mehrerer Prätendenten aus der erbcharismatischen Sippe) sehr gefördert.
Der Glaube gilt dann nicht mehr den charismatischen Qualitäten der Person, sondern dem kraft der Erbordnung legitimen Erwerb. (Traditionalisierung und Legalisierung.) Der Begriff des „Gottesgnadentums" wird in seinem Sinn völlig verändert und bedeutet nun: Herr zu eigenem, n i c h t von Anerkennung der Beherrschten abhängigem, Recht. Das persönliche Charisma kann völlig fehlen.

Die Erbmonarchie, die massenhaften Erbhierokratien Asiens und das Erb-charisma der Sippen als Merkmal des Ranges und der Qualifikation zu Lehen und Pfründen (s. folgenden §) gehört dahin.

6. Durch die Vorstellung, daß das Charisma eine durch hierurgische Mittel seitens eines Trägers auf andere übertragbare oder erzeugbare (ursprünglich: magische) Qualität sei: Versachlichung des Charisma, insbesondere: A m t s c h a r i s m a . Der Legitimitätsglaube gilt dann nicht mehr der Person, sondern den erworbenen Qualitäten und der Wirksamkeit der hierurgischen Akte.

Wichtigstes Beispiel: Das priesterliche Charisma, durch Salbung, Weihe oder Händeauflegung, das königliche, durch Salbung und Krönung übertragen oder bestätigt. Der character indelebilis bedeutet die Loslösung der amtscharismatischen Fähigkeiten von den Qualitäten der Person des Priesters. Eben deshalb gab er, vom Donatismus und Montanismus angefangen bis zur puritanischen (täuferischen) Revolution, Anlaß zu steten Kämpfen (der „Mietling" der Quäker ist der a m t s -charismatische Prediger).

§ 12. Mit der Veralltäglichung des Charisma aus dem Motiv der Nachfolger-Beschaffung parallel gehen die Veralltäglichungsinteressen des V e r w a l t u n g s -s t a b e s . Nur in statu nascendi und solange der charismatische Herr g e n u i n a u ß e r alltäglich waltet, kann der Verwaltungsstab mit diesem aus Glauben und Begeisterung anerkannten Herren mäzenatisch oder von Beute oder Gelegenheitserträgen leben. Nur die kleine begeisterte Jünger- und Gefolgen-S c h i c h t ist dazu an sich dauernd bereit, „macht" ihr Leben aus ihrem „Beruf" nur „ideell".

Die Masse der Jünger und Gefolgen will ihr Leben (auf die Dauer) auch m a t e r i e l l aus dem „Beruf" machen und muß dies auch, soll sie nicht schwinden.

Daher vollzieht sich die Veralltäglichung des Charisma auch

1. in der Form der A p p r o p r i a t i o n von Herrengewalten und Erwerbschancen an die Gefolgschaft oder Jüngerschaft und unter R e g e l u n g ihrer Rekrutierung.

2. Diese Traditionalisierung oder Legalisierung (je nachdem: ob rationale Satzung oder nicht) kann verschiedene typische Formen annehmen:

1. Die genuine Rekrutierungsart ist die nach persönlichem Charisma. Die Gefolgschaft oder Jüngerschaft kann bei der Veralltäglichung nun N o r m e n für die Rekrutierung aufstellen, insbesondere:

    a) Erziehungs-,
    b) Erprobungs-Normen.

Charisma kann nur „geweckt" und „erprobt", nicht „erlernt" oder „eingeprägt" werden. Alle Arten magischer (Zauberer-, Helden-)Askese und alle N o v i z i a t e gehören in diese Kategorie der S c h l i e ß u n g des Verbandes des Verwaltungsstabes (s. über die charismatische Erziehung Kap. IV). Nur der erprobte Novize wird zu den Herrengewalten zugelassen. Der g e n u i n e charismatische Führer kann sich diesen Ansprüchen erfolgreich widersetzen, — der Nachfolger nicht, am wenigsten der (§ 13, Nr. 4) vom Verwaltungsstab gekorene.

Alle Magier- und Krieger-Askese im „Männerhaus", mit Zöglingsweihe und Altersklassen gehört hierher. Wer die Kriegerprobe nicht besteht, bleibt „Weib", d. h. von der Gefolgschaft ausgeschlossen.

2. Die charismatischen Normen können leicht in traditional s t ä n d i s c h e (erbcharismatische) umschlagen. Gilt Erbcharisma (§ 11, Nr. 5) des Führers, so liegt Erbcharisma auch des Verwaltungsstabes und eventuell selbst der Anhänger als Regel der Auslese und Verwendung sehr nahe. Wo ein politischer Verband von diesem Prinzip des Erbcharisma streng und völlig erfaßt ist: alle Appropriation von Herrengewalten, Lehen, Pfründen, Erwerbschancen aller Art darnach sich vollziehen, besteht der Typus des „Geschlechterstaats". Alle Gewalten und Chancen jeder Art werden traditionalisiert. Die Sippenhäupter (also: traditionale, persönlich nicht durch Charismen legitimierte Gerontokraten oder Patriarchen) regulieren die Ausübung, die ihrer Sippe nicht entzogen werden kann. Nicht die Art der Stellung bestimmt den „Rang" des Mannes oder seiner Sippe, sondern der erbcharismatische S i p p e n rang ist maßgebend für die Stellungen, die ihm z u - k o m m e n.

Hauptbeispiele: Japan vor der Bureaukratisierung, zweifellos in weitem Maße auch China (die „alten Familien") vor der Rationalisierung in den Teilstaaten, Indien in den Kastenordnungen, Rußland vor der Durchführung des Mjestnitschestwo und in anderer Form nachher, ebenso: alle fest privilegierten „Geburtsstände" (darüber Kap. IV) überall.

3. Der Verwaltungsstab kann die Schaffung und Appropriation i n d i v i - d u e l l e r Stellungen und Erwerbschancen für seine Glieder fordern und durchsetzen. Dann entstehen, je nach Traditionalisierung oder Legalisierung:

    a) Pfründen (Präbendalisierung, — siehe oben),
    b) Aemter (Patrimonialisierung und Bureaukratisierung, — siehe oben),
    c) Lehen (Feudalisierung),

welche nun statt der ursprünglichen rein akosmistischen Versorgung aus mäzenatischen Mitteln oder Beute appropriiert werden. Näher

    zu a:
      α. Bettelpfründen,
      β. Naturalrentenpfründen,

γ. Geldsteuerpfründen,

δ. Sportelpfründen,

durch Regulierung der anfänglich rein mäzenatischen (α) oder rein beutemäßigen (β γ) Versorgung nach rationaler Finanzorganisation.

zu α. Buddhismus, —

zu β. chinesische und japanische Reispfründen, —

zu γ. die Regel in allen rationalisierten Erobererstaaten, —

zu δ. massenhafte Einzelbeispiele überall, insbesondere: Geistliche und Richter, aber in Indien auch Militärgewalten.

Zu b: Die „Veramtung" der charismatischen Sendungen kann mehr Patrimonialisierung oder mehr Bureaukratisierung sein. Ersteres ist durchaus die Regel, letzteres findet sich in der Antike und in der Neuzeit im Okzident, seltener und als Ausnahme anderwärts.

Zu c: α. Landlehen mit Beibehaltung des Sendungscharakters der Stellung als solcher, —

β. volle lehenmäßige Appropriation der Herrengewalten.

Beides schwer zu trennen. Doch schwindet die Orientierung am Sendungscharakter der Stellung nicht leicht ganz, auch im Mittelalter nicht.

§ 12 a. Voraussetzung der Veralltäglichung ist die Beseitigung der Wirtschaftsfremdheit des Charisma, seine Anpassung an fiskalische (Finanz-) Formen der Bedarfsdeckung und damit an steuer- und abgabefähige Wirtschaftsbedingungen. Die „Laien" der zur Präbendalisierung schreitenden Sendungen stehen dem „Klerus", dem (mit „Anteil", κλῆρος) beteiligten Mitglied des charismatischen, nun veralltäglichten Verwaltungsstabs (Priestern der entstehenden „Kirche"), die „Steueruntertanen" den Vasallen, Pfründnern, Beamten des entstehenden politischen Verbandes, im Rationalitätsfall: „Staats" oder etwa den statt der „Vertrauensmänner" jetzt angestellten Parteibeamten gegenüber.

Typisch bei den Buddhisten und hinduistischen Sekten zu beobachten (s. Religionssoziologie). Ebenso in allen zu Dauergebilden rationalisierten Eroberungsreichen. Ebenso bei Parteien und andern ursprünglich rein charismatischen Gebilden.

Mit der Veralltäglichung m ü n d e t also der charismatische Herrschafts-Verband weitgehend in die Formen der Alltagsherrschaft: patrimoniale, insbesondere: ständische, oder bureaukratische, ein. Der ursprüngliche Sondercharakter äußert sich in der erbcharismatischen oder amtscharismatischen ständischen E h r e der Appropriierten, des Herren wie des Verwaltungsstabs, in der Art des Herren-P r e s t i g e s also. Ein Erbmonarch „von Gottes Gnaden" ist kein einfacher Patrimonialherr, Patriarch oder Schech, ein Vasall kein Ministeriale oder Beamter. Das Nähere gehört in die Lehre von den „Ständen".

Die Veralltäglichung vollzieht sich in der Regel n i c h t kampflos. Unvergessen sind anfänglich die p e r s ö n l i c h e n Anforderungen an das Charisma des Herren, und der Kampf des Amts- oder Erb- mit dem persönlichen Charisma ist ein in der Geschichte typischer Vorgang.

1. Die Umbildung der Bußgewalt (Dispensation von Todsünden) aus einer nur dem persönlichen Märtyrer und Asketen zustehenden Herrengewalt in eine A m t s gewalt von Bischof und Priester ist im Orient w e i t langsamer erfolgt als im Okzident unter dem Einfluß des römischen „Amts"-Begriffs. Charismatische Führerrevolutionen gegen erbcharismatische oder gegen Amtsgewalten finden sich in allen Verbänden, von dem Staate bis zu den Gewerkschaften (gerade jetzt!). Je entwickelter aber die zwischen-wirtschaftlichen Abhängigkeiten der Geldwirtschaft sind, desto stärker wird der Druck der Alltagsbedürfnisse der Anhängerschaft und

damit die Tendenz zur Veralltäglichung, die überall am Werk gewesen ist und, in aller Regel schnell, gesiegt hat. Charisma ist typische A n f a n g s erscheinung religiöser (prophetischer) oder politischer (Eroberungs-) Herrschaften, weicht aber den Gewalten des Alltags, sobald die Herrschaft gesichert und, vor allem, sobald sie M a s s e n charakter angenommen hat.

2. Ein treibendes Motiv für die Veralltäglichung des Charisma ist natürlich in allen Fällen das Streben nach Sicherung und das heißt: Legitimierung der sozialen Herrenpositionen und ökonomischen Chancen für die Gefolgschaft und Anhängerschaft des Herrn. Ein weiteres aber die objektive Notwendigkeit der Anpassung der Ordnungen und des Verwaltungsstabes an die normalen Alltagserfordernisse und -bedingungen einer Verwaltung. Dahin gehören insbesondere Anhaltspunkte für eine Verwaltungs- und Rechtssprechungs-Tradition, wie sie der normale Verwaltungsstab ebenso wie die Beherrschten benötigen. Ferner irgendwelche Ordnung der Stellungen für die Mitglieder der Verwaltungsstäbe. Endlich und vor allem — wovon später gesondert zu sprechen ist — die Anpassungen der Verwaltungsstäbe und aller Verwaltungsmaßregeln an die ö k o n o m i s c h e n Alltagsbedingungen: Deckung der Kosten durch Beute, Kontributionen, Schenkungen, Gastlichkeit, wie im aktuellen Stadium des kriegerischen und prophetischen Charisma, sind keine möglichen Grundlagen einer Alltags-Dauerverwaltung.

3. Die Veralltäglichung wird daher nicht nur durch das Nachfolgerproblem ausgelöst und ist weit entfernt, nur dies zu betreffen. Im Gegenteil ist der Uebergang von den charismatischen Verwaltungsstäben und Verwaltungsprinzipien zu den alltäglichen das Hauptproblem. Aber das Nachfolgerproblem betrifft die Veralltäglichung des charismatischen Kerns: des Herrn selbst und seiner Legitimität und zeigt im Gegensatz zu dem Problem des Uebergangs zu traditionalen oder legalen Ordnungen und Verwaltungsstäben besondersartige und charakteristische, nur aus diesem Vorgang verständliche, Konzeptionen. Die wichtigsten von diesen sind die charismatische Nachfolgerdesignation und das Erbcharisma.

4. Für die Nachfolgerdesignation durch den charismatischen Herren selbst ist das historisch wichtigste Beispiel, wie erwähnt, Rom. Für den rex wird sie durch die Ueberlieferung behauptet, für die Ernennung des Diktator und des Mitregenten und Nachfolgers im Prinzipat steht sie in historischer Zeit fest; die Art der Bestellung aller Oberbeamten mit imperium zeigt deutlich, daß auch für sie die Nachfolgerdesignation durch den Feldherren, nur unter Vorbehalt der Anerkennung durch das Bürgerheer, bestand. Denn die Prüfung und ursprünglich offenbar willkürliche Ausschließung der Kandidaten durch den amtierenden Magistrat ergibt die Entwicklung deutlich.

5. Für die Nachfolgerdesignation durch die charismatische Gefolgschaft sind die wichtigsten Beispiele die Bestellung der Bischöfe, insbesondere des Papstes durch — ursprünglich — Designation seitens des Klerus und Anerkennung seitens der Gemeinde und die (wie U. Stutz wahrscheinlich gemacht hat) nach dem Beispiel der Bischofsbestellung später umgebildete Kürung des deutschen Königs: Designation durch gewisse Fürsten und Anerkennung durch das (wehrhafte) „Volk". Aehnliche Formen finden sich sehr oft.

6. Für die Entwicklung des Erbcharisma war das klassische Land Indien. Alle Berufsqualitäten und insbesondere alle Autoritätsqualifikationen und Herrenstellungen galten dort als streng erbcharismatisch gebunden. Der Anspruch auf Lehen an Herrenrechten haftete an der Zugehörigkeit zur Königssippe, die Lehen wurden beim Sippenältesten gemutet. Alle hierokratischen Amtsstellungen, einschließlich der ungemein wichtigen und einflußreichen Guru- (Directeur de l'âme)-Stellung, alle repartierten Kundschaftsbeziehungen, alle Stellungen innerhalb des Dorf-Establishment (Priester, Barbier, Wäscher, Wachmann usw.) galten als erbcharismatisch gebunden. Jede Stiftung einer Sekte bedeutete Stiftung einer Erbhierarchie. (So auch im chinesischen Taoismus.) Auch im japanischen „Geschlechterstaat" (vor dem nach chinesischem Muster eingeführten Patrimonialbeamtenstaat, der dann zur Präbendalisierung und Feudalisierung führte) war die soziale Gliederung rein erbcharismatisch (näher davon in anderem Zusammenhang).

Dies erbcharismatische Recht auf die Herrenstellungen ist ähnlich in der ganzen Welt entwickelt worden. Die Qualifikation kraft Eigenleistung wurde durch die Qualifikation kraft Abstammung ersetzt. Diese Erscheinung liegt überall der Geburtstands-Entwicklung zugrunde, bei der römischen Nobilität ebenso wie im Begriff der „stirps regia" bei den Germanen nach Tacitus, wie bei den Turnier- und Stiftfähigkeitsregeln des späten Mittelalters, wie bei den modernen Pedigree-Studien der amerikanischen Neuaristokratie wie überhaupt überall, wo „ständische" Differenzierung (darüber s. u.) eingelebt ist.

10 *

Beziehung zur Wirtschaft: Die Veralltäglichung des Charisma ist in sehr wesentlicher Hinsicht identisch mit Anpassung an die Bedingungen der Wirtschaft als der kontinuierlich wirkenden Alltagsmacht. Die Wirtschaft ist d a b e i führend, nicht geführt. In weitestgehendem Maße dient hierbei die erb- oder amtscharismatische Umbildung als Mittel der L e g i t i m i e r u n g bestehender oder erworbener Verfügungsgewalten. Namentlich das Festhalten an Erbmonarchien ist — neben den gewiß nicht gleichgültigen Treue-Ideologien — doch sehr stark durch Erwägungen mitbedingt: daß aller ererbte und legitim erworbene Besitz erschüttert werde, wenn die innere Gebundenheit an die Erbheiligkeit des Thrones fortfalle und ist daher nicht zufällig den besitzenden Schichten adäquater als etwa dem Proletariat.

Im übrigen läßt sich etwas ganz Allgemeines (und zugleich: sachlich Inhaltliches und Wertvolles) über die Beziehungen der verschiedenen Anpassungsmöglichkeiten zur Wirtschaft nicht wohl sagen: dies muß der besonderen Betrachtung vorbehalten bleiben. Die Präbendalisierung und Feudalisierung und die erbcharismatische Appropriation von Chancen aller Art kann in a l l e n Fällen ihre stereotypierenden Wirkungen bei Entwicklung aus dem Charisma ganz ebenso üben wie bei Entwicklung aus patrimonialen und bureaukratischen Anfangszuständen und dadurch auf die Wirtschaft zurückwirken. Die regelmäßig auch wirtschaftlich gewaltig revolutionierende — zunächst oft: zerstörende, weil (möglicherweise): neu und „voraussetzungslos" orientierende — Macht des Charisma wird dann in das Gegenteil ihrer Anfangswirkung verkehrt.

Ueber die Oekonomik von (charismatischen) Revolutionen ist s. Z. gesondert zu reden. Sie ist überaus verschieden.

6. F e u d a l i s m u s.

§ 12 b. Gesondert zu sprechen ist noch von dem letzten in § 12 Nr. 3 genannten Fall (c: Lehen). Und zwar deshalb, weil daraus eine Struktur des Herrschaftsverbandes entstehen kann, welche vom Patrimonialismus ebenso wie vom genuinen oder Erb-Charismatismus v e r s c h i e d e n ist und eine gewaltige geschichtliche Bedeutung gehabt hat: der F e u d a l i s m u s. Wir wollen L e h e n s - und P f r ü n d e n - Feudalismus als echte Formen unterscheiden. Alle andern, „Feudalismus" g e n a n n t e n, Formen von Verleihung von Dienstland gegen Militärleistungen sind in Wirklichkeit patrimonialen (ministerialischen) Charakters und sind hier nicht gesondert zu behandeln. Denn von den verschiedenen Arten der P f r ü n d e n ist erst später bei der Einzeldarstellung zu reden.

AA. Lehen bedeutet stets:

aa) die Appropriation von Herrengewalten und Herrenrechten. Und zwar können als Lehen appropriiert werden

α. nur eigenhaushaltsmäßige, oder

β. verbandsmäßige, aber nur ökonomische (fiskalische), oder auch

γ. verbandsmäßige Befehlsgewalten.

Die Verlehnung erfolgt durch Verleihung gegen spezifische, normalerweise: primär m i l i t a r i s t i s c h e, daneben verwaltungsmäßige Leistungen. Die Verleihung erfolgt in sehr spezifischer Art. Nämlich:

bb) primär rein p e r s o n a l, auf das Leben des Herrn und des Lehensnehmers (Vasallen). Ferner:

cc) kraft K o n t r a k t s, also mit einem freien Mann, welcher (im Fall der h i e r Lehensfeudalismus genannten Beziehung)

dd) eine spezifische s t ä n d i s c h e (ritterliche) Lebensführung besitzt.

ee) Der Lehenskontrakt ist kein gewöhnliches „Geschäft", sondern eine V e r - b r ü d e r u n g zu (freilich) ungleichem Recht, welche beiderseitige T r e u e - pflichten zur Folge hat. Treuepflichten, welche αα) auf ständische (ritterliche) **E h r e** gegründet sind, und

ββ) fest **b e g r e n z t** sind.

Der Uebergang vom Typus „α" (oben bei der Erörterung „zu c") zum Typus „β" vollzieht sich, wo

aaa) die Lehen **e r b l i c h**, nur unter Voraussetzung der Eignung und der Erneuerung des Treuegelöbnisses an jeden neuen Herrn durch jeden neuen Inhaber appropriiert werden, und außerdem

bbb) der lehensmäßige Verwaltungsstab den **L e i h e z w a n g** durchsetzt, weil alle Lehen als Versorgungsfonds der Standeszugehörigen gelten.

Das erste ist ziemlich früh im Mittelalter, das zweite im weiteren Verlauf eingetreten. Der Kampf des Herren mit den Vasallen galt vor allem auch der (stillschweigenden) Beseitigung **d i e s e s** Prinzips, welches ja die Schaffung bzw. Erwirkung einer eigenen patrimonialen „Hausmacht" des Herren unmöglich machte.

BB. Lehensmäßige Verwaltung (Lehens-Feudalismus) bedeutet bei voller — in dieser absoluten Reinheit ebensowenig wie der **r e i n e** Patrimonialismus jemals zu beobachtender — Durchführung:

aa) alle Herrengewalt reduziert sich auf die kraft der Treuegelöbnisse der Vasallen bestehenden Leistungschancen, —

bb) der politische Verband ist völlig ersetzt durch ein System rein persönlicher Treuebeziehungen zwischen dem Herren und seinen Vasallen, diesen und ihren weiterbelehnten (subinfeudierten) Untervasallen und weiter den eventuellen Untervasallen dieser. Der Herr hat Treueansprüche nur an seine Vasallen, diese an die ihrigen usw.

cc) Nur im Fall der „Felonie" kann der Herr dem Vasallen, können diese ihren Untervasallen usw. das Lehen entziehen. Dabei ist aber der Herr gegen den treubrüchigen Vasallen auf die Hilfe der andern Vasallen oder auf die Passivität der Untervasallen des „Treubrechers" angewiesen. Jedes von beiden ist nur zu gewärtigen, wenn die einen bzw. die andern auch ihrerseits Felonie ihres Genossen bzw. Herren gegen seine Herren als vorliegend ansehen. Bei den Untervasallen des Treubrechers selbst dann nicht, es sei denn, daß der Herr wenigstens die Ausnahme **d i e s e s** Falls: Kampf gegen den Oberherren des eigenen Herren, bei der Subinfeudation durchgesetzt hat (was stets erstrebt, nicht immer aber erreicht wurde).

dd) Es besteht eine ständische Lehens-Hierarchie (im Sachsenspiegel: die „Heerschilde") je nach der Reihenfolge der Subinfeudation. Diese ist aber kein „Instanzenzug" und keine „Hierarchie". Denn ob eine Maßregel oder ein Urteil angefochten werden kann und bei wem, richtet sich prinzipiell nach dem „Oberhof"-, nicht nach dem lehenshierarchischen System (der Oberhof kann — theoretisch — einem Genossen des Inhabers der Gerichtsgewalt verlehnt sein, wenn dies auch faktisch nicht der Fall zu sein pflegt).

ee) Die **n i c h t** als Lehensträger von patrimonialen oder verbandsmäßigen Herrengewalten in der Lehenshierarchie Stehenden sind: „Hintersassen", d. h. patrimonial **U n t e r w o r f e n e**. Sie sind den Belehnten soweit unterworfen, als ihre traditionale, insbesondere: ständische, Lage bedingt oder zuläßt, oder als die Gewalt der militaristischen Lehensinhaber es zu erzwingen weiß, gegen die sie weitgehend wehrlos sind. Es gilt, wie gegen den Herren (Leihezwang), so gegen die Nicht-Lehensträger, der Satz: nulle Legre sans seigneur. — Der einzige Rest der alten **u n m i t t e l b a r e n** verbandsmäßigen Herrengewalt ist der fast stets bestehende Grundsatz: daß dem Lehensherren die Herren-, vor allem: die Gerichtsgewalten, zustehen da, **w o e r g e r a d e w e i l t**.

ff) Eigenhaushaltsmäßige Gewalten (Verfügungsgewalt über Domänen, Sklaven, Hörige), verbandsmäßige fiskalische Rechte (Steuer- und Abgabenrechte) und verbandsmäßige Befehlsgewalten (Gerichts- und Heerbanngewalt, also: Gewalten über „Freie") werden zwar beide gleichartig Gegenstand der Verlehnung.

Regelmäßig aber werden die verbandsmäßigen B e f e h l s g e w a l t e n Sonder-
ordnungen unterworfen.

In Altchina wurden reine Rentenlehen und Gebietslehen auch im Namen geschieden. Im okzidentalen Mittelalter nicht, wohl aber in der ständischen Qualität
und zahlreichen, hier nicht behandelten Einzelpunkten.

Es pflegt sich für die verbandsmäßigen B e f e h l s g e w a l t e n die volle
Appropriation nach Art derjenigen verlehnter Vermögensrechte nur mit mannigfachen — später gesondert zu besprechenden — Uebergängen und Rückständen
durchzusetzen. Was regelmäßig b l e i b t, ist: der s t ä n d i s c h e Unterschied
des nur mit haushaltsmäßigen oder r e i n fiskalischen Rechten und des mit verbandsmäßigen Befehlsgewalten: Gerichtsherrlichkeit (Blutbann vor allem) und Mili-
tärherrlichkeit (Fahnlehen insbesondere) Beliehenen (p o l i t i s c h e Va s a l l e n).
Die Herrengewalt ist bei annähernd reinem Lehensfeudalismus selbstverständlich, weil auf das Gehorchen w o l l e n und dafür auf die reine persönliche Treue des,
im B e s i t z d e r Ve r w a l t u n g s m i t t e l befindlichen, lehensmäßig appropriierten Verwaltungsstabs angewiesen, hochgradig prekär. Daher ist der latente
Kampf des Herren mit den Vasallen dabei chronisch, die wirk-
lich idealtypische lehensmäßige Verwaltung (gemäß aa—ff) n i r g e n d s durchgesetzt worden oder eine effektive Dauerbeziehung geblieben. Sondern wo der Herr
konnte, hat er die nachfolgenden Maßregeln ergriffen:
        gg) Der Herr sucht, gegenüber dem rein personalen Treueprinzip (cc und dd)
durchzusetzen entweder:
        αα) Beschränkung oder Verbot der Subinfeudation;

Im Okzident häufig verfügt, aber oft gerade vom Ve r w a l t u n g s stab, im
eigenen Machtinteresse (dies in China in dem Fürstenkartell von 630 v. Chr.).

        ββ) die Nichtgeltung der Treuepflicht der Untervasallen gegen ihren Herren
im Fall des Krieges gegen ihn, den Oberlehensherren; — wenn möglich aber:
        γγ) die unmittelbare Treuepflicht auch der Untervasallen gegen ihn, den Ober-
lehensherren.
        bb) Der Herr sucht sein Recht zur K o n t r o l l e der Verwaltung der ver-
bandsmäßigen Herrengewalten zu sichern durch:
        αα) Beschwerderecht der Hintersassen bei ihm, dem Oberlehensherren und
Anrufung seiner Gerichte;
        ββ) Aufsichtsbeamte am Hofe der p o l i t i s c h e n Vasallen;
        γγ) eigenes Steuerrecht gegen die Untertanen aller Vasallen;
        δδ) Ernennung gewisser Beamter der p o l i t i s c h e n Vasallen;
        εε) Festhaltung des Grundsatzes:
            aaa) daß alle Herrengewalten ihm, dem Oberlehensherren, ledig werden
                bei Anwesenheit, darüber hinaus aber Aufstellung des anderen,
            bbb) daß er, als Lehensherr, jede Angelegenheit nach Ermessen vor s e i n
                Gericht ziehen könne.
Diese Gewalt kann der Herr gegenüber den Vasallen (wie gegen andere Appropriierte von Herrengewalten) nur dann gewinnen oder behaupten, wenn:
        cc) der Herr einen eigenen Ve r w a l t u n g s s t a b sich schafft oder wieder
schafft oder ihn entsprechend ausgestaltet. Dieser kann sein:
        αα) ein patrimonialer (ministerialistischer),

So vielfach bei uns im Mittelalter, in Japan im Bakufu des Schapun, welches
die Daimyo's sehr empfindlich kontrollierte.

        ββ) ein extrapatrimonialer, s t ä n d i s c h literatenmäßiger,

Kleriker (christliche, brahmanische und Kayasth's, buddhistische, lamaistische, islamische) oder Humanisten (in China: Konfuzianische Literaten). Ueber die Eigenart und die gewaltigen Kulturwirkungen s. Kap. IV.

γγ) ein f a c h mäßig, insbesondere: juristisch und militaristisch geschulter.

In China vergeblich durch Wang Au Schi im 11. Jahrhundert vorgeschlagen (aber damals nicht mehr gegen die Feudalen, sondern gegen die Literaten). Im Okzident für die Zivilverwaltung der Universitätsschulung in Kirche (durch das kanonische Recht) und Staat (durch das Römische Recht, in England: das durch römische Denk- f o r m e n rationalisierte Common Law, durchgesetzt: Keime des modernen okzidentalen Staats). Für die Heeresverwaltung im Okzident: durch Expropriation der als Vorstufe dafür an Stelle des Lehensherrn getretenen k a p i t a l i s t i s c h e n Heeresunternehmer (Kondottieren) durch die Fürstengewalt mittelst der fürstlichen r a t i o n a l e n Finanzverwaltung seit dem 17. Jahrhundert (in England und Frankreich früher) durchgesetzt.

Dieses Ringen des Herren mit dem lehensmäßigen Verwaltungsstab — welches im Okzident (nicht: in Japan) vielfach zusammenfällt, ja teilweise identisch ist mit seinem Ringen gegen die Macht der S t ä n d e - K o r p o r a t i o n e n — hat in m o d e r n e r Zeit ü b e r a l l, zuerst im Okzident, mit dem Siege des Herren, und das hieß: der b u r e a u k r a t i s c h e n V e r w a l t u n g, geendet, zuerst im Okzident, dann in Japan, in Indien (und vielleicht: in China) zunächst in der Form der Fremdherrschaft. Dafür waren neben rein historisch gegebenen Machtkonstellationen im Okzident ökonomische Bedingungen, vor allem: die Entstehung des B ü r g e r t u m s auf der Grundlage der (n u r dort im okzidentalen Sinne entwickelten) S t ä d t e und dann die Konkurrenz der Einzelstaaten um Macht d u r c h r a t i o n a l e (das hieß: bureaukratische) V e r w a l t u n g und fiskalisch bedingtes Bündnis mit den kapitalistischen Interessenten entscheidend, wie später darzulegen ist.

§ 12 c. Nicht jeder „Feudalismus" ist L e h e n s - Feudalismus im okzidentalen Sinn. Sondern daneben steht vor allem
A. der fiskalisch bedingte P f r ü n d e n - Feudalismus.

Typisch im islamischen Vorderasien und Indien der Mogul - Herrschaft. Dagegen war der a l t chinesische, vor Schi Hoang Ti bestehende, Feudalismus wenigstens teilweise Lehensfeudalismus, neben dem allerdings Pfründen-Feudalismus vorkam. Der japanische ist bei den Daimyo's stark durch Eigenkontrolle des Herrn (Bakufu) temperierter Lehensfeudalismus, die Lehen der Samurai und Bake aber sind (oft: appropriierte) M i n i s t e r i a l e n pfründen (nach der Kakadaka — dem Reisrentenertrag — katastriert).

Von Pfründen-Feudalismus wollen wir da sprechen, wo es sich

aa) um Appropriation von P f r ü n d e n handelt, also von Renten, die nach dem E r t r a g e geschätzt und verliehen werden, — ferner

bb) die Appropriation (grundsätzlich, wenn auch nicht immer effektiv) nur personal, und zwar je nach L e i s t u n g e n, eventuell also mit A u f r ü c k e n erfolgt, —

So die türkischen Sipahi-Pfründen wenigstens legal.

Vor allem aber:

cc) nicht p r i m ä r eine individuelle, freie, personale T r e u e beziehung durch V e r b r ü d e r u n g s kontrakt mit einem Herren p e r s ö n l i c h hergestellt und daraufhin ein individuelles Lehen vergeben wird, sondern primäre f i s k a l i s c h e Zwecke des im übrigen patrimonialen (oft: sultanistischen) Abgaben v e r b a n d e s des Herren stehen. Was sich (meist) darin ausdrückt: daß katastermäßig abtaxierte Ertragsobjekte vergeben werden.

Die primäre Entstehung des L e h e n s - Feudalismus erfolgt nicht notwendig, aber sehr regelmäßig aus einer (fast) rein naturalwirtschaftlichen, und zwar: p e r - s o n a l e n Bedarfsdeckung des politischen Verbandes (Dienstpflicht, Wehrpflicht) heraus. Sie will vor allem: statt des ungeschulten und ökonomisch unabkömmlichen und nicht mehr zur vollwertigen Selbstequipierung fähigen Heerbannes ein geschultes, gerüstetes, durch p e r s ö n l i c h e E h r e verbundenes R i t t e r h e e r. Die pri- märe Entstehung des P f r ü n d e n - Feudalismus ist regelmäßig eine Abwandlung g e l d wirtschaftlicher Finanzgebarung („Rückbildung" zur Naturalleistungsfinan- zierung) und kann erfolgen:

αα) zur Abwälzung des Risikos schwankender Einnahmen auf U n t e r n e h - m e r (also: als eine Art von Abwandlung der Steuerpacht), also:

aaa) gegen Uebernahme der Gestellung von bestimmten Kriegern (Reiter, even- tuell Kriegswagen, Gepanzerten, Train, eventuell Geschütze) für das patrimonial- fürstliche Heer.

So in China im Mittelalter häufig: Deputate von Kriegern der einzelnen Gattungen auf eine Flächeneinheit.

Eventuell außerdem oder auch: n u r :
bbb) Bestreitung der Kosten der Zivilverwaltung, und
ccc) Abführung eines Steuerpauschale an die fürstliche Kasse.

So in Indien oft.

Dagegen wird natürlich gewährt (schon um diesen Verbindlichkeiten nachkommen zu können):

ddd) Appropriation von Herrenrechten verschiedenen Umfangs, zunächst regel- mäßig kündbar und rückkäuflich, in Ermangelung von Mitteln aber faktisch oft: d e f i n i t i v.

Solche d e f i n i t i v e n Appropriatoren werden dann mindestens: G r u n d - h e r r e n , oft gelangen sie auch in den Besitz von weitgehenden verbandsmäßigen Herrengewalten.

So, vor allem, in Indien, wo die Zamindor-, Jagirdar- und Tulukdar-Grund- herrschaften durchweg so entstanden sind. Aber auch in großen Teilen des vorder- asiatischen Orient, wie C. H. B e c k e r (der den Unterschied gegen das okzidentale Lehenswesen zuerst richtig sah, ausgeführt hat). P r i m ä r ist sie Steuerpacht, sekundär wird daraus „Grundherrschaft". Auch die rumänischen „Bojaren" sind Abkömmlinge der gemischtesten Gesellschaft der Erde: Juden, Deutsche, Griechen usw., die zuerst als S t e u e r pächter Herrenrechte appropriierten.

ββ) Es kann die Unfähigkeit der S o l d z a h l u n g a n e i n p a t r i m o n i a - l e s H e e r und dessen (nachträglich legalisierte) Usurpation zur Appropriation der Steuerquellen: Land und Untertanen, an Offiziere und Heer führen.

So die berühmten großen Khanen im Khalifenreich, die Quelle oder das Vor- bild aller orientalischen Appropriationen bis auf die des Mameluken-Heeres (welches ja formal ein Sklavenheer war).

Nicht immer führt das zu einer katastermäßig geordneten Pfründen-Verleh- nung, aber es steht ihm nahe und k a n n dahin führen.

Inwieweit die türkischen Sipahi-Lehen dem „Lehen" oder der „Pfründe" näher stehen, ist hier noch nicht zu erörtern: l e g a l kennen sie das „Aufrücken" nach der „Leistung".

Es ist klar, daß die beiden Kategorien durch unmerkliche Uebergänge verbunden sind und eine e i n d e u t i g e Zuteilung an den einen oder anderen nur selten möglich ist. Außerdem steht der Pfründen-Feudalismus der r e i n e n Präbendalisierung sehr nahe und auch da existieren fließende Uebergänge.

Nach einer ungenauen Terminologie steht neben dem Lehens-Feudalismus, der auf freiem K o n t r a k t mit einem H e r r e n ruht, und neben dem fiskalischen Pfründen-Feudalismus noch:

B. der (sogenannte) Polis-Feudalismus, der auf (realem oder fiktivem) Synoikismus von Grundherren zu unter sich gleichem Recht mit rein militaristischer Lebensführung und hoher ständischer Ehre ruht. Oekonomisch bildet der „Kleros" das nur personal und für Einzelerbfolge Qualifizierter appropriierte Landlos, bestellt die Dienste der (als Standesbesitz repartierten) Versklavten und die Grundlage der Selbstequipierung.

Nur uneigentlich kann man diesen nur in Hellas (in voller Entwicklung nur in Sparta) nachweislichen, aus dem „Männerhaus" erwachsenen Zustand, wegen der spezifischen ständischen E h r e konventionen und der ritterlichen L e b e n s f ü h r u n g dieser G r u n d herren, „Feudalismus" nennen. In Rom entspricht der Ausdruck „fundus" (= Genossenrecht) zwar dem hellenischen κλῆρος, aber k e i n e Nachrichten liegen über Verfassungen der curia (co-viria = ἀνδρεῖον-Männerhaus) hier vor, die ähnlich gestaltet gewesen wären.

Im weitesten Sinn pflegt man a l l e ständisch privilegierten m i l i t a r i s t i schen Schichten, Institutionen und Konventionen „feudal" zu nennen. Dies soll hier als ganz unpräzis vermieden werden.

C. Aus dem umgekehrten Grund: weil zwar das verlehnte Objekt (Lehen) da ist, aber

1. nicht kraft freien Kontrakts (Verbrüderung, weder mit einem Herren noch mit Standesgenossen), sondern kraft Befehls des eigenen (patrimonialen) Herren, o d e r aber zwar frei, aber

2. nicht auf Grund vornehmer ritterlicher L e b e n s f ü h r u n g, übernommen wird, oder

3. b e i d e s nicht,

sind auch

zu 1: die Dienstlehen ritterlich lebender, aber a b h ä n g i g e r, ebenso
zu 2: die Dienstlehen an frei geworbene, nicht ritterliche Krieger, endlich
zu 3: die Dienstlehen an Klienten, Kolonen, Sklaven, welche als K r i e g e r benutzt werden

für uns: P f r ü n d e n.

Beispiel zu 1: okzidentale und orientalische Ministerialen, Samurai in Japan;
Beispiel zu 2: kam im Orient vor; z. B. wohl bei den ptolemäischen Kriegern ursprünglich. Daß später infolge der erblichen Appropriierten des Dienstlandes auch die Krieger als Beruf appropriiert galten, ist typisches Entwicklungsprodukt zum Leiturgiestaat;
Beispiel zu 3: typisch für die sog. „Kriegerkaste" in Altägypten, die Mameluken im mittelalterlichen Aegypten, die gebrandmarkten orientalischen und chinesischen (nicht immer, aber nicht selten mit Land beliehenen) Krieger usw.

Von „Feudalismus" spricht man auch dabei durchaus ungenau im Sinn der Existenz — in diesem Fall: (mindestens formal) negativ privilegierter — rein militaristischer S t ä n d e. Davon ist in Kap. IV zu reden.

§ 13. Das Gesagte kann keinen Zweifel darüber gelassen haben: daß Herrschaftsverbände, welche n u r dem einen oder dem andern der bisher erörterten „reinen" Typen angehören, höchst selten sind. Zumal, namentlich bei der legalen und traditionalen Herrschaft, wichtige Fälle: Kollegialität, Feudalprinzip, noch gar nicht oder nur in vagen Andeutungen erörtert sind. Aber überhaupt ist festzuhalten: Grundlage j e d e r Herrschaft, also j e d e r Fügsamkeit, ist ein G l a u b e n: „Prestige"-Glauben, zugunsten des oder der Herrschenden. Dieser ist selten ganz eindeutig.

Er ist bei der „legalen" Herrschaft n i e rein legal. Sondern der Legalitätsglauben ist „eingelebt", also selbst traditionsbedingt: — Sprengung der Tradition vermag ihn zu vernichten. Und er ist auch charismatisch in dem negativen Sinn: daß hartnäckige eklatante Mißerfolge j e d e r Regierung zum Verderben gereichen, ihr Prestige brechen und die Zeit für charismatische Revolutionen reifen lassen. Für „Monarchien" sind daher verlorene, ihr Charisma als nicht „bewährt" erscheinen lassende, für „Republiken" siegreiche, den siegenden General als charismatisch qualifiziert hinstellende, Kriege gefährlich.

Rein traditionale Gemeinschaften gab es wohl. Aber nie absolut dauernd und — was auch für die bureaukratische Herrschaft gilt — selten ohne persönlich erbcharismatische oder amtscharismatische S p i t z e (neben einer unter Umständen rein traditionalen). Die A l l t a g s-Wirtschaftsbedürfnisse wurden unter Leitung traditionaler Herren gedeckt, die außeralltäglichen (Jagd, Kriegsbeute) unter charismatischen Führern. Der Gedanke der Möglichkeit von „Satzungen" ist gleichfalls ziemlich alt (meist allerdings durch Orakel legitimiert). Vor allem aber ist mit j e d e r e x t r a patrimonialen Rekrutierung des Verwaltungsstabs eine Kategorie von Beamten geschaffen, die sich von den legalen Bureaukratien nur durch die l e t z t e n Grundlagen ihrer Geltung, nicht aber formal, unterscheiden kann.

Absolut n u r charismatische (auch: n u r erbcharismatische usw.) Herrschaften sind gleichfalls selten. Aus charismatischer Herrschaft k a n n — wie bei Napoleon — direkt striktester Bureaukratismus hervorgehen oder allerhand präbendale und feudale Organisationen. Die Terminologie und Kasuistik hat also in gar k e i n e r Art den Zweck und kann ihn nicht haben: erschöpfend zu sein und die historische Realität in Schemata zu spannen. Ihr Nutzen ist: daß jeweils gesagt werden kann: was an einem Verband die eine oder andere Bezeichnung verdient oder ihr nahesteht, ein immerhin zuweilen erheblicher Gewinn.

Bei allen Herrschaftsformen ist die Tatsache der Existenz des Verwaltungsstabes und seines k o n t i n u i e r l i c h auf Durchführung und Erzwingung der Ordnungen gerichteten Handelns für die Erhaltung der Fügsamkeit vital. Die Existenz d i e s e s Handelns ist das, was man mit dem Wort „Organisation" m e i n t. Dafür wiederum ist die (ideelle und materielle) Interessen s o l i d a r i t ä t des Verwaltungsstabes mit dem Herren ausschlaggebend. Für die Beziehung des Herren zu ihm gilt der Satz: daß der auf jene Solidarität gestützte Herr jedem e i n z e l n e n Mitglied gegenüber stärker, a l l e n gegenüber schwächer ist. Es bedarf aber einer planvollen V e r g e s e l l s c h a f t u n g des Verwaltungsstabes, um die Obstruktion oder bewußte Gegenaktion gegen den Herren planvoll und also erfolgreich durchzuführen und die Leitung des Herren lahmzulegen. Ebenso wie es für jeden, der eine Herrschaft brechen will, der Schaffung e i g e n e r Verwaltungsstäbe zur Ermöglichung e i g e n e r Herrschaft bedarf, es sei denn, daß er auf Konnivenz und Kooperation des bestehenden Stabes gegen den bisherigen Herren rechnen kann. In s t ä r k s t e m Maß ist jene Interessensolidarität mit dem Herren da vorhanden, wo für den Verwaltungsstab die e i g e n e Legitimität und Versorgungsgarantie von der des Herren abhängt. Für den einzelnen ist die Möglichkeit, sich dieser Solidarität zu entziehen, je nach der Struktur sehr verschieden. Am schwersten bei voller T r e n n u n g von den Verwaltungsmitteln, also in rein patriarchalen (nur auf Tradition ruhenden), rein patrimonialen und rein bureaukratischen (nur auf Reglements ruhenden) Herrschaften, am leichtesten: bei ständischer Appropriation (Lehen, Pfründe).

Endlich und namentlich aber ist die historische Realität auch ein steter, meist latenter Kampf z w i s c h e n Herren und Verwaltungsstab um Appropriation oder Expropriation des einen oder des anderen. Entscheidend für fast die ganze Kulturentwicklung war

1. der Ausgang dieses Kampfes als solcher,

2. der Charakter d e r j e n i g e n Schicht von ihm anhängenden Beamten, welche dem Herren den Kampf gegen feudale oder andere appropriierte Gewalten g e w i n n e n half: rituelle Literaten, Kleriker, rein weltliche Klienten, Ministeriale, juristisch geschulte Literaten, fachmäßige Finanzbeamte, private Honoratioren (über die Begriffe später).

In der Art dieser Kämpfe und Entwicklungen ging d e s h a l b ein gut Teil nicht nur der Verwaltungs- sondern der Kulturgeschichte auf, weil die Richtung der E r z i e h u n g dadurch bestimmt und die Art der S t ä n d e bildung dadurch determiniert wurde.

1. Gehalt, Sportelchancen, Deputate, Lehen fesseln in untereinander sehr verschiedenem Maß und Sinn den Stab an den Herren (darüber später). Allen gemeinsam ist jedoch: daß die L e g i t i m i t ä t der betreffenden Einkünfte und der mit der Zugehörigkeit zum Verwaltungsstab verbundenen sozialen Macht und Ehre bei jeder Gefährdung der Legitimität des Herren, der sie verliehen hat und garantiert, gefährdet erscheinen. Aus diesem Grund spielt die Legitimität eine wenig beachtete und doch so wichtige Rolle.

2. Die Geschichte des Zusammenbruchs der bisher legitimen Herrschaft bei uns zeigte: wie die Sprengung der Traditionsgebundenheit durch den Krieg einerseits und der Prestigeverlust durch die Niederlage andrerseits in Verbindung mit der systematischen Gewöhnung an illegales Verhalten in g l e i c h e m Maß die Fügsamkeit in die Heeres- und Arbeitsdisziplin erschütterten und so den Umsturz der Herrschaft vorbereiteten. — Andrerseits bildet das glatte Weiterfunktionieren des alten Verwaltungsstabes und die Fortgeltung seiner Ordnungen unter den neuen Gewalthabern ein hervorragendes Beispiel für die unter den Verhältnissen bureaukratischer Rationalisierung unentrinnbare Gebundenheit des einzelnen Gliedes dieses Stabes an seine sachliche Aufgabe. Der Grund war, wie erwähnt, keineswegs n u r der privatwirtschaftliche: Sorge um die Stellung, Gehalt und Pension (so selbstverständlich das bei der Masse der Beamten mitspielte), sondern ganz ebenso der s a c h l i c h e (ideologische): daß die Außerbetriebsetzung der Verwaltung unter den heutigen Bedingungen einen Zusammenbruch der Versorgung der gesamten Bevölkerung (einschließlich: der Beamten selbst) mit den elementarsten Lebensbedürfnissen bedeutet haben würde. Daher wurde mit Erfolg an das (sachliche) „Pflichtgefühl" der Beamten appelliert, auch von den bisher legitimen Gewalten und ihren Anhängern selbst diese sachliche Notwendigkeit anerkannt.

3. Der Hergang des gegenwärtigen Umsturzes schuf einen neuen Verwaltungsstab in den Arbeiter- und Soldatenräten. Die Technik der Bildung dieser neuen Stäbe mußte zunächst „erfunden" werden und war übrigens an die Verhältnisse des Kriegs (Waffenbesitz) gebunden, ohne den der Umsturz überhaupt nicht möglich gewesen wäre (davon und von den geschichtlichen Analogien später). Nur durch Erhebung charismatischer Führer gegen die legalen Vorgesetzten und durch Schaffung charismatischer Gefolgschaften war die Enteignung der Macht der alten Gewalten möglich und durch Erhaltung des Fachbeamtenstabes auch technisch die Behauptung der Macht durchführbar. Vorher scheiterte gerade unter den modernen Verhältnissen jede Revolution hoffnungslos an der Unentbehrlichkeit der Fachbeamten und dem Fehlen eigener Stäbe. Die Vorbedingungen in allen früheren Fällen von Revolutionen waren sehr verschiedene (s. darüber das Kapitel über die Theorie der Umwälzungen).

4. Umstürze von Herrschaften aus der Initiative der Verwaltungsstäbe haben unter sehr verschiedenen Bedingungen in der Vergangenheit stattgefunden (s. darüber das Kapitel über die Theorie des Umsturzes). Immer war Voraussetzung eine Vergesellschaftung der Mitglieder des Stabes, welche, je nachdem, mehr den Charakter einer partiellen Verschwörung oder mehr einer allgemeinen Verbrüderung und Vergesellschaftung annehmen konnte. Gerade dies ist unter den Existenzbedingungen moderner Beamter sehr erschwert, wenn auch, wie russische Verhältnisse zeigten, nicht ganz unmöglich. In aller Regel aber greifen sie an Bedeutung nicht über das hinaus, was Arbeiter durch (normale) Streiks erreichen wollen und können.

5. Der patrimoniale Charakter eines Beamtentums äußert sich vor allem darin, daß Eintritt in ein persönliches Unterwerfungs- (Klientel-) Verhältnis verlangt wird („puer regis" in der Karolingerzeit, „familiaris" unter den Angiovinen usw.). Reste davon sind sehr lange bestehen geblieben.

6. Die herrschaftsfremde Umdeutung des Charisma.

§ 14. Das seinem primären Sinn nach autoritär gedeutete charismatische Legitimitätsprinzip kann antiautoritär umgedeutet werden. Denn die tatsächliche Geltung der charismatischen Autorität ruht in der Tat gänzlich auf der durch „Bewährung" bedingten A n e r k e n n u n g durch die Beherrschten, die freilich dem charismatisch Qualifizierten u n d d e s h a l b Legitimen gegenüber p f l i c h t m ä ß i g ist. Bei zunehmender Rationalisierung der Verbandsbeziehungen liegt es aber nahe: daß diese Anerkennung, statt als Folge der Legitimität, als Legitimitäts g r u n d angesehen wird (d e m o k r a t i s c h e L e g i t i m i t ä t), die (etwaige) Designation durch den Verwaltungsstab als „Vorwahl", durch den Vorgänger als „Vorschlag", die Anerkennung der Gemeinde selbst als „Wahl". Der kraft Eigencharisma legitime Herr wird dann zu einem Herren von Gnaden der Beherrschten, den diese (formal) frei nach Belieben wählen und setzen, eventuell auch: absetzen, — wie ja der Verlust des Charisma und seine Bewährung den Verlust der genuinen Legitimität nach sich gezogen hatte. Der Herr ist nun der f r e i g e w ä h l t e F ü h r e r. Ebenso entwickelt sich die A n e r k e n n u n g charismatischer Rechts w e i s u n g e n durch die Gemeinde dann zu der Vorstellung: daß die Gemeinde Recht nach ihrem Belieben setzen, anerkennen und abschaffen könne, sowohl generell wie für den einzelnen Fall, — während die Fälle von Streit über das „richtige" Recht in der genuin charismatischen Herrschaft zwar faktisch oft durch Gemeindeentscheid, aber unter dem psychologischen Druck: daß es nur e i n e pflichtmäßige und richtige Entscheidung gebe, erledigt wurden. Damit nähert sich die Behandlung des Rechts der l e g a l e n Vorstellung. Der wichtigste Uebergangstypus ist: die p l e b i s z i t ä r e H e r r - s c h a f t. Sie hat ihre meisten Typen in dem „Parteiführertum" im modernen Staat. Aber sie besteht überall da, wo der Herr sich als Vertrauensmann der M a s - s e n legitimiert fühlt und als solcher anerkannt ist. Das adäquate Mittel dazu ist das Plebiszit. In den klassischen Fällen beider Napoleons ist es n a c h gewaltsamer Eroberung der Staatsgewalt angewendet, bei dem zweiten nach Prestige-Verlusten erneut angerufen worden. Gleichgültig (an d i e s e r Stelle), wie man seinen Realitätswert veranschlagt: es ist jedenfalls f o r m a l das spezifische Mittel der Ableitung der Legitimität der Herrschaft aus dem (formal und der Fiktion nach) freien Vertrauen der B e h e r r s c h t e n.

Das „Wahl"-Prinzip, einmal, als Umdeutung des Charisma, auf den Herren angewendet, kann auch auf den Verwaltungsstab angewendet werden. Wahl b e - a m t e, legitim kraft Vertrauens der Beherrschten, daher abberufbar durch Erklärung des Mißtrauens dieser, sind in „Demokratien" bestimmter Art, z. B. Amerika, typisch. Sie sind k e i n e „bureaukratischen" Figuren. Sie stehen in ihrer Stellung, weil selbständig legitimiert, in schwacher hierarchischer Unterordnung und mit vom „Vorgesetzten" nicht beeinflußbaren Chancen des Aufrückens und der Verwendung (Analogien in den Fällen mehrfacher, qualitativ besonderter Charismata, wie sie z. B. zwischen Dalai Lama und Taschi Lama bestehen). Eine aus ihnen zusammengesetzte Verwaltung steht als „Präzisionsinstrument" technisch w e i t hinter der bureaukratisch aus e r n a n n t e n Beamten gebildeten zurück.

1. Die „plebiszitäre Demokratie" — der wichtigste Typus der Führer-Demokratie — ist ihrem genuinen Sinn nach eine Art der charismatischen Herrschaft, die sich unter der F o r m einer vom Willen der Beherrschten abgeleiteten und nur durch ihn fortbestehenden Legitimität verbirgt. Der Führer (Demagoge) herrscht tatsächlich kraft der Anhänglichkeit und des Vertrauens seiner politischen Gefolgschaft zu seiner P e r s o n als solcher. Zunächst: über die für ihn geworbenen Anhänger weiterhin, im Fall diese ihm die Herrschaft verschaffen, innerhalb des Verbandes. Den Typus geben die Diktatoren der antiken und modernen Revolutionen: die hellenischen Aisymneten, Tyrannen und Demagogen, in Rom Gracchus und seine Nachfolger, in den italienischen Städtestaaten die Capitani del popolo und Bürgermeister (Typus für Deutschland: die Zürcher demokratische Diktatur), in den modernen Staaten die Diktatur Cromwells, der revolutionären Gewalthaber und der plebiszitäre Imperialismus in Frankreich. Wo immer überhaupt nach Legitimität dieser Herrschaftsform gestrebt wurde, wurde sie in der plebiszitären Anerkennung durch das souveräne Volk gesucht. Der persönliche Verwaltungsstab wird charismatisch, aus begabten Plebejern, rekrutiert (bei Cromwell unter Berücksichtigung

der religiösen Qualifikation, bei Robespierre neben der persönlichen Verläßlichkeit auch gewisser „ethischer" Qualitäten, bei Napoleon ausschließlich nach der persönlichen Begabung und Verwendbarkeit für die Zwecke der kaiserlichen „Herrschaft des Genies"). Er trägt auf der Höhe der revolutionären Diktatur den Charakter der Verwaltung kraft reinen Gelegenheitsmandats auf Widerruf (so in der Agenten-Verwaltung der Zeit der Wohlfahrtsausschüsse). Auch den durch die Reformbewegungen in den amerikanischen Städten hochgekommenen Kommunaldiktatoren hat die e i g e n e freie Anstellung ihrer Hilfskräfte eingeräumt werden müssen. Die traditionale Legitimität ebenso wie die formale Legalität werden von der revolutionären Diktatur gleichmäßig ignoriert. Die nach materialen Gerechtigkeitsgründen, utilitarischen Zwecken und Staatsnutzen verfahrende Justiz und Verwaltung der patriarchalen Herrschaft findet in den Revolutionstribunalen und den materialen Gerechtigkeitspostulaten der radikalen Demokratie in der Antike und im modernen Sozialismus ihre entsprechende Parallele (wovon in der Rechtssoziologie zu handeln ist). Die Veralltäglichung des revolutionären Charisma zeigt dann ähnliche Umbildungen wie der entsprechende Prozeß sonst zutage fördert: so das englische Soldheer als Rückstand des Freiwilligkeitsprinzips des Glaubenskämpferheeres, das französische Präfektensystem als Rückstand der charismatischen Verwaltung der revolutionären plebiszitären Diktatur.

2. Der Wahl b e a m t e bedeutet überall die radikale Umdeutung der Herrenstellung des charismatischen Führers in einen „Diener" der Beherrschten. Innerhalb einer technisch rationalen Bureaukratie hat er keine Stätte. Denn da er nicht von dem „Vorgesetzten" ernannt ist, nicht in seinen Avancementschancen von ihm abhängt, sondern seine Stellung der Gunst der Beherrschten verdankt, so ist sein Interesse an prompter Disziplin, um den Beifall der Vorgesetzten zu verdienen, gering; er wirkt daher wie eine „autokephale" Herrschaft. Eine technisch hochgradige Leistung läßt sich daher mit einem gewählten Beamtenstabe in aller Regel nicht erzielen. (Der Vergleich der Wahlbeamten der amerikanischen Einzelstaaten mit den ernannten Beamten der Union und ebenso die Erfahrungen mit den kommunalen Wahlbeamten gegenüber den von den plebiszitären Reform-Mayors nach eigenem Ermessen bestellten Committees sind Beispiele.) Dem Typus der plebiszitären Führerdemokratie stehen die (später zu besprechenden) Typen der führerlosen Demokratie gegenüber, welche durch das Streben nach M i n i m i s i e r u n g d e r H e r r s c h a f t des Menschen über den Menschen charakterisiert ist.

Der Führerdemokratie ist dabei im allgemeinen der naturgemäße e m o t i o n a l e Charakter der Hingabe und des Vertrauens zum Führer charakteristisch, aus welchem die Neigung, dem Außeralltäglichen, Meistversprechenden, am stärksten mit Reizmitteln Arbeitenden als Führer zu folgen, hervorzugehen pflegt. Der utopische Einschlag aller Revolutionen hat hier seine naturgemäße Grundlage. Hier liegt auch die Schranke der Rationalität dieser Verwaltung in moderner Zeit, — die auch in Amerika nicht i m m e r den Erwartungen entsprach.

B e z i e h u n g z u r W i r t s c h a f t: 1. Die antiautoritäre Umdeutung des Charisma führt normalerweise in die Bahn der Rationalität. Der plebiszitäre Herrscher wird regelmäßig sich auf einen prompt und reibungslos fungierenden Beamtenstab zu stützen suchen. Die Beherrschten wird er e n t w e d e r durch kriegerischen Ruhm und Ehre o d e r durch Förderung ihres materiellen Wohlseins — unter Umständen durch den Versuch der Kombination beider — an sein Charisma als „bewährt" zu binden suchen. Zertrümmerung der traditionalen, feudalen, patrimonialen und sonstigen autoritären Gewalten und Vorzugschancen wird sein erstes, Schaffung von ökonomischen Interessen, die mit ihm durch Legitimitäts-Solidarität verbunden sind, sein zweites Ziel sein. Sofern er dabei der Formalisierung und Legalisierung des Rechts sich bedient, k a n n er die „formal" rationale Wirtschaft in hohem Grade fördern.

2. Für die (formale) Rationalität der Wirtschaft schwächend werden plebiszitäre Gewalten leicht insofern, als ihre Legitimitätsabhängigkeit von dem Glauben und der Hingabe der Massen sie umgekehrt zwingt: m a t e r i a l e Gerechtigkeitspostulate auch wirtschaftlich zu vertreten, also: den formalen Charakter der Justiz und Verwaltung durch eine materiale („Kadi"-) Justiz (Revolutionstribunale, Bezugscheinsysteme, alle Arten von rationierter und kontrollierter Produktion und Konsumtion) zu durchbrechen. Insoweit er also s o z i a l e r Diktator ist, was an moderne sozia-

listische Formen nicht gebunden ist. Wann dies der Fall ist und mit welchen Folgen ist hier noch nicht zu erörtern.

3. Das Wahl-B e a m t e n t u m ist eine Quelle der Störung formal rationaler Wirtschaft, weil es regelmäßig Parteibeamtentum, nicht fachgeschultes Berufsbeamtentum ist, und weil die Chancen der Abberufung oder der Nichtwiederwahl es an streng sachlicher und um die Konsequenzen unbekümmerter Justiz und Verwaltung hindern. Es hemmt die (formal) rationale Wirtschaft nur da n i c h t erkennbar, wo deren Chancen infolge der Möglichkeit, durch Anwendung technischer und ökonomischer Errungenschaften alter Kulturen auf N e u l a n d mit noch nicht appropriierten Beschaffungsmitteln zu wirtschaften, hinlänglich weiten Spielraum lassen, um die d a n n fast unvermeidliche Korruption der Wahlbeamten als Spesen mit in Rechnung zu stellen und dennoch Gewinne größten Umfanges zu erzielen.

Für Abschnitt 1 bildet der Bonapartismus das klassische Paradigma. Unter Nap. I.: Code Napoleon, Zwangserbteilung, Zerstörung aller überkommenen Gewalten überall in der Welt, dagegen Lehen für verdiente Würdenträger; zwar der Soldat alles, der Bürger nichts, aber dafür: gloire und — im ganzen — leidliche Versorgung des Kleinbürgertums. Unter Nap. III.: ausgeprägte Fortsetzung der bürgerköniglichen Parole „enrichissez-vous", Riesenbauten, Credit mobilier, mit den bekannten Folgen.
Für Abschnitt 2 ist die griechische „Demokratie" der perikleischen und nachperikleischen Zeit ein klassisches Beispiel. Prozesse wurden nicht, wie der römische, von dem vom Prätor bindend instruierten oder gesetzgebundenen Einzelgeschworenen und nach formalem Recht entschieden. Sondern von der nach „materialer" Gerechtigkeit, in Wahrheit: nach Tränen, Schmeicheleien, demagogischen Invektiven und Witzen entscheidenden Heliaia (man sehe die „Prozeßreden" der attischen Rhetoren, — sie finden in Rom n u r in politischen Prozessen: Cicero, eine Analogie). Die Unmöglichkeit der Entwicklung eines f o r m a l e n Rechts und einer f o r m a l e n Rechtswissenschaft römischer Art war die Folge. Denn die Heliaia war „Volksgericht" ganz ebenso wie die „Revolutionsgerichte" der französischen und der deutschen (Räte-)Revolution, welche keineswegs n u r politisch relevante Prozesse vor ihre Laien-Tribunale zogen. Dagegen hat eine englische Revolution je die Justiz, a u ß e r für hochpolitische Prozesse, angetastet. Allerdings war dafür die Friedensrichterjustiz meist Kadijustiz, — aber nur soweit sie die Interessen der Besitzenden n i c h t berührte, also: Polizeicharakter hatte.
Für Abschnitt 3 ist die nordamerikanische Union das Paradigma. Auf die Frage: warum sie sich von oft bestechlichen Parteileuten regieren ließen? antworteten mir anglo-amerikanische Arbeiter noch vor 16 Jahren: weil „our big country" solche Chancen böte, daß, auch wenn Millionen gestohlen, erpreßt und unterschlagen würden, doch noch Verdienst genug bleibe, und weil diese „professionels" eine Kaste seien, auf die „wir" (die Arbeiter) „spucken", während Fachbeamte deutscher Art eine Kaste sein würden, die, „auf die Arbeiter spucken" würden.
Alle Einzelheiten der Zusammenhänge mit der Wirtschaft gehören in die Sonderdarstellung weiter unten, nicht hierher.

7. Kollegialität und Gewaltenteilung.

§ 15. Eine Herrschaft kann traditional oder rational durch besondere Mittel begrenzt und beschränkt sein.

Von der Tatsache der Beschränkung der Herrschaft durch die Traditions- oder Satzungsgebundenheit a l s s o l c h e r ist also hier nicht die Rede. Sie ist in dem Gesagten (§ 3 ff.) schon miterörtert. Sondern hier handelt es sich um s p e z i f i s c h e, die Herrschaft beschränkende soziale B e z i e h u n g e n und Verbände.

1. Eine patrimoniale oder feudale Herrschaft ist beschränkt durch ständische Privilegien, im Höchstmaß durch die s t ä n d i s c h e G e w a l t e n t e i l u n g (§ 8), — Verhältnisse, von denen schon die Rede war.
2. Eine bureaukratische Herrschaft kann beschränkt sein (und muß gerade bei vollster Entwicklung des Legalitätstypus normalerweise beschränkt sein, da-

mit n u r nach R e g e l n verwaltet werde), durch Behörden, welche zu E i g e n -
r e c h t neben der bureaukratischen Hierarchie stehen und:

a) die Kontrolle und eventuelle Nachprüfung der Innehaltung der Satzungen,
oder:

b) auch das Monopol der Schaffung aller oder der für das Ausmaß der Ver-
fügungsfreiheit der Beamten maßgeblichen Satzungen, eventuell und vor allem:

c) auch das Monopol der Bewilligung der für die Verwaltung nötigen Mittel
besitzen.

Von diesen Mitteln ist weiterhin gesondert zu reden (§ 16).

3. Jede Art von Herrschaft kann ihres monokratischen, an e i n e Person gebundenen Charakters entkleidet sein durch das K o l l e g i a l i t ä t s prinzip.
Dieses selbst aber kann ganz verschiedenen Sinn haben. Nämlich:

a) den Sinn: daß n e b e n monokratischen Inhabern von Herrengewalten
andere ebenfalls monokratische Gewalthaber stehen, denen Tradition oder Satzung
wirksam die Möglichkeit gibt, als Aufschubs- oder Kassationsinstanzen gegen Verfügungen jener zu fungieren (Kassations-Kollegialität).

Wichtigste Beispiele: der Tribun (und ursprünglich: Ephore) der Antike, der
capitano del popolo des Mittelalters, der Arbeiter- und Soldatenrat und seine
Vertrauensmänner in der Zeit nach dem 9. November 1918 bis zur Emanzipation der
regulären Verwaltung von dieser, zur „Gegenzeichnung" berechtigten, Kontrollinstanz.

Oder:

b) den ganz entgegengesetzten Sinn: daß Verfügungen von B e h ö r d e n nicht
monokratischen Charakters, nach vorgängiger Beratung und Abstimmung, erlassen
werden, daß also laut Satzung nicht ein einzelner, sondern eine Mehrheit von einzelnen
zusammenwirken muß, damit eine bindende Verfügung zustande kommt (Leistungs-
Kollegialität). Es kann dann gelten:

α. Einstimmigkeitsprinzip, oder:

β. Mehrheitsprinzip.

c) Dem Fall a (Kassationskollegialität) entspricht im Effekt der Fall: daß zur
Schwächung der monokratischen Gewalt m e h r e r e , monokratische, gleichberechtigte Inhaber von Herrengewalten stehen, ohne Spezifizierung von Leistungen,
so daß also bei Konkurrenz um Erledigung der gleichen Angelegenheit mechanische
Mittel (Los, Turnus, Orakel, Eingreifen von Kontrollinstanzen: 2 a) entscheiden
müssen, wer sie zu erledigen hat, und mit dem Effekt, daß jeder Gewalthaber Kassa-
tionsinstanz gegen jeden anderen ist.

Wichtigster Fall: die römische Kollegialität der legitimen Magistratur (Consul,
Praetor).

d) Dem Fall b (Leistungs-Kollegialität) steht noch nahe der Fall: daß in einer
Behörde zwar ein m a t e r i a l monokratischer primus inter pares vorhanden ist,
Anordnungen aber normalerweise nur nach B e r a t u n g mit anderen f o r m a l
gleichgeordneten Mitgliedern erfolgen sollen und die Abweichung der Ansichten in
w i c h t i g e n F ä l l e n eine Sprengung des Kollegiums durch Austritte und damit
eine Gefährdung der Stellung des monokratischen Herrn zur Folge hat (Leistungs-
Kollegialität mit präeminentem Leiter).

Wichtigster Fall: die Stellung des englischen „Prime Minister" innerhalb des
„Cabinet". Diese hat bekanntlich sehr gewechselt. Der Formulierung nach entsprach sie aber material in den meisten Fällen der Epoche der Kabinettsregierung.

Nicht notwendig Abschwächung, sondern eventuell: eine T e m p e r i e r u n g
der Herrschaft im Sinn der Rationalisierung, bewirken b e r a t e n d e kollegiale
Körperschaften n e b e n monokratischen Herren. Aber sie k ö n n e n im Effekt

die Ueberhand über den Herren gewinnen. Insbesondere dann, wenn sie s t ä n d i -
s c h e n Charakters sind. — Hauptfälle:

e) Dem Fall d steht nahe der andere: daß eine formal nur b e r a t e n d e Körperschaft beigeordnet ist einem m o n o k r a t i s c h e n , durch ihre Entscheidungen
überhaupt nicht gebundenen Herren, der nur, durch Tradition oder Satzung, zur
Einholung ihres — formal unverbindlichen — Rats verpflichtet ist, dessen Mißachtung im Fall des M i ß e r f o l g s ihn verantwortlich macht.

Wichtigster Fall: Die Beiordnung des Senats als Beratungsinstanz der Magistrate,
aus der sich f a k t i s c h dessen Herrschaft ü b e r d i e Magistrate entwickelte
(durch die Kontrolle der Finanzen). Das Primäre war wohl u n g e f ä h r die geschilderte Auffassung. Aus der (faktischen) F i n a n z kontrolle, noch mehr aber
aus der s t ä n d i s c h e n Identität von Senatoren und (formal) gewählten Beamten
entwickelte sich die tatsächliche B i n d u n g der Magistrate an Senatsbeschlüsse:
das „si eis placeret", welches deren Unverbindlichkeit ausdrückte, hieß später soviel
wie etwa unser „gefälligst" bei dringenden Anweisungen.

f) Wiederum etwas anders stellt sich der Fall: daß in einer Behörde s p e z i -
f i z i e r t e K o l l e g i a l i t ä t besteht, d. h. die Vorbereitung und der Vortrag
der einzelnen zur Kompetenz gehörigen Angelegenheiten F a c h männern — eventuell bei der gleichen Angelegenheit: verschiedenen — anvertraut ist, die Entscheidung
aber durch Abstimmung der sämtlichen Beteiligten erfolgt.

In den meisten Staatsräten und staatsratsartigen Bildungen der Vergangenheit
war dies mehr oder minder rein der Fall (so im englischen Staatsrat der Zeit vor der
Kabinettsherrschaft). Sie haben die Fürsten nie expropriiert, so groß ihre Macht
zuweilen war. Im Gegenteil hat der Fürst unter Umständen versucht, auf den Staatsrat zurückzugreifen, um die K a b i n e t t s -Regierung (der Parteiführer) abzu-
schütteln: so in England, vergeblich. Dagegen entspricht der Typus l e i d l i c h
den Fachministerien des erbcharismatischen und des plebiszitär-gewaltenteilenden
(amerikanischen) Typus, die vom H e r r e n (König, Präsident) nach Ermessen
ernannt werden, um i h n zu stützen.

g) Die spezifizierte Kollegialität kann eine b l o ß beratende Körperschaft
sein, deren Voten und Gegenvoten dem H e r r e n zur freien Entschließung vorgelegt werden (wie in lit. c).

Der Unterschied ist dann nur: daß hier die L e i s t u n g s spezifikation
am grundsätzlichsten durchgeführt ist. Der Fall entspricht etwa der p r e u ß i -
s c h e n Praxis unter Friedrich Wilhelm I. Stets s t ü t z t dieser Zustand die
Herrenmacht.

h) Der rational spezifizierten Kollegialität steht am schärfsten gegenüber die
t r a d i t i o n a l e Kollegialität von „Aeltesten", deren kollegiale Erörterung als
Garantie der Ermittelung des w i r k l i c h traditionalen Rechts angesehen wird,
und eventuell: als Mittel der Erhaltung der Tradition gegen traditionswidrige
S a t z u n g e n durch Kassation dient.

Beispiele: viele der „Gerusien" der Antike, für die Kassation: der Areopag in
Athen, die „patres" in Rom (allerdings primär dem Typus I — s. unten — zugehörig).

i) Eine Abschwächung der Herrschaft kann durch Anwendung des Kollegial-
prinzips auf die (sei es formal, sei es material) h ö c h s t e n (ausschlaggebenden)
Instanzen (den Herrn selbst) unternommen werden. Der Fall liegt in seiner Kasuistik
durchaus gleichartig den von d bis g besprochenen. Die einzelnen Zuständigkeiten
können a) im Turnus wechseln, oder b) dauernde „Ressorts" einzelner bilden. Die
Kollegialität besteht so lange, als die (formale) Mitwirkung aller zu legitimen Verfügungen erforderlich ist.

Wichtigste Beispiele: der Schweizer Bundesrat mit seiner nicht eindeutigen Ressortverteilung und dem Turnus-Prinzip; die revolutionären Kollegien der „Volksbeauftragten" in Rußland, Ungarn, zeitweise Deutschland, aus der Vergangenheit: der Venezianer „Rat der Elf", die Kollegien der Anzianen usw.

Sehr viele Fälle der Kollegialität innerhalb p a t r i m o n i a l e r oder feudaler Herrschaftsverbände sind entweder

α. Fälle ständischer Gewaltenteilung (Kollegialität des ständischen Verwaltungsstabs oder der ständisch Appropriierten), — oder

β. Fälle der Schaffung von mit dem Herren g e g e n die vergesellschafteten ständischen Gewalthaber solidarischen kollegialen Vertretungen des patrimonialen Beamtentums (Staatsräte; Fall f oben);

γ. Fälle der Schaffung von beratenden und unter Umständen beschließenden Körperschaften, denen der Herr präsidiert oder beiwohnt oder über deren Verhandlungen und Voten er unterrichtet wird und durch deren Zusammensetzung teils

αα) aus fachmäßigen Kennern, teils

ββ) aus Personen mit einem spezifischen ständischen Prestige

er hoffen kann, seine — gegenüber den steigenden F a c h anforderungen — zunehmend nur noch d i l e t t a n t i s c h e Informiertheit soweit zu vervollkommnen, daß ihm eine begründete e i g e n e Entscheidung möglich bleibt (Fall g oben).

In den Fällen γ legt der Herr naturgemäß Gewicht auf Vertretung möglichst heterogener und eventuell entgegengesetzter

αα) Fachmeinungen und

ββ) Interessen, um

1. allseitig informiert zu sein, —

2. die Gegensätze gegeneinander ausspielen zu können.

Im Fall β legt der Herr umgekehrt oft (nicht: immer) Gewicht auf Geschlossenheit der Meinungen und Stellungnahmen (Quelle der „solidarischen" Ministerien und Kabinette in den sog. „konstitutionellen" oder anderen effektiv gewaltenteilenden Staaten).

Im Fall α wird das Kollegium, welches die Appropriation vertritt, Gewicht auf Einhelligkeit der Meinungen und Solidarität legen, sie aber nicht immer erzielen können, da jede Appropriation durch ständisches Privileg kollidierende Sonderinteressen schafft.

Für α sind die Ständeversammlungen, ständischen Ausschüsse und die ihnen vorangehenden auch außerhalb des Okzidents häufigen Vasallenversammlungen (China) typisch. Für β die ersten, durchweg kollegialen, Behörden der entstehenden modernen Monarchie, zusammengesetzt vor allem (aber nicht nur) aus Juristen und Finanzexperten. Für γ die Staatsräte zahlreicher fremder und der entstehenden modernen okzidentalen Monarchie (noch im 18. Jahrh. hatte gelegentlich ein Erzbischof Sitz im englischen „Kabinett") mit ihren „Räten von Haus aus" und ihrer Mischung von *Honoratioren* und *Fachbeamten*.

Jener Umstand des Gegensatzes der ständischen Interessen gegeneinander kann dem Herren beim Feilschen und Ringen mit den Ständen Vorteile schaffen. Denn

k) als „kollegial" k a n n man — der äußeren Form wegen — auch Vergesellschaftungen bezeichnen, welche die Vertreter als D e l e g i e r t e von untereinander kollidierenden ideellen oder Macht- oder materiellen Interessen zusammenschließen sollen, um eine S c h l i c h t u n g der Interessengegensätze durch K o m p r o m i ß zu erreichen (Kompromiß-Kollegialität im Gegensatz zur Amts- und zur parlamentarischen Abstimmungs-Kollegialität).

Der Fall liegt in grober Form in der „ständischen" Gewaltenteilung vor, welche s t e t s nur durch Kompromiß der Privilegierten zu Entscheidungen gelangte (siehe bald). In rationalisierter Form ist er möglich durch Auslese der Delegierten nach dauernder ständischer oder Klassenlage (s. Kap. IV) oder aktuellem Interessengegensatz. „Abstimmung" kann in einer solchen Körperschaft — solange sie diesen Charakter hat — keine Rolle spielen, sondern entweder

α. p a k t i e r t e s Kompromiß der Interessenten oder

β. vom Herren oktroyiertes Kompromiß nach A n h ö r u n g der Stellungnahme der verschiedenen Interessentenparteien.

Ueber die eigenartige Struktur des sog. „Ständestaats" später näheres. Die T r e n n u n g d e r K u r i e n („Lords" und „Gemeine": — die Kirche hatte ihre gesonderten „convocations" — in England; Adel, Geistliche, tiers état in Frankreich; die zahlreichen Gliederungen deutscher Stände) und die Notwendigkeit, durch K o m p r o m i ß , zunächst innerhalb des einzelnen Standes, dann zwischen den Ständen, zu Entschließungen zu gelangen (die der Herr oft als unverbindliche Vorschläge behandelte) gehören hierher. An der jetzt wieder sehr modernen Theorie der „berufsständischen Vertretung" (s. bald) ist zu tadeln: daß meist die Einsicht fehlt: daß hier K o m p r o m i s s e , nicht Ueberstimmungen, das allein adäquate Mittel sind. Innerhalb f r e i e r Arbeiter-Räte würden sich die Angelegenheiten materiell als ökonomisch bedingte Macht-, nicht als Abstimmungsfragen erledigen.

l) Endlich gibt es — ein damit verwandter Fall — A b s t i m m u n g s kollegialität in Fällen, wo m e h r e r e bisher autokephale und autonome Verbände sich zu einem neuen Verband vergesellschaften und dabei ein (irgendwie abgestuftes) Einflußrecht auf Entscheidungen durch A p p r o p r i a t i o n von Stimmen auf ihre Leiter oder deren Delegierten erreichen (Verschmelzungs-Kollegialität).

Beispiele: die Vertretungen der Phylen, Phratrien und Geschlechter in der antiken Ratsbehörde, der mittelalterliche Geschlechterverband in der Zeit der consules, die Mercadanza der Zünfte, die Delegierten der „Fachräte" in einen Zentralrat der Arbeiterschaft, der „Bundesrat" oder Senat in Bundesstaaten, die (effektive) Kollegialität bei Koalitionsministerien oder Koalitionsregierungskollegien (Maximum: bei Bestellung nach dem Proporz: Schweiz).

m) Einen Sondercharakter hat die Abstimmungskollegialität gewählter p a r l a m e n t a r i s c h e r Repräsentanten, von der daher gesondert zu handeln sein wird. Denn sie ruht auf e n t w e d e r

α. Führerschaft und ist dann Gefolgschaft, oder

β. auf p a r t e i kollegialer Geschäftsführung, und ist dann „führerloser Parlamentarismus".

Dazu aber ist Erörterung der P a r t e i e n notwendig.

Kollegialität — außer im Fall der monokratischen Kassationskollegialität — bedeutet, fast unvermeidlich, eine Hemmung p r ä z i s e r und eindeutiger, vor allem s c h n e l l e r Entschließungen (in ihren irrationalen Formen auch: der Fachgeschultheit). Eben diese Wirkung war aber dem Fürsten bei Einführung des Fachbeamtentums meist nicht unerwünscht. Aber eben dies hat sie zunehmend zurückgedrängt, je schneller das notwendige Tempo der Entschließungen und des Handelns wurde. Innerhalb der kollegialen l e i t e n d e n Instanzen stieg im allgemeinen die Machtstellung des leitenden Mitgliedes zu einer formell und materiell präeminenten (Bischof, Papst in der Kirche, Ministerpräsident im Kabinett). Das Interesse an Wiederbelebung der Kollegialität der L e i t u n g entspringt meist einem Bedürfnis nach Schwächung des Herrschers als solchen. Dann dem Mißtrauen und Ressentiment, weniger der Beherrschten: — die meist nach dem „Führer" geradezu rufen, — als der Glieder des Verwaltungsstabs gegen die monokratische Führung. Dies gilt aber durchaus nicht nur und nicht einmal vorzugsweise von negativ privilegierten, sondern g e r a d e auch von positiv privilegierten Schichten. Kollegialität ist durchaus n i c h t s spezifisch „Demokratisches". Wo privilegierte Schichten sich gegen die Bedrohung durch die negativ Privilegierten zu sichern hatten, haben sie stets darnach getrachtet und darnach trachten müssen, keine monokratische Herrengewalt aufkommen zu lassen, welche sich auf jene Schichten hätte stützen können.

also, neben strengster G l e i c h h e i t der Privilegierten (davon gesondert im folgenden §), kollegiale Behörden als Ueberwachungs- und allein beschließende Behörden geschaffen und aufrechterhalten.

Typen: Sparta, Venedig, der vorgracchische und sullanische Senat in Rom, England wiederholt im 18. Jahrhundert, Bern und andere Schweizer-Kantone, die mittelalterlichen Geschlechterstädte mit ihren kollegialen Konsuln, die Mercadanza, welche die Händler-, nicht die Arbeiter-Zünfte umfaßte: diese letzteren wurden sehr leicht die Beute von Nobili oder Signoren.

Die Kollegialität gewährleistet größere „Gründlichkeit" der Erwägungen der Verwaltung. Wo diese auf Kosten der Präzision und Schnelligkeit bevorzugt werden soll, pflegt—neben den oben erwähnten Motiven—noch heute auf sie zurückgegriffen zu werden. Immerhin t e i l t sie die Verantwortlichkeit, und bei größeren Gremien schwindet diese gänzlich, während Monokratie sie deutlich und unbezweifelbar festlegt. Große und schnell einheitlich zu lösende Aufgaben werden im ganzen (und rein technisch wohl mit Grund) in die Hand monokratischer, mit der A l l e i n verantwortung belasteter „Diktatoren" gelegt.

Weder eine kraftvolle einheitliche äußere noch innere Politik von Massenstaaten ist e f f e k t i v kollegial zu leiten. Die „Diktatur des Proletariats" zum Zwecke der Sozialisierung insbesondere erfordert eben den vom Vertrauen der Massen getragenen „D i k t a t o r". Eben diesen aber können und wollen — nicht etwa: die „Massen", sondern: — die massenhaften parlamentarischen, parteimäßigen, oder (was nicht den geringsten Unterschied macht) in den „Räten" herrschenden Gewalthaber nicht ertragen. Nur in Rußland ist er durch M i l i t ä r m a c h t entstanden und durch das Solidaritätsinteresse der neu appropriierten B a u e r n gestützt.

Es seien nachstehend noch einige, das Gesagte teils zusammenfassende, teils ergänzende Bemerkungen angefügt:

K o l l e g i a l i t ä t hat historisch doppelten Sinn gehabt:

a) mehrfache Besetzung des gleichen Amtes oder mehrere direkt in der Kompetenz miteinander konkurrierende Aemter nebeneinander, mit gegenseitigem Vetorecht. Es handelt sich dann um technische Gewaltenteilung zum Zweck der Minimisierung der Herrschaft. Diesen Sinn hatte die „Kollegialität" vor allem in der römischen Magistratur, deren wichtigster Sinn die Ermöglichung der jedem Amtsakt fremden Interzession der par potestas war, um dadurch die Herrschaft des Einzelmagistrates zu schwächen. Aber jeder Einzelmagistrat b l i e b dabei Einzelmagistrat, in mehreren Exemplaren.

b) kollegiale Willensbildung: legitimes Zustandekommen eines Befehls nur durch Zusammenwirken mehrerer, entweder nach dem Einstimmigkeits- oder nach dem Mehrheitsprinzip. Dies ist der moderne, in der Antike nicht unbekannte, aber ihr wieder charakteristische, Kollegialitätsbegriff. — Diese Art der Kollegialität kann entweder 1. Kollegialität der höchsten Leitung, also der Herrschaft selbst, sein, oder 2. Kollegialität ausführender oder 3. Kollegialität beratender Behörden.

1. Kollegialität der L e i t u n g kann ihre Gründe haben:

α. darin, daß der betreffende Herrschaftsverband auf Vergemeinschaftung oder Vergesellschaftung mehrerer autokephaler Herrschaftsverbände beruht und alle sich Vergesellschaftenden Machtanteil verlangen (antiker Synoikismus mit der nach Sippen, Phratrien, Phylen gegliederten kollegialen Ratsbehörde; — mittelalterlicher Verband der Geschlechter mit dem repartierten Geschlechterrat; — mittelalterlicher Verband der Zünfte in der Mercadanza mit dem Rat der Anzianen oder Zunftdeputierten; — „Bundesrat" in modernen Bundesstaaten; — effektive Kollegialität bei Ministerien oder höchsten Regierungskollegien, die von Parteikoalitionen gestellt werden (Maximum: bei Repartition der Macht nach dem Proporz, wie zunehmend in der Schweiz) —. Die Kollegialität ist dann ein besonderer Fall des ständischen oder kantonalen Repräsentationsprinzips. — Oder

β. in dem Fehlen eines Führers zufolge: Eifersucht der um die Führerschaft Konkurrierenden oder: Streben der Beherrschten nach Minimisierung der Herrschaft Einzelner. Aus einer Mischung dieser Gründe ist sie in den meisten Revolutionen aufgetreten, sowohl als „Rat" der Offiziere oder auch der Soldaten revoltierender Truppen, wie als Wohlfahrtsausschuß oder Ausschuß von „Volksbeauftragten". In der normalen Friedensverwaltung hat fast immer das letztgenannte Motiv: die Abneigung gegen den einzelnen „starken Mann", für die Kollegialität leitender Be-

hörden entschieden: so in der Schweiz und z. B. in der neuen badischen Verfassung.
(Träger dieser Abneigung waren diesmal die Sozialisten, welche die für die Sozialisierung unbedingt erforderliche straffe Einheitlichkeit der Verwaltung aus Be-
sorgnis vor dem „Wahlmonarchen" opferten. Dafür war insbesondere die führerfeindliche Empfindungsweise des (Gewerkschafts-, Partei-, Stadtkreis-) B e a m t e n -
t u m s in der Partei maßgebend). — Oder

γ. in dem ständischen „Honoratioren"-Charakter der für die Besetzung der
Leitung ausschlaggebenden und ihren Besitz monopolisierenden Schicht, also: als
Produkt ständisch-aristokratischer Herrschaft. Jede ständisch privilegierte Schicht
fürchtet das auf emotionale Massenhingabe gestützte Führertum mindestens ebenso
stark wie die führerfeindliche Demokratie. Die Senatsherrschaft und die faktischen
Versuche, durch geschlossene Ratskörperschaften zu regieren, gehören dahin, ebenso
die venezianische und ihr ähnliche Verfassungen. — Oder

δ. in dem Kampf des Fürstentums gegen die zunehmende Expropriation durch
das f a c h geschulte Beamtentum. Die moderne Verwaltungsorganisation beginnt in
der obersten L e i t u n g in den okzidentalen Staaten (und übrigens ähnlich auch
in den für die dortige Entwicklung vorbildlichen Patrimonialstaaten des Orients:
China, Persien, Khalifenreich, osmanisches Reich) durchweg mit kollegialen Behörden.
Der Fürst scheut nicht nur die Machtstellung Einzelner, sondern hofft vor allem:
durch das System der Voten und Gegenvoten in einem Kollegium die Entscheidung
selbst in der Hand und, da er zunehmend Dilettant wird, die nötige Uebersicht
über die Verwaltung zu behalten, besser als bei Abdankung zugunsten der Machtstellung von Einzelbeamten. (Die Funktion der höchsten Behörden war zunächst
ein Mittelding zwischen beratenden und verfügenden Kollegien; nur die besonders
irrational wirkende Eigenmacht des Fürsten in der Finanzgebarung wurde — so
in der Reform des Kaisers Max — von den Fachbeamten sofort gebrochen, und hier
mußte der Fürst aus zwingenden Gründen nachgeben.) — Oder

ε. in dem Wunsch, spezialistische Fachorientierung und auseinandergehende
Interessen sachlicher oder persönlicher Art durch kollegiale Beratung auszugleichen,
also: Kompromisse zu ermöglichen. So namentlich in der Leitung der Gemeinde-
verwaltung, welche einerseits lokal übersehbare und stark technische Probleme vor
sich sieht, andererseits und namentlich aber ihrer Natur nach sehr stark auf Kompro-
missen von materiellen Interessenten zu beruhen pflegt, — so lange wenigstens,
als die M a s s e n sich die Herrschaft der durch Besitz und Schulung privilegierten
Schichten gefallen lassen. — Die Kollegialität der Ministerien hat technisch ähnliche
Gründe: wo sie fehlt, wie z. B. in Rußland und (weniger ausgeprägt) im deutschen
Reich des alten Regimes, war eine effektive Solidarität der Regierungsstellen nie
herzustellen, sondern nur der erbittertste Satrapenkampf der Ressorts zu beobachten. —

Die Gründe unter α, γ, δ sind rein historischen Charakters. Die moderne Entwicklung der bureaukratischen Herrschaft hat in M a s s e n verbänden — einerlei
ob Staaten oder Großstädten — überall zu einer Schwächung der Kollegialität in der
effektiven L e i t u n g geführt. Denn die Kollegialität vermindert unvermeidlich
1. die Promptheit der Entschlüsse, — 2. die Einheitlichkeit der Führung, — 3. die
eindeutige Verantwortlichkeit des Einzelnen, — 4. die Rücksichtslosigkeit nach außen
und die Aufrechterhaltung der Disziplin im Innern. — Ueberall ist daher — auch
aus s. Z. zu erörternden ökonomischen und technologischen Gründen — in Massenstaaten mit Beteiligung an der großen Politik die Kollegialität, wo sie erhalten
blieb, abgeschwächt worden zugunsten der prominenten Stellung des politischen
F ü h r e r s (leader, Ministerpräsident). Aehnlich wie übrigens auch in fast allen
großen patrimonialistischen Verbänden, gerade den streng sultanistischen, stets
wieder das Bedürfnis nach einer führenden Persönlichkeit (Großvesier) neben dem
Fürsten gesiegt hat, soweit nicht die „Günstlings"-Wirtschaft Ersatz dafür schuf.
E i n e Person sollte v e r a n t w o r t l i c h sein. Der Fürst aber war es l e g a l
nicht.

2. Die Kollegialität der a u s f ü h r e n d e n Behörden bezweckte die Sachlichkeit und, vor allem, Integrität der Verwaltung zu stützen und in diesem Interesse die Macht Einzelner zu schwächen. Sie ist aus den gleichen Gründen wie in der
Leitung fast überall der technischen Ueberlegenheit der Monokratie gewichen (so
in Preußen in den „Regierungen").

3. Die Kollegialität nur b e r a t e n d e r Körperschaften hat zu allen Zeiten
bestanden und wird wohl zu allen Zeiten bestehen. Entwicklungsgeschichtlich sehr
wichtig (wie an seinem Ort zu erwähnen): — besonders in jenen Fällen, wo die „Beratung" des Magistrats oder Fürsten tatsächlich nach der Machtlage eine „maß-
gebliche" war, — bedarf sie der Erörterung in dieser Kasuistik nicht. —

Unter Kollegialität ist hier stets Kollegialität der H e r r s c h a f t verstanden,
— also von Behörden, welche entweder selbst verwalten oder die Verwaltung un-

mittelbar (beratend) beeinflussen. Das Verhalten von ständischen oder parlamentarischen V e r s a m m l u n g e n gehört, wie im Text angedeutet, noch nicht hierher.

Die Kollegialität hat geschichtlich den Begriff der „Behörde" erst voll zur Entfaltung gebracht, weil sie s t e t s mit T r e n n u n g des „Bureau" vom „Haushalt" (der Mitglieder), behördlichen vom privaten Beamtenstab, Verwaltungsmitteln vom Privatvermögen verbunden war. Es ist eben deshalb kein Zufall, daß die m o d e r n e Verwaltungsgeschichte des Okzidents ganz ebenso mit der Entwicklung von Kollegialbehörden von Fachbeamten einsetzt wie jede dauernde O r d n u n g patrimonialer, ständischer, feudaler oder anderer traditionaler politischer Verbände es — in anderer Art — auch tat. Nur kollegiale, eventuell solidarisch zusammenstehende Beamtenkörperschaften konnten insbesondere den zum „Dilettanten" werdenden Fürsten des Okzidents allmählich politisch expropriieren. Bei Einzelbeamten würde die persönliche Obödienz die unumgängliche Zähigkeit des Widerstandes gegen irrationale Anweisungen des Fürsten, ceteris paribus, weit leichter überwunden haben. Nach dem als unabwendbar erkannten Uebergang zur Fachbeamtenwirtschaft hat dann der Fürst regelmäßig das b e r a t e n d e Kollegialsystem (Staatsratssystem) mit Voten und Gegenvoten auszubauen gesucht, um, obwohl Dilettant, doch Herr zu bleiben. Erst nach dem endgültigen und unwiderruflichen Siege des rationalen Fachbeamtentums trat — insbesondere den Parlamenten gegenüber (s. später) — das Bedürfnis nach monokratisch (durch Ministerpräsidenten) geleiteter Solidarität der höchsten Kollegien, g e d e c k t durch den Fürsten und ihn deckend, und damit die allgemeine Tendenz zur Monokratie und also: Bureaukratie in der Verwaltung, siegreich auf.

1. Man kann sich die Bedeutung der Kollegialität an der Wiege der modernen Verwaltung besonders leicht an dem Kampf der von Kaiser Maximilian in höchster Not (Türkengefahr) geschaffenen Finanzbehörden mit seiner Gepflogenheit, über den Kopf der Beamten und ad hoc nach Laune Anweisungen und Pfandurkunden herzugeben, klar machen. Am F i n a n z problem begann die Expropriation des Fürsten, der h i e r zuerst politischer N i c h t fachmann (Dilettant) wurde. Zuerst in der italienischen Signorie mit ihrem kaufmännisch geordneten Rechnungswesen, dann in den burgundisch-französischen, dann in den deutschen Kontinentalstaaten, selbständig davon bei den Normannen in Sizilien und England (Exchequer). Im Orient haben die Divane, in China die Yamen, in Japan das Bukufu usw., eine entsprechende, nur — in Ermangelung von r a t i o n a l geschulten Fachbeamten und also angewiesen auf die empirischen Kenntnisse „alter" Beamter — nicht zur Bureaukratisierung führende Rolle gespielt, in Rom: der Senat.
2. Die Kollegialität hat für die Trennung von privatem Haushalt und Amtsverwaltung eine ähnliche Rolle gespielt wie die voluntaristischen großen Handelsgesellschaften für die Trennung von Haushalt und Erwerbsbetrieb, Vermögen und Kapital.

§ 16. Die Herrengewalt kann ferner abgemildert werden:
3. durch s p e z i f i z i e r t e Gewaltenteilung: Uebertragung spezifisch verschiedener, im Legalitätsfall (k o n s t i t u t i o n e l l e Gewaltt e i l u n g) r a t i o n a l bestimmter „Funktionen" als Herrengewalten auf v e r s c h i e d e n e Inhaber, derart, daß nur durch ein Kompromiß zwischen ihnen in Angelegenheiten, welche mehrere von ihnen angehen, Anordnungen legitim zustande kommen.

1. „Spezifizierte" Gewaltenteilung bedeutet im Gegensatz zur „ständischen": daß die Herrengewalten je nach ihrem s a c h l i c h e n Charakter unter verschiedene Macht- (oder Kontroll-) Inhaber „verfassungsmäßig" (nicht notwendig: im Sinn der gesatzten und geschriebenen Verfassung) verteilt sind. Derart entweder, daß Verfügungen v e r s c h i e d e n e r Art nur durch verschiedene oder daß Verfügungen g l e i c h e r Art nur durch Zusammenwirken (also: ein nicht formal erzeugbares Kompromiß) m e h r e r e r Machthaber legitim geschaffen werden können. Geteilt sind aber auch hier nicht: „Kompetenzen", sondern: die H e r r e n rechte s e l b s t.

2. Spezifizierte Gewaltenteilung ist nichts u n b e d i n g t Modernes. Die Scheidung zwischen selbständiger politischer und selbständiger hierokratischer Gewalt — statt Cäsaropapismus oder Theokratie — gehört hierher. Nicht minder k a n n man die spezifizierten Kompetenzen der römischen Magistraturen als eine Art der „Gewaltenteilung" auffassen. Ebenso die spezifizierten Charismata des Lamaismus. Ebenso die weitgehend selbständige Stellung der chinesischen (konfuzianischen) Hanlin-Akademie und der „Zensoren" gegenüber dem Monarchen. Ebenso die schon in Patrimonialstaaten, ebenso aber im römischen Prinzipat, übliche Trennung der Justiz- und Finanz- (Zivil-) von der Militärgewalt in den Unterstaffeln. Und letztlich natürlich überhaupt jede Kompetenzverteilung. Nur verliert der Begriff der „Gewaltenteilung" dann jede Präzision. Er ist zweckmäßigerweise auf die Teilung der höchsten H e r r e n gewalt s e l b s t zu beschränken. Tut man das, dann ist die rationale, durch Satzung (Konstitution) begründete Form der Gewaltenteilung: die konstitutionelle, durchaus modern. Jedes Budget kann im nicht parlamentarischen, sondern „konstitutionellen" Staat n u r durch K o m p r o m i ß der legalen Autoritäten (Krone und — eine oder mehrere — Repräsentantenkammern) zustande kommen. Geschichtlich ist der Zustand in Europa aus der s t ä n d i s c h e n Gewaltenteilung entwickelt, theoretisch in England durch Montesquieu, dann Burke, begründet. Weiter rückwärts ist die Gewaltenteilung aus der Appropriation der Herrengewalten und Verwaltungsmittel an Privilegierte und aus den steigenden regulären ökonomisch-sozial bedingten (Verwaltungs-) und irregulären (vor allem durch Krieg bedingten) Finanzbedürfnissen erwachsen, denen der Herr ohne Zustimmung der Privilegierten nicht abhelfen konnte, aber — oft nach deren eigener Ansicht und Antrag — abhelfen sollte. Dafür war das ständische Kompromiß nötig, aus dem geschichtlich das Budgetkompromiß und die Satzungskompromisse — die keineswegs schon der ständischen Gewaltenteilung in dem Sinn zugehören, wie der konstitutionellen — erwachsen sind.

3. Konstitutionelle Gewaltenteilung ist ein spezifisch labiles Gebilde. Die w i r k l i c h e Herrschaftsstruktur bestimmt sich nach der Beantwortung der Frage: was geschehen w ü r d e , w e n n ein satzungsgemäß unentbehrliches Kompromiß (z. B. über das Budget) n i c h t zustande käme. Ein budgetlos regierender König von England würde dann (heute) seine Krone riskieren, ein budgetlos regierender preußischer König nicht, im vorrevolutonären deutschen Reich wären die d y n a s t i s c h e n Gewalten ausschlaggebend giewesen.

§ 17. B e z i e h u n g e n z u r W i r t s c h a f t. 1. Die (rationale Leistungs-) K o l l e g i a l i t ä t von legalen B e h ö r d e n kann die Sachlichkeit und persönliche Unbeeinflußtheit der Verfügungen steigern und dadurch die Bedingungen der Existenz rationaler Wirtschaft günstig gestalten, auch wo die Hemmung der Präzision des Funktionierenden negativ ins Gewicht fällt. Die ganz großen kapitalistischen Gewalthaber der Gegenwart ebenso wie diejenigen der Vergangenheit bevorzugen aber im politischen wie im Partei- wie im Leben aller Verbände, die für sie wichtig sind, eben deshalb die Monokratie als die (in ihrem Sinn) „diskretere", persönlich zugänglichere und leichter für die Interessen der Mächtigen zu gewinnende Form der Justiz und Verwaltung, und auch nach deutschen Erfahrungen mit Recht. — Die Kassationskollegialität und die aus irrationalen Appropriationen oder Macht eines traditionalen Verwaltungsstabes entstandenen kollegialen Behörden können umgekehrt irrational wirken. Die im Beginn der Entwicklung des F a c h beamtentums stehende Kollegialität der Finanzbehörden hat im ganzen wohl zweifellos die (formale) Rationalisierung der Wirtschaft begünstigt.

Der monokratische amerikanische Partei-B o ß , n i c h t die oft kollegiale, offizielle Parteiverwaltung ist dem interessierten Parteimäzenaten „gut". D e s h a l b ist er unentbehrlich. In Deutschland haben große Teile der sog. „Schwerindustrie" die Herrschaft der Bureaukratie gestützt und n i c h t den (in Deutschland bisher kollegial verwalteten) Parlamentarismus: aus dem gleichen Grunde.

2. Die Gewaltenteilung p f l e g t , da sie, wie jede Appropriation, feste, wenn auch noch nicht rationale, Zuständigkeiten schafft und dadurch ein Moment der „Berechenbarkeit" in das Funktionieren des Behördenapparats trägt, der (formalen) Rationalisierung der Wirtschaft günstig zu sein. Die auf Aufhebung der Gewaltenteilung gerichteten Bestrebungen (Räterepublik, Konvents- und Wohlfahrtsaus-

schußregierungen) sind durchweg auf (mehr oder minder) m a t e r i a l rationale Umgestaltung der Wirtschaft eingestellt und wirken dementsprechend der formalen Rationalität entgegen.

Alle Einzelheiten gehören in die Spezialerörterungen.

8. Parteien.

§ 18. Parteien sollen heißen auf (formal) freier Werbung beruhende Vergesellschaftungen mit dem Zweck, ihren Leitern innerhalb eines Verbandes Macht und ihren aktiven Teilnehmern dadurch (ideelle oder materielle) Chancen (der Durchsetzung von sachlichen Zielen oder der Erlangung von persönlichen Vorteilen oder beides) zuzuwenden. Sie können ephemere oder auf Dauer berechnete Vergesellschaftungen sein, in Verbänden jeder Art auftreten und als Verbände jeder Form: charismatische Gefolgschaften, traditionale Dienerschaften, rationale (zweck- oder wertrationale, „weltanschauungsmäßige") Anhängerschaften entstehen. Sie können mehr an persönlichen Interessen oder an sachlichen Zielen orientiert sein. Praktisch können sie insbesondere offiziell oder effektiv ausschließlich: nur auf Erlangung der Macht für den Führer und Besetzung der Stellen des Verwaltungsstabes durch ihren Stab gerichtet sein (Patronage-Partei). Oder sie können vorwiegend und bewußt im Interesse von Ständen oder Klassen (ständische bzw. Klassen-Partei) oder an konkreten sachlichen Zwecken oder an abstrakten Prinzipien (Weltanschauungs-Partei) orientiert sein. Die Eroberung der Stellen des Verwaltungsstabes für ihre Mitglieder pflegt aber mindestens Nebenzweck, die sachlichen „Programme" nicht selten nur Mittel der Werbung der Außenstehenden als Teilnehmer zu sein.

Parteien sind begrifflich nur i n n e r h a l b eines Verbandes möglich, dessen Leitung sie beeinflussen oder erobern wollen; jedoch sind interverbändliche Partei-Kartelle möglich und nicht selten.

Parteien können alle Mittel zur Erlangung der Macht anwenden. Da wo die Leitung durch (formal) freie W a h l besetzt wird und Satzungen durch Abstimmung geschaffen werden, sind sie primär Organisationen für die Werbung von Wahlstimmen und bei Abstimmungen vorgesehener Richtung legale Parteien. Legale Parteien bedeuten infolge ihrer prinzipiell v o l u n t a r i s t i s c h e n (auf freier Werbung ruhenden) Grundlage praktisch s t e t s : daß der Betrieb der Politik I n t e r e s s e n betrieb ist (wobei hier der Gedanke an „ökonomische" Interessenten noch ganz beiseite bleibt: es handelt sich um p o l i t i s c h e, also ideologisch oder an der M a c h t als solcher, orientierte Interessenten). Das heißt: daß er in den Händen

a) von Parteileitern und Parteistäben liegt, — denen

b) aktive Parteimitglieder meist nur als Akklamanten, unter Umständen als Kontroll-, Diskussions-, Remonstrations-, Parteirevolutions-Instanzen zur Seite treten, — während

c) die nicht aktiv mit vergesellschafteten Massen (der Wähler und Abstimmenden) nur Werbeobjekt für Zeiten der Wahl oder Abstimmung sind (passive „Mitläufer"), deren Stimmung nur in Betracht kommt als Orientierungsmittel für die Werbearbeit des Parteistabes in Fällen aktuellen Machtkampfes.

Regelmäßig (nicht immer) v e r b o r g e n bleiben

d) die Parteimäzenaten.

Andere als formal-legal organisierte Parteien im formal-legalen Verband können primär vor allem sein

a) charismatische Parteien: Zwist über die charismatische Qualität des Herren: über den charismatisch „richtigen" Herrn (Form: Schisma);

b) traditionalistische Parteien: Zwist über die Art der Ausübung der traditionalen Gewalt in der Sphäre der freien Willkür und Gnade des Herren (Form: Obstruktion oder offene Revolte gegen „Neuerungen").

c) Glaubensparteien, regelmäßig, aber nicht unvermeidlich, mit a identisch: Zwist über Weltanschauungs- oder Glaubens-I n h a l t e (Form: Häresie, die auch bei rationalen Parteien — Sozialismus — vorkommen kann);

d) reine Appropriations-Parteien: Zwist mit dem Herrn und dessen Verwaltungsstab über die Art der Besetzung der Verwaltungsstäbe, sehr oft (aber natürlich nicht notwendig) mit b identisch.

Der Organisation nach können Parteien den gleichen Typen angehören wie alle anderen Verbände, also charismatisch-plebiszitär (Glauben an den F ü h r e r) oder traditional (Anhänglichkeit an das soziale P r e s t i g e des Herren oder präeminenten Nachbarn) oder rational (Anhänglichkeit an die durch „statutenmäßige" Abstimmung geschaffenen Leiter und Stäbe) orientiert sein, sowohl was die Obödienz der Anhänger als was die der Verwaltungsstäbe betrifft.

Alles Nähere (Materiale) gehört in die Staatssoziologie.

W i r t s c h a f t l i c h ist die Partei-F i n a n z i e r u n g eine für die Art der Einflußverteilung und der materiellen Richtung des Parteihandelns zentral wichtige Frage: ob kleine Massenbeiträge, ob ideologischer Mäzenatismus, ob interessierter (direkter und indirekter) Kauf, ob Besteuerung der durch die Partei zugewendeten Chancen oder der ihr unterlegenen Gegner: — auch diese Problematik gehört aber im einzelnen in die Staatssoziologie.

1. Parteien gibt es ex definitione nur i n n e r h a l b von Verbänden (politischen oder andern) und im Kampf um deren Beherrschung. Innerhalb der Parteien kann es wiederum Unterparteien geben und gibt es sie sehr häufig (als ephemere Vergesellschaftungen typisch bei jeder Nominationskampagne für den Präsidentschaftskandidaten bei amerikanischen Parteien, als Dauer-Vergesellschaftungen z. B. in Erscheinungen wie den „Jungliberalen" bei uns vertreten gewesen). — Für i n t e r verbändliche Parteien s. einerseits (ständisch) die Guelfen und Ghibellinen in Italien im 13. Jahrh., und die modernen Sozialisten (Klasse) andererseits.

2. Das Merkmal der (formal!) freien W e r b u n g , der (formal, vom Standpunkt der Verbandsregeln aus) voluntaristischen Grundlagen der Partei, wird hier als das ihr Wesentliche behandelt und bedeutet jedenfalls einen soziologisch tiefgreifenden Unterschied gegen alle von seiten der Verbandsordnungen vorgeschriebenen und geordneten Vergesellschaftungen. Auch wo die Verbandsordnung — wie z. B. in den Vereinigten Staaten und bei unserem Verhältniswahlrecht — von der Existenz der Parteien Notiz nimmt, sogar: ihre Verfassung zu regulieren unternimmt, bleibt doch jenes voluntaristische Moment unangetastet. Wenn eine Partei eine geschlossene, durch die Verbandsordnungen dem Verwaltungsstab eingegliederte Vergesellschaftung wird — wie z. B. die „parte Guelfa" in den trecentistischen Florentiner Statuten es schließlich wurde — so ist sie keine „Partei" mehr, sondern ein Teilverband des politischen Verbandes.

3. Parteien in einem genuin charismatischen Herrschaftsverband sind notwendig schismatische Sekten, ihr Kampf ist ein Glaubenskampf und als solcher nicht endgültig austragbar. Aehnlich kann es im streng patriarchalen Verband liegen. Den Parteien im modernen Sinn sind diese beiden Parteiarten, wo sie r e i n auftreten, normalerweise fremd. Gefolgschaften von Lehens- und Amtsprätendenten, geschart um einen Thronprätendenten, stehen sich in den üblichen erbcharismatischen und ständischen Verbänden typisch gegenüber. Persönliche Gefolgschaften sind auch in den Honoratiorenverbänden (aristokratischen Städtestaaten), aber auch in manchen Demokratien durchaus vorwiegend. Ihren modernen Typus nehmen die Parteien erst im legalen Staat mit Repräsentativverfassung vor. Die Darstellung erfolgt weiterhin in der Staatssoziologie.

4. Beispiele für reine Patronage-Parteien im m o d e r n e n Staat sind in klassischer Art die beiden großen amerikanischen Parteien des letzten Menschenalters. Beispiele für sachliche und „Weltanschauungs"-Parteien lieferten s. Z. der alte Konservatismus, der alte Liberalismus und die alte bürgerliche Demokratie, später die Sozialdemokratie — bei ihnen allen mit sehr starkem Einschlag von Klassen i n t e r e s s e — und das Zentrum; das letztere ist seit Durchsetzung fast aller Forderungen sehr stark reine Patronage-Partei geworden. Bei allen, auch bei der reinsten Klassen-Partei pflegt aber für die Haltung der Parteiführer und des Parteistabs das e i g e n e (ideelle und materielle) Interesse an Macht, Amtsstellungen und Versorgung mit ausschlaggebend zu sein und die Wahrnehmung der Interessen ihrer Wählerschaft nur soweit stattzufinden, als ohne Gefährdung der Wahlchancen un-

vermeidlich ist. Dies letztgenannte Moment ist einer der Erklärungsgründe der Gegnerschaft gegen das Parteiwesen.

3. Ueber die Organisationsformen der Parteien ist s. Z. gesondert zu handeln. Allen gemeinsam ist: daß einem Kern von Personen, in deren Händen die a k t i v e Leitung: die Formulierung der Parolen und die Auswahl der Kandidaten liegt, sich „Mitglieder" mit wesentlich passiverer Rolle zugesellen, während die Masse der Verbandsglieder nur eine Objektrolle spielt, und die Wahl zwischen den mehreren von der Partei ihnen präsentierten Kandidaten und Programmen hat. Dieser Sachverhalt ist bei Parteien ihres voluntaristischen Charakters wegen unvermeidlich und stellt das dar, was hier „Interessenten"betrieb genannt ist. (Unter „Interessenten" sind hier, wie gesagt, „politische", nicht etwa „materielle" Interessenten gemeint). Es ist der zweite Hauptangriffspunkt der Opposition gegen das Parteiwesen als solches und bildet die f o r m a l e Verwandtschaft der Parteibetriebe mit dem gleichfalls auf f o r m a l freier Arbeitswertung ruhenden kapitalistischen Betrieb.

4. Das Mäzenatentum als Finanzierungsgrundlage ist keineswegs nur „bürgerlichen" Parteien eigen. Paul S i n g e r z. B. war ein sozialistischer Parteimäzenat (wie übrigens auch ein humanitärer Mäzenat) größten Stils (und: reinsten Wollens, soviel irgend bekannt). Seine ganze Stellung als Vorstand der Partei beruhte darauf. Die russische (Kerenskij-) Revolution ist (in den Parteien) durch ganz große Moskauer Mäzenaten mit finanziert worden. Andere deutsche Parteien (der „Rechten") durch die Schwerindustrie; das Zentrum gelegentlich von katholischen Multimillionären.

Die Parteifinanzen sind aber für die Forschung aus begreiflichen Gründen das wenigst durchsichtige Kapitel der Parteigeschichte und doch eines ihrer wichtigsten. Daß eine „Maschine" (Caucus, über den Begriff später) geradezu „gekauft" wird, ist in Einzelfällen wahrscheinlich gemacht. Im übrigen besteht die Wahl: entweder die Wahl-K a n d i d a t e n tragen den Löwenanteil der Wahlkosten (englisches System) — Resultat: Plutokratie der Kandidaten —, oder die „Maschine" — Resultat: Abhängigkeit der Kandidaten von Partei b e a m t e n. In der einen oder anderen Form ist dies so, seit es Parteien als D a u e r organisationen gibt, im trecentistischen Italien so gut wie in der Gegenwart. Diese Dinge dürfen nur nicht durch Phrasen verhüllt werden. Eine Partei-Finanzierung hat gewiß Grenzen ihrer Macht: sie kann im ganzen nur das als Werbemittel auftreten lassen, was „Markt" hat. Aber wie beim kapitalistischen Unternehmertum im Verhältnis zum Konsum ist allerdings heute die Macht des A n g e b o t s durch die Suggestion der Reklamemittel (namentlich der nach rechts oder links — das ist gleichgültig — „radikalen Parteien") ungeheuer gesteigert.

9. H e r r s c h a f t s f r e m d e V e r b a n d s v e r w a l t u n g u n d R e p r ä s e n t a n t e n - V e r w a l t u n g.

§ 19. Verbände können bestrebt sein, die — in einem gewissen Minimalumfang unvermeidlich — mit Vollzugsfunktionen verbundenen Herrschaftsgewalten tunlichst zu reduzieren (Minimisierung der Herrschaft), indem der Verwaltende als l e d i g l i c h nach Maßgabe des Willens, im „Dienst" und kraft Vollmacht der Verbandsgenossen fungierend gilt. Dies ist bei k l e i n e n Verbänden, deren sämtliche Genossen örtlich versammelt werden können und sich untereinander kennen und als sozial gleich werten, im Höchstmaß erreichbar, aber auch von größeren Verbänden (insbesondere Stadtverbänden der Vergangenheit und Landbezirksverbänden) versucht worden. Die üblichen technischen Mittel dafür sind

a) kurze Amtsfristen, möglichst nur zwischen je zwei Genossenversammlungen,

b) jederzeitiges Abberufungsrecht (recall),

c) Turnus- oder Los-Prinzip bei der Besetzung, so daß jeder einmal „daran kommt", — also: Vermeidung der Machtstellung des Fach- und des sekretierten Dienstwissens,

d) streng imperatives Mandat für die Art der Amtsführung (k o n k r e t e, nicht: generelle, Kompetenz), festgestellt durch die Genossenversammlung,

e) strenge Rechenschaftspflicht vor der Genossenversammlung,

f) Pflicht, jede besondersartige und nicht vorgesehene Frage der Genossenversammlung (oder einem Ausschuß) vorzulegen,

g) zahlreiche nebengeordnete und mit Sonderaufträgen versehene Aemter, — also:

h) N e b e n berufs-Charakter des Amtes.

Wenn der Verwaltungsstab durch Wahl bestellt wird, dann erfolgt sie in einer Genossenversammlung. Die Verwaltung ist wesentlich mündlich, schriftliche Aufzeichnungen finden nur soweit statt, als Rechte urkundlich zu wahren sind. Alle wichtigen Anordnungen werden der Genossenversammlung vorgelegt.

Diese und diesem Typus nahestehende Arten der Verwaltung sollen „u n m i t t e l b a r e D e m o k r a t i e“ heißen, s o l a n g e die Genossenversammlung e f f e k t i v ist.

1. Die nordamerikanische town-ship und der schweizerische Kleinkanton (Glarus, Schwyz, beide Appenzell usw.) stehen bereits der Größe nach an der Grenze der Möglichkeit „unmittelbar demokratischer" Verwaltung (deren Technik hier nicht auseinandergesetzt werden soll). Die attische Bürgerdemokratie überschritt tatsächlich diese Grenze weit, das parlamentum der frühmittelalterlichen italienischen Stadt erst recht. Vereine, Zünfte, wissenschaftliche, akademische, sportliche Verbände aller Art verwalten sich oft in dieser Form. Aber sie ist ebenso auch übertragbar auf die interne Gleichheit „aristokratischer" Herren-Verbände, die keinen Herrn über sich aufkommen lassen wollen.

2. Wesentliche Vorbedingung ist n e b e n der örtlichen oder personalen (am besten: beiden) Kleinheit des Verbandes auch das Fehlen qualitativer Aufgaben, welche nur durch fachmäßige Berufsbeamte zu lösen sind. Mag auch dies Berufsbeamtentum in strengster Abhängigkeit zu halten versucht werden, so enthält es doch den Keim der Bureaukratisierung und ist, vor allem, nicht durch die genuin „unmittelbar demokratischen" Mittel anstellbar und abberufbar.

3. Die rationale Form der unmittelbaren Demokratie steht dem primitiven gerontokratischen oder patriarchalen Verband innerlich nahe. Denn auch dort wird „im Dienst" der Genossen verwaltet. Aber es besteht dort a) Appropriation der Verwaltungsmacht, — b) (normal:) strenge Traditionsbindung. Die unmittelbare Demokratie ist ein r a t i o n a l e r Verband oder kann es doch sein. Die Uebergänge kommen sogleich zur Sprache.

§ 20. „Honoratioren" sollen solche Personen heißen, welche
1. kraft ihrer ökonomischen Lage imstande sind, kontinuierlich nebenberuflich in einem Verband leitend und verwaltend ohne Entgelt oder gegen nominalen oder Ehren-Entgelt tätig zu sein und welche
2. eine, gleichviel worauf beruhende, soziale Schätzung derart genießen, daß sie die Chance haben, bei formaler unmittelbarer Demokratie kraft Vertrauens der Genossen zunächst freiwillig, schließlich traditional, die Aemter inne zu haben.

Unbedingte Voraussetzung der Honoratiorenstellung in dieser primären Bedeutung: f ü r die Politik leben zu können, ohne v o n ihr leben zu müssen, ist ein spezifischer Grad von „Abkömmlichkeit" aus den eigenen privaten Geschäften. Diesen besitzen im Höchstmaß: Rentner aller Art: Grund-, Sklaven-, Vieh-, Haus-, Wertpapier-Rentner. Demnächst solche Berufstätige, deren Betrieb ihnen die nebenamtliche Erledigung der politischen Geschäfte besonders erleichtert: Saisonbetriebsleiter (daher: Landwirte), Advokaten (weil sie ein „Bureau" haben) und einzelne Arten anderer freier Berufe. In starkem Maß auch: patrizische Gelegenheitshändler. Im Mindestmaß: gewerbliche Eigenunternehmer und Arbeiter. Jede unmittelbare Demokratie neigt dazu, zur „Honoratiorenverwaltung" überzugehen. Ideell: weil sie als durch Erfahrung und Sachlichkeit besonders qualifiziert gilt. Materiell: weil sie sehr billig, unter Umständen geradezu: kostenlos, bleibt. Der Honoratiore ist teils im Besitz der sachlichen Verwaltungsmittel bzw. benutzt sein Vermögen als solches, teils werden sie ihm vom Verband gestellt.

1. Als s t ä n d i s c h e Qualität ist die Kasuistik des Honoratiorentums später zu erörtern. Die primäre Quelle ist in allen primitiven Gesellschaften: Reichtum, dessen Besitz allein oft „Häuptlings"-Qualität gibt (Bedingungen s. Kap. IV). Weiterhin kann, je nachdem, erbcharismatische Schätzung oder die Tatsache der Abkömmlichkeit mehr im Vordergrund stehen.

2. Im Gegensatz zu dem auf naturrechtlicher Grundlage für effektiven Turnus eintretenden town-ship der Amerikaner konnte man in den unmittelbar demokratischen Schweizer Kantonen bei Prüfung der Beamtenlisten leicht die Wiederkehr

ständig derselben Namen und, erst recht, Familien verfolgen. Die Tatsache der größeren A b k ö m m l i c h k e i t (zum „gebotenen Ding") war auch innerhalb der germanischen Dinggemeinden und der zum Teil anfangs streng demokratischen Städte Norddeutschlands eine der Quellen der Herausdifferenzierung der „meliores" und des Ratspatriziats.

3. Honoratiorenverwaltung findet sich in jeder Art von Verbänden, z. B. typisch auch in nicht bureaukratisierten politischen Parteien. Sie bedeutet stets: extensive Verwaltung und ist daher, w e n n aktuelle und sehr dringliche Wirtschafts- und Verwaltungsbedürfnisse präzises Handeln erheischen, zwar „unentgeltlich" für den Verband, aber zuweilen „kostspielig" für dessen einzelne Mitglieder.

Sowohl die genuine unmittelbare Demokratie wie die genuine Honoratioren-verwaltung versagen technisch, wenn es sich um Verbände über eine gewisse (elastische) Quantität hinaus (einige Tausend vollberechtigte Genossen) oder um Verwaltungs-aufgaben handelt, welche Fachschulung einerseits, Stetigkeit der Leitung anderer-seits erfordern. Wird hier nur mit dauernd angestellten Fachbeamten neben wech-selnden Leitern gearbeitet, so liegt die Verwaltung t a t s ä c h l i c h normalerweise in den Händen der ersteren, die die Arbeit tun, während das Hineinreden der letzteren wesentlich dilettantischen Charakters bleibt.

Die Lage der wechselnden Rektoren, die im Nebenamt akademische Angelegen-heiten verwalten gegenüber den Syndiken, unter Umständen selbst den Kanzlei-beamten, ist ein typisches Beispiel dafür. Nur der autonom für längeren Termin gekorene Universitätspräsident (amerikanischen Typs) könnte — von Ausnahme-naturen abgesehen — eine nicht nur aus Phrasen und Wichtigtuerei bestehende „Selbstverwaltung" der Universitäten schaffen, und nur die Eitelkeit der akademi-schen Kollegien einerseits, das Machtinteresse der Bureaukratie andererseits sträubt sich gegen das Ziehen solcher Konsequenzen. Ebenso liegt es aber, mutatis mu-tandis, überall.

Herrschaftsfreie unmittelbare Demokratie und Honoratiorenverwaltung be-stehen ferner nur so lange genuin, als keine P a r t e i e n als D a u e r gebilde ent-stehen, sich bekämpfen und die Aemter zu appropriieren suchen. Denn sobald dies der Fall ist, sind der F ü h r e r der kämpfenden und — mit gleichviel welchen Mitteln — siegenden Partei und sein Verwaltungsstab h e r r s c h a f t l i c h e s Gebilde, trotz Erhaltung aller Formen der bisherigen Verwaltung.

Eine ziemlich häufige Form der Sprengung der „alten" Verhältnisse.

10. R e p r ä s e n t a t i o n.

§ 21. Unter Repräsentation wird p r i m ä r der (in Kap. I, § 11) erörterte Tatbestand verstanden: daß das Handeln bestimmter Verbandszugehöriger (Ver-treter) den übrigen zugerechnet wird oder von ihnen gegen sich als „legitim" geschehen und für sie verbindlich gelten gelassen werden soll und tatsächlich wird.

Innerhalb der Verbands h e r r s c h a f t e n aber nimmt Repräsentation mehrere typische Formen an:

1. Appropriierte Repräsentation. Der Leiter (oder ein Verbandsstabsmitglied) hat das appropriierte Recht der Repräsentation. In dieser Form ist sie sehr alt und findet sich in patriarchalen und charismatischen (erbcharismatischen, amtscharis-matischen) Herrschaftsverbänden der verschiedensten Art. Die Vertretungsmacht hat t r a d i t i o n a l e n Umfang.

Schechs von Sippen oder Häuptlinge von Stämmen, Kastenschrechths, Erb-hierarchen von Sekten, Dorf-patels, Obermärker, Erbmonarchen und alle ähnlichen patriarchalen und patrimonialen Leiter von Verbänden aller Art gehören hierher. Befugnis zum Abschluß von Verträgen und zu satzungsartigen Abmachungen mit den Aeltesten der Nachbarverbände finden sich schon in sonst primitiven Verhält-nissen (Australien).

Der appropriierten Repräsentation sehr nahe steht

2. die ständische (eigenrechtliche) Repräsentation. Sie ist insofern n i c h t „Repräsentation", als sie primär als Vertretung und Geltendmachung lediglich e i g e n e r (appropriierter) Rechte (Privilegien) angesehen wird. Aber sie hat insofern Repräsenta'ionscharakter (und wird daher gelegentlich auch als solche angesehen), als die Rückwirkung der Zustimmung zu einem ständischen Rezeß ü b e r die Person des Privileginhabers hinaus auf die nicht privilegierten Schichten, nicht nur der Hintersassen, sondern auch anderer, nicht durch Privileg ständisch Berechtigter, wirkt, indem ganz regelmäßig deren G e b u n d e n h e i t durch die Abmachungen der Privilegierten als selbstverständlich vorausgesetzt oder ausdrücklich in Anspruch genommen wird.

Alle Lehenshöfe und Versammlungen ständisch privilegierter Gruppen, κατ' ἐξοχὴν aber die „Stände" des deutschen Spätmittelalters und der Neuzeit gehören hierher. Der Antike und den außereuropäischen Gebieten ist die Institution nur in einzelnen Exemplaren bekannt, nicht aber ein allgemeines „Durchgangsstadium" gewesen.

3. Den schärfsten Gegensatz hierzu bildet die g e b u n d e n e R e p r ä s e n t a t i o n: gewählte (oder durch Turnus oder Los oder andere ähnliche Mittel bestimmte) Beauftragte, deren Vertretungsgewalt durch i m p e r a t i v e M a n d a t e und Abberufungsrecht nach Innen und Außen begrenzt und an die Zustimmung der Vertretenen gebunden ist. Diese „Repräsentanten" sind in Wahrheit: Beamte der von ihnen Repräsentierten.

Das imperative Mandat hat von jeher und in Verbänden der allerverschiedensten Art eine Rolle gespielt. Die gewählten Vertreter der Kommunen z. B. in Frankreich waren fast immer durchaus an ihre „cahiers des doléances" gebunden. — Zurzeit findet sich diese Art der Repräsentation besonders in den Räterepubliken, für welche sie Surrogat der in Massenverbänden unmöglichen unmittelbaren Demokratie ist. Gebundene Mandatare sind sicherlich Verbänden der verschiedensten Art auch außerhalb des mittelalterlichen und modernen Okzidents bekannt, doch nirgends von großer historischer Bedeutung gewesen.

4. F r e i e R e p r ä s e n t a t i o n. Der Repräsentant, in aller Regel gewählt (eventuell formell oder faktisch durch Turnus bestimmt) ist an keine Instruktion gebunden, sondern Eigenherr über sein Verhalten. Er ist pflichtmäßig nur an s a c h l i c h e eigene Ueberzeugungen, nicht an die Wahrnehmung von Interessen seiner Deleganten gewiesen.

Freie Repräsentation in diesem Sinn ist nicht selten die unvermeidliche Folge der Lücken oder des Versagens der Instruktion. In andern Fällen aber ist sie der sinngemäße Inhalt der Wahl eines Repräsentanten, der dann insoweit: der von den Wählern gekorene H e r r derselben, nicht: ihr „Diener", ist. Diesen Charakter haben insbesondere die modernen parlamentarischen Repräsentationen angenommen, welche die allgemeine Versachlichung: Bindung an abstrakte (politische, ethische) N o r m e n: das Charakteristikum der legalen Herrschaft, in dieser Form teilen.

Im Höchstmaß gilt diese Eigenart für die Repräsentativ- K ö r p e r s c h a f t e n der modernen politischen Verbände: die Parlamente. Ihre Funktion ist ohne das voluntaristische Eingreifen der P a r t e i e n nicht zu erklären: diese sind es, welche die Kandidaten und Programme den politisch passiven Bürgern präsentieren und durch Kompromiß oder Abstimmung innerhalb des Parlaments die Normen für die Verwaltung schaffen, diese selbst kontrollieren, durch ihr Vertrauen stützen, durch dauernde Versagung ihres Vertrauens stürzen, w e n n es ihnen gelungen ist, die M e h r h e i t bei den Wahlen zu erlangen.

Der Parteileiter und der von ihm designierte Verwaltungsstab: die Minister, Staats- und, eventuell, Unterstaatssekretäre, sind die „politischen", d. h. vom Wahlsieg ihrer Partei in ihrer Stellung abhängigen, durch eine Wahlniederlage zum Rücktritt gezwungenen Staatsleiter. Wo die Parteiherrschaft voll durchgedrungen ist, werden sie dem formalen Herren: dem Fürsten, durch die Parteiwahl zum Parlament oktroyiert, der von der Herrengewalt expropriierte Fürst wird auf die Rolle beschränkt:

1. durch Verhandlungen mit den Parteien den leitenden Mann auszuwählen und formal durch Ernennung zu legitimieren, im übrigen

2. als legalisierendes Organ der Verfügungen des jeweils leitenden Parteihaupts zu fungieren.

Das „Kabinett" der Minister, d. h. der Ausschuß der Mehrheitspartei, kann dabei material mehr monokratisch oder mehr kollegial organisiert sein; letzteres ist bei Koalitionskabinetten unumgänglich, ersteres die präziser fungierende Form. Die üblichen Machtmittel: Sekretierung des Dienstwissens und Solidarität nach außen dienen gegen Angriffe stellensuchender Anhänger oder Gegner. Im Fall des Fehlens m a t e r i a l e r (effektiver) Gewaltenteilung bedeutet dies System die volle Appropriation aller Macht durch die jeweiligen Parteistäbe: die leitenden, aber oft weitgehend auch die Beamtenstellen werden Pfründen der Anhängerschaft: p a r l a m e n t a r i s c h e K a b i n e t t s r e g i e r u n g.

Auf die T a t s a c h e n - Darlegungen der glänzenden politischen Streitschrift W. H a s b a c h s gegen dies System (fälschlich eine „politische Beschreibung" genannt) ist mehrfach zurückzukommen. M e i n e eigene Schrift über „Parlament und Regierung im neu geordneten Deutschland" hat ausdrücklich ihren Charakter als einer n u r aus der Zeitlage heraus geborenen Streitschrift betont.

Ist die Appropriation der Macht durch die Parteiregierung nicht vollständig, sondern bleibt der Fürst (oder ein ihm entsprechender, z. B. plebiszitär gewählter, Präsident) eine Eigenmacht, insbesondere in der Amtspatronage (einschließlich der Offiziere), so besteht: k o n s t i t u t i o n e l l e R e g i e r u n g. Sie kann insbesondere bei formeller G e w a l t e n t e i l u n g bestehen. Ein Sonderfall ist das Nebeneinanderstehen plebiszitärer Präsidentschaft mit Repräsentativparlamenten: p l e b i s z i t ä r - r e p r ä s e n t a t i v e R e g i e r u n g.

Die Leitung eines rein parlamentarisch regierten Verbandes kann andererseits schließlich auch lediglich durch Wahl der Regierungsbehörden (oder des Leiters) durch das Parlament bestellt werden: r e i n r e p r ä s e n t a t i v e R e g i e r u n g.

Die Regierungsgewalt der Repräsentativorgane kann weitgehend durch Zulassung der direkten Befragung der Beherrschten begrenzt und legitimiert sein: R e f e r e n d u m s - S a t z u n g.

1. Nicht die Repräsentation a n s i c h, sondern die f r e i e Repräsentation und ihre Vereinigung in parlamentarischen Körperschaften ist dem Okzident eigentümlich, findet sich in der Antike und sonst nur in Ansätzen (Delegiertenversammlungen bei Stadtbünden, grundsätzlich jedoch mit gebundenen Mandaten).

2. Die Sprengung des imperativen Mandats ist sehr stark durch die Stellungnahme der Fürsten bedingt gewesen. Die französischen Könige verlangten für die Delegierten zu den Etats généraux bei Ausschreibung der Wahlen regelmäßig die F r e i h e i t: für die Vorlagen des Königs votieren zu können, da das imperative Mandat sonst alles obstruiert hätte. Im englischen Parlament führte die (s. Z. zu besprechende) Art der Zusammensetzung und Geschäftsführung zum gleichen Resultat. Wie stark sich infolgedessen, bis zu den Wahlreformen von 1867, die Parlamentsmitglieder als einen privilegierten S t a n d ansahen, zeigt sich in nichts so deutlich wie in dem rigorosen Ausschluß der Oeffentlichkeit (schwere Bußen für Zeitungen, die über die Verhandlungen berichteten, noch Mitte des 18. Jahrhunderts). Die Theorie: daß der parlamentarische Deputierte „Vertreter des ganzen Volkes" sei, d a s h e i ß t: daß er an Aufträge nicht gebunden (nicht „Diener", sondern eben — ohne Phrase gesprochen — Herr) sei, war in der Literatur schon entwickelt, ehe die französische Revolution ihr die seitdem klassisch gebliebene (phrasenhafte) Form verlieh.

3. Die Art, wie der englische König (und nach seinem Muster andere) durch die unoffizielle, rein parteiorientierte, Kabinettsregierung allmählich expropriiert wurde, und die Gründe für diese an sich singuläre (bei dem Fehlen der B u r e a u k r a t i e in England, nicht so „zufällige" wie oft behauptet wird), aber universell

bedeutsam gewordene Entwicklung sind hier noch nicht zu erörtern. Ebenso nicht das amerikanische plebiszitär-repräsentative System der funktionalen Gewaltenteilung, die Entwicklung des Referendums (wesentlich: eines Mißtrauensinstruments gegen korrupte Parlamente) und die in der Schweiz und jetzt in manchen deutschen Staaten damit kopulierte r e i n repräsentative Demokratie. Hier waren nur einige der Haupttypen festzustellen.

4. Die sog. „konstitutionelle" Monarchie, zu deren Wesenheiten vor allem die Appropriation der Amtspatronage einschließlich der Minister und der Kommandogewalt an den Monarchen zu zählen pflegt, kann f a k t i s c h der rein parlamentarischen (englischen) sehr ähnlich sein, wie umgekehrt diese einen politisch b e f ä h i g t e n Monarchen keineswegs, als Figuranten, aus effektiver Teilnahme an der Leitung der Politik (Eduard VII.) ausschaltet. Ueber die Einzelheiten später.

5. Repräsentativ-Körperschaften sind nicht etwa notwendig „demokratisch" im Sinn der Gleichheit der Rechte (Wahlrechte) Aller. Im geraden Gegenteil wird sich zeigen, daß der klassische Boden für den Bestand der parlamentarischen Herrschaft eine Aristokratie oder Plutokratie zu sein pflegte (so in England).

Z u s a m m e n h a n g m i t d e r W i r t s c h a f t : Dieser ist höchst kompliziert und späterhin gesondert zu erörtern. Hier ist vorweg nur folgendes allgemein zu sagen:

1. Die Zersetzung der ökonomischen Unterlagen der alten Stände bedingte den Uebergang zur „freien" Repräsentation, in welcher der zur Demagogie Begabte ohne Rücksicht auf den Stand freie Bahn hatte. Grund der Zersetzung war: der moderne Kapitalismus.

2. Das Bedürfnis nach B e r e c h e n b a r k e i t und Verläßlichkeit des Fungierens der Rechtsordnung und Verwaltung, ein vitales Bedürfnis des rationalen Kapitalismus, führte das Bürgertum auf den Weg des Strebens nach Beschränkung der Patrimonialfürsten und des Feudaladels durch eine Körperschaft, in der B ü r g e r ausschlaggebend mitsaßen und welche die Verwaltung und Finanzen kontrollierte und bei Aenderungen der Rechtsordnung mitwirken sollte.

3. Die Entwicklung des Proletariats war zur Zeit dieser Umbildung noch keine solche, daß es als p o l i t i s c h e Macht ins Gewicht gefallen wäre und dem Bürgertum gefährlich erschienen wäre. Außerdem wurde unbedenklich durch Zensuswahlrecht jede Gefährdung der Machtstellung der Besitzenden ausgeschaltet.

4. Die f o r m a l e Rationalisierung von Wirtschaft und Staat, dem Interesse der kapitalistischen Entwicklung günstig, konnte durch Parlamente stark begünstigt werden. Einfluß auf die Parteien schien leicht zu gewinnen.

5. Die Demagogie der einmal bestehenden Parteien ging den Weg der Ausdehnung des Wahlrechts. Die Notwendigkeit der Gewinnung des Proletariats bei auswärtigen Konflikten und die — enttäuschte — Hoffnung auf dessen, gegenüber den Bürgern, „konservativen" Charakter veranlaßten Fürsten und Minister überall, das (schließlich:) g l e i c h e Wahlrecht zu begünstigen.

6. Die Parlamente fungierten normal, solange in ihnen die Klassen von „Bildung und Besitz": — H o n o r a t i o r e n also, — sozusagen „unter sich waren", rein klassenorientierte Parteien nicht, sondern nur ständische und durch die verschiedene A r t des Besitzes bedingte Gegensätze vorherrschten. Mit dem Beginn der Macht der reinen Klassenparteien, insbesondere der proletarischen, wandelte und wandelt sich die Lage der Parlamente. Ebenso stark aber trägt dazu die Bureaukratisierung der P a r t e i e n (Caucus-System) bei, welche spezifisch p l e b i s z i t ä r e n Charakters ist und den Abgeordneten aus einem „Herren" des Wählers zum D i e n e r der F ü h r e r der P a r t e i m a s c h i n e macht. Davon wird gesondert zu reden sein.

§ 22. 5. R e p r ä s e n t a t i o n d u r c h I n t e r e s s e n v e r t r e t e r soll diejenige Art der Repräsentantenkörperschaften heißen, bei welcher die Bestellung der Repräsentanten nicht frei und ohne Rücksicht auf die berufliche oder ständische oder klassenmäßige Zugehörigkeit erfolgt, sondern nach Berufen, ständischer oder

Klassen-Lage gegliedert Repräsentanten durch je ihresgleichen bestellt werden, und zu einer — wie jetzt meist gesagt wird: — „berufsständischen Vertretung" zusammentreten.

Eine solche Repräsentation kann Grundverschiedenes bedeuten

1. je nach der Art der zugelassenen Berufe, Stände, Klassen,

2. je nachdem Abstimmung oder Kompromiß das Mittel der Erledigung von Streit ist,

3. im ersteren Fall: je nach der Art der ziffernmäßigen Anteilnahme der einzelnen Kategorien.

Sie kann hochrevolutionären sowohl wie hochkonservativen Charakters sein. Sie ist in jedem Fall das Produkt der Entstehung von großen K l a s s e n parteien.

Normalerweise verbindet sich mit der Absicht der Schaffung dieser Art von Repräsentation die Absicht: bestimmten Schichten das Wahlrecht zu e n t z i e h e n Entweder:

a) den durch ihre Zahl immer überwiegenden Massen durch die Art der Verteilung der Mandate auf die Berufe m a t e r i a l,

b) den durch ihre ökonomische Machtstellung überwiegenden Schichten durch Beschränkung des Wahlrechts auf die Nichtbesitzenden f o r m a l (sog. R ä t e staat).

Geschwächt wird — theoretisch wenigstens — durch diese Art der Repräsentation der ausschließliche Interessenten b e t r i e b (der Parteien) der Politik, wennschon, nach allen bisherigen Erfahrungen, nicht beseitigt. Geschwächt k a n n, — theoretisch — die Bedeutung der finanziellen Wahlmittel werden, auch dies in zweifelhaftem Grade. Der Charakter der Repräsentativkörperschaften dieser Art neigt zur F ü h r e r l o s i g k e i t. Denn als b e r u f s mäßige Interessenvertreter werden nur solche Repräsentanten in Betracht kommen, welche ihre Zeit ganz in den Dienst der Interessenvertretung stellen können, bei den nicht bemittelten Schichten also: besoldete Sekretäre der Interessentenverbände.

1. Repräsentation mit dem K o m p r o m i ß als Mittel der Streitschlichtung ist a l l e n historisch älteren „ständischen" Körperschaften eigen. Es herrscht heute in den „Arbeitsgemeinschaften" und überall da, wo „itio in partes" und Verhandlung zwischen den gesondert beratenden und beschließenden Einzelgremien die Ordnung ist. Da sich ein Zahlenausdruck für die „Wichtigkeit" eines Berufs nicht finden läßt, da vor allem die Interessen der Arbeiter m a s s e n und der (zunehmend wenigeren) Unternehmer, deren Stimmen, als besonders sachkundig, — aber allerdings auch: besonders persönlich interessiert, — irgendwie a b g e s e h e n von ihrer Zahl ins Gewicht fallen muß, oft weitestgehend antagonistisch sind, so ist ein formales „Durchstimmen" bei Zusammensetzung aus klassenmäßig oder ständisch sehr heterogenen Elementen ein mechanisiertes Unding: der Stimmzettel als ultima ratio ist das Charakteristikum streitender und über Kompromisse verhandelnder P a r t e i e n, nicht aber: von „Ständen".

2. Bei „Ständen" ist der Stimmzettel da adäquat, wo die Körperschaft aus s o z i a l ungefähr g l e i c h geordneten Elementen: z. B. nur aus Arbeitern, besteht, wie in den „Räten". Den Prototyp gibt da die Mercadanza der Zeit der Zunftkämpfe: zusammengesetzt aus Delegierten der einzelnen Zünfte, abstimmend nach Mehrheit, a b e r faktisch unter dem Druck der Separationsgefahr bei Ueberstimmen besonders mächtiger Zünfte. Schon der Eintritt der „Angestellten" in die Räte zeitigt Probleme: regelmäßig hat man ihren Stimmenanteil mechanisch beschränkt. Vollends wo Vertreter von Bauern und Handwerkern eintreten sollen, kompliziert sich die Lage. Sie wird durch S t i m m z e t t e l gänzlich unentscheidbar, wo die sogenannten „höheren" Berufe und die Unternehmer mit einbezogen werden sollen. „Paritätische" Zusammensetzung einer Arbeitsgemeinschaft mit Durch s t i m m e n bedeutet: daß gelbe Gewerkschafter den Unternehmern, liebedienerische Unternehmer den Arbeitern zum Siege verhelfen: also die klassenw ü r d e losesten Elemente den Ausschlag geben.

Aber auch z w i s c h e n den Arbeitern in r e i n proletarischen „Räten" würden ruhige Zeiten scharfe Antagonismen schaffen, die wahrscheinlich eine faktische Lahmlegung der Räte, jedenfalls aber alle Chancen für eine geschickte Politik des Ausspielens der Interessenten gegeneinander bewirken würden: dies ist der Grund,

weshalb die Bureaukratie dem Gedanken so freundlich gesonnen ist. Vollends be-
stünde die gleiche Chance für Bauernvertreter gegen Arbeitervertreter. Jedenfalls
kommt jegliche n i c h t strikt revolutionäre Zusammensetzung solcher Repräsentativkörperschaften letztlich n u r auf eine neue Chance der „Wahlkreisgeometrie"
in anderer Form hinaus.

   3. Die C h a n c e n der „berufsständischen" Vertretungen sind nicht gering.
In Zeiten der Stabilisierung der technisch-ökonomischen Entwicklung werden sie
ü b e r a u s groß sein. Dann wird das „Parteileben" aber ohnedies weitgehend
abflauen. Solange diese Voraussetzung n i c h t besteht, ist selbstverständlich
kein Gedanke daran, daß berufsständische Repräsentativkörperschaften die Parteien
eliminieren würden. Von den „Betriebsräten" angefangen — wo wir den Vorgang
schon jetzt sehen — bis zum Reichswirtschaftsrat werden im Gegenteil eine Unmasse
neuer Pfründen für bewährte Parteizugehörige geschaffen, die auch ausgenützt
werden. Das Wirtschaftsleben wird politisiert, die Politik ökonomisiert. Zu all diesen
Chancen kann man je nach dem letzten Wertstandpunkt grundverschieden stehen.
Nur: die Tatsachen liegen so und nicht anders.

   Sowohl die genuine parlamentarische Repräsentation mit voluntaristischem
Interessentenbetrieb der Politik, wie die daraus entwickelte plebiszitäre Partei-
organisation mit ihren Folgen, wie der moderne Gedanke r a t i o n a l e r Repräsentation durch Interessenvertreter sind dem Okzident eigentümlich und nur durch die
dortige Stände- und Klassen-Entwicklung erklärlich, welche schon im Mittelalter
hier, und nur hier, die Vorläufer schuf. „Städte" und „Stände" (rex et regnum),
„Bürger" und „Proletarier" gab es n u r hier.

Kapitel IV.

Stände und Klassen.

1. Begriffe.

§ 1. „Klassenlage" soll die typische Chance
1. der Güterversorgung,
2. der äußeren Lebensstellung,
3. des inneren Lebensschicksals

heißen, welche aus Maß und Art der Verfügungsgewalt (oder des Fehlens solcher) über Güter oder Leistungsqualifikationen und aus der gegebenen Art ihrer Verwertbarkeit für die Erzielung von Einkommen oder Einkünften innerhalb einer gegebenen Wirtschaftsordnung folgt.

„Klasse" soll jede in einer gleichen Klassenlage befindliche Gruppe von Menschen heißen.

a) Besitzklasse soll eine Klasse insoweit heißen, als Besitzunterschiede die Klassenlage primär bestimmen.

b) Erwerbsklasse soll eine Klasse insoweit heißen, als die Chancen der Marktverwertung von Gütern oder Leistungen die Klassenlage primär bestimmen.

c) Soziale Klasse soll die Gesamtheit derjenigen Klassenlagen heißen, zwischen denen ein Wechsel

α. persönlich,
β. in der Generationenfolge

leicht möglich ist und typisch stattzufinden pflegt.

Auf dem Boden aller drei Klassenkategorien können Vergesellschaftungen der Klasseninteressenten (Klassenverbände) entstehen. Aber dies muß nicht der Fall sein: Klassenlage und Klasse bezeichnet an sich nur Tatbestände gleicher (oder ähnlicher) typischer Interessenlagen, in denen der einzelne sich ebenso wie zahlreiche andere befindet. Prinzipiell konstituiert die Verfügungsgewalt über jede Art von Genußgütern, Beschaffungsmitteln, Vermögen, Erwerbsmitteln, Leistungsqualifikation je eine besondere Klassenlage und nur gänzliche „Ungelerntheit" Besitzloser, auf Arbeitserwerb Angewiesener bei Unstetheit der Beschäftigung eine einheitliche. Die Uebergänge von der einen zur anderen sind sehr verschieden leicht und labil, die Einheit der „sozialen" Klasse daher sehr verschieden ausgeprägt.

a) Die primäre Bedeutung einer positiv privilegierten Besitzklasse liegt in

α. der Monopolisierung hoch im Preise stehender (kostenbelasteter) Verbrauchsversorgung beim Einkauf,

β. der Monopollage und der Möglichkeit planvoller Monopolpolitik beim Verkauf,

γ. der Monopolisierung der Chance der Vermögensbildung durch unverbrauchte Ueberschüsse,

δ. der Monopolisierung der Kapitalbildungschancen durch Sparen, also der Möglichkeit von Vermögensanlage als Leihkapital, damit der Verfügung über die leitenden (Unternehmer-)Positionen, ε. ständischen (Erziehungs-)Privilegien, soweit sie kostspielig sind.

I. Positiv privilegierte Besitzklassen sind typisch: R e n t n e r. Sie können sein:

a) Menschenrentner (Sklavenbesitzer),

b) Bodenrentner,

c) Bergwerksrentner,

d) Anlagenrentner (Besitzer von Arbeitsanlagen und Apparaten),

e) Schiffsrentner,

f) Gläubiger, und zwar:

    α. Viehgläubiger,

    β. Getreidegläubiger,

    γ. Geldgläubiger;

g) Effektenrentner.

II. Negativ privilegierte Besitzklassen sind typisch

a) Besitzobjekte (Unfreie, — s. bei „Stand"),

b) Deklassierte („proletarii" im antiken Sinn),

c) Verschuldete,

d) „Arme".

Dazwischen stehen die „Mittelstandsklassen", welche die mit Besitz oder Erziehungsqualitäten ausgestatteten, daraus ihren Erwerb ziehenden Schichten aller Art umfassen. Einige von ihnen k ö n n e n „Erwerbsklassen" sein (Unternehmer mit wesentlich positiver, Proletarier mit negativer Privilegierung. Aber nicht alle (Bauern, Handwerker, Beamte) sind es.

Die reine Besitzklassengliederung ist nicht „dynamisch", d. h. sie führt n i c h t notwendig zu Klassen k ä m p f e n und Klassenrevolutionen. Die stark positiv privilegierte Besitzklasse der Menschenrentner z. B. steht neben der weit weniger positiv privilegierten der Bauern, ja der Deklassierten oft o h n e alla Klassengegensätze, zuweilen mit Solidarität (z. B. gegenüber den Unfreien). Nur k a n n der Besitzklassengegensatz:

1. Bodenrentner — Deklassierter,

2. Gläubiger — Schuldner (oft = stadtsässiger Patrizier — landsässiger Bauer oder stadtsässiger Kleinhandwerker),

zu revolutionären Kämpfen führen, die aber n i c h t notwendig eine Aenderung der Wirtschaftsverfassung, sondern primär lediglich der Besitzausstattung und -verteilung bezwecken (Besitzklassenrevolutionen).

Für das Fehlen des Klassengegensatzes war die Lage des „poor white trash" (sklavenlose Weiße) zu den Pflanzern in den Südstaaten klassisch. Der poor white trash war noch w e i t negerfeindlicher als die in ihrer Lage oft von patriarchalen Empfindungen beherrschten Pflanzer. Für den Kampf der Deklassierten gegen die Besitzenden bietet die Antike die Hauptbeispiele, ebenso für den Gegensatz: Gläubiger — Schuldner und: Bodenrentner — Deklassierter.

§ 2. b) Die primäre Bedeutung einer positiv privilegierten E r w e r b s - k l a s s e liegt in:

α. der Monopolisierung der Leitung der Güterbeschaffung im Interesse der Erwerbsinteressen ihrer Klassenglieder durch diese,

β. der Sicherung ihrer Erwerbchancen durch Beeinflussung der Wirtschaftspolitik der politischen und andern Verbände.

I. Positiv privilegierte Erwerbsklassen sind typisch: U n t e r n e h m e r:

a) Händler,

b) Reeder,

c) gewerbliche Unternehmer,

d) landwirtschaftliche Unternehmer,

e) Bankiers und Finanzierungsunternehmer, u n t e r U m s t ä n d e n:

f) mit bevorzugten Fähigkeiten oder bevorzugter Schulung ausgestattete „freie Berufe" (Anwälte, Aerzte, Künstler),

g) Arbeiter mit monopolistischen Qualitäten (eigenen oder gezüchteten und geschulten).

II. Negativ privilegierte Erwerbsklassen sind typisch: A r b e i t e r in ihren verschiedenen qualitativ besonderten Arten:

a) gelernte,

b) angelernte,

c) ungelernte.

Dazwischen stehen auch hier als „M i t t e l k l a s s e n" die selbständigen Bauern und Handwerker. Ferner sehr oft:

a) Beamte (öffentliche und private),

b) die unter I f erwähnte Kategorie und die Arbeiter mit ausnahmsweisen (eigenen oder gezüchteten oder geschulten) monopolistischen Qualitäten.

c) S o z i a l e Klassen sind

α. die Arbeiterschaft als Ganzes, je automatisierter der Arbeitsprozeß wird,

β. das Kleinbürgertum und

γ. die besitzlose Intelligenz und Fachgeschultheit (Techniker, kommerzielle und andere „Angestellte", das Beamtentum, untereinander eventuell sozial s e h r geschieden, je nach den Schulungs k o s t e n),

d) die Klassen der Besitzenden und durch Bildung Privilegierten.

Der abgebrochene Schluß von K. Marx' Kapital wollte sich offenbar mit dem Problem der Klasseneinheit des Proletariats trotz seiner qualitativen Differenzierung befassen. Die steigende Bedeutung der an den Maschinen selbst innerhalb nicht allzu ausgedehnter Fristen a n gelernten auf Kosten der „gelernten" sowohl, wie zuweilen auch der „ungelernten" Arbeit ist dafür maßgebend. Immerhin sind auch ange-lernte Fähigkeiten oft Monopolqualitäten (Weber erreichen zuweilen typisch das Höchstmaß der Leistung nach 5 Jahren!). Der Uebergang zum „selbständigen" Kleinbürger wurde früher von jedem Arbeiter als Ziel erstrebt. Aber die Möglich-keit der Realisierung ist immer geringer. In der Generationenfolge ist sowohl für a wie für b der „Aufstieg" zur sozialen Klasse c (Techniker, Kommis) relativ am leich-testen. Innerhalb der Klasse d kauft Geld zunehmend — mindestens in der Gene-rationenfolge — A l l e s. Klasse c hat in den Banken und Aktienunternehmungen die Beamten die Chancen des Aufstiegs zu d.

Vergesellschaftetes Klassen h a n d e l n ist am leichtesten zu schaffen

a) gegen den u n m i t t e l b a r e n Interessengegner (Arbeiter gegen Unter-nehmer, nicht: Aktionäre, die wirklich „arbeitsloses" Einkommen beziehen, auch nicht: Bauern gegen Grundherren),

b) nur bei typisch m a s s e n h a f t ähnlicher Klassenlage,

c) bei technischer Möglichkeit leichter Zusammenfassung, insbesondere bei örtlich gedrängter Arbeitsgemeinschaft (Werkstattgemeinschaft),

d) nur bei F ü h r u n g auf einleuchtende Ziele, die regelmäßig von Nicht-Klassenzugehörigen (Intelligenz) oktroyiert oder interpretiert werden.

§ 3. S t ä n d i s c h e L a g e soll heißen eine typisch wirksam in Anspruch genommene positive oder negative Privilegierung in der sozialen S c h ä t z u n g, begründet auf:

a) Lebensführungsart, — daher

b) formale Erziehungsweise, und zwar

α. empirische oder:

β. rationale L e h r e und den Besitz der entsprechenden Lebensformen;

c) Abstammungsprestige oder Berufsprestige.

Praktisch drückt sich ständische Lage aus vor allem in:

α. connubium,

β. Kommensalität, — eventuell:

γ. oft: monopolistischer Appropriation von privilegierten Erwerbschancen oder Perhorreszierung bestimmter Erwerbsarten,

12*

d) ständischen Konventionen („Traditionen") anderer Art.

Ständische Lage k a n n auf Klassenlage bestimmter oder mehrdeutiger Art ruhen. Aber sie ist n i c h t durch sie allein bestimmt: Geldbesitz und Unternehmerlage sind nicht schon a n s i c h ständische Qualifikationen, — obwohl sie dazu führen können —, Vermögenslosigkeit nicht schon a n s i c h ständische Disqualifikation, obwohl sie dazu führen kann. Andererseits kann ständische Lage eine Klassenlage mit- oder selbst allein bedingen, ohne doch mit ihr identisch zu sein. Die Klassenlage eines Offiziers, Beamten, Studenten, bestimmt durch sein Vermögen, kann ungemein verschieden sein, ohne die ständische Lage zu differenzieren, da die Art der durch Erziehung geschaffenen Lebensführung in den ständisch entscheidenden Punkten die gleiche ist.

„Stand" soll eine Vielheit von Menschen heißen, die innerhalb eines Verbandes wirksam

a) eine ständische Sonderschätzung, — eventuell also auch

 . b) ständische Sondermonopole in Anspruch nehmen.

Stände können entstehen

a) primär, durch eigene ständische Lebensführung, darunter insbesondere durch die Art des B e r u f s (Lebensführungs- bzw. Berufsstände),

b) sekundär, erbcharismatisch, durch erfolgreiche Prestigeansprüche kraft ständischer Abstammung (Geburtsstände),

c) durch ständische Appropriation von politischen oder hierokratischen Herrengewalten als Monopole (politische bzw. hierokratische Stände).

Die geburtsständische Entwicklung ist regelmäßig eine Form der (erblichen) Appropriation von Privilegien an einen Verband oder an qualifizierte Einzelne. Jede feste Appropriation von Chancen, insbesondere Herrenchancen, neigt dazu, zur Ständebildung zu führen. Jede Ständebildung neigt dazu, zur monopolistischen Appropriation von Herrengewalten und Erwerbschancen zu führen.

Während Erwerbsklassen auf dem Boden der marktorientierten Wirtschaft wachsen, entstehen und bestehen Stände vorzugsweise auf dem Boden der monopolistisch leiturgischen oder der feudalen oder der ständisch patrimonialen Bedarfsdeckung von Verbänden. „Ständisch" soll eine Gesellschaft heißen, wenn die soziale Gliederung vorzugsweise nach Ständen, „klassenmäßig", wenn sie vorzugsweise nach Klassen geschieht. Dem „Stand" steht von den „Klassen" die „s o z i a l e" Klasse am nächsten, die „Erwerbsklasse" am fernsten. Stände werden oft ihrem Schwerpunkt nach durch Besitzklassen gebildet.

Jede ständische Gesellschaft ist k o n v e n t i o n a l, durch Regeln der Lebensführung, geordnet, schafft daher ökonomisch irrationale Konsumbedingungen und hindert auf diese Art durch monopolistische Appropriationen und durch Ausschaltung der freien Verfügung über die eigene Erwerbsfähigkeit die freie Marktbildung. Davon gesondert.

Zweiter Teil

Typen der Vergemeinschaftung und Vergesellschaftung

Kapitel I.

Wirtschaft und Gesellschaft im allgemeinen.

§ 1. Wesen der Wirtschaft. Wirtschafts-, wirtschaftende und wirtschafts-regulierende Gemeinschaft.

Die Vergemeinschaftungen haben ihrer ganz überwiegenden Mehrzahl nach irgendwelche Beziehungen zur Wirtschaft. Unter Wirtschaft soll hier nicht, wie ein unzweckmäßiger Sprachgebrauch will, jedes zweckrational angelegte Handeln verstanden werden. Ein nach den Lehren irgendeiner Religion zweckmäßig eingerichtetes Gebet um ein inneres „Gut" ist für uns kein Akt des Wirtschaftens. Auch nicht jedes Handeln oder Schaffen, welches dem Prinzip der Sparsamkeit folgt. Nicht nur ist eine, noch so bewußt bei einer Begriffsbildung geübte, Denkökonomie gewiß kein Wirtschaften, sondern auch etwa die Durchführung des künstlerischen Prinzips der „Oekonomie der Mittel" hat mit Wirtschaften nichts zu tun und ist, an Rentabilitätsmaßstäben gemessen, ein oft höchst unökonomisches Produkt immer erneuter vereinfachender Umschaffensarbeit. Und ebenso ist die Befolgung der universellen technischen Maxime des „Optimum": relativ größter Erfolg mit geringstem Aufwand, rein an sich noch nicht Wirtschaften, sondern: zweckrational orientierte T e c h n i k. Von Wirtschaft wollen wenigstens wir hier vielmehr nur reden, wo einem Bedürfnis oder einem Komplex solcher, ein, im Vergleich dazu, nach der Schätzung des Handelnden, k n a p p e r Vorrat von Mitteln und möglichen Handlungen zu seiner Deckung gegenübersteht und dieser Sachverhalt Ursache eines spezifisch mit ihm rechnenden Verhaltens wird. Entscheidend ist dabei für zweckrationales Handeln selbstverständlich: daß diese Knappheit s u b j e k t i v vorausgesetzt und das Handeln daran orientiert ist. Alle nähere Kasuistik und Terminologie bleiben hier außer Erörterung. Man kann unter zwei verschiedenen Gesichtspunkten wirtschaften. Einmal zur Deckung eines gegebenen eigenen Bedarfs. Dieser kann Bedarf für alle denkbaren Zwecke, von der Nahrung bis zur religiösen Erbauung sein, wenn dafür im Verhältnis zum Bedarf knappe Güter oder mögliche Handlungen erforderlich werden. Es ist an sich konventionell, daß man allerdings in spezifisch betontem Sinn an die Deckung der Alltagsbedürfnisse, an den sog. materiellen Bedarf denkt, wenn von Wirtschaft die Rede ist. Gebete und Seelenmessen k ö n n e n in der Tat ebensogut Gegenstände der Wirtschaft werden, wenn die für ihre Veranstaltung qualifizierten Personen und deren Handeln knapp und daher nur ebenso gegen Entgelt zu beschaffen sind, wie das tägliche Brot. Die künstlerisch meist hoch gewerteten Zeichnungen der Buschmänner sind nicht Objekte der Wirtschaft, überhaupt nicht Produkte von Arbeiten im ökonomischen Sinn. Wohl aber werden Produkte künstlerischen Schaffens, die meist weit niedriger gewertet zu werden pflegen, Gegenstände wirtschaftlichen Handelns, wenn der spezifisch ökonomische Sachverhalt: Knappheit im Verhältnis zum Begehr, sich einstellt. Gegenüber der Wirtschaft zur Deckung des eigenen Bedarfs ist die zweite Art des Wirtschaftens Wirtschaft zum Erwerb: die Ausnutzung des spezifisch ökonomischen Sachverhalts:

Knappheit begehrter Güter, zur Erzielung eigenen Gewinns an Verfügung über diese Güter.

Das soziale Handeln kann nun zur Wirtschaft in verschiedenartige Beziehung treten.

Gesellschaftshandeln kann, seinem von den Beteiligten subjektiv irgendwie erfaßten Sinne nach, ausgerichtet sein auf rein wirtschaftliche Erfolge: Bedarfsdeckung oder Erwerb. Dann begründet es Wirtschaftsgemeinschaft. Oder es kann sich des eigenen Wirtschaftens als Mittels für die anderweitigen Erfolge, auf die es ausgerichtet ist, bedienen: wirtschaftende Gemeinschaften. Oder es finden sich wirtschaftliche mit außerwirtschaftlichen Erfolgen in der Ausgerichtetheit eines Gemeinschaftshandelns kombiniert. Oder endlich: es ist keins von alledem der Fall. Die Grenze der beiden erstgenannten Kategorien ist flüssig. Ganz streng genommen ist der erstgenannte Tatbestand ja nur bei solchen Gemeinschaften vorhanden, welche durch Ausnutzung des spezifisch ökonomischen Sachverhalts Gewinn zu erzielen streben. Also bei den Erwerbswirtschaftsgemeinschaften. Denn alle auf Bedarfsdeckung, gleichviel welcher Art, gerichteten Gemeinschaften bedienen sich des Wirtschaftens nur soweit, als dies nach Lage der Relation von Bedarf und Gütern unumgänglich ist. Die Wirtschaft einer Familie, einer milden Stiftung oder Militärverwaltung, einer Vergesellschaftung zur gemeinsamen Rodung von Wald oder zu einem gemeinsamen Jagdzuge stehen darin einander gleich. Gewiß scheint ein Unterschied zu bestehen: ob ein Gemeinschaftshandeln wesentlich deshalb überhaupt zur Existenz gelangt, um dem spezifisch ökonomischen Sachverhalt bei der Bedarfsdeckung gerecht zu werden, wie dies unter den Beispielen z. B. bei der Rodungsvergesellschaftung der Fall ist, oder ob primär andere Zwecke (Abrichtung für den Kriegsdienst) verfolgt werden, die nur, weil sie eben faktisch auf den ökonomischen Sachverhalt stoßen, das Wirtschaften erzwingen. Tatsächlich ist das aber eine sehr flüssige und nur so weit deutlich vollziehbare Scheidung, als das Gemeinschaftshandeln Züge aufweist, die auch beim Fortdenken des ökonomischen Sachverhalts, bei Unterstellung also einer Verfügung über praktisch unbeschränkte Vorräte von Gütern und möglichen Handlungen der möglichen Art, die gleichen bleiben müßten.

Auch ein weder wirtschaftliche noch wirtschaftende Gemeinschaften darstellendes Gemeinschaftshandeln aber kann in seiner Entstehung, seinem Fortbestand, der Art seiner Struktur und seines Ablaufs durch wirtschaftliche Ursachen, welche auf den ökonomischen Sachverhalt zurückgehen, mitbestimmt sein und ist insoweit ökonomisch determiniert. Umgekehrt kann es seinerseits für die Art und den Verlauf eines Wirtschaftens ein ins Gewicht fallendes ursächliches Moment bilden: ökonomisch relevant sein. Meist wird beides zusammentreffen. Gemeinschaftshandeln, welches weder eine Wirtschaftsgemeinschaft noch eine wirtschaftende Gemeinschaft darstellt, ist nichts Ungewöhnliches. Jeder gemeinsame Spaziergang kann ein solches konstituieren. Gemeinschaften, die nicht ökonomisch relevant sind, sind ebenfalls recht häufig. Einen Sonderfall innerhalb der wirtschaftlich relevanten Gemeinschaften bilden solche, welche zwar ihrerseits keine „Wirtschaftsgemeinschaften" sind, d. h.: deren Organe nicht durch eigene Mitarbeit oder durch konkrete Anordnungen, Gebote und Verbote, den Verlauf einer Wirtschaft kontinuierlich bestimmen, deren Ordnungen aber das wirtschaftliche Verhalten der Beteiligten regulieren: „wirtschaftsregulierende Gemeinschaften", wie alle Arten politischer, viele religiöse und zahlreiche andere Gemeinschaften, darunter solche, welche eigens zu dem Zweck der Wirtschaftsregulierung vergesellschaftet sind (Fischerei- und Markgenossenschaften u. dgl.). Gemeinschaften, die nicht irgendwie ökonomisch determiniert sind, sind wie gesagt höchst selten. Dagegen ist der Grad, in dem dies der Fall ist, sehr verschieden und vor allem fehlt — entgegen der Annahme der sog. materialistischen Geschichtsauffassung — die Eindeutigkeit der ökonomischen Determiniertheit des Gemeinschaftshandelns durch ökonomische Momente. Erscheinungen, welche die Analyse der Wirtschaft als „gleich" beurteilen muß, sind sehr häufig mit einer, für die soziologische Betrachtung sehr stark verschiedenen Struktur der sie umschließenden oder mit ihnen koexistierenden Gemeinschaften aller Art, auch der Wirtschafts- und wirtschaftenden Gemeinschaften, vereinbar. Auch die Formulierung: daß ein „funktioneller" Zusammenhang der Wirtschaft mit den sozialen Gebilden bestehe, ist ein historisch nicht allgemein begründbares Vorurteil, wenn darunter eine eindeutige gegenseitige Bedingtheit verstanden wird. Denn die Strukturformen des Gemeinschaftshandelns haben, wie wir immer wieder sehen werden, ihre „Eigengesetzlichkeit" und können auch davon abgesehen im Einzelfall stets durch andere als wirtschaftliche Ursachen in ihrer Gestaltung mitbestimmt sein. Dagegen pflegt allerdings an irgendeinem Punkt für die Struktur fast aller, und jedenfalls aller „kulturbedeutsamen" Gemeinschaften der Zustand der Wirtschaft ursächlich bedeutsam, oft ausschlaggebend wichtig, zu werden. Umgekehrt pflegt aber auch die Wirtschaft irgendwie durch die eigengesetzlich bedingte Struktur des Gemeinschaftshandelns, innerhalb dessen sie sich vollzieht, beeinflußt zu sein. Darüber, wann und wie dies der Fall sei, läßt sich etwas ganz Allgemeines von Belang nicht aussagen. Wohl aber läßt sich Allgemeines über den Grad der Wahlverwandtschaft konkreter Strukturformen des Gemeinschaftshandelns mit konkreten Wirtschaftsformen aussagen, d. h. darüber: ob und wie stark sie sich gegenseitig in ihrem Bestande begünstigen oder umgekehrt einander hemmen oder ausschließen: einander „adäquat" oder „inadäquat" sind. Solche Adäquanzbeziehungen werden wir immer wieder zu besprechen haben. Und ferner lassen sich wenigstens einige allgemeine Sätze über die Art, wie ökonomische Interessen überhaupt zu Gemeinschaftshandeln bestimmten Charakters zu führen pflegen, aufstellen.

§ 2. „Offene" und „geschlossene" Wirtschaftsbeziehungen.

Eine bei allen Formen von Gemeinschaften sehr häufig vorkommende Art von wirtschaftlicher Bedingtheit wird durch den Wettbewerb um ökonomische Chancen: Amtsstellungen, Kundschaft, Gelegenheit zu okkupatorischem oder Arbeitsgewinn und dergleichen, geschaffen. Mit wachsender Zahl der Konkurrenten im Verhältnis zum Erwerbsspielraum wächst hier das Interesse der an der Konkurrenz Beteiligten, diese irgendwie einzuschränken. Die Form, in der dies zu geschehen pflegt, ist die: daß irgendein äußerlich feststellbares Merkmal eines Teils der (aktuell oder potenziell) Mitkonkurrierenden: Rasse, Sprache, Konfession, örtliche oder soziale Herkunft, Abstammung, Wohnsitz usw. von den anderen zum Anlaß genommen wird, ihren Ausschluß vom Mitbewerb zu erstreben. Welches im Einzelfall dies Merkmal ist, bleibt gleichgültig: es wird jeweils an das nächste sich darbietende angeknüpft. Das so entstandene Gemeinschaftshandeln der einen kann dann ein entsprechendes der anderen, gegen die es sich wendet, hervorrufen. — Die gemeinsam handelnden Konkurrenten sind nun unbeschadet ihrer fortdauernden Konkurrenz untereinander doch nach außen eine „Interessentengemeinschaft" geworden, die Tendenz, eine irgendwie geartete „Vergesellschaftung" mit rationaler Ordnung entstehen zu lassen, wächst, und bei Fortbestand des monopolistischen Interesses kommt der Zeitpunkt, wo sie selbst oder eine andere Gemeinschaft, deren Handeln die Interessenten beeinflussen können (z. B. die politische Gemeinschaft), eine Ordnung setzen, welche Monopole zugunsten der Begrenzung des Wettbewerbs schafft, und daß fortan zu deren Durchführung, eventuell mit Gewalt, sich bestimmte Personen ein für allemal als „Organe" bereithalten. Dann ist aus der Interessentengemeinschaft eine „Rechtsgemeinschaft" geworden: die Betreffenden sind „Rechtsgenossen". Dieser Prozeß der „Schließung" einer Gemeinschaft, wie wir ihn nennen wollen, ist ein typisch sich wiederholender Vorgang, die Quelle des „Eigentums" am Boden ebenso wie aller zünftigen und anderen Gruppenmonopole. Handle es sich um die „genossenschaftliche Organisation", und das heißt stets: um den nach außen geschlossenen, monopolistischen Zusammenschluß von z. B. ihrer örtlichen Provenienz nach bezeichneten Fischereiinteressenten eines bestimmten Gewässers, oder etwa um die Bildung eines „Verbandes der Diplomingenieure", welcher das rechtliche oder faktische Monopol auf bestimmte Stellen für seine Mitglieder gegen die Nichtdiplomierten zu erzwingen sucht, oder um die Schließung der Teilnahme an den Aeckern, Weide- und Allmendnutzungen eines Dorfs gegen Außenstehende, oder um „nationale" Handlungsgehilfen, oder um landes- oder ortsgebürtige Ministerialen, Ritter, Universitätsgraduierte, Handwerker, oder um Militäranwärter oder was sie sonst seien, die zunächst ein Gemeinschaftshandeln, dann eventuell eine Vergesellschaftung entwickeln, — stets ist dabei als treibende Kraft die Tendenz zum Monopolisieren bestimmter, und zwar der Regel nach ökonomischer Chancen beteiligt. Eine Tendenz, die sich gegen andere Mitbewerber, welche durch ein gemeinsames positives oder negatives Merkmal gekennzeichnet sind, richtet. Und das Ziel ist: in irgendeinem Umfang stets S c h l i e - ß u n g der betreffenden (sozialen und ökonomischen) Chancen gegen Außenstehende. Diese Schließung kann, wenn erreicht, in ihrem Erfolg sehr verschieden weit gehen. Namentlich insofern, als die Zuteilung monopolistischer Chancen an die e i n z e l n e n Beteiligten dabei in verschiedenem Maße definitiv sein kann. Jene Chancen können dabei i n n e r h a l b des Kreises der monopolistisch Privilegierten entweder ganz „offen" bleiben, so daß diese unter sich frei darum weiter konkurrieren. So z. B. bei den auf Bildungspatentbesitzer bestimmter Art: geprüfte Anwärter auf irgendwelche Anstellungen bezüglich dieser, oder z. B. Handwerker mit Meisterprüfung bezüglich des Kundenwettbewerbs oder der Lehrlingshaltung, in ihrer Zugänglichkeit beschränkten Chancen. Oder sie können irgendwie a u c h n a c h i n n e n „geschlossen" werden. Entweder so, daß ein „Turnus" stattfindet: die kurzfristige Ernennung mancher Amtspfründeninhaber gehörte dem Zweck nach dahin. Oder so, daß die einzelnen Chancen nur auf Widerruf an Einzelne vergeben werden. So bei den in der „strengen" Flurgemeinschaft z. B. des russischen Mir an die Einzelnen vergebenen Verfügungsgewalten über Aecker. Oder so, daß sie lebenslänglich vergeben werden — die Regel bei allen Präbenden, Aemtern, Monopolen von Handwerksmeistern, Allmendackerrechten, namentlich auch ursprünglich den Ackerzuteilungen innerhalb der meisten flurgemeinschaftlichen Dorfverbände u. dgl. Oder so, daß sie endgültig an den Einzelnen und seine Erben vergeben werden und nur eine Verfügungsgewalt des einzelnen Prätendenten im Wege der Abtretung an andere nicht zugelassen wird oder doch die Abtretung auf den Kreis der Gemeinschaftsgenossen beschränkt ist: der κλῆρος, die Kriegerpräbende des Altertums, die Dienstlehen der Ministerialen, Erbämter- und Erbhandwerkermonopole gehören dahin. Oder schließlich so, daß nur die Zahl der Chancen geschlossen bleibt, der Erwerb jeder einzelnen aber auch ohne Wissen und Willen der anderen Gemeinschafter durch jeden Dritten vom jeweiligen Inhaber möglich ist, so wie bei den Inhaberaktien. Wir wollen diese verschiedenen Stadien der mehr oder minder definitiven inneren Schließung der Gemeinschaft Stadien der A p p r o p r i a t i o n der von der Gemeinschaft monopolisierten sozialen und ökonomischen Chancen nennen. Die völlige Freigabe der appropriierten Monopolchancen zum Austausch auch nach außen: ihre Verwandlung in völlig „freies" E i g e n t u m , bedeutet natürlich die Sprengung der alten monopolisierten Vergemeinschaftung, als deren caput mortuum nun sich appropriierte Verfügungsgewalten als „erworbene Rechte" in der Hand der Einzelnen im Güterverkehr befinden. Denn ausnahmslos alles „Eigentum" an Naturgütern ist historisch aus der allmählichen Appropriation monopolistischer Genossenanteile entstanden und Objekt der Appropriation waren, anders als heute, nicht nur konkrete Sachgüter, sondern ganz ebenso soziale und ökonomische Chancen aller denkbaren Art. Selbstverständlich ist Grad und Art der Appropriation und ebenso die Leichtigkeit, mit der sich der Appropriationsprozeß im Innern der Gemeinschaft überhaupt vollzieht, sehr verschieden je nach der technischen Natur der Objekte und der Chancen, um die es sich handelt und welche die Appropriation, in sehr verschiedenem Grade nahelegen können. Die Chance z. B. aus einem bestimmten Ackerstück durch dessen Bearbeitung Unterhalts- oder Erwerbsgüter zu gewinnen, ist an ein sinnfälliges und eindeutig abgrenzbares sachliches Objekt: eben das konkrete unvermehrbare Ackerstück gebunden, was in dieser Art etwa bei einer „Kundschaft" nicht der Fall ist. Daß das Objekt selbst erst durch Meliorierung Ertrag bringt, also in gewissem Sinn selbst „Arbeitsprodukt" der Nutzenden wird, motiviert dagegen die Appropriation nicht. Denn das pflegt bei einer acquirierten „Kundschaft" zwar in anderer Art, aber in noch weit höherem Maß zuzutreffen. Sondern rein technisch ist eine „Kundschaft" nicht so leicht — sozusagen — „einzutragen" wie ein Stück Grund und Boden. Es ist naturgemäß, daß auch das Maß der Appropriation darnach verschieden weit zu gehen pflegt. Aber hier kommt es darauf an, festzuhalten: daß prinzipiell die Appropriation in einem wie im andern Fall der gleiche, nur verschieden leicht durchführbare Vorgang ist: die „Schließung" der monopolisierten, sozialen oder ökonomischen, Chancen auch nach Innen, den Genossen gegenüber. Die Gemeinschaften sind darnach in verschiedenem Grade nach außen und innen „offen" oder „geschlossen".

§ 3. Gemeinschaftsformen und ökonomische Interessen.

Diese monopolistische Tendenz nimmt nun spezifische Formen an, wo es sich um Gemeinschaftsbildungen von Menschen handelt, welche andern gegenüber durch eine gleiche, vermittelst Erziehung, Lehre, Uebung z u e r w e r b e n d e periodische Qualität ausgezeichnet sind: durch ökonomische Qualifikationen irgendwelcher Art, durch gleiche oder ähnliche Amtsstellung, durch ritterliche oder asketische oder sonst irgendwie spezifizierte Richtung der Lebensführung und ähnliches. Hier pflegt das Gemeinschaftshandeln, wenn es eine Vergesellschaftung aus sich hervortreibt, dieser die Formen der „Z u n f t" zu geben. Ein Kreis von Vollberechtigten monopolisiert die Verfügung über die betreffenden ideellen, sozialen und ökonomischen Güter, Pflichten und Lebensstellungen als „Beruf". Er läßt nur den zur vollen Ausübung des gleichen Berufs zu, der 1. ein Noviziat zwecks geregelter Vorbildung durchgemacht, 2. seine Qualifikation dargetan, 3. eventuell noch weitere Karenzzeiten und Leistungen hinter sich hat. In ganz typischer Art wiederholt sich das von den pennalistischen Vergesellschaftungen des Studententums bis zu den Rittereinungen einerseits, den Zünften der Handwerker andererseits und den Qualifikationserfordernissen der modernen Beamten und Angestellten. Dabei kann zwar überall auch das Interesse an der Sicherung der guten Leistung mitspielen, an welcher alle Beteiligten unbeschadet ihrer eventuell fortbestehenden Konkurrenz untereinander ideell und materiell mitinteressiert sein können: die örtlichen Handwerker im Interesse des guten Rufs ihrer Waren, Ministerialen und Ritter einer bestimmten Einung im Interesse des Rufs ihrer Tüchtigkeit und auch direkt im eigensten Interesse ihrer militärischen Sicherheit, Asketengemeinschaften aus dem Interesse heraus, daß die Götter und Dämonen nicht durch falsche Manipulationen gegen alle Beteiligten erzürnt werden (wer z. B. bei einem rituellen Singtanz falsch singt, wird ursprünglich bei fast allen „Naturvölkern" alsbald zur Sühne erschlagen). Normalerweise aber steht voran das Interesse an der Einschränkung des Angebots von Anwärtern auf die Pfründen und Ehren der betreffenden Berufsstellung. Die Noviziate und Karenzzeiten ebenso wie die „Meisterstücke" und was sonst gefordert wird (namentlich: ausgiebige Regalierung der Genossen) stellen oft mehr ökonomische als eigentliche Qualifikationsansprüche an die Anwärter.

Solche monopolistischen Tendenzen und ihnen verwandte ökonomische Erwägungen haben historisch oft eine bedeutende Rolle bei der H e m m u n g der Ausbreitung von Gemeinschaften gespielt. Die attische Bürgerrechtspolitik der Demokratie z. B., welche den Kreis der an den Vorteilen des Bürgerrechts Teilnehmenden zunehmend zu schließen trachtete, hat der politischen Machtexpansion Schranken

gesetzt. Eine ökonomische Interessenkonstellation anderer, aber letztlich doch
ähnlicher Art brachte die Propaganda des Quäkertums zum Stillstand. Das ursprüngliche religiös gebotene Bekehrungsinteresse des Islam fand seine Schranken an dem
Interesse der erobernden Kriegerschicht: daß eine nicht islamische und daher minder-
berechtigte Bevölkerung dabliebe, welcher die für den Unterhalt der vollberechtigten
Gläubigen erforderlichen Abgaben und Lasten auferlegt werden konnten — ein
Sachverhalt, welcher den Typus abgibt für sehr viele ähnliche Erscheinungen.

Typisch ist auf der andern Seite der Fall, daß Menschen „von" der Uebernahme
der Interessenvertretung oder in anderer Art von der Existenz einer Gemeinschaft
ideell oder auch ökonomisch ihre Existenz fristen und daß infolgedessen das Gemeinschaftshandeln propagiert wird, fortbesteht und sich zur Vergesellschaftung entwickelt
in Fällen, wo dies sonst vielleicht nicht eingetreten wäre. Ideell kann ein solches
Interesse in der verschiedensten Art begründet sein: die Ideologen der Romantik und
ihre Nachzügler z. B. haben im 19. Jahrhundert zahlreiche verfallende Sprachgemeinschaften „interessanter" Völkerschaften erst zu bewußter Pflege ihres Sprach-
besitzes erweckt. Deutsche Gymnasiallehrer und Professoren haben kleine slawische
Sprachgemeinschaften, mit denen sie sich beschäftigten und über die sie Bücher
zu schreiben das ideelle Bedürfnis fühlten, vor dem Untergang bewahren helfen.
Immerhin ist dieses rein ideologische „Leben" einer Gemeinschaft ein nicht so trag-
fähiger Hebel wie ihn die ökonomische Interessiertheit abgibt. Wenn insbesondere
eine Gruppe von Menschen jemanden dafür bezahlt, daß er zu planvoller Wahrnehmung der allen gemeinsamen Interessen sich ständig (als „Organ") bereit hält und
handelt, oder wenn eine solche Interessenvertretung sich sonstwie direkt oder indirekt „bezahlt" macht, so ist damit eine Vergesellschaftung geschaffen, die unter
allen Umständen eine starke Garantie für den Fortbestand des Gemeinschaftshandelns
darstellt. Mag es sich etwa um die entgeltliche Propaganda von (verhüllten oder
unverhüllten) Sexualinteressen oder von anderen „ideellen" oder endlich von ökonomischen Interessen (Gewerkschaften, Arbeitgeberverbänden, und ähnlichen Organisationen) handeln, sei es in Gestalt von in Stücklohn bezahlten Vortragsrednern oder
mit Gehalt entlohnten „Sekretären" und dergleichen, immer sind nun Personen da,
welche „berufsmäßig" an der Erhaltung der vorhandenen und der Gewinnung neuer
Mitglieder interessiert sind. Ein planmäßiger rationaler „Betrieb" ist an die Stelle des
intermittierenden und irrationalen Gelegenheitshandelns getreten und funktioniert
weiter, auch wenn der ursprüngliche Enthusiasmus der Beteiligten selbst für ihre
Ideale längst verflogen ist.

Eigentlich „kapitalistische" Interessen können in der allerverschiedensten Art
an der Propaganda eines bestimmten Gemeinschaftshandelns interessiert sein.
So z. B. wie die Besitzer von Vorräten deutschen Frakturdruckmaterials an der
fortdauernden Verwendung dieser „nationalen" Schriftform. Oder so, wie diejenigen
Gastwirte, welche trotz des Militärboykotts ihre Räume für sozialdemokratische
Versammlungen zur Verfügung halten, an der Mitgliederzahl der Partei. Ungezählte
Beispiele dieses Typus liegen für jede Art von Gemeinschaftshandeln jedermann nahe.

Das allen Fällen derartiger ökonomischer Interessiertheit, sei es seitens der Ange-
stellten oder seitens kapitalistischer Mächte, Gemeinsame ist: daß das Interesse am
„Inhalt" der gemeinsamen Ideale der Mitglieder notwendig hinter dem Interesse an
dem Fortbestand oder der Propaganda der Gemeinschaft rein als solchem, gleichviel
welches der Inhalt ihres Handelns ist, zurücktritt. Ein großartiges Beispiel dieser
Art ist die vollkommene Entleerung der amerikanischen Parteien von festen sachlichen
Idealen. Das größte ist aber natürlich die typische Verknüpfung kapitalistischer
Interessen mit der Expansion politischer Gemeinschaften, wie es von jeher bestanden
hat. Einerseits ist die Möglichkeit der Beeinflussung des Wirtschaftslebens durch
diese Gemeinschaften außerordentlich groß, und andererseits können sie sich zwangs-
weise ungeheure Einkünfte verschaffen und darüber disponieren, so daß sich an
ihnen, direkt und indirekt, am meisten verdienen läßt; direkt durch entgeltliche

Uebernahme von Leistungen oder durch Bevorschussung von Einkünften, indirekt durch Ausbeutung von Objekten, welche sie politisch okkupieren. Das Schwergewicht des kapitalistischen Erwerbs lag in der Antike und in der beginnenden Neuzeit in solchen durch Beziehungen zur politischen Gewalt rein als solcher zu erzielenden „imperialistischen" Gewinnen, und er verschiebt sich heute wieder zunehmend nach dieser Richtung hin. Jede Ausdehnung des Machtgebiets einer solchen Gemeinschaft vermehrt dann die Gewinnchancen der betreffenden Interessenten.

Diesen ökonomischen Interessen, welche in der Richtung der Propagierung einer Gemeinschaft wirken, treten nun, außer den schon besprochenen monopolistischen Tendenzen, unter Umständen andere Interessen entgegen, welche gerade umgekehrt durch die Geschlossenheit und Exklusivität einer Gemeinschaft gespeist werden. Wir stellten schon früher allgemein fest, daß fast jeder auf rein freiwilligem Beitritt ruhende Zweckverband über den primären Erfolg hinaus, auf den das vergesellschaftete Handeln ausgerichtet ist, Beziehungen zwischen den Beteiligten zu stiften pflegt, welche Grundlage eines unter Umständen auf ganz heterogene Erfolge ausgerichteten Gemeinschaftshandelns werden können: an die Vergesellschaftung knüpft sich regelmäßig eine „übergreifende" Vergemeinschaftung. Natürlich nur bei einem Teil der Vergesellschaftungen, demjenigen nämlich, deren Gemeinschaftshandeln eine irgendwelche, nicht rein geschäftliche, „persönliche" gesellschaftliche Berührung voraussetzt. Die Qualität eines „Aktionärs" zum Beispiel erwirbt man ohne alle Rücksicht auf persönlich-menschliche Eigenschaften und regelmäßig ohne Wissen und Willen der Mitbeteiligten rein kraft eines ökonomischen Tauschakts über die Aktie. Aehnliches gilt für alle diejenigen Vergesellschaftungen, welche den Beitritt von einer rein formalen Bedingung oder Leistung abhängig machen und auf die Prüfung der Person des Einzelnen verzichten. Dies ist besonders häufig bei gewissen Arten von reinen Wirtschaftsgemeinschaften, ebenso bei manchen Vereinen mit rein politischem Zweck der Fall und wird im allgemeinen überall um so mehr zur Regel, je rationaler und spezialisierter der Zweck der Vereinigung ist. Immerhin gibt es der Vergesellschaftungen sehr viele, bei denen einerseits die Zulassung, ausdrücklich oder stillschweigend, gewisse spezifische Qualifikationen voraussetzt und bei denen andererseits, im Zusammenhang damit, jene übergreifende Vergemeinschaftung regelmäßig stattfindet. Dies ist natürlich besonders dann der Fall, wenn die Gemeinschafter die Zulassung jedes neuen Beteiligten an eine Prüfung und Zustimmung zur Aufnahme seiner Person knüpfen. Der einzelne Beteiligte wird dann, normalerweise wenigstens, nicht nur nach seinen Funktionen und nach seiner für den ausdrücklichen Zweck des Verbandes wesentlichen Leistungsfähigkeit, sondern auch nach seinem „Sein", nach der Wertschätzung seiner Gesamtpersönlichkeit von seiten der anderen Mitbeteiligten geprüft. Es ist hier nicht der Ort, die einzelnen Vergesellschaftungen danach zu klassifizieren, wie stark oder wie schwach dieses Auslesemoment bei ihnen wirkt. Genug, daß es bei den allerverschiedensten Arten tatsächlich existiert. Eine religiöse Sekte nicht nur, sondern ebenso ein geselliger Verein, etwa ein Kriegerverein, selbst ein Kegelklub läßt im allgemeinen niemanden zur Beteiligung zu, dessen Gesamtpersönlichkeit von den anderen Beteiligten verworfen wird. Eben dies nun „legitimiert" den Zugelassenen nach außen, Dritten gegenüber, weit über seine für den Zweck des Verbandes wichtigen Qualitäten hinaus. Die Beteiligung am Gemeinschaftshandeln ferner schafft ihm Beziehungen („Konnexionen"), welche zu seinen Gunsten ebenfalls weit über den Kreis der speziellen Verbandszwecke wirksam werden. Es ist daher etwas Alltägliches, daß Leute einem religiösen oder studentischen oder politischen oder anderen Verband angehören, obwohl ihnen die dort gepflegten Interessen an sich durchaus gleichgültig sind, lediglich um jener wirtschaftlich nutzbaren „Legitimationen" und „Konnexionen" willen, welche diese Zugehörigkeit mit sich bringt. Während nun diese Motive an sich einen starken Anreiz zur Beteiligung an der Gemeinschaft zu enthalten und also ihre Propagierung zu fördern scheinen, wirkt in gerade entgegengesetztem Sinn das Interesse der Beteiligten daran, jene Vorteile zu monopolisieren und auch in ihrem ökonomischen Nutzwert dadurch zu steigern, daß sie auf einen möglichst kleinen und exklusiven Kreis beschränkt bleiben. Und je kleiner und exklusiver er ist, desto höher steht neben dem direkten Nutzwert überdies auch das soziale Prestige, welches die Zugehörigkeit verleiht.

Endlich ist noch eine häufige Beziehung zwischen Wirtschaft und Gemeinschafts-handeln kurz zu streifen: die bewußte Inaussichtstellung konkreter wirtschaftlicher Vorteile im Interesse der Propagierung und Erhaltung einer primär außerwirtschaft-lichen Gemeinschaft. Sie pflegt naturgemäß besonders da aufzutreten, wo mehrere Gemeinschaften ähnlicher Art miteinander um Mitglieder konkurrieren. So namentlich politische Parteien und religiöse Gemeinschaften. Die amerikanischen Sekten kon-kurrieren durch Arrangement von künstlerischen und anderen Darbietungen und Unterhaltungen aller Art einschließlich des Sports, durch Unterbietung in den Be-dingungen der Zulassung geschiedener Gatten zur Einsegnung neuer Ehen (das schrankenlose Unterbieten auf diesem Gebiet ist neuestens durch eine reguläre „Kar-tell"bildung eingeschränkt worden). Die religiösen und politischen Parteien veran-stalten neben Landpartien und ähnlichem noch allerhand Gründungen von „Jugend-verbänden", „Frauengruppen" u. dgl., und überall beteiligen sie sich eifrig an rein kommunalen oder andern an sich unpolitischen Angelegenheiten, die ihnen Gelegen-heit geben, in Konkurrenz miteinander lokalen Privatinteressenten ökonomische Ge-fälligkeiten zu erweisen. Die Invasion kommunaler oder genossenschaftlicher oder anderer Gemeinschaften durch solche politische, religiöse und andere Gruppen ist in sehr starkem Maße ganz direkt dadurch ökonomisch bedingt, daß sie Gelegenheit gibt, Funktionäre der Gemeinschaft direkt durch Amtspfründen und soziales Prestige zu versorgen und damit zugleich die Kosten des eigenen Betriebs auf andere Gemein-schaften zu überwälzen. Kommunale oder genossenschaftliche oder Konsumvereins-ämter, Aemter in Krankenkassen und Gewerkschaften und Aehnliches sind Objekte, die sich dazu eignen. Und in größtem Maßstab selbstverständlich politische Aemter und Pfründen oder andere, von der politischen Gewalt zu vergebende, soziale oder als Versorgungsgelegenheiten geschätzte Stellungen, die Universitätsprofessuren eingeschlossen. Das „parlamentarische" System bietet Gemeinschaften aller Art, wenn sie hinlänglich stark an Zahl sind, die Möglichkeit, sich ähnlich den politischen Parteien selbst — zu deren normalem Wesen gerade dies gehört — derartige Ver-sorgungsmittel für ihre Führer und Mitglieder zu verschaffen. In unserem Zusammen-hang ist speziell nur die allgemeine Tatsache festzustellen: daß auch die direkte Schaffung ökonomischer Organisationen, namentlich zu propagandistischen Zwecken, seitens außerökonomischer Gemeinschaften verwendet wird. Ein beträchtlicher Teil des modernen karitativen Betriebs der religiösen Gemeinschaften dient ihm. Erst recht die Gründung von „christlichen", „liberalen", „sozialistischen", „natio-nalen" Gewerkschaften und Hilfskassen, die Gewährung von Gelegenheit zum Sparen und zur Versicherung. In sehr großem Maßstabe ferner die Konsumvereins- und Genossenschaftsgründung: bei manchen italienischen Genossenschaften mußte der Beichtzettel vorgelegt werden, um Arbeit zu erhalten. Für die Polen in Deutschland[1]) ist die Organisation des Kredits, der Entschuldung, der Ansiedlung in ungewöhnlich großartiger Weise entwickelt, und die russischen Parteien aller Richtungen beschritten in der Revolutionszeit[2]) sofort systematisch ähnliche höchst moderne Wege. Grün-dung von Erwerbsbetrieben: Banken, Hotels (wie die sozialistische „Hotellerie du Peuple" in Ostende) und schließlich auch von gewerblichen Produktionsbetrieben (auch in Belgien) kommen ebenfalls vor. Die im Besitz der Macht innerhalb einer politischen Gemeinschaft befindlichen Gruppen, namentlich also das Beamtentum, pflegen dann zur Erhaltung ihrer eigenen Machtstellung ähnliche Wege zu beschreiten, von der Züchtung „patriotischer" Vereine und Veranstaltungen aller Art mit Gewäh-rung ökonomischer Vorteile angefangen bis zur Schaffung von bürokratisch kon-

---

[1]) Vor 1918 (Anm. d. Herausgeb.).
[2]) 1905—1906 (Anm. d. Herausgeb.).

trollierten Kreditfonds („Preußenkasse") und ähnlichem. Die technischen Einzelheiten aller dieser Mittel der Propaganda gehören nicht hierher.

Das Mit- und Gegeneinanderwirken von einerseits propagandistisch, andererseits monopolistisch wirkenden ökonomischen Interessen innerhalb aller möglichen Arten von Gemeinschaften war hier nur im allgemeinen festzustellen und durch einige besonders typische Beispiele zu illustrieren. Es weiter ins Einzelne zu verfolgen müssen wir uns versagen, da dies eine Spezialuntersuchung aller einzelnen Arten von Vergesellschaftungen bedingen würde.

§ 4. Wirtschaftsformen.

Wir haben vielmehr nur noch in Kürze der allernächst liegenden Art der Verknüpfung von Gemeinschaftshandeln mit „Wirtschaft" zu gedenken: des Umstandes, daß außerordentlich viele Gemeinschaften „wirtschaftende" Gemeinschaften sind. Damit sie dies sein können, ist allerdings normalerweise ein gewisses Maß von rationaler Vergesellschaftung erforderlich. Nicht unentbehrlich: den aus der Hausgemeinschaft emporwachsenden, später zu erörternden Gebilden fehlt sie. Aber sie ist das durchaus Normale.

Ein zur rationalen „Vergesellschaftung" entwickeltes Gemeinschaftshandeln besitzt, wenn es ökonomischer Güter und Leistungen für das Gesellschaftshandeln bedarf, eine gesatzte Regel, nach der jene aufgebracht werden. Prinzipiell kann dies geschehen in folgenden „reinen" Typen (deren Beispiele wir möglichst dem politischen Gemeinschaftsleben entlehnen, weil dieses die entwickeltsten Systeme für ihre Aufbringung besitzt): 1. „oikenmäßig", d. h. rein gemeinwirtschaftlich und rein naturalwirtschaftlich: Auferlegung direkter persönlicher Naturalleistungen der Gemeinschafter nach festen Regeln, gleich für alle oder spezifiziert („allgemeine" Wehrpflicht der Kriegstauglichen und spezifizierte Militärdienstpflicht als „Oekonomiehandwerker") und Umlegung der sachlichen Bedarfsgegenstände (z. B. für die fürstliche Tafel oder für die Heeresverwaltung) in Form von festen pflichtmäßigen Naturalabgaben. Ihre Verwendung erfolgt in Form einer nicht für den Absatz arbeitenden Gemeinwirtschaft, welche einen Teil des Gemeinschaftshandelns bildet (z. B.: ein rein eigenwirtschaftlicher grundherrschaftlicher oder fürstlicher Haushalt, (der reine Typus des „Oikos") oder z. B. im speziellen eine ganz auf Naturaldienst und Naturalabgaben ruhende Ordnung der Heeresverwaltung, wie — annähernd — in Altägypten). — 2. A b g a b e n und (marktmäßig): als Pflicht auferlegte Steuern, (regelmäßige) Beiträge oder an bestimmte Vorgänge geknüpfte Gelegenheitsabgaben in Geldform seitens der Gemeinschafter nach bestimmten Regeln, geben die Möglichkeit zur Beschaffung der Mittel für die Bedarfsdeckung auf dem Markt, also durch Ankauf von sachlichen Betriebsmitteln, Miete von Arbeitern, Beamten, Söldnern. — Die Abgaben können daher auch Kontributionscharakter haben. So die Belastung aller Personen, auch der am Gemeinschaftshandeln sonst nicht beteiligten, welche entweder a) an gewissen Vorteilen und Chancen, welche die Gemeinschaft darbietet, namentlich an Leistungen eines durch die Gemeinschaft geschaffenen gesellschaftlichen Gebildes (z. B. einer Grundbuch- oder anderen „Behörde") oder wirtschaftlichen Guts (z. B. einer von ihr gebauten Chaussee) teilnehmen, nach dem Prinzip eines speziellen Leistungsentgelts (Gebühren im technischen Wortsinn) — oder welche b) einfach rein physisch in die faktische Machtsphäre der Gemeinschaft geraten (Abgaben von bloßen Gebietsinsassen, Zölle von Personen und Gütern beim Passieren des beherrschten Gebiets). — 3. E r w e r b s w i r t s c h a f t l i c h: durch Marktabsatz von Produkten oder Dienstleistungen eines eigenen Betriebs, der einen Teilbestandteil des Gemeinschaftshandelns darstellt und dessen Gewinne für die Gesellschaftszwecke verwendet werden. Dieser kann ein „freier" Betrieb ohne formelle Monopolgarantie sein (Preußische Seehandlung, Grande Chartreuse) oder ein monopolistischer Betrieb, wie sie in der Vergangenheit und auch in der Gegenwart (Post)

zahlreich vorhanden waren und sind. Es liegt auf der Hand, daß zwischen diesen
drei rein begrifflich konsequentesten Typen jede Art von Kombination möglich ist.
Naturalleistungen können in Geld „abgelöst", Naturalien auf dem Markt in Geld
verwandelt werden, die Sachgüter des Erwerbsbetriebs können direkt durch Naturalabgaben oder auf dem Markt aus den durch Geldabgaben aufgebrachten Mitteln
beschafft, überhaupt die Bestandteile dieser einzelnen „Typen" miteinander kombiniert werden, wie dies tatsächlich die Regel ist. — 4. M ä z e n a t i s c h: durch
rein freiwillige Beiträge ökonomisch dazu befähigter und irgendwie am Gesellschafts-
zweck materiell oder ideell interessierter, seien sie nun im übrigen Teilnehmer der
Gemeinschaft oder nicht (typische Form der Bedarfsdeckung von religiösen und Par-
teigemeinschaften: Stiftungen für religiöse Zwecke, Subventionierung von Parteien
durch Großgeldgeber; ebenso aber: Bettelorden und die freiwilligen „Geschenke"
an die Fürsten der Frühzeit). Es fehlt die feste Regel und Verpflichtung und der
Zusammenhang von Leistung und sonstiger Beteiligung am Gemeinschaftshandeln:
der Mäzen kann ganz außerhalb des Kreises der Beteiligten stehen. — 5. Durch
p r i v i l e g i e r e n d e B e l a s t u n g — und zwar positiv oder negativ privilegierend. a) Die positiv privilegierende Belastung findet nicht nur, aber hauptsächlich
statt gegen Garantie eines bestimmten ökonomischen oder sozialen Monopols und
umgekehrt: bestimmte privilegierte Stände oder monopolisierte Gruppen sind ganz
oder teilweise abgabenfrei. Die Abgaben und Leistungen werden also nicht nach
allgemeinen Regeln der einzelnen Vermögens- und Einkommensstufen oder den
(prinzipiell wenigstens) frei zugänglichen Besitz- und Erwerbsarten auferlegt, sondern
sie werden gefordert je nach der Art der bestimmten, Einzelnen oder Gruppen durch
die Gemeinschaft garantierten, spezifisch ökonomischen oder politischen oder anderen
Machtstellungen und Monopole (Rittergutsbesitz, zünftige und ständische Steuer-
privilegien oder Spezialabgaben). Und zwar als „Korrelat" oder als „Entgelt" dieser
privilegierenden Garantie oder Appropriation. Die Art der Bedarfsdeckung schafft
oder fixiert dann also eine monopolistische Gliederung der Gemeinschaftsbeteiligten
auf der Grundlage der „Schließung" der sozialen und ökonomischen Chancen der
einzelnen Schichten. Zu dieser Form der Bedarfsdeckung gehören begrifflich auch,
als wichtiger Sonderfall, alle unter sich höchst verschiedenen Formen der „feudalen"
oder „patrimonialen" Deckung des Bedarfs an politischen Machtmitteln, welche
mit appropriierten Machtstellungen für die Leistung des vergesellschafteten Handelns
selbst verknüpft sind (der Fürst als solcher hat im ständischen Gemeinwesen prinzipiell
die Lasten des politischen Gemeinschaftshandelns aus seinem patrimonialen Besitz
zu bestreiten, die feudalen Teilhaber an der politischen oder patrimonialen Gewalt
und sozialen Ehre: Vasallen, Ministerialen usw. bringen die Kriegs- und Amtsbedürf-
nisse aus eigenen Mitteln auf). Bei dieser Art der Bedarfsdeckung handelt es sich meist
um Abgaben und Leistungen in natura (ständisch-naturale privilegierende Bedarfsdeckung). Es können aber, auf dem Boden des Kapitalismus, ganz analoge Vorgänge
privilegierender Bedarfsdeckung auftreten: die politische Gewalt garantiert z. B.
einer Gruppe von Unternehmern ausdrücklich oder indirekt ein Monopol und legt
ihnen dafür direkt oder in Abgabenform Kontributionen auf. Diese in der „merkantilistischen" Epoche verbreitete Form der privilegierenden Belastung hat in der
Gegenwart wieder eine zunehmende Rolle zu spielen begonnen (Branntweinsteuer in
Deutschland). — b) Die n e g a t i v privilegierende Bedarfsdeckung ist die l e i -
t u r g i s c h e: es werden ökonomisch kostspielige Leistungen spezifizierter Art an
eine bestimmte Höhe des nackten, nicht monopolistisch privilegierten Vermögens-
besitzes rein als solchen, eventuell unter den Qualifizierten im Turnus umgehend,
geknüpft (Trierarchen und Choregen in Athen, Zwangssteuerpächter in den hellenistischen Staaten): K l a s s e n l e i t u r g i e; — oder sie werden mit bestimmten
Monopolgemeinschaften derart verbunden, daß die Pflichtigen im Interesse der gesellschaftlichen Bedarfsdeckung diesen Monopolgemeinschaften sich nicht einseitig
entziehen dürfen, sondern an sie gebunden sind (solidarisch haftend). Zwangszünfte

Altägyptens und des späten Altertums, erbliche Gebundenheit der russischen Bauern an die für die Steuern haftende Dorfgemeinschaft, mehr oder minder starke Schollenfestigkeit der Colonen und Bauern aller Zeiten und Solidarhaft ihrer Gemeinden für die Steuern und eventuell: Rekruten, Solidarhaft der römischen Dekurionen für die von ihnen zu erhebenden Abgaben usw.: S t a n d e s l e i t u r g i e . — Die zuletzt (Nr. 5) genannten Arten der Aufbringung des Gemeinschaftsbedarfs sind der Natur der Sache nach normalerweise auf anstaltsmäßige Zwangsgemeinschaften (vor allen die politischen) beschränkt.

§ 5. Formen der Wirtschaftsregulierung.

Die Arten der Bedarfsdeckung, stets das Resultat von Interessenkämpfen, haben oft weittragende Bedeutung jenseits ihres direkten Zweckes. Denn sie können in starkem Maße „wirtschaftsregulierende" Ordnungen zur Folge haben (wie namentlich die zuletzt genannten Arten) und, wo dies nicht direkt der Fall ist, dennoch die Entwicklung und Richtung des Wirtschaftens sehr stark beeinflussen. So z. B. die standesleiturgische Bedarfsdeckung, für die „Schließung" der sozialen und ökonomischen Chancen und die Fixierung der Ständebildung, damit für die Ausschaltung der privaten Erwerbskapitalbildung. So ferner jede umfassende gemeinwirtschaftliche oder erwerbswirtschaftliche oder Monopole schaffende Bedarfsdeckung. Die beiden ersteren stets in der Richtung der Ausschaltung der privaten Erwerbswirtschaft, die letztere je nach den Umständen sehr verschieden, immer natürlich in der Richtung der Verschiebung, zuweilen in der der Stimulierung, zuweilen der Hemmung der privatkapitalistischen Gewinnchancen. Das kommt auf Maß, Art und Richtung des staatlich geförderten Monopolismus an. Der zunehmende Uebergang des Römerreichs zur standesleiturgischen (und daneben teilweise zur gemeinwirtschaftlichen) Bedarfsdeckung erstickte den antiken Kapitalismus. Die erwerbswirtschaftlichen Gemeinde- und Staatsbetriebe der Gegenwart verschieben teils, teils verdrängen sie den Kapitalismus: die Tatsache, daß die deutschen Börsen seit der Verstaatlichung der Eisenbahnen keine Eisenbahnpapiere mehr notieren, ist für ihre Stellung nicht nur, sondern für die Art der Vermögensbildung wichtig. Jede Begünstigung und Stabilisierung von Monopolen in Verbindung mit staatlichen Kontributionen (wie etwa in der deutschen Branntweinsteuer usw.) schränkt die Expansion des Kapitalismus ein (ein Beispiel: die Entstehung rein gewerblicher Brennereien). Die Handels- und Kolonialmonopole des Mittelalters und der beginnenden Neuzeit stimulierten umgekehrt zunächst — da unter den gegebenen Umständen nur durch Monopolisierung ausreichender Gewinnspielraum für eine kapitalistische Unternehmung zu sichern war — die Entstehung des Kapitalismus. Im weiteren Verlauf aber — so in England im 17. Jahrhundert — wirkten sie dem Rentabilitätsinteresse des das Optimum der Anlagechancen suchenden Kapitals entgegen und stießen daher auf erbitterte Opposition, der sie erlagen. Die Wirkung ist also im Fall der steuerbedingten Monopolprivilegien nicht eindeutig. Eindeutig der kapitalistischen Entwicklung günstig ist dagegen die rein abgabenmäßige und marktmäßige Bedarfsdeckung, also, ins Extreme gesteigert gedacht, die Deckung möglichst alles Bedarfs an der Verwaltung durch Vergebung auf dem freien Markt. Mit Einschluß z. B. auch der Vergebung der Heeresanwerbung und „Ausbildung" an private Unternehmer (wie die condottieri in der beginnenden Neuzeit es waren) und der Aufbringung aller Mittel durch Geldsteuern. Dies System setzt natürlich vollentwickelte Geldwirtschaft, ferner aber, rein verwaltungstechnisch, einen streng rationalen und präzis funktionierenden und das heißt: „bürokratischen" Verwaltungsmechanismus voraus. Speziell gilt dies für die Besteuerung des beweglichen „Besitzes", welche überall, und gerade in der „Demokratie", eigenartigen Schwierigkeiten begegnet. Diese sind hier kurz zu erörtern, weil sie unter den gegebenen Bedingungen der abendländischen Zivilisation in hohem Maße an der Entwicklung des spezifisch modernen Kapitalismus mitbeteiligt waren. Jede Art von

Belastung des Besitzes als solchen ist überall, auch wo die Besitzlosen den Einfluß in Händen haben, an gewisse Schranken gebunden, wenn den Besitzenden das Ausscheiden aus der Gemeinschaft möglich ist. Das Maß dieser Möglichkeit hängt nicht nur, wie selbstverständlich, von dem Grade der Unentbehrlichkeit der Zugehörigkeit gerade zu dieser konkreten Gemeinschaft für sie ab, sondern ebenso von der durch die Eigenart des Besitzes bestimmten, ökonomischen Gebundenheit an eben jene Gemeinschaft. Innerhalb der anstaltsmäßigen Zwangsgemeinschaften, also in erster Linie der politischen Gebilde, sind alle Arten von gewinntragender Besitzverwertung, welche in besonders starkem Maße an Grundbesitz gebunden sind, spezifisch abwanderungsunfähig, im Gegensatz zu den „beweglichen", das heißt: den in Geld oder spezifisch leicht in Geld austauschbaren Gütern bestehenden, nicht ortsgebundenen Vermögen. Austritt und Abwanderung von besitzenden Schichten aus einer Gemeinschaft läßt nicht nur die Abgabelast der darin Verbleibenden stark anwachsen, sondern kann auch in einer auf dem Markttausch und namentlich auf dem Arbeitsmarkttausch ruhenden Gemeinschaft die unmittelbaren Erwerbschancen der Besitzlosen (namentlich ihre Arbeitsgelegenheit) so stark beeinträchtigen, daß sie um dieser unmittelbaren Wirkung willen auf den Versuch einer rücksichtslosen Heranziehung des Besitzes zu den Gemeinschaftslasten verzichten, ja ihn sogar ganz bewußt privilegieren. Ob dies geschieht hängt von der ökonomischen Struktur der betreffenden Gemeinschaft ab. Für den attischen Demos, der in starkem Maß von Tributen der Untertanen lebte und unter einer Wirtschaftsordnung stand, für welche der Arbeitsmarkt im modernen Sinn des Wortes noch nicht die Klassenlage der Massen beherrschend bestimmte, traten die erwähnten Motive und Rücksichten hinter dem stärker wirkenden Anreiz direkter Auferlegung von Kontributionen auf den Besitz zurück. Unter modernen Verhältnissen ist es meist umgekehrt. Gerade solche Gemeinschaften, in welchen die Besitzlosen den maßgebenden Einfluß ausüben, verfahren heute nicht selten sehr schonsam gegen den Besitz. Speziell in den Händen sozialistischer Parteien befindliche Gemeinwesen, wie etwa die Stadt Catania, haben Fabriken durch weitgehende Privilegierung geradezu gezüchtet, weil die erhoffte Erweiterung der Arbeitsgelegenheit, also die unmittelbare Besserung ihrer Klassenlage, den Anhängern wichtiger war als die „gerechte" Besitzverteilung und Besteuerung. Wohnungsvermieter, Baugeländebesitzer, Detaillisten, Handwerker pflegen trotz aller Interessengegensätze im Einzelfall ebenso zuerst an das nächstliegende, durch die Klassenlage direkt bestimmte Interesse zu denken, und alle Arten von „Merkantilismus" sind daher eine bei allen Gattungen von Gemeinschaften verbreitete, im einzelnen sehr abwandlungsfähige und in den mannigfachsten Formen bestehende Erscheinung. Um so mehr als auch das Interesse an der Erhaltung der „Steuerkraft" und an dem Vorhandensein von großen, zur Kreditgewährung fähigen Vermögen innerhalb der eigenen Gemeinschaft, den an der Machtstellung der Gemeinschaft als solcher andern Gemeinschaften gegenüber Interessierten, eine ähnliche Behandlung des irgendwie „beweglichen" Besitzes aufnötigt. Der „bewegliche" Besitz hat daher, selbst wo die Macht in einer Gemeinschaft in den Händen der Besitzlosen liegt, wenn nicht immer für direkte „merkantilistische" Privilegierung, so doch für weitgehende Verschonung mit leiturgischer oder abgabenmäßiger Belastung überall da eine weitgehende Chance, wo eine Vielzahl von Gemeinschaften, zwischen denen er für seine Ansiedelung die Wahl hat, miteinander konkurrieren, wie etwa die Einzelstaaten der amerikanischen Union — deren partikularistische Selbständigkeit der wesentliche Grund des Scheiterns aller ernstlichen Einigung der bedarfskapitalistischen Interessen ist — oder in beschränktem, aber dennoch fühlbarem Maße, die Kommunen eines Landes oder schließlich die ganz und namentlich unabhängig nebeneinanderstehenden politischen Gebilde.

Im übrigen ist natürlich die Art der Lastenverteilung im stärksten Maße mitbestimmt einerseits durch die Machtlage der verschiedenen Gruppen innerhalb einer Gemeinschaft zueinander, andererseits durch die Art der Wirtschaftsordnung. Jedes

Anwachsen oder Vorwalten naturalwirtschaftlicher Bedarfsdeckung drängt zum Leiturgiesystem. So stammt das ägyptische Leiturgiesystem aus der Pharaonenzeit und ist die Entwicklung des spätrömischen Leiturgiestaats nach ägyptischem Muster durch den stark naturalwirtschaftlichen Charakter der Binnengebiete, welche einverleibt wurden und die relativ sinkende Bedeutung und Gewichtigkeit der kapitalistischen Schichten bedingt, welche ihrerseits wieder durch die den Steuerpächter und die Auswucherung der Untertanen ausschaltende Umwandlung der Herrschaftsstruktur und Verwaltung herbeigeführt wurde. Vorwaltender Einfluß des „beweglichen" Besitzes führt umgekehrt überall zur Abwälzung der leiturgiemäßigen Deckung der Lasten seitens der Besitzenden und zu einem Leistungs- und Abgabensystem, welches die Massen belastet. An Stelle der leiturgisch nach dem Besitz abgestuften, auf Selbstausrüstung der vermögenden Bürger ruhenden Wehrpflicht trat in Rom die faktische Militärdienstfreiheit der Leute vom Ritterzensus und das staatlich equipierte Proletarierheer, anderwärts das Soldheer, dessen Kosten durch Massenbesteuerung gedeckt wurden. An Stelle der Aufbringung des außerordentlichen Bedarfs durch Vermögenssteuer oder zinslose Zwangsanleihe, also leiturgisches Einstehen der Besitzenden für den Notbedarf der Gemeinschaftswirtschaft, tritt im Mittelalter überall die Deckung durch verzinsliche Anleihen, Verpfändung von Land, Zöllen und andern Abgaben, — also die Fruktifizierung des Notbedarfs der Gemeinschaftswirtschaft durch die Besitzenden als Gewinn- und Rentenquelle, ein Zustand, der zuweilen — so zeitweise in Genua — fast den Charakter der Verwaltung der Stadt und ihrer Steuerkraft im Interesse der Staatsgläubigerinstitutionen an sich trägt. Und endlich: die mit wachsendem politisch bedingtem Geldbedarf zunehmende Gesuchtheit des Kapitals seitens der verschiedenen miteinander um die Macht konkurrierenden, ihren Bedarf immer mehr geldwirtschaftlich deckenden, politischen Gebilde zu Beginn der Neuzeit führten damals jenes denkwürdige Bündnis zwischen den staatenbildenden Gewalten und den umworbenen und privilegierten Kapitalmächten herbei, welches zu den wichtigsten Geburtshelfern der modernen kapitalistischen Entwicklung gehörte und der Politik jener Epoche mit Recht den Namen der „merkantilistischen" eingetragen hat. Obwohl es an sich, wie wir sahen, „Merkantilismus" im Sinn der faktischen Schonung und Privilegierung des „beweglichen" Besitzes überall und immer gab und auch heute gibt, wo überhaupt mehrere selbständige Zwangsgebilde nebeneinander stehen und mit den Mitteln der Steigerung der Steuerkraft und zur Kreditgewährung fähigen Kapitalkraft ihrer Mitglieder miteinander konkurrieren, in der Antike wie in der Neuzeit. Daß dieser „Merkantilismus" in der beginnenden Neuzeit einen spezifischen Charakter annahm und spezifische Wirkungen hatte, war die Folge teils der später zu erörternden Eigenart der Herrschaftsstruktur der konkurrierenden politischen Gebilde und ihrer Gemeinschaftswirtschaft, teils aber und namentlich der andersartigen Struktur des damals im Entstehen begriffenen modernen Kapitalismus gegenüber dem antiken, speziell der Entwicklung des dem Altertum unbekannten modernen Industriekapitalismus, dem jene Privilegierung auf die Dauer besonders zugute kam. Jedenfalls aber blieb seitdem der Konkurrenzkampf großer, annähernd gleich starker, rein politischer Machtgebilde eine politische Macht nach außen und ist, wie bekannt, eine der wichtigsten spezifischen Triebkräfte jener Privilegierung des Kapitalismus, die damals entstand und, in anderer Form, bis heute anhält. Weder die Handels- noch die Bankpolitik der modernen Staaten, also die am engsten mit den zentralen Interessen der heutigen Wirtschaftsform verknüpften Richtungen der Wirtschaftspolitik, sind nach Genesis und Verlauf ohne jene sehr eigenartige politische Konkurrenz- und „Gleichgewichts"-Situation der europäischen Staatenwelt des letzten halben Jahrtausends zu verstehen, welche schon Rankes Erstlingsschrift als das ihr welthistorisch Spezifische erkannt hat.

194

Kapitel II.

Typen der Vergemeinschaftung und Vergesellschaftung.

§ 1. Die Hausgemeinschaft.

Die Erörterung der speziellen, oft höchst verwickelten Wirkungen der Bedarfsdeckung der Gemeinschaften gehört nicht in diese allgemeine, auf alles einzelne nur exemplifizierende Betrachtung.

Wir wenden uns vielmehr, unter Verzicht auf jede systematische Klassifikation der einzelnen Gemeinschaftsarten nach Struktur, Inhalt und Mitteln des Gemeinschaftshandelns — welche zu den Aufgaben der allgemeinen Soziologie gehört[1]) — zunächst einer kurzen Feststellung des Wesens der für unsere Betrachtung wichtigsten Gemeinschaftsarten zu. An dieser Stelle ist dabei nicht die Beziehung der Wirtschaft zu den einzelnen Kultur i n h a l t e n (Literatur, Kunst, Wissenschaft usw.), sondern lediglich ihre Beziehung zur „Gesellschaft", das heißt in diesem Fall: den allgemeinen Struktur f o r m e n menschlicher Gemeinschaften zu erörtern. Inhaltliche Richtungen des Gemeinschaftshandelns kommen daher nur soweit in Betracht, als sie aus sich heraus spezifisch geartete Strukturformen desselben erzeugen, welche zugleich ökonomisch relevant sind. Die dadurch gegebene Grenze ist zweifellos durchaus flüssig, bedeutet aber unter allen Umständen: daß nur einige sehr universelle Arten von Gemeinschaften behandelt werden. Dies geschieht im folgenden zunächst nur in allgemeiner Charakteristik, während — wie wir sehen werden — ihre Entwicklungsformen in einigermaßen präziser Art erst später im Zusammenhang mit der Kategorie der „Herrschaft" besprochen werden können.

Als besonders „urwüchsig" erscheinen uns heute die durch s e x u e l l e D a u e rg e m e i n s c h a f t gestifteten Beziehungen zwischen Vater, Mutter und Kindern. Allein losgelöst von der ökonomischen Versorgungsgemeinschaft, dem gemeinsamen „Haushalt", welcher doch wenigstens begrifflich davon getrennt zu halten ist, sind jedenfalls die rein sexuell zwischen Mann und Weib und die nur physiologisch begründeten Beziehungen zwischen Vater und Kindern in ihrem Bestande gänzlich labil und problematisch; die Vaterbeziehung fehlt ohne stabile Versorgungsgemeinschaft zwischen Vater und Mutter überhaupt gänzlich und ist selbst da, wo jene besteht, nicht immer von großer Tragweite. „Urwüchsig" ist von den auf dem Boden des Geschlechtsverkehrs erwachsenen Gemeinschaftsbeziehungen nur die zwischen Mutter und Kind und zwar, weil sie eine Versorgungsgemeinschaft ist, deren naturgegebene Dauer die Zeit bis zur Fähigkeit des Kindes zur selbständigen ausreichenden Nahrungssuche umfaßt. Demnächst die Aufzuchtsgemeinschaft der Geschwister. „Milchgenossen" (ὁμογάλακτες) ist daher ein spezifischer Name für die Nächstversippten. Auch hier ist nicht die Naturtatsache: der gemeinsame Mutterleib, sondern die ökonomische Versorgungsgemeinschaft entscheidend. Gemeinschaftsbeziehungen aller Art kreuzen erst recht die sexuellen und physiologischen

[1]) Vgl. Teil I dieses Werkes.

Beziehungen, sobald es sich um die Entstehung der „Familie" als eines spezifischen sozialen Gebildes handelt. Der historisch durchaus vieldeutige Begriff ist nur brauchbar, wenn im Einzelfall sein Sinn klargestellt ist. Darüber später. Wenn die „Muttergruppe" (Mutter und Kinder) unvermeidlich als die primitivste im heutigen Sinn „familienartige" Gemeinschaftsbildung angesehen werden muß, so ist damit in keiner Art gesagt, sondern vielmehr direkt undenkbar: daß es je eine menschliche Existenzform gegeben habe, welche an Gemeinschaftsbildungen nichts als nebeneinanderstehende Muttergruppen gekannt hätte. Stets, soviel wir wissen, stehen bei Vorwalten der Muttergruppe als „Familienform" daneben die Vergemeinschaftungen der Männer unter sich: ökonomische und militärische — und solche der Männer mit den Frauen: sexueller und ökonomischer Art. Als eine normale, aber offensichtlich sekundäre Gemeinschaftsform kommt die „reine" Muttergruppe gerade da nicht selten vor, wo das Alltagsdasein der Männer zunächst zu militärischen, dann auch zu andern Zwecken in der Dauergemeinschaft des „Männerhauses" kaserniert ist, wie dies bei vielen Völkern der verschiedensten Gebiete als einer spezifischen Form militaristischer Entwicklung, also sekundär bedingt, sich findet.

Von einer „Ehe" kann man im Sinne einer bloßen Kombination einer sexuellen mit einer Aufzuchtgemeinschaft von Vater, Mutter, Kindern begrifflich überhaupt nicht reden. Denn der Begriff der „Ehe" selbst ist nur durch Bezugnahme auf noch andere als jene Gemeinschaften zu definieren. „Ehe" entsteht als gesellschaftliche Institution überall erst durch den Gegensatz zu anderen, n i c h t als Ehe angesehenen sexuellen Beziehungen. Denn ihr Bestehen bedeutet: 1. daß das Entstehen einer Beziehung gegen den Willen: entweder der Sippe einer Frau oder derjenigen des schon in deren Besitz befindlichen Mannes, also von einem V e r b a n d, — in ältester Zeit: der Sippe entweder des Mannes oder der Frau oder beider, nicht geduldet und eventuell gerächt wird, — namentlich aber 2. daß nur die Abkömmlinge bestimmter sexueller Dauergemeinschaften im Kreise einer umfassenderen ökonomischen, politischen, religiösen oder sonstigen Gemeinschaft, welcher ein Elternteil (oder jeder von beiden) angehört, kraft ihrer Abstammung als geborene gleichstehende Verbandsgenossen (Hausgenossen, Markgenossen, Sippegenossen, politische Genossen, Standesgenossen, Kultgenossen) behandelt werden, Abkömmlinge eines Elternteils aus anderen Sexualbeziehungen dagegen nicht. Einen andern Sinn hat — was wohl zu beachten ist — die Unterscheidung von „ehelich" und „unehelich" überhaupt nicht. Welche Voraussetzungen die „Ehelichkeit" hat: welche Klassen von Personen in jenem Sinn gültige Dauergemeinschaften nicht miteinander eingehen können, welche Zustimmungen, welche Sippen- oder noch andere Verbandsgenossen für die Gültigkeit erfordert werden, welche Formen erfüllt werden müssen, dies alles regeln die als heilig geltenden Traditionen oder gesatzte Ordnungen jener anderen Verbände. Die Ehe trägt also ihre spezifische Qualität stets von solchen Ordnungen anderer als bloßer Sexual- und Aufzuchtsgemeinschaften zu Lehen. Die Wiedergabe der ethnographisch ungemein wichtigen Entwicklung dieser Ordnungen ist hier nicht beabsichtigt, sie gehen uns nur in ihren wichtigsten ökonomischen Beziehungen an.

Die sexuellen und die durch Gemeinsamkeit beider Eltern oder eines von ihnen zwischen den Kindern gestifteten Beziehungen gewinnen ihre normale Bedeutung für die Erzeugung eines Gemeinschaftshandelns nur dadurch, daß sie die normalen, wenn auch nicht die einzigen, Grundlagen eines spezifisch ökonomischen Verbandes werden: der Hausgemeinschaft.

Die Hausgemeinschaft ist nichts schlechthin Primitives. Sie setzt nicht ein „Haus" in der heutigen Bedeutung, wohl aber einen gewissen Grad planmäßiger Ackerfruchtgewinnung voraus. Unter den Bedingungen rein okkupatorischer Nahrungssuche scheint sie nicht existiert zu haben. Aber auch auf der Grundlage eines technisch schon weit entwickelten Ackerbaus ist die Hausgemeinschaft oft so gestaltet, daß sie als eine sekundäre Bildung gegenüber einem vorangehenden Zustand

13 *

erscheinen kann, welcher einerseits den umfassenden Gemeinschaften der Sippe und des Nachbarverbandes mehr Gewalt, andererseits dem Einzelnen mehr Ungebundenheit gegenüber der Gemeinschaft von Eltern, Kindern, Enkeln, Geschwistern zuteilte. Namentlich die, gerade bei geringer gesellschaftlicher Differenzierung, sehr häufige fast völlige Trennung der Güter und des Erwerbes der Frau von dem des Mannes scheint dahin zu weisen, ebenso die zuweilen vorkommende Sitte, daß Frau und Mann prinzipiell mit dem Rücken gegeneinander gekehrt oder ganz getrennt essen und daß auch innerhalb des politischen Verbandes selbständige Frauenorganisationen mit weiblichen Häuptlingen neben der Männerorganisation sich finden. Indessen muß man sich hüten, daraus auf Verhältnisse eines individualistischen „Urzustandes" zu schließen. Denn sehr oft handelt es sich um sekundäre, durch militärorganisatorisch bedingte Aushäusigkeit des Mannes während seiner „Militärdienstzeit" entstandene, daher zu einer männerlosen Haushaltführung der Frauen und Mütter führende Zustände, wie sie in Resten noch in der, auf Aushäusigkeit des Mannes und Gütertrennung ruhenden Familienstruktur der Spartiaten erhalten war. Die Hausgemeinschaft ist nicht universell gleich umfassend. Aber sie stellt dennoch die universell verbreitetste „Wirtschaftsgemeinschaft" dar und umfaßt ein sehr kontinuierliches und intensives Gemeinschaftshandeln. Sie ist die urwüchsige Grundlage der Pietät und Autorität, der Grundlage zahlreicher menschlicher Gemeinschaften außerhalb ihrer. Der „Autorität" 1. des Stärkeren, 2. des Erfahreneren, also: der Männer gegen Frauen und Kinder, der Wehrhaften und Arbeitsfähigen gegenüber den dazu Unfähigen, der Erwachsenen gegen die Kinder, der Alten gegenüber den Jungen. Der „Pietät" sowohl der Autoritätsunterworfenen gegen die Autoritätsträger wie untereinander. Als Ahnenpietät geht sie in die religiösen Beziehungen, als Pietät des Patrimonialbeamten, Gefolgsmanns, Vasallen, in diese Beziehungen über, die ursprünglich häuslichen Charakter haben. Hausgemeinschaft bedeutet ökonomisch und persönlich in ihrer „reinen" — wie schon bemerkt, vielleicht nicht immer „primitiven" — Ausprägung: Solidarität nach außen und kommunistische Gebrauchs- und Verbrauchsgemeinschaft der Alltagsgüter (Hauskommunismus) nach innen in ungebrochener Einheit auf der Basis einer streng persönlichen Pietätsbeziehung. Das Solidaritätsprinzip nach außen findet sich rein entwickelt noch in den periodisch kontraktlich regulierten, kapitalistische Unternehmungen betreibenden, Hausgemeinschaften der mittelalterlichen, und zwar gerade der kapitalistisch fortgeschrittensten, nord- und mittelitalienischen Städte: die solidarische Haftung gegenüber den Gläubigern mit Besitz und Person (unter Umständen auch kriminell) trifft alle Hausangehörigen, einschließlich zuweilen selbst der kontraktlich in die Gemeinschaft aufgenommenen Kommis und Lehrlinge. Dies ist die historische Quelle der für die Entwicklung moderner kapitalistischer Rechtsformen wichtigen Solidarhaftung der Inhaber einer offenen Handelsgesellschaft für die Schulden der Firma. — Etwas unserem „Erbrecht" Entsprechendes kennt der alte Hauskommunismus nicht. An dessen Stelle steht vielmehr der einfache Gedanke: daß die Hausgemeinschaft „unsterblich" ist. Scheidet eins ihrer Glieder aus durch Tod, Ausstoßung (wegen religiös unsühnbaren Frevels), Ueberlassung in eine andere Hausgemeinschaft (Adoption), Entlassung („emancipatio") oder freiwilligen Austritt (wo dieser zulässig ist), da ist bei „reinem" Typus von keiner Abschichtung eines „Anteils" die Rede. Sondern der lebend Ausscheidende läßt durch sein Ausscheiden eben seinen Anteil im Stich und im Todesfall geht die Kommunionwirtschaft der Ueberlebenden einfach weiter. Dergestalt ist noch bis heute die Schweizer „Gemeinderschaft" konstituiert. — Der hauskommunistische Grundsatz, daß nicht „abgerechnet" wird, sondern daß der Einzelne nach seinen Kräften beiträgt und nach seinen Bedürfnissen genießt (soweit der Gütervorrat reicht), lebt noch heute als wesentlichste Eigentümlichkeit der Hausgemeinschaft unserer „Familie" fort, freilich meist nur als ein auf den Haushaltskonsum beschränkter Rest.

Dem reinen Typus ist Gemeinschaft der Wohnstätte essentiell. Vergrößerung der Zahl zwang dann zur Teilung und Entstehung gesonderter Hausgemeinschaften. Doch konnte im Interesse des Zusammenhalts der Arbeitskräfte und des Besitzes der Mittelweg einer örtlichen Dezentralisation ohne Teilung eingeschlagen werden, mit der unvermeidlichen Folge einer Entstehung von irgendwelchen Sonderrechten für die einzelnen Sonderhaushalte. Eine solche Zerlegung kann bis zur völligen rechtlichen Trennung und Selbständigkeit in der Leitung des Erwerbs getrieben werden und dabei dennoch ein überraschend großes Stück Hauskommunismus erhalten bleiben. Es kommt in Europa, besonders in den Alpengebieten vor, z. B. bei Schweizer Hoteliersfamilien, aber auch anderwärts gerade bei ganz großen, in Familien erblichen Welthandelsgeschäften, daß als Rest der, im äußeren Sinn des Wortes, völlig geschwundenen Hausgemeinschaft und Hausautorität gerade nur noch der Kommunismus des Risikos und Ertrages: das Zusammenwerfen des Gewinns und Verlustes sonst gänzlich selbständiger Geschäftsbetriebe weiterbesteht. Mir sind Verhältnisse von Welthäusern mit Millionenerträgnissen bekannt, deren Kapitalien überwiegend, aber nicht einmal vollständig, Verwandten sehr verschiedenen Grades gehören und deren Geschäftsführung überwiegend, aber nicht ausschließlich, in den Händen von Familiengliedern liegt. Die einzelnen Betriebe arbeiten in ganz verschiedenen und wechselnden Branchen, haben ein ungemein verschieden großes Maß von Kapital, Arbeitsanspannung und höchst verschiedene Erträge. Dennoch aber wird der bilanzmäßige Jahresgewinn aller nach Abzug des üblichen Kapitalzinses einfach in einen Topf geworfen und nach verblüffend einfachen Teilungsschlüsseln (oft nach Köpfen) repartiert. Die Aufrechterhaltung des Hauskommunismus auf dieser Stufe geschieht um des gegenseitigen ökonomischen Rückhalts willen, der den Ausgleich von Kapitalbedarf und Kapitalüberschuß zwischen den Geschäften gewährleistet und so die Inanspruchnahme des Kredits Außenstehender erspart. Die „Rechenhaftigkeit" hört also auf, sobald der Bilanzstrich überschritten ist, sie herrscht nur innerhalb des „Betriebes", welcher den Gewinn erzeugt. Dort freilich unbedingt: ein noch so naher Verwandter, der, kapitallos, als Angestellter tätig ist, erhält nie mehr als jeder andere Kommis, denn hier handelt es sich um kalkulierte Betriebskosten, die zugunsten eines Einzelnen nicht ohne Unzufriedenheit der Anderen alteriert werden können. Unterhalb des Bilanzstrichs aber beginnt für die glücklichen Beteiligten das Reich der „Gleichheit und Brüderlichkeit".

§ 2. Nachbarschaftsgemeinschaft, Wirtschaftsgemeinschaft und Gemeinde.

Der Hausverband ist die Gemeinschaft, welche den regulären Güter- und Arbeitsbedarf des Alltages deckt. Wichtige Teile des außerordentlichen Bedarfs an Leistungen bei besonderen Gelegenheiten, akuten Notlagen und Gefährdungen, deckt unter den Verhältnissen agrarischer Eigenwirtschaft ein Gemeinschaftshandeln, welches über die einzelne Hausgemeinschaft hinausgreift: die Hilfe der „Nachbarschaft". Wir wollen darunter nicht nur die „urwüchsige" Form: die durch Nachbarschaft der ländlichen Siedelung, sondern ganz allgemein jede durch räumliche Nähe und dadurch gegebene chronische oder ephemere Gemeinsamkeit einer Interessenlage verstehen, wenn wir auch, und wo nichts näheres gesagt ist, a potiori die Nachbarschaft von nahe beieinander angesiedelten Hausgemeinschaften meinen wollen.

Die „Nachbarschaftsgemeinschaft" kann dabei natürlich äußerlich, je nach der Art der Siedelung, um die es sich handelt: Einzelhöfe oder Dorf oder städtische Straßen oder „Mietskaserne", sehr verschieden aussehen und auch das Gemeinschaftshandeln, welches sie darstellt, kann sehr verschiedene Intensität haben und unter Umständen, speziell unter modernen städtischen Verhältnissen, zuweilen bis dicht an den Nullpunkt sinken. Obwohl das Maß von Gegenseitigkeitsleistungen und

Opferfähigkeit, welches noch heute zwischen den Insassen der Mietskasernen der Armenviertel oft genug heimisch ist, jeden in Erstaunen setzen kann, der zum erstenmal damit in Berührung tritt, so ist es doch klar, daß das Prinzip nicht nur der ephemeren Tramway- oder Eisenbahn- oder Hotelgemeinsamkeit, sondern auch der perennierenden Mietshaus-Gemeinsamkeit im ganzen eher auf Innehaltung möglichster D i s t a n z trotz (oder auch gerade wegen) der physischen Nähe als auf das Gegenteil gerichtet ist und nur in Fällen gemeinsamer Gefahr mit einiger Wahrscheinlichkeit auf ein gewisses Maß von Gemeinschaftshandeln gezählt werden kann. Warum dieser Sachverhalt gerade unter den modernen Lebensbedingungen als Folge einer durch diese geschaffenen spezifischen Richtung des „Würdegefühls" besonders auffällig hervortritt, ist hier nicht zu erörtern. Vielmehr haben wir nur festzustellen, daß auch die stabilen Verhältnisse ländlicher Siedlungs-Nachbarschaft und zwar von jeher, die gleiche Zwiespältigkeit aufweisen: der einzelne Bauer ist weit davon entfernt, eine noch so wohlgemeinte Einmischung in seine Angelegenheiten zu wünschen. Das „Gemeinschaftshandeln" ist nicht die Regel, sondern die, sei es auch typisch wiederkehrende, Ausnahme. Immer ist es weniger intensiv und namentlich diskontinuierlich im Vergleich mit demjenigen der Hausgemeinschaft, ganz abgesehen davon, daß es schon in der Umgrenzung der jeweils am Gemeinschaftshandeln Beteiligten weit labiler ist. Denn die Nachbarschaftsgemeinschaft ruht, allgemein gesprochen, noch auf der einfachen Tatsache der Nähe des faktischen kontinuierlichen Aufenthaltsortes. Innerhalb der ländlichen Eigenwirtschaft der Frühzeit ist das „Dorf", eine Gruppe dicht zusammengesiedelter Hausgemeinschaften, der typische Nachbarschaftsverband. Die Nachbarschaft kann aber auch über die sonst festen Grenzen anderer, z. B. politischer Bildungen hin wirksam werden. Nachbarschaft bedeutet praktisch, zumal bei unentwickelter Verkehrstechnik, Aufeinanderangewiesensein in der Not. Der Nachbar ist der typische Nothelfer, und „Nachbarschaft" daher Trägerin der „Brüderlichkeit" in einem freilich durchaus nüchternen und unpathetischen, vorwiegend wirtschaftsethischen Sinne des Wortes. In der Form gegenseitiger Aushilfe nämlich in Fällen der Unzulänglichkeit der Mittel der eigenen Hausgemeinschaft, durch „Bittleihe", d. h. unentgeltliche Leihe von Gebrauchsgütern, zinsloses Darlehen von Verbrauchsgütern, unentgeltliche „Bittarbeit", d. h. Arbeitsaushilfe im Fall besonders dringlichen Bedarfs werden in seiner Mitte geboren, aus dem urwüchsigen Grundprinzip der ganz unsentimentalen Volksethik der ganzen Welt heraus: „wie du mir, so ich dir" (was der römische Name „mutuum" für das zinslose Darlehen hübsch andeutet). Denn jeder kann in die Lage kommen, der Nothilfe des anderen zu bedürfen. Wo ein Entgelt gewährt wird, besteht es — wie bei der „Bittarbeit", in typischer Form bei der überall auf den Dörfern, z. B. auch noch unseres Ostens, verbreiteten Hausbaubeihilfe der Dorfnachbarn — im Regalieren der Bittarbeiter. Wo ein Tausch stattfindet, gilt der Satz: „Unter Brüdern feilscht man nicht", der das rationale „Marktprinzip" für die Preisbestimmung ausschaltet. „Nachbarschaft" gibt es nicht ausschließlich unter Gleichstehenden. Die praktisch so ungemein wichtige „Bittarbeit" wird nicht nur dem ökonomisch Bedürftigen, sondern auch dem ökonomisch Prominenten und Uebermächtigen freiwillig gewährt, als Erntebeihilfe zumal, deren gerade der Besitzer großer Landstrecken am dringendsten bedarf. Man erwartet dafür vor allem Vertretung gemeinsamer Interessen gegen Bedrohung durch andere Mächtige, daneben unentgeltliche oder gegen die übliche Bittarbeitshilfe gewährte Leihe von überschüssigem Land (Bittleihe: „precarium"); Aushilfe aus seinen Vorräten in Hungersnot und andere karitative Leistungen, die er seinerseits gewährt, weil auch er immer wieder in die Lage kommt, auf den guten Willen seiner Umwelt angewiesen zu sein. Jene rein konventionelle Bittarbeit zugunsten der Honoratioren kann dann im weiteren Verlauf der Entwicklung Quelle einer herrschaftlichen Fronwirtschaft, also eines patrimonialen Herrschaftsverhältnisses, werden, wenn die Macht des Herrn und die Unentbehrlichkeit seines Schutzes nach außen steigt und es ihm gelingt, aus der „Sitte" ein „Recht" zu machen. Daß die Nachbarschaftsgemeinschaft die typische Stätte der „Brüderlichkeit" sei, bedeutet natürlich nicht etwa, daß unter Nachbarn der Regel nach ein „brüderliches" Verhältnis herrsche. Im Gegenteil: wo immer das von der Volksethik postulierte Verhalten durch persönliche Feindschaft oder Interessenkonflikte gesprengt wird, pflegt die entstandene Gegnerschaft, gerade weil sie sich als im Gegensatz zu dem von der Volksethik Geforderten stehend weiß und zu rechtfertigen sucht und auch weil die persönlichen Beziehungen besonders enge und häufige sind, zu ganz besonders scharfem und nachhaltigem Grade sich zuzuspitzen.

Die Nachbarschaftsgemeinschaft kann ein amorphes, in dem Kreise der daran Beteiligten flüssiges, also „offenes" und intermittierendes Gemeinschaftshandeln darstellen. Sie pflegt in ihrem Umfang nur dann feste Grenzen zu erhalten, wenn eine „geschlossene" Vergesellschaftung stattfindet, und dies geschieht regelmäßig dann, wenn eine Nachbarschaft zur „Wirtschaftsgemeinschaft" oder die Wirtschaft der Beteiligten regulierenden Gemeinschaft vergesellschaftet wird. Das erfolgt in der uns generell bekannten typischen Art aus ökonomischen Gründen, wenn z. B. die Ausbeutung von Weide und Wald, weil sie knapp werden, „genossenschaftlich" und das heißt: monopolistisch reguliert wird. Aber sie ist nicht notwendig Wirtschaftsgemeinschaft oder wirtschaftsregulierende Gemeinschaft, und wo sie es ist, in sehr verschiedenem Maße. Das nachbarschaftliche Gemeinschaftshandeln kann seine, das Verhalten der Beteiligten regulierende, Ordnung entweder selbst sich durch Vergesellschaftung setzen (wie die Ordnung des „Flurzwangs") oder von Außenstehenden, Einzelnen oder Gemeinwesen, mit denen die Nachbarn als solche ökonomisch oder politisch vergesellschaftet sind, oktroyiert bekommen (z. B. Hausordnungen vom Mietshausbesitzer). Aber all das gehört nicht notwendig zu seinem Wesen. Nachbarschaftsgemeinschaft, Waldnutzungsordnungen von politischen Gemeinschaften, aber namentlich: Dorf, ökonomischer Gebietsverband (z. B.: Markgemeinschaft) und politischer Verband fallen auch unter den Verhältnissen der reinen Hauswirtschaft der Frühzeit nicht notwendig zusammen, sondern können sich sehr verschieden zueinander verhalten. Die ökonomischen Gebietsverbände können je nach den Objekten, die sie umfassen, sehr verschiedenen Umfang haben. Acker, Weide, Wald, Jagdgründe unterliegen oft der Verfügungsgewalt ganz verschiedener Gemeinschaften, die sich untereinander und mit dem politischen Verband kreuzen. Wo das Schwergewicht der Nahrungsgewinnung auf friedlicher Arbeit beruht, wird die Trägerin gemeinsamer Arbeit: die Hausgemeinschaft, wo auf speergewonnenem Besitz, der politische Verband Träger der Verfügungsgewalt sein und ebenso eher für extensiv genutzte Güter: Jagdgründe und Wald größerer Gemeinschaften als für Wiesen und Aecker. Ganz allgemein wirkt ferner mit: daß die einzelnen Kategorien von Landbesitz in sehr verschiedenen Stadien der Entwicklung im Verhältnis zum Bedarf knapp und also Gegenstand einer die Benutzung ordnenden Vergesellschaftung werden — der Wald kann noch „freies" Gut sein, wenn Wiesen und ackerbares Land schon „wirtschaftliche" Güter und in der Art ihrer Benutzung reguliert und „appropriiert" sind. Daher können sehr verschiedene Gebietsverbände die Träger der Appropriation für jede dieser Arten von Land sein.

Die Nachbarschaftsgemeinschaft ist die urwüchsige Grundlage der „Gemeinde" — eines Gebildes, welches, wie später zu erörtern, in vollem Sinn erst durch die Beziehung zu einem, eine Vielzahl von Nachbarschaften umgreifenden politischen Gemeinschaftshandeln gestiftet wird. Sie kann ferner, wenn sie ein „Gebiet" beherrscht wie das „Dorf", auch selbst die Basis für ein politisches Gemeinschaftshandeln darstellen und überhaupt, im Wege fortschreitender Vergesellschaftung, Tätigkeiten aller Art (von der Schulerziehung und der Uebernahme religiöser Aufgaben bis zur systematischen Ansiedelung notwendiger Handwerker) in das Gemeinschaftshandeln einbeziehen oder von der politischen Gemeinschaft als Pflicht oktroyiert erhalten. Aber das ihrem generellen Wesen nach eigene spezifische Gemeinschaftshandeln ist nur jene nüchterne ökonomische „Brüderlichkeit" in Notfällen mit ihren spezifischen Folgen.

§ 3. Die sexuellen Beziehungen in der Hausgemeinschaft.

Wir kehren nun zunächst zur Hausgemeinschaft, als dem urwüchsigsten nach außen „geschlossenen" Gemeinschaftshandeln, zurück. Der typische Entwicklungsgang vom alten vollen Hauskommunismus aus ist der gerade umgekehrte gegenüber demjenigen von dem vorhin erwähnten Beispiel der Erhaltung der Ertragsgemeinschaft trotz äußerer Trennung der Haushalte: innere Lockerung des Kommunismus, Fortschreiten also der „Schließung" der Gemeinschaft auch nach innen bei Fortbestand der äußerlichen Einheit des Hauses.

Die frühesten tiefgreifenden Abschwächungen der ungebrochenen kommunistischen Hausgewalt gehen nicht direkt von ökonomischen Motiven, sondern offenbar von der Entwicklung exklusiver s e x u e l l e r Ansprüche der Hausteilhaber an die der gemeinsamen Hausautorität unterworfenen Frauen aus, die zu einer, gerade bei sonst wenig rationalisiertem Gemeinschaftshandeln oft höchst kasuistischen, immer aber sehr streng innegehaltenen Regulierung der Geschlechtsverhältnisse geführt hat. Auch Sexualgewalten zwar finden sich gelegentlich „kommunistisch" (polyandrisch). Aber wo sie vorkommen, stellen diese polyandrisch geteilten Rechte in allen bekannten Fällen nur einen relativen Kommunismus dar: einen nach außen exklusiven Mitbesitz eines bestimmt begrenzten Personenkreises (Brüder oder Insassen eines „Männerhauses") kraft gemeinsamen Erwerbs einer Frau.

Nirgends, auch nicht wo Sexualverhältnisse zwischen Geschwistern als anerkannte Institution bestehen, findet sich eine ordnungsfremde amorphe sexuelle Promiskuität innerhalb des Hauses. Wenigstens nie der Norm nach. Im Gegenteil ist gerade das im Güterbesitz kommunistische Haus diejenige Stätte, aus welcher kommunistische Freiheit des Geschlechtsverkehrs am vollständigsten verbannt ist. Die Abschwächung des Sexualreizes durch das Zusammenleben von Kind auf gab die Möglichkeit und Gewöhnung daran. Die Durchführung als bewußter „Norm" lag dann offensichtlich im Interesse der Sicherung der Solidarität und des inneren Hausfriedens gegen Eifersuchtskämpfe. Wo durch die gleich zu erwähnende „Sippenexogamie" die Hausgenossen verschiedenen Sippen zugewiesen wurden, so daß Geschlechtsverkehr innerhalb des Hauses nach sippenexogamen Grundsätzen zulässig wäre, müssen gerade die betreffenden Mitglieder des Hauses einander persönlich meiden: die Hausexogamie ist gegenüber der Sippenexogamie die ältere, neben ihr fortbestehende Institution. Vielleicht ist die Durchführung der Hausexogamie durch Frauentauschkartelle von Hausgemeinschaften und den durch deren Teilung entstehenden Sippengemeinschaften der Anfang der regulierten Exogamie gewesen. Jedenfalls besteht die konventionelle Mißbilligung des Sexualverkehrs auch für solche nahe Verwandte, welche nach dem Blutsbandekodex der Sippenstruktur davon nicht ausgeschlossen sind (z. B. sehr nahe väterliche Verwandte bei ausschließlicher Mutterfolge in der Sippenexogamie). Die Geschwister- und Verwandtenehe als Institution dagegen ist normalerweise auf sozial prominente Geschlechter, speziell Königshäuser, beschränkt. Sie dient dem Zusammenhalt der ökonomischen Machtmittel des Hauses, daneben wohl dem Ausschluß politischer Prätendentenkämpfe, endlich auch der Reinerhaltung des Bluts, ist also sekundär. — Das durchaus normale ist also: wenn ein Mann ein von ihm erworbenes Weib in seine Hausgemeinschaft zieht oder wenn er, weil er die Mittel dazu nicht hat, seinerseits zu einem Weibe in dessen Hausgemeinschaft eintritt, so erwirbt er die sexuellen Rechte an der Frau für seinen exklusiven Gebrauch. Tatsächlich ist oft genug auch diese sexuelle Exklusivität prekär gegenüber dem autokratischen Inhaber der Hausgewalt: die Befugnisse, welche sich z. B. der Schwiegervater innerhalb einer russi-

schen Großfamilie bis in die Neuzeit herausnahm, sind bekannt. Trotzdem gliedert
sich die Hausgemeinschaft innerlich normalerweise in sexuelle Dauergemeinschaften
mit ihren Kindern. Die Gemeinschaft der Eltern mit ihren Kindern bildet mit persönlicher Dienerschaft, allenfalls der einen oder anderen unverehelichten Verwandten,
den bei uns normalen Umfang der Hausgemeinschaft. Die Hausgemeinschaften
älterer Epochen sind keineswegs immer sehr große Gebilde. Im Gegenteil zeigen
diese namentlich, wenn die Art des Nahrungserwerbs zur Zerstreuung nötigte, oft
kleine Hauseinheiten. Allerdings aber weist die Vergangenheit massenhafte Hausgemeinschaften auf, welche zwar auf Eltern- und Kindesverhältnissen als Kern
ruhen, aber weit darüber hinausgreifen durch Einbeziehung von Enkeln, Brüdern,
Vettern, gelegentlich auch Blutsfremden in einem heute bei Kulturvölkern mindestens
sehr seltenen Umfang („Großfamilie"). Sie herrscht einerseits, wo Arbeitskumulation angewendet wird — daher beim arbeitsintensiven Ackerbau —, außerdem
aber da, wo der Besitz im Interesse der Behauptung der sozialen und ökonomischen
Machtstellung zusammengehalten werden soll, also in aristokratischen und plutokratischen Schichten.

Abgesehen von dem sehr frühen Ausschluß des Geschlechtsverkehrs innerhalb
der Hausgemeinschaft, ist die Sexualsphäre gerade bei sonst wenig entfalteter Kultur
sehr häufig besonders stark eingeengt durch soziale Gebilde, welche die Hausgewalt
derart durchkreuzen, daß man sagen kann: die erste entscheidende prinzipielle
Durchbrechung ihrer Schrankenlosigkeit liege gerade auf diesem Gebiet. Der Begriff
der Blutschande greift mit steigender Beachtung des „Blutsbandes" über das Haus
hinaus auf weitere Kreise aushäusiger Blutsverwandter und wird Gegenstand
kasuistischer Regulierung durch die S i p p e.

§ 4. Die Sippe und die Regelung der Sexualbeziehungen.

Die S i p p e ist keine so „urwüchsige" Gemeinschaft, wie die Hausgemeinschaft
und der Nachbarverband es sind. Ihr Gemeinschaftshandeln ist regelmäßig diskontinuierlich und entbehrt der Vergesellschaftung, es ist geradezu ein Beispiel
dafür, daß Gemeinschaftshandeln bestehen kann, auch wo sich die Beteiligten gar
nicht kennen und kein aktives Handeln, sondern nur ein Unterlassen (sexuellen
Verkehrs) stattfindet. Die „Sippe" setzt den Bestand a n d e r e r Sippen neben
sich innerhalb einer umfassenden Gemeinschaft voraus. Der Sippenverband ist der
urwüchsige Träger aller „Treue". Freundesbeziehungen sind ursprünglich künstliche Blutsbrüderschaften. Und der Vasall wie der moderne Offizier sind nicht nur
Untergebene, sondern auch Brüder, „Kameraden" (= Hausgenossen ursprünglich)
des Herren. Dem Inhalt ihres Gemeinschaftshandelns nach ist die Sippe eine auf
dem Sexualgebiet und in der Solidarität nach außen mit der Hausgemeinschaft
konkurrierende, unsere Sicherheits- und Sittenpolizei ersetzende Schutzgemeinschaft
und zugleich regelmäßig auch eine Besitzanwartsgemeinschaft derjenigen früheren
Hauszusammengehörigen, die aus der Hausgemeinschaft durch Teilung oder Aus-
heirat ausgeschieden sind und deren Nachfahren. Sie ist also Stätte der Entwicklung
der außerhäuslichen „Vererbung". Sie schafft vermittelst der Blutrachepflicht eine
persönliche Solidarität ihrer Angehörigen gegen Dritte und begründet so, auf
ihrem Gebiet, eine der Hausautorität gegenüber unter Umständen stärkere
Pietätspflicht. Festzuhalten ist: daß die Sippe nicht etwa generell als eine erweiterte
oder dezentralisierte Hausgemeinschaft oder als ein ihr übergeordnetes, mehrere
Hausgemeinschaften zu einer Einheit verbindendes, soziales Gebilde verstanden
werden darf. Das kann sie sein, ist es aber nicht der Regel nach. Denn ob im Einzelfall ihr Umkreis quer durch die Hausgemeinschaften hindurchschneidet oder die
Gesamtheit der Hausgenossen umschließt, hängt — wie später zu erörtern — von
ihrem Strukturprinzip ab, welches unter Umständen Väter und Kinder verschiedenen
Sippen zuweist. Die Wirkung der Gemeinschaft kann sich beschränken auf das

Verbot der Heirat unter den Genossen (Exogamie) und zu diesem Zweck können gemeinsame Erkennungszeichen und der Glaube an die Abstammung von einem als solches dienenden Naturobjekt (meist ein Tier) bestehen, dessen Genuß dann den Sippengenossen verboten zu sein pflegt (Totemismus). Dazu tritt das Verbot des Kampfes gegeneinander und die (unter Umständen auf bestimmte nähere Verwandtschaftsgrade begrenzte) Blutrachepflicht und Blutrachehaftung füreinander. Aus dieser wieder folgt die gemeinsame Erhebung der Fehde im Fall des Totschlags und das Recht und die Pflicht der Sippegenossen, im Fall der Sühne durch Wehrgeld an diesem empfangend und zahlend beteiligt zu sein. Wie gegenüber der Rache der Menschen, so haftet die Sippe, indem sie im Rechtsgang die Eideshelfer stellt, auch gegenüber der Rache der Götter für einen Falscheid solidarisch. Sie ist auf diese Art die Garantie für die Sicherheit und Rechtsgeltung des Einzelnen. Es ist nun ferner auch möglich, daß der durch die Siedelung geschaffene Nachbarverband (Dorf, Markgenossenschaft) mit dem Umkreis der Sippengemeinschaft zusammenfällt und dann in der Tat das Haus als der engere Umkreis innerhalb des weiteren der Sippe erscheint. Aber auch ohne dies können oft sehr fühlbare Rechte der Sippengenossen gegenüber der Hausgewalt dauernd fortbestehen: Einspruchsrecht gegen Veräußerung von Hausvermögen, Recht der Mitwirkung beim Verkauf von Töchtern in die Ehe und Beteiligung am Brautpreis, Recht, den Vormund zu stellen u. dgl.

Die urwüchsige Form der Geltendmachung von verletzten Interessen ist die solidarische Selbsthilfe der Sippe. Und die ältesten Kategorien eines dem „Prozeß" verwandten Verfahrens sind einerseits die Schlichtung von Streit i n n e r h a l b der Zwangsgemeinschaften: des Hauses durch den Inhaber der Hausautorität, der Sippe durch den „Aeltesten" als den, der den Brauch am besten kennt, andererseits z w i s c h e n mehreren Häusern und Sippen, der vereinbarte Schiedsspruch. Als eine, aus wirklicher oder fiktiver oder künstlich durch Blutsbrüderschaft geschaffenen Abstammung abgeleitete, Pflichten- und Pietätsbeziehung zwischen Menschen, die unter Umständen nicht nur verschiedenen häuslichen, sondern auch verschiedenen politischen Einheiten und selbst verschiedenen Sprachgemeinschaften angehören können, steht die Sippe dem politischen Verband in konkurrierender, ihn durchkreuzender Selbständigkeit gegenüber. Sie kann ganz unorganisiert, eine Art passives Gegenbild des autoritär geleiteten Hauses sein. Sie bedarf an sich für ihre normalen Funktionen keines dauernden Leiters mit irgendwelchem Herrenrecht, untersteht auch faktisch der Regel nach keinem solchen, sondern bildet einen amorphen Personenkreis, dessen äußeres Einigungsmerkmal allenfalls in einer positiven Kultgemeinschaft oder einer negativen Scheu vor Verletzung oder Genuß des gemeinsamen heiligen Objekts (Tabu) besteht, deren religiöse Gründe später zu erörtern sind. Die kontinuierlich mit einer Art von Regierung an der Spitze organisierten Sippen als die ältere Form anzunehmen, wie es z. B. Gierke tat, ist als Regel jedenfalls kaum möglich, — das Umgekehrte: daß auch die Sippe nur da „vergesellschaftet" ist, wo es ökonomische oder soziale Monopole nach außen zu „schließen" gilt, muß vielmehr als Regel angesehen werden. Existiert ein Sippenhaupt und funktioniert die Sippe überhaupt als politischer Verband, so ist dies zuweilen nicht aus den inneren Bedingungen des Sippenverbands erwachsen, sondern Folge seiner Ausnutzung für ihm ursprünglich fremde, politische, militärische oder andere gemeinwirtschaftliche Zwecke und seiner dadurch bedingten Stempelung zu einer Unterabteilung ihm an sich heterogener sozialer Einheiten (so die „gens" als Unterabteilung der „curia", die „Sippen" als Heeresabteilungen usw.). — Es ist auch und vielfach gerade für Epochen sonst wenig entfalteten Gemeinschaftshandelns charakteristisch, daß Haus, Sippe, Nachbarschaftsverband, politische Gemeinschaft einander derart kreuzen, daß die Haus- und Dorfangehörigen verschiedenen Sippen, die Sippenangehörigen verschiedenen politischen Gemeinschaften und selbst verschiedenen Sprachgemeinschaften zugehören und also gegebenenfalls Nachbarn, politische Genossen, selbst Hausgemeinschafter in die Lage kommen, gegeneinander Blutrache üben zu sollen. Erst die allmähliche Monopolisierung der Anwendung von physischer Gewalt durch die politische Gemeinschaft beseitigt diese drastischen „Pflichtenkonflikte". Für Verhältnisse aber, welche das politische Gemeinschaftshandeln nur als intermittierendes Gelegenheitshandeln, im Fall der akuten Bedrohung, oder als einen Zweckverband von Beutelustigen kennt, ist die Bedeutung der Sippe und der Grad der Rationalisierung ihrer Struktur und Pflichten oft — so z. B. in Australien — zu einer fast scholastischen Kasuistik entwickelt.

Wichtig ist die Art der Ordnung der Sippenbeziehungen und der durch sie regulierten Sexualbeziehungen durch deren Rückwirkung auf die Entwicklung der persönlichen und ökonomischen Struktur der Hausgemeinschaften. Je nachdem das Kind zur Sippe der Mutter zählt („Mutterfolge") oder zu der des Vaters („Vaterfolge"), gehört es der Hausgewalt an, und hat Anteil an dem Besitz einer anderen Hausgemeinschaft und insbesondere an den dieser innerhalb anderer Gemeinschaften (ökonomischer, ständischer, politischer) appropriierten Erwerbschancen. Jene anderen Gemeinschaften sind daher an der Art der Regelung der Zugehörigkeit zum Hause mitinteressiert und aus dem Zusammenwirken der, in erster Linie ökonomisch, daneben politisch, bedingten Interessen ihrer aller erwächst diejenige Ordnung, welche im Einzelfall dafür gilt. Es ist wichtig, sich von vornherein klar zu machen, daß die einzelne Hausgemeinschaft, sobald neben ihr noch andere, sie mit einschließende, Verbände bestehen, welche über ökonomische und andere Chancen verfügen, keineswegs schlechthin autonom ist in der Verfügung über die Art der Zurechnung und, je knapper jene Chancen werden, desto weniger autonom bleiben kann. Die mannigfachsten, hier im einzelnen unmöglich zu analysierenden Interessen bestimmen die Frage: ob Vater- oder Mutterfolge, mit ihren Konsequenzen. Im Fall der Mutterfolge sind es — da eine förmliche Hausherrschaft der Mutter selbst zwar vorkommt, aber zu den durch besondere Umstände bedingten Ausnahmen zählt — nächst dem Vater die Brüder der Mutter, deren Schutz und Zuchtgewalt das Kind untersteht und von denen ihm sein Erbe kommt („Avunculat"). Im Fall der Vaterfolge untersteht es nächst seinem Vater der Gewalt der väterlichen Verwandten und erbt von dorther. Während in der heutigen Kultur Verwandtschaft und Erbfolge normalerweise „kognatisch", d. h. zweiseitig nach der Vater- und Mutterseite hin gleichmäßig wirken, die Hausgewalt aber stets den Vater und, wenn er fehlt, einem meist, aber nicht notwendig, aus den nächsten Kognaten berufenen, durch die öffentliche Gewalt bestätigten und kontrollierten Vormund zusteht, findet in der Vergangenheit sehr häufig ein schroffes Entweder-Oder jener beiden Prinzipien statt. Aber nicht notwendig so, daß innerhalb einer Gemeinschaft eins von beiden für alle Hausgemeinschaften allein gälte, sondern auch so, daß innerhalb derselben Hausgemeinschaft teils das eine, teils das andere, aber natürlich in jedem Einzelfall stets nur eins von beiden durchgreift. Der einfachste Fall dieser Konkurrenz ist durch Vermögensdifferenzierung bedingt. Die Töchter gelten, wie alle Kinder, als nutzbarer Besitz der Hausgemeinschaft, in der sie geboren sind. Sie verfügt über ihre Hand. Der Leiter kann sie, ebenso wie seine Frau, seinen Gästen sexuell zur Verfügung stellen, sie zeitweilig oder dauernd gegen Abgaben oder Dienste sexuell nutzen lassen. Diese prostitutionsartige Verwertung der Haustöchter bildet einen beträchtlichen Teil der unter dem unklaren Sammelnamen des „Mutterrechts" verstandenen Fälle: Mann und Frau bleiben in diesem Fall jeder in seiner Hausgemeinschaft, die Kinder in der der Mutter, der Mann bleibt ihnen ganz fremd und leistet nur, in der heutigen Sprache ausgedrückt: „Alimente" an ihren Hausherrn. Es besteht also keine Gemeinschaft des Hauses von Mann, Frau und Kindern. Diese kann auf der Basis von Vater- oder Mutterfolge entstehen. Der Mann, welcher die Mittel besitzt eine Frau bar zu bezahlen, nimmt sie aus ihrem Haus und ihrer Sippe in das seinige. Seine Hausgemeinschaft wird ihr voller Eigentümer und damit Besitzer ihrer Kinder. Der Zahlungsunfähige muß dagegen, wenn ihm die häusliche Vereinigung mit dem begehrten Mädchen von dessen Hausherren gestattet wird, in dessen Hausgemeinschaft eintreten, entweder zeitweise, um sie abzuverdienen

(„Dienstehe") oder dauernd, und der Hausgemeinschaft der Frau verbleibt dann die
Gewalt über sie und die Kinder. Das Haupt einer vermögenden Hausgemeinschaft
also kauft einerseits von minder vermögenden andern Hausgemeinschaften Frauen
für sich und seine Söhne (sog. „Digaehe") und zwingt andererseits unvermögende
Freier seiner Töchter zum Eintritt in den eigenen Hausverband („Binaehe"). Vaterfolge, d. h. Zurechnung zum Hause und zur Sippe des Vaters und Mutterfolge, d. h.
Zurechnung zum Hause und zur Sippe der Mutter, Vaterhausgewalt, d. h. Gewalt
des Manneshauses und Mutterhausgewalt, d. h. Gewalt der Hausgemeinschaft der
Frau, bestehen dann nebeneinander für verschiedene Personen innerhalb e i n e r
u n d d e r s e l b e n Hausgemeinschaft. In diesem, einfachsten, Fall aber immer:
Vaterfolge mit Gewalt des Vaterhauses und Mutterfolge mit Gewalt des Mutter-
hauses verbunden. Dies Verhältnis kompliziert sich nun, wenn zwar der Mann die
Frau in seine Hausgemeinschaft überführt und also Vaterhausgewalt entsteht, dennoch aber Mutterfolge, also: ausschließliche Zurechnung der Kinder zur Sippe der
Mutter als ihres exogamen Sexualverbandes, ihrer Blutrachegemeinschaft und als
der Gemeinschaft, von der allein sie erben, bestehen bleibt. Auf diesen Fall sollte
man den Namen „Mutterrecht" im technischen Sinn beschränken. In dieser Form,
welche die Stellung des Vaters zu den Kindern ja auf das engste einschnürt, Vater
und Kinder trotz der Hausgewalt des ersteren einander rechtlich fremd leben läßt,
kommt der Zustand, soviel bekannt, nicht vor. Wohl aber in mannigfachen Zwischenstufen: das Mutterhaus behält, indem es die Frau in das Haus des Mannes gibt,
dennoch bestimmte Teile seiner Anrechte an Frau und Kindern zurück. Besonders oft
besteht, infolge der Festigkeit der einmal eingelebten superstitiösen Angst vor der
Blutschande, die nach der Mutterseite gerechnete Sippenexogamie für die Kinder
fort. Oft auch verschieden große Bestandteile der Erbfolgegemeinschaft mit dem
Mutterhaus. Speziell auf diesem Gebiet kämpfen Vater- und Muttersippe einen
Kampf, dessen sehr verschiedener Ausgang durch Bodenbesitzverhältnisse, speziell auch die Beeinflussung des dörflichen Nachbarschaftsverbandes und durch
militärische Ordnungen bedingt ist.

§ 5. Beziehungen zur Wehr- und Wirtschaftsverfassung. Das „eheliche Güter-
recht" und Erbrecht.

Leider gehören die Beziehungen von Sippe, Dorf, Markgenossenschaft und
politischer Gliederung noch zu den dunkelsten und wenigst erforschten Gebieten
der Ethnographie und Wirtschaftsgeschichte. Es gibt bisher keinen Fall, für den
diese Beziehungen wirklich restlos aufgeklärt wären, weder für die primitiven Verhältnisse der Kulturvölker, noch für die sog. Naturvölker, insbesondere auch
z. B. nicht, trotz Morgans Arbeiten, die Indianer. Der Nachbarschaftsverband eines
Dorfes kann im einzelnen durch Zerspaltung einer Hausgemeinschaft im Erbgang
entstanden sein. In Zeiten des Uebergangs vom nomadisierenden zum seßhaften
Bodenanbau kann die Landzuteilung sich an die Sippengliederung halten, da diese
in der Heeresgliederung berücksichtigt zu werden pflegt, so daß die Dorfgemarkung
als Sippenbesitz gilt. Dies scheint im germanischen Altertum nicht selten gewesen
zu sein, da die Quellen von „genealogiae" als Besitzern von Gemarkungen auch da
sprechen, wo anscheinend nicht eine Landnahme durch ein adliges Geschlecht mit
seinem Gefolge gemeint ist. Aber die Regel war dies schwerlich. Die Militärverbände
(Tausendschaften und Hundertschaften), welche aus Personalcadres zu Gebietsverbänden wurden, standen mit den Sippen und diese wieder mit den Markgemeinschaften, soviel bekannt, in keiner eindeutigen Beziehung.

Allgemein läßt sich nur sagen: Der Grund und Boden kann 1. entweder in erster
Linie als Arbeitsstätte gelten. In diesem Fall wird, solange der Anbau vornehmlich auf
Frauenarbeit ruht, im Verhältnis zwischen den Sippen oft aller Bodenertrag und Boden-
besitz den Frauen zugerechnet. Der Vater hat den Kindern alsdann Bodenbesitz

nicht zu hinterlassen, die Erbfolge an ihm geht durch Mutterhaus und Muttersippe, vom Vater erbt man nur militärische Gebrauchsgüter, Waffen, Pferde und Werkzeuge männlicher gewerblicher Arbeit. In ganz reiner Form kommt freilich dieser Fall kaum vor. Oder umgekehrt: 2. der Boden gilt als mit dem Speer gewonnener und behaupteter Männerbesitz, an dem Waffenlose und also insbesondere Frauen keinen Anteil haben können. Dann kann der lokale politische Verband des Vaters das Interesse haben, dessen Kinder als militärischen Nachwuchs in seiner Mitte festzuhalten, und da die Söhne in die Waffengemeinschaft des Vaters eintreten, so wird dann das Land vom Vater her auf sie vererbt und nur beweglicher Besitz kann nach Mutterfolge erben. Stets hält ferner 3. der Nachbarverband des Dorfes oder einer Markgenossenschaft als solcher die Hand über den durch gemeinsame Rodung, also Mannesarbeit, gewonnenen Boden und duldet nicht, daß der Boden im Erbgang an Kinder geht, die nicht in jeder Hinsicht dauernd an den Pflichten ihres Verbandes teilnehmen. Der Kampf dieser und unter Umständen noch verwickelterer Determinanten ergibt sehr verschiedene Resultate. Es läßt sich aber 4. auch nicht sagen — wie es darnach scheinen könnte —, daß der vorwiegend militärische Charakter einer Gemeinschaft schon an sich eindeutig in der Richtung der Vaterhausgewalt und einer rein vaterrechtlichen („agnatischen") Verwandtschafts- und Vermögenszurechnung wirkte. Sondern das hängt durchaus von der Art der Militärorganisation ab. Wo diese in einem dauernden exklusiven Zusammenschluß der waffenfähigen Jahrgänge der Männer zu einer besonderen kasernen- oder kasinoartigen Gemeinschaft führt, wie sie das von Schurtz geschilderte typische „Männerhaus" und die spartiatischen Syssitien als reinste Typen darstellen — da konnte sehr wohl und hat recht oft dieses Ausscheiden des Mannes aus dem infolgedessen als „Muttergruppe" konstituierten Familienhaushalt entweder die Zurechnung der Kinder und des Erwerbs zum Mutterhause oder doch eine relativ selbständige Stellung der Hausmutter herbeigeführt, wie sie z. B. für Sparta berichtet wird. Die zahlreichen, eigens zur Einschüchterung und Plünderung der Frauen erfundenen superstitiösen Mittel (z. B. das periodische Erscheinen und der Plünderungszug des Duk-Duk) stellen die Reaktion der aushäusig gewordenen Männer gegen diese Gefährdung ihrer Autorität dar. Wo dagegen die Glieder der Militärkaste als Grundherren über das Land zerstreut saßen, ist die Tendenz zur patriarchalen und zugleich agnatischen Struktur von Haus und Sippe fast durchweg alleinherrschend geworden. Die großen Reichsgründungsvölker im fernen Orient und in Indien ebenso wie in Vorderasien, am Mittelmeer und im europäischen Norden, haben, soweit historische Kunde reicht, sämtlich (die Aegypter n i c h t, wie oft angenommen wird, ausgeschlossen) die Vaterfolge einschließlich (außer bei den Aegyptern) der exklusiv agnatischen Verwandtschafts- und Vermögenszurechnung entwickelt. Dies hat seinen Grund im wesentlichen darin, daß die Gründung g r o ß e r politischer Gebilde dauernd nicht leicht von stabartig zusammengesiedelten und monopolistischen kleinen Kriegergemeinschaften nach Art des „Männerhauses" getragen werden kann, sondern — unter naturalwirtschaftlichen Bedingungen — normalerweise die patrimoniale und grundherrliche Unterwerfung der Landgebiete bedingt, auch wo sie von örtlich eng zusammengesiedelten Kriegern ausging, wie in der Antike. Die Entwicklung der Grundherrschaft mit ihrem Amtsapparat geht naturgemäß von der unter einem Vater als Hausherrn sich zum Herrschaftsapparat organisierenden Hausgemeinschaft aus und erwächst also überall aus der Vatergewalt heraus. Keinerlei ernsthafte Beweise stützen dementsprechend die Behauptung, daß diesem Zustand vorherrschenden „Vaterrechts" bei jenen Völkern jemals ein anderer vorangegangen sei, seitdem überhaupt bei ihnen die Familienbeziehungen Gegenstand einer R e c h t s bildung waren. Insbesondere ist die Hypothese von der einst universellen Herrschaft einer „Ehe nach Mutterrecht" eine wertlose Konstruktion, welche ganz Heterogenes: das primitive F e h l e n jeder rechtlichen Regelung der Kindesbeziehungen und das dann allerdings normalerweise bestehende nähere persönliche Verhältnis der Kinder zur Mutter, die sie säugt und

erzieht, mit demjenigen „R e c h t s zustande, der allein den Namen Mutterrecht
verdient, vermischt. Ganz ebenso irrig ist natürlich die Vorstellung: daß von einer
„ursprünglichen" universellen Mutterfolge zur Geltung des „Vaterrechts" ein Zustand der „Raubehe" als universelle Zwischenstufe geführt habe. Rechtsgültig kann
eine Frau nur durch Tausch oder Kauf aus einem fremden Haus erworben werden.
Der Frauenraub führt zu Fehde und Sühne. Den Helden freilich schmückt, wie
der Skalp des Feindes, so die geraubte Frau als Trophäe, und daher ist der Hochzeits-
ritus oft ein fingierter Frauenraub, ohne daß realer Frauenraub doch eine rechts-
historische „Stufe" darstellte.

Die Entwicklung der inneren vermögensrechtlichen Struktur der Hausgemeinschaft ist demgemäß bei den großen Reichsgründungsvölkern eine stete A b s c h w ä -
c h u n g der schrankenlosen Vatergewalt. Zu den Folgen ihrer ursprünglichen
Schrankenlosigkeit gehörte namentlich das Fehlen der Unterscheidung „legitimer"
und „illegitimer" Kinder, wie es sich, als Rest der einst freien Willkür des Hausherrn in der Bestimmung darüber: wer „sein" Kind sei, noch im nordischen Recht
des Mittelalters findet. Erst das Eingreifen politischer oder ökonomischer Gemeinschaften, welche die Zugehörigkeit zu i h r e m Verband an die Abstammung aus
„legitimen" Verbindungen, d. h. Dauerverbindungen mit Frauen aus dem eigenen
Kreise, knüpfen, ändert dies endgültig. Die wichtigste Etappe auf dem Wege der
Herstellung dieses Prinzips aber: eben jene Scheidung „legitimer" und „illegitimer"
Kinder und die erbrechtliche Sicherung der ersteren, wird meist dann erreicht, wenn
innerhalb der b e s i t z e n d e n oder ständisch privilegierten Schichten, nach Zurücktreten der Schätzung der Frau lediglich als Arbeitskraft, die Tendenz erwacht:
die rechtliche Stellung der in die Ehe verkauften Haustochter, und vor allem diejenige
ihrer Kinder, durch Kontrakt gegen jene ursprüngliche freie Willkür des Käufers
der Frau zu sichern: sein Vermögen soll an die Kinder aus dieser Ehe und nur an sie
erben. Nicht das Bedürfnis des Mannes, sondern dasjenige der Frau nach „Legiti-
tät" ihrer Kinder also ist die treibende Kraft. Das Haus stattet, weiterhin mit zunehmenden Ansprüchen an die Lebenshaltung und demnach wachsender Kostspieligkeit „standesgemäßen" Haushaltens das in die Ehe verkaufte Mädchen, welches nun
nicht mehr Arbeitskraft, sondern Luxusbesitz ist, zunehmend mit einer „Mitgift"
aus, welche zugleich seine Abfindung vom Besitz seiner Hausgemeinschaft darstellt
(in dieser Art besonders klar im altorientalischen und althellenischen Recht entwickelt)
und ihm dem kaufenden Mann gegenüber auch das „materielle Schwergewicht" verleiht, seine schrankenlose Willkür zu brechen, da er sie im Fall der Verstoßung zurück-
erstatten muß. In höchst verschiedenem Grade und nicht immer in der Form eigentlicher Rechtssätze wird dieser Zweck allmählich erreicht, oft aber so vollständig,
daß nur die Mitgiftehe als Vollehe (ἔγγραφος γάμος in Aegypten) gilt. Auf die
weitere Entwicklung des „ehelichen Güterrechts" soll hier nicht eingegangen werden.
Entscheidende Wendungen finden sich überall dort, wo die militärische Bewertung
des Bodenbesitzes als speererworbenen Guts oder als Basis für die Ausstattung ökonomisch wehrfähiger (zur Selbstequipierung fähiger) Existenzen zurücktritt, und
der Grundbesitz, wie namentlich unter städtischen Verhältnissen, vorwiegend ökonomisch gewertet wird, mithin auch die Töchter zum Bodenerbrecht gelangen. Je
nachdem der Schwerpunkt der Existenz mehr auf dem gemeinsamen E r w e r b der
Familie ruht oder umgekehrt auf der Rente des ererbten B e s i t z e s, gestaltete
sich das Kompromiß zwischen den in Betracht kommenden Interessen des Mannes
und denen der Frau und ihrer Sippe höchst mannigfaltig.

Im ersteren Fall ist im okzidentalen Mittelalter oft eine Entwicklung zur „Güter-
gemeinschaft" erfolgt, im letzteren die sog. „Verwaltungsgemeinschaft" (Verwaltung
und Nutznießung des Mannes am Frauengut) vorgezogen worden, während in den
feudalen Schichten das Streben, die Grundstücke nicht aus der Familie gelangen zu
lassen, die (in typischer Art in England entwickelte) „Wittumsehe" (Versorgung der
Witwe durch eine Rente, die am Grundbesitz haftet) erzeugte. Im übrigen greifen

die mannigfaltigsten Determinanten ein. Römische und englische Aristokratie zeigen in ihrer sozialen Lage manche Aehnlichkeit. Aber in der römischen Antike entstand die völlige ökonomische und persönliche Emanzipation der Ehefrau durch Entwicklung der jederzeit kündbaren „freien Ehe", erkauft durch ihre völlige Unversorgtheit als Witwe und gänzliche Rechtlosigkeit als Mutter gegenüber der schrankenlosen Gewalt des Vaters über ihre Kinder — in England blieb die Ehefrau ökonomisch und persönlich in der ihre Rechtspersönlichkeit gänzlich vernichtenden „coverture", bei zugleich — für sie — fast völliger Unlöslichkeit der feudalen „Wittumsehe". Die größere Stadtsässigkeit des Römeradels und die Einwirkung des christlichen Ehepatriarchalismus in England dürften den Unterschied bedingt haben. Dem Fortbestand des feudalen Eherechts in England und der kleinbürgerlich und militaristisch (im Code Napoleon durch den persönlichen Einfluß seines Inspiratoren) motivierten Gestaltung des französischen Eherechts stehen bürokratische Staaten (Oesterreich und namentlich Rußland) mit starker Nivellierung der Geschlechtsunterschiede im Ehegüterrecht gegenüber, die im übrigen da am weitesten fortzuschreiten pflegt, wo der Militarismus in den maßgebenden Klassen am weitesten zurückgedrängt ist. Im übrigen wird die Vermögensstruktur der Ehe bei entwickeltem Güterverkehr wesentlich durch das Bedürfnis nach Sicherung der Gläubiger mitbedingt. Die höchst bunten Einzelergebnisse dieser Entwicklungsmomente gehören nicht hierher.

Die aus Interessen der Frau heraus entstandene „legitime" Ehe muß dabei keineswegs alsbald die Alleinherrschaft der Monogamie mit sich bringen. Die in bezug auf das Erbrecht ihrer Kinder privilegierte Frau kann als „Hauptfrau" aus dem Kreise der übrigen Frauen herausgehoben werden, wie dies im Orient, in Aegypten und in den meisten asiatischen Kulturgebieten der Fall war. Selbstverständlich aber ist die Polygamie auch in dieser Form („Halbpolygamie") überall Privileg der Besitzenden. Denn der Besitz einer Mehrzahl von Frauen ist zwar da, wo im Ackerbau noch die Frauenarbeit vorwiegt, und allenfalls auch da, wo die textilgewerbliche Arbeit der Frau besonders einträglich ist, (wie dies noch der Talmud voraussetzt) lukrativ: der große Frauenbesitz der Kaffernhäuptlinge gilt als nutzbare Kapitalanlage, setzt aber beim Mann auch den Besitz der zum Frauenkauf nötigen Mittel voraus. In Verhältnissen mit vorwiegender Bedeutung der Männerarbeit und vollends in sozialen Schichten, in welchen sich die Frauen an der für freie Leute unwürdig geltenden Arbeit nur als Dilettantinnen oder für Luxusbedarf beteiligen, verbietet die Kostspieligkeit der Polygamie diese für alle mittleren Vermögen von selbst. Die Monogamie als Institution ist zuerst bei den Hellenen (aber bei diesen in den fürstlichen Schichten, selbst der Diadochenzeit, noch ziemlich labil) und den Römern durchgeführt worden, in der Epoche des Uebergangs zur Herrschaft eines patrizischen Stadtbürgertums, dessen Haushaltsformen sie adäquat war. Alsdann hat das Christentum sie aus asketischen Gründen zur absoluten Norm erhoben, im Gegensatz zu (ursprünglich) allen anderen Religionen. Die Polygamie behauptete sich namentlich da, wo die streng patriarchale Struktur der politischen Gewalt auch der Erhaltung der Willkür des Hausherren zugute kam.

Für die Entwicklung der Hausgemeinschaft als solcher kommt jene Entwicklung der Mitgiftehe zwiefach in Betracht: einmal dadurch, daß nun die „legitimen" Kinder als Anwärter auf das väterliche Vermögen durch eine Sonderrechtsstellung innerhalb des Hauses gegenüber Konkubinenkindern differenziert sind. Ferner und namentlich dadurch, daß die Einbringung der, je nach dem Reichtum der Frauenfamilie verschieden großen Mitgiften seitens der in das Haus einheiratenden Mädchen, die naturgemäße Tendenz hat, die ökonomische Lage ihrer Männer zu differenzieren. Die eingebrachten Mitgiften pflegen zwar formell (so namentlich auch im römischen Recht) einfach der Gewalt des Hausherrn anheimzufallen. Materiell aber pflegt doch irgendwie dem betreffenden Mann die Mitgift seiner Frau auf ein „Sonderkonto" zugerechnet zu werden. Das „Rechnen" beginnt so in die Beziehungen der Gemeinschafter einzudringen.

Diese Entwicklung zur Zersetzung der Hausgemeinschaft pflegt aber auf dieser Stufe regelmäßig bereits von anderen ökonomischen Motiven her in Gang gekommen zu sein. Die ökonomisch bedingten Abschwächungen des undifferenzierten Kommunismus liegen in ihren Anfängen weit zurück, so weit, daß seine völlige Ungebrochenheit historisch vielleicht nur in Grenzfällen bestanden hat. Bei Gebrauchsgütern, welche Artefakte sind, Werkzeugen, Waffen, Schmuck, Kleidungsstücken u. dgl. ist das Prinzip, daß der individuelle Hersteller sie, als Ertrag seiner individuellen Arbeit, allein oder vorzugsweise zu benutzen befugt sei und daß sie nach seinem Tode nicht notwendig der Gesamtheit, sondern bestimmten anderen, für ihre Nutzung spezifisch qualifizierten Einzelnen zufallen (so: Reitpferd und Schwert, im Mittelalter das „Heergewäte", die „Gerade" usw.). Diese ersten Formen i n d i v i d u e l l e n „Erbrechts" sind auch innerhalb des autoritären Hauskommunismus sehr früh entwickelt, stammen wahrscheinlich aber aus den Zuständen vor der Entwicklung der Hausgemeinschaft selbst und sind überall verbreitet, wo und soweit individuelle Werkzeugherstellung stattfand. Bei manchen, z. B. den Waffen, beruht die gleiche Entwicklung wohl auch auf dem Eingreifen des Interesses militärischer Gewalten an der ökonomischen Ausstattung des Diensttauglichsten.

§ 6. Die Auflösung der Hausgemeinschaft: Aenderungen ihrer funktionellen Stellung und zunehmende „Rechenhaftigkeit". Entstehung der modernen Handelsgesellschaften.

Die inneren und äußeren Motive, welche das Schrumpfen der straffen Hausgewalt bedingen, steigern sich im Verlauf der Kulturentwicklung. Von innen her wirkt die Entfaltung und Differenzierung der Fähigkeiten und Bedürfnisse in Verbindung mit der quantitativen Zunahme der ökonomischen Mittel. Denn mit Vervielfältigung der Lebensmöglichkeiten erträgt schon an sich der Einzelne die Bindung an feste undifferenzierte Lebensformen, welche die Gemeinschaft vorschreibt, immer schwerer und begehrt zunehmend, sein Leben individuell zu gestalten und den Ertrag seiner individuellen Fähigkeiten nach Belieben zu genießen. Von außen her wird die Zersetzung gefördert durch Eingriffe konkurrierender sozialer Gebilde: z. B. auch rein fiskalischer Interessen an intensiverer Ausnutzung der individuellen Steuerkraft — welche den Interessen an der Zusammenhaltung des Besitzes zugunsten der militärischen Prästationsfähigkeit entgegenwirken können.

Die normale Folge jener Zersetzungstendenzen ist zunächst die Zunahme der T e i l u n g der Hausgemeinschaften im Erbfall oder bei Heirat von Kindern. Die historische Entwicklung hat, nachdem in der Frühzeit, also bei relativ werkzeuglosem Ackerbau, die Arbeitskumulation das einzige ertragssteigernde Mittel gewesen war, und der Umfang der Hausgemeinschaften eine Periode der Zunahme durchgemacht hatte, mit der Entwicklung des individualisierten Erwerbs im ganzen seine stetige Abnahme herbeigeführt, bis heute die Familie von Eltern und Kindern ihr normales Ausmaß bildet. Dahin wirkte die grundstürzende Aenderung der funktionellen Stellung der Hausgemeinschaft, welche derart verschoben ist, daß für den Einzelnen zunehmend weniger Anlaß besteht, sich einem kommunistischen großen Haushalt zu fügen. Abgesehen davon, daß die Sicherheitsgarantie für ihn nicht mehr durch Haus und Sippe, sondern durch den anstaltsmäßigen Verband der politischen Gewalt geleistet wird, haben „Haus" und „Beruf" sich auch örtlich geschieden und ist der Haushalt nicht mehr Stätte gemeinsamer Produktion, sondern Ort gemeinsamen Konsums. Der Einzelne empfängt ferner seine gesamte Schulung für das Leben, auch das rein persönliche, zunehmend von außerhalb des Hauses und durch Mittel, welche nicht das Haus, sondern „Betriebe" aller Art: Schule, Buchhandel, Theater, Konzertsaal, Vereine, Versammlungen, ihm liefern. Er kann die Hausgemeinschaft nicht mehr als die Trägerin derjenigen objektiven Kulturgüter anerkennen, in deren Dienst er sich stellt, und es ist nicht eine als sozialpsychische „Stufe" auftretende Zunahme des

„Subjektivismus", sondern der die Zunahme bedingende o b j e k t i v e Sachverhalt, welcher jene Verkleinerung der Hausgemeinschaften begünstigt. Dabei
ist nicht zu übersehen, daß es auch Hemmungen dieser Entwicklung gibt und zwar
gerade auf den „höchsten" Stufen der ökonomischen Skala. Auf agrarischem Gebiet
ist die Möglichkeit freier Teilung des Bodens an technisch-ökonomische Bedingungen
geknüpft: ein mit wertvollen Baulichkeiten belastetes in sich abgerundetes Gut,
selbst ein großes Bauerngut, kann nur mit Verlusten geteilt werden. Die Teilung
wird technisch erleichtert durch Gemengelage von Aeckern und Dorfsiedelung, erschwert durch isolierte Lage. Einzelhöfe und größere kapitalintensive Besitzungen
neigen daher zur Einzelerbfolge, der kleine, im Gemenge liegende arbeitsintensiv be-
wirtschaftete Besitz zur immer weiteren Zersplitterung, um so mehr als der erstere
ein weit geeigneteres Objekt für die Belastung mit Tributrechten an den beweglichen
Besitz in Gestalt unserer zur Vermögensanlage geeigneten Dauerhypotheken und
Pfandbriefe ist, die ihn zugunsten der Gläubiger zusammenschmieden. Der große
Besitz ferner lockt, einfach weil er Besitz und als solcher Träger einer sozialen Position
ist, schon an sich zur Zusammenhaltung in der Familie, im Gegensatz zu dem kleinbäuerlichen Boden, der bloße Arbeitsstätte ist. Das seigneuriale Niveau der Lebensführung, welches seinen Stil in festgefügten Konventionen findet, begünstigt das
subjektive Ertragen großer Hausgemeinschaften, welche, in der Weiträumigkeit etwa
eines Schlosses und bei der auf diesem Unterbau sich von selbst einstellenden „inneren
Distanz" auch zwischen den nächsten Angehörigen, den Einzelnen nicht in dem Maße
in der von ihm beanspruchten Freiheitssphäre beengt, wie ein an Personenzahl ebenso-
großer, räumlich aber begrenzterer und des adligen Distanzgefühls entbehrender
bürgerlicher Haushalt es gegenüber seinen, in ihren Lebensinteressen meist weit mehr
differenzierten, Insassen tut. Außerhalb jener seigneurialen Lebensformen ist die große
Hausgemeinschaft heute nur etwa auf dem Boden intensivster ideeller Gemeinschaft
einer sei es religiösen oder etwa sozial-ethischen oder auch künstlerischen Sekte
eine adäquate Lebensform — entsprechend Klöstern und klosterartigen Gemeinschaften der Vergangenheit.

Auch dort wo die Hauseinheit äußerlich ungetrennt erhalten bleibt, schreitet
im Verlauf der Kulturentwicklung der i n n e r e Zersetzungsprozeß des Hauskommunismus durch die zunehmende „Rechenhaftigkeit" unaufhaltsam fort. Wir
betrachten hier die Art der Wirkung dieses Motivs noch etwas näher.

In den großen kapitalistischen Hausgemeinschaften der mittelalterlichen Städte
(z. B. Florenz) hat schon jeder Einzelne sein „Konto". Er hat ein Taschengeld
(danari borsinghi) zur freien Verfügung. Für bestimmte Ausgaben (z. B. Logierbe-
such, den der Einzelne einlädt) sind Maxima vorgeschrieben. Im übrigen wird mit
ihm abgerechnet, wie in jedem modernen Handelsgeschäft unter den Teilhabern. Er
hat Kapitalanteile „innerhalb" der Gemeinschaft und Vermögen („fuori della com-
pagnia"), welches er zwar in ihren Händen läßt und welches sie ihm verzinst, das aber
nicht als Kapital gerechnet wird und daher nicht am Gewinn teilnimmt. An die
Stelle der „geborenen" Teilnahme am Gemeinschaftshandeln des Hauses mit seinen
Vorteilen und Pflichten ist also eine rationale Vergesellschaftung getreten. Der
Einzelne wird in die Hausgemeinschaft zwar „hineingeboren", aber er ist als Kind
schon potentieller „Kommis" und „Kompagnon" des rational geordneten Erwerbs-
geschäfts, welches durch die Gemeinschaft getragen wird. Es liegt offen zutage, daß
eine solche Behandlung erst auf dem Boden reiner G e l d w i r t s c h a f t möglich
wurde und daß deren Entfaltung also die führende Rolle bei dieser inneren Zersetzung
spielt. Die Geldwirtschaft ergibt einerseits die objektive B e r e c h e n b a r k e i t
der individuellen Erwerbsleistungen der Einzelnen und ihres Verbrauchs und eröffnet
ihnen nach der anderen Seite — durch die Entfaltung des geldvermittelten „indirekten
Tauschs"—überhaupt erst die Möglichkeit, individuelle Bedürfnisse frei zu befriedigen.

Keineswegs freilich ist der Parallelismus von Geldwirtschaft und Schwächung
der Hausautorität ein auch nur annähernd vollständiger. Hausgewalt und Haus-

gemeinschaft stellen vielmehr den jeweiligen ökonomischen Bedingungen gegenüber trotz deren großer Bedeutung ein an sich selbständiges, von ihnen aus gesehen: irrationales, Gebilde dar, welches oft seinerseits durch seine historisch gegebene Struktur die ökonomischen Beziehungen stark beeinflußt. Die ungebrochene Fortdauer der patria potestas des römischen Familienhaupts bis an sein Lebensende z. B. ist in ihrer Entstehung teils ökonomisch und sozial, teils politisch, teils religiös bedingt gewesen (Zusammenhalt des Vermögens des vornehmen Hauses, militärische Gliederung nach Sippen und, vermutlich, Häusern, Hauspriesterstellung des Vaters). Sie hat aber die denkbar verschiedensten ökonomischen Entwicklungsstadien überdauert, ehe sie, unter den politischen Bedingungen der Kaiserzeit, auch den Kindern gegenüber Abschwächungen erfuhr. In China ist der gleichartige Zustand durch das, von dem Pflichtenkodex ins Extrem gesteigerte, von der Staatsgewalt und bürokratischen Standesethik des Konfuzianismus auch aus Zwecken politischer Domestikation der Untertanen geförderte, Pietätsprinzip bedingt, dessen Durchführung teilweise (so in den Trauervorschriften) immer wieder zu nicht nur ökonomisch, sondern auch politisch undurchführbaren und bedenklichen Konsequenzen führte (massenhafte Aemtervakanzen, weil die Pietät gegen den toten Hausvater — ursprünglich: die Angst vor dem Neid des Toten — wie die Nichtbenutzung anderen Besitzes, so den Verzicht auf das Amt fordert). Ganz ebenso ist die Antwort auf die Frage: ob nach dem Tode des Hausherrn Einzelnachfolge (oder Anerbenrecht) oder Teilung stattfindet, zwar, wie dargelegt, in ihrem Ursprung sehr stark ökonomisch bedingt gewesen und unter ökonomischen Einflüssen auch wandelbar, aber (wie namentlich die modernen Arbeiten Serings u. A. gezeigt haben) schlechterdings nicht rein ökonomisch, vollends aber nicht aus den heutigen ökonomischen Bedingungen, ableitbar. Denn unter gleichartigen Bedingungen und in unmittelbarer Nachbarschaft bestehen darin sehr oft, speziell nach der ethnischen Zugehörigkeit (z. B. Polen oder Deutsche) ganz verschiedene Systeme. Die weittragenden ökonomischen Folgen dieser verschiedenen Strukturen resultieren also aus ökonomisch oft weitgehend, entweder von Anfang an irrationalen oder, infolge Aenderung der ökonomischen Bedingungen, irrational gewordenen Motiven.

Unbeschadet dessen greifen aber doch die ökonomischen Tatbestände in einschneidender Weise ein. Vor allem bestehen charakteristische Unterschiede, je nachdem der Erwerb mehr dem Ertrag gemeinsamer Arbeit oder mehr dem gemeinsamen Besitze zugerechnet wird. Ersterenfalls ist die Hausgewalt, mag sie an sich noch so autokratisch sein, oft labil in ihrem Bestande. Die bloße Trennung vom Elternhaus zwecks Begründung eines eigenen Haushalts genügt, um sich der Hausgewalt zu entziehen. So meist bei den großen Hausgemeinschaften primitiver Ackerbauvölker. Die sog. „emancipatio legis Saxonicae" des deutschen Rechts hat ihren ökonomischen Grund sicherlich in der zur Zeit ihrer Entstehung vorwiegenden Bedeutung der persönlichen Arbeitsleistung. Dagegen ist die Hausgewalt dort besonders unzerbrechlich, wo Viehbesitz, überhaupt aber Besitz als solcher die vornehmliche Grundlage der Existenz bildet. Namentlich der Bodenbesitz, sobald der Bodenüberfluß sich in Bodenknappheit verwandelt hat. Ueberall ist der feste Zusammenhalt des Geschlechtes, aus den schon mehrfach erwähnten Gründen, ein spezifisches Attribut des Grundadels und der grundbesitzlose oder grundbesitzarme Mann entbehrt überall auch des Geschlechtsverbandes. — Der gleiche Unterschied aber findet sich auf kapitalistischer Stufe wieder. Zur gleichen Zeit, wo die Florentiner und andere norditalienischen großen Hausgemeinschaften das Prinzip der Solidarhaft und der Zusammenhaltung des Besitzes vertraten, war in Handelsplätzen des Mittelmeers, speziell auch Siziliens und Süditaliens, das gerade Umgekehrte der Fall: jeder erwachsene Hausgenosse konnte jederzeit die Abschichtung mit seinem Anteil schon bei Lebzeiten des Erblassers verlangen, und auch die persönliche Solidarhaft nach außen bestand nicht. Bei jenen norditalienischen Familienbetrieben stellte das ererbte Kapital schon in höherem Grade die Grundlage der ökonomischen Machtstellung dar als die persönliche

Erwerbsarbeit der Beteiligten. Im Süden dagegen war das Umgekehrte der Fall und wurde der gemeinsame Besitz daher als Produkt gemeinsamer Arbeit behandelt. Mit steigender Bedeutung des Kapitals gewann die erstere Behandlung an Boden. Die in einer theoretisch konstruierbaren Reihe der Entwicklungsstufen, vom ungebrochenen Gemeinschaftshandeln an gerechnet, „spätere", kapitalistische, Wirtschaftsform bedingt hier die theoretisch „frühere" Struktur: größere Gebundenheit der Haushörigen und größere Ungebrochenheit der Hausgewalt. — Eine weit gewichtigere und dem O k z i d e n t e i g e n t ü m l i c h e Umformung der Hausgewalt und Hausgemeinschaft aber hatte sich deutlich schon in diesen Florentiner und den ihnen gleichartigen kapitalistisch erwerbenden Hausgemeinschaften des Mittelalters vollzogen. Die Ordnungen für das gesamte ökonomische Leben der großen Hausgemeinschaft werden periodisch durch K o n t r a k t e geregelt. Und während ursprünglich dabei die Regelung des „Taschengeldes" mit der Regelung der Geschäftsorganisation in Eins geht, änderte sich das allmählich. Der kontinuierlich gewordene kapitalistische Erwerb wurde ein gesonderter „Beruf", ausgeübt innerhalb eines „B e t r i e b e s", der sich im Wege einer Sondervergesellschaftung aus dem hausgemeinschaftlichen Handeln zunehmend in der Art aussonderte, daß die alte Identität von Haushalt, Werkstatt und Kontor, wie sie der ungebrochenen Hausgemeinschaft und auch dem später zu erörternden „Oikos" des Altertums selbstverständlich war, zerfiel. Zunächst schwand die reale Hausgemeinschaft als notwendige Basis der Vergesellschaftung im gemeinsamen Geschäft. Der Kompagnon ist nicht mehr notwendig (oder doch normalerweise) Hausgenosse. Damit mußte man notwendig das Geschäftsvermögen vom Privatbesitz des einzelnen Teilhabers trennen. Ebenso schied sich nun der Angestellte des Geschäfts vom persönlichen Hausdiener. Vor allem mußten die Schulden des Handlungshauses als solche von den privaten Haushaltsschulden der einzelnen Teilhaber unterschieden und die Solidarhaft der Teilhaber auf die ersteren beschränkt werden, welche man nun daran erkannte, daß sie unter der „Firma", dem Gesellschaftsnamen des Geschäftsbetriebes abgeschlossen waren. Das Ganze ist offensichtlich eine genaue Parallelentwicklung zu der bei der Analyse der „Herrschaft" zu besprechenden Sonderung des bürokratischen Amtes als „Berufs" aus dem Privatleben, des „Büros" aus dem Privathaushalt des Beamten, des aktiven und passiven Amtsvermögens von seinem Privatvermögen, der Amtshandlungen von seinen Privatgeschäften. Der kapitalistische „Betrieb", den derart die Hausgemeinschaft aus sich heraus setzt und aus dem sie sich zurückzieht, zeigt so im Keime schon die Ansätze der Verwandtschaft mit dem „Büro", und zwar jener heute offensichtlich Bürokratisierung auch des Privatwirtschaftslebens. Aber nicht etwa die r ä u m l i c h e Sonderung des Haushalts von der Werkstatt und dem Laden ist hier das entscheidende Entwicklungsmoment. Denn diese ist gerade dem Bazarsystem des Orients, welches durchweg auf der für islamische Städte charakteristischen Trennung von Burg (Kasbeh), Bazar (Suk) und Wohnstätten beruht, eigentümlich. Sondern die „buchmäßige" und r e c h t l i c h e Scheidung von „Haus" und „Betrieb" und die Entwicklung eines auf diese Trennung zugeschnittenen Rechts: Handelsregisters, Abstreifung der Familiengebundenheit der Assoziation und der Firma, Sondervermögen der offenen und Kommanditgesellschaft und entsprechende Gestaltung des Konkursrechts. Daß diese fundamental wichtige Entwicklung dem Okzident eigentümlich ist und nur hier die Rechtsformen unseres noch heute geltenden Handelsrechts fast alle schon im Mittelalter entwickelt sind, — während sie dem Recht des Altertums mit seinem quantitativ in manchen Zeiten großartiger entwickelten Kapitalismus fast ganz fremd geblieben waren, — dies gehört in den Kreis jener zahlreichen Erscheinungen, welche die q u a l i t a t i v e Einzigartigkeit der Entwicklung zum m o d e r n e n Kapitalismus mit am deutlichsten kennzeichnen. Denn sowohl die Zusammenhaltung des Vermögens der Familien zum Zweck gegenseitiger ökonomischer Stützung wie die Ansätze der Entwicklung einer „Firma" aus dem Familiennamen finden wir z. B. auch in China. Auch hier steht die

14*

Solidarhaft der Familie hinter den Schulden des Einzelnen. Die im Geschäftsverkehr übliche Bezeichnung einer Handlung gibt auch hier über den wirklichen Inhaber keine Auskunft: die „Firma“ ist auch hier an den Geschäftsbetrieb und nicht an den Haushalt gebunden. Aber die konsequente Entwicklung eines Sondervermögens- und entsprechenden Konkursrechts nach europäischer Art scheint zu fehlen. Vor allem aber gilt zweierlei: Assoziation ebenso wie Kredit waren bis in die Gegenwart der Tatsache nach im höchsten Grade an Sippengemeinschaft gebunden. Und auch die Zwecke der Zusammenhaltung des Vermögens in den wohlhabenden Sippen und der gegenseitigen Kreditgewährung innerhalb der Sippe waren spezifisch andere. Nicht vornehmlich um kapitalistischen Gewinn, sondern vornehmlich um Zusammenbringung der Kosten für die Vorbereitung von Familiengliedern zum Examen und nachher für den Kauf eines Amts für ihn handelte es sich. War das Amt einmal erlangt, dann gab es den Verwandten die Chance, aus den legalen und noch mehr den illegalen Einkünften die es abwarf, ihre Auslagen mit Gewinn erstattet zu erhalten und daneben noch die Protektion des Amtsinhabers sich zunutze zu machen. Die Chancen des politisch, nicht des ökonomisch bedingten Erwerbs also waren es, die hier zum „kapitalistischen“ Zusammenhalt der, auch und gerade der ökonomisch starken, Familie führten. — Die wenigstens formal völlig von aller sippenhaften und persönlichen Unterlage losgelöste Art der kapitalistischen Assoziation, unserer „Aktiengesellschaft“ entsprechend, findet ihre Antezedenzien im Altertum wesentlich nur auf dem Gebiet des politisch orientierten Kapitalismus: für die Steuerpächtergesellschaften, im Mittelalter zunächst ebenfalls teils für kolonisatorische Unternehmungen (wie die Großkommanditen der Maone in Genua), teils für Staatskredit (wie die Gläubigerassoziation in Genua, welche die Stadtfinanzen faktisch in Sequester hatte). Innerhalb des Privaterwerbs ist die rein geschäftliche und rein kapitalistische Assoziation zunächst — ganz der Art des Gelegenheitshandelns entsprechend — nur in Form der Gelegenheitsgesellschaft (commenda) für den Fernhandel (Kapitaleinlage eines Geldgebers bei einem reisenden Kaufmann für die konkrete Reise mit Gewinn- und Verlustteilung) entwickelt, die sich schon im altbabylonischen Recht und dann ganz universell findet. Die von der politischen Gewalt monopolistisch privilegierten Unternehmungen, namentlich die Kolonialunternehmungen in Form von Aktiengesellschaften bildeten dann den Uebergang zur Verwendung dieser Formen auch im rein privaten Geschäft.

§ 7. Die Entwicklung zum „Oikos“.

Diese Unternehmungsformen, welche als Unterlage eines kapitalistischen Betriebs, dessen radikalste Loslösung von der urwüchsigen Identität mit der Hausgemeinschaft bedeuten, haben uns hier nicht speziell zu beschäftigen. Vielmehr geht uns jetzt eine Evolution der Hausgemeinschaft an, welche einen, in den entscheidenden Punkten gerade entgegengesetzten, Typus zeigt. Der inneren Zersetzung der Hausgewalt und Hausgemeinschaft durch — im weitesten Sinn — „Tausch nach außen“ und seine Folgen bis zur Geburt des kapitalistischen „Betriebes“ steht als eine gerade entgegengesetzte Art der Entwicklung gegenüber: die innere Gliederung der Hausgemeinschaft: ihre Ausgestaltung zum „Oikos“, wie Rodbertus die hier zu besprechende Erscheinung genannt hat. Ein „Oikos“ im technischen Sinne ist nicht etwa einfach jede „große“ Hausgemeinschaft oder jede solche, die mannigfache Produkte, z. B. gewerbliche neben landwirtschaftlichen, in Eigenproduktion herstellt, sondern er ist der autoritär geleitete Großhaushalt eines Fürsten, Grundherrn, Patriziers, dessen letztes Leitmotiv nicht kapitalistischer Gelderwerb, sondern organisierte naturale Deckung des Bedarfs des Herrn ist. Dazu kann er sich aller Mittel, auch des Tauschs nach außen, in größtem Maßstab bedienen. Entscheidend bleibt: daß das formende Prinzip für ihn „Vermögensnutzung“ und nicht „Kapitalverwertung“ ist. Der „Oikos“ bedeutet seinem entscheidenden Wesen nach: organisierte Bedarfsdeckung, mögen ihm zu diesem Zweck auch erwerbswirtschaftliche Einzelbetriebe angegliedert sein. Zwischen beiden Prinzipien gibt es natürlich eine Skala unmerklicher Uebergänge und auch ein häufiges Gleiten und Umschlagen vom einen in das andere. In der Realität des Empirischen ist der „Oikos", bei irgend entwickelter materieller Kultur, in wirklich rein gemeinwirtschaftlicher Form notwendig selten. Denn ganz rein, d. h. unter dauernder Ausschaltung des Tauscherwerbsgesichtspunkts kann er allerdings nur bestehen, wenn er, mindestens dem Streben nach, in ökonomischer „Autarkie", d. h. also: als möglichst tauschlose Eigenwirtschaft auftritt. Ein Apparat von haushörigen Arbeitskräften mit oft sehr weitgehender Arbeitsspezialisierung erzeugt dann den gesamten, nicht nur ökonomischen, sondern auch militärischen und sakralen, Bedarf des Herrn an Gütern und persönlichen Diensten, der eigene Boden gibt alle Rohstoffe her, eigene Werkstätten mit eigenhörigen Arbeitskräften erzeugen alle anderen Sachgüter, eigenhörige Dienstboten, Beamte, Hauspriester, Kriegsmannen beschaffen die sonstigen Leistungen, und der Tausch dient nur allenfalls der Abstoßung gelegentlicher Ueberschüsse und der Ergänzung des schlechterdings nicht selbst Erzeugbaren. Dies ist ein Zustand, welchem in der Tat die Königswirtschaften des Orients, namentlich Aegyptens, und in kleinerem Maßstab die Wirtschaft der Adligen und Fürsten des homerischen Typus sich weitgehend annähern und mit dem die Hofhaltungen der Perser- und auch der Frankenkönige starke Verwandtschaft besitzen, in dessen Richtung sich die Grundherrschaften der römischen Kaiserzeit mit zunehmendem Umfang, zunehmender Knappheit der Sklavenzufuhr und zunehmender bürokratischer und leiturgischer Einengung des kapitalistischen Erwerbs zunehmend entwickelten — während die mittelalterlichen Grundherrschaften im ganzen mit wachsender allgemeiner Bedeutung des Güterverkehrs, der Städte und der Geldwirtschaft die gerade entgegengesetzte Entwicklungstendenz zeigten. Rein eigenwirtschaftlich ist aber der Oikos in all diesen Formen niemals gewesen. Der Pharao trieb auswärtigen Handel und ebenso die große Mehrzahl gerade der primitiven Könige und Adligen des Mittelmeerbeckens: sehr wesentlich auch auf dessen Erträgen beruhten ihre Schätze. Die Einnahmen der Grundherren enthielten schon im Frankenreich zum erheblichen Teil Geld oder geldeswerte Bezüge und Renten aller Art. Die Kapitularien setzen den Verkauf der für den Bedarf des Hofes und Heeres nicht erforderlichen Ueberschüsse der königlichen fisci als ziemlich regelmäßige Erscheinung voraus. Die unfreien Arbeitskräfte der großen Boden- und Menschenbesitzer sind in allen näher bekannten Beispielen nur zum Teil gänzlich in die Herrenwirtschaft gebannt gewesen. Im strengen Sinn gilt dies für die persönlichen Dienstboten und für diejenigen anderen Arbeitskräfte, welche in einer gänzlich der naturalen Bedarfsdeckung des Herrn dienenden Wirtschaft tätig sind und vom Herrn vollständig verpflegt werden auf der einen Seite: „eigenwirtschaftliche Verwendung" — andererseits aber gerade auch für solche unfreie Arbeiter, welche der Herr in einem eigenen Betrieb für den Markt arbeiten ließ, wie die karthagischen, sizilianischen und römischen Grundherren ihre kasernierten Sklaven in den Plantagen oder wie etwa der Vater des Demosthenes seine Sklaven in seinen beiden Ergasterien, und wie in moderner Zeit russische Grundherren ihre Bauern in ihren „Fabriken": — „erwerbswirtschaftliche Verwendung". Diese Plantagen- und Ergasterien-Sklaven aber sind zum sehr bedeutenden Bruchteil Kaufsklaven, also ein auf dem Markt gekauftes, nicht selbst erzeugtes Produktionsmittel. Im eigenen Haushalt erzeugte unfreie Arbeiter setzen die Existenz von unfreien „Familien" voraus, also eine Dezentralisierung der Hausgebundenheit und normalerweise einen teilweisen Verzicht auf restlose Ausnutzung der Arbeitskraft für den Herren. Weitaus die Mehrzahl solcher erblich unfreien Arbeitskräfte wird daher nicht in zentralisierten Betrieben verwendet, sondern hat dem Herrn nur einen Teil ihrer Leistungsfähigkeit zur Verfügung zu stellen oder liefert ihm Abgaben in mehr oder minder willkürlicher oder traditionsgebundener Höhe, sei es in Naturalien, sei es in Geld. Ob der Herr vorzieht, die Unfreien als Arbeitskräfte oder als Rentenfonds zu benutzen, hängt vor allem davon ab, wie er sie am einträglichsten verwerten kann.

Familienlose Kasernensklaven setzen zur Ergänzung des Arbeiterbedarfs große Billigkeit und Stetigkeit des Sklavenangebots, also stetige Menschenraubkriege und billige Ernährung der Sklaven: südliches Klima, voraus. Erblich abhängige Bauern ferner können Geldabgaben nur zahlen, wenn sie ihre Produkte auf einen ihnen zugänglichen, also im allgemeinen: einen lokalen, Markt bringen können, wenn mithin die Städte des Gebiets entwickelt sind. Wo die städtische Entwicklung dürftig war und also die Ernte nur durch Export voll verwertet werden konnte, — wie im deutschen und europäischen Osten in der beginnenden Neuzeit im Gegensatz zum Westen und auf der „schwarzen Erde" Rußlands im 19. Jahrhundert, — da war die Benutzung der Bauern als Arbeitskräfte in einer eigenen Fronwirtschaft des Herrn oft der einzige Weg, sie zur Erzielung von Geldeinnahmen nutzbar zu machen und entwickelte sich daher innerhalb des „Oikos" ein landwirtschaftlicher „Großbetrieb". Die Schaffung von eigenen gewerblichen Großbetrieben mit unfreien Arbeitskräften oder unter Zuhilfenahme oder ausschließlicher Verwendung gemieteter unfreier oder noch freier Arbeitskräfte in eigenen oder auch in gemieteten Ergasterien kann den Herren eines Oikos, der sich solche Betriebe angliedert, ganz dicht an einen kapitalistischen Unternehmer heranrücken oder ganz in einen solchen umschlagen lassen, wie dies z. B. bei den Schöpfern der schlesischen „Starosten-Industrie" vollständig geschehen ist. Denn nur der letzte S i n n : rentenbringende Nutzung eines vorhandenen Vermögensbestandes, charakterisiert den „Oikos", und dieser kann von einem primären Verwaltungsinteresse vom Unternehmerkapital tatsächlich ununterscheidbar und schließlich auch inhaltlich mit ihm identisch werden. Innerhalb einer „Starosten-Industrie" wie der schlesischen ist z. B. der Umstand, der an die grundherrliche Entstehung erinnert, vor allem die Art der K o m b i n a t i o n verschiedener Unternehmungen: etwa riesiger Forstbetriebe mit Ziegeleien, Brennereien, Zuckerfabriken, Kohlengruben, also: von Betrieben, welche nicht so verknüpft sind, wie etwa eine Reihe von Betrieben die miteinander in einer modernen „kombinierten" oder „gemischten" Unternehmung vereinigt werden, weil sie verschiedene Verarbeitungsstadien der gleichen Rohstoffe: Ausnutzung von Nebenprodukten und Abfall enthalten oder sonst durch M a r k t bedingungen verbunden werden. Allein der Grundherr, der an seine Kohlengruben ein Hüttenwerk und eventuell Stahlwerke, an seine Forstwirtschaft Sägmühlen und Zellulosefabriken angliedert, kann praktisch dasselbe Ergebnis herbeiführen und nur der Ausgangspunkt, nicht das Resultat, sind dann hier und dort verschieden. Ansätze zu durch den Besitz eines Rohstoffs gegebenen Kombinationen finden sich schon auf dem Boden der Ergasterien der Antike. Der Vater des Demosthenes, einer attischen Kaufmannsfamilie entstammend, war Importeur von Elfenbein, welches er (τῷ βουλομένῳ) verkaufte und das zur Einlage sowohl in Messergriffe wie in Möbel verwendet wurde. Er hatte schon begonnen, eigene angelernte Sklaven in eigener Werkstatt Messer herstellen zu lassen und mußte von einem zahlungsunfähigen Möbeltischler dessen Ergasterion, d. h. wesentlich: die darin arbeitenden Sklaven, übernehmen. Er kombinierte von dem Besitze je ein Messerschmiede- und ein Tischler-Ergasterion. Die Entwicklung der Ergasterien hat dann auf hellenistischem, besonders wohl alexandrischem und auch noch auf altislamischem Boden Fortschritte gemacht. Die Ausnutzung g e w e r b licher unfreier Arbeitskräfte als Rentenquelle ist im ganzen Altertum, im Orient wie im Okzident, im frühen Mittelalter und in Rußland bis zur Aufhebung der Leibeigenschaft üblich gewesen. Der Herr vermietet seine Sklaven als Arbeitskräfte: so tat Nikias mit ungelernten Sklaven in größtem Maßstab an die Bergwerksbesitzer. Er läßt sie eventuell zum Zweck besserer Verwertung zu gelernten Handwerkern ausbilden, was sich im ganzen Altertum, angefangen von einem Kontrakt, in dem der Kronprinz Kambyses als Besitzer des Lehrmeisters genannt ist, bis zu den Pandekten ganz wie noch in Rußland im 18. und 19. Jahrhundert findet. Oder er überläßt es ihnen, nachdem er sie hat ausbilden lassen, ihre Arbeitskraft als Handwerker zu eigenem Nutzen zu verwerten, und sie müssen ihm dafür eine Rente (griechisch: apophora, babylonisch:

mandaku, deutsch: Halssteuer, russisch: obrok) zahlen. Der Herr kann ihnen dabei auch die Arbeitsstätte stellen und sie mit Betriebsmitteln (peculium) und Erwerbskapital (merx peculiaris) ausrüsten. Von einer, der Tatsache nach, fast völligen Bewegungsfreiheit bis zu gänzlicher Einschnürung in eine kasernenartige Existenz im Eigenbetrieb des Herrn sind alle denkbaren Zwischenstufen historisch bezeugt. Die nähere ökonomische Eigenart der so, sei es in der Hand des Herren, sei es in der der Abhängigen, auf dem Boden des Oikos erwachsenen „Betriebe" gehört im einzelnen in einen anderen Problemkreis. Die Entwicklung des „Oikos" zur patrimonialen Herrschaft dagegen werden wir im Zusammenhang mit der Analyse der Herrschaftsformen zu betrachten haben.

Kapitel III.

Ethnische Gemeinschaften.

§ 1. Die „Rasse".

Eine weit problematischere Quelle für Gemeinschaftshandeln als die bisher ermittelten Tatbestände ist der wirklich auf Abstammungsgemeinsamkeit beruhende Besitz gleichartiger ererbter und vererblicher Anlagen, die „Rassenzugehörigkeit". Sie führt zu einer „Gemeinschaft" natürlich überhaupt nur dann, wenn sie subjektiv als gemeinsames Merkmal empfunden wird, und dies geschieht nur, wenn örtliche Nachbarschaft oder Verbundenheit Rassenverschiedener zu einem (meist: politischen) gemeinsamen Handeln oder umgekehrt: irgendwelche gemeinsamen Schicksale des rassenmäßig Gleichartigen mit irgendeiner G e g e n s ä t z l i c h k e i t der Gleichgearteten gegen a u f f ä l l i g Andersgeartete verbunden ist. Das dann entstehende Gemeinschaftshandeln pflegt sich generell nur rein negativ: als Absonderung und Verachtung oder umgekehrt abergläubische Scheu gegenüber den in auffälliger Weise Andersgearteten zu äußern. Der seinem äußeren Habitus nach Andersartige wird, mag er „leisten" und „sein" was er wolle, schlechthin als solcher verachtet oder umgekehrt, wo er dauernd übermächtig bleibt, abergläubisch verehrt. Die Abstoßung ist dabei das Primäre und Normale. Nun ist aber 1. diese Art von „Abstoßung" nicht nur den Trägern anthropologischer Gemeinsamkeiten gegeneinander eigen, und auch ihr Maß wird keineswegs durch den Grad der anthropologischen Verwandtschaft bestimmt, und 2. knüpft sie auch und vor allem keineswegs nur an ererbte, sondern ganz ebenso an andere auffällige Unterschiede des äußeren Habitus an.

Wenn man den Grad von objektiver Rassenverschiedenheit rein physiologisch unter anderem auch darnach bestimmen kann, ob die Bastarde sich in annähernd normalem Maße fortpflanzen oder nicht, so könnte man die subjektive gegenseitige rassenmäßige Anziehung und Abstoßung in ihrem Stärkegrade darnach bemessen wollen, ob Sexualbeziehungen gern oder selten, normalerweise als Dauerbeziehungen oder wesentlich nur temporär und irregulär, angeknüpft werden. Das bestehende oder fehlende Konnubium wäre dann naturgemäß bei allen zu einem „ethnischen" Sonderbewußtsein entwickelten Gemeinschaften eine normale Konsequenz rassemäßiger Anziehung oder Absonderung. Die Erforschung der sexuellen Anziehungs- und Abstoßungsbeziehungen zwischen verschiedenen ethnischen Gemeinschaften steht heute erst im Anfang exakter Beobachtungen. Es ist nicht der mindeste Zweifel, daß für die Intensität des Sexualverkehrs und für die Bildung von Konnubialgemeinschaften a u c h rassenmäßige, also durch Abstammungsgemeinschaft bedingte Momente eine Rolle spielen, zuweilen die ausschlaggebende. Aber gegen die „Urwüchsigkeit" der sexuellen Rassenabstoßung, selbst bei einander sehr fernstehenden Rassen, sprechen schließlich doch z. B. die mehreren Millionen Mulatten in den Vereinigten Staaten deutlich genug. Die, neben den direkten Eheverboten der Südstaaten, jetzt von beiden Seiten, neuerdings auch von derjenigen der Neger, durchgeführte Perhorreszierung jeder sexuellen Beziehung zwischen den beiden Rassen überhaupt ist erst das Produkt der mit der Sklavenemanzipation entstandenen Prätentionen der Neger, als gleichberechtigte Bürger behandelt zu werden, also: s o z i a l bedingt durch die, uns dem Schema nach bekannten, in diesem Fall an die Rasse anknüpfenden, Tendenzen zur Monopolisierung von sozialer Macht und Ehre. Das „Konnubium" überhaupt, also der Tatbestand: daß Abkömmlinge aus sexuellen Dauergemeinschaften von einer politischen oder ständischen oder ökonomischen Gemeinschaft des Vaters zur gleichartigen Beteiligung am Gemeinschaftshandeln und seinen Vorteilen für die Beteiligten zugelassen werden, hängt von mannigfachen Umständen ab. Unter der Herrschaft der ungebrochenen väterlichen Hausgewalt, von der später zu reden sein wird, lag es gänzlich im Ermessen des Vaters, beliebige Sklavinnenkinder als gleichberechtigt zu behandeln. Die Verklärung des Frauenraubs des Helden vollends machte die Rassenmischung in der Herrenschicht direkt zur Regel. Erst die, uns dem Schema nach bekannte Tendenz zur monopolistischen Abschließung politischer oder ständischer oder anderer Gemeinschaften und zur Monopolisierung der Ehechancen schränkt diese Macht des Hausvaters zunehmend ein und schafft die strenge Einschränkung des Konnubium auf die Abkömmlinge aus sexuellen Dauergemeinschaften innerhalb der eigenen (ständischen, politischen, kultischen, ökonomischen) Gemeinschaft, damit zugleich aber eine höchst wirksame Inzucht. Die „Endogamie" einer Gemeinschaft — wenn man darunter nicht das bloße Faktum, daß geschlechtliche Dauerbeziehungen vorwiegend auf der Basis der Zugehörigkeit zu einem wie immer gearteten Verband zustande kommen, sondern einen Ablauf des Gemeinschaftshandelns versteht, derart, daß nur endogen gezeugte Abkömmlinge als gleichstehende Genossen des Gemeinschaftshandelns akzeptiert werden — ist wohl überall sekundäres Produkt solcher Tendenzen. (Von einer „Sippen"Endogamie sollte man nicht reden; sie existiert nicht oder nur dann, wenn man Erscheinungen wie die Leviratsehe und das Erbtochterrecht, die sekundären, religiösen und politischen Ursprungs sind, mit diesem Namen bezeichnen wollte.) Die Reinzüchtung anthropologischer Typen ist sehr oft sekundäre Folge derartiger, wie immer bedingter Abschließungen, bei Sekten (Indien) sowohl wie bei „Pariavölkern", d. h. Gemeinschaften, welche zugleich sozial verachtet und dennoch um einer unentbehrlichen, von ihnen monopolisierten Sondertechnik willen als Nachbarn gesucht werden.

Nicht nur die Tatsache, daß, sondern auch der Grad, in welchem das reale Blutsband als solches beachtet wird, ist durch andere Gründe als das Maß der objektiven Rassenverwandtschaft mitbestimmt. Der winzigste Tropfen Negerblut disqualifiziert in den Vereinigten Staaten unbedingt, während sehr beträchtliche Einflüsse indianischen Blutes es nicht tun. Neben dem zweifellos mitspielenden, ästhetisch gegenüber den Indianern noch fremdartigeren Gepräge der Vollblutneger wirkt dabei ohne alle Frage die Erinnerung mit, daß es sich bei den Negern im Gegensatz zu den Indianern um ein Sklavenvolk, also eine ständisch disqualifizierte Gruppe handelt. Ständische, also anerzogene Unterschiede und namentlich Unterschiede der „Bildung" (im weitesten Sinn des Wortes) sind ein weit stärkeres Hemmnis des konventionellen Konnubium als Unterschiede des anthropologischen Typus. Der bloße anthropologische Unterschied entscheidet, von den extremen Fällen ästhetischer Abstoßung abgesehen, durchweg nur in geringem Maße.

§ 2. Entstehung der „Rassen"merkmale.

Die Frage aber, ob die als auffällig abweichend und also scheidend empfundenen Differenzen auf „Anlage" oder „Tradition" beruhen, ist für ihre Wirksamkeit auf die gegenseitige Anziehung oder Abstoßung normalerweise gänzlich bedeutungslos. Dies gilt für die Entwicklung endogamer Konnubialgemeinschaften, und es gilt natürlich erst recht für die Anziehung und Abstoßung im sonstigen „Verkehr", dafür also, ob freundschaftliche, gesellige oder ökonomische Verkehrsbeziehungen und Gemeinschaftsbildungen aller Art zwischen solchen Gruppen leicht und auf dem Fuße gegenseitigen Vertrauens und gegenseitiger Behandlung als gleichartig und gleichwertig oder nur schwer und unter Vorkehrungen, welche Mißtrauen bekunden, angeknüpft werden. Die größere oder geringere Leichtigkeit des Entstehens einer sozialen Verkehrsgemeinschaft (im möglichst weiten Sinn des Wortes) knüpft erst recht an die größten Aeußerlichkeiten der aus irgendeinem zufälligen historischen Grunde eingelebten Unterschiede der äußeren Lebensgewohnheiten genau ebenso an, wie an das rassenmäßige Erbgut. Entscheidend ist vielfach neben der Ungewohntheit abweichender Gepflogenheiten rein als solcher, daß die abweichende „Sitte" in ihrem subjektiven „Sinn" nicht durchschaut wird, weil dazu der Schlüssel fehlt. Aber nicht alle Abstoßung beruht auf dem Fehlen von „Verständnis"-Gemeinschaft, wie wir bald sehen werden. Unterschiede der Bart- und Haartracht, Kleidung, Ernährungsweise, der gewohnten Arbeitsteilung der Geschlechter und alle überhaupt ins Auge fallenden Differenzen, — zwischen deren „Wichtigkeit" oder „Unwichtigkeit" es für die unmittelbare Anziehungs- oder Abstoßungsempfindung ebensowenig Gradunterschiede gibt wie für naive Reisebeschreibungen oder für Herodot oder für die ältere vorwissenschaftliche Ethnographie —, können im Einzelfall Anlaß zur Abstoßung und Verachtung der Andersgearteten und, als positive Kehrseite, zum Gemeinsamkeitsbewußtsein der Gleichgearteten geben, welches dann ganz ebenso leicht Träger einer Vergemeinschaftung werden kann, wie andererseits jede Art von Gemeinschaft, vom Haus- und Nachbarverband bis zur politischen und religiösen Gemeinschaft, Träger gemeinsamer Sitte zu sein pflegt. Alle Unterschiede der „Sitten" können ein spezifisches „Ehr"- und „Würde"-Gefühl ihrer Träger speisen. Die ursprünglichen Motive der Entstehung von Verschiedenheiten der Lebensgepflogenheiten werden vergessen und die Kontraste bestehen als „Konventionen" weiter. Wie auf diese Art alle und jede Gemeinschaft sittenbildend wirken kann, so wirkt auch jede in irgendeiner Weise, indem sie mit den einzelnen ererbten Qualitäten verschieden günstige Lebens-, Ueberlebens- und Fortpflanzungschancen verknüpft, auf die Auslese der anthropologischen Typen, also züchtend, ein, und zwar unter Umständen in höchst wirksamer Art. Wie bei der inneren Ausgleichung steht es auch bei der Unterscheidung nach außen. Die uns dem Schema nach bekannte Tendenz zur monopolistischen Abschließung nach außen kann an jedes noch so äußerliche Moment anknüpfen. Die universelle Macht der „Nachahmung" wirkt im allgemeinen dahin, daß ebenso wie durch Rassenmischung die anthropologischen Typen, so die bloß traditionellen Gepflogenheiten von Ort zu Ort nur in allmählichen Uebergängen sich zu ändern pflegen. Scharfe Grenzen zwischen den Verbreitungsgebieten von äußerlich wahrnehmbaren Lebensgepflogenheiten sind daher entweder durch eine bewußte monopolistische Abschließung, welche an kleine Unterschiede anknüpfte, und diese dann geflissentlich pflegte und vertiefte, entstanden. Oder durch friedliche oder kriegerische Wanderungen von Gemeinschaften, welche bis dahin weit entfernt gelebt und sich an heterogene Bedingungen der Existenz in ihren Traditionen angepaßt hatten. Ganz ebenso also, wie auffällig verschiedene, durch Züchtung in der Isolierung entstandene Rassentypen entweder durch monopolistische Abschließung oder durch Wanderung in scharf abgegrenzte Nachbarschaft miteinander geraten. Gleichartigkeit und Gegensätzlichkeit des Habitus und der Lebensgewohnheiten sind, wie sich aus alledem ergibt, ganz einerlei, ob als Erb- oder Traditionsgut beide im Prinzip in ihrer Entstehung und Aenderung der Wirksamkeit durchaus den gleichen Bedingungen des Gemeinschaftslebens unterstellt und auch in ihrer eigenen gemeinschaftsbildenden Wirkung gleichartig. Der Unterschied liegt einerseits in der überaus großen Verschiedenheit der Labilität beider, je nachdem sie Erb- oder Traditionsgut sind, und andererseits in der festen (wenn auch im einzelnen oft unbekannten) Grenze der Anzüchtung von neuen Erbqualitäten überhaupt, — der gegenüber, trotz der immerhin auch starken Unterschiede der Uebertragbarkeit von Traditionen, doch für die „Angewöhnung" von „Sitten" ein ungemein viel größerer Spielraum besteht.

Fast jede Art von Gemeinsamkeit und Gegensätzlichkeit des Habitus und der Gepflogenheiten kann Anlaß zu dem subjektiven Glauben werden, daß zwischen den sich anziehenden oder abstoßenden Gruppen Stammverwandtschaft oder Stammfremdheit bestehe. Nicht jeder Stammverwandtschaftsglaube zwar beruht auf Gleichheit der Sitten und des Habitus. Es kann auch trotz starker Abweichungen auf diesem Gebiet dann ein solcher bestehen und eine gemeinschaftsbildende Macht entfalten, wenn er durch die Erinnerung an reale Abwanderung: Kolonisation oder Einzelauswanderung gestützt wird. Denn die Nachwirkung der Angepaßtheit an das Gewohnte und an Jugenderinnerungen besteht als Quelle des „Heimatsgefühls" bei den Auswanderern auch dann weiter, wenn sie sich der neuen Umwelt derart vollständig angepaßt haben, daß ihnen selbst eine Rückkehr in die Heimat unerträglich wäre (wie z. B. den meisten Deutschamerikanern). In Kolonien überdauert die innere Beziehung zur Heimat der Kolonisten auch sehr starke Mischungen mit den Bewohnern des Koloniallandes und erhebliche Aenderungen des Traditionsguts sowohl wie des Erbtypus. Entscheidend dafür ist bei politischer Kolonisation das politische Rückhaltsbedürfnis; allgemein ferner die Fortdauer der durch Konnubium geschaffenen Verschwägerungen und endlich, soweit die „Sitte" konstant geblieben ist, die Absatzbeziehungen, welche, solange diese Konstanz des Bedürfnisstandes dauert, zwischen Heimat und Kolonie, und zwar gerade bei Kolonien in fast absolut fremdartiger Umgebung und innerhalb eines fremden politischen Gebietes, in besonderer Intensität bestehen können. Der Stammverwandtschaftsglaube kann — ganz einerlei natürlich, ob er objektiv irgendwie begründet ist — namentlich für die politische Gemeinschaftsbildung wichtige Konsequenzen haben. Wir wollen solche Menschengruppen, welche auf Grund von Aehnlichkeiten des äußeren Habitus oder der Sitten oder beider oder von Erinnerungen an Kolonisation und Wanderung einen subjektiven Glauben an eine Abstammungsgemeinsamkeit hegen, derart, daß dieser für die Propagierung von Vergemeinschaftungen wichtig wird, dann, wenn sie nicht „Sippen" darstellen, „ethnische" Gruppen nennen, ganz einerlei, ob eine Blutsgemeinsamkeit objektiv vorliegt oder nicht. Von der „Sippengemeinschaft" scheidet sich die „ethnische" Gemeinsamkeit dadurch, daß sie eben an sich nur (geglaubte) „Gemeinsamkeit", nicht aber „Gemeinschaft" ist, wie die Sippe, zu deren Wesen ein reales Gemeinschaftshandeln gehört. Die ethnische Gemeinsamkeit (im hier gemeinten Sinn) ist demgegenüber nicht selbst Gemeinschaft, sondern nur ein die Vergemeinschaftung erleichterndes Moment. Sie kommt der allerverschiedensten, vor allem freilich erfahrungsgemäß: der politischen Vergemeinschaftung, fördernd entgegen. Andererseits pflegt überall in erster Linie die politische Gemeinschaft, auch in ihren noch so künstlichen Gliederungen, ethnischen Gemeinsamkeitsglauben zu wecken und auch nach ihrem Zerfall zu hinterlassen, es sei denn, daß dem drastische Unterschiede der Sitte und des Habitus oder, und namentlich, der Sprache im Wege stehen.

Diese „künstliche" Art der Entstehung eines ethnischen Gemeinsamkeitsglaubens entspricht ganz dem uns bekannten Schema der Umdeutung von rationalen Vergesellschaftungen in persönliche Gemeinschaftsbeziehungen. Unter Bedingungen geringer Verbreitung rational versachlichten Gesellschaftshandelns attrahiert fast jede, auch eine rein rational geschaffene, Vergesellschaftung ein übergreifendes Gemeinschaftsbewußtsein in der Form einer persönlichen Verbrüderung auf der Basis „ethnischen" Gemeinsamkeitsglaubens. Noch dem Hellenen wurde jede noch so willkürlich vollzogene Gliederung der Polis zu einem persönlichen Verband mindestens mit Kultgemeinschaft, oft mit künstlichem Ahn. Die 12 Stämme Israels sind Unterabteilungen der politischen Gemeinschaft, welche umschichtig monatsweise gewisse Leistungen übernahmen, die hellenischen Phylen und ihre Unterabteilungen ebenfalls. Aber auch die letzteren gelten durchaus als ethnische Abstammungsgemeinsamkeiten. Sicherlich kann nun die ursprüngliche Einteilung sehr wohl an politische oder schon vorhandene ethnische Unterschiede angeknüpft haben.

Auch wo sie aber unter Zerreißung alter Verbände und Verzicht auf lokalen Zusammenhalt ganz rational und schematisch konstruiert wurde — wie die kleisthe-
nische — wirkte sie ganz im gleichen Sinne ethnisch. Dies bedeutet also nicht, daß
die hellenische Polis real oder der Entstehung nach in der Regel ein Stammes-
oder Geschlechterstaat war, sondern es ist ein Symptom für den im ganzen geringen
Grad der Rationalisierung des hellenischen Gemeinschaftslebens überhaupt. Umgekehrt ist es für die größere Rationalisierung der römischen politischen Gemeinschaftsbildung ein Symptom, daß ihre alten schematischen Unterabteilungen (curiae) jene
religiöse, einen ethnischen Ursprung vortäuschende Bedeutsamkeit nur in geringerem
Maße attrahiert hat.

Der „ethnische" Gemeinsamkeitsglaube ist sehr oft, aber nicht immer Schranke
„sozialer Verkehrsgemeinschaften"; diese wiederum ist nicht immer identisch mit
endogamer Konnubialgemeinschaft, denn die von jeder von beiden umfaßten Kreise
können sehr verschieden groß sein. Ihre nahe Verwandtschaft beruht nur auf dem
gleichartigen Fundament: dem Glauben an eine spezifische, von den Außenstehenden
nicht geteilte „Ehre" — der „ethnischen Ehre" — des Zugehörigen, deren Verwandtschaft mit der „ständischen" Ehre wir später erörtern werden. Hier begnügen
wir uns mit diesen wenigen Feststellungen. Jede eigentlich soziologische Untersuchung müßte die Begriffe ungemein viel feiner differenzieren, als wir es hier für
unseren begrenzten Zweck tun. Gemeinschaften können ihrerseits Gemeinsamkeitsgefühle erzeugen, welche dann dauernd, auch nach dem Verschwinden der Gemeinschaft, bestehen bleiben und als „ethnisch" empfunden werden. Insbesondere kann
die politische Gemeinschaft solche Wirkungen üben. Am unmittelbarsten aber ist
dies bei derjenigen Gemeinschaft der Fall, welche Träger eines spezifischen „M a s -
s e n kulturguts" ist und das gegenseitige „Verstehen" begründet oder erleichtert:
die Gemeinschaft der Sprache.

Unzweifelhaft ist da, wo die Erinnerung an die Entstehung einer auswärtigen
Gemeinschaft durch friedliche Abspaltung oder Fortwanderung („Kolonie", „Ver
sacrum" und ähnliche Vorgänge) aus einer Muttergemeinschaft aus irgendwelchen
Gründen dauernd lebendig geblieben ist, ein sehr spezifisches „ethnisches" Gemeinschaftsgefühl von oft sehr großer Tragfähigkeit vorhanden. Aber dies ist dann durch
die politische Erinnerungsgemeinschaft oder, in der Frühzeit noch stärker, durch
die fortdauernde Bindung an die alten Kultgemeinschaften, ferner die fortdauernde
Erstarkung der Sippenverbände und anderer Vergemeinschaftungen durch die
alte wie neue Gemeinschaft hindurch oder durch andere fortdauernde, ständig fühlbare Beziehungen bedingt. Wo diese fehlen oder aufhören, fehlt auch das „ethnische"
Gemeinschaftsgefühl, einerlei, wie nahe die Blutsverwandtschaft ist.

Versucht man generell zu ermitteln, welche „ethnischen" Differenzen übrig
bleiben, wenn man absieht von der keineswegs immer mit objektiver oder subjektiv
geglaubter Blutsverwandtschaft zusammenfallenden Sprachgemeinschaft und von
der ebenfalls davon unabhängigen Gemeinsamkeit des religiösen Glaubens, sowie
vorläufig auch von der Wirkung gemeinsamer rein politischer Schicksale und der
Erinnerungen daran, die wenigstens objektiv mit Blutsverwandtschaft nichts zu
tun hat, — dann bleiben einerseits, wie erwähnt, ästhetisch auffällige Unterschiede
des nach außen hervortretenden Habitus, andererseits und zwar durchaus gleichberechtigt neben jenen, in die Augen fallende Unterschiede in der L e b e n s f ü h -
r u n g d e s A l l t a g s. Und zwar, da es sich bei den Gründen der „ethnischen"
Scheidung stets um äußerlich erkennbare drastische Differenzen handelt, gerade
solche Dinge, welche sonst von untergeordneter sozialer Tragweite erscheinen können.
Es ist klar, daß die Sprachgemeinschaft und nächst ihr die, durch ähnliche religiöse
Vorstellungen bedingte, Gleichartigkeit der rituellen Lebensreglementierung außerordentlich starke, überall wirkende Elemente von „ethnischen" Verwandtschafts-
gefühlen bilden, namentlich weil die sinnhafte „Verständlichkeit" des Tuns des
Anderen die elementarste Voraussetzung der Vergemeinschaftung ist. Aber wir

wollen diese beiden Elemente hier ausscheiden und fragen, was dann übrigbleibt. Und es ist ja auch zuzugeben, daß wenigstens starke Dialektunterschiede und Unterschiede der Religion die ethnischen Gemeinschaftsgefühle nicht absolut ausschließen. Neben wirklich starken Differenzen der ökonomischen Lebensführung spielten bei ethnischem Verwandtschaftsglauben zu allen Zeiten solche der äußerlichen Widerspiegelungen, wie die Unterschiede der typischen Kleidung, der typischen Wohn- und Ernährungsweise, der üblichen Art der Arbeitsteilung zwischen den Geschlechtern und zwischen Freien und Unfreien: — alle solche Dinge also, bei denen es sich fragt: was für „schicklich" gilt und was, vor allem, das Ehr- und Würdegefühl des Einzelnen berührt —, eine Rolle. Alle diejenigen Dinge mit anderen Worten, welche wir später auch als Gegenstände spezifisch „ständischer" Unterschiede wiederfinden werden. In der Tat ist die Ueberzeugung von der Vortrefflichkeit der eigenen und der Minderwertigkeit fremder Sitten, durch welche die „ethnische Ehre" gespeist wird, den „ständischen" Ehrbegriffen durchaus analog. „Ethnische" Ehre ist die spezifische Massenehre, weil sie jedem, der der subjektiv geglaubten Abstammungsgemeinschaft angehört, zugänglich ist. Der „poor white trash", die besitzlosen und, bei dem Mangel an Arbeitsgelegenheit für freie Arbeit, sehr oft ein elendes Dasein fristenden, Weißen der amerikanischen Südstaaten waren in der Sklavereiepoche die eigentlichen Träger der den Pflanzern selbst ganz fremden Rassenantipathie, weil gerade ihre soziale „Ehre" schlechthin an der sozialen Deklassierung der Schwarzen hing. Und hinter allen „ethnischen" Gegensätzen steht ganz naturgemäß irgendwie der Gedanke des „auserwählten Volks", der nur ein in das horizontale Nebeneinander übersetztes Pendant „ständischer" Differenzierungen ist und seine Popularität eben davon entlehnt, daß er im Gegensatz zu diesen, die stets auf Subordination beruhen, von jedem Angehörigen jeder der sich gegenseitig verachtenden Gruppen für sich subjektiv in gleichem Maße prätendiert werden kann. Daher klammert sich die ethnische Abstoßung an alle denkbaren Unterschiede der „Schicklichkeits" vorstellungen und macht sie zu „ethnischen Konventionen". Neben jenen vorhin erwähnten, immerhin noch näher mit der Wirtschaftsordnung zusammenhängenden Momenten wird etwa auch die Bart- und Haartracht und ähnliches von der Konventionalisierung — ein erst später zu erörternder Begriff — erfaßt und wirken Gegensätze darin nun „ethnisch" abstoßend, weil sie als Symbole ethnischer Zugehörigkeit gelten. Nicht immer freilich wird die Abstoßung nur durch den „symbolischen" Charakter der Unterscheidungsmerkmale bedingt. Daß die Skytinnen ihre Haare mit Butter, welche dann ranzig roch, einfetteten, die Helleninnen dagegen mit parfümiertem Oel, machte, nach einer antiken Ueberlieferung, einen gesellschaftlichen Annäherungsversuch vornehmer Damen von beiden Seiten unmöglich. Der Buttergeruch wirkte sicher intensiver trennend als selbst die drastischsten Rassenunterschiede, als etwa der — soviel ich selbst bemerken konnte — fabulöse „Negergeruch" es hätte tun können. Die „Rassenqualitäten" kommen für die Bildung „ethnischen" Gemeinsamkeitsglaubens generell nur als Grenzen: bei allzu heterogenem, ästhetisch nicht akzeptiertem äußerem Typus, in Betracht, nicht als positiv gemeinschaftsbildend.

Starke Differenzen der „Sitte", die hiernach bei der Bildung ethnischer Gemeinschaftsgefühle und Blutsverwandtschaftsvorstellungen eine dem ererbten Habitus durchaus gleichwertige Rolle spielen, sind, neben den sprachlichen und religiösen Unterschieden, ganz regelmäßig durch verschiedene ökonomische oder politische Existenzbedingungen, an die eine Menschengruppe sich anzupassen hat, hervorgerufen. Denken wir scharfe Sprachgrenzen, scharf begrenzte politische oder religiöse Gemeinschaften als Rückhalt von Unterschieden der „Sitte" fort — wie sie ja in weiten Gebieten des afrikanischen und südamerikanischen Kontinents wirklich vielfach fehlen — so gibt es nur allmähliche Uebergänge der „Sitte" und auch keinerlei feste „ethnische Grenzen", außer solche, die durch drastische Raumunterschiede bedingt sind. Scharfe Abgrenzungen des Geltungsgebiets von „ethnisch" relevanten

Sitten, welche nicht entweder politisch oder ökonomisch oder religiös bedingt sind, entstehen regelmäßig durch Wanderungen oder Expansionen, welche bisher dauernd oder doch zeitweise weit voneinander getrennt lebende und daher an sehr heterogene Bedingungen angepaßte Menschengruppen in unmittelbare Nachbarschaft miteinander bringen. Der so entstehende deutliche Kontrast der Lebensführung pflegt dann auf beiden Seiten die Vorstellung gegenseitiger „Blutsfremdheit" zu wecken, ganz unabhängig vom objektiven Sachverhalt.

Die Einflüsse, welche die hiernach im spezifischen Sinn „ethnischen" Momente, also: der auf Gemeinsamkeiten oder Unterschieden des äußeren Eindrucks der Person und ihrer Lebensführung ruhende Glaube an Blutsverwandtschaft oder das Gegenteil in Gemeinschaftsbildungen hineintragen, ist natürlich generell sehr schwer bestimmbar und auch in jedem Einzelfall von problematischer Bedeutung. Die „ethnisch" relevante „Sitte" wirkt generell nicht anders als Sitte — von deren Wesen anderwärts zu reden ist — überhaupt. Der Glaube an die Abstammungsverwandtschaft ist geeignet, in Verbindung mit der Aehnlichkeit der Sitte, die Ausbreitung eines von einem Teil der „ethnisch" Verbundenen rezipierten Gemeinschaftshandelns innerhalb des Restes zu begünstigen, da das Gemeinschaftsbewußtsein die „Nachahmung" fördert. Dies gilt insbesondere für die Propaganda religiöser Gemeinschaften. Aber über derart unbestimmte Sätze kommt man nicht hinaus. Der Inhalt des auf „ethnischer" Basis möglichen Gemeinschaftshandelns bleibt unbestimmt. Dem entspricht nun die geringe Eindeutigkeit derjenigen Begriffe, welche ein lediglich „ethnisch", also durch den Glauben an Blutsverwandtschaft bedingtes Gemeinschaftshandeln anzudeuten scheinen: „Völkerschaft", „Stamm", „Volk", — von denen jeder gewöhnlich im Sinn einer ethnischen Unterabteilung des folgenden (aber die beiden ersten auch umgekehrt) gebraucht wird. Ganz regelmäßig wird, wenn diese Ausdrücke gebraucht werden, entweder eine, sei es noch so lose, gegenwärtige politische Gemeinschaft oder Erinnerungen an eine früher einmal gewesene, wie sie die gemeinsame Heldensage aufbewahrt, oder Sprach- bzw. Dialektgemeinschaften oder endlich eine Kultgemeinschaft, mit hinzugedacht. Speziell irgendwelche Kultgemeinschaften waren in der Vergangenheit geradezu die typischen Begleiterscheinungen eines auf geglaubter Blutsverwandtschaft ruhenden „Stammes"- oder „Volks"-Bewußtseins. Aber wenn diesem eine politische, gegenwärtige oder vergangene, Gemeinschaft gänzlich fehlte, so war schon die äußere Abgrenzung des Gemeinschaftsumfangs meist ziemlich unbestimmt. Die Kultgemeinschaften germanischer Stämme, noch in später Zeit der Burgunder, waren wohl Rudimente politischer Gemeinschaften und daher anscheinend leidlich fest umgrenzt. Das delphische Orakel dagegen ist zwar das unbezweifelte kultische Wahrzeichen des Hellenentums als eines „Volkes". Aber der Gott gibt auch Barbaren Auskunft und läßt sich ihre Verehrung gefallen, und andererseits sind an der vergesellschafteten Verwaltung seines Kultes nur kleine Teile der Hellenen, und gerade die mächtigsten ihrer politischen Gemeinschaften gar nicht, beteiligt. Die Kultgemeinschaft als Exponent des „Stammesgefühls" ist also im allgemeinen entweder Rest einer einst bestehenden engeren, durch Spaltung und Kolonisation zerfahrenen Gemeinschaft meist politischer Art, oder sie ist, — wie beim delphischen Apollon — vielmehr Produkt einer, durch andere als rein „ethnische" Bedingungen, herbeigeführten „Kulturgemeinschaft", welche ihrerseits den Glauben an Blutsgemeinschaft entstehen läßt. Wie außerordentlich leicht speziell politisches Gemeinschaftshandeln die Vorstellung der „Blutsgemeinschaft" erzeugt — falls nicht allzudrastische Unterschiede des anthropologischen Typus im Wege stehen, — zeigt der ganze Verlauf der Geschichte.

§ 3. Verhältnis zur politischen Gemeinschaft.

Eindeutig wird der „Stamm" nach außen natürlich da begrenzt, wo er Unterabteilung eines politischen Gemeinwesens ist. Aber dann ist diese Abgrenzung auch

meist künstlich von der politischen Gemeinschaft her geschaffen. Schon die runden
Zahlen, in denen er aufzutreten pflegt, weisen darauf hin, z. B. die schon erwähnte
Einteilung des Volkes Israel in 12 Stämme, ebenso die drei dorischen und die an
Zahl verschiedenen „Phylen" der übrigen Hellenen. Sie wurden bei Neugründung
oder Neuorganisation des Gemeinwesens künstlich neu eingeteilt und der „Stamm"
ist hier also, obwohl er alsbald die ganze Symbolik der Blutsgemeinschaften, insbesondere den Stammeskult, attrahiert, erst Kunstprodukt der politischen Gemeinschaft. Die Entstehung eines spezifischen, blutsverwandtschaftsartig reagierenden
Gemeingefühls für rein künstlich abgegrenzte politische Gebilde ist noch heute nichts
seltenes. Die allerschematischsten politischen Gebilde: die nach Breitegraden qua-
dratisch abgegrenzten „Staaten" der amerikanischen Union z. B., zeigen ein sehr entwickeltes Sonderbewußtsein: daß Familien von New York nach Richmond reisen, nur
damit das erwartete Kind dort geboren und also ein „Virginier" werde, ist nicht selten.
Das Künstliche solcher Abgrenzungen schließt nun gewiß nicht aus, daß z. B.
die hellenischen Phylen ursprünglich einmal irgendwo und irgendwie selbständig
vorhanden gewesen waren und dann jene Poliseinteilung bei ihrer ersten Durchführung schematisierend an sie angeknüpft hatte, als sie zu einem politischen Verband zusammengeschlossen wurden. Aber dann ist der Bestand jener vor der Polis
existierenden Stämme (sie werden dann auch nicht „Phylen", sondern „Ethnos"
genannt) entweder identisch mit den entsprechenden politischen Gemeinschaften
gewesen, die sich dann zur „Polis" vergesellschafteten oder, wenn dies nicht der
Fall war, so lebte doch in vermutlich sehr vielen Fällen der politisch unorganisierte
Stamm als geglaubte „Blutsgemeinschaft" von der Erinnerung daran, daß er früher
einmal Träger eines politischen Gemeinschaftshandelns, meist wohl eines nur gelegentlichen, eine einzelne erobernde Wanderung oder Verteidigung dagegen in sich
schließenden, gewesen war, und dann waren eben diese politischen Erinnerungen
das prius gegenüber dem „Stamm". Dieser Sachverhalt: daß das „Stammesbewußt-
sein" der Regel nach primär durch politisch gemeinsame Schicksale und nicht primär
durch „Abstammung" bedingt ist, dürfte nach allem Gesagten eine sehr häufige Quelle
„ethnischen" Zusammengehörigkeitsglaubens sein. Nicht die einzige: denn die Gemeinsamkeit der „Sitte" kann die verschiedensten Quellen haben und entstammt
letztlich in hohem Grade der Anpassung an die äußeren Naturbedingungen und der
Nachahmung im Kreise der Nachbarschaft. Praktisch aber pflegt die Existenz des
„Stammesbewußtseins" wiederum etwas spezifisch Politisches zu bedeuten: daß
nämlich bei einer kriegerischen Bedrohung von außen oder bei genügendem Anreiz
zu eigener kriegerischer Aktivität nach außen, ein politisches Gemeinschaftshandeln
besonders leicht auf dieser Grundlage, also als ein solches der einander gegenseitig
subjektiv als blutsverwandte „Stammesgenossen" (oder „Volksgenossen") Empfin-
denden entsteht. Das potentielle Aufflammen des Willens zum politischen Handeln
ist demnach nicht die einzige, aber eine derjenigen Realitäten, welche hinter dem
im übrigen inhaltlich vieldeutigen Begriff von „Stamm" und „Volk" letztlich steckt.
Dieses politische Gelegenheitshandeln kann sich besonders leicht auch trotz des
Fehlens jeder darauf eingestellten Vergesellschaftung zu einer als „sittliche" Norm
geltenden Solidaritätspflicht der Volks- oder Stammesgenossen im Fall eines kriegerischen Angriffes entwickeln, deren Verletzung, selbst wenn keinerlei gemeinsames
„Organ" des Stammes existiert, den betreffenden politischen Gemeinschaften danach das Los der Sippen der Segestes und Inguiomar (Austreibung aus ihrem Gebiet) zuzieht. Ist aber dieses Stadium der Entwicklung erreicht, dann ist der Stamm
tatsächlich eine politische Dauergemeinschaft geworden, mag diese auch in Friedenszeiten latent und daher natürlich labil bleiben. Der Uebergang vom bloß „Gewöhnlichen" zum Gewohnten und deshalb „Gesollten" ist auf diesem Gebiet auch unter
günstigen Verhältnissen ganz besonders gleitend. Alles in allem finden wir in dem
„ethnisch" bedingten Gemeinschaftshandeln Erscheinungen vereinigt, welche eine
wirklich exakte soziologische Betrachtung — wie sie hier gar nicht versucht wird — sorg-

sam zu scheiden hätte: die faktische subjektive Wirkung der durch Anlage einerseits, durch Tradition andererseits bedingten „Sitten", die Tragweite aller einzelnen verschiedenen Inhalte von „Sitte", die Rückwirkung sprachlicher, religiöser, politischer Gemeinschaft, früherer und jetziger, auch die Bildung von Sitten, das Maß, in welchem solche einzelnen Komponenten Anziehungen und Abstoßungen und insbesondere Blutsgemeinschafts- oder Blutsfremdheitsglauben wecken, dessen verschiedene Konsequenzen für das Handeln, für den Sexualverkehr der verschiedenen Art, für die Chancen der verschiedenen Arten von Gemeinschaftshandeln, sich auf dem Boden der Sittengemeinschaft oder des Blutsverwandtschaftsglaubens zu entwickeln, — dies alles wäre einzeln und gesondert zu untersuchen. Dabei würde der Sammelbegriff „ethnisch" sicherlich ganz über Bord geworfen werden. Denn er ist ein für jede wirklich exakte Untersuchung ganz unbrauchbarer Sammelname. Wir aber treiben nicht Soziologie um ihrer selbst willen und begnügen uns daher, in Kürze aufzuzeigen, welche sehr verzweigten Probleme sich hinter dem vermeintlich ganz einheitlichen Phänomen verbergen.

Der bei exakter Begriffsbildung sich verflüchtigende Begriff der „ethnischen" Gemeinschaft entspricht nun in dieser Hinsicht bis zu einem gewissen Grade einem der mit pathetischen Empfindungen für uns am meisten beschwerten Begriffe: demjenigen der „N a t i o n", sobald wir ihn soziologisch zu fassen suchen.

§ 4. „Nation" und „Volk".

Die „Nationalität" teilt mit dem „Volk" im landläufigen „ethnischen" Sinn wenigstens normalerweise die vage Vorstellung, daß dem als „gemeinsam" Empfundenen eine Abstammungsgemeinschaft zugrunde liegen müsse, obwohl in der Realität der Dinge Menschen, welche sich als Nationalitätsgenossen betrachten, sich nicht nur gelegentlich, sondern sehr häufig der Abstammung nach weit ferner stehen, als solche, die verschiedenen und feindlichen Nationalitäten sich zurechnen. Nationalitätsunterschiede können z. B. trotz zweifellos starker Abstammungsverwandtschaft bestehen, nur weil Unterschiede der religiösen Konfessionen vorliegen, wie zwischen Serben und Kroaten. Die realen Gründe des Glaubens an den Bestand einer „nationalen" Gemeinsamkeit und des darauf sich aufbauenden Gemeinschaftshandelns sind sehr verschieden. Heute gilt vor allem „Sprachgemeinschaft", im Zeitalter der Sprachenkämpfe, als ihre normale Basis. Was sie gegenüber der bloßen „Sprachgemeinschaft" inhaltlich mehr besitzt, kann dann natürlich in dem spezifischen Erfolg, auf den ihr Gemeinschaftshandeln ausgerichtet ist, gesucht werden, und dies kann dann nur der gesonderte p o l i t i s c h e V e r b a n d sein. In der Tat ist heute „Nationalstaat" mit „Staat" auf der Basis der Spracheinheitlichkeit begrifflich identisch geworden. In der Realität stehen neben politischen Verbänden und zwar solchen modernen Gepräges auf „nationaler" Basis in diesem sprachlichen Sinn in erheblicher Zahl solche, die mehrere Sprachgemeinschaften umschließen und meist, aber nicht immer, für den politischen Verkehr eine Sprache bevorzugen. Aber auch für das sog. „Nationalgefühl" — wir lassen es vorerst undefiniert — genügt Sprachgemeinschaft nicht — wie neben dem eben erwähnten Beispiel die Iren, Schweizer und deutschsprachlichen Elsässer zeigen, welche sich nicht, mindestens nicht in vollem Sinn, als Glieder der durch ihre Sprache bezeichneten „Nation" fühlen. Andererseits sind auch Sprachunterschiede kein absolutes Hindernis für das Gefühl einer „nationalen" Gemeinschaft: die deutschsprachlichen Elsässer fühlten sich seinerzeit und fühlen sich zum großen Teil noch als Bestandteil der französischen „Nation". Aber doch nicht in vollem Sinne, nicht so, wie der französisch redende Franzose. Also gibt es „Stufen" der qualitativen Eindeutigkeit des „nationalen" Gemeinsamkeitsglaubens. Bei den Deutsch-Elsässern ist die unter ihnen weit verbreitete Gemeinsamkeitsempfindung mit den Franzosen neben gewissen Gemeinsamkeiten der „Sitte" und gewisser Güter der „Sinnenkultur" — auf die namentlich Wittich hingewiesen hat — durch politische Erinnerungen bedingt, die jeder Gang durch das, an jenen für den Unbeteiligten ebenso trivialen, wie für den Elsässer pathetisch gewerteten Reliquien (Trikolore, Pompier- und Militärhelme, Erlasse Louis Philippe's, vor allem Revolutionsreliquien) reiche, Kolmarer Museum zeigt. Gemeinsame politische, zugleich indirekt soziale, als Wahrzeichen der Vernichtung des Feudalismus, von den Massen hochgewertete Schicksale haben diese Gemeinschaft gestiftet und ihre Legende vertritt die Heldensage primitiver Völker. Die „grande Nation" war die Befreierin von feudaler Knechtung, galt als Trägerin der „Kultur", ihre Sprache als die eigentliche „Kultursprache", das Deutsche als „Dialekt" für den Alltag, und das Attachement an die Kultursprechenden ist also eine spezifische, dem auf Sprachgemeinschaft ruhenden Gemeinschaftsgefühl ersichtlich verwandte, aber doch nicht mit ihm identische, sondern auf partieller „Kulturgemeinschaft" und politischer Erinnerung ruhende innere Haltung. Bei den oberschlesischen Polen ferner war im allgemeinen bis vor kurzem kein bewußtes polnisches „Nationalgefühl" in dem Sinne verbreitet — wenigstens nicht in relevantem Maße —, daß sie sich im Gegensatz zu dem, wesentlich auf der Basis einer deutschen Sprachgemeinschaft stehenden, preußischen politischen Verband gefühlt hätten. Sie waren loyale, wenn auch passive, „Preußen", so wenig sie auch am Bestand des nationalen politischen Verbands des „Deutschen Reichs" irgendwie interessierte „Deutsche" waren und hatten, in ihrer Masse wenigstens, kein bewußtes oder doch kein starkes Bedürfnis der Absonderung von deutschsprachlichen Mitbürgern. Hier fehlte also das auf dem Boden der Sprachgemeinschaft sich entwickelnde „Nationalgefühl" gänzlich, und von „Kulturgemeinschaft" konnte bei dem Kulturmangel noch keine Rede sein. Bei den baltischen Deutschen ist weder „Nationalgefühl" im Sinne einer positiven Wertung der Sprachgemeinschaft mit den Deutschen rein als solcher, noch die Sehnsucht nach politischer Vereinigung mit dem „Deutschen Reich" verbreitet, die sie vielmehr überwiegend perhorreszieren würden[1]). Dagegen sondern sie sich, teils und zwar sehr stark aus „ständischen" Gegensätzen heraus, teils aus Gründen der Gegensätzlichkeit und gegenseitigen „Unverständlichkeit" und Mißachtung der beiderseitigen „Sitten" und Kulturgüter, von der slavischen Umwelt, einschließlich speziell auch der russischen, sehr schroff ab, obwohl und sogar zum Teil weil sie überwiegend eine intensive loyale Vasallentreue gegenüber dem Herrscherhause pflegen und an der Machtstellung der von diesem geleiteten, von ihnen selbst mit Beamten versorgten (und wiederum ihren Nachwuchs ökonomisch versorgenden) politischen Gemeinschaft sich so interessiert gezeigt haben, wie irgendein „Nationalrusse". Hier fehlt also ebenfalls alles, was man im modernen, sprachlich oder auch kulturell orientierten Sinn „Nationalgefühl" nennen könnte. Es ist hier, wie bei den rein proletarischen Polen: Loyalität gegenüber der politischen Gemeinschaft in Verschmelzung mit einem auf die innerhalb dieser vorhandene lokale Sprachgemeinschaft begrenzten, aber stark „ständisch" beeinflußten und modifizierten Gemeinschaftsgefühl verbreitet. Auch ständisch ist freilich keinerlei Einheitlichkeit mehr vorhanden, wenn die Gegensätze auch nicht so krasse sind, wie sie innerhalb der weißen Bevölkerung der amerikanischen Südstaaten waren. Die inneren ständischen und Klassengegensätze treten aber vorerst, gegenüber der gemeinsamen Bedrohung der Sprachgemeinschaft zurück. Und schließlich gibt es Fälle, wo der Name nicht recht passen will, wie schon bei dem Gemeinschaftsgefühl der Schweizer und Belgier oder etwa der Luxemburger und Lichtensteiner. Nicht die quantitative „Kleinheit" des politischen Verbandes ist dafür maßgebend, daß wir den Namen auf ihn anzuwenden Bedenken tragen: — die Holländer sind uns eine „Nation" —, sondern der bewußte Verzicht auf die „Macht", den jene „neutralisierten" politischen Gemeinwesen vollzogen haben, läßt uns unwillkürlich jenes Bedenken auftauchen. Die Schweizer sind keine

---

[1]) Vor dem Krieg geschrieben. (Anm. d. Herausgeb.)

eigene „Nation“, wenn man auf die Sprachgemeinschaft oder auf die Kulturgemeinschaft im Sinne der Gemeinsamkeit literarischer oder künstlerischer Kulturgüter sehen
will. Das trotzdem, auch trotz aller neuerdings auftauchenden Lockerungen, bei ihnen
verbreitete starke Gemeinschaftsgefühl ist aber nicht nur durch Loyalität gegen das
politische Gemeinwesen motiviert, sondern auch durch Eigenart der „Sitten“, die
— gleichviel, welches der objektive Sachverhalt sein mag — subjektiv als weitgehend
gemeinsam empfunden werden und ihrerseits sehr stark durch die sozialen Struktur-
gegensätze, namentlich gegen Deutschland, überhaupt aber gegen jedes „große“
und daher militaristische politische Gebilde mit seinen Konsequenzen für die Art
der inneren Herrschaftsstruktur, bedingt, daher auch durch die Sonderexistenz
allein garantiert erscheint. Die Loyalität der kanadischen Franzosen gegenüber der
englischen politischen Gemeinschaft ist heute ebenfalls vor allem bedingt durch die
tiefe Antipathie gegen die ökonomischen und sozialen Strukturverhältnisse und
Sitten in der benachbarten amerikanischen Union, denen gegenüber die Zugehörigkeit zu Kanada als Garantie der überkommenen Eigenart gewertet wird. Die
Kasuistik ließe sich leicht vermehren und müßte von jeder exakten soziologischen Untersuchung weiter vermehrt werden. Sie zeigt, daß die mit dem Sammelnamen „national“ bezeichneten Gemeinsamkeitsgefühle nichts Eindeutiges sind,
sondern aus sehr verschiedenen Quellen gespeist werden können: Unterschiede der
sozialen und ökonomischen Gliederung und der inneren Herrschaftsstruktur mit
ihren Einflüssen auf die „Sitten“ können eine Rolle spielen, müssen es aber nicht —
denn innerhalb des Deutschen Reichs sind sie so verschieden wie nur möglich —
gemeinsame politische Erinnerungen, Konfession und endlich Sprachgemeinschaft
können als Quellen wirken und endlich natürlich auch der rassenmäßig bedingte
Habitus. Dieser oft in eigentümlicher Weise. Ein gemeinsames „Nationalgefühl“
verbindet in den Vereinigten Staaten, von der Seite des Weißen aus gesehen, diesen
mit dem Schwarzen schwerlich, während die Schwarzen ein amerikanisches „Nationalgefühl“ zum mindesten in dem Sinn hatten und haben, als sie das Recht darauf
prätendierten. Und doch ist z. B. bei den Schweizern das stolze Selbstbewußtsein
auf ihre Eigenart und die Bereitschaft, sich rückhaltlos für sie einzusetzen, weder
qualitativ anders geartet noch quantitativ unter ihnen weniger verbreitet als bei
irgendeiner quantitativ „großen“ und auf „Macht“ abgestellten „Nation“. Immer
wieder finden wir uns bei dem Begriff „Nation“ auf die Beziehung zur politischen
„Macht“ hingewiesen und offenbar ist also „national“ — wenn überhaupt etwas
Einheitliches — dann eine spezifische Art von Pathos, welches sich in einer durch
Sprach-, Konfessions-, Sitten- oder Schicksalsgemeinschaft verbundenen Menschengruppe mit dem Gedanken einer ihr eigenen, schon bestehenden oder von ihr er-
sehnten politischen Machtgebildeorganisation verbindet, und zwar je mehr der Nachdruck auf „Macht“ gelegt wird, desto spezifischer. Dieser pathetische Stolz auf die
besessene oder dies pathetische Sehnen nach der abstrakten politischen „Macht“
der Gemeinschaft als solcher kann in einer quantitativ „kleinen“ Gemeinschaft,
wie der Sprachgemeinschaft der heutigen Ungarn, Tschechen, Griechen weit ver-
breiteter sein als in einer andern, qualitativ gleichartigen und dabei quantitativ
weit größeren, z. B. der Deutschen vor anderthalb Jahrhunderten, die damals ebenfalls wesentlich Sprachgemeinschaft waren, aber keinerlei „nationale“ Machtpräten-
sion hatten.

Kapitel IV.

Religionssoziologie.

(Typen religiöser Vergemeinschaftung.)

§ 1. Die Entstehung der Religionen.

Eine Definition dessen, was Religion „ist", kann unmöglich an der Spitze, sondern könnte allenfalls am Schlusse einer Erörterung wie der nachfolgenden stehen. Allein wir haben es überhaupt nicht mit dem „Wesen" der Religion, sondern mit den Bedingungen und Wirkungen einer bestimmten Art von Gemeinschaftshandeln zu tun, dessen Verständnis auch hier nur von den subjektiven Erlebnissen, Vorstellungen, Zwecken des Einzelnen — vom „Sinn" — aus gewonnen werden kann, da der äußere Ablauf ein höchst vielgestaltiger ist. Religiös oder magisch motiviertes Handeln ist, in seinem urwüchsigen Bestande, diesseitig ausgerichtet. „Auf daß es dir wohl gehe und du lange lebest auf Erden", sollen die religiös oder magisch gebotenen Handlungen vollzogen werden. Noch solche, zumal bei einem Stadtvolk außerordentlichen, Leistungen wie Menschenopfer wurden in den phönikischen Seestädten ohne alle und jede Jenseitserwartung gespendet. Religiös oder magisch motiviertes Handeln ist ferner gerade in seiner urwüchsigen Gestalt, ein mindestens relativ rationales Handeln: wenn auch nicht notwendig ein Handeln nach Mitteln und Zwecken, so doch nach Erfahrungsregeln. Wie das Quirlen den Funken aus dem Holz, so lockt die „magische" Mimik des Kundigen den Regen aus dem Himmel. Und der Funken, den der Feuerquirl erzeugt, ist genau ebenso ein „magisches" Produkt wie der durch die Manipulationen des Regenmachers erzeugte Regen. Das religiöse oder „magische" Handeln oder Denken ist also gar nicht aus dem Kreise des alltäglichen Zweckhandelns auszusondern, zumal auch seine Zwecke selbst überwiegend ökonomische sind. Nur wir, vom Standpunkt unserer heutigen Naturanschauung aus, würden dabei objektiv „richtige" und „unrichtige" Kausalzurechnungen unterscheiden und die letzteren als irrational, das entsprechende Handeln als „Zauberei" ansehen können. Der magisch Handelnde selbst unterscheidet zunächst nur nach der größeren oder geringeren Alltäglichkeit der Erscheinungen. Nicht jeder beliebige Stein z. B. ist als Fetisch zu brauchen. Nicht jeder Beliebige hat die Fähigkeit in Ekstase zu geraten und also diejenigen Wirkungen meteorologischer, therapeutischer, divinatorischer, telepathischer Art herbeizuführen, welche man erfahrungsgemäß nur dann erreicht. Nicht immer nur diese, aber vornehmlich diese außeralltäglichen Kräfte sind es, welchen gesonderte Namen: „mana", „orenda", bei den Iraniern: „maga" (davon: magisch) beigelegt werden, und für die wir hier ein für allemal den Namen „Charisma" gebrauchen wollen. Das Charisma kann entweder — und nur

15 *

dann verdient es in vollem Sinn diesen Namen — eine schlechthin an dem Objekt oder der Person, die es nun einmal von Natur besitzt, haftende, durch nichts zu gewinnende, Gabe sein. Oder es kann und muß dem Objekt oder der Person durch irgendwelche, natürlich außeralltägliche, Mittel künstlich verschafft werden. Die Vermittlung bildet die Annahme: daß die charismatischen Fähigkeiten zwar in nichts und Niemandem entwickelt werden können, der sie nicht im Keime hat, daß aber dieser Keim verborgen bleibt, wenn man ihn nicht zur Entwicklung bringt, das Charisma — z. B. durch „Askese" — „weckt". Alle Formen der religiösen Gnadenlehre: von der gratia infusa bis zur strengen Werkgerechtigkeit liegen so schon in diesem Stadium im Keim beschlossen. Diese streng naturalistische (neuerdings sog. präanimistische) Vorstellung verharrt in der Volksreligiosität hartnäckig. Kein Konzilsbeschluß, der die „Anbetung" Gottes von der „Verehrung" von Heiligenbildern als bloßen Mitteln der Andacht scheidet, hat gehindert, daß der Südeuropäer noch heute das Heiligenbild selbst verantwortlich macht und ausspuckt, wenn trotz der üblichen Manipulationen der beanspruchte Erfolg ausbleibt.

Immerhin ist dabei meist bereits eine nur scheinbar einfache Abstraktion vollzogen: die Vorstellung von irgendwelchen „hinter" dem Verhalten der charismatisch qualifizierten Naturobjekte, Artefakte, Tiere, Menschen, sich verbergenden und ihr Verhalten irgendwie bestimmenden Wesenheiten: der G e i s t e r g l a u b e. Der „Geist" ist zunächst weder Seele, noch Dämon oder gar Gott, sondern dasjenige unbestimmt: materiell und doch unsichtbar, unpersönlich und doch mit einer Art von Wollen ausgestattet gedachte Etwas, welches dem konkreten Wesen seine spezifische Wirkungskraft erst verleiht, in dasselbe hineinfahren und aus ihm — aus dem Werkzeug, welches unbrauchbar wird, aus dem Zauberer, dessen Charisma versagt — auch irgendwie wieder heraus, ins Nichts oder, in einen anderen Menschen oder in ein anderes Objekt hinein fahren kann. Es erscheint nicht nachweisbar, daß allgemeine ökonomische Bedingungen für die Entwicklung zum Geisterglauben Vorbedingung sind. Gefördert wird sie, wie alle Abstraktion auf diesem Gebiet, am stärksten dadurch, daß die von Menschen besessenen „magischen" Charismata nur besonders Qualifizierten anhaften und daß sie dadurch die Unterlage des ältesten aller „Berufe" wird, des berufsmäßigen Zauberers. Der Zauberer ist der dauernd charismatisch qualifizierte Mensch im Gegensatz zum Alltagsmenschen, dem „Laien" im magischen Sinn des Begriffs. Er hat insbesondere die spezifisch das Charisma repräsentierende oder vermittelnde Zuständlichkeit: die E k s t a s e, als Objekt eines „Betriebs" in Pacht genommen. Dem Laien ist die Ekstase nur als Gelegenheitserscheinung zugänglich. Die soziale Form, in der dies geschieht, die O r g i e, als die urwüchsige Form religiöser Vergemeinschaftung, im Gegensatz zum rationalen Zaubern, ist ein Gelegenheitshandeln gegenüber dem kontinuierlichen „Betrieb" des Zauberers, der für ihre Leitung unentbehrlich ist. Der Laie kennt die Ekstase nur als einen, gegenüber den Bedürfnissen des Alltagslebens notwendig nur gelegentlichen Rausch, zu dessen Erzeugung alle alkoholischen Getränke, ebenso der Tabak und ähnliche Narkotika, die alle ursprünglich Orgienzwecken dienten, daneben vor allem die Musik, verwendet werden. Wie man sie verwendet, bildet neben der rationalen Beeinflussung der Geister im Interesse der Wirtschaft, den zweiten, wichtigen, aber entwicklungsgeschichtlich sekundären Gegenstand der naturgemäß fast überall zu einer Geheimlehre werdenden Kunst des Zauberers. Auf Grund der Erfahrungen an den Zuständlichkeiten bei Orgien und sicherlich überall in starkem Maße unter dem Einfluß seiner Berufspraxis vollzieht sich die Entwicklung des Denkens zunächst zu der Vorstellung von der „Seele" als eines vom Körper verschiedenen Wesens, welches hinter, bei oder in den Naturobjekten in ähnlicher Art vorhanden sei, wie im menschlichen Körper etwas steckt, was ihn im Traum, in Ohnmacht und Ekstase, im Tode verläßt. Die verschiedenen Möglichkeiten der Beziehung jener Wesenheiten zu den Dingen, hinter denen sie stecken oder mit denen sie irgendwie verbunden sind, können hier nicht erörtert werden. Sie können bei einem oder innerhalb eines konkreten Objekts oder

Vorgangs mehr oder minder dauernd und exklusiv „hausen". Oder umgekehrt: sie
können bestimmte Vorgänge und bestimmte Dinge oder Kategorien solcher irgendwie „haben" und also über deren Verhalten und Wirksamkeit maßgebend verfügen:
diese und ähnliche sind die eigentlich „animistischen" Vorstellungen. Oder sie
können in Dingen: Pflanzen, Tieren oder Menschen sich zeitweise „verkörpern"
— eine weitere erst allmählich erreichte Stufe der Abstraktion — oder endlich: sie
können durch sie — die höchste sehr selten festgehaltene Stufe der Abstraktion — nur
„symbolisiert", selbst aber als irgendwie nach eigenen Gesetzen lebende, aber normalerweise unsichtbare Wesen gedacht sein. Dazwischen gibt es natürlich die
mannigfachsten Uebergänge und Kombinationen. Schon durch die zuerst genannten,
einfacheren Abstraktionsformen sind „übersinnliche" Mächte, welche in die Geschicke der Menschen eingreifen können, ähnlich wie ein Mensch in die Geschicke seiner
Außenwelt, im Prinzip konzipiert.

Auch die „Götter" oder „Dämonen" sind aber noch nichts Persönliches oder
Dauerndes, nicht einmal immer etwas besonders Benanntes. Ein „Gott" kann als
eine über den Verlauf eines einzelnen konkreten Vorgangs verfügende Macht konzipiert werden (Useners „Augenblicksgötter"), an welche nachher niemand mehr
denkt, oder der erst dann wieder erneut in Frage kommt, wenn der betreffende Vorgang sich wiederholt. Er kann umgekehrt diejenige Macht sein, die noch nach dem
Tode eines großen Helden irgendwie von diesem ausgeht. Sowohl die Personifikation
wie die Verunpersönlichung kann im Einzelfall der spätere Akt sein. Sowohl Götter
ohne alle Eigennamen, benannt nur nach dem Vorgang, über den sie Gewalt haben,
kommen vor, deren Bezeichnung erst allmählich, wenn sie sprachlich nicht mehr verstanden wird, den Charakter eines Eigennamens annimmt, wie umgekehrt Eigennamen mächtiger Häuptlinge oder Propheten zur Bezeichnung göttlicher Mächte
geworden sind, ein Vorgang, aus welchem nun umgekehrt der Mythos wieder das
Recht schöpft, reine Götterbezeichnungen zu Personennamen vergötterter Heroen zu
machen. Ob eine bestimmte Konzeption einer „Gottheit" zu einer perennierenden
gedeiht und nun bei ähnlichen Gelegenheiten immer erneut durch magische oder
symbolische Mittel angegangen wird, hängt von den allerverschiedensten Umständen,
in erster Linie aber wiederum davon ab, ob und in welcher Form entweder die magische
Praxis der Zauberer oder das persönliche Attachement eines weltlichen Potentaten
auf Grund persönlicher Erfahrungen ihn rezipiert.

Wir registrieren hier lediglich als Resultat des Prozesses die Entstehung einerseits der „Seele", andererseits der „Götter" und „Dämonen", „übernatürlicher"
Mächte also, deren Beziehungen zu den Menschen zu ordnen nun das Reich des
„r e l i g i ö s e n" H a n d e l n s ausmacht. Die „Seele" ist dabei zunächst ein
weder persönliches noch unpersönliches Wesen. Nicht nur, weil sie sehr vielfach naturalistisch identifiziert wird mit dem, was nach dem Tode nicht mehr da ist, mit dem
Hauch oder mit dem Puls des Herzens, in dem sie sitzt und durch dessen Verspeisung
man sich z. B. den Mut des Feindes aneignen kann. Sondern vor allem, weil sie oft
gar nichts Einheitliches ist: die Seele, die den Menschen im Traum verläßt, ist etwas
anderes als die, welche in der „Ekstase" aus ihm oben, wo dann das Herz im Halse
schlägt und der Atem keucht, herausfährt, oder die, welche seinen Schatten bewohnt
oder die, welche nach dem Tode im Leichnam oder nahe beim Leichnam, solange noch
etwas von ihm übrig ist, haust oder die, welche im Ort seines gewöhnlichen Auf-
enthalts noch irgendwie fortwirkt, mit Neid und Zorn sieht, wie die Erben das einst
dem Toten gehörige genießen, oder den Nachfahren im Traum oder als Vision erscheint,
drohend oder beratend, oder in irgendein Tier oder in einen anderen Menschen hineinfahren kann, vor allem in ein neugeborenes Kind — all dies je nachdem zum Segen
oder Unsegen. Daß die „Seele" als eine dem „Körper" gegenüber selbständige Einheit konzipiert wird, ist ein selbst in den Erlösungsreligionen nicht durchweg akzeptiertes Resultat — ganz abgesehen davon, daß einzelne von diesen (der Buddhismus) gerade diese Vorstellung wieder ablehnen.

Nicht die Persönlichkeit oder Unpersönlichkeit oder Ueberpersönlichkeit „übersinnlicher" Mächte ist das zunächst Spezifische dieser ganzen Entwicklung, sondern: daß jetzt nicht nur Dinge und Vorgänge eine Rolle im Leben spielen, die da sind und geschehen, sondern außerdem solche, welche und weil sie etwas „bedeuten". Der Zauber wird dadurch aus einer direkten Kraftwirkung zu einer S y m b o l i k. Neben die unmittelbar physische Angst vor dem physischen Leichnam — wie sie auch die Tiere haben — welche so oft für die Bestattungsformen maßgebend war (Hockerstellung, Verbrennung), ist zunächst die Vorstellung getreten, daß man die Totenseele unschädlich machen, also sie fort oder in das Grab bannen, ihr dort ein erträgliches Dasein verschaffen oder ihren Neid auf den Besitz der Lebenden beseitigen oder endlich sich ihr Wohlwollen sichern müsse, um in Ruhe vor ihr zu leben. Unter den mannigfach abgewandelten Arten des Totenzaubers hatte die ökonomisch weittragendste Konsequenz die Vorstellung, daß dem Toten seine gesamte persönliche Habe ins Grab folgen müsse. Sie wird allmählich abgeschwächt zu der Forderung, daß man wenigstens eine gewisse Zeit nach seinem Tode die Berührung seines Besitzes meiden, oft auch den eigenen Besitz möglichst nicht genießen solle, um seinen Neid nicht zu wecken. Die chinesischen Trauervorschriften bewahren noch sehr vollständig diesen Sinn mit seinen ökonomisch und politisch (da auch die Wahrnehmung eines Amts als während der Trauerzeit zu meidenden Besitzes — Pfründe — galt) gleich irrationalen Konsequenzen. Ist nun aber einmal ein Reich der Seelen, Dämonen und Götter entstanden, welches ein nicht im Alltagssinn greifbares, sondern ein regelmäßig nur durch Vermittlung von Symbolen und Bedeutungen zugängliches hinterweltliches Dasein führt, — ein Dasein, welches infolgedessen als schattenhaft und immer wieder einmal direkt als unwirklich sich darstellte, — so wirkt das auf den Sinn der magischen Kunst zurück. Steckt hinter den realen Dingen und Vorgängen noch etwas anderes, eigentliches, Seelenhaftes, dessen Symptome oder gar nur Symbole jene sind, so muß man nicht die Symptome oder Symbole, sondern die Macht, die sich in ihnen äußert zu beeinflussen suchen durch Mittel, die zu einem Geist oder einer Seele sprechen, also etwas „bedeuten": durch Symbole. Es ist dann nur eine Frage des Nachdrucks, welchen die berufsmäßigen Kenner dieser Symbolik ihrem Glauben und dessen gedanklicher Durchbildung zu geben vermögen, der Machtstellung also, welche sie innerhalb der Gemeinschaft erringen, je nach der Bedeutsamkeit der Magie als solcher für die besondere Eigenart der Wirtschaft und je nach der Stärke der Organisation, — welche sie sich zu schaffen wissen — und eine Flutwelle symbolischen Handelns begräbt den urwüchsigen Naturalismus unter sich. Das hat dann weittragende Konsequenzen.

Wenn der Tote nur durch symbolische Handlungen zugänglich ist und nur in Symbolen der Gott sich äußert, so kann er auch mit Symbolen statt mit Realitäten zufriedengestellt werden. Schaubrote, puppenbildliche Darstellungen der Weiber und der Dienerschaft treten an die Stelle der wirklichen Opferung: das älteste Papiergeld diente nicht der Bezahlung von Lebenden, sondern von Toten. Nicht anders in den Beziehungen zu den Göttern und Dämonen. Immer mehr Dinge und Vorgänge attrahieren außer der ihnen wirklich oder vermeintlich innewohnenden realen Wirksamkeit noch „Bedeutsamkeiten", und durch bedeutsames Tun sucht man reale Wirkungen zu erzielen. Schon jedes rein magisch, im naturalistischen Sinn, als wirksam erprobte Verhalten wird natürlich streng in der einmal erprobten Form wiederholt. Das erstreckt sich nun auf das ganze Gebiet symbolischer Bedeutsamkeiten. Die geringste Abweichung vom Erprobten kann sie unwirksam machen. Alle Kreise menschlicher Tätigkeit werden in diesen symbolistischen Zauberkreis hineingerissen. Daher werden die größten Gegensätze rein dogmatischer Anschauungen auch innerhalb der rationalisierten Religionen leichter ertragen, als Neuerungen der Symbolik, welche die magische Wirkung der Handlung gefährden oder — die beim Symbolismus neu hinzutretende Auffassung — gar den Zorn des Gottes oder der Ahnenseele erwecken könnten. Fragen wie die: ob ein Kreuz mit zwei oder drei Fingern zu schlagen sei, waren der wesentliche Grund noch des Schismas in der russischen Kirche des 17. Jahrhunderts; die Unmöglichkeit, zwei Dutzend Heilige in einem Jahre durch Fortfall der ihnen heiligen Tage gefährlich zu kränken, hindert die Annahme des gregorianischen Kalenders in Rußland noch heute. Falsches Singen zog bei den rituellen Singtänzen der indianischen Magier die sofortige Tötung des Betreffenden nach sich, um den bösen Zauber oder den Zorn des Gottes zu beschwichtigen. Die religiöse Stereotypierung der Produkte der bildenden Kunst als älteste Form der Stilbildung ist bedingt sowohl direkt durch magische Vorstellungen als indirekt durch die im Gefolge der magischen Bedeutsamkeit des Produkts eintretende berufsmäßige Herstellung, welche schon an sich das Schaffen nach Vorlagen an die Stelle des Schaffens nach dem Naturobjekt setzt; wie groß aber die Tragweite des Religiösen dabei war, zeigt sich z. B. in Aegypten darin, daß die Entwertung der traditionellen Religion durch den monotheistischen Anlauf Amenophis' IV. (Echnaton) sofort: dem Naturalismus Luft schafft. Die magische Verwendung der Schriftsymbole; — die Entwicklung jeder Art von Mimik und Tanz als sozusagen homöopathischer, apotropäisch oder exorzistisch oder magisch-zwingender, Symbolik; — die Stereotypierung der zulässigen Tonfolgen oder wenigstens Grundtonfolgen („raga" in Indien, im Gegensatz zur Koloratur); — der Ersatz der oft ziemlich entwickelten empirischen Heilmethoden (die ja vom Standpunkt des Symbolismus und der animistischen Besessenheitslehre nur ein Kurieren der Symptome waren) durch eine vom Standpunkt dieser Anschauungen aus rationale Methode der exorzistischen oder symbolistisch-homöopathischen Therapie, welche sich zu jener ebenso verhielten, wie die aus gleichen Wurzeln entsprungene Astrologie zur empirischen Kalenderrechnung: — all dies gehört der gleichen, für die inhaltliche Kulturentwicklung unermeßlich folgereichen, hier aber nicht weiter zu erörternden Erscheinungswelt an. Die erste und grundlegende Einwirkung „religiöser" Vorstellungskreise auf die Lebensführung und die Wirtschaft ist also generell s t e r e o - t y p i e r e n d. Jede Aenderung eines Brauchs, der irgendwie unter dem Schutz übersinnlicher Mächte sich vollzieht, kann die Interessen von Geistern und Göttern berühren. Zu den natürlichen Unsicherheiten und Gehemmtheiten jedes Neuerers fügt so die Religion mächtige Hemmungen hinzu: das Heilige ist das spezifisch Unveränderliche.

Im einzelnen sind die Uebergänge vom präanimistischen Naturalismus bis zum Symbolismus durchaus flüssig. Wenn dem geschlachteten Feinde das Herz aus der Brust oder die Geschlechtsteile vom Leibe oder das Gehirn aus dem Schädel gerissen, sein Schädel im eigenen Hause aufgestellt oder als kostbarstes Brautgeschenk verehrt, jene Körperteile aber oder diejenigen besonders schneller oder starker Tiere verspeist werden, so glaubt man sich wirklich damit die betreffenden Kräfte direkt naturalistisch anzueignen. Der Kriegstanz ist zunächst Produkt der aus Wut und Angst gemischten Aufregung vor dem Kampf und erzeugt direkt die Heldenekstase: insoweit ist auch er nicht symbolisch. Sofern er aber (nach Art etwa unserer „sympathetischen" Zauberwirkungen) den Sieg mimisch antizipiert und dadurch magisch verbürgen soll, und soweit jene Schlachtung von Tieren und Menschen in die Form fester Riten gebracht und nun die Geister und Götter des eigenen Stammes zur Teilnahme an der Mahlzeit aufgefordert werden, soweit endlich die Teilnehmer an der Verspeisung eines Tiers sich als untereinander besonders nahe verwandt glauben, weil die „Seele" des gleichen Tieres in sie gefahren ist, steht der Uebergang zur „Symbolik" vor der Tür.

Man hat die Denkweise, welche dem voll entwickelten symbolistischen Vorstellungskreis zugrunde liegt, als „mythologisches Denken" bezeichnet und dessen Eigenart dann im einzelnen näher zu kennzeichnen gesucht. Uns kann das hier nicht beschäftigen und nur die eine generell wichtige Eigenart dieser Denkweise: die Bedeutung der Analogie, in der wirksamsten Form: des Gleichnisses, ist für uns wichtig, weil sie lange nachwirkend nicht nur religiöse Ausdrucksformen, sondern auch das juristische Denken, noch bis in die Präjudizienbehandlung bei rein empirischen Kunstlehren des Rechts hinein, beherrscht hat, und der syllogistischen Begriffsbildung durch rationale Subsumtion erst langsam gewichen ist. Die ursprüngliche Heimat dieses analogischen Denkens ist die symbolistisch rationalisierte Magie, die ganz auf ihm beruht.

Auch „Götter" werden durchaus nicht von Anfang an als „menschenartige" Wesen vorgestellt. Sie gewinnen die Gestalt perennierender Wesen, die ihnen essentiell ist, natürlich erst nach Ueberwindung der noch in die Veden hineinspielenden rein naturalistischen Vorstellung, daß z. B. das konkrete Feuer der Gott, oder doch der Körper eines konkreten Feuergottes sei, zugunsten der anderen, daß der ein für allemal mit sich identische Gott entweder die einzelnen Feuer habe, hergebe, über sie verfüge oder sich in ihnen jedesmal irgendwie verkörpere. Wirklich sicher aber wird diese abstrakte Vorstellung erst durch ein kontinuierlich ein und demselben Gott gewidmetes Tun, den „Kultus", und durch seine Verbindung mit einem kontinuierlichen Verband von Menschen, eine Dauergemeinschaft, für die er als Dauerndes solche Bedeutung hat. Wir werden auf diesen Vorgang bald zurückzukommen haben. Ist einmal die Kontinuierlichkeit der Göttergestalten gesichert, so kann das Denken der berufsmäßig mit ihnen Befaßten sich mit der systematisierenden Ordnung dieser Vorstellungsgebiete beschäftigen.

Die „Götter" stellen oft, und zwar keineswegs immer nur bei geringer gesellschaftlicher Differenzierung, ein ordnungsloses Durcheinander zufällig durch Kultus erhaltener Zufallsschöpfungen dar. Noch die vedischen Götter bilden keinerlei geordneten Götterstaat. Aber die Regel ist, sobald einerseits systematisches Denken über die religiöse Praxis und andererseits die Rationalisierung des Lebens überhaupt mit ihren zunehmend typischen Ansprüchen an die Leistungen der Götter eine gewisse im einzelnen sehr verschiedene Stufe erreicht haben, die „Pantheonbildung", d. h. die Spezialisierung und feste Charakterisierung bestimmter Göttergestalten einerseits, ihre Ausstattung mit festen Attributen und irgendwelche Abgrenzung ihrer „Kompetenzen" gegeneinander andererseits. Dabei ist aber zunehmende anthropomorphisierende Personifikation der Göttergestalten keineswegs identisch oder parallelgehend mit zunehmender Abgrenzung und Festigkeit der Kompetenzen. Oft im Gegenteil. Die Kompetenzen der römischen numina sind ungleich fester und eindeutiger abgegrenzt als die der hellenischen Göttergestalten; dagegen ist die Vermenschlichung und plastische Veranschaulichung der letzteren als eigentlicher „Persönlichkeiten" ungleich weitergegangen als in der genuinen römischen Religion. Der wesentlichste soziologische Grund liegt in diesem Fall darin, daß die genuine römische Vorstellung vom Uebersinnlichen in ihrer allgemeinen Struktur weit stärker die einer nationalen Bauern- und Patrimonialherrenreligion geblieben war, die hellenische dagegen der Entwicklung zu einer i n t e r lokalen Ritterkultur wie der des homerischen Zeitalters mit ihren Heldengöttern ausgesetzt wurde. Die teilweise Uebernahme dieser Konzeptionen und ihr indirekter Einfluß auf römischem Boden ändert an der nationalen Religion nichts, viele von ihnen gewannen dort nur ein ästhetisches Dasein, während die römische Tradition in ihren Hauptcharakterzügen unangetastet in der rituellen Praxis fortbestand und, aus später zu erörternden Gründen, sich auch der orgiastisch-ekstatischen und Mysterienreligiosität gegenüber im Gegensatz zum Hellenentum dauernd ablehnend verhielt. Ganz naturgemäß ist aber jede Abzweigung von magischen Wirksamkeiten weit weniger elastisch als die „Kompetenz" eines als Person gedachten „Gottes". Die römische Religion blieb „religio", d. h., einerlei ob dieses Wort etymologisch von religare oder von relegere abzuleiten ist: Gebundenheit an die erprobte kultische Formel und „Rücksichtnahme" auf die überall im Spiel befindlichen numina aller Art. Neben dem Zuge zum Formalismus, der darin begründet war, stützte die spezifisch römische Religiosität noch eine weitere wichtige Eigentümlichkeit gegenüber dem Hellenentum: das Unpersönliche hat eine innere Verwandtschaft zum Sachlich-Rationalen. Das gesamte Alltagsleben des Römers und jeder Akt seines Handelns war durch die religio mit einer sakralrechtlichen Kasuistik umgeben, welche seine Aufmerksamkeit rein quantitativ ebenso in Anspruch nahm, wie die Ritualgesetze der Juden und Hindus und das taoistische Sakralrecht der Chinesen. Die Zahl der Gottheiten, welche in den priesterlichen indigitamenta aufgezählt wurden, ist unendlich in ihrer sachlichen Spezialisierung: jede Handlung nicht nur, sondern jeder konkrete Teil einer solchen stand unter dem Einfluß besonderer numina, und der Vorsicht halber mußten bei allen wichtigen Akten neben den alii cuti, den traditionell in ihrer kausalen Bedeutung und Kompetenz feststehenden auch die in dieser Hinsicht mehrdeutigen (incubi) und die, deren Geschlecht und Wirkung oder Existenz überhaupt zweifelhaft war, angerufen und verehrt werden, für gewisse Akte der Feldbestellung allein ein Dutzend der ersteren. Wie dem Römer die Ekstasis (römisch: superstitio) der Hellenen eine ordnungswidrige abalienatio mentis, so war diese Kasuistik der römischen (und der darin noch weitergehenden etruskischen) religio dem Hellenen eine unfreie Deisidämonie. Die Sorge um die Befriedigung der numina wirkte dahin, alle einzelnen Handlungen gedanklich in ihre begrifflich auffindbaren Teilmanipulationen zu zerlegen und jeder solchen ein numen zuzuschreiben, unter dessen besonderer Fürsorge sie stand. Analogien finden sich in Indien und auch sonst, nirgends aber ist — weil die Aufmerksamkeit der rituellen Praxis sich gänzlich hierauf konzentrierte — die Zahl der durch rein begriffliche Analyse, also durch gedankliche A b s t r a k t i o n gewonnenen numina, welche zu indizitieren waren, eine so große wie bei den Römern. Die dadurch bedingte spezifische Eigentümlichkeit der römischen Lebenspraxis ist nun — und darin liegt der Gegensatz etwa gegen die Wirkung der jüdischen und asiatischen Rituale — die unausgesetzte Pflege einer praktisch r a t i o n a l e n sakralrechtlichen Kasuistik, eine Art von sakraler Kautelarjurisprudenz und die Behandlung dieser Dinge gewissermaßen als Advokatenprobleme. Das Sakralrecht wurde so zur Mutter rationalen juristischen Denkens, und noch die livianische Historiographie z. B. verleugnet jenes religiös bedingte unterscheidende Merkmal des Römertums nicht, wenn, gegenüber der Pragmatik etwa der jüdischen, der Nachweis der sakral- und staatsrechtlichen „Korrektheit" der einzelnen institutionellen Neuerungen für sie überall im Mittelpunkt steht: nicht Sünde, Strafe, Buße, Rettung, sondern juristische Etikettenfragen.

Für die Gottesvorstellungen aber, mit denen wir uns hier zunächst zu befassen haben, knüpfen jene teils parallel, teils aber konträr verlaufenden Prozesse der Anthropomorphisierung einerseits, der Kompetenzabgrenzung andererseits zwar an die schon vorhandenen Gottheitsgattungen an, tragen aber beide die Tendenz in sich, zu einer immer weiteren Rationalisierung teils der Art der Gottesverehrung, teils der Gottesbegriffe selbst zu führen.

Es bietet nun für unsere Zwecke geringes Interesse, die einzelnen Arten von Göttern und Dämonen hier durchzugehen, obwohl oder vielmehr weil sie natürlich, ähnlich wie der Wortschatz einer Sprache, ganz direkt vor allem von der ökonomischen Situation und den historischen Schicksalen der einzelnen Völker bedingt sind. Da diese sich für uns in Dunkel verlieren, ist sehr oft nicht mehr erkennbar, warum von den verschiedenen Arten von Gottheiten gerade diese den Vorrang behauptet haben. Es kann dabei auf die für die Wirtschaft wichtigen Naturobjekte ankommen, von den Gestirnen angefangen, oder auf organische Vorgänge, welche von Göttern oder Dämonen besessen oder beeinflußt, hervorgerufen oder verhindert werden: Krankheit, Tod, Geburt, Feuer, Dürre, Regen, Gewitter, Ernteausfall. Je nach der überwiegenden ökonomischen Bedeutung bestimmter einzelner Ereignisse kann dabei ein einzelner Gott innerhalb des Pantheon den Primat erringen, wie etwa der Himmelsgott, je nachdem mehr als Herr des Lichts und der Wärme oder, besonders oft bei den Viehzüchtern, als Herr der Zeugung aufgefaßt. Daß die Verehrung der chthonischen Gottheiten (Mutter Erde) im allgemeinen ein gewisses Maß relativer Bedeutung des Ackerbaus voraussetzt, ist klar, doch geht sie nicht immer damit parallel. Auch

läßt sich nicht behaupten, daß die Himmelsgötter — als Vertreter des sehr oft in
den Himmel verlegten Heldenjenseits — überall die adligen im Gegensatz zu den
bäuerlichen Erdgöttern gewesen seien. Noch weniger, daß die „Mutter Erde" als
Gottheit mit mutterrechtlicher Sippenordnung parallel ginge. Allerdings aber pflegen
die chthonischen Gottheiten, die den Ernteausfall beherrschen, stärker lokalen und
volkstümlichen Charakter zu haben als die andern. Und allerdings ist das Uebergewicht der himmlischen, auf Wolken oder auf Bergen residierenden persönlichen
Götter gegenüber den Erdgottheiten sehr oft bedingt durch die Entwicklung ritterlicher Kultur und hat die Tendenz, auch ursprüngliche Erdgottheiten den Aufstieg
unter die Himmelsbewohner antreten zu lassen. Demgegenüber pflegen die chthonischen Götter, bei vorwaltendem Ackerbau, oft zwei Bedeutungen miteinander zu
verbinden: sie beherrschen den Ernteausfall und spenden also den Reichtum, und
sie sind die Herrscher der unter die Erde bestatteten Toten. Daher hängen oft,
z. B. in den eleusinischen Mysterien die beiden wichtigsten praktischen Interessen:
Reichtum und Jenseitsschicksal von ihnen ab. Andererseits sind die himmlischen
Götter die Herren über den Gang der Gestirne. Die festen Regeln, an welche diese
offenbar gebunden sind, lassen daher ihre Herrscher besonders oft zu Herren alles
dessen werden, was feste Regeln hat oder haben sollte, so vor allem Rechtsfindung
und gute Sitte.

Die zunehmende objektive Bedeutung und subjektive Reflexion über die typischen
Bestandteile und Arten des Handelns führen zu s a c h l i c h e r Spezialisierung.
Und zwar entweder in ganz abstrakter Art wie bei den Göttern des „Antreibens"
und vielen ähnlichen in Indien oder zu qualitativer Spezialisierung nach den inhaltlichen einzelnen Richtungen des Handelns, wie etwa Beten, Fischen, Pflügen.
Das klassische Beispiel für diese schon ziemlich abstrakte Form der Götterbildung
ist die höchste Konzeption des altindischen Götterpantheons: Brahma, der „Gebets-
herr". Wie die Brahmanenpriester die Fähigkeit wirksamen Gebets, d. h. wirksamen
magischen Götterzwangs, monopolisiert haben, so monopolisiert nun dieser Gott
wieder die Verfügung über dessen Wirksamkeit und damit, konsequent weitergedacht,
über das allem religiösen Handeln Wichtigste; er wird damit schließlich, wenn nicht
der einzige, so doch der höchste Gott. In wesentlich unscheinbarerer Art hat in
Rom Janus, als der Gott des richtigen „Anfangs", der über alles entscheidet, eine
relativ universelle Bedeutung gewonnen. Es gibt aber, wie keinerlei individuelles
Handeln, so auch kein G e m e i n s c h a f t s h a n d e l n , das nicht seinen Spezialgott hätte und auch, wenn die Vergesellschaftung dauernd verbürgt sein soll, be-
dürfte. Wo immer ein Verband oder eine Vergesellschaftung nicht als eine persönliche Machtstellung eines e i n z e l n e n Gewalthabers erscheint, sondern als ein
„Verband", da hat sie ihren besonderen Gott nötig. Das gilt zunächst für die Verbände des Hauses und der Sippe. Hier ist die Anknüpfung an die Geister der (wirklichen oder fiktiven) Ahnen das Gegebene, dem die numina und Gottheiten des
Herdes und Herdfeuers zur Seite treten. Das Maß von Bedeutung, welches ihrem
vom Haupt des Hauses, bzw. der „gens" zu vollziehenden Kult zukam, ist historisch
höchst verschieden und von der Struktur und praktischen Bedeutung der Familie
abhängig. In aller Regel geht eine Hochentwicklung speziell des häuslichen Ahnenkults mit patriarchaler Struktur der Hausgemeinschaft parallel, weil nur diese das
Haus zum Mittelpunkt auch der männlichen Interessen macht. Aber beides ist,
wie schon das Beispiel Israels beweist, nicht schlechthin miteinander verknüpft,
denn es können die Götter anderer, namentlich politischer oder religiöser Verbände,
gestützt auf die Macht ihrer Priester, den Hauskult und das Hauspriestertum des
Familienhauptes weit zurückdrängen oder ganz vernichten. Wo deren Macht und
Bedeutung ungebrochen dasteht, bildet sie natürlich ein außerordentlich starkes,
die Familie und gens fest und nach außen streng exklusiv zusammenschließendes
und auch die inneren ökonomischen Verhältnisse der Hausgemeinschaften auf das
tiefste beeinflussendes, streng persönliches Band. Alle rechtlichen Beziehungen der

Familie, die Legitimität der Ehefrau und des Erben, die Stellung der Haussöhne zum Vater und der Brüder zueinander, sind dann von hier aus mit determiniert und stereotypiert. Die religiöse Bedenklichkeit des Ehebruchs vom Standpunkt der Familie und Sippe aus liegt darin, daß dadurch ein nicht Blutsverwandter in die Lage kommt, den Ahnen der Sippe zu opfern und dadurch deren Zorn gegen die Blutsverwandten zu erregen. Denn die Götter und numina eines streng persönlichen Verbandes verschmähen die Opfer, welche von Unberechtigten dargebracht werden. Die starre Durchführung des Agnatenprinzips hängt sicher hiermit sehr stark zusammen, wo sie besteht. Ebenso alle anderen Fragen, welche die priesterliche Legitimation des Hausherrn angehen. Das Erbrecht, zumal das Einzelerbrecht des Aeltesten oder dessen Bevorzugung hat neben den militärischen und ökonomischen regelmäßig auch diese sakralen Motive. Vor allem die ostasiatische (chinesische und japanische) und im Okzident die römische Hausgemeinschaft und Sippe verdanken die Erhaltung ihrer patriarchalen Struktur unter allem Wandel der ökonomischen Bedingungen ganz vornehmlich dieser sakralen Grundlage. Wo diese religiöse Gebundenheit der Hausgemeinschaft und des Geschlechts besteht, da können umfassendere, insbesondere politische, Vergesellschaftungen nur den Charakter 1. entweder einer sakral geweihten Konföderation von (wirklichen oder fiktiven) Sippen oder 2. einer patrimonialen, nach Art einer abgeschwächten Hausherrschaft konstruierten Herrschaft eines (königlichen) Großhaushalts über diejenigen der „Untertanen" haben. Im zweiten Fall ist die Konsequenz, daß die Ahnen, numina, genii oder persönliche Götter jenes mächtigsten Haushalts neben die Hausgötter der Untertanenhaushalte treten und die Stellung des Herrschers sakral legitimieren. Das letztere ist in Ostasien, in China in Kombination mit der Monopolisierung des Kults der höchsten Naturgeister für den Kaiser als Oberpriester, der Fall. Die sakrale Rolle des „genius" des römischen Princeps sollte, mit der dadurch bedingten universellen Aufnahme der kaiserlichen Person in den Laienkult, Aehnliches leisten. Im ersten Fall entsteht dagegen ein Sondergott des politischen Verbandes als solchen. Ein solcher war Jahve. Daß er ein Konföderationsgott, nach der Ueberlieferung ursprünglich ein solcher des Bundes der Juden und Midianiter war, führte zu der so überaus wichtigen Konsequenz, daß seine Beziehung zum israelitischen Volk, welches ihn zugleich mit der politischen Konföderation und der sakralrechtlichen Ordnung seiner sozialen Verhältnisse durch Eidschwur angenommen hatte, als ein „berith", ein — von Jahve oktroyiertes und durch Unterwerfung akzeptiertes — Vertragsverhältnis galt, aus dem rituelle, sakralrechtliche und sozialethische Pflichten der menschlichen, aber auch sehr bestimmte Verheißungen des göttlichen Partners folgten, an deren Unverbrüchlichkeit ihn, in den einem Gott von ungeheurer Machtfülle gegenüber gebotenen Formen, zu mahnen man sich berechtigt fühlen durfte. Der ganz spezifische V e r h e i ß u n g s charakter der israelitischen Religiosität, in dieser Intensität trotz noch so vieler sonstiger Analogien in keiner anderen wiederkehrend, hatte hier seine erste Wurzel. Die Erscheinung dagegen, daß eine politische Verbandsbildung die Unterstellung unter einen Verbandsgott bedingt, ist universell. Der mittelländische „Synoikismos" ist, wenn nicht notwendig die erstmalige Schaffung, so die Neukonstituierung einer Kultgemeinschaft unter einer Polisgottheit. Die Polis ist zwar die klassische Trägerin der wichtigen Erscheinung des politischen „Lokalgottes". Keineswegs die einzige. Im Gegenteil hat in aller Regel jeder politische Dauerverband seinen Spezialgott, der den Erfolg des politischen Verbandshandelns verbürgt. Er ist bei voller Entwicklung durchaus exklusiv nach außen. Er nimmt, im Prinzip wenigstens, nur von den Verbandsgenossen Opfer und Gebete an. Wenigstens sollte er es tun. Da man dessen nicht völlig sicher sein kann, so ist sehr oft der Verrat der Art ihn wirksam zu beeinflussen, streng verpönt. Der Fremde ist eben nicht nur politischer, sondern auch religiöser Ungenosse. Auch der an Namen und Attributen gleiche Gott des fremden Verbandes ist nicht identisch mit dem des eigenen. Die Juno der Vejienter ist nicht die Juno der Römer, so wenig wie für den Neapolitaner die Madonna der einen Kapelle die der anderen ist: die eine verehrt, die andere verachtet und beschimpft er, wenn sie Konkurrenten hilft. Oder er sucht sie diesen abspenstig zu machen. Man verspricht den Göttern des Feindes Aufnahme und Verehrung im eigenen Land, wenn sie die Feinde verlassen („evocare Deos"), wie es z. B. Camillus vor Veji tat. Oder man stiehlt oder erobert die Götter. Nur lassen sich das nicht alle gefallen. Die eroberte Lade Jahves bringt Plagen über die Philister. In aller Regel ist der eigene Sieg auch der Sieg des eigenen stärkeren Gottes über den fremden schwächeren Gott. Nicht jeder politische Verbandsgott ist ein an den Sitz der Leitung des Verbandes rein örtlich gebundener Lokalgott. Die Darstellung der Wüstenwanderung Israels läßt ihn mit dem Volke und vor ihm her ziehen, ebenso wie die Laren der römischen Familie den Ort mit dieser wechseln. Und — im Widerspruch mit jener Darstellung — es gilt als ein Spezifikum Jahves, daß er ein „aus der Ferne", nämlich vom Sinai her, den er als Völkergott bewohnt, wirkender, nur in den Kriegsnöten des Volkes mit den Heerscharen (Zebaoth) im Gewittersturm heranziehender Gott ist. Man nimmt wohl mit Recht an, daß diese spezifische, aus der Annahme eines fremden Gottes durch Israel folgende Qualität der „Fernwirkung" mitbeteiligt war bei der Entwicklung der Vorstellung von Jahve als dem universellen, allmächtigen Gott überhaupt. Denn in aller Regel ist die Qualität eines Gottes als Lokalgott und auch die exklusive „Monolatrie", welche er zuweilen von seinen Anhängern in Anspruch nimmt, keineswegs der Weg zum Monotheismus, sondern umgekehrt oft eine Stärkung des Götterpartikularismus. Und umgekehrt bedeutet die Entwicklung der Lokalgötter eine ungemeine Stärkung des politischen Partikularismus. Zumal auf dem Boden der Polis. Exklusiv nach außen, wie eine Kirche gegen die andere, jeder Bildung eines durch die verschiedenen Verbände hindurchgreifenden einheitlichen Priestertums absolut hinderlich, bleibt sie unter seiner Herrschaft im Gegensatz zu unserem als „Anstalt" gedachten „Staat" ein ganz wesentlich p e r s ö n l i c h e r Verband von Kultgenossen des Stadtgottes, seinerseits wieder gegliedert in persönliche Kultverbände von Stammes-, Geschlechts- und Hausgottheiten, die gegeneinander wiederum exklusiv sind in bezug auf ihre Spezialkulte. Exklusiv aber auch nach innen, gegen diejenigen, welche außerhalb all dieser Spezialkultverbände der Sippen und Häuser stehen. Wer keinen Hausgott (Zeus herkeios) hat, ist in Athen amtsunfähig, wie in Rom, wer nicht zu dem Verband der patres gehört. Der plebejische Sonderbeamte (trib. plebis) ist nur durch menschlichen Eidschwur gedeckt (sacro sanctus), hat keine Auspicien und daher kein legitimes imperium, sondern eine „potestas". Den Höchstgrad von Entwicklung erreicht die lokale Ortsbindung der Verbandsgottheit da, wo das Gebiet des Verbandes als solcher als dem Gott spezifisch heilig gilt. So zunehmend Palästina dem Jahve, derart, daß die Tradition den in der Fremde Wohnenden, der an seinem Kultverband teilnehmen und ihn verehren will, sich einige Fuhren palästinensischer Erde holen läßt.

Die Entstehung von eigentlichen Lokalgöttern ist ihrerseits an die feste Siedelung nicht nur, sondern auch an weitere, den lokalen Verband zum Träger politischer Bedeutsamkeiten stempelnde, Voraussetzungen geknüpft. Zur vollen Entwicklung gelangte er normalerweise auf dem Boden der Stadt als eines vom Hofhalt und Person des Herrschers unabhängig bestehenden politischen Sonderverbandes mit korporativen Rechten. Daher nicht in Indien, Ostasien, Iran und nur in geringem Maße, als Stammesgott, in Nordeuropa. Dagegen außerhalb des Gebietes der rechtlichen Städteorganisationen in Aegypten, schon im Stadium der zoolatrischen Religiosität, für die Gaueinteilung. Von den Stadtstaaten aus griff die Lokalgottheit auf Eidgenossenschaften wie die der Israeliten, Aitoler usw. über, die an ihrem Vorbild orientiert sind. Ideengeschichtlich ist diese Auffassung des Verbandes als lokalen Kultträgers ein Zwischenglied zwischen der rein patrimonialen Betrachtung des politischen Gemeinschaftshandelns und dem rein sachlichen Zweckverbands- und Anstaltsgedanken etwa der modernen „Gebietskörperschafts"-Idee.

Nicht nur die politischen Verbände, sondern ebenso die beruflichen Vergesellschaftungen haben ihre Spezialgottheiten oder Spezialheiligen. Sie fehlen im vedischen Götterhimmel noch ganz, entsprechend dem Zustand der Wirtschaft. Dagegen der altägyptische Schreibergott ist ebenso Zeichen des Aufstiegs der Bürokratisierung wie die über die ganze Erde verbreiteten Spezialgötter und -heiligen für Kaufleute und alle Arten von Gewerben die zunehmende Berufsgliederung anzeigen. Noch im 19. Jahrhundert setzte das chinesische Heer die Kanonisierung seines Kriegsgottes durch: ein Symptom für die Auffassung des Militärs als eines gesonderten „Berufs" neben anderen. Im Gegensatz zu den Kriegsgöttern der mittelländischen Antike und der Meder, die stets große Nationalgötter sind.

Wie ja nach den natürlichen und sozialen Existenzbedingungen die Göttergestalten selbst, ebenso verschiedenartig sind die Chancen eines Gottes, den Primat im Pantheon oder schließlich das Monopol der Göttlichkeit für sich zu erobern. Streng „monotheistisch" ist im Grunde nur das Judentum und der Islam. Sowohl der hinduistische wie der christliche Zustand des oder der höchsten göttlichen Wesen sind theologische Verhüllungen der Tatsache, daß ein sehr wichtiges und eigenartiges religiöses Interesse: die Erlösung durch die Menschwerdung eines Gottes, dem strikten Monotheismus im Wege stand. Vor allem hat nirgends der mit sehr verschiedener Konsequenz begangene Weg zum Monotheismus das Vorhandensein der Geisterwelt und der Dämonen dauernd ausgerottet — auch nicht in der Reformation — sondern sie nur der Uebermacht des alleinigen Gottes, theoretisch wenigstens, unbedingt untergeordnet. Praktisch aber kam und kommt es darauf an: wer innerhalb des Alltages stärker in die Interessen des Einzelnen eingreift, ob der theoretisch „höchste" Gott oder die „niederen" Geister und Dämonen. Sind dies die letzteren, dann wird die Religiosität des Alltages durch die Beziehung zu ihnen vorwiegend bestimmt; ganz einerlei wie der offizielle Gottesbegriff der rationalisierten Religion aussieht. Wo ein politischer Lokalgott existiert, gerät der Primat natürlich oft in dessen Hände. Wenn sich dann innerhalb einer zur Lokalgötterbildung vorgeschrittenen Vielheit seßhafter Gemeinschaften der Umkreis des politischen Verbandes durch Eroberung erweitert, so ist die regelmäßige Folge, daß die verschiedenen Lokalgötter der verschmolzenen Gemeinschaften dann zu einer Gesamtheit vergesellschaftet werden. Innerhalb deren tritt ihre ursprüngliche oder auch eine inzwischen durch neue Erfahrungen über ihre spezielle Einflußsphäre bedingte, sachliche oder funktionelle Spezialisierung, in sehr verschiedener Schärfe, arbeitsteilig hervor. Der Lokalgott des größten Herrscher- oder Priestersitzes: der Marduk von Babel, der Ammon von Theben steigen dann zum Range größter Götter auf, um mit dem etwaigen Sturz oder der Verlegung der Residenz oft auch wieder zu verschwinden, wie Assur mit dem Untergang des assyrischen Reichs. Denn wo einmal die politische Vergesellschaftung als solche als ein gottgeschützter Verband gilt, da erscheint eine solche politische Einheit so lange als nicht gesichert, bis auch die Götter der Einzelglieder mit einverleibt und vergesellschaftet, oft auch lokal synoikisiert sind: Was dem Altertum in dieser Hinsicht geläufig war, hat sich noch bei der Ueberführung der großen Heiligenreliquien der Provinzialkathedralen in die Hauptstadt des geeinigten russischen Reiches wiederholt.

Die sonst möglichen Kombinationen der verschiedenen Prinzipien der Pantheon- und Primatbildung sind unermeßlich und die Göttergestalten meist ebenso labil in ihren Kompetenzen, wie die Beamten patrimonialer Gebilde. Die Kompetenzabgrenzung wird gekreuzt durch die Gepflogenheit des religiösen Attachements an einen speziellen, jeweils besonders bewährten Gott oder der Höflichkeit gegen den Gott, an den man sich gerade wendet, diesen als funktionell universell zu behandeln, ihm also alle möglichen, sonst an andere Götter vergebenen Funktionen zuzumuten: den von Max Müller mit Unrecht als besondere Entwicklungsstufe angenommenen sog. „Henotheismus". Für die Primatbildung spielen rein rationale Momente stark mit. Wo immer ein erhebliches Maß von Festigkeit bestimmter Vorschriften irgendwelcher Art, besonders oft: stereotypierte religiöse Riten, in dieser ihrer Regelmäßigkeit besonders stark hervortritt und einem rationalen religiösen Denken bewußt wird, da pflegen diejenigen Gottheiten, welche am meisten feste Regeln in ihrem Verhalten zeigen, also die Himmels- und Gestirngötter, die Chance des Primats zu haben. In der Alltagsreligiosität spielen diese Gottheiten, welche sehr universelle Naturerscheinungen beeinflussen und daher der metaphysischen Spekulation als sehr groß, zuweilen selbst als Weltschöpfer gelten, gerade weil diese Naturerscheinungen in ihrem Verlauf nicht allzu stark schwanken, folglich in der Praxis des Alltags nicht das praktische Bedürfnis erwecken, durch die Mittel der Zauberer und Priester beeinflußt zu werden, meist keine erhebliche Rolle. Es kann ein Gott die ganze Religiosität eines Volkes maßgebend prägen (wie Osiris in Aegypten), wenn er einem besonders starken religiösen — in diesem Falle soteriologischen — Interesse entspricht, ohne doch den Primat im Pantheon zu gewinnen. Die „ratio" fordert den Primat der universellen Götter und jede konsequente Pantheonbildung folgt in irgendeinem Maße auch systematisch-rationalen Prinzipien, weil sie stets mit unter dem Einfluß entweder eines berufsmäßigen Priesterrationalismus oder des rationalen Ordnungsstrebens weltlicher Menschen steht. Und vor allem die schon früher erwähnte Verwandtschaft der rationalen Regelmäßigkeit des durch göttliche Ordnung verbürgten Laufs des Gestirnes mit der Unverbrüchlichkeit der heiligen Ordnung auf Erden macht sie zu berufenen Hütern dieser beiden Dinge, an welchen einerseits die rationale Wirtschaft und andererseits die gesicherte und geordnete Herrschaft der heiligen Normen in der sozialen Gemeinschaft hängen. Die Interessenten und Vertreter dieser heiligen Norm sind zunächst die Priester und deshalb ist die Konkurrenz der Gestirngötter Varuna und Mitra, welche die heilige Ordnung schützen, mit dem waffengewaltigen Gewittergott Indra, dem Drachentöter, ein Symptom der Konkurrenz der nach fester Ordnung und ordnungsgemäßer Beherrschung des Lebens strebenden Priesterschaft mit der Macht des kriegerischen Adels, welchem der tatendurstige Heldengott und die ordnungsfremde Irrationalität der Aventiure und des Verhängnisses adäquate Beziehungen zu überirdischen Mächten sind. Wir werden diesen wichtigen Gegensatz noch mehrfach wirksam finden. Systematisierte heilige Ordnungen, wie sie eine Priesterschaft propagiert (Indien, Iran, Babel) und rational geordnete Untertanenbeziehungen, wie sie der Beamtenstaat schafft (China, Babel) dienen meist den himmlischen oder astralen Gottheiten zum Aufstieg im Pantheon. Wenn in Babel die Religiosität in steigender Eindeutigkeit in den Glauben an die Herrschaft der Gestirne, speziell der Planeten, über alle Dinge, von den Wochentagen angefangen bis zum Jenseitsschicksal und damit in den astrologischen Fatalismus ausmündet, so ist das freilich erst ein Produkt der späteren Priesterwissenschaft und der nationalen Religion des politisch freien Staates noch fremd. — Ein Pantheon-Herrscher oder Pantheon-Gott ist an sich noch kein „universeller", internationaler Weltgott. Aber natürlich ist er regelmäßig auf dem Wege dazu. Jedes entwickelte Denken über die Götter verlangt zunehmend, daß die Existenz und Qualität eines Wesens als Gott eindeutig feststehe, der Gott also in diesem Sinn „universell" sei. Auch die Weltweisen der Hellenen deuteten ja die Gottheiten ihres leidlich geordneten Pantheons in alle anderwärts vorgefundenen Gottheiten hinein. Die Tendenz jener Universalisierung steigert sich mit steigendem Uebergewicht des Pantheonherrschers: je mehr dieser also „monotheistische" Züge annimmt. Die Weltreichbildung in China, die Erstreckung des Priesterstandes der Brahmanen durch alle politischen Einzelbildungen hindurch in Indien, die persische und die römische Weltreichbildung haben alle die Entstehung des Universalismus und Monotheismus — in irgendwelchem Maße beide, wenn auch nicht immer beide gleichmäßig — begünstigt, wenn auch mit höchst verschiedenem Erfolg.

Die Weltreichbildung (oder die gleichartig wirkende irdische soziale Angeglichenheit) ist keineswegs der einzige und unentbehrliche Hebel dieser Entwicklung gewesen. Zum mindesten die Vorstöße des universalistischen Monotheismus: die

Monolatrie, findet sich gerade in dem religionsgeschichtlich wichtigsten Fall, dem Jahvekult, als Konsequenz ganz konkreter historischer Ereignisse: einer Eidgenossenschaftsbildung. Der Universalismus ist in diesem Fall Produkt der internationalen Politik, deren pragmatische Interpreten die prophetischen Interessenten des Jahvekults und der Jahvesittlichkeit waren, mit der Konsequenz, daß auch die Taten der fremden Völker, welche Israels Lebensinteressen so mächtig berührten, als Taten Jahves zu gelten begannen. Hier ist ganz greifbar der spezifisch und eminent h i s t o r i s c h e Charakter, welcher der Spekulation der jüdischen Prophetie anhaftet, im schroffen Gegensatz gegen die Naturspekulation der Priesterschaften in Indien und Babylon, die aus Jahves Verheißungen sich unabweisbar ergebende Aufgabe: die Gesamtheit der so bedrohlich und, angesichts dieser Verheißungen, so befremdlich verlaufenden Entwicklung des in die Völkergeschicke verflochtenen eigenen Volksschicksals als „Taten Jahves", als einer „Weltgeschichte" also, zu erfassen, was dem zum Lokalgott der Polis Jerusalems umgewandelten, alten kriegerischen Gott der Eidgenossenschaft die prophetischen universalistischen Züge überweltlicher heiliger Allmacht und Unerforschlichkeit lieh. Der monotheistische und damit der Sache nach, universalistische Anlauf des Pharao Amenophis IV (Echnaton) zum Sonnenkult entstammte gänzlich anderen Situationen: einerseits auch hier einem weitgehenden priesterlichen und wohl auch Laienrationalismus, der im scharfen Gegensatz gegen die israelitische Prophetie, rein naturalistischen Charakters ist, andererseits dem praktischen Bedürfnis des an der Spitze eines bürokratischen Einheitsstaates stehenden Monarchen, mit der Beseitigung der Vielheit der Priestergötter auch die Uebermacht der Priester selbst zu brechen und die alte Machtstellung der vergotteten Pharaonen durch Erhebung des Königs zum höchsten Sonnenpriester herzustellen. Der universalistische Monotheismus der christlichen und islamischen und der relative Monotheismus in zarathustrischer Verkündigung sind, die ersten beiden historisch als Fortentwicklungen vom Judentum abhängig, die letztere sehr wahrscheinlich durch außeriranische (vorderasiatische) Einflüsse mitbestimmt. Sie sind alle durch das Eigenart der „ethischen" im Gegensatz zur „exemplarischen" Prophetie — ein später zu erörternder Unterschied — bedingt. Alle andern relativ monotheistischen und universalistischen Entwicklungen sind also Produkte philosophischer Spekulation von Priestern und Laien, welche praktische religiöse Bedeutung nur da gewannen, wo sie mit soteriologischen (Erlösungs-)Interessen sich vermählten (wovon später).

Die praktischen Hemmungen der in irgendeiner Form fast überall in Gang gekommenen Entwicklung zum strengen Monotheismus, welche seine Durchsetzung in der Alltagsreligion überall, außer im Judentum, Islam und Protestantismus, relativiert haben, lagen durchweg in den mächtigen ideellen und materiellen Interessen der an den Kulten und Kultstätten der Einzelgötter interessierten Priesterschaften einerseits, und den religiösen Interessen der Laien an einem greifbaren, nahen, zu der konkreten Lebenslage oder dem konkreten Personenkreis unter Ausschluß anderer in Beziehung zu bringenden, vor allem: einem der m a g i s c h e n Beeinflussung zugänglichen religiösen Objekt andererseits. Denn die Sicherheit der einmal erprobten Magie ist viel größer als die Wirkung der Verehrung eines magisch nicht zu beeinflussenden, weil übermächtigen Gottes. Die Konzeption der „übersinnlichen" Gewalten als Götter, selbst als eines überweltlichen Gottes, beseitigt daher die alten magischen Vorstellungen keineswegs schon an sich (auch im Christentum nicht), aber sie läßt allerdings eine nun zu besprechende doppelte Möglichkeit der Beziehung zu ihnen entstehen.

Eine irgendwie nach Analogie des beseelten Menschen gedachte Macht kann entweder, ebenso wie die naturalistische „Kraft" eines Geistes, in den Dienst des Menschen g e z w u n g e n werden: Wer das Charisma dazu hat, die richtigen Mittel anzuwenden, der ist stärker auch als ein Gott und kann ihn nach seinem Willen nötigen. Das religiöse Handeln ist dann nicht „Gottesdienst", sondern „Gotteszwang", die Anrufung des Gottes nicht Gebet, sondern magische Formel: eine unausrottbare Grundlage der volkstümlichen, vor allem der indischen Religiosität, aber sehr universell verbreitet, wie ja auch der katholische Priester noch etwas von dieser Zaubermacht in der Vollziehung des Meßwunders und in der Schlüsselgewalt übt. Die orgiastischen und mimischen Bestandteile des religiösen Kultus, vor allem Gesang, Tanz, Drama, daneben die typischen festen Gebetsformeln, haben, nicht ausschließlich, aber dem Schwerpunkt nach, hier ihren Ursprung. Oder die Anthropomorphisierung geht dahin, die freie, durch Bitten, Gaben, Dienste, Tribute, Schmeicheleien, Bestechungen, und schließlich namentlich durch eigenes, seinem Willen entsprechendes Wohlverhalten zu gewinnende Gnade eines mächtigen irdischen Herrn auch auf das Verhalten der Götter zu übertragen, die nach seiner Analogie, als gewaltige, zunächst nur quantitativ stärkere Wesen gedacht sind. Dann entsteht die Notwendigkeit des „Gottesdienstes".

Natürlich sind auch die spezifischen Elemente des „Gottesdienstes": Gebet und Opfer, zunächst magischen Ursprungs. Bei dem Gebet bleibt die Grenze zwischen magischer Formel und Bitte flüssig und gerade der technisch rationalisierte Gebetsbetrieb in Form von Gebetsmühlen und ähnlichen technischen Apparaten, von in den Wind gehängten oder an die Götterbilder gesteckten oder an die Heiligenbilder gehefteten Gebetsstreifen oder von rein quantitativ bemessenen Rosenkranzleistungen (fast alles Produkte der indischen Rationalisierung des Gotteszwangs) stehen überall der ersteren mehr als der letzteren nahe. Dennoch kennen auch sonst undifferenzierte Religionen das eigentliche individuelle Gebet, als „Bitte", meist in der rein geschäftlichen rationalen Form, daß dem Gott die Leistungen des Betenden für ihn vorgehalten und Gegenleistungen dafür begehrt werden. Auch das Opfer taucht zunächst auf als magisches Mittel. Teils direkt im Dienst des Götterzwangs: auch die Götter brauchen den die Ekstase erregenden Somasaft der Zauberpriester, um Taten zu verrichten, daher kann man sie, nach der alten Vorstellung der Arier, durch das Opfer zwingen. Oder aber man kann mit ihnen sogar einen Pakt schließen, der beiden Teilen Pflichten auferlegt: die folgenschwere Vorstellung namentlich der Israeliten. Oder das Opfer ist Mittel der magischen Ablenkung des einmal entstandenen Grimms des Gottes auf ein anderes Objekt, sei dies ein Sündenbock oder (und namentlich) ein Menschenopfer. Noch wichtiger und wahrscheinlich auch älter ist aber das andere Motiv: das Opfer, speziell das Tieropfer, soll eine „communio", eine als Verbrüderung wirkende Tischgemeinschaft zwischen den Opfernden und dem Gott herstellen: eine Bedeutungswandlung der noch älteren Vorstellung: daß das Zerreißen und Essen eines starken, später eines heiligen, Tieres dessen Kraft den Essenden mitteile. Ein magischer Sinn solcher oder anderer Art — denn es gibt der Möglichkeiten viele — kann, auch wenn eigentlich „kultische" Vorstellungen stark sinnbestimmend einwirken, dennoch der Opferhandlung das Gepräge geben. Er kann auch an Stelle eigentlich kultischen Sinns wieder herrschend werden: die Opferrituale schon des Atharva Veda, erst recht aber der Brahmanas sind, im Gegensatz zum altnordischen Opfer, fast reine Zauberei. Eine Abwendung vom Magischen bedeutet dagegen die Vorstellung des Opfers entweder als eines Tributs, z. B. der Erstlingsfrüchte, auf daß die Gottheit den Menschen den Rest gönne, oder vollends als einer selbst auferlegten „Strafe" zur rechtzeitigen Abwendung der Rache des Gottes als Bußopfer. Auch dies involviert freilich noch kein „Sündenbewußtsein"; es vollzieht sich zunächst (so in Indien) in kühler Geschäftlichkeit. Steigende Vorstellungen von der Macht eines Gottes und dessen Charakter als persönlichen Herrn bedingen dann steigendes Vorwiegen der nicht magischen Motive. Der Gott wird ein großer Herr, der nach Belieben auch versagen kann und dem man also nicht mit magischen Zwangsmaßregeln, sondern nur mit Bitten und Geschenken nahen darf. Alles aber, was diese Motive dem einfachen „Zauber" gegenüber neu hinzubringen, sind zunächst ebenso nüchterne rationale Elemente wie die Motive des Zauberns selbst. „Do ut des" ist der durchgehende Grundzug. Dieser Charakter haftet der Alltags- und Massenreligiosität aller Zeiten und Völker und auch allen Religionen an. Abwendung „diesseitigen" äußerlichen Uebels und Zuwendung „diesseitiger" äußerlicher Vorteile ist der Inhalt aller normalen „Gebete", auch der allerjenseitigsten Religionen. Jeder Zug der darüber hinausführt, ist das Werk eines spezifischen Entwicklungsprozesses mit eigentümlich zwiespältiger Eigenart. Einerseits eine immer weitergehende rationale Systematisierung der Gottesbegriffe und ebenso des D e n k e n s über die möglichen Beziehungen des Menschen zum Göttlichen. Andererseits aber, im Resultat, zu einem charakteristischen Teil ein Zurücktreten jenes ursprünglichen p r a k t i s c h e n rechnenden Rationalismus. Denn der „Sinn" des spezifisch religiösen Sichverhaltens wird, parallel mit jener Rationalisierung des Denkens, zunehmend weniger in rein äußeren Vorteilen des ökonomischen Alltags gesucht, und insofern also das Ziel des religiösen Sichverhaltens „irrationalisiert", bis schließlich diese „außerweltlichen", d. h. zunächst: außerökonomischen Ziele als das dem religiösen Sichverhalten Spezifische gelten. Eben deshalb aber ist das Vorhandensein spezifischer persönlicher Träger dieser in dem eben angegebenen Sinn „außerökonomischen" Entwicklung eine von deren Voraussetzungen.

Man kann diejenigen Formen der Beziehungen zu den übersinnlichen Gewalten, die sich als Bitte, Opfer, Verehrung äußern, als „Religion" und „Kultus" von der „Zauberei" als dem magischen Zwange scheiden und dementsprechend als „Götter" diejenigen Wesen bezeichnen, welche religiös verehrt und gebeten, als „Dämonen" diejenigen, welche magisch gezwungen und gebannt werden. Die Scheidung ist fast nirgends restlos durchführbar, denn auch das Ritual des in diesem Sinn „religiösen" Kultus enthält fast überall massenhafte magische Bestandteile. Und die historische Entwicklung jener Scheidung ist sehr oft einfach so erfolgt, daß bei Unterdrückung eines Kultes durch eine weltliche oder priesterliche Gewalt zugunsten einer neuen Religion die alten Götter als „Dämonen" fortexistieren.

§ 2. Zauberer — Priester.

Die soziologische Seite jener Scheidung aber ist die Entstehung eines „Priestertums" als etwas von den „Zauberern" zu Unterscheidendem. Der Gegensatz ist in der Realität durchaus flüssig, wie fast alle soziologischen Erscheinungen. Auch die Merkmale der begrifflichen Abgrenzung sind nicht eindeutig feststellbar. Man kann entsprechend der Scheidung von „Kultus" und „Zauberei" als „Priester" diejenigen berufsmäßigen Funktionäre bezeichnen, welche durch Mittel der Verehrung die „Götter" beeinflussen, im Gegensatz zu den Zauberern, welche „Dämonen" durch magische Mittel zwingen. Aber der Priesterbegriff zahlreicher großer Religionen, auch der christlichen, schließt gerade die magische Qualifikation ein. Oder man nennt „Priester" die Funktionäre eines regelmäßigen organisierten stetigen B e t r i e b s der Beeinflussung der Götter, gegenüber der individuellen Inanspruchnahme der Zauberer von Fall zu Fall. Der Gegensatz ist durch eine gleitende Skala von Uebergängen überbrückt, aber in seinen „reinen" Typen eindeutig und man kann dann als Merkmal des Priestertums das Vorhandensein irgendwelcher fester Kultstätten, verbunden mit irgendwelchem sachlichen Kultapparat behandeln. Oder aber man behandelt als entscheidend für den Priesterbegriff: daß die Funktionäre, sei es erblich oder individuell angestellt, im Dienst eines vergesellschafteten sozialen Verbandes, welcher Art immer er sei, tätig werden, also als dessen Angestellte oder Organe und lediglich im Interesse seiner Mitglieder, nicht wie die Zauberer, welche einen freien Beruf ausüben. Auch dieser begrifflich klare Gegensatz ist natürlich in der Realität flüssig. Die Zauberer sind nicht selten zu einer festen Zunft, unter Umständen zu einer erblichen Kaste, zusammengeschlossen, und diese kann innerhalb bestimmter Gemeinschaften das Monopol der Magie haben. Auch der katholische Priester ist nicht immer „angestellt", sondern z. B. in Rom nicht selten ein armer Vagant, der von der

Hand in den Mund von den einzelnen Messen lebt, deren Wahrnehmung er nachgeht,
Oder man scheidet die Priester als die durch spezifisches Wissen und festgeregelte
Lehre und Berufsqualifikation Befähigten von den kraft persönlicher Gaben (Charisma)
und deren Bewährung durch Wunder und persönliche Offenbarung wirkenden, also
einerseits den Zauberern, andererseits den „Propheten". Aber die Scheidung zwischen den meist ebenfalls und zuweilen sehr hochgelernten Zauberern und den keineswegs immer besonders hochgelernten wirkenden Priestern ist dann nicht einfach.
Der Unterschied müßte qualitativ, in der Verschiedenheit des allgemeinen Charakters der Gelerntheit hier und dort gefunden werden. In der Tat werden wir später
(bei Erörterung der Herrschaftsformen) die teils durch irrationale Mittel auf Wiedergeburt ausgehende „Erweckungserziehung", teils auch eine rein empirische Kunstlehre
darstellende Schulung der charismatischen Zauberer von der rationalen Vorbildung
und Disziplin der Priester zu scheiden haben, obwohl in der Realität auch hier beides
ineinandergleitend übergeht. Nähme man aber dabei als Merkmal der „Lehre"
als einer das Priestertum auszeichnenden Differenz die Entwicklung eines rationalen
religiösen Gedankensystems und, was für uns vor allem wichtig ist, die Entwicklung
einer systematisierten spezifisch religiösen „Ethik" auf Grund einer zusammenhängenden, irgendwie festgelegten, als „Offenbarung" geltenden Lehre an, etwa
so wie der Islam seine Unterscheidung von Buchreligionen und einfachem Heidentum
machte, so wären nicht nur die japanischen Schintopriester, sondern z. B. auch die
machtvollen Hierokratien der Phöniker aus dem Begriff der Priesterschaft ausgeschlossen und eine allerdings grundlegend wichtige, aber nicht universelle Funktion
des Priestertums zum Begriffsmerkmal gemacht.

Den verschiedenen, niemals glatt aufgehenden, Möglichkeiten der Unterscheidung
wird es für unsere Zwecke am meisten gerecht, wenn wir hier die Eingestelltheit
eines g e s o n d e r t e n P e r s o n e n k r e i s e s auf den r e g e l m ä ß i g e n, an
bestimmte Normen, Orte und Zeiten gebundenen und auf bestimmte V e r b ä n d e
bezogenen K u l t u s b e t r i e b als wesentliches Merkmal festhalten. Es gibt
kein Priestertum ohne Kultus, wohl aber Kultus ohne gesondertes Priestertum: so
in China, wo ausschließlich die Staatsorgane und der Hausvater den Kultus der
offiziell anerkannten Götter und Ahnengeister besorgen. Unter den typisch reinen
„Zauberern" andererseits gibt es zwar Noviziat und Lehre, wie etwa in der Bruder-
schaft der Hametzen bei den Indianern und ähnliche in der ganzen Welt, welche
zum Teil eine sehr starke Macht in Händen haben und deren dem Wesen nach magische Feiern eine zentrale Stellung im Volksleben einnehmen, denen aber ein kontinuierlicher Kultusbetrieb fehlt und die wir deshalb nicht „Priester" nennen wollen. Sowohl beim priesterlosen Kultus aber wie beim kultlosen Zauberer fehlt regelmäßig
eine Rationalisierung der metaphysischen Vorstellungen, ebenso wie eine spezifisch
religiöse Ethik. Beides pflegt in voller Konsequenz nur eine selbständige und auf
dauernde Beschäftigung mit dem Kultus und den Problemen praktischer Seelen-
leitung eingeschulte Berufspriesterschaft zu entwickeln. Die Ethik ist daher in
der klassisch chinesischen Denkweise zu etwas ganz anderem als einer metaphysisch
rationalisierten „Religion" entwickelt. Ebenso die Ethik des kultus- und priesterlosen alten Buddhismus. Und die Rationalisierung des religiösen Lebens ist, wie
später zu erörtern, überall da gebrochen oder ganz hintangehalten worden, wo das
Priestertum es nicht zu einer eigenen ständischen Entwicklung und Machtstellung
gebracht hat, wie in der mittelländischen Antike. Sie hat sehr eigenartige Wege da
eingeschlagen, wo ein Stand ursprünglicher Zauberer und heiliger Sänger die Magie
rationalisierte, aber nicht eine eigentlich priesterliche Amtsverfassung entwickelte,
wie die Brahmanen in Indien. Aber nicht jede Priesterschaft entwickelt das der
Magie gegenüber prinzipiell Neue: eine rationale Metaphysik und religiöse Ethik.
Diese setzt vielmehr der — nicht ausnahmslosen — Regel nach das Eingreifen außer-
priesterlicher Mächte voraus. Einerseits eines Trägers von metaphysischen oder
religiös-ethischen „Offenbarungen": des P r o p h e t e n. Andererseits die Mit-

wirkung der nicht priesterlichen Anhänger eines Kultus: der „L a i e n". Ehe
wir die Art betrachten, wie durch die Einwirkung dieser außerpriesterlichen Faktoren
die Religionen nach Ueberwindung der überall auf der Erde sehr ähnlichen Stufen
der Magie fortentwickelt werden, müssen wir gewisse typische Entwicklungstendenzen
feststellen, welche durch das Vorhandensein priesterlicher Interessenten eines Kultus
in Bewegung gesetzt werden.

§ 3. Gottesbegriff. Religiöse Ethik. Tabu.

Ethische Gottheiten. Die Götter der Rechtsfindung S. 244. — Soziologische Bedeutung der Tabunormen. Totemismus S. 246. — Tabuierung und Vergemeinschaftung S. 247. — Magische Ethik, religiöse Ethik S. 249.

Die einfachste Frage: ob man einen bestimmten Gott oder Dämon überhaupt
durch Zwang oder Bitte zu beeinflussen versuchen soll, ist zunächst lediglich eine
Frage des Erfolgs. Wie der Zauberer sein Charisma, so hat der Gott seine Macht
zu b e w ä h r e n. Zeigt sich der Versuch der Beeinflussung dauernd nutzlos, so
ist entweder der Gott machtlos oder die Mittel seiner Beeinflussung sind unbekannt
und man gibt ihn auf. In China genügen noch heute wenige eklatante Erfolge, um
einem Götterbild den Ruf, Macht (Schen ling) zu besitzen, und damit die Frequenz
der Gläubigen zu verschaffen. Der Kaiser als Vertreter der Untertanen gegenüber
dem Himmel verleiht den Göttern im Fall der Bewährung Titel und andere Aus-
zeichnungen. Aber wenige eklatante Enttäuschungen genügen eventuell, einen
Tempel für immer zu leeren. Der historische Zufall, daß der, aller Wahrscheinlichkeit spottende, felsenfeste Prophetenglaube des Jesaia: sein Gott werde Jerusalem,
wenn nur der König fest bleibe, dem Assyrerheer nicht in die Hände fallen lassen,
wirklich eintraf, war das seitdem unerschütterliche Fundament der Stellung dieses
Gottes sowohl wie seiner Propheten. Nicht anders erging es schon dem präanimistischen Fetisch und dem Charisma des magisch Begabten. Erfolglosigkeit büßt der
Zauberer eventuell mit dem Tode. Eine Priesterschaft ist ihm gegenüber dadurch
im Vorteil, daß sie die Verantwortung der Mißerfolge von sich persönlich auf den
Gott abschieben kann. Aber mit dem Prestige ihres Gottes sinkt auch das ihrige.
Es sei denn, daß sie Mittel findet, diese Mißerfolge überzeugend so zu deuten, daß
die Verantwortung dafür nicht mehr auf den Gott, sondern auf das Verhalten seiner
Verehrer fällt. Und auch dies ermöglicht die Vorstellung vom „Gottesdienst" gegenüber dem „Gotteszwang". Die Gläubigen haben den Gott nicht genügend geehrt,
seine Begierde nach Opferblut oder Somasaft nicht genügend gestillt, womöglich
ihn darin zugunsten anderer Götter zurückgesetzt. Daher erhört er sie nicht. Aber
unter Umständen hilft auch erneute und gesteigerte Verehrung nicht: die Götter
der Feinde bleiben die stärkeren. Dann ist es um seine Reputation geschehen. Man
fällt zu diesen stärkeren Göttern ab, es sei denn, daß es auch jetzt noch Mittel gibt,
das renitente Verhalten des Gottes derart zu motivieren, daß sein Prestige nicht
gemindert, ja sogar noch gefestigt wird. Auch solche Mittel auszudenken ist aber
einer Priesterschaft unter Umständen gelungen. Am eklatantesten derjenigen Jahves,
dessen Beziehung zu seinem Volke sich aus Gründen, die noch zu erörtern sein werden,
um so fester knüpfte, in je tieferes Ungemach es verstrickt wurde. Damit dies aber
geschehen könne, bedarf es zunächst der Entwicklung einer Reihe von neuen Attributen des Göttlichen.

Den anthropomorphisierten Göttern und Dämonen kommt zunächst eine eigentlich qualitative Ueberlegenheit dem Menschen gegenüber nur relativ zu. Ihre Leiden-
schaften sind maßlos wie die starker Menschen und maßlos ihre Gier nach Genuß.
Aber sie sind weder allwissend noch allmächtig — im letzteren Fall könnten ihrer
ja nicht mehrere sein — noch auch, weder in Babylon noch bei den Germanen, notwendig ewig: nur wissen sie sich oft die Dauer ihrer glanzvollen Existenz durch
magische Speisen oder Tränke, die sie sich vorbehalten haben, zu sichern, so wie

16*

ja auch der Zaubertrank des Medizinmannes den Menschen das Leben verlängert. Qualitativ geschieden werden unter ihnen die für die Menschen nützlichen von den schädlichen Mächten und natürlich die ersteren regelmäßig als die guten und höheren „Götter", die man anbetet, den letzteren entgegengesetzt als die niederen „Dämonen", die nun oft mit allem Raffinement einer irgend ausdenkbaren, verschmitzten Tücke ausgestattet, nicht angebetet, sondern magisch gebannt werden. Aber nicht immer vollzieht sich eine Scheidung auf dieser Basis und erst recht nicht immer in Form einer solchen Degradation der Herren der schädlichen Mächte zu Dämonen. Das Maß von kultischer Verehrung, welches Götter genießen, hängt nicht von ihrer Güte und auch nicht einmal von ihrer universellen Wichtigkeit ab. Gerade den ganz großen guten Göttern des Himmels fehlt ja oft jeder Kultus, nicht weil sie dem Menschen „zu fern" sind, sondern weil ihr Wirken zu gleichmäßig und durch seine feste Regelmäßigkeit auch ohne besondere Einwirkung gesichert erscheint. Mächte von ziemlich ausgeprägt diabolischem Charakter dagegen, wie etwa der Seuchengott Rudra in Indien, sind nicht immer die schwächeren gegenüber den „guten" Göttern, sondern können mit ungeheurer Machtfülle bekleidet werden.

Neben die unter Umständen wichtige qualitative Differenzierung von guten und diabolischen Gewalten tritt nun aber — und darauf kommt es uns hier an — innerhalb des Pantheons die Entwicklung spezifisch e t h i s c h qualifizierter Gottheiten. Die ethische Qualifikation der Gottheit ist keineswegs dem Monotheismus vorbehalten. Sie gewinnt bei ihm weittragendere Konsequenzen, ist aber an sich auf den verschiedensten Stufen der Pantheonbildung möglich. Zu den ethischen Gottheiten gehört naturgemäß besonders oft der spezialisierte Funktionsgott für die R e c h t s f i n d u n g und derjenige, welcher über die O r a k e l Gewalt hat.

Die Kunst der „Divination" erwächst zunächst direkt aus der Magie des Geisterglaubens. Die Geister wirken, wie alle anderen Wesen, nicht schlechthin regellos. Kennt man die Bedingungen ihrer Wirksamkeit, so kann man ihr Verhalten aus Symptomen: omina, welche erfahrungsgemäß ihre Disposition andeuten, kombinieren. Die Anlage von Gräbern, Häusern und Wegen, die Vornahme von wirtschaftlichen und politischen Handlungen müssen an dem nach früheren Erfahrungen günstigen Ort und zu günstiger Zeit geschehen. Und wo eine Schicht, wie die sog. taoistischen Priester in China, von der Ausübung dieser Divinationskunst lebt, kann ihre Kunstlehre (das Fung-schui in China) eine unerschütterliche Macht gewinnen. Alle ökonomische Rationalität scheitert dann an dem Widerspruch der Geister: keine Eisenbahn- oder Fabrikanlage, die nicht auf Schritt und Tritt mit ihnen in Konflikt geriete. Erst der Kapitalismus in seiner Vollkraft hat es vermocht, mit diesem Widerstand fertig zu werden. Noch im russisch-japanischen Kriege scheint aber das japanische Heer einzelne Gelegenheiten aus Gründen ungünstiger Divination verpaßt zu haben. — während schon Pausanias bei Plataiai offenbar die Gunst oder Ungunst der Vorzeichen geschickt den Bedürfnissen der Taktik entsprechend zu „stilisieren" gewußt hat. Wo nun die politische Gewalt den Rechtsgang an sich zieht, den bloßen unmaßgebenden Schiedsspruch bei der Sippenfehde in ein Zwangsurteil oder bei religiösen oder politischen Freveln die alte Lynchjustiz der bedrohten Gesamtheit in ein geordnetes Verfahren gebracht hat, ist es fast immer göttliche Offenbarung (Gottesurteil), welche die Wahrheit ermittelt. Wo eine Zaubererschaft es verstanden hat die Orakel und die Gottesurteile und ihre Vorbereitung in die Hand zu bekommen, ist ihre Machtstellung oft eine dauernd überwältigende.

Ganz der Realität der Dinge im Leben entsprechend ist der Hüter der R e c h t s - o r d n u n g keineswegs notwendig der stärkste Gott: weder Varuna in Indien, noch Maat in Aegypten, noch weniger Lykos in Attika oder Dike oder Themis und auch nicht Apollon waren dies. Nur ihre ethische Qualifikation, dem Sinn der „Wahrheit", die das Orakel oder Gottesurteil doch immer irgendwie verkünden soll, entsprechend, zeichnet sie aus. Aber nicht weil er ein Gott ist, schützt der „ethische" Gott die Rechtsordnung und die gute Sitte — mit „Ethik" haben die anthropomorphen Götter zunächst nichts Besonderes, jedenfalls aber weniger als die Menschen, zu schaffen. Sondern weil er nun einmal diese besondere Art von H a n d e l n in seine Obhut genommen hat. Die ethischen Ansprüche an die Götter steigen nun aber 1. mit steigender Macht und also steigenden Ansprüchen an die Qualität der geordneten Rechtsfindung innerhalb großer befriedeter politischer Verbände, — 2. mit steigendem Umfang der durch meteorologische Orientierung der Wirtschaft bedingten rationalen Erfassung des naturgesetzlichen Weltgeschehens als eines dauernd sinnvoll geordneten Kosmos, — 3. mit steigender Reglementierung immer neuer Arten von menschlichen Beziehungen durch konventionelle Regeln und steigender Bedeutung der gegenseitigen Abhängigkeit der Menschen von der Innehaltung dieser Regeln, insbesondere aber 4. mit steigender sozialer und ökonomischer Bedeutung der Verläßlichkeit des gegebenen Wortes: des Wortes des Freundes, Vasallen, Beamten, Tauschpartners, Schuldners oder wessen es sei, — mit einem Wort: mit steigender Bedeutung der ethischen Bindung des Einzelnen an einen Kosmos von „Pflichten", welche sein Verhalten berechenbar machen. Auch die Götter, an die man sich um Schutz wendet, müssen nun offenbar entweder selbst einer Ordnung unterworfen sein oder ihrerseits, wie große Könige, eine solche geschaffen und zum spezifischen Inhalt ihres göttlichen Willens gemacht haben. Im ersten Fall tritt hinter ihnen eine übergeordnete unpersönliche Macht auf, die sie innerlich bindet und den Wert ihrer Taten mißt, ihrerseits aber verschieden geartet sein kann. Universelle unpersönliche Mächte übergöttlicher Art treten zunächst als „Schicksals"-Gewalten auf. So das „Verhängnis" (Moira) der Hellenen, eine Art von irrationaler, insbesondere ethisch indifferenter Prädestination der großen Grundzüge jedes Einzelschicksals, die innerhalb gewisser Grenzen elastisch, deren allzu flagrante Verletzung aber durch verhängniswidrige Eingriffe auch für die größten Götter gefährlich (ὑπέρμορον) ist. Das erklärt dann neben anderen Dingen auch die Erfolglosigkeit so vieler Gebete. So geartet ist die normale innere Stellungnahme kriegerischen Heldentums, dem der rationalistische Glaube an eine rein ethisch interessierte, sonst aber parteilose, weise und gütige „Vorsehung" besonders fremd ist. Es tritt hier wiederum jene schon kurz berührte tiefe Spannung zwischen Heldentum und jeder Art von religiösem oder auch rein ethischem Rationalismus zutage, der wir immer wieder begegnen werden. Denn ganz anders sieht die unpersönliche Macht bürokratischer oder theokratischer Schichten, z. B. der chinesischen Bürokratie oder der indischen Brahmanen aus. Sie ist eine providentielle Macht harmonischer und rationaler Ordnung der Welt, je nachdem im Einzelfall mehr kosmischen oder mehr ethischen sozialen Gepräges, regelmäßig aber beides umfassend. Kosmischen, aber doch zugleich auch spezifisch ethisch-rationalen Charakter hat die übergöttliche Ordnung der Konfuzianer ebenso wie die der Taoisten, beides unpersönliche providentielle Mächte, welche die Regelmäßigkeit und glückliche Ordnung des Weltgeschehens verbürgen: die Anschauung einer rationalistischen Bürokratie. Noch stärker ethisch ist der Charakter der indischen Rita, der unpersönlichen Macht der festen Ordnung des religiösen Zeremoniells ebenso wie des Kosmos und daher auch des Tuns der Menschen im allgemeinen: die Anschauung der vedischen, eine wesentlich empirische Kunst mehr des Gotteszwangs als der Gottesverehrung übenden Priesterschaft. Oder die spätere indische übergöttliche Alleinheit des allein dem sinnlosen Wechsel und der Vergänglichkeit aller Erscheinungswelt nicht unterworfenen Seins: die Anschauung einer dem Welttreiben indifferent gegenüberstehenden Intellektuellenspekulation. Auch wo aber die Ordnung der Natur und der damit regelmäßig gleichgesetzten sozialen Verhältnisse, vor allem des Rechts, nicht als den Göttern übergeordnet, sondern als Schöpfung von Göttern gelten, — wir werden später fragen: unter welchen Bedingungen dies eintritt —, wird als selbstverständlich vorausgesetzt, daß der Gott diese von ihm geschaffenen Ordnungen gegen Verletzung sichern werde. Die gedankliche Durchführung dieses Postulats hat weitgehende Konsequenzen für das religiöse Handeln und die allgemeine Stellungnahme der Menschen zum Gott. Sie

gibt den Anlaß zur Entwicklung einer religiösen Ethik, der Scheidung der göttlichen Anforderung an den Menschen, gegenüber jenen Anforderungen oft unzulänglicher „Natur". Neben die beiden urwüchsigen Arten der Beeinflussung übersinnlicher Mächte: ihrer magischen Unterwerfung unter menschliche Zwecke oder ihrer
Gewinnung dadurch, daß man sich ihnen nicht etwa durch Uebung irgendwelcher
ethischen Tugenden, sondern durch Befriedigung ihrer egoistischen Wünsche an-
genehm macht, tritt jetzt die Befolgung des religiösen Gesetzes als das spezifische
Mittel, das Wohlwollen des Gottes zu erringen.

Nicht freilich erst mit dieser Auffassung beginnt eine religiöse Ethik. Im Gegenteil gibt es eine solche, und zwar von höchst wirksamer Art, gerade in Gestalt von
rein magisch motivierten Normen des Verhaltens, deren Verletzung als religiöser
Greuel gilt. Bei entwickeltem Geisterglauben wird ja jeder spezifische, zumal jeder
nicht alltägliche, Lebensprozeß dadurch hervorgebracht, daß ein spezifischer Geist
in den Menschen hineingefahren ist: bei Krankheit ebenso wie etwa bei Geburt,
Pubertät, Menstruation. Dieser Geist kann nun als „heilig" oder als „unrein" gelten
— das ist wechselnd und oft zufällig bedingt, gilt aber im praktischen Effekt fast
völlig gleich. Denn jedenfalls muß man es unterlassen, diesen Geist zu reizen und
dadurch zu veranlassen, entweder in den unberufenen Störer selbst hineinzufahren
oder diesen oder auch den jeweils von ihm Besessenen magisch zu schädigen. Also
wird der Betreffende physisch und sozial gemieden und muß andere, ja unter Umständen die Berührung seiner eigenen Person meiden, aus diesem Grunde z. B. zuweilen — wie polynesische charismatische Fürsten — vorsichtig gefüttert werden,
um seine eigene Speise nicht magisch zu infizieren. Besteht einmal diese Vorstellungsweise, dann können natürlich auch durch zauberische Manipulationen von Menschen,
welche das magische Charisma besitzen, Gegenstände oder Personen für andere
mit der Qualität des „Tabu" versehen werden: ihre Berührung würde bösen Zauber
zur Folge haben. Diese charismatische Tabuierungsgewalt ist nun vielfach ganz
rational und systematisch ausgeübt worden, in größtem Maßstab besonders im
indonesischen und Südseegebiet. Zahlreiche ökonomische und soziale Interessen:
Wald- und Wildschutz (nach Art der vom frühmittelalterlichen König gebannten
Forsten), Sicherung von knapp werdenden Vorräten in Teuerungszeiten gegen un-
wirtschaftlichen Verzehr, Schaffung von Eigentumsschutz, speziell für bevorrechtigtes
priesterliches oder adeliges Sondereigentum, Sicherung der gemeinsamen Kriegsbeute gegen individuelles Plündern (so durch Josua im Fall des Achan), sexuelle
und persönliche Trennung von Ständen im Interesse der Reinhaltung des Blutes
oder der Erhaltung des ständischen Prestige stehen unter der Garantie des Tabu.
In der zum Teil unglaublichen Irrationalität seiner, oft gerade für die durch Tabu
Privilegierten selbst, qualvoll lästigen Normen zeigt dieser erste und allgemeinste
Fall einer direkten Dienstbarmachung der Religion für außerreligiöse Interessen
zugleich auch die höchst eigenwillige Eigengesetzlichkeit des Religiösen. Die Rationalisierung des Tabu führt eventuell zu einem System von Normen, nach denen
ein für allemal gewisse Handlungen als religiöse Greuel gelten, für welche irgendeine Sühne, unter Umständen die Tötung dessen, der sie beging, eintreten muß,
wenn nicht der böse Zauber alle Volksgenossen treffen soll, und es entsteht so ein
System tabuistisch garantierter Ethik: Speiseverbote, Verbot der Arbeit an tabuierten
„Unglückstagen" (wie der Sabbat ursprünglich war) oder Heiratsverbote innerhalb
bestimmter Personen-, speziell Verwandtenkreise. Immer natürlich in der Art, daß
das einmal, sei es aus rationalen oder konkreten irrationalen Gründen: Erfahrungen
über Krankheiten und anderen bösen Zauber, üblich Gewordene zum „Heiligen"
wird. In einer anscheinend nicht hinlänglich aufzuklärenden Art haben sich nun
tabuartige Normen speziell mit der Bedeutsamkeit gewisser in einem einzelnen Objekt,
besonders in Tieren, hausender Geister für bestimmte soziale Kreise verknüpft.
Daß Tierinkarnationen von Geistern als heilige Tiere zu Kultmittelpunkten lokaler,
politischer Verbände werden können, dafür ist Aegypten das hervorragendste Bei-

spiel. Sie und andere Objekte oder Artefakte können aber auch zu Mittelpunkten anderer, je nachdem mehr naturgewachsener oder mehr künstlich geschaffener sozialer Verbände werden. Zu den verbreitetsten hieraus sich entwickelnden sozialen Institutionen gehört der sog. T o t e m i s m u s : eine spezifische Beziehung zwischen einem Objekt, meist einem Naturobjekt, im reinsten Typus: einem Tier, und einem bestimmten Menschenkreise, dem es als Symbol der Verbrüderung, ursprünglich wohl: der durch gemeinsame Verzehrung des Tieres erworbenen, gemeinsamen Besessenheit von dessen „Geist", gilt. Die inhaltliche Tragweite der Verbrüderung schwankt ebenso wie der Inhalt der Beziehung der Genossen zum Totemobjekt. Bei voll entwickeltem Typus enthalten die ersteren alle Brüderlichkeitspflichten einer exogamen Sippe, die letzteren das Tötungs- und Speiseverbot, außer bei kultischen Mahlen der Gemeinschaft, und eventuell, meist auf Grund des häufigen (aber nicht universellen) Glaubens, von dem Totemtier abzustammen, auch noch andere kultartige Pflichten. Ueber die Entwicklung dieser weithin über die Erde verbreiteten totemistischen Verbrüderungen herrscht ungeschlichteter Streit. Für uns muß im wesentlichen genügen: daß das Totem, der Funktion nach, das animistische Gegenstück der Götter jener Kultgenossenschaften ist, welche, wie früher erwähnt, mit den verschiedensten Arten von sozialen Verbänden sich deshalb zu verbinden pflegen, weil das nicht „versachlichte" Denken auch einen rein künstlichen und sachlichen „Zweckverband" der persönlichen und religiös garantierten Verbrüderung nicht entbehren konnte. Daher attrahierte die Reglementierung des Sexuallebens insbesondere, in deren Dienst die Sippe sich stellte, überall eine tabuartige religiöse Garantie, wie sie am besten die Vorstellungen des Totemismus boten. Aber das Totem ist nicht auf sexualpolitische Zwecke und überhaupt nicht auf die „Sippe" beschränkt und keineswegs notwendig auf diesem Gebiet zuerst erwachsen, sondern eine weitverbreitete Art, Verbrüderungen unter magische Garantie zu stellen. Der Glaube an die einst universelle Geltung und erst recht die Ableitung fast aller sozialen Gemeinschaften und der gesamten Religion aus dem Totemismus, ist als eine gewaltige Uebertreibung heute wohl durchweg aufgegeben. Allein für die magisch geschützte und erzwungene Arbeitsteilung der Geschlechter und die Berufsspezialisierung und damit für die Entwicklung und Reglementierung des Tausches als regulärer B i n n e n erscheinung (im Gegensatz zum Außenhandel) haben diese Motive eine oft sehr bedeutende Rolle gespielt.

Die Tabuierungen, speziell die magisch bedingten Speiseverbote, zeigen uns eine neue Quelle der so weittragenden Bedeutung des Instituts der Tischgemeinschaft. Die eine war, wie wir sahen, die Hausgemeinschaft. Die zweite ist die durch den tabuistischen Unreinheitsgedanken bedingte Beschränkung der Tischgemeinschaft auf Genossen der gleichen magischen Qualifikation. Beide Quellen der Tischgemeinschaft können in Konkurrenz und Konflikt miteinander geraten. Wo beispielsweise die Frau einer anderen Sippe zugerechnet wird als der Mann, darf sie sehr häufig den Tisch mit dem Mann nicht teilen, unter Umständen ihn gar nicht essen sehen. Ebenso aber darf der tabuierte König oder dürfen tabuierte privilegierte Stände (Kasten) oder religiöse Gemeinschaften weder den Tisch mit anderen teilen noch dürfen die höher privilegierten Kasten bei ihren Kultmahlen oder unter Umständen sogar bei ihrer täglichen Mahlzeit den Blicken „unreiner" Außenstehender ausgesetzt sein. Anderseits ist daher die Herstellung der Tischgemeinschaft sehr oft eines derjenigen Mittel, religiöse und damit unter Umständen auch ethnische und politische Verbrüderung herbeizuführen. Der erste große Wendepunkt in der Entwicklung des Christentums war die in Antiochia zwischen Petrus und den unbeschnittenen Proselyten hergestellte Tischgemeinschaft, auf welche Paulus daher in seiner Polemik gegen Petrus das entscheidende Gewicht legt. Außerordentlich groß sind anderseits die Hemmungen des Verkehrs und der Entwicklung der Marktgemeinschaft ebenso wie anderer sozialer Vergemeinschaftung, welche durch tabuartige Normen geschaffen werden. Die absolute Unreinheit des außerhalb der eigenen

Konfession Stehenden, wie sie der Schiitismus im Islam kennt, hat für seine Anhänger bis in die Neuzeit hinein, wo man durch Fiktionen aller Art abhalf, elementare
Verkehrshindernisse gebildet. Die Tabuvorschriften der indischen Kasten haben
mit weit elementarerer Gewalt den Verkehr zwischen den Personen gehemmt, als
das Fung-schui-System des chinesischen Geisterglaubens dem Güterverkehr sachliche Hindernisse in den Weg gelegt hat. Natürlich zeigen sich die Schranken der
Macht des Religiösen gegenüber den elementaren Bedürfnissen des Alltags auch
auf diesem Gebiet: „Die Hand eines Handwerkers ist (nach indischem Kastentabu)
immer rein", ebenso Minen und Ergasterien und was im Laden zum Verkauf ausliegt
oder was ein Bettelstudent (asketischer Brahmanenschüler) an Nahrung in seine
Hand nimmt. Nur das sexuelle Kastentabu pflegt in sehr starkem Maße zugunsten
der polygamen Interessen der Besitzenden durchbrochen zu werden: die Töchter
niederer Kasten waren in begrenztem Maß meist als Nebenweiber zugelassen. Und
wie das Fung-schui in China, so wird auch das Kastentabu in Indien durch die bloße
Tatsache des sich durchsetzenden Eisenbahnverkehrs langsam aber sicher illusorisch
gemacht. Die Kastentabuvorschriften hätten den Kapitalismus formell nicht unmöglich gemacht. Aber daß der ökonomische Rationalismus da, wo die Tabuierungs-
vorschriften eine derartige Macht einmal gewonnen hatten, nicht seine bodenständige
Heimat finden konnte, liegt auf der Hand. Dazu waren trotz aller Erleichterungen
schon die inneren Hemmungen der arbeitsteiligen Zusammenfügung von Arbeitern
getrennter Berufe und das heißt: getrennter Kasten, in einem Betriebe doch immerhin
zu wirksam. Die Kastenordnung wirkt, wenn auch nicht den positiven Vorschriften,
so doch ihrem „Geiste" und ihren Voraussetzungen nach, in der Richtung fort-
gesetzter, immer weiterer handwerksmäßiger Arbeits s p e z i a l i s i e r u n g. Und
die spezifische Wirkung der religiösen Weihe der Kaste auf den „Geist" der Wirt-
schaftsführung ist eine dem Rationalismus gerade entgegengesetzte. Die Kastenordnung macht die einzelnen arbeitsteiligen Tätigkeiten, soweit sie dazu zum Unter-
schiedsmerkmal der Kasten nimmt, zu einem religiös zugewiesenen und daher
geweihten „Beruf". Jede, auch die verachtetste, Kaste Indiens sieht in ihrem
Gewerbe — das Diebsgewerbe nicht ausgenommen — eine von spezifischen Göttern
oder doch von einem spezifischen göttlichen Willen gestiftete und ihr ganz speziell
zugewiesene Lebenserfüllung und speist ihr Würdegefühl aus der technisch vollendeten
Ausführung dieser „Berufsaufgabe". Aber diese „Berufsethik" ist, mindestens für
das Gewerbe, in einem bestimmten Sinn spezifisch „traditionalistisch" und nicht
rational. Ihre Erfüllung und Bewährung findet sie auf dem Gebiet der gewerblichen
Produktion in der absoluten qualitativen Vollkommenheit des P r o d u k t s. Fern
liegt ihr der Gedanke der Rationalisierung der Vollzugs w e i s e , die aller modernen
rationalen Technik oder der Systematisierung des Betriebs zur rationalen Erwerbswirtschaft, die allem modernen Kapitalismus zugrunde liegt. Die ethische Weihe
dieses Wirtschaftsrationalismus, des „Unternehmers", gehört der Ethik des asketischen
Protestantismus an. Die Kastenethik verklärt den „Geist" des Handwerks, den
Stolz nicht auf den in Geld qualifizierten Wirtschafts e r t r a g oder auf die in
rationaler Arbeitsverwendung sich bewährenden Wunder der rationalen Technik,
sondern den Stolz auf die in der Schönheit und Güte des Produkts sich bewährende
persönliche, virtuose, kastenmäßige Handfertigkeit des Produzenten. Für die Wirkung der indischen Kastenordnung im speziellen war — wie zur Erledigung dieser
Zusammenhänge schon hier erwähnt sein mag — vor allem entscheidend der Zusammenhang mit dem Seelenwanderungsglauben, daß die Verbesserung der Wiedergeburtschancen n u r durch Bewährung i n n e r h a l b der für die eigene Kaste
vorgeschriebenen Berufstätigkeit möglich ist. Jedes Heraustreten aus der eigenen
Kaste, insbesondere jeder Versuch, in die Tätigkeitssphären anderer, höherer, Kasten
einzugreifen, bringt bösen Zauber und die Chance ungünstiger Wiedergeburt mit
sich. Dies erklärt es, daß, nach häufigen Beobachtungen in Indien, g e r a d e die
untersten Kasten — denen natürlich die Besserung ihrer Wiedergeburtschancen

besonders am Herzen liegt — am festesten an ihren Kasten und den Pflichten hingen und (im ganzen) nie daran dachten, die Kastenordnung etwa durch „soziale Revolutionen" oder „Reformen" umstürzen zu wollen. Das biblische, auch von Luther stark betonte: „b l e i b e in deinem Beruf", ist hier zu einer religiösen Kardinalpflicht erhoben und durch schwere religiöse Folgen sanktioniert.

Wo der Geisterglauben zum Götterglauben rationalisiert wird, also nicht mehr die Geister magisch gezwungen, sondern Götter kultisch verehrt und gebeten sein wollen, schlägt die magische Ethik des Geisterglaubens in die Vorstellung um: daß denjenigen, welcher die gottgewollten Normen verletzt, das ethische Mißfallen des Gottes trifft, welcher jene Ordnungen unter seinen speziellen Schutz gestellt hat. Es wird nun die Annahme möglich, daß es nicht Mangel an Macht des eigenen Gottes sei, wenn die Feinde siegen oder anderes Ungemach über das eigene Volk kommt, sondern daß der Zorn des eigenen Gottes über seine Anhänger durch die Verletzungen der von ihm geschirmten ethischen Ordnungen erregt, die eigenen S ü n d e n also daran schuld seien und daß der Gott mit einer ungünstigen Entscheidung gerade sein Lieblingsvolk hat züchtigen und erziehen wollen. Immer neue Missetaten Israels, eigene der jetzigen Generation oder solche der Vorfahren, wissen seine Propheten aufzufinden, auf welche der Gott mit seinem schier unersättlichen Zorn reagiert, indem er sein eigenes Volk anderen, die ihn gar nicht einmal anbeten, unterliegen läßt. Dieser Gedanke, in allen denkbaren Abwandlungen überall verbreitet, wo die Gotteskonzeption universalistische Züge annimmt, formt aus den magischen, lediglich mit der Vorstellung des bösen Zaubers operierenden Vorschriften die „religiöse Ethik": Verstoß gegen den Willen des Gottes wird jetzt eine ethische „Sünde", die das „Gewissen" belastet, ganz unabhängig von den unmittelbaren Folgen. Uebel, die den einzelnen treffen, sind gottgewollte Heimsuchungen und Folgen der Sünde, von denen der Einzelne durch ein Gott wohlgefälliges Verhalten: „Frömmigkeit", befreit zu werden, „Erlösung" zu finden, hofft. Fast nur in diesem elementaren rationalen Sinn der Befreiung von ganz konkreten Uebeln tritt der folgenschwere Gedanke der „Erlösung" noch im Alten Testament auf. Und die religiöse teilt mit der magischen Ethik zunächst durchaus auch die andere Eigenart: daß es ein Komplex oft höchst heterogener, aus den allerverschiedensten Motiven und Anlässen entstandener, nach unserer Empfindungsart „Wichtiges" und „Unwichtiges" überhaupt nicht scheidender, Gebote und Verbote ist, deren Verletzung die „Sünde" konstituiert. Nun aber kann eine Systematisierung dieser ethischen Konzeptionen eintreten, welche von dem rationalen Wunsch: durch gottgefälliges Tun sich persönliche äußere Annehmlichkeiten zu sichern, bis zu der Auffassung der Sünde als einer einheitlichen Macht des Widergöttlichen führt, in deren Gewalt der Mensch fällt, der „Güte" aber als einer einheitlichen Fähigkeit zur heiligen Gesinnung und einem aus ihr einheitlich folgenden Handeln und der Erlösungshoffnung als einer irrationalen Sehnsucht, „gut" sein zu können lediglich oder doch primär um des bloßen beglückenden Besitzes des Bewußtseins willen, es zu sein. Eine lückenlose Stufenfolge der allerverschiedensten, immer wieder mit rein magischen Vorstellungen gekreuzten Konzeptionen führt zu diesen sehr selten und von der Alltagsreligiosität nur intermittierend in voller Reinheit erreichten Sublimierungen der Frömmigkeit als einer kontinuierlich, als konstantes Motiv wirkenden Grundlage einer spezifischen L e b e n s f ü h r u n g. Noch dem Vorstellungskreis des Magischen gehört jene Konzeption der „Sünde" und „Frömmigkeit" als einheitlicher Mächte an, welche beide als eine Art von materiellen Substanzen auffaßt, welche das Wesen des „böse" oder „gut" Handelnden nach Art eines Gifts oder eines dagegen wirkenden Heilserums oder nach Art etwa einer Körpertemperatur auffassen, wie sich das in Indien findet: „tapas", die (durch Askese erreichte) Macht des Heiligen, die ein Mensch im Leibe hat, heißt ursprünglich jene „Hitze", welche der Vogel beim Brüten, der Weltschöpfer bei der Erzeugung der Welt, der Magier bei der durch Mortifikation erzeugten heiligen Hysterie, welche zu übernatürlichen Fähigkeiten führt, in sich entwickelt. Von den durch die Vor-

stellungen: daß der gut Handelnde eine besondere „Seele" göttlicher Provenienz
in sich aufgenommen habe und weiter bis zu den später zu erörternden Formen des
innerlichen „Habens" des Göttlichen ist ein weiter Weg. Und ebenso von der Auffassung der „Sünde" als eines magisch zu kurierenden Gifts im Leibe des Uebel-
täters durch die Vorstellung eines bösen Dämons, von dem er besessen ist, bis zur
teuflischen Macht des „radikal Bösen", mit der er kämpft und der er in Gefahr ist
zu verfallen.

Bei weitem nicht jede religiöse Ethik hat den Weg bis zu diesen Konzeptionen
durchlaufen. Die Ethik des Konfuzianismus kennt das radikal Böse und überhaupt
eine einheitliche widergöttliche Macht der „Sünde" nicht. Die hellenische und römische ebenfalls nicht. In beiden Fällen hat außer einem selbständigen organisierten
Priestertum auch jene historische Erscheinung gefehlt, welche nicht unbedingt immer,
aber allerdings normalerweise die Zentralisierung der Ethik unter dem Gesichtspunkt religiöser Erlösung schafft: die P r o p h e t i e. In Indien hat die Prophetie
nicht gefehlt, aber — wie noch zu erörtern — einen sehr spezifischen Charakter
gehabt, und dementsprechend auch die dort sehr hoch sublimierte Erlösungsethik.
Prophetie und Priestertum sind die beiden Träger der Systematisierung und Rationalisierung der religiösen Ethik. Daneben aber fällt als dritter, die Entwicklung
bestimmender Faktor der Einfluß derjenigen ins Gewicht, auf welche Propheten und
Priester ethisch zu wirken suchen: der „Laien". Wir müssen die Art des Mit- und
Gegeneinanderwirkens dieser drei Faktoren zunächst ganz allgemein in Kürze erörtern.

§ 4. „Prophet".

Was ist, soziologisch gesprochen, ein Prophet? Wir unterlassen hier, die Frage
der „Heilbringer", welche Breysig s. Z. angeschnitten hat, allgemein zu erörtern.
Nicht jeder anthropomorphe Gott ist ein vergötterter Bringer äußeren oder inneren
Heils und bei weitem nicht jeder Bringer von solchem ist zu einem Gott oder
auch nur Heiland geworden, so weitverbreitet die Erscheinung auch gewesen ist.
Wir wollen hier unter einem „Propheten" verstehen einen rein p e r s ö n-
l i c h e n Charismaträger, der kraft seiner Mission eine religiöse L e h r e oder einen
göttlichen Befehl verkündet. Wir wollen dabei hier keinen grundsätzlichen Unterschied danach machen: ob der Prophet eine (wirklich oder vermeintlich) alte Offenbarung neu verkündet oder füglich neue Offenbarungen zu bringen beansprucht,
ob er also als „Religionserneuerer" oder als „Religionsstifter" auftritt. Beides kann
ineinander übergehen und insbesondere ist nicht die Absicht des Propheten selbst
maßgebend dafür, ob aus seiner Verkündigung eine neue G e m e i n s c h a f t entsteht; dazu können auch die Lehren unprophetischer Reformatoren den Anlaß geben.
Auch ob mehr die Anhängerschaft an die Person wie bei Zarathustra, Jesus, Muhammed
oder mehr an die Lehre als solche — wie bei Buddha und der israelitischen Prophetie
— hervortritt, soll uns in diesem Zusammenhang nichts angehen. Entscheidend
ist für uns die „persönliche" Berufung. Das scheidet ihn vom Priester. Zunächst
und vor allem, weil dieser im Dienst einer heiligen Tradition, der Prophet dagegen
persönlicher Offenbarung oder kraft Gesetzes Autorität beansprucht. Es ist kein
Zufall, daß mit verschwindenden Ausnahmen, kein Prophet aus der Priesterschaft
auch nur hervorgegangen ist. Die indischen Heilslehrer sind regelmäßig keine Brahmanen, die israelitischen keine Priester, und nur Zarathustra könnte vielleicht aus
Priesteradel stammen. Im Gegensatz zum Propheten spendet der Priester Heilsgüter kraft seines Amtes. Freilich kann das Priesteramt an ein persönliches Charisma
geknüpft sein. Aber auch dann bleibt der Priester als Glied eines vergesellschafteten

Heilsbetriebs durch sein Amt legitimiert, während der Prophet ebenso wie der charismatische Zauberer lediglich kraft persönlicher Gabe wirkt. Vom Zauberer unterscheidet er sich dadurch, daß er inhaltliche Offenbarungen verkündet, der Inhalt seiner Mission nicht in Magie, sondern in Lehre oder Gebot besteht. Aeußerlich ist der Uebergang flüssig. Der Zauberer ist sehr häufig Divinationskündiger, zuweilen nur dies. Die Offenbarung funktioniert in diesem Stadium kontinuierlich als Orakel oder als Traumeingebung. Ohne Befragung der Zauberer kommen Neuregelungen von Gemeinschaftsbeziehungen ursprünglich kaum irgendwo zustande. In Teilen Australiens sind es noch heute nur die im Traum eingegebenen Offenbarungen von Zauberern, welche den Versammlungen der Sippenhäupter zur Annahme unterbreitet werden, und es ist sicherlich eine „Säkularisation", wenn dies dort vielfach schon jetzt fortgefallen ist. Und ferner: ohne jede charismatische, und das heißt normalerweise: magische, Beglaubigung hat ein Prophet nur unter besonderen Umständen Autorität gewonnen. Zum mindesten die Träger „neuer" Lehren haben ihrer fast immer bedurft. Es darf keinen Augenblick vergessen werden, daß Jesus seine eigene Legitimation und den Anspruch, daß er und nur er den Vater kenne, daß nur der Glaube an ihn der Weg zu Gott sei, d u r c h a u s auf das magische Charisma stützte, welches er in sich spürte, daß dieses Machtbewußtsein weit mehr als irgend etwas anderes es zweifellos auch war, was ihn den Weg der Prophetie betreten ließ. Die Christenheit des apostolischen und nachapostolischen Zeitalters kennt den wandernden Propheten als eine reguläre Erscheinung. Immer wird dabei der Beweis des Besitzes der spezifischen Gaben des Geistes, bestimmter magischer oder ekstatischer Fähigkeiten verlangt. Sehr oft wird die Divination ebenso wie die magische Therapeutik und Beratung „berufsmäßig" ausgeübt. So von den im Alten Testament, besonders in den Chroniken und prophetischen Büchern, massenhaft erwähnten „Propheten" (nabi, nebijim). Aber eben von ihnen unterscheidet sich der Prophet im hier gemeinten Sinn des Worts rein ökonomisch: durch die U n e n t g e l t l i c h k e i t seiner Prophetie. Zornig wehrt sich Amos dagegen, ein „nabi" genannt zu werden. Und der gleiche Unterschied besteht auch gegenüber den Priestern. Der typische Prophet propagiert die „Idee" um ihrer selbst willen, nicht — wenigstens nicht erkennbar und in geregelter Form — um Entgelts willen. Die Unentgeltlichkeit der prophetischen Propaganda, z. B. der ausdrücklich festgehaltene Grundsatz: daß der Apostel, Prophet, Lehrer des alten Christentums kein Gewerbe aus seiner Verkündigung mache, nur kurze Zeit die Gastfreundschaft seiner Getreuen in Anspruch nehmen, entweder von seiner Hände Arbeit oder (wie der Buddhist) von dem ohne ausdrückliche Bitte Gegebenen leben muß, wird in den Episteln des Paulus (und, in jener anderen Wendung, in der buddhistischen Mönchsregel) immer erneut mit größtem Nachdruck betont („wer nicht arbeitet, soll nicht essen" gilt den M i s s i o n a r e n) und ist natürlich auch eines der Hauptgeheimnisse des Propagandaerfolges der Prophetie selbst. —

Die Zeit der älteren israelitischen Prophetie, etwa des Elia, ist in ganz Vorderasien und auch in Hellas eine Epoche stark prophetischer Propaganda gewesen. Vielleicht im Anschluß an die Neubildung der großen Weltreiche in Asien und der nach längerer Unterbrechung wieder zunehmenden Intensität des internationalen Verkehrs beginnt, namentlich in Vorderasien, die Prophetie in allen ihren Formen. Griechenland ist damals der Invasion des thrakischen Dionysoskultes ebenso wie der allerverschiedensten Prophetien ausgesetzt gewesen. Neben den halbprophetischen Sozialreformern brachen rein religiöse Bewegungen in die schlichte magische und kultische Kunstlehre der homerischen Priester ein. Emotionale Kulte ebenso wie die emotionale, auf „Zungenreden" beruhende Prophetie und die Schätzung der Rauschekstasen brachen die Entwicklung von theologisierendem Rationalismus (Hesiod) und den Anfängen der kosmogonischen und philosophischen Spekulationen, der philosophischen Geheimlehren und Erlösungsreligionen und gingen parallel mit der überseeischen Kolonisation und vor allem der Polisbildung und Umbildung auf der Basis des Bürgerheeres. Wir haben hier diese von Rohde glänzend analysierten Vorgänge des 8. und 7. Jahrhunderts, die teilweise bis ins 6. und selbst 5. Jahrhundert hinabreichen — also zeitlich sowohl der jüdischen wie der persischen wie der indischen Prophetie, wahrscheinlich auch den uns nicht mehr bekannten vorkonfuzianischen Leistungen der chinesischen Ethik darin entsprachen, — nicht zu schildern. Sowohl was die ökonomischen Merkmale: Gewerbsmäßigkeit oder nicht, betrifft, und was das Vorhandensein einer „Lehre" anlangt, sind diese hellenischen „Propheten" untereinander sehr verschieden. Auch der Hellene (Sokrates) unterschied gewerbsmäßige Lehre und unentgeltliche Ideenpropaganda. Und auch in Hellas war die einzige wirkliche G e m e i n d e religiosität: die orphische und ihre Erlösung durch das Merkmal einer wirklichen Heils l e h r e von aller anderen Art von Prophetie und Erlösungstechnik, insbesondere derjenigen der Mysterien, klar unterschieden. Wir haben hier vor allem die Typen der Prophetie von denen der sonstigen religiösen oder anderen Heilbringer zu sondern.

Auch in historischer Zeit oft flüssig ist der Uebergang vom „Propheten" zum „Gesetzgeber", wenn man unter diesem eine Persönlichkeit versteht, welche im Einzelfall mit der Aufgabe betraut wird, ein Recht systematisch zu ordnen oder neu zu konstituieren, wie namentlich die hellenischen Aisymneten (Solon, Charondas usw.). Es gibt keinen Fall, daß ein solcher Gesetzgeber oder sein Werk nicht mindestens die nachträgliche göttliche Gutheißung erhalten hätte. Ein „Gesetzgeber" ist etwas anderes als der italienische Podestà, den man von auswärts, nicht um eine soziale Neuordnung zu schaffen, sondern um einen koteriefreien unparteiischen Herrn zu haben, berief, also im Fall von Geschlechterfehden innerhalb der g l e i c h e n Schicht. Die Gesetzgeber werden dagegen, wenn nicht immer, so in aller Regel, dann zu ihrem Amt berufen, wenn s o z i a l e Spannungen bestehen. Besonders oft, wenn der überall typische früheste Anlaß planvoller „Sozialpolitik" eingetreten ist: ökonomische Differenzierung der Kriegerschaft durch neuentstandenen Geldreichtum der einen und Schuldverknechtung der andern und eventuell daneben unausgeglichne politische Aspirationen der durch ökonomischen Erwerb reich gewordenen Schichten gegenüber dem alten Kriegeradel. Der Aisymnet soll den Ständeausgleich vollziehen und ein für immer gültiges neues „heiliges" Recht schaffen und göttlich beglaubigen lassen. Es ist sehr wahrscheinlich, daß Moses eine historische Figur war. Ist dies der Fall, dann gehört er seiner Funktion nach zu den Aisymneten. Denn die Bestimmungen des ältesten israelitischen heiligen Rechts setzen Geldwirtschaft und dadurch entweder schon entstandene oder doch drohende scharfe Interessengegensätze innerhalb der Eidgenossen voraus. Der Ausgleich oder die Vorbeugung gegen diese Gegensätze (z. B. die Seisachthie des Erlaßjahrs) und die Organisation der israelitischen Eidgenossenschaft mit einem einheitlichen Nationalgott sind sein Werk, welches, dem Charakter nach, zwischen demjenigen Muhammeds und der antiken Aisymneten etwa in der Mitte steht. An dieses Gesetz knüpft sich denn auch, ganz wie an den Ständeausgleich in so vielen anderen Fällen, (vor allem in Rom und Athen) die Expansionsperiode des neugeeinigten Volks nach außen. Und es war nach Moses in Israel „kein Prophet gleich ihm"; das heißt kein Aisymnet. Nicht nur nicht alle Propheten sind also Aisymneten in jenem Sinn, sondern gerade die üblicherweise sogenannte Prophetie gehört nicht hierher. Gewiß erscheinen auch die späteren Propheten Israels als „sozialpolitisch" interessiert. Das „Wehe" ertönt über diejenigen, welche die Armen bedrücken und versklaven, Acker an Acker fügen, die Rechtsfindung gegen Geschenke beugen, — durchaus die typischen Ausdrucksformen aller antiken Klassendifferenzierung, verschärft wie überall durch die inzwischen eingetretene Organisation der Polis Jerusalem. Dieser Zug darf aus dem Bilde der meisten israelitischen Propheten nicht gestrichen werden. Um so weniger, als z. B. der indischen Prophetie jeder derartige Zug fehlt, obwohl man die Verhältnisse Indiens zur Zeit Buddhas als den hellenischen des 6. Jahrhunderts relativ ziemlich ähnlich bezeichnet hat. Der Unterschied folgt aus noch zu erörternden religiösen

Gründen. Für die israelitische Prophetie sind aber diese sozialpolitischen Argumentationen, was andererseits auch nicht verkannt werden darf, nur Mittel zum Zweck. Sie sind in erster Linie an der auswärtigen Politik als der Tatenbühne ihres Gottes interessiert. Das dem Geist des mosaischen Gesetzes widerstreitende Unrecht, auch das soziale, kommt für sie nur als Motiv und zwar als eines der Motive für Gottes Zorn in Betracht, nicht aber als Grundlage eines sozialen Reformprogramms. Charakteristischerweise ist gerade der einzige soziale Reformtheoretiker: Hesekiel, ein priesterlicher Theoretiker und kaum noch Prophet zu nennen. Jesus vollends ist an sozialer Reform als solcher schlechterdings nicht interessiert. Zarathustra teilt den Haß seines viehzüchtenden Volks gegen die räuberischen Nomaden, aber er ist zentral religiös, an dem Kampf gegen den magischen Rauschkult und für den Glauben an seine eigene göttliche Mission interessiert, deren Konsequenzen lediglich die ökonomischen Seiten seiner Prophetie sind. Erst recht trifft dies bei Muhammed zu, dessen Sozialpolitik, von Omar in ihre Konsequenzen getrieben, fast ganz an dem Interesse der inneren Einigung der Gläubigen zum Kampf nach außen, zum Zweck der Erhaltung eines Maximums von Gottesstreitern hängt.

Den Propheten spezifisch ist, daß sie ihre Mission nicht kraft menschlichen Auftrags übernehmen, sondern usurpieren. Das tun freilich auch die „Tyrannen" der hellenischen Polis, welche funktionell oft den legalen Aisymneten sehr nahestehen und auch ihre spezifische Religionspolitik (häufig z. B. die Förderung emotionalen, bei der Masse im Gegensatz zum Adel populären Dionysoskults) gehabt haben. Aber die Propheten usurpieren ihre Gewalt kraft göttlicher Offenbarung und dem Schwerpunkt nach zu religiösen Zwecken, und die für sie typische religiöse Propaganda liegt ferner in der gerade entgegengesetzten Richtung wie die typische Religionspolitik der hellenischen Tyrannen: in dem Kampf g e g e n die Rauschkulte. Muhammeds von Grund aus politisch orientierte Religion und seine Stellung in Medina, welche zwischen derjenigen eines italienischen Podestà und etwa der Stellung Calvins in Genf in der Mitte steht, wächst dennoch aus primär rein prophetischer Mission heraus: er, der Kaufmann, war zuerst ein Leiter pietistischer bürgerlicher Konventikel in Mekka, bis er zunehmend erkannte, daß die Organisation des Beuteinteresses der Kriegergeschlechter die gegebene äußere Grundlage für seine Mission sei.

Andererseits ist der Prophet durch Uebergangsstufen verbunden mit dem ethischen, speziell dem sozialethischen L e h r e r , der, neuer oder erneuten Verständnisses alter Weisheit voll, Schüler um sich sammelt, Private in privaten Fragen, Fürsten in öffentlichen Dingen der Welt berät und eventuell zur Schöpfung ethischer Ordnungen zu bestimmen sucht. Die Stellung des Lehrers religiöser oder philosophischer Weisheit zum Schüler ist namentlich in den asiatischen heiligen Rechten außerordentlich fest und autoritär geregelt und gehört überall zu den festesten Pietätsverhältnissen, die es gibt. Die magische wie die Heldenlehre ist in aller Regel so geordnet, daß der Novize einem einzelnen erfahrenen Meister zugewiesen wird oder ihn sich — etwa so wie der „Leibfuchs" den „Leibburschen" im deutschen Couleurwesen — aussuchen darf, dem er nun in persönlicher Pietät attachiert ist und der seine Ausbildung überwacht. Alle Poesie der hellenischen Knabenliebe stammt aus dieser Pietätsbeziehung und bei Buddhisten und Konfuzianern und in aller Mönchserziehung pflegt ähnlich verfahren zu werden. Der Typus ist am konsequentesten in der Stellung des „Guru" im indischen heiligen Recht durchgeführt, des brahmanischen Lehrers, dessen Lehre und Lebensleitung jeder zur vornehmen Gesellschaft Gehörige jahrelang sich rückhaltlos hingeben muß. Er hat souveräne Gewalt und das Obödienzverhältnis, welches etwa der Stellung eines Famulus des okzidentalen Magisters entspricht, wird der Familienpietät vorangestellt, ebenso wie die Stellung des Hofbrahmanen (Purohita) offiziell in einer Art geordnet ist, welche dessen Machtstellung weit über die mächtigsten Beichtväter des Abendlandes erhebt. Allein der Guru ist lediglich ein Lehrer, der erworbenes, nicht nur offenbartes, Wissen weiter-

gibt und nicht kraft eigener Autorität, sondern im Auftrag lehrt. Auch der philosophische Ethiker und Sozialreformer aber ist kein Prophet in unserem Sinn, so
nahe er ihm stehen kann. Gerade die ältesten, legendenumwobenen Weisen der
Hellenen, Empedokles und ähnliche, vor allem Pythagoras, stehen freilich dem Prophetentum am nächsten und haben teilweise auch Gemeinschaften mit eigener Heils-
lehre und Lebensführung hinterlassen, auch die Heilandsqualität, zum Teil wenigstens,
prätendiert. Es sind Typen von Intellektuellenheilslehrern, welche den indischen
Parallelerscheinungen vergleichbar sind, nur bei weitem nicht deren Konsequenz
in der Abstellung von Leben und Lehre auf „Erlösung" erreicht haben. Noch weniger
können die Stifter und Häupter der eigentlichen „Philosophenschulen" als „Propheten" in unserem Sinn aufgefaßt werden, so nahe sie ihnen zuweilen kamen. Gleitende Uebergänge führen von Konfuzius, in dessen Tempel selbst der Kaiser den
Kotau vollzieht, zu Platon. Beide waren lediglich schulmäßig lehrende Philosophen,
getrennt durch die bei Konfuzius zentrale, bei Platon mehr gelegentliche Abgestellt-
heit auf bestimmenden sozialreformerischen Einfluß auf Fürsten. Von dem Propheten
aber trennt sie das Fehlen der aktuellen emotionalen P r e d i g t , welche, einerlei,
ob durch Rede oder Pamphlete oder schriftlich verbreitete Offenbarungen nach
Art der Suren Muhammeds, dem Propheten eigentümlich ist. Dieser steht stets
dem Demagogen oder politischen Publizisten näher als dem „Betrieb" eines Lehrers,
und andererseits ist die Tätigkeit etwa des Sokrates, der sich ebenfalls im Gegensatz
gegen das professionelle Weisheitsgewerbe stehen fühlt, begrifflich von der Prophetie durch das Fehlen einer direkt offenbarten religiösen Mission geschieden. Das
„Daimonion" reagiert bei Sokrates auf konkrete Situationen, und zwar vorwiegend
abmahnend und warnend. Es findet sich bei ihm als Schranke seines ethischen, stark
utilitarischen Rationalismus etwa an der Stelle, wo bei Konfuzius die magische
Divination steht. Es ist schon aus jenem Grunde nicht einmal mit dem „Gewissen"
der eigentlich religiösen Ethik gleichzusetzen, geschweige denn, daß es als ein pro-
phetisches Organ gelten dürfte. Und so ist es mit allen Philosophen und ihren
Schulen, wie sie China, Indien, die hellenische Antike, das jüdische, arabische und
christliche Mittelalter in untereinander, soziologisch betrachtet, ziemlich ähnlicher
Form gekannt haben. Sie können, wie bei den Pythagoräern, mehr der mystagogisch-
rituellen, oder, wie bei den Kynikern, der exemplarischen Heilsprophetie (im bald
zu erörternden Sinn) in der von ihnen produzierten und propagierten Lebensführung
nahestehen. Sie können, wie die Kyniker, in ihrem Protest sowohl gegen die weltlichen Kulturgüter wie gegen die Sakramentsgnade der Mysterien, äußere und innere
Verwandtschaft mit indischen und orientalischen asketischen Sekten zeigen. Der
Prophet im hier festgehaltenen Sinn fehlt ihnen überall da, wo die Verkündigung
einer religiösen Heilswahrheit kraft persönlicher Offenbarung fehlt. Diese soll hier
als das entscheidende Merkmal des Propheten festgehalten werden. Die indischen
Religionsreformer endlich nach Art des Cankara und Ramanjua, und die Reformatoren
von der Art Luthers, Zwinglis, Calvins, Wesleys sind von der Kategorie der Propheten dadurch getrennt, daß sie weder kraft einer inhaltlich neuen Offenbarung
noch wenigstens kraft eines speziellen göttlichen Auftrags zu sprechen prätendieren,
wie dies z. B. der Stifter der Mormonenkirche, — der, auch in rein technischer Hinsicht mit Muhammed Aehnlichkeit zeigt, — und vor allem die jüdischen Propheten,
aber auch z. B. Montanus und Novatianus und auch, allerdings mit einem stark
rational lehrhaften Anflug, Mani und Manus, mit mehr emotionalem George Fox,
taten.

Scheidet man alle bisher genannten, oft sehr dicht angrenzenden Formen aus
dem Begriff aus, dann bleiben immer noch verschiedene Typen.

Zunächst der M y s t a g o g e . Er praktiziert Sakramente, d. h. magische Handlungen, welche Heilsgüter verbürgen. Durch die ganze Welt hat es Erlöser dieser
Art gegeben, die sich von dem gewöhnlichen Zauberer nur graduell durch die Sammlung einer speziellen G e m e i n d e um sich unterscheiden. Sehr oft haben sich

dann auf Grund eines für erblich geltenden, sakramentalen Charisma Dynastien von Mystagogen entwickelt, welche durch Jahrhunderte hindurch ihr Prestige behaupteten, Schüler mit Vollmachten ausstatteten und so eine Art von Hierarchenstellung einnahmen. Namentlich in Indien, wo der Titel Guru auch auf solche Heilsspender und ihre Bevollmächtigten angewendet wird. Ebenso in China, wo z. B. der Hierarch der Taoisten und einige geheime Sektenhäupter erblich eine solche Rolle spielten. Der gleich zu erwähnende Typus der exemplarischen Prophetie schlägt in der zweiten Generation sehr regelmäßig in Mystagogentum um. Massenhaft sind sie auch in ganz Vorderasien zu Hause gewesen und in dem erwähnten prophetischen Zeitalter nach Hellas hinübergekommen. Aber z. B. auch die weit älteren Adelsgeschlechter, welche erbliche Leiter der Eleusinischen Mysterien waren, repräsentieren wenigstens noch einen Grenzfall nach der Seite der einfachen Erbpriestergeschlechter hin. Der Mystagoge spendet magisches Heil, und es fehlt ihm oder bildet doch nur ein untergeordnetes Anhängsel: die ethische L e h r e. Statt dessen besitzt er eine vornehmlich erblich fortgepflanzte magische Kunstlehre. Auch pflegt er von seiner vielbegehrten Kunst ökonomisch existieren zu wollen. Wir wollen daher auch ihn aus dem Prophetenbegriff ausscheiden, selbst wenn er neue Heilswege offenbart.

Dann bleiben noch zwei Typen von Prophetentum in unserem Sinn, deren einer am klarsten durch Buddha, deren anderer besonders klar durch Zarathustra und Muhammed repräsentiert wird. Entweder ist nämlich der Prophet, wie in den letzten Fällen, ein im Auftrag eines Gottes diesen und seinen Willen — sei dies ein konkreter Befehl oder eine abstrakte Norm — verkündendes Werkzeug, der kraft Auftrags Gehorsam als ethische Pflicht fordert (e t h i s c h e P r o p h e t i e). Oder er ist ein exemplarischer Mensch, der anderen an seinem eigenen Beispiel den Weg zum religiösen Heil zeigt, wie Buddha, dessen Predigt weder von einem göttlichen Auftrag, noch von einer ethischen Gehorsamspflicht etwas weiß, sondern sich an das eigene Interesse der Heilsbedürftigen wendet, den gleichen Weg wie er selbst zu betreten (e x e m p l a r i s c h e P r o p h e t i e). Dieser zweite Typus eignet vornehmlich der indischen, in vereinzelten Exemplaren auch der chinesischen (Laotse) und vorderasiatischen, der erste aber ausschließlich der vorderasiatischen Prophetie, und zwar ohne Unterschied der Rasse. Denn weder die Veden, noch die chinesischen klassischen Bücher, deren älteste Bestandteile in beiden Fällen aus Preis- und Dankliedern heiliger Sänger und aus magischen Riten und Zeremonien bestehen, lassen es irgend wahrscheinlich erscheinen, daß dort jemals eine Prophetie des ethischen Typus nach der Art der vorderasiatisch-iranischen bestanden haben könnte. Der entscheidende Grund dafür liegt in dem Fehlen des persönlichen überweltlichen ethischen Gottes, welcher in Indien überhaupt nur in sakramental-magischer Gestalt innerhalb der späteren volkstümlichen hinduistischen Religiosität seine Heimat hatte, im Glauben derjenigen sozialen Schichten aber, innerhalb welcher sich die entscheidenden prophetischen Konzeptionen des Mahavira und Buddha vollzogen, nur intermittierend und stets wieder pantheistisch umgedeutet auftauchte, in China vollends in der Ethik der sozial ausschlaggebenden Schicht ganz fehlte. Inwieweit dies vermutlich mit der sozial bedingten intellektuellen Eigenart jener Schichten zusammenhing, darüber später. Soweit innerreligiöse Momente mitwirkten, war für Indien wie für China entscheidend, daß die Vorstellung einer rational geregelten Welt ihren Ausgangspunkt nahm von der zeremoniellen Ordnung der Opfer, an deren unwandelbarer Regelmäßigkeit alles hängt: vor allem die unentbehrliche Regelmäßigkeit der meteorologischen Vorgänge, animistisch gedacht: das normale Funktionieren und die Ruhe der Geister und Dämonen, welche sowohl nach klassischer wie nach heterodoxer chinesischer Anschauung durch eine ethisch richtig geführte Regierung, wie sie dem echten Tugendpfad (Tao) entspricht, verbürgt wird und ohne die auch nach vedischer Lehre alles fehlschlägt. Rita und Tao sind daher in Indien bzw. China übergöttliche unpersönliche Mächte. Der überweltliche persönliche ethische Gott dagegen ist eine vorderasiatische Konzeption. Sie entspricht so sehr dem auf Erden allmächtigen einen König mit seinem rationalen bürokratischen Regiment, daß ein Kausalzusammenhang nicht gut abweisbar ist. Ueber die ganze Erde hin ist der Zauberer in erster Linie Regenmacher, denn von rechtzeitigem, genügendem und auch nicht übermäßigem Regen hängt die Ernte ab. Der pontifikale chinesische Kaiser ist es bis in die Gegenwart geblieben, denn wenigstens in Nordchina überwiegt die Bedeutung des unsicheren Wetters diejenige der Bewässerungsanlage, so groß deren Wichtigkeit dort ist. Mauer- und Binnenschiffahrtskanalbauten, die eigentliche Quelle der kaiserlichen Bürokratie, waren noch wichtiger. Meteorologische Störungen sucht er durch Opfer, öffentliche Buße und Tugendübungen, z. B. durch Abstellung von Mißbräuchen in der Verwaltung, etwa durch eine Razzia auf unbestrafte Verbrecher, abzuwenden, weil stets der Grund der Erregung der Geister und der Störung der kosmischen Ordnung entweder in persönlichen Verfehlungen des Monarchen oder in sozialer Unordnung vermutet wird. Zu den Dingen, die Jahve, gerade in den älteren Teilen der Ueberlieferung, als Lohn für seine damals noch wesentlich bäuerlichen Anhänger in Aussicht stellt, gehört ebenfalls: der Regen. Nicht zu wenig und auch nicht zu viel (Sintflut) davon verspricht er. Aber rundum, in Mesopotamien wie Arabien, war nicht der Regen der Erzeuger der Ernte, sondern ausschließlich die künstliche Bewässerung. Sie allein ist in Mesopotamien, ähnlich wie in Aegypten die Stromregulierung, die Quelle der absoluten Herrschaft des Königs, der seine Einkünfte gewinnt, indem er durch zusammengeraubte Untertanen Kanäle und an diesen Städte bauen läßt. In den eigentlichen Wüsten- und Wüstenrandgebieten Vorderasiens ist dies wohl eine der Quellen der Vorstellung von einem Gott, der die Erde und den Menschen nicht, wie sonst meist, gezeugt, sondern aus dem Nichts „gemacht" hat: auch die Wasserwirtschaft des Königs schafft ja die Ernte im Wüstensand aus dem Nichts. Der König schafft sogar das Recht durch Gesetze und rationale Kodifikationen, — etwas, was die Welt hier in Mesopotamien zum ersten Male erlebte. Und so erscheint es, auch abgesehen von dem Fehlen jener sehr eigenartigen Schichten, welche Träger der indischen und chinesischen Ethik waren, und die dortige „gottlose" religiöse Ethik schufen, sehr begreiflich, daß unter diesem Eindruck auch die Ordnung der Welt als das Gesetz eines frei schaltenden, überweltlichen, persönlichen Herrn konzipiert werden konnte. Zwar in Aegypten, wo ursprünglich der Pharao selbst ein Gott war, scheiterte später der Anlauf Echnatons zum astralen Monotheismus an der schon unüberwindlichen Macht der Priesterschaft, welche den volkstümlichen Animismus systematisiert hatte. Und im Zweistromlande stand das alte, ebenfalls schon politisch und durch Priester systematisierte Pantheon und die feste Ordnung des Staats dem Monotheismus ebenso wie jeder demagogischen Prophetie im Wege. Aber der Eindruck des pharaonischen sowohl wie des mesopotamischen Königtums auf die Israeliten war eher noch gewaltiger als der des persischen Königs, des „Basileus" κατ᾽ ἐξοχήν, auf die Hellenen (wie er sich trotz seiner Niederlage z. B. in der Ausgestaltung einer pädagogischen Schrift zur „Kyrupaideia" ausspricht). Die Israeliten waren dem „Diensthause" des irdischen Pharao nur entronnen, weil ein göttlicher König half. Die Errichtung des irdischen Königtums wird ausdrücklich als Abfall von Jahve als dem eigentlichen Volkskönig erklärt, und die israelitische Prophetie ist ganz und gar an dem Verhältnis zu den politischen Großmächten: den großen Königen, orientiert, welche Israel zuerst als Zuchtruten Gottes zerschmetterten, dann wieder, kraft göttlicher Eingebung, ihm die Heimkehr aus dem Exil gestatten. Auch Zarathustras Vorstellungskreis scheint an den Konzeptionen westlicher Kulturländer orientiert. Die erste Entstehung sowohl der dualistischen wie der monotheistischen Prophetie scheint daher, neben anderen konkreten historischen Einflüssen, in ihrer Eigenart stark mitbedingt durch den Eindruck der relativ nahegelegenen großen Zentren straffer sozialer Organisation auf minder rationalisierte Nachbarvölker, welche Zorn und Gnade eines himmlischen Königs in ihrer eigenen beständigen Gefährdung durch die erbarmungslose Kriegsführung furchtbarer Nachbarn erblickten.

Mag aber die Prophetie mehr ethischen oder mehr exemplarischen Charakter haben, immer bedeutet — das ist das Gemeinsame — die prophetische Offenbarung, zunächst für den Propheten selbst, dann für seine Helfer: einen einheitlichen Aspekt des Lebens, gewonnen durch eine bewußt e i n h e i t l i c h e s i n n h a f t e Stellungnahme zu ihm. Leben und Welt, die sozialen wie die kosmischen Geschehnisse, haben für den Propheten einen bestimmten systematisch einheitlichen „Sinn", und das Verhalten der Menschen muß, um ihnen Heil zu bringen, daran orientiert und durch die Beziehung auf ihn einheitlich sinnvoll gestaltet werden. Die Struktur dieses „Sinnes" kann höchst verschieden sein, und er kann logisch heterogen scheinende Motive zu einer Einheit zusammenschmieden, denn nicht in erster Linie logische Konsequenz, sondern praktische Wertungen beherrschen die ganze Konzeption. Immer bedeutet sie, nur in verschiedenem Grade und mit verschiedenem Erfolge, einen Versuch der Systematisierung aller Lebensäußerungen, der Zusammenfassung also des praktischen Verhaltens zu einer L e b e n s f ü h r u n g , gleichviel, wie diese im Einzelfall aussehen möge. Immer enthält er ferner die wichtige religiöse Konzeption der „Welt", als eines „Kosmos", an welchen nun die Anforderung gestellt wird, daß er ein irgendwie „sinnvoll" geordnetes Ganzes bilden müsse, und dessen Einzelerscheinungen an diesem Postulat gemessen und gewertet werden. Alle stärksten Spannungen der inneren Lebensführung sowohl wie der äußeren Beziehung zur Welt entstammen dann dem Zusammenstoß dieser Konzeption der Welt als eines, dem religiösen Postulat nach, sinnvollen Ganzen mit den empirischen Realitäten. Die Prophetie ist allerdings keineswegs die einzige Instanz, welche mit diesem Problem zu schaffen hat. Auch alle Priesterweisheit und ebenso alle priesterfreie Philosophie, intellektualistische und vulgäre, befaßt sich irgendwie mit ihm. Die letzte Frage aller Metaphysik lautete von jeher so: w e n n die Welt als Ganzes und das Leben im besonderen einen „Sinn" haben soll, — welches kann er sein und wie muß die Welt aussehen, um ihm zu entsprechen? Aber die religiöse Problematik der Propheten und Priester ist der Mutterschoß, welcher die priesterfreie Philosophie, wo sie sich überhaupt entwickelte, aus sich entlassen hat, um sich dann mit ihr, als einer sehr wichtigen Komponente religiöser Entwicklung, auseinandersetzen zu müssen. Wir müssen daher die gegenseitigen Beziehungen von Priestern, Propheten und Nichtpriestern näher erörtern.

§ 5. Gemeinde.

Der Prophet gewinnt sich, wenn seine Prophetie Erfolg hat, ständige Helfer: Sodalen (wie Bartholomae den Terminus der Gathas übersetzt), Schüler (alttestamentlich und indisch), Gefährten (indisch und islamisch), Jünger (bei Jesaja und neutestamentlich), welche im Gegensatz zu den zünftig oder durch Amtshierarchie vergesellschafteten Priestern und Wahrsagern ihm rein persönlich anhängen, — eine Beziehung, die bei der Kasuistik der Herrschaftsformen noch zu erörtern sein wird. Und neben diesen ständigen, an seiner Mission aktiv mitarbeitenden, auch ihrerseits meist irgendwie charismatisch qualifizierten Helfern besteht der Kreis von Anhängern, welche ihn durch Unterkunft, Geld, Dienste unterstützen und von seiner Mission ihr Heil erwarten, daher auch ihrerseits je nachdem nur von Fall zu Fall zum Gelegenheitshandeln sich verbinden oder dauernd, zu einer G e m e i n d e , vergesellschaftet sein können. Die „Gemeinde" in diesem religiösen Sinn — die zweite Kategorie von Gemeinde neben dem aus ökonomischen, fiskalischen oder anderen politischen Gründen vergesellschafteten Nachbarschaftsverband — taucht ebenfalls nicht n u r bei Prophetie im hier festgehaltenen Sinne auf und entsteht andererseits auch nicht bei jeder Prophetie. Sie entsteht bei ihr überhaupt erst als ein Produkt der Veralltäglichung, indem entweder der Prophet selbst oder seine

Schüler den Fortbestand der Verkündigung und Gnadenspendung dauernd sichern, daher auch die ökonomische Existenz der Gnadenspendung und ihrer Verwalter dauernd sicherstellen und nun für die dadurch mit Pflichten Belasteten auch die Rechte monopolisieren. Sie findet sich deshalb auch bei Mystagogen und bei Priestern unprophetischer Religionen. Für den Mystagogen ist ihre Existenz ein normales Merkmal im Gegensatz zum bloßen Zauberer, der entweder einen freien Beruf ausübt, oder, zünftig organisiert, einen bestimmten nachbarschaftlichen oder politischen Verband, nicht eine besondere religiöse Gemeinde, versorgt. Nur pflegt die Mystagogengemeinde, wie diejenige der eleusinischen Mysten, meist im Zustand einer nach außen nicht geschlossenen und in ihrem Bestand wechselnden Vergemeinschaftung zu verharren. Wer gerade des Heils bedürftig ist, tritt in eine oft nur zeitweilige Beziehung zum Mystagogen und seinen Helfern. Immerhin bilden doch z. B. die eleusinischen Mysten eine Art von interlokaler Gemeinschaft. Anders wiederum steht es bei der exemplarischen Prophetie. Der exemplarische Prophet zeigt einen Heilsweg durch persönliches Beispiel. Nur wer diesem Beispiel unbedingt folgt — z. B. die Bettelmönche Mahaviras und Buddhas — gehört zu einer engeren, der „exemplarischen" Gemeinde, innerhalb deren dann wieder noch persönlich mit dem Propheten verbundene Jünger mit besonderer Autorität stehen können. Außerhalb der exemplarischen Gemeinde aber stehen fromme Verehrer (in Indien die „Upasakas"), welche für ihre Person den vollen Heilsweg nicht beschreiten, aber ein relatives Optimum von Heil durch Bezeugung von Devotion gegenüber den exemplarisch Heiligen erlangen wollen. Entweder entbehren sie jeder dauernden Vergemeinschaftung, wie ursprünglich die buddhistischen Upasakas, oder sie sind irgendwie auch ihrerseits mit festen Rechten und Pflichten vergesellschaftet, wie dies regelmäßig geschieht, wenn aus der exemplarischen Gemeinde besondere Priester oder priesterartige Seelsorger oder Mystagogen, wie die buddhistischen Bonzen, ausgeschieden und mit Besorgung von Kultpflichten (die der älteste Buddhismus nicht kannte) betraut wurden. Die Regel bleibt aber die freie Gelegenheitsvergesellschaftung, und dieser Zustand ist der Mehrzahl der Mystagogen und exemplarischen Propheten mit den Tempelpriesterschaften der einzelnen, zu einem Pantheon vergesellschafteten Gottheiten gemeinsam. Sie alle sind durch Stiftungen materiell gesichert und werden durch Opfergaben und Geschenke sustentiert, welche der jeweils Bedürftige spendet. Von einer dauernden Laiengemeinde ist dann noch nicht die Rede, und unsere Vorstellungen von einer religiösen Konfessionszugehörigkeit sind unbrauchbar. Anhänger eines Gottes ist der Einzelne nur im gleichen Sinn, wie etwa ein Italiener Anhänger eines bestimmten Heiligen. Unausrottbar scheint freilich das grobe Mißverständnis, z. B. die Mehrzahl oder gar alle Chinesen im konfessionellen Sinn als Buddhisten anzusehen, weil ein großer Teil von ihnen, in der Schule mit der allein offiziell approbierten konfuzianischen Ethik auferzogen, zwar für jeden Hausbau taoistische Divinationspriester zu Rate zieht und für tote Verwandte nach konfuzianischem Ritus trauert, aber daneben buddhistische Seelenmessen für sie lesen läßt. Außer den dauernd am Kult des Gottes Mitwirkenden und eventuell einem engen Kreis dauernder Interessenten gibt es hier nur Gelegenheitslaien, „Mitläufer", — wenn man den modernen parteitechnischen Ausdruck für die nichtorganisierten Mitwähler analog anwenden will.

Allein naturgemäß entspricht dieser Zustand, schon rein ökonomisch, im allgemeinen nicht dem Interesse der den Kult Besorgenden, und diese suchen daher auf die Dauer überall wo es angeht zur Gemeindebildung, d. h. also zu einer dauernden Vergesellschaftung der Anhängerschaft mit festen Rechten und Pflichten überzugehen. Die Umbildung der persönlichen Anhängerschaft in eine Gemeinde ist demnach die normale Form, in welcher die Lehre der Propheten in den Alltag, als Funktion einer ständigen Institution, eingeht. Die Schüler oder Jünger des Propheten werden dann Mystagogen oder Lehrer oder Priester oder Seelsorger (oder alles zusammen) einer ausschließlich religiösen Zwecken dienenden Vergesellschaftung: der Laieng e m e i n d e. Das gleiche Resultat kann aber auch von anderen Ausgangspunkten her erreicht werden. Wir sahen, daß die Priester, im Uebergang von der Zaubererfunktion zum eigentlichen Priestertum, entweder selbst grundherrliche Priestergeschlechter waren oder Haus- und Hofpriester von Grundherren und Fürsten oder ständisch organisierte gelernte Opferpriester, an die sich im Bedarfsfall sowohl der Einzelne wie die Verbände wenden, welche aber im übrigen sich jeder nicht standeswidrigen Beschäftigung hingeben können. Oder endlich: Verbandspriester eines, sei es beruflichen oder anderen, vor allem auch: eines politischen Verbandes. Eine eigentliche „Gemeinde", gesondert von anderen Verbänden, besteht in all diesen Fällen nicht. Sie kann indessen entstehen, wenn es entweder einem Opferpriestergeschlecht gelingt, die Spezialanhängerschaft seines Gottes als Gemeinde exklusiv zu organisieren, oder — und meist — wenn der politische Verband vernichtet wird, die religiöse Anhängerschaft an den Verbandsgott und seine Priester aber als Gemeinde fortbesteht. Der erste von beiden Typen findet sich in Indien und Vorderasien durch mannigfache Zwischenstufen, verbunden mit dem Uebergang mystagogischer oder exemplarischer Prophetie oder von religiösen Reformbewegungen zur Dauerorganisation von Gemeinden. Viele kleine hinduistische Denominationen sind durch Vorgänge dieser Art entstanden. Der Uebergang vom politischen Verbandspriestertum zur religiösen Gemeinde dagegen ist zuerst in größerem Umfang mit der Entstehung der vorderasiatischen Weltreiche, vor allem des persischen, verknüpft gewesen. Die politischen Verbände wurden vernichtet, die Bevölkerung entwaffnet, die Priesterschaften dagegen, mit gewissen politischen Befugnissen ausgestattet, in ihrer Stellung garantiert. Aehnlich, wie die Zwangsgemeinde aus dem Nachbarschaftsverband zur Sicherung fiskalischer Interessen, so wurde hier die religiöse Gemeinde als ein Mittel der Domestikation der Unterworfenen verwertet. So entstand durch Erlasse der persischen Könige von Kyros bis Artaxerxes das Judentum als eine vom König anerkannte religiöse Gemeinde mit einem theokratischen Zentrum in Jerusalem. Ein Sieg der Perser hätte vermutlich dem delphischen Apollon und den Priestergeschlechtern anderer Götter, vielleicht auch orphischen Propheten, ähnliche Chancen gebracht. In Aegypten entwickelte das nationale Priestertum nach dem Untergang der politischen Selbständigkeit eine Art „kirchlicher" Organisation, die erste dieser Art, wie es scheint, mit Synoden. In Indien dagegen entstanden die religiösen Gemeinden in dem dortigen enger begrenzten Sinn als „exemplarische" Gemeinden, indem durch die Vielheit der ephemeren politischen Gebilde hindurch zunächst die ständische Einheit des Brahmanentums und der Asketenregeln perennierte und infolgedessen auch die entstehenden Erlösungsethiken durch die politischen Grenzen hindurchgriffen. In Iran gelang es den zarathustrischen Priestern im Lauf der Jahrhunderte eine geschlossene religiöse Organisation zu propagieren, welche unter den Sassaniden politische „Konfession" wurde (die Achaemeniden waren nur Mazdasnanier, aber keine Zarathustrier, wie ihre Dokumente zeigen).

Die Beziehungen zwischen politischer Gewalt und religiöser Gemeinde, aus welcher der Begriff der „Konfession" entsteht, gehören in die Analyse der „Herrschaft". Hier ist nur festzustellen: „G e m e i n d e r e l i g i o s i t ä t" ist eine verschieden eindeutig ausgeprägte und labile Erscheinung. Wir wollen nur da von ihrem Bestand reden, wo die Laien 1. zu einem d a u e r n d e n Gemeinschaftshandeln vergesellschaftet sind, auf dessen Ablauf sie 2. irgendwie auch a k t i v einwirken. Ein bloßer Verwaltungssprengel, der die Kompetenzen der Priester abgrenzt, ist eine Parochie, aber noch keine Gemeinde. Aber selbst der Parochiebegriff fehlt, als etwas von der weltlichen, politischen oder ökonomischen, Gemeinde gesondertes, der chinesischen, altindischen und im allgemeinen auch der hinduistischen Religiosität. Die hellenischen und sonstigen antiken Phratrien und ähnliche Kultgemeinschaften sind keine Parochien, sondern politische oder sonstige Verbände, deren Gemeinschaftshandeln der Fürsorge eines Gottes untersteht. Die altbuddhistische Parochie ferner ist nur ein Bezirk, innerhalb dessen

17*

die wandernden Mönche, die sich jeweils gerade darin aufhalten, an den Halb-
monatsversammlungen teilzunehmen verbunden sind. Die mittelalterliche okzidentale, anglikanische, lutherische, orientalische, christliche und islamische Parochie
ist im wesentlichen ein passiver kirchlicher Lastenverband und Kompetenz-
bezirk des Pfarrers. In diesen Religionen hatte im allgemeinen auch die Gesamtheit aller Laien überhaupt keinerlei Gemeindecharakter. Kleine Reste von
Gemeinderechten sind in einigen orientalischen christlichen Kirchen erhalten und
fanden sich auch im katholischen Okzident und im Luthertum. Dagegen waren sowohl
das altbuddhistische Mönchtum, wie die altislamische Kriegerschaft, wie das Judentum, wie die alte Christenheit Gemeinden mit freilich sehr verschieden straffer,
hier im einzelnen noch nicht zu erörternder Art der Vergesellschaftung. Uebrigens
ist ein gewisser f a k t i s c h e r Einfluß der Laien, der im Islam namentlich bei den
Schiiten relativ groß ist, wenn auch rechtlich nicht verbürgt ist, — der Schah pflegt
keinen Priester zu bestellen ohne der Zustimmung der örtlichen Laienschaft sicher
zu sein, — mit dem F e h l e n einer fest geregelten ö r t lichen Gemeindeorganisation
vereinbar. Dagegen bildet es die später zu besprechende Eigenart jeder „Sekte“,
im eigentlich technischen Wortsinn, daß sie auf der geschlossenen Vergesellschaftung
der einzelnen ö r t lichen Gemeinden geradezu als auf ihrer Grundlage beruht. Von
diesem Prinzip, welches innerhalb des Protestantismus die Täufer und „Indepen-
denten“, dann die „Kongregationalisten“ vertraten, führen gleitende Uebergänge
bis zur typischen Organisation der reformierten Kirche, welche auch da, wo sie
tatsächlich universelle Organisation ist, doch die Zugehörigkeit von dem vertrags-
mäßigen Eintritt in die einzelne Gemeinde abhängig macht. Auf die Problematik,
welche sich aus diesen Verschiedenheiten ergibt, kommen wir zurück. Hier interessiert uns von den Konsequenzen der folgenschweren Entwicklung einer eigentlichen G e m e i n d e religiosität vor allem die eine: daß nun innerhalb der Gemeinde
die Beziehung zwischen Priestern und Laien für die praktische Wirkung der Religiosität maßgebende Bedeutung gewinnt. Der großen Machtstellung der Priester steht,
je mehr die Organisation spezifischen Gemeindecharakter trägt, desto mehr die
Notwendigkeit gegenüber, im Interesse der Erhaltung und Propagierung der Anhängerschaft den Bedürfnissen der Laien Rechnung zu tragen. In gewissem Umfang ist freilich jede Art von Priesterschaft in ähnlicher Lage. Um ihre Machtstellung zu behaupten, muß sie oft in weitgehendem Maße den Laienbedürfnissen
entgegenkommen. Die drei im Kreise der Laien wirksamen Mächte aber, mit welchen
das Priestertum sich auseinanderzusetzen hat, sind 1. die Prophetie, — 2. der Laien-
traditionalismus, — 3. Der Laienintellektualismus. Diesen Mächten gegenüber wirken
sich die Notwendigkeiten und Tendenzen des priesterlichen Betriebs rein als solchen
als eine ebenfalls wesentlich mitbestimmende Macht aus. Wir sprechen zunächst
von diesem letzteren Faktor in Verbindung mit dem zuerst genannten.

Der ethische und exemplarische Prophet ist regelmäßig selbst Laie und stützt
seine Machtstellung jedenfalls auf die Laienanhängerschaft. Kraft ihres Sinnes entwertet jede Prophetie, nur in verschiedenem Maße, die magischen Elemente des
Priesterbetriebs. Der Buddha und seinesgleichen lehnen ebenso wie die israelitischen
Propheten nicht nur die Zugehörigkeit zu den gelernten Magiern und Wahrsagern
(die in den israelitischen Quellen ebenfalls Propheten genannt werden), sondern die
Magie überhaupt als nutzlos ab. Nur die spezifisch religiöse, sinnhafte Beziehung
zum Ewigen gibt das Heil. Zu den buddhistischen Todsünden gehört es, sich grund-
los magischer Fähigkeiten zu rühmen, deren Existenz an sich, gerade auch bei den
Ungläubigen, weder die indischen Propheten noch die israelitischen noch die christlichen Apostel und die altchristliche Tradition überhaupt je bezweifelt hat. Infolge
jener Ablehnung stehen sie aber auch, nur in verschieden ausgeprägter Art, skep-
tisch zum eigentlichen Priesterbetrieb. Nicht Brandopfer will der Gott der israelitischen Propheten, sondern Gehorsam gegen sein Gebot. Mit vedischem Wissen
und Ritual ist für die Erlösung des Buddhisten nichts getan, und das ehrwürdige

Somaopfer ist dem Ahuramazda der ältesten Gathas ein Greuel. Daher besteht überall Spannung zwischen den Propheten, ihrem Laienanhang und den Vertretern der priesterlichen Tradition, und es ist eine Machtfrage, zuweilen auch, wie in Israel, durch die außenpolitische Lage bedingt, inwieweit der Prophet seiner Mission ungestört nachgehen kann oder zu ihrem Märtyrer wird. Zarathustra stützte sich neben seiner eigenen Familie auf Adels- und Fürstengeschlechter gegen den ungenannten Gegenpropheten, die indischen Propheten und Muhammed ebenso, die israelitischen auf den bürgerlichen und bäuerlichen Mittelstand. Alle aber nützten das Prestige aus, welches das prophetische Charisma als solches gegenüber den Technikern des Alltagskultes, bei den Laien fand: die Heiligkeit neuer Offenbarung steht gegen die Heiligkeit der Tradition, und je nach dem Erfolge der beiderseitigen Demagogie schließt die Priesterschaft mit der neuen Prophetie Kompromisse, rezipiert oder überbietet ihre Lehre, beseitigt sie oder wird selbst beseitigt.

§ 6. Heiliges Wissen. Predigt. Seelsorge.

In jedem Fall aber tritt an die Priesterschaft die Aufgabe heran, die siegreiche neue Lehre oder die gegen prophetische Angriffe behauptete alte Lehre systematisch festzulegen, abzugrenzen, was als heilig gilt oder nicht und dies dem Glauben der Laien einzuprägen, um ihre eigene Herrschaft zu sichern. Nicht immer ist es akute Gefährdung durch eine direkt priesterfeindliche Prophetie, was diese in Indien besonders uralte Entwicklung in Fluß bringt. Auch das bloße Interesse an der Sicherung der eigenen Stellung gegen mögliche Angriffe und die Notwendigkeit, die eigene bewährte Praxis gegenüber der Skepsis der Laien zu sichern, kann ähnliche Ergebnisse herbeiführen. Wo immer aber diese Entwicklung einsetzt, zeitigt sie zwei Erscheinungen: kanonische Schriften und Dogmen. Beide freilich, namentlich die letzteren, in sehr verschiedenem Umfang. Kanonische Schriften enthalten die Offenbarungen und heiligen Traditionen selbst, Dogmen sind Priesterlehren über den Sinn beider. Die Sammlung der religiösen Offenbarung einer Prophetie oder umgekehrt des überlieferten Besitzes an heiligem Wissen kann in Form mündlicher Tradition geschehen. Lange Jahrhunderte hindurch ist das brahmanische heilige Wissen nur mündlich überliefert und die Schriftform direkt perhorresziert worden, — was der literarischen Form jenes Wissens dauernd den Stempel aufgedrückt und im übrigen auch die nicht ganz geringen Abweichungen der Texte der einzelnen Çakas (Schulen) bedingt hat. Der Grund war, daß jenes Wissen nur der Qualifizierte, zweimal Geborene besitzen durfte. Es dem Unwiedergeborenen, kraft seiner Kaste Ausgeschlossenen (dem Çudra) mitzuteilen, war schwerer Frevel. Diesen Charakter des Geheimwissens hat die magische Kunstlehre im Zunftinteresse ursprünglich überall. Aber überall gibt es Bestandteile schon des Wissens der Zauberer, welche zum Gegenstand einer systematischen Erziehung gerade auch der übrigen Volksgenossen gemacht wurden. Die Grundlage des ältesten, überall verbreiteten magischen Erziehungssystems ist die animistische Annahme: daß ebenso wie der Magier selbst für seine Kunst einer Wiedergeburt, des Besitzes einer neuen Seele bedürfe, so auch das Heldentum auf Charisma beruhe, daher geweckt, erprobt, durch magische Manipulationen in den Helden gebannt werden, daß auch der Held zum Heldentum wiedergeboren werden müsse. Die charismatische Erziehung in diesem Sinn, mit ihren Noviziaten, Mutproben, Torturen, Graden der Weihe und Würde, ihrer Jünglingsweihe und Wehrhaftmachung ist eine in Rudimenten fast überall erhaltene universelle Institution aller kriegerischen Vergesellschaftung. Wenn aus den zünftigen Zauberern in gleitendem Uebergang Priester werden, so hört diese überaus wichtige Funktion der Laienerziehung nicht auf zu bestehen, und das Bestreben der Priesterschaft geht überall dahin, sie in der Hand zu behalten. Dabei schwindet das Geheimwissen als solches zunehmend, und aus der Priesterlehre wird eine literarisch fixierte Tradition, welche die Priesterschaft durch Dogmen interpretiert.

Eine solche Buchreligion wird nun Grundlage eines Bildungssystems nicht nur für die eigenen Angehörigen der Priesterschaft, sondern auch und gerade für die Laien. —

Nicht alle, aber die meisten kanonischen heiligen Sammlungen haben ihren Abschluß gegen profane oder doch religiös unverbindliche Elaborate im Kampf zwischen mehreren um die Herrschaft in der Gemeinde konkurrierenden Gruppen und Prophetien empfangen. Wo ein solcher Kampf nicht bestand, oder doch den Inhalt der Tradition nicht bedrohte, ist daher die Kanonisation der Schriften formell oft sehr allmählich erfolgt. So ist der jüdische Kanon charakteristischerweise erst, und zwar vielleicht als Damm gegen apokalyptische Prophetien auf der Synode von Jamnia (90 n. Chr.) bald nach dem Untergang des theokratischen Staates, und auch da noch nur dem Prinzip nach beschlossen worden. Die Veden offenbar erst infolge des Gegensatzes gegen intellektuelle Heterodoxie. Der christliche Kanon infolge der Gefährdung der auf die Frömmigkeit der Kleinbürgermassen aufgebauten Religiosität durch die intellektuelle Soteriologie der Gnostiker. Die alte buddhistische Intellektuellensoteriologie im Pali-Kanon umgekehrt infolge ihrer Gefährdung durch die propagandistische volkstümliche Erlösungsreligion des Mahayana. Die klassischen Schriften des Konfuzianismus sind ebenso wie Esras Priestergesetz von der politischen Gewalt oktroyiert, empfingen aber eben deshalb auch, die ersteren gar nicht, die letzteren erst spät, die Qualität eigentlicher Heiligkeit, welche stets Priesterwerk ist. Nur der Koran mußte schon deshalb auf Befehl des Khalifen redigiert werden und war sofort heilig, weil für den Halbanalphabeten Muhammed die Existenz eines heiligen Buchs als solchen als Merkmal des Prestiges einer Religion gegolten hatte. Dies hing mit verbreiteten Tabu-Vorstellungen über die magische Bedeutung von Schrifturkunden zusammen, wie sie auch, schon lange vor Schließung des Kanon, für die Thora und die als authentisch geltenden prophetischen Schriften bestanden, durch deren Berührung man sich „die Hände verunreinigte". Im einzelnen interessiert uns der Vorgang hier nicht. Ebenso nicht, was alles in kanonisierte heilige Schriften aufgenommen wird. Die magische Dignität der Sänger bedingt es, daß in die Veden neben Heldenepen auch Spottlieder auf den trunkenen Indra und Gedichte allen möglichen Inhalts, in den alttestamentlichen Kanon ein Liebeslied, die persönliche Bedeutsamkeit aller Aeußerungen der Propheten, daß in den neutestamentlichen ein reiner Privatbrief des Paulus, in den Koran offenbar Suren über höchst menschliche Familienverdrießlichkeiten des Propheten hineingelangt sind. Die Schließung eines Kanons pflegt durch die Theorie gedeckt zu werden, daß eine bestimmte vergangene Epoche allein mit dem prophetischen Charisma gesegnet gewesen sei: so nach der rabbinischen Theorie die Zeit von Moses bis Alexander, nach der römischen nur das apostolische Zeitalter. Darin spricht sich das Bewußtsein des Gegensatzes prophetischer und priesterlicher Systematik im ganzen richtig aus. Ein Prophet ist Systematisator im Sinn der Vereinheitlichung der Beziehung des Menschen zur Welt aus letzten einheitlichen Wertpositionen heraus. Die Priesterschaft systematisiert den Gehalt der Prophetie oder der heiligen Ueberlieferungen im Sinn kasuistisch-rationaler Gliederung und Adaptierung an die Denk- und Lebensgewohnheiten ihrer eigenen Schicht und der von ihr beherrschten Laien.

Das praktisch Wichtige an der Entwicklung einer Religiosität zur Buchreligion — sei es im vollen Sinne des Worts: Gebundenheit an einen als heilig geltenden Kanon oder in dem abgeschwächten Sinn der Maßgeblichkeit schriftlich fixierter heiliger Normen, wie etwa im ägyptischen Totenbuch, — ist die Entwicklung der priesterlichen Erziehung von dem ältesten rein charismatischen Stadium hinweg zur literarischen Bildung. Je wichtiger die Schriftkunde für die Führung auch rein weltlicher Geschäfte wird, je mehr diese also den Charakter der bürokratischen, nach Reglements und Akten prozedierenden Verwaltung annehmen, desto mehr gleitet die Erziehung auch der weltlichen Beamten und Gebildeten in die Hände der schriftkundigen Priesterschaft hinüber oder aber diese selbst besetzt — wie in den Kanzleien des Mittelalters — ihrerseits die auf Schriftlichkeit des Verfahrens beruhenden Aemter. In welchem Maße eines von beiden geschieht, hängt neben dem Grade der Bürokratisierung der Verwaltung auch von dem Grade ab, in welchem andere Schichten, vor allem der Kriegsadel, ein eigenes Erziehungssystem entwickeln und in die eigenen Hände nehmen. Von der Gabelung der Erziehungssysteme, welche daraus resultieren kann, ferner von der gänzlichen Unterdrückung oder Nichtentwicklung eines rein priesterlichen Erziehungssystems, welche die Folge von Machtlosigkeit der Priester oder vom Fehlen einer Prophetie oder einer Buchreligion sein kann, wird später zu sprechen sein. —

Auch für die Entwicklung des spezifischen Inhalts der Priesterlehre bildet nicht den einzigen, wohl aber den stärksten Anreiz, die religiöse Gemeindebildung. Sie schafft die spezifische Wichtigkeit der Dogmen. Denn mit ihr tritt das Bedürfnis, gegen fremde konkurrierende Lehren sich abzugrenzen und propagandistisch die Oberhand zu behalten, beherrschend hervor und damit die Bedeutung der Unterscheidungslehre. Diese Bedeutung kann freilich durch außerreligiöse Motive wesentlich verstärkt werden. Daß Karl der Große für die fränkische Kirche auf dem filioque bestand — einem der Trennungsgründe zwischen Orient und Okzident, — und den bilderfreundlichen Kanon ablehnte, hatte politische, gegen die byzantinische Kirchensuprematie gerichtete Gründe. Die Anhängerschaft an gänzlich unverständliche dogmatische Formeln, wie die monophysitische Lehre grade bei den breiten Massen im Orient und Aegypten, war Ausdruck des antikaiserlichen und antihellenischen separatistischen Nationalismus, wie ja später die monophysitische koptische Kirche die Araber als Herrscher den Römern vorzog. Und so oft. Aber regelmäßig ist es in der Hauptsache doch die priesterliche Bekämpfung des tiefverhaßten Indifferentismus, der Gefahr, daß der Eifer der Anhängerschaft erlahmt, ferner die Unterstreichung der Wichtigkeit der Zugehörigkeit zur eigenen Denomination und die Erschwerung des Uebergangs zu anderen, was die Unterscheidungszeichen und Lehren so stark in den Vordergrund schiebt. Das Vorbild geben die magisch bedingten Tätowierungen der Totem- oder Kriegsverbandsgenossen. Die Unterscheidungsbemalung der hinduistischen Sekten steht ihr äußerlich am nächsten. Aber die Beibehaltung der Beschneidung und des Sabbattabu wird im Alten Testament wiederholt als auf die Unterscheidung von anderen Völkern abgezweckt hingestellt und hat jedenfalls mit unerhörter Stärke so gewirkt. Daß der christliche Wochenfeiertag auf den Tag des Sonnengottes gelegt wurde, war vielleicht durch die Uebernahme des soteriologischen Mythos mystagogischer vorderasiatischer Erlösungslehren der Sonnenreligion mitbedingt, wirkte aber schroff scheidend gegen die Juden. Daß Muhammed seinen wöchentlichen Gottesdienst auf den Freitag verlegte, war, nachdem die Gewinnung der Juden mißglückte, vielleicht vornehmlich durch den Wunsch nach Unterscheidung bedingt, während sein absolutes Weinverbot in alter und neuer Zeit, schon bei den Rechabiten, bei Gottesstreitern, zu viel Analogien hat, um notwendig durch das Bedürfnis, einen Damm gegen die unter Weinzwang (beim Abendmahl) stehenden christlichen Priester aufzurichten, bedingt sein zu müssen, wie man geglaubt hat. Entsprechend dem Charakter der exemplarischen Prophetie haben die Unterscheidungslehren in Indien durchweg mehr rein praktisch-ethischen, oder, ihrer inneren Verwandtschaft mit der Mystagogie entsprechend, rituellen Charakter. Die berüchtigten 10 Punkte, welche auf dem Konzil von Vesali die große Spaltung des Buddhismus hervorriefen, enthalten lediglich Fragen der Mönchsregel, darunter offensichtlich Details, die nur zum Zweck der Begründung der mahayanischen Sonderorganisation betont wurden. Dagegen kennen die asiatischen Religionen fast gar keine Dogmatik als Unterscheidungsmerkmal. Zwar verkündet der Buddha seine vierfache Wahrheit über die großen Illusionen als Begründung der praktischen Erlösungslehre des edlen achtfältigen Pfades. Aber die Erfassung jener Wahrheiten um ihrer praktischen Konsequenzen willen ist Ziel der Erlösungsarbeit, nicht eigentlich ein Dogma im Sinn des Okzidents. Ebensowohl bei der Mehrzahl der älteren indischen Prophetien. Und während in der christlichen Gemeinde eines der allerersten

wirklich bindenden Dogmen charakteristischerweise die Erschaffung der Welt durch
Gott aus dem Nichts war, die Festlegung also des überweltlichen Gottes gegenüber
der gnostischen Intellektuellenspekulation, bleiben in Indien die kosmologischen
und sonstigen metaphysischen Spekulationen eine Angelegenheit der Philosophenschulen, denen in bezug auf Orthodoxie eine zwar nicht schrankenlose, aber immerhin weitgehende Latitüde gewährt wurde. In China lehnte die konfuzianische Ethik die
Bindung an metaphysische Dogmen schon deshalb gänzlich ab, weil die Magie und
der Geisterglauben im Interesse der Erhaltung der Ahnenkulte: der Grundlage der
patrimonial-bürokratischen Obödienz (wie ausdrücklich gesagt ist) unantastbar
bleiben muß. Auch innerhalb der ethischen Prophetie und ihrer Gemeindereligiosität
ist das Maß von eigentlicher Dogmenproliferation verschieden stark. Der alte Islam
begnügte sich mit dem Bekenntnis zu Gott und dem Propheten und den wenigen
praktisch rituellen Hauptgeboten als Bedingung der Zugehörigkeit. Je mehr aber die
Gemeinde und die Priester oder Gemeindelehrer Träger einer Religion sind, desto
umfangreicher werden die dogmatischen Unterscheidungen praktischer und theoretischer Art. So bei den späteren Zarathustriern, den Juden, den Christen. Aber die
Glaubenslehre der Juden teilt mit derjenigen des Islam die Eigenschaft so großer
Einfachheit, daß für eigentlich dogmatische Erörterungen nur ausnahmsweise Anlaß war. Nur die Gnadenlehre, im übrigen aber praktisch-sittliche, rituelle und
rechtliche Fragen stellen in beiden Fällen das Streitgebiet dar. Bei den Zarathustriern
steht es erst recht so. Nur bei den Christen hat sich eine umfangreiche, streng bindende und systematisch rationalisierte Dogmatik theoretischer Art teils über kos-
mologische Dinge, teils über den soteriologischen Mythos (Christologie), teils über
die Priestergewalt (die Sakramente) gebildet, zunächst auf dem Boden der hellenistischen Reichshälfte, im Mittelalter umgekehrt, im Abendland wesentlich stärker
als in den orientalischen Kirchen, in beiden Fällen da am stärksten, wo eine starke
Organisation der Priesterschaft gegenüber den politischen Gewalten das größte
Maß von Selbständigkeit besaß. Aber vor allem die Eigenart des von der hellenischen
Bildung herkommenden Intellektuellentums, die besonderen metaphysischen Voraussetzungen und Spannungen, welche der Christuskult schuf, und die Notwendigkeit
der Auseinandersetzung mit der zunächst außerhalb der Christengemeinde gebliebenen
Bildungsschicht einerseits, andererseits die wieder sozial bedingte, den reinen Intellektualismus, im Gegensatz zu den asiatischen Religionen, mißtrauisch ablehnende Art
der Stellung der christlichen Kirchen als einer G e m e i n d e religiosität von stark
kleinbürgerlichen L a i e n , auf deren Stellung die Bischöfe Rücksicht zu nehmen
hatten, waren es, welche im Altertum dieses Maß und diese Tendenz zur starken
Dogmenentwicklung provozierten. Mit der Vernichtung der Ἑλληνικὴ παιδεία durch
die im Orient stark aus kleinbürgerlichen unhellenischen Kreisen aufsteigenden
Mönche war auch die rationale Dogmenbildung im Orient zu Ende. Daneben aber
sprach auch die Organisationsform der Religionsgemeinschaften mit; das völlige und
absichtsvolle Fehlen jeglicher hierarchischen Organisation im alten Buddhismus würde
jede Einigung über eine rationale Dogmatik nach christlicher Art, wenn die Erlösungslehre einer solchen überhaupt bedurft hätte, gehemmt haben. Denn damit die
priesterliche Gedankenarbeit und der mit ihr konkurrierende, durch die priesterliche Erziehung geweckte Laienrationalismus die Einheit der Gemeinde nicht ge-
fährde, pflegt eine Instanz postuliert zu werden, welche über die Orthodoxie einer
Lehre entscheidet. In einer hier nicht zu erörternden langen Entwicklung hat die
römische, aus der Hoffnung, daß Gott die Gemeinde der Welthauptstadt nicht werde
irren lassen, das unfehlbare Lehramt ihres Bischofs entstehen lassen. Nur hier besteht diese konsequente Lösung, welche die Inspiration des Lehramtsträgers in
Fällen der Lehrentscheidung voraussetzt. Sowohl der Islam wie die orientalische
Kirche — der erstere in Anknüpfung an die Zuversicht des Propheten: daß Gott die
Gemeinde der Gläubigen nie in einem Irrtum werde übereinstimmen lassen, die
letztere in Anlehnung an die altkirchliche Praxis — hielten aus mehrfachen hetero-

genen, später zu erwähnenden Motiven an dem „Konsens" der berufenen Träger der kirchlichen Lehrorganisation, je nachdem also mehr der Priester oder mehr der Theologen, als Bedingung der Gültigkeit dogmatischer Wahrheit fest und haben damit die Dogmenproliferation gehemmt. Der Dalai Lama andererseits hat zwar neben der politischen eine kirchenregimentliche, aber bei dem magisch-ritualistischen Charakter der Religiosität keine eigentliche Lehramtsgewalt. Die Exkommunikationsgewalt hinduistischer Gurus wird aus ähnlichen Gründen, schwerlich aus dogmatischen Anlässen angewendet. —

Die priesterliche Arbeit an der Systematisierung der heiligen Lehre erhält ihre Nahrung fortwährend neu aus den neuen Bestandteilen der Berufspraxis der Priester gegenüber derjenigen der magischen Zauberer. Es entsteht in der ethischen Gemeinderreligion die Predigt als etwas gänzlich Neues und die rationale Seelsorge als etwas der Art nach, gegenüber der magischen Nothilfe, wesentlich anderes.

P r e d i g t , d. h. Kollektivbelehrung über religiöse und ethische Dinge im eigentlichen Sinn des Worts ist normalerweise Spezifikum der Prophetie und der prophetischen Religion. Wo sie außerhalb ihrer auftaucht, ist sie ihr nachgeahmt. Ihre Bedeutung schrumpft regelmäßig, wo immer die offenbarte Religion sich durch Veralltäglichung in einen Priesterbetrieb verwandelt hat und steht in umgekehrter Proportion zu den magischen Bestandteilen einer Religiosität. Der Buddhismus bestand, soweit die Laien in Betracht kamen, ursprünglich lediglich in Predigt, und in den christlichen Religionen bedeutet sie um so mehr, je vollständiger die magisch-sakramentalen Bestandteile eliminiert sind. Am meisten daher innerhalb des Protestantismus, wo der Priesterbegriff gänzlich durch den Predigerbegriff ersetzt ist.

Die S e e l s o r g e , die religiöse Pflege der Individuen, ist in ihrer rational-systematischen Form gleichfalls ein Produkt prophetischer offenbarter Religion. Ihre Quelle ist das Orakel und die Beratung durch den Zauberer in Fällen, wo Krankheit oder andere Schicksalsschläge auf magische Versündigung schließen lassen, und es sich nun fragt, durch welche Mittel der erzürnte Geist oder Dämon oder Gott zu beruhigen sei. Hier ist auch die Quelle der „Beichte". Ursprünglich hat dies mit „ethischen" Einwirkungen auf die Lebensführung gar nichts zu tun. Das bringt erst die ethische Religiosität, vor allem die Prophetie. Die Seelsorge kann auch dann verschiedene Formen annehmen. Soweit sie charismatische Gnadenspendung ist, steht sie den magischen Manipulationen innerlich nahe. Sie kann aber auch individuelle Belehrung über konkrete religiöse Pflichten in Zweifelsfällen sein, oder endlich, in gewissem Sinn, zwischen beiden stehen, Spendung von individuellem religiösem Trost in innerer oder äußerer Not.

In dem Maß ihrer praktischen Einwirkung auf die Lebensführung verhalten sich Predigt und Seelsorge verschieden. Die Predigt entfaltet ihre Macht am stärksten in Epochen prophetischer Erregung. Schon weil das Charisma der Rede individuell ist, sinkt sie im Alltagsbetrieb ganz besonders stark bis zu völliger Wirkungslosigkeit auf die Lebensführung herab. Dagegen ist die Seelsorge in allen Formen das eigentliche Machtmittel der Priester gerade gegenüber dem Alltagsleben und beeinflußt die Lebensführung um so stärker, je mehr die Religion ethischen Charakter hat. Namentlich die Macht ethischer Religionen über die Massen geht ihrer Entfaltung parallel. Wo ihre Macht ungebrochen ist, da wird, wie in magischen Religionen (China) der berufsmäßige Divinationspriester, so hier der Seelsorger, in allen Lebenslagen um Rat angegangen, von Privaten sowohl wie von den Funktionären der Verbände. Die Ratschläge der Rabbinen im Judentum, der katholischen Beichtväter, pietistischen Seelenhirten und gegenreformatorischen Seelendirektoren im Christentum, der brahmanischen Purohitas an den Höfen, der Gurus und Gosains im Hinduismus, der Muftis und Derwisch-Scheikhs im Islam sind es, welche die Alltagslebensführung der Laien und die Haltung der politischen Machthaber kontinuierlich und oft sehr entscheidend beeinflußt haben. Die private Lebensführung namentlich da, wo die Priesterschaft eine ethische Kasuistik mit einem rationalen System kirchlicher Bußen verknüpft hat, wie es die an der römisch-rechtlichen Kasuistik geschulte, abendländische Kirche in virtuoser Weise getan hat. Vornehmlich diese praktischen Aufgaben von Predigt und Seelsorge sind es auch, welche die Systematisierung der kasuistischen Arbeit der Priesterschaft an den ethischen Geboten und Glaubenswahrheiten in Gang erhalten und sie überhaupt erst zur Stellungnahme zu den zahllosen konkreten Problemen zwingen, welche in der Offenbarung selbst nicht entschieden sind. Sie sind es daher auch, welche die inhaltliche Veralltäglichung der prophetischen Anforderungen in Einzelvorschriften einerseits kasuistischen und insofern (gegenüber der Prophetenethik) rationaleren Charakters, andererseits den Verlust derjenigen inneren Einheit mit sich ziehen, welche der Prophet in die Ethik gebracht hatte: der Ableitung des Gesollten aus einem spezifisch „sinnhaften" Verhältnis zu seinem Gott, wie er selbst es besitzt und kraft dessen er, statt nach der äußeren Erscheinung der einzelnen Handlung, nach deren sinnhafter Bedeutung für das Gesamtverhältnis zu Gott fragte. Die Priesterpraxis bedarf der positiven Vorschriften und der Laienkasuistik, und der gesinnungsethische Charakter der Religiosität pflegt daher unvermeidlich zurückzutreten.

Es versteht sich schon an sich, daß die positiven inhaltlichen Vorschriften der prophetischen und der sie kasuistisch umgestaltenden priesterlichen Ethik letztlich ihr Material den Problemen entnehmen müssen, welche die Gewohnheiten und Konventionen und die sachlichen Notwendigkeiten der Laienumwelt ihnen an Problematik zur seelsorgerischen Entscheidung vorlegen. Je mehr also eine Priesterschaft die Lebenspraxis auch der Laien dem göttlichen Willen entsprechend zu reglementieren und, vor allem, darauf ihre Macht und ihre Einkünfte zu stützen trachtet, desto weiter muß sie in der Gestaltung ihrer Lehre und ihres Handelns dem t r a d i t i o n e l l e n Vorstellungskreise der Laien entgegenkommen. Dies ist ganz besonders dann der Fall, wenn keine prophetische Demagogie den Glauben der Massen aus seiner magisch motivierten Traditionsgebundenheit geworfen hat. Je mehr die breite Masse alsdann Objekt der Beeinflussung und Stütze der Macht der Priester wird, desto mehr muß deren systematisierende Arbeit gerade die traditionellsten, also die magischen Formen religiöser Vorstellungen und Praktiken ergreifen. Mit steigenden Machtansprüchen der ägyptischen Priesterschaft ist daher gerade der animistische Tierkult zunehmend in den Mittelpunkt des Interesses geschoben worden. Die systematische Denkschulung der Priester an sich in Aegypten war dabei gegenüber der Frühzeit sicher gewachsen. Ebenso war die Systematisierung des Kultus in Indien seit der Verdrängung des Hotar, des heiligen charismatischen Sängers, aus der ersten Stelle durch den Brahmanen, den geschulten Zeremonienmeister des Opfers, gestiegen. Der Atharvaveda ist als literarisches Produkt viel jünger als der Rigveda, und die Brahmanas sind abermals wesentlich jünger. Aber das im Atharvaveda systematisierte religiöse Material ist weit älterer Provenienz als das Ritual der vornehmen vedischen Kulte und als die sonstigen Bestandteile der älteren Veden; es ist wesentlich mehr reines Zauberritual als diese, und in den Brahmanas hat sich dieser Prozeß der Popularisierung und zugleich Magisierung der priesterlich systematisierten Religiosität noch weiter fortgesetzt. Die älteren vedischen Kulte sind eben — wie Oldenberg hervorhebt — Kulte der Besitzenden, das Zauberritual dagegen alter Massenbesitz. Ebenso ergeht es aber auch den Prophetien. Gegenüber dem auf den sublimsten Höhen vornehmer Intellektuellenkontemplation gewachsenen, alten Buddhismus ist die Mahayanareligiosität eine Popularisierung, welche zunehmend sich reiner Zauberei oder doch sakramentalem Ritualismus annäherte. Nicht anders ist es der Lehre Zarathustras, Laotses und der hinduistischen Religionsreformer, in weitem Umfang auch der Lehre Muhammeds, ergangen, sobald ihr Glaube Laienreligion wurde. Das Zendavesta hat selbst den von Zarathustra ausdrücklich und vornehmlich bekämpften Harmakult, nur vielleicht einiger von ihm perhorreszierter bacchantischer Bestandteile entkleidet, sanktioniert. Der Hinduismus zeigte immer wieder die Tendenz, zunehmend stärker zur Magie oder allenfalls zur halbmagischen Sakramentssoteriologie hinüberzugleiten. Die Propaganda des Islam in Afrika beruht vornehmlich auf der vom alten Islam verworfenen Unterschicht massiver Magie, durch die er alle andere Religiosität unterbietet. Dieser meist als „Verfall" oder „Verknöcherung" der Prophetien bewertete Prozeß ist fast unvermeidlich. Denn zwar der Prophet selbst ist regelmäßig ein selbstherrlicher Laiendemagoge, der die überlieferte ritualistische Priestergnade durch gesinnungsethische Systematisierung ersetzen will. Aber seine Beglaubigung bei den Laien beruht regelmäßig darauf, daß er ein Charisma hat, und das bedeutet in aller Regel: daß er ein Zauberer ist, nur ein viel größerer und mächtigerer als andere es auch sind, daß er noch nicht dagewesene Macht über die Dämonen, selbst über den Tod hat, Tote auferweckt, womöglich selbst von den Toten aufersteht oder andere Dinge tut, welche andere Zauberer nicht können. Es hilft ihm nichts, wenn er sich gegen solche Zumutungen verwahrt. Denn nach seinem Tode geht die Entwicklung über ihn hinweg. Um bei den breiten Laienschichten irgendwie fortzuleben, muß er entweder selbst Kultobjekt, also Inkarnation eines Gottes werden, oder die Bedürfnisse der Laien sorgen wenigstens dafür, daß die ihnen angepaßteste Form seiner Lehre im Wege der Auslese überlebt.

Diese beiden Arten von Einflüssen: die Macht des prophetischen Charismas und die beharrenden Gewohnheiten der Masse wirken also, in vieler Hinsicht in entgegengesetzter Richtung, auf die systematisierende Arbeit der Priesterschaft ein. Allein auch abgesehen von der fast immer aus Laienkreisen hervorgehenden oder sich auf sie stützenden Prophetie existieren nun innerhalb der Laien nicht ausschließlich traditionalistische Mächte. Neben ihnen bedeutet auch der R a t i o n a l i s m u s d e r L a i e n eine Macht, mit welcher die Priesterschaft sich auseinanderzusetzen hat. Träger dieses Laienrationalismus können verschiedene Schichten sein.

§ 7. Stände, Klassen und Religion.

Das Los des Bauern ist so stark naturgebunden, so sehr von organischen Prozessen und Naturereignissen abhängig und auch ökonomisch aus sich heraus so wenig auf rationale Systematisierung eingestellt, daß er im allgemeinen nur da Mitträger einer Religiosität zu werden pflegt, wo ihm durch innere (fiskalische oder grundherrliche) oder äußere (politische) Mächte Versklavung oder Proletarisierung droht. Sowohl das eine wie das andere, zuerst äußere Bedrohung und dann Gegensatz gegen grundherrliche — und wie immer in der Antike zugleich stadtsässige — Mächte traf z. B. auf die altisraelitische Religion zu. Die ältesten Dokumente, besonders das Deboralied, zeigen, daß der Kampf der dem Schwerpunkt nach bäuerlichen Eidgenossen, deren Verband etwa den Aitolern, Samniten, Schweizern zu vergleichen ist — den letzteren auch insofern, als die große, das Land durchschneidende Handelsstraße von Aegypten zum Euphrat eine dem „Paßstaat"-Charakter der Schweiz ähnliche Situation (frühe Geldwirtschaft und Kulturberührung) schuf —, sich gegen die stadtsässigen philistäischen und kanaanitischen Grundherren, von eisernen Wagen kämpfende Ritter, geschulte „Kriegsleute von Jugend auf" (wie es von Goliath heißt) richtete, welche versuchten, die Bauernschaft der Gebirgsabhänge, auf denen „Milch und Honig fließt", sich zinsbar zu machen. Es war eine Konstellation von großer Tragweite, daß dieser Kampf, ebenso wie die Ständeeinigung und Expansion der mosaischen Periode, sich immer erneut vollzog unter der Führung von Heilanden der Jahvereligion (Moschuach, Messias, wie Gideon und seinesgleichen, die sog. „Richter", genannt werden). Durch diese Beziehung kam schon in die alte Bauernfrömmigkeit eine über das Niveau der sonst üblichen Bauernkulte hinausreichende religiöse Pragmatik hinein. Zur eigentlich ethischen Religion wurde der mit den mosaischen Sozialgesetzen verknüpfte Jahvekult endgültig erst auf dem Boden der Polis Jerusalem. Freilich, wie der soziale Einschlag der Prophetie zeigt, auch hier wieder unter Mitbeteiligung von ackerbürgerlichem, gegen die stadtsässigen Großgrund- und Geldbesitzer gerichtetem, Sozialmoralismus und unter Berufung auf die sozialen Bestimmungen des mosaischen Ständeausgleichs. Aber die prophetische Religiosität ist jedenfalls nicht spezifisch bäuerlich beeinflußt. Für den Moralismus des ersten und einzigen Theologen der offiziellen hellenischen Literatur: Hesiod, war ebenfalls ein typisches Plebejerschicksal mitverantwortlich. Aber auch er war ganz gewiß kein typischer „Bauer". Je stärker bäuerlich orientiert eine Kulturentwicklung ist: im Okzident in Rom, im fernen Osten in Indien, in Vorderasien in Aegypten, desto stärker fällt gerade dies Bevölkerungselement in die Wagschale des Traditionellen und desto mehr entbehrt wenigstens die Volksreligiosität der ethischen Rationalisierung. Auch in der späteren jüdischen und der christlichen Religionsentwicklung kommen die Bauern als Träger rational ethischer Bewegungen teils gar nicht oder direkt negativ, wie im Judentum, teils wie im Christentum, nur ausnahmsweise und dann in kommunistisch-revolutionärer Form vor. Die puritanische Donatistensekte im römischen Afrika, der Provinz der stärksten Bodenakkumulation, scheint allerdings stark in bäuerlichen Kreisen verbreitet gewesen zu sein, steht aber damit im Altertum wohl allein. Die Taboriten, soweit sie bäuerlichen Kreisen entstammen, ferner die Propaganda des „göttlichen Rechts" im deutschen Bauernkrieg, die englischen radikalen kleinbäuerlichen Kommunisten und vor allem die russischen Bauernsektierer haben regelmäßig in mehr oder minder ausgeprägten feldgemeinschaftlichen Institutionen agrarkommunistische Anknüpfungspunkte, sind mit Proletarisierung bedroht und wenden sich gegen die offizielle Kirche in erster Linie in deren Eigenschaft als Zehntempfängerin und Stütze fiskalischer und grundherrlicher Gewalten. Ihre Verbindung mit religiösen Forderungen ist in dieser Art überhaupt nur möglich gewesen auf dem Boden einer schon bestehenden ethischen Religiosität, welche spezifische Verheißungen enthält, die zu Anknüpfungspunkten für ein revolutionäres Naturrecht dienen können, — wovon anderwärts. Also nicht auf asiatischem Boden, wo Kombination religiöser Prophetie mit revolutionären Strömungen (in China) in ganz anderer Art, nicht als eigentliche Bauernbewegung vorkommt. Die Bauern sind nur sehr selten die Schicht, welche irgendeine nicht magische Religiosität ursprünglich getragen hat. Die Prophetie Zarathustras appelliert allerdings dem Anscheine nach an den (relativen) Rationalismus der bäuerlichen geordneten Arbeit und Viehzucht, im Kampf gegen die tierquälerische (vermutlich, wie bei dem Rauschkult, gegen den Moses kämpfte, mit bacchantischer Zerreißung von Rindern verknüpfte) Orgienreligiosität der falschen Propheten. Da dem Parsismus nur der beackerte Boden als magisch „rein", der Ackerbau als das absolut Gottgefällige galt, so hat er auch nach der stark umgestaltenden Adaptierung an den Alltag, den er gegenüber der Urprophetie bedeutete, einen ausgeprägt agrarischen und infolgedessen in seinen sozialethischen Bestimmungen einen spezifisch antibürgerlichen Zug beibehalten. Aber soweit die zarathustrische Prophetie selbst ökonomische Interessen für sich in Bewegung setzte, dürften dies ursprünglich mehr solche von Fürsten und Grundherren an der Prästationsfähigkeit ihrer Bauern gewesen sein, als die von Bauern selbst. In aller Regel bleibt die Bauernschaft auf Wetterzauber und animistische Magie oder Ritualismus, auf dem Boden einer ethischen Religiosität aber auf eine streng formalistische Ethik, des „do ut des" dem Gott und Priester gegenüber, eingestellt.

Daß gerade der Bauer als der spezifische Typus des gottwohlgefälligen und frommen Menschen gilt, ist — vom Zarathustrismus und den Einzelbeispielen einer meist durch patriarchalistisch-feudale oder umgekehrt durch intellektualistisch-weltschmerzliche Literatenopposition gegen die Stadtkultur und ihre Konsequenzen abgesehen — eine durchaus moderne Erscheinung. Keine der bedeutenderen ostasiatischen Erlösungsreligionen weiß davon etwas. Der indischen, am konsequentesten der buddhistischen Erlösungsreligiosität ist er religiös verdächtig oder direkt verpönt (wegen der ahimsa, des absoluten Tötungsverbots). Die israelitische Religiosität der vorprophetischen Zeit ist noch stark Bauernreligiosität. Die Verklärung des Ackerbaus als gottwohlgefällig dagegen in der nachexilischen Zeit ist literatenhafte und patriarchalistische Opposition gegen die bürgerliche Entwicklung. Die wirkliche Religiosität sah wohl schon damals anders aus und vollends später, zur Zeit der pharisäischen Epoche. Der spätjüdischen Gemeindefrömmigkeit der Chaberim ist „Landmann" und „gottlos" einfach identisch, der Nichtstädter sowohl politisch wie religiös ein Jude zweiter Klasse. Denn wie beim buddhistischen und hinduistischen, so ist es beim jüdischen Ritualgesetz praktisch so gut wie unmöglich, als Bauer wirklich korrekt zu leben. Die nachexilische und vollends die talmudische Rabbinentheologie ist in ihren praktischen Konsequenzen direkt landbauerschwerend. Die zionistische Besiedelung Palästinas stieß z. B. noch jetzt auf das spätjüdische Theologenprodukt des Sabbatjahrs als absolutes Hindernis, für welches die osteuropäischen Rabbinen (im Gegensatz zu dem Doktrinarismus der deutschen Orthodoxie) erst einen durch die spezifische Gottwohlgefälligkeit dieser Siedelung begründeten Dispens konstruieren mußten. Dem Frühchristentum heißt der Heide einfach Landmann (paganus). Noch die mittelalterlichen Kirchen in ihrer offiziellen Doktrin (Thomas v. Aquin) behandeln den Bauern im Grunde als Christen minderen Ranges, jedenfalls mit äußerst geringer Schätzung. Die religiöse Verklärung des Bauern und der Glaube an den ganz spezifischen Wert seiner Frömmigkeit ist erst Produkt einer sehr modernen Entwicklung. Sie ist zunächst dem Luthertum, in einem ziemlich stark fühlbaren Gegensatz zum Calvinismus und den meisten protestantischen Sekten, demnächst der modernen, slawophil beeinflußten, russischen Religiosität, spezifisch. Kirchlichen Gemeinschaften also, welche durch die Art ihrer Organisation in besonders starkem Maß mit fürstlichen und adeligen, autoritären Interessen verknüpft und von ihnen abhängig sind. Für das modernisierte Luthertum — denn die Stellung von Luther selbst ist das noch nicht — war der Kampf gegen den intellektualistischen Rationalismus und politischen Liberalismus, für die slawophile religiöse Bauernideologie, daneben noch der Kampf gegen den Kapitalismus und modernen Sozialismus das leitende Interesse, während die Verklärung des russischen Sektierertums durch die „Narodniki" den antirationalistischen Protest des Intellektualismus mit der Revolte des proletarisierten Bauernstandes gegen die den herrschenden Gewalten dienstbare Bürokratenkirche in Beziehung setzen und dadurch beide religiös verklären möchten. In allen Fällen handelt es sich also dabei in sehr starkem Maße um Rückschläge gegen die Entwicklung des modernen Rationalismus, als dessen Träger die Städte gelten. Ganz im Gegensatz dazu gilt in der Vergangenheit die Stadt als Sitz der Frömmigkeit, und noch im 17. Jahrhundert erblickt Baxter in den (durch hausindustrielle Entwicklung herbeigeführten) Beziehungen der Weber von Kidderminster zur Großstadt London ausdrücklich eine Förderung der Gottseligkeit unter ihnen. Tatsächlich ist die frühchristliche Religiosität städtische Religiosität, die Bedeutung des Christentums steigt unter sonst gleichen Umständen, wie Harnack überzeugend dargetan hat, mit der Größe der Stadt. Und im Mittelalter ist die Kirchentreue ebenso wie die sektiererische Religiosität ganz spezifisch auf dem Boden der Städte entwickelt. Es ist ganz unwahrscheinlich, daß eine organisierte Gemeindereligiosität wie die frühchristliche es wurde, sich so wie geschehen, außerhalb eines städtischen, und das heißt: eines im okzidentalen Sinn „städtischen" Gemeindelebens hätte entwickeln können. Denn sie setzt jene Sprengung der Tabuschranken zwischen den Sippen, jenen Amtsbegriff, jene Auffassung der Gemeinde als einer „Anstalt", eines sachlichen Zwecken dienenden körperschaftlichen Gebildes, welches sie ihrerseits verstärkte und deren Wiederaufnahme durch die entstehende Städteentwicklung des europäischen Mittelalters sie sehr stark erleichterte, doch auch wieder als schon vorhandene Konzeptionen voraus. Diese Konzeptionen aber sind in der Welt ausschließlich auf dem Boden der Mittelmeerkultur, speziell des hellenistischen und endgültig des römischen Stadtrechts wirklich voll entwickelt worden. Aber auch die spezifischen Qualitäten des Christentums als ethischer Erlösungsreligion und persönlicher Frömmigkeit fanden ihren genuinen Nährboden auf dem Boden der Stadt und haben dort immer wieder neue Triebe angesetzt, im Gegensatz gegen die ritualistische, magische oder formalistische Umdeutung, welche durch das Uebergewicht der feudalen Mächte begünstigt wurde.

Der Kriegsadel und alle feudalen Mächte pflegen nicht leicht Träger einer rationalen religiösen Ethik zu werden. Der Lebensführung des Kriegers ist weder der Gedanke einer gütigen Vorsehung noch derjenige systematischer ethischer Anforderungen eines überweltlichen Gottes wahlverwandt. Begriffe wie „Sünde", „Erlösung", religiöse „Demut" pflegen dem Würdegefühl aller politisch herrschenden Schichten, vor allem aber des Kriegsadels, nicht nur fern zu liegen, sondern es direkt zu verletzen. Eine Religiosität, welche mit diesen Konzeptionen arbeitet, zu akzeptieren und sich vor dem Propheten oder Priester zu beugen, muß einem Kriegshelden oder vornehmen Mann — dem Römeradel noch der taciteischen Zeit wie dem konfuzianischen Mandarinen — unvornehm und würdelos erscheinen. Den Tod und die Irrationalitäten des menschlichen Schicksals innerlich zu bestehen, ist dem Krieger eine alltägliche Sache, und die Chancen und Abenteuer des Diesseits erfüllen sein Leben derart, daß er etwas anderes als den Schutz gegen bösen Zauber und zeremonielle, dem ständischen Würdegefühl adäquate und zu Bestandteilen der Standeskonvention werdende Riten, allenfalls priesterliche Gebete für Sieg oder glücklichen, in einen Heldenhimmel führenden Tod von einer Religiosität nicht verlangt und ungern akzeptiert. Stets ist, wie schon in anderem Zusammenhang erwähnt, der gebildete Hellene, mindestens der Idee nach, auch ein Krieger geblieben. Der schlichte animistische Seelenglaube, der die Art der Jenseitsexistenz und letztlich diese selbst durchaus dahingestellt sein läßt, aber jedenfalls dessen ziemlich sicher ist, daß das dürftigste irdische Dasein dem Königtum über den Hades vorzuziehen sei, ist bei den Hellenen bis in die Zeit völliger Entpolitisierung der normale Glaube geblieben, über den nur die Mysterien mit ihrer Darbietung von Mitteln zur ritualistischen Verbesserung des Diesseits- und Jenseitsloses in gewissem Umfang, radikal aber nur die orphische Gemeindereligiosität mit ihrer Seelenwanderungslehre hinausführten. Zeiten starker prophetischer oder reformatorischer religiöser Erregung reißen allerdings auch und oft gerade den Adel in die Bahn der prophetischen ethischen Religiosität, weil sie eben alle ständischen und Klassenschichten durchbricht und weil der Adel der erste Träger der Laienbildung zu sein pflegt. Allein die Veralltäglichung der prophetischen Religiosität pflegt sehr bald den Adel aus dem Kreise der religiös erregten Schichten wieder auszuscheiden. Schon die Zeit der Religionskriege in Frankreich zeigt die ethischen Konflikte der Hugenottensynoden, z. B. mit einem Führer wie Condé über ethische Fragen. Der schottische ebenso wie der englische und französische Adel ist aus der calvinistischen Religiosität, innerhalb deren er oder wenigstens einige seiner Schichten anfänglich eine erhebliche Rolle gespielt hatte, schließlich fast vollständig wieder ausgeschieden.

Mit ritterlichem Standesgefühl vereinbar ist die prophetische Religiosität naturgemäß da, wo sie ihre Verheißungen dem G l a u b e n s k ä m p f e r spendet. Diese Konzeption setzt die Exklusivität des einen Weltgottes und die sittliche Verworfenheit der Ungläubigen als seiner Feinde, deren unbehelligte Existenz seinen gerechten Zorn erregt, voraus. Sie fehlt daher der Antike im Okzident ebenso wie aller asiatischen Religiosität bis auf Zarathustra. Aber auch hier fehlt noch der direkte Zusammenhang des Kampfs gegen den Unglauben mit den religiösen Verheißungen. Diesen hat zuerst der Islam geschaffen. Vorstufe und wohl auch Vorlage dafür waren die Verheißungen des jüdischen Gottes an sein Volk, wie sie Muhammed, nachdem er von einem pietistischen Konventikelführer in Mekka zum Podestà von Jathrib-Medina geworden und von den Juden als Prophet endgültig abgelehnt war, verstand und umdeutete. Die alten Kriege der israelitischen Eidgenossenschaft unter Jahves Heilanden galten der Ueberlieferung als „heilige" Kriege. Der heilige Krieg, d. h. der Krieg im Namen eines Gottes zur speziellen Sühnung eines Sakrilegs ist der Antike, speziell der hellenischen, mit seinen Konsequenzen: Bannung und absolute Vernichtung der Feinde und aller ihrer Habe, auch sonst nicht fremd. Aber hier war das Spezifikum: daß das Volk Jahves als dessen spezielle Gemeinde dessen Prestige an seinen Feinden bewährt. Als Jahve der Universalgott geworden war, schuf daher die Prophetie und die Psalmenreligiosität statt des Besitzes des verheißenen Landes die weitergehende Verheißung der Erhöhung Israels als des Volkes Jahves über die anderen Völker, die alle dereinst Jahve zu dienen und Israel zu Füßen zu liegen gezwungen werden sollen. Hieraus machte Muhammed das Gebot des Glaubenskriegs bis zur Unterwerfung der Ungläubigen unter die politische Gewalt und Zinsherrschaft der Gläubigen. Ihre Vertilgung wird, soweit sie „Buchreligionen" angehören, nicht verlangt, im Gegenteil ihre Schonung schon im Interesse der Finanzen geboten. Erst der christliche Glaubenskrieg steht unter der augustinischen Devise „coge intrare": die Ungläubigen oder Ketzer haben nur die Wahl zwischen Konversion und Ausgerottetwerden. Der islamische Glaubenskrieg noch mehr, weil noch ausdrücklicher, als derjenige der Kreuzritter — denen Papst Urban die Notwendigkeit der Expansion zur Gewinnung von Lehen für den Nachwuchs sehr nachdrücklich nahezulegen nicht versäumte — war eine wesentlich an feudalen Renteninteressen orientierte Unternehmung zur grundherrlichen Landnahme. Der Glaubenskrieg ist in den Regeln für die Vergebung von Spahipfründen noch im türkischen Lehensrecht wichtiges Qualifikationsmerkmal für Vorzugsansprüche. Die Verheißungen, welche, abgesehen von der Herrscherstellung, selbst im Islam an die kriegerische Propaganda geknüpft sind, insbesondere also das islamische Paradies als Lohn für den Tod im Glaubenskrieg, sind natürlich so wenig Erlösungsverheißungen im eigentlichen Sinne dieses Wortes, wie die Verheißung von Walhall, des Heldenparadieses, welches dem indischen Kshatriya, der in der Schlacht fällt — wie dem Kriegshelden, der des Lebens, sobald er den Sohn seines Sohnes sieht, satt wird, — verheißen ist, oder der irgendeines anderen Kriegerhimmels. Und diejenigen religiösen Elemente des alten Islam, welche den Charakter einer ethischen Erlösungsreligion darstellen, traten demgegenüber denn auch, solange er wesentlich Kriegerreligion blieb, stark zurück. Die Religiosität der dem islamischen Kriegsorden entsprechenden, in den Kreuzzügen zunächst gegen den Islam geschaffenen, mittelalterlichen zölibatären Ritterorden aber, besonders der Templer, ebenso die der indischen, aus der Verbindung islamischer Ideen mit einem anfänglich streng pazifistischen Hinduismus entstandenen und durch die Verfolgung zum Ideal des rücksichtslosen Glaubenskampfes getriebenen Sikhs und endlich diejenige der zeitweilig politisch wichtigen japanischen kriegerischen Buddhamönche hatten ebenfalls mit „Erlösungsreligiosität" im allgemeinen nur formal etwas zu tun. Selbst ihre formale Orthodoxie war oft von zweifelhafter Echtheit.

Wenn so der Kriegerstand in den Formen des Rittertums der Erlösungs- und Gemeindereligiosität fast durchweg negativ gegenübersteht, so ist dies Verhältnis teilweise anders innerhalb „stehender", d. h. wesentlich bürokratisch organisierter Berufsheere mit „Offizieren". Das chinesische Heer allerdings hat einfach, wie jeder andere Beruf, seinen Spezialgott, einen staatlich kanonisierten Heros. Und die leidenschaftliche Parteinahme des byzantinischen Heeres für die Bilderstürmer entstammte nicht etwa puritanischen Prinzipien, sondern lediglich der durch den Islam beeinflußten Stellungnahme seiner Rekrutierungsprovinzen. Aber im römischen Heere des Prinzipats spielte, seit dem 2. Jahrhundert, neben gewissen anderen, hier nicht interessierenden, bevorzugten Kulten, die Gemeindereligion des Mithras, die Konkurrentin des Christentums, mit ihren Jenseitsverheißungen eine sehr bedeutende Rolle. Vor allem (aber nicht nur) innerhalb der Zenturionenschicht, also der Subalternoffiziere mit Zivilversorgungsanspruch. Nur sind die eigentlich ethischen Anforderungen der Mithrasmysterien bescheiden und sehr allgemein gehaltene: sie ist wesentlich ritualistische Reinheitsreligion, exklusiv männlich — die Frauen sind ausgeschlossen — in scharfem Gegensatz zum Christentum, überhaupt eine der maskulinsten Erlösungslehren, dabei in eine Hierarchie von Weihen und religiösen Rangordnungen abgestuft und im Gegensatz zum Christentum nicht exklusiv gegen die Teilnahme an anderen Kulten und Mysterien — welche vielmehr nicht selten vorkommt —, daher seit Commodus, der zuerst die Weihen nahm (etwa so wie früher die Preußenkönige die Logenmitgliedschaft), bis auf ihren letzten begeisterten Vertreter Julianus, von den Kaisern protegiert. Neben den Diesseitsverheißungen, welche auch hier wie immer mit den Verheißungen des Jenseits verknüpft waren, spielte bei der Anziehungskraft dieses Kults auf die Offiziere gewiß der wesentlich magisch-sakramentale Charakter der Gnadenspendung und das hierarchische Avancement in den Weihen eine Rolle.

Die gleichen Momente haben den Kult sicherlich den außermilitärischen B e a m t e n empfohlen, in deren Kreisen er gleichfalls beliebt war. Zwar finden sich auch sonst innerhalb des Beamtentums Ansätze zu Neigungen für spezifische Erlösungsreligiosität. Die pietistischen deutschen Beamten — der Ausdruck dafür, daß die bürgerlich-asketische Frömmigkeit in Deutschland als Vertreter spezifisch „bürgerlicher" Lebensführung nur die Beamten, nicht ein bürgerliches Unternehmertum vorfand — und die allerdings mehr gelegentlich auftauchenden wirklich „frommen" preußischen Generale des 18. und 19. Jahrhunderts sind Beispiele dafür. Aber in aller Regel ist nicht dies die Haltung einer herrschenden Bürokratie zur Religiosität. Sie ist stets Träger eines weitgehenden nüchternen Rationalismus einerseits, des Ideals der disziplinierten „Ordnung" und Ruhe als absoluten Wertmaßstabes andererseits. Eine tiefe Verachtung aller irrationalen Religiosität, verbunden mit der Einsicht in ihre Brauchbarkeit als Domestikationsmittel pflegt die Bürokratie zu kennzeichnen. So im Altertum schon die römischen Beamten. So heute die bürgerliche ebenso wie die militärische Bürokratie [1]. Die spezifische Stellungnahme einer Bürokratie zu den religiösen Dingen ist klassisch im Konfuzianismus niedergeschlagen: Absolutes Fehlen jeglichen „Erlösungsbedürfnisses" und überhaupt aller über das Diesseits hinausgreifenden Verankerungen der Ethik, die durch eine inhaltlich rein opportunistisch-utilitarische, aber ästhetisch vornehme Kunstlehre eines bürokratischen Standeskonventionalismus ersetzt ist, Ekrasierung jeder emotionellen und irrationalen individuellen, über den traditionellen Geisterglauben hinausgehenden Religiosität, Erhaltung des Ahnenkults und der Kindespietät als der universellen Grundlage der Subordination, „Distanz von den Geistern", deren magische Beeinflussung der aufgeklärte Beamte verachtet, der superstitiöse ähnlich mitmacht wie bei uns etwa den Spiritismus, beide aber als Volksreligiosität mit geringschätziger Gleichgültigkeit wuchern lassen und beide, soweit er in anerkannten Staatsriten seinen Ausdruck findet, als Teil der ständisch-konventionellen Pflichten äußerlich respektieren. Die ungebrochene Erhaltung der Magie, speziell des Ahnenkults als Garantie der Fügsamkeit ermöglichte der Bürokratie hier die

---

[1] Ich erlebte es, daß Offizierskasinos beim ersten Auftreten des Herrn v. Egidy (Oberstleutnant a. D.) die bestimmte Erwartung hegten, S. M. würde, da doch das Recht dieser Kritik eines Kameraden an der Orthodoxie ganz offenkundig sei, die Initiative dazu ergreifen, daß im Militärgottesdienst fortan nicht mehr die alten Kindermärchen, die doch kein ehrlicher Kerl zu glauben behaupten könne, aufgetischt würden. Als dies natürlich keineswegs geschah, lag dann die Einsicht nahe, daß für die Rekruten die Kirchenlehre, wie sie sei, das beste Futter bilde.

völlige Niederhaltung einer selbständigen kirchlichen Entwicklung und aller Gemeindereligiosität. Die europäische Bürokratie sieht sich, bei durchschnittlich
etwa gleicher innerer Verachtung aller ernst genommenen Religiosität, im Interesse
der Massendomestikation zur offiziellen Respektierung der bestehenden kirchlichen
Religiosität genötigt. —

* * *

Wenn für die religiöse Stellung der normalerweise am stärksten positiv privilegierten Schichten, des Adels und der Bürokratie, sich bei allen sehr starken
Unterschieden doch gewisse gleichartige Tendenzen angeben lassen, so zeigen die
eigentlich „bürgerlichen" Schichten die stärksten Kontraste. Und zwar auch ganz
abgesehen von den überaus starken ständischen Gegensätzen, welche diese Schichten
in sich selbst entfalten. Denn zunächst die „Kaufleute" sind teils Angehörige der
höchstprivilegierten Schicht, so der antike städtische Patriziat, teils Parias, wie
die besitzlosen Wanderhändler, teils privilegierte, aber hinter dem Adel oder dem
Beamtentum ständisch zurückstehende, oder nicht oder selbst negativ privilegierte,
aber faktisch mächtige Schichten, wie der Reihe nach die römische „Ritterschaft",
die hellenischen Metöken, die mittelalterlichen Gewandschneider und verwandte
Händlerschichten, ferner die Geldleute und großen Kaufleute in Babel, die chinesischen und indischen Händler, schließlich die „Bourgeoisie" der beginnenden Neuzeit.

Die Stellung des kaufmännischen Patriziats zur Religiosität zeigt, unabhängig
von diesen Unterschieden der Lage, in allen Epochen eigentümliche Kontraste. Die
energisch diesseitige Einstellung ihres Lebens legt ihnen an sich den Anschluß an
eine prophetische oder ethische Religiosität wenig nahe. Die Großkaufleute der
Antike und des Mittelalters sind Träger des spezifischen, unstetigen, nicht betriebsmäßigen „Gelegenheitsgelderwerbes", Kapitalgeber der kapitallosen reisenden Händler, in historischer Zeit teils ein stadtsässiger, durch diesen Gelegenheitserwerb
reich gewordener Adel mit ursprünglich grundherrlicher Basis, teils umgekehrt ein
zu Grundbesitz gelangter Händlerstand mit Tendenz zum Aufstieg in die Adelsgeschlechter. Dazu treten mit geldwirtschaftlicher Deckung des politischen Bedarfs die Vertreter des politisch an Staatslieferungen und Staatskredit orientierten
und des Kolonialkapitalismus, wie er in allen geschichtlichen Epochen sich fand.
Alle diese Schichten sind nirgends primäre Träger einer ethischen oder Erlösungsreligiosität gewesen. Je privilegierter die Lage der Händlerschaft war, desto weniger
zeigt sie überhaupt Neigung zur Entwicklung einer Jenseitsreligion. Die Religion
der adeligen plutokratischen phönikischen Händlerstädte ist rein diesseitig gewendet
und soweit bekannt gänzlich unprophetisch. Dabei aber ist die Intensität der Religiosität und die Angst vor den mit düsteren Zügen ausgestatteten Göttern sehr
bedeutend. Der althellenische kriegerische, dabei aber halb seeräuberische, halb
händlerische Seefahreradel dagegen hat das religiöse Dokument dessen, was ihm be-
hagte, in der Odyssee mit ihrer immerhin starken Respektlosigkeit gegenüber den
Göttern hinterlassen. Der chinesische taoistische Reichtumsgott, der von der Kaufmannschaft ziemlich universell verehrt wird, zeigt keine ethischen Züge, sondern
ist rein magischen Charakters. Auch der Kult des hellenischen, freilich vorwiegend
agrarischen Reichtumsgottes Pluto bildet einen Teil der eleusinischen Mysterien,
welche abgesehen von ritueller Reinheit und Freiheit von Blutschuld keinerlei ethische Anforderungen stellen. Die Freigelassenenschicht mit ihrer sehr starken
Kapitalkraft suchte Augustus in charakteristischer Politik zu spezifischen Trägern
des Kaiserkults durch Schaffung der Augustalenwürde zu machen; eigene, ihr spezifische Richtungen religiösen Interesses weist diese Schicht sonst nicht auf. Der
Teil der Kaufmannschaft in Indien, welcher hinduistischer Religiosität ist, namentlich auch jene Bankierskreise, die aus den alten staatskapitalistischen Geldgeber-
oder Großhändlerkreisen hervorgegangen sind, sind meist Vallabhacharis, d. h. Anhänger der von Vallabha Swami reformierten, vischnuitischen Priesterschaft der

Gokulastha Gosains und pflegen eine Form der erotomorphen Krischna- und Radha-devotion, deren Kultmahle zu Ehren des Heilandes zu einer Art von erlesenem Diner raffiniert sind. Die Großhändlerschaften der Guelfenstädte des Mittelalters, wie etwa die Arte di Calimala, sind zwar gut päpstlich in der Politik, fanden sich aber oft durch ziemlich mechanische und direkt wie Spott wirkende Mittel mit dem Wucherverbote der Kirche ab. Die großen und vornehmen Handelsherren des protestantischen Holland waren, als Arminianer, religiös spezifisch realpolitisch und die Hauptgegner des calvinistischen ethischen Rigorismus. Skepsis oder Gleichmut sind und waren überall eine sehr weit verbreitete Stellungnahme der Groß-händler und Großgeldgeberkreise zur Religiosität.

Diesen leicht verständlichen Erscheinungen steht nun aber gegenüber: daß in der Vergangenheit die Neubildungen von Kapital, genauer ausgedrückt: von kontinuierlich betriebsmäßig in rationaler Weise zur Gewinnerzeugung verwertetem Geldbesitz, und zwar zumal von industriellem, also spezifisch modern verwertetem Kapital, in höchst auffallender Art und Häufigkeit mit rationaler ethischer Gemeindereligiosität der betreffenden Schichten verknüpft waren. Schon in den Handel Indiens teilen sich (geographisch) die Anhänger der noch in ihrer Modernisierung, welche die ritualistischen Reinheitsgebote als hygienische Vorschriften interpretiert, ethisch, besonders durch ihr bedingungsloses Wahrheitsgebot, rigoristischen Religion Zarathustras (Parsis), deren Wirtschaftsmoral ursprünglich nur den Ackerbau als Gott wohlgefällig anerkannte und allen bürgerlichen Erwerb perhorreszierte einerseits und andererseits die Jainasekte, also die am spezifischsten asketische Religiosität, welche es in Indien überhaupt gibt, mit den schon oben erwähnten Vallabhachianern (immerhin, bei allem antirationalen Charakter der Kulte, einer als Gemeindereligiosität konstituierten Erlösungslehre). Ob es richtig ist, daß die islamische Kaufmannsreligiosität besonders häufig Derwischreligiosität ist, kann ich nicht kontrollieren, doch ist es nicht unwahrscheinlich. Die ethisch rationale jüdische Gemeindereligiosität ist schon im Altertum sehr stark Händler- und Geldgeberreligiosität. In geringerem, aber doch merklichem Maße ist auch die mittelalterliche christliche, ketzerisch-sektiererische oder an das Sektentum streifende Gemeindereligiosität zwar nicht Händler-, aber doch „bürgerliche" Religiosität, und zwar je ethisch rationaler sie war, desto mehr. Vor allem aber haben sich die sämtlichen Formen des west- und osteuropäischen asketischen Protestantismus und Sektentums: Zwinglianer, Calvinisten, Reformierte, Baptisten, Mennoniten, Quäker, reformierte und in geringerer Intensität auch lutherische Pietisten, Methodisten, ebenso die russischen schismatischen und ketzerischen, vor allem die rationalen pietistischen Sekten, unter ihnen speziell die Stundisten und die Skopzen, zwar in sehr verschiedener Art, durchweg aber auf das engste mit ökonomisch rationalen und — wo solche ökonomisch möglich waren — kapitalistischen Entwicklungen verknüpft. Und zwar wird die Neigung zur Anhängerschaft an eine ethisch rationale Gemeindereligiosität im allgemeinen um so stärker, je mehr man von jenen Schichten sich entfernt, welche Träger des vornehmlich politisch bedingten Kapitalismus waren, wie er seit Hammurabis Zeit überall, wo es Steuerpacht, Staatslieferanten-profit, Krieg, Seeraub, Großwucher, Kolonisation gab, existierte, und je mehr man sich denjenigen Schichten nähert, welche Träger moderner, rationaler Betriebs-ökonomik, d. h. also Schichten mit bürgerlichem ökonomischem Klassencharakter (im später zu erörternden Sinn) waren. Die bloße Existenz von „Kapitalismus" irgendwelcher Art genügt offensichtlich ganz und gar nicht, um ihrerseits eine einheitliche Ethik, geschweige denn eine ethische Gemeindereligiosität aus sich zu erzeugen. Sie wirkt von sich aus offenbar nicht eindeutig. Die Art des Kausal-zusammenhangs der religiösen rationalen Ethik mit der besonderen Art des kauf-männischen Rationalismus da, wo dieser Zusammenhang besteht, lassen wir vor-läufig noch außer betracht und stellen zunächst nur fest: daß eine, außerhalb der Stätte des ökonomischen Rationalismus, also außerhalb des Okzidents nur gelegentlich, innerhalb seiner aber deutlich, und zwar je mehr wir uns den klassischen Trägern des ökonomischen Rationalismus nähern, desto deutlicher zu beobachtende Wahlverwandtschaft zwischen ökonomischem Rationalismus einerseits und gewissen, später näher zu charakterisierenden Arten von ethisch-rigoristischer Religiosität andererseits zu beobachten ist.

Verlassen wir nun die sozial oder ökonomisch privilegierten Schichten, so steigert sich anscheinend das Untypische der religiösen Haltung. Innerhalb der Schicht des Kleinbürgertums, speziell des Handwerks, bestehen die größten Gegensätze nebeneinander. Kastentabu und magische oder mystagogische Sakraments- oder Orgienreligiosität in Indien, Animismus in China, Derwischreligiosität im Islam, die pneumatisch-enthusiastische Gemeindereligiosität des antiken Christentums, namentlich im Osten des römischen Weltreichs, Deisidämonie neben Dionysosorgiastik im antiken Hellenentum, pharisäische Gesetzestreue im antiken großstädtischen Judentum, ein wesentlich idolatrisches Christentum neben allen Arten von Sektenreligiosität im Mittelalter und alle Arten von Protestantismus in der beginnenden Neuzeit — dies sind wohl die größten Kontraste, welche sich untereinander denken lassen. Eine spezifische Handwerkerreligiosität war allerdings von Anfang an das alte Christentum. Sein Heiland, ein landstädtischer Handwerker, seine Missionare wandernde Handwerksburschen, der größte von ihnen, ein wandernder Zelttuchmachergeselle, schon so sehr dem Lande entfremdet, daß er in einer seiner Episteln ein Gleichnis aus dem Gebiete des Okulierens handgreiflich verkehrt anwendet, endlich die Gemeinden, wie wir schon sahen, in der Antike ganz prononziert städtisch, vornehmlich aus Handwerkern, freien und unfreien, rekrutiert. Und auch im Mittelalter ist das Kleinbürgertum die frömmste, wenn auch nicht immer die orthodoxeste, Schicht. Aber auch im Christentum besteht nun die Erscheinung, daß innerhalb des Kleinbürgertums sowohl die antike pneumatische, Dämonen austreibende Prophetie, die unbedingt orthodoxe (anstaltskirchliche) mittelalterliche Religiosität und das Bettelmönchtum, wie andererseits gewisse Arten der mittelalterlichen Sektenreligiosität und zum Beispiel der lange der Heterodoxie verdächtige Orden der Humiliaten, ebenso aber das Täufertum aller Schattierungen und andererseits wieder die Frömmigkeit der verschiedenen Reformationskirchen, auch der lutherischen, bei den Kleinbürgern, scheinbar gleichmäßig, einen außerordentlich festen Rückhalt fanden. Also eine höchst bunte Mannigfaltigkeit, welche wenigstens dies beweist, daß eine eindeutige ökonomische Bedingtheit der Religiosität des Handwerkertums nie bestand. Immerhin liegt höchst deutlich eine ausgesprochene Neigung sowohl zur Gemeindereligiosität, wie zur Erlösungsreligiosität und schließlich auch zur rationalen ethischen Religiosität vor, verglichen mit den bäuerlichen Schichten, und es ist nur nachdrücklich daran zu erinnern, daß auch dieser Gegensatz von eindeutiger Determiniertheit sehr weit entfernt ist, wie denn die Ausbreitungsgebiete zum Beispiel der täuferischen Gemeindereligiosität anfänglich in sehr starkem Maße besonders auf dem platten Lande (Friesland) gelegen haben und in der Stadt (Münster) zunächst gerade ihre sozialrevolutionäre Form eine Stätte fand.

Daß nun speziell im Okzident Gemeindereligiosität und mittleres und kleineres Stadtbürgertum miteinander eng verknüpft zu sein pflegen, hat seinen natürlichen Grund zunächst in dem relativen Zurücktreten der Blutsverbände, namentlich der Sippe, innerhalb der okzidentalen Stadt[1]). Den Ersatz dafür findet der Einzelne neben den Berufsverbänden, die im Okzident zwar, wie überall, kultische, aber nicht mehr tabuistische Bedeutung haben, in frei geschaffenen religiösen Vergemeinschaftungen. Diesen letzteren Zusammenhang determiniert aber nicht etwa die ökonomische Eigenart des bloßen Stadtlebens als solchen von sich aus. Sondern, wie leicht einzusehen, sehr häufig umgekehrt. In China halten die exklusive Bedeutung des Ahnenkults und die Sippenexogamie den einzelnen Stadtinsassen dauernd in fester Verbindung mit Sippe und Heimatsdorf. In Indien

---

[1]) Vgl. dazu das Schlußkapitel: „Die Stadt". (Anm. d. Herausgeb.)

erschwert das religiöse Kastentabu die Entstehung oder beschränkt die Bedeutung
der soteriologischen Gemeindereligiosität, in den stadtartigen Siedelungen ganz ebenso
wie auf dem Lande. Und in beiden Fällen hemmten jene Momente sogar, sahen wir,
die Entwicklung der Stadt zu einer „Gemeinde" weit stärker als die des Dorfes.
Aber die Kleinbürgerschichte neigt allerdings begreiflicherweise relativ stark und
zwar aus Gründen ihrer ökonomischen Lebensführung, zur rationalen, ethischen
Religiosität, wo die Bedingungen für deren Entstehung gegeben sind. Es ist klar,
daß das Leben des Kleinbürgers, zumal des städtischen Handwerkers und Klein-
händlers, der Naturgebundenheit, verglichen mit den Bauern, weit ferner steht,
so daß die Abhängigkeit von magischer Beeinflussung der irrationalen Naturgeister
für ihn nicht die gleiche Rolle spielen kann, wie für jene, daß umgekehrt seine ökonomischen Existenzbedingungen ganz wesentlich rationaleren, d. h. hier: der Berechenbarkeit und der zweckrationalen Beeinflussung zugänglicheren Charakter haben.
Ferner legt seine ökonomische Existenz namentlich dem Handwerker, unter bestimmten spezifischen Bedingungen auch dem Händler, den Gedanken nahe, daß Red-
lichkeit in seinem eigenen Interesse liege, treue Arbeit und Pflichterfüllung ihren
„Lohn" finde und daß sie auch ihres gerechten Lohnes „wert" sei, also eine ethisch
rationale Weltbetrachtung im Sinn der Vergeltungsethik, die allen nicht privilegierten
Schichten, wie noch zu erörtern, ohnehin naheliegt. Ungleich näher jedenfalls als den
Bauern, die sich dem „ethischen" Vergeltungsglauben überall erst nach Ausrottung
der Magie durch andere Gewalten zuwenden, während der Handwerker diese Ausrottung sehr oft aktiv mit vollzogen hat. Und vollends ungleich näher als dem
Krieger oder ganz großen, am Kriege und politischen Machtentfaltungen ökonomisch
interessierten Geldmagnaten, welche gerade den ethisch rationalen Elementen einer
Religiosität am wenigsten zugänglich sind. Der Handwerker speziell ist zwar in
den Anfängen der Berufsdifferenzierung ganz besonders tief in magische Schranken
verstrickt. Denn alle spezifizierte nicht alltägliche, nicht allgemein verbreitete,
„Kunst" gilt als magisches Charisma, persönliches oder, und in aller Regel, erb-
liches, dessen Erwerb und Erhaltung durch magische Mittel garantiert wird, seinen
Träger tabuistisch, zuweilen totemistisch, aus der Gemeinschaft der Alltagsmenschen
(Bauern) absondert, oft vom Bodenbesitz ausschließt. Und der namentlich die in der
Hand alter Rohstoffvölker, welche zuerst als „Störer", dann als einzelne ansässige
Fremdbürtige, ihre Kunst anbieten, verbliebenen Gewerbe zur Bindung an Paria-
kasten verurteilt und auch die Manipulationen des Handwerkers, seine Technik,
magisch stereotypiert. Wo immer aber dieser Zustand einmal durchbrochen ist —
und das vollzieht sich am leichtesten auf dem Boden städtischer Neusiedelungen —,
da kann dann der Umstand seine Wirkung entfalten: daß der Handwerker und ebenso
der Kleinhändler, der erstere über seine Arbeit, der letztere über seinen Erwerb
wesentlich mehr rational zu denken hat als irgendein Bauer. Der Handwerker speziell
hat ferner während der Arbeit wenigstens bei gewissen, in unserem Klima besonders stark stubengebundenen Gewerben — so in den Textilhandwerken, die daher
überall besonders stark mit sektenhafter Religiosität durchsetzt sind — Zeit und
Möglichkeit zum Grübeln. Selbst für den modernen maschinellen Webstuhl trifft
dies in begrenztem Umfange unter Umständen noch zu, vollends aber für den Webstuhl der Vergangenheit. Ueberall, wo die Gebundenheit an rein magische oder rein
ritualistische Vorstellungen durch Propheten oder Reformatoren gebrochen wird,
neigen daher die Handwerker und Kleinbürger zu einer Art von freilich oft sehr
primitiver, ethischer und religiös rationalistischer Lebensbetrachtung. Sie sind ferner
schon kraft ihrer beruflichen Spezialisierung Träger einer spezifisch geprägten einheitlichen „Lebensführung". Die Determiniertheit der Religiosität durch diese allgemeinen Bedingungen der Handwerker- und Kleinbürgerexistenz ist in keiner Weise
eine eindeutige. Die chinesischen, überaus „rechenhaften" Kleinhändler sind nicht
Träger einer rationalen Religiosität, die chinesischen Handwerker, soviel bekannt,
ebenfalls nicht. Sie hängen, neben der magischen, allenfalls der buddhistischen Karman-

lehre an. Dies Fehlen einer ethisch rationalen Religiosität ist aber hier das Primäre und scheint seinerseits die immer wieder auffallende Begrenztheit des Rationalismus ihrer Technik beeinflußt zu haben. Die bloße Existenz von Handwerkern und Kleinbürgern hat aber nirgends genügt, die Entstehung einer ethischen Religiosität eines noch so allgemein zu umschreibenden Typus aus sich zu gebären. Wir sahen umgekehrt, wie das Kastentabu in Verbindung mit dem Seelenwanderungsglauben die indische Handwerkerethik beeinflußt und stereotypiert hat. Nur wo eine Gemeindereligiosität und speziell eine rational ethische Gemeindereligiosität entstand, da konnte sie dann begreiflicherweise gerade in städtischen Kleinbürgerkreisen ganz besonders leicht Anhänger gewinnen und dann die Lebensführung dieser Kreise ihrerseits unter Umständen nachhaltig beeinflussen, wie dies tatsächlich geschehen ist.

Endlich die ökonomisch am meisten negativ privilegierten Schichten: Sklaven und freie Tagelöhner, sind bisher nirgends in der Geschichte Träger einer spezifischen Religiosität gewesen. Die Sklaven in den alten Christengemeinden waren Bestandteile des städtischen Kleinbürgertums. Denn die hellenistischen Sklaven und z. B. die im Römerbrief erwähnten Leute des Narzissus (vermutlich des berühmten kaiserlichen Freigelassenen) gehören entweder — wie wahrscheinlich die letzteren — dem relativ gut und selbständig gestellten Hausbeamtentum und der Dienerschaft eines sehr reichen Mannes an, oder und meist, sind sie umgekehrt selbständige Handwerker, welche ihrem Herrn Zins zahlen und sich das Geld für ihren Freikauf aus ihren Ersparnissen zu erarbeiten hoffen, wie dies in der ganzen Antike und in Rußland bis in das 19. Jahrhundert üblich war, oder endlich wohl auch gutgestellte Staatssklaven. Auch die Mithrasreligion zählte, wie die Inschriften lehren, unter dieser Schicht zahlreiche Anhänger. Daß der delphische Apollon (ebenso wie sicherlich andere Götter) offenbar als, ihrer sakralen Geschütztheit wegen, gesuchte Sklavensparkasse fungierte und dann die Sklaven aus diesen Ersparnissen von ihrem Herrn „in die Freiheit" kaufte, soll nach Deißmanns ansprechender Hypothese von Paulus als Bild für den Loskauf der Christen mit dem Blut des Heilandes in die Freiheit von Gesetzes- und Sündenknechtschaft verwertet sein. Ist dies richtig — es ist immerhin die alttestamentliche Wendung g á a l oder p a d ā wohl auch als mögliche Quelle in Betracht zu ziehen —, dann zeigt es, wie sehr die christliche Propaganda gerade auch auf dieses ökonomisch rational lebende, weil strebsame unfreie Kleinbürgertum mitzählte. Das „sprechende Inventar" der antiken Plantagen dagegen, diese unterste Schicht des Sklaventums, war kein Boden für eine Gemeindereligiosität oder irgendwelche religiöse Propaganda überhaupt. Die Handwerksgesellen aller Zeiten ferner, als normalerweise nur durch eine Karenzzeit vom selbständigen Kleinbürgertum getrennt, haben die spezifische Kleinbürgerreligiosität meist geteilt. Allerdings besonders oft mit noch ausgesprochenerer Neigung zur unoffiziellen sektenhaften Religiosität, für deren sämtliche Formen die mit der Not des Tages, den Schwankungen des Brotpreises und der Verdienstgelegenheit kämpfende, auf „Bruderhilfe" angewiesene gewerbliche Unterschicht der Städte überall ein höchst dankbares Feld dargeboten hat. Die zahlreichen geheimen oder halb tolerierten Gemeinschaften der „armen Leute" mit ihrer bald revolutionären, bald pazifistisch-kommunistischen, bald ethisch-rationalen Gemeindereligiosität umfassen regelmäßig gerade auch die Kleinhandwerkerschicht und das Handwerksgesellentum. Vor allem aus dem technischen Grunde, weil die wandernden Handwerksgesellen die gegebenen Missionare jedes Gemeindeglaubens der Massen sind. Die ungeheuer schnelle Expansion des Christentums über die gewaltige Entfernung vom Orient bis Rom hin in wenigen Jahrzehnten illustriert diesen Vorgang hinlänglich.

Das moderne Proletariat aber ist, soweit es religiös eine Sonderstellung einnimmt, ebenso wie breite Schichten der eigentlich modernen Bourgeoisie durch Indifferenz oder Ablehnung des Religiösen ausgezeichnet. Die Abhängigkeit von der eigenen Leistung wird hier durch das Bewußtsein der Abhängigkeit von rein gesellschaftlichen Konstellationen, ökonomischen Konjunkturen und gesetzlich garantierten Machtverhältnissen zurückgedrängt oder ergänzt. Dagegen ist jeder Gedanke an Abhängigkeit von dem Gang der kosmisch-meteorologischen oder anderen, als magisch oder als providenziell bewirkt zu deutenden, Naturvorgängen ausgeschaltet, wie es s. Z. schon Sombart in schöner Form ausgeführt hat. Der proletarische Rationalismus ebenso wie der Rationalismus einer im Vollbesitz der ökonomischen Macht befindlichen, hochkapitalistischen Bourgeoisie, dessen Komplementärerscheinung er ist, kann daher aus sich heraus nicht leicht religiösen Charakter tragen, jedenfalls eine Religiosität nicht leicht erzeugen. Die Religion wird hier vielmehr normalerweise durch andere ideelle Surrogate ersetzt. Die untersten, ökonomisch unsteten Schichten des Proletariats, denen rationale Konzeptionen am schwersten zugänglich sind, und ebenso die proletaroiden oder dauernd notleidenden und mit Proletarisierung bedrohten sinkenden Kleinbürgerschichten können allerdings religiöser Mission besonders leicht anheimfallen. Aber religiöser Mission ganz besonders in magischer Form, oder, wo die eigentliche Magie ausgerottet ist, von einem Charakter, welcher Surrogate für die magisch-orgiastische Begnadung bietet; dies tun z. B. die soteriologischen Orgien methodistischer Art, wie sie etwa die Heilsarmee veranstaltet. Zweifellos können weit leichter emotionale als rationale Elemente einer religiösen Ethik auf diesem Boden wachsen, und jedenfalls entstammt ihnen ethische Religiosität kaum jemals als ihrem primären Nährboden. Es gibt eine spezifische „Klassen"-Religiosität der negativ privilegierten Schichten nur in begrenztem Sinn. Soweit in einer Religion der I n h a l t „sozialpolitischer" Forderungen als gottgewollt fundamentiert wird, haben wir uns bei Erörterung der Ethik und des „Naturrechts" kurz damit zu befassen. Soweit der Charakter der Religiosität als solcher in Betracht kommt, ist zunächst ohne weiteres verständlich, daß das „Erlösungs"-Bedürfnis, im weitesten Sinn des Worts, in den negativ privilegierten Klassen einen — wie wir später sehen werden —, freilich keineswegs den einzigen oder auch nur den hauptsächlichsten, Standort hat, während es innerhalb der „satten" und positiv privilegierten Schichten wenigstens den Kriegern, Bürokraten und der Plutokratie fern liegt.

Ihren ersten Ursprung kann eine Erlösungsreligiosität sehr wohl innerhalb sozial privilegierter Schichten nehmen. Das Charisma des Propheten ist an ständische Zugehörigkeit nicht gebunden, ja es ist durchaus normalerweise an ein gewisses Minimum auch intellektueller Kultur gebunden. Die spezifischen Intellektuellenprophetien beweisen beides hinlänglich. Aber sie wandelt dann ihren Charakter regelmäßig, sobald sie auf die nicht spezifisch und berufsmäßig den Intellektualismus als solchen pflegenden Laienkreise, noch mehr, wenn sie auf diejenigen negativ privilegierten Schichten übergreift, denen der Intellektualismus ökonomisch und sozial unzugänglich ist. Und zwar läßt sich wenigstens ein normaler Grundzug dieser Wandlung, eines Produkts der unvermeidlichen Anpassung an die Bedürfnisse der Massen, allgemein bezeichnen: das Hervortreten des p e r s ö n l i c h e n, göttlichen oder menschlich-göttlichen Erlösers als des Trägers, der religiösen Beziehungen zu ihm als der Bedingung des Heils. Als eine Art der Adaptierung der Religiosität an die Massenbedürfnisse lernten wir schon die Umformung kultischer Religiosität zur reinen Zauberei kennen. Die Heilandsreligiosität ist eine zweite typische Form und natürlich mit der rein magischen Umformung durch die mannigfachsten Uebergänge verbunden. Je weiter man auf der sozialen Stufenleiter nach unten gelangt, desto radikalere Formen pflegt das Heilandsbedürfnis, wenn es einmal auftritt, anzunehmen. Die indischen Kharba Bajads, eine vischnuitische Sekte, welche mit der, vielen Erlösungslehren theoretisch eigenen, Sprengung des Kastentabu am meisten Ernst gemacht und z. B. wenigstens eine begrenzte, auch private (nicht nur rein kultische) Tischgemeinschaft ihrer Angehörigen hergestellt hat, infolge davon aber auch wesentlich eine Sekte der kleinen Leute ist, treibt zugleich die anthropolatrische Verehrung ihres erblichen Guru am weitesten und bis zur Ausschließlichkeit dieses Kults. Und Aehnliches wiederholt sich bei anderen, vornehmlich aus den sozial untersten Schichten rekrutierten oder durch sie beeinflußten Religiositäten. Die Uebertragung von Erlösungslehren auf die Massen läßt fast jedesmal den persönlichen Heiland entstehen oder stärker hervortreten. Der Ersatz des Buddhaideals, d. h. der exemplarischen Intellektuellenerlösung in das Nirwana, durch das Bodhisattvaideal, zugunsten eines zur Erde niedersteigenden Heilands, der auf das eigene Eingehen in das Nirwana verzichtet, um die Mitmenschen zu erlösen, ebenso das Aufkommen der durch die Menschwerdung des Gottes vermittelten Erlösergnade in den hinduistischen Volksreligionen, vor allem im Vischnuismus, und der Sieg dieser Soteriologie und ihrer magischen Sakramentsgnade sowohl über die vornehme atheistische Erlösung der Buddhisten, wie über den alten, an die vedische Bildung gebundenen Ritualismus, sind Erscheinungen, die sich, nur in verschiedener Abwandlung, auch sonst finden. Ueberall äußert sich das religiöse Bedürfnis des mittleren und kleineren Bürgertums in emotionalerer, speziell in einer zur Innigkeit und Erbaulichkeit neigenden Legende statt der Heldenmythen bildenden Form. Sie entspricht der Befriedung und stärkeren Bedeutung des Haus- und Familienlebens gegenüber den Herrenschichten. Das Aufkommen der gottinnigen „Bhakti"-Frömmigkeit in allen indischen Kulten, in der Schaffung der Bodhisattvafigur so gut wie in den Krischnakulten, die Popularität der erbaulichen Mythen vom Dionysoskinde, vom Osiris, vom Christkind und ihre zahlreichen Verwandten, gehören alle dieser bürgerlichen Wendung der Religiosität ins Genrehafte an. Das Auftreten des Bürgertums als einer, die Art der Frömmigkeit mitbestimmenden Macht unter dem Einfluß des Bettelmönchtums bedeutet zugleich die Verdrängung der vornehmen „Theotokos" der imperialistischen Kunst Nicolo Pisanos durch das Genrebild der heiligen Familie, wie es sein Sohn schuf, ganz wie das Krischnakind in Indien der Liebling der volkstümlichen Kulte ist. Wie die Magie, so ist der soteriologische Mythos und sein menschgewordener Gott oder gottgewordener Heiland eine spezifisch volkstümliche und daher an den verschiedensten Stellen spontan entstandene religiöse Konzeption. Die unpersönliche, übergöttliche ethische Ordnung des Kosmos und die exemplarische Erlösung ist dagegen ein der spezifisch unvolkstümlichen, ethisch rationalen Laienbildung adäquater Intellektuellengedanke. Das gleiche gilt aber für den absolut überweltlichen Gott. Mit Ausnahme des Judentums und des Protestantismus haben alle Religionen und religiösen Ethiken ohne Ausnahme den Heiligen- oder Heroen- oder Funktionsgötterkult bei ihrer Adaptierung an die Massenbedürfnisse wieder aufnehmen müssen. Der Konfuzianismus läßt ihn in Gestalt des taoistischen Pantheons neben sich bestehen, der popularisierte Buddhismus duldet die Gottheiten der Länder seiner Verbreitung als dem Buddha untergeordnete Kultempfänger, Islam und Katholizismus haben Lokalgötter, Funktionsgötter und Berufsgötter als Heilige, denen die eigentliche Devotion des Alltags bei den Massen gilt, rezipieren müssen.

Der Religiosität der negativ Privilegierten ist ferner, im Gegensatz zu den vornehmen Kulten des kriegerischen Adels, die gleichberechtigte Heranziehung der Frauen eigen. Der höchst verschieden abgestufte Grad der Zulassung und mehr oder minder aktiven oder passiven Beteiligung oder des Ausschlusses der Frauen von den religiösen Kulten ist wohl überall Funktion des Grades der (gegenwärtigen oder früheren) relativen Befriedung oder Militarisierung. Dabei besagt natürlich die Existenz von Priesterinnen, die Verehrung von Wahrsagerinnen oder Zauberinnen, kurz die äußerste Devotion gegen individuelle Frauen, denen übernatürliche Kräfte und Charismata zugetraut wurden, nicht das geringste für eine kultische Gleichstellung der Frauen als solcher. Und umgekehrt kann die prinzipielle Gleichstellung in der Beziehung zum Göttlichen, wie sie im Christentum und Judentum, in geringerer Konsequenz im Islam und offiziellen Buddhismus besteht, mit völliger Monopolisierung der Priesterfunktion und des Rechts zum aktiven Mitbestimmungsrecht in Gemeindeangelegenheiten durch die allein zur speziellen Berufsvorbildung zugelassenen oder qualifiziert gehaltenen Männer zusammen bestehen, wie dies tat-

sächlich in jenen Religionen der Fall ist. Die große Empfänglichkeit der Frauen
für alle nicht exklusiv militärisch oder politisch orientierte religiöse Prophetie tritt
in den unbefangen freien Beziehungen fast aller Propheten, des Buddha ebenso wie
des Christus und etwa des Pythagoras, deutlich hervor. Höchst selten aber behauptet sie sich über diejenige erste Epoche der Gemeinde hinaus, in welcher die
pneumatischen Charismata als Merkmale spezifischer religiöser Erhebung geschätzt
werden. Dann tritt, mit Veralltäglichung und Reglementierung der Gemeinde-
verhältnisse, stets ein Rückschlag gegen die nun als ordnungswidrig und krankhaft
empfundenen pneumatischen Erscheinungen bei den Frauen ein. So schon bei Paulus.
Vollends jede politisch-militärische Prophetie — wie der Islam — wendet sich an
die Männer allein. Und oft tritt der Kult eines kriegerischen Geistes (so im indischen
Archipel des Duk-Duk und sonst oft ähnlicher periodischer Epiphanien eines Helden-
Numen) ganz direkt in den Dienst der Domestikation und regelrechten Ausplünderung
der Frauenhaushalte durch die kasino- oder klubartig vergesellschafteten Insassen
des Kriegerhauses. Ueberall, wo die asketische Kriegererziehung mit ihrer „Wiedergeburt" des Helden herrscht oder geherrscht hat, gilt die Frau als der höheren,
heldischen Seele entbehrend und ist dadurch religiös deklassiert. So in den meisten
vornehmen oder spezifisch militaristischen Kultgemeinschaften. Von den offiziellen
chinesischen, ebenso wie von den römischen und den brahmanischen Kulten ist
die Frau gänzlich ausgeschlossen, und auch die buddhistische Intellektuellenreligiosität
ist nicht feministisch; selbst in der Merowingerzeit konnten christliche Synoden
die Gleichwertigkeit der Seele der Frau bezweifeln. Dagegen haben die spezifischen
Kulte des Hinduismus sowohl wie ein Teil der chinesischen buddhistisch-taoistischen
Sekten und im Okzident vor allem das alte Christentum, wie später die pneumatischen
und pazifistischen Sekten in Ost- und Westeuropa gleichmäßig ihre propagandistische
Kraft aus der Heranziehung und Gleichstellung der Frauen gezogen. Auch in
Hellas hatte der Dionysoskult bei seinem ersten Auftreten ein dort sonst ganz un-
erhörtes Maß von Emanzipation der an den Orgien beteiligten Frauen von aller
Konvention mit sich gebracht, eine Freiheit, die freilich je länger je mehr künstlerisch
und zeremoniell stilisiert und reglementiert und damit gebunden, insbesondere auf
Prozessionen und einzelne andere Festakte in den verschiedenen Kulten beschränkt
wurde und so schließlich in ihrer praktischen Bedeutung gänzlich schwand. Der
gewaltige Vorsprung der christlichen Propaganda innerhalb der kleinbürgerlichen
Schichten gegenüber ihrem wichtigsten Konkurrenten: der Mithrasreligion, war,
daß dieser extrem maskuline Kult die Frauen ausschloß. In einer Zeit universeller
Befriedung nötigte dies seine Bekenner dazu, für ihre Frauen einen Ersatz in anderen
Mysterien, z. B. denen der Kybele, zu suchen und zerstörte so von vornherein
die Einheitlichkeit und Universalität der Religionsgemeinschaft selbst innerhalb
der einzelnen Familien, in starkem Kontrast gegen das Christentum. Im Prinzip
nicht ganz so, aber im Effekt vielfach ähnlich stand es mit allen eigentlichen In-
tellektuellenkulten gnostischer, manichäischer und ähnlicher Art. Keineswegs alle
Religionen der „Bruder- und Feindesliebe" sind zu dieser Geltung durch Fraueneinfluß gelangt oder feministischen Charakters: die indische Ahimsareligiosität
z. B. absolut nicht. Der Fraueneinfluß pflegt nur die emotionellen, hysterisch bedingten Seiten der Religiosität zu steigern. So in Indien. Aber es ist gewiß nicht
gleichgültig, daß die Erlösungsreligiosität die unmilitärischen und antimilitärischen
Tugenden zu verklären pflegt, wie dies negativ privilegierten Schichten und Frauen
naheliegen muß.

Die speziellere Bedeutung der Erlösungsreligiosität für die politisch und ökonomisch negativ privilegierten Schichten im Gegensatz zu den positiv privilegierten
läßt sich nun unter noch einige allgemeinere Gesichtspunkte bringen. — Wir werden
bei Erörterung der „Stände" und „Klassen" noch davon zu reden haben, daß das
Würdegefühl der höchstprivilegierten (und nicht priesterlichen) Schichten, speziell
des Adels, die „Vornehmheit" also, auf dem Bewußtsein der „Vollendung" ihrer

Lebensführung als eines Ausdrucks ihres qualitativen, in sich beruhenden, nicht über sich hinausweisenden „S e i n s" ruht und, der Natur der Sache nach, ruhen kann, jedes Würdegefühl negativ Privilegierter dagegen auf einer ihnen verbürgten „Verheißung", die an eine ihnen zugewiesene „Funktion", „Mission", „Beruf" geknüpft ist. Was sie zu „sein" nicht prätendieren können, ergänzen sie entweder durch die Würde dessen, was sie einst sein werden, zu sein „berufen" sind, in einem Zukunftsleben im Diesseits oder Jenseits oder (und meist zugleich) durch das, was sie, providentiell angesehen, „bedeuten" und „leisten". Der Hunger nach einer, ihnen, so wie sie und so wie die Welt sind, nicht zugefallenen Würde schafft diese Konzeption, aus welcher die rationalistische Idee einer „Vorsehung", einer Bedeutsamkeit vor einer göttlichen Instanz mit anderer Rangordnung der Würde entspringt.

Nach außen, gegen die anderer Schichten gewendet, ergibt diese innere Lage noch einige charakteristische Gegensätze dessen, was Religionen den verschiedenen sozialen Schichten „leisten" mußten. Jedes Erlösungsbedürfnis ist Ausdruck einer „Not" und soziale oder ökonomische Gedrücktheit ist daher zwar keineswegs die ausschließliche, aber naturgemäß eine sehr wirksame Quelle seiner Entstehung. Sozial und ökonomisch positiv privilegierte Schichten empfinden unter sonst gleichen Umständen das Erlösungsbedürfnis von sich aus kaum. Sie schieben vielmehr der Religion in erster Linie die Rolle zu, ihre eigene Lebensführung und Lebenslage zu „legitimieren". Diese höchst universelle Erscheinung wurzelt in ganz allgemeinen inneren Konstellationen. Daß ein Mensch im Glück dem minder Glücklichen gegenüber sich nicht mit der Tatsache jenes Glücks begnügt, sondern überdies auch noch das „Recht" seines Glücks haben will, das Bewußtsein also, es im Gegensatz zu dem minder Glücklichen „verdient" zu haben — während dieser sein Unglück irgendwie „verdient" haben muß —, dieses seelische Komfortbedürfnis nach der Legitimität des Glückes lehrt jede Alltagserfahrung kennen, mag es sich um politische Schicksale, um Unterschiede der ökonomischen Lage, der körperlichen Gesundheit, um Glück in der erotischen Konkurrenz oder um was immer handeln. Die „Legitimierung" in diesem innerlichen Sinne ist das, was die positiv Privilegierten innerlich von der Religion verlangen, wenn überhaupt irgend etwas. Nicht jede positiv privilegierte Schicht hat dies Bedürfnis in gleichem Maße. Gerade dem kriegerischen Heldentum sind die Götter Wesen, denen der Neid nicht fremd ist. Solon und die altjüdische Weisheit sind über die Gefahr gerade der hohen Stellung einig. Trotz der Götter, nicht durch die Götter, oft gegen sie, behauptet der Held seine überalltägliche Stellung. Die homerische und ein Teil der alten indischen Epik steht darin in charakteristischem Gegensatz sowohl gegen die bürokratisch-chinesische, wie gegen die priesterlich-jüdische Chronistik, daß in dieser die „Legitimität" des Glückes, als Lohn Gott wohlgefälliger Tugenden, so außerordentlich viel stärker ausgeprägt ist. Andererseits ist der Zusammenhang von Unglück mit dem Zorn und Neid von Dämonen oder Göttern ganz universell verbreitet. Wie fast jede Volksreligiosität, die altjüdische ebenso wie ganz besonders nachdrücklich z. B. noch die moderne chinesische, körperliche Gebrechen als Zeichen, je nachdem magischer oder sittlicher, Versündigung ihres Trägers oder (im Judentum) seiner Vorfahren behandelt, und wie z. B. bei den gemeinsamen Opfern der politischen Verbände der mit solchen Gebrechen Behaftete oder sonst von Schicksalsschlägen Heimgesuchte, weil er mit dem Zorn des Gottes beladen ist, vor dessen Angesicht im Kreise der Glücklichen und also Gottgefälligen nicht mit erscheinen darf, so gilt fast jeder ethischen Religiosität der positiv privilegierten Schichten und der ihnen dienstbaren Priester die positiv oder negativ privilegierte soziale Lage des Einzelnen als religiös irgendwie verdient, und nur die Formen der Legitimierung der Glückslage wechseln.

Entgegengesetzt entsprechend ist die Lage der negativ Privilegierten. Ihr spezifisches Bedürfnis ist Erlösung vom Leiden. Sie empfinden dies Erlösungsbedürfnis nicht immer in religiöser Form, — so z. B. nicht das moderne Proletariat.

Und ihr religiöses Erlösungsbedürfnis kann, wo es besteht, verschiedene Wege ein-
schlagen. Vor allem kann es sich in sehr verschieden ausgeprägter Art mit dem
Bedürfnis nach gerechter „Vergeltung" paaren, Vergeltung von eigenen guten Werken
und Vergeltung von fremder Ungerechtigkeit. Nächst der Magie und verbunden
mit ihr ist daher eine meist ziemlich „rechenhafte" Vergeltungserwartung und Vergeltungshoffnung die verbreitetste Form des Massenglaubens auf der ganzen Erde
und sind auch Prophetien, welche ihrerseits wenigstens die mechanischen Formen
dieses Glaubens ablehnten, bei ihrer Popularisierung und Veralltäglichung immer
wieder dahin umgedeutet worden. Art und Grad der Vergeltungs- und Erlösungshoffnung aber wirken höchst verschieden je nach der Art der durch religiöse Verheißung erweckten Erwartungen, und zwar gerade dann, wenn diese aus dem irdischen Leben des Einzelnen heraus in eine jenseits seiner jetzigen Existenz liegende
Zukunft projiziert werden. Ein besonders wichtiges Beispiel für die Bedeutung
des Inhalts der religiösen Verheißungen stellt die (exilische und nachexilische) Religiosität des Judentums dar.

Seit dem Exil tatsächlich, und auch formell seit der Zerstörung des Tempels
waren die Juden ein „P a r i a v o l k", d. h. im hier gemeinten Sinn (der mit der
speziellen Stellung der indischen „Pariakaste" so wenig identisch ist wie z. B. der
Begriff „Kadi-Justiz" mit den wirklichen Prinzipien der Rechtsprechung des Kadi):
eine, durch (ursprünglich) magische, tabuistische und rituelle Schranken der Tisch-
und Konnubialvergemeinschaftung nach außen einerseits, durch politische und
sozial negative Privilegierung, verbunden mit weitgehender ökonomischer Sonder-
gebarung andererseits, zu einer erblichen Sondergemeinschaft zusammengeschlossene
Gruppe ohne autonomen politischen Verband. Die negativ privilegierten, beruflich
spezialisierten, indischen Kasten mit ihrem durch Tabuierung garantierten Abschluß
nach außen und ihren erblichen religiösen Pflichten der Lebensführung stehen ihnen
relativ am nächsten, weil auch bei ihnen mit der Pariastellung als solcher Erlösungshoffnungen verknüpft sind. Sowohl die indischen Kasten wie die Juden zeigen die
gleiche spezifische Wirkung einer Pariareligiosität: daß sie ihre Zugehörigen um so
enger an sich und an die Pariastellung kettet, je gedrückter die Lage ist, in welcher
sich das Pariavolk befindet und je gewaltiger also die Erlösungshoffnungen, die
sich an die gottgebotene Erfüllung der religiösen Pflichten knüpfen. Wie schon
erwähnt, hingen gerade die niedersten Kasten besonders zähe an ihren Kasten-
pflichten als der Bedingung ihrer Wiedergeburt in besserer Lage. Das Band zwischen
Jahve und seinem Volk wurde um so unzerreißbarer, je mörderischer Verachtung
und Verfolgung auf den Juden lasteten. Im offensichtlichen Gegensatz z. B. gegen
die orientalischen Christen, welche unter den Ommajaden der privilegierten Religion
des Islam in solchen Massen zuströmten, daß die politische Gewalt im ökonomischen
Interesse der privilegierten Schicht den Uebertritt erschwerte, sind deshalb alle die
häufigen zwangsweisen Massenbekehrungen der Juden, welche ihnen doch die Privilegien der herrschenden Schicht verschafften, vergebens geblieben. Das einzige
Mittel der Erlösung war eben. für die indische Kaste wie für die Juden, die Erfüllung
der religiösen Spezialgebote für das Pariavolk, denen niemand sich entziehen kann
ohne bösen Zauber für sich befürchten zu müssen und seine oder seiner Nachfahren Zu-
kunftschancen zu gefährden. Der Unterschied der jüdischen Religiosität aber gegenüber
der hinduistischen Kastenreligiosität liegt nun in der Art der Erlösungshoffnung
begründet. Der Hindu erwartet von religiöser Pflichterfüllung die Verbesserung
seiner persönlichen Wiedergeburtschancen, also Aufstieg oder Neuinkarnation seiner
Seele in eine höhere Kaste. Der Jude dagegen für seine Nachfahren die Teilnahme
an einem messianischen Reich, welches seine gesamte Pariagemeinschaft aus ihrer
Pariastellung zur Herrenstellung in der Welt erlösen wird. Denn mit der Verheißung,
daß alle Völker der Erde vom Juden leihen werden und er von niemand, hatte Jahve
nicht die Erfüllung in Gestalt kleinen Pfandleihwuchers vom Ghetto aus gemeint,
sondern die Lage einer typischen antiken machtvollen Stadtbürgerschaft, deren

Schuldner und Schuldknechte die Einwohner unterworfener Dörfer und Kleinstädte sind. Der Hindu arbeitet ebenso für ein künftiges menschliches Wesen, welches mit ihm nur unter den Voraussetzungen der animistischen Seelenwanderungslehre etwas zu tun hat: die künftige Inkarnation seiner Seele, wie der Jude für seine leiblichen Nachfahren, in deren animistisch verstandener Beziehung zu ihm seine „irdische Unsterblichkeit" besteht. Aber gegenüber der Vorstellung des Hindu, welche die soziale Kastengliederung der Welt und die Stellung seiner Kaste als solcher gänzlich unangetastet für immer bestehen läßt und das Zukunftslos seiner individuellen Seele gerade innerhalb dieser selben Rangordnung verbessern will, erwartete der Jude die eigene persönliche Erlösung gerade umgekehrt in Gestalt eines Umsturzes der geltenden sozialen Rangordnung zugunsten seines Pariavolks. Denn sein Volk ist das zum Prestige, nicht aber zur Pariastellung, berufene und von Gott erwählte.

Und daher gewinnt auf dem Boden der jüdischen ethischen Erlösungsreligiosität ein Element große Bedeutung, welches, von Nietzsche zuerst beachtet, aller magischen und animistischen Kastenreligiosität völlig fehlt: das Ressentiment. Es ist in Nietzsches Sinn Begleiterscheinung der religiösen Ethik der negativ Privilegierten, die sich, in direkter Umkehrung des alten Glaubens, dessen getrösten, daß die ungleiche Verteilung der irdischen Lose auf Sünde und Unrecht der positiv Privilegierten beruhe, also früher oder später gegen jene die Rache Gottes herbeiführen müsse. In Gestalt dieser Theodizee der negativ Privilegierten dient dann der Moralismus als Mittel der Legitimierung bewußten oder unbewußten Rachedurstes. Das knüpft zunächst an die „Vergeltungsreligiosität" an. Besteht einmal die religiöse Vergeltungsvorstellung, so kann gerade das „Leiden" als solches, da es ja gewaltige Vergeltungshoffnungen mit sich führt, die Färbung von etwas rein an sich religiös Wertvollem annehmen. Bestimmte asketische Kunstlehren einerseits, spezifische neurotische Prädispositionen andererseits können dieser Vorstellung in die Hände arbeiten. Allein den spezifischen Ressentimentscharakter erlangt die Leidensreligiosität nur unter sehr bestimmten Voraussetzungen: z. B. nicht bei den Hindus und Buddhisten. Denn dort ist das eigene Leiden auch individuell verdient. Anders beim Juden. Die Psalmenreligiosität ist erfüllt von Rachebedürfnis, und in den priesterlichen Ueberarbeitungen der alten israelitischen Ueberlieferungen findet sich der gleiche Einschlag: Die Mehrzahl aller Psalmen enthält — einerlei, ob die betreffenden Bestandteile vielleicht in eine ältere, davon freie Fassung erst nachträglich hineingekommen sind — die moralistische Befriedigung und Legitimierung offenen oder mühsam verhaltenen Rachebedürfnisses eines Pariavolkes ganz handgreiflich. Entweder in der Form: daß dem Gott die eigene Befolgung seiner Gebote und das eigene Unglück und dem gegenüber das gottlose Treiben der stolzen und glücklichen Heiden, die infolgedessen seiner Verheißungen und Macht spotten, vorgehalten werden. Oder in der anderen Form: daß die eigene Sünde demutsvoll bekannt, Gott aber gebeten wird, er möge nun endlich von seinem Zorn abstehen und seine Gnade dem Volke, das schließlich doch allein das seinige sei, wieder zuwenden. In beiden Fällen verbunden mit der Hoffnung: daß des endlich versöhnten Gottes Rache nun doppelt die gottlosen Feinde dereinst ebenso zum Schemel der Füße Israels machen werde, wie dies die priesterliche Geschichtskonstruktion den kananäischen Feinden des Volkes angedeihen läßt, solange dieses nicht Gottes Zorn durch Ungehorsam erweckt und dadurch seine eigene Erniedrigung unter die Heiden verschuldet. Wenn manche dieser Psalmen vielleicht, wie moderne Kommentatoren wollen, dem individuellen Zorn pharisäisch Frommer über die Verfolgungen unter Alexandros Jannaios entstammen, so ist ihre Auslese und Aufbewahrung das Charakteristische, und andere reagieren ganz offensichtlich auf die Pariastellung der Juden als solcher. In aller Religiosität der Welt gibt es keinen Universalgott von dem unerhörten Rachedurst Jahves, und den historischen Wert von Tatsachenangaben der priesterlichen Geschichtsüberarbeitung kann man fast genau daran erkennen: daß der betreffende Vorgang (wie etwa die Schlacht von Megiddo) n i c h t in diese Theodizee der Ver-

geltung und Rache paßt. Die jüdische Religiosität ist so die Vergeltungsreligiosität
κατ' ἐξοχήν geworden. Die gottgebotene Tugend wird um der Vergeltungshoffnung
willen geübt. Und diese ist in erster Linie eine kollektive: das Volk als Ganzes soll
die Erhöhnng erleben, nur dadurch kann auch der Einzelne seine Ehre wiederge-
winnen. Daneben und damit sich vermischend geht natürlich die individuelle Theodizee des persönlichen Einzelschicksals — selbstverständlich von jeher —, deren
Problematik sich vor allem in dem ganz anderen, unvolkstümlichen Schichten ent-
stammenden Hiobbuch gipfelt, um dort in dem Verzicht auf eine Lösung des
Problems und dem Sichfügen in die absolute Souveränität Gottes über seine Kreaturen
den puritanischen Prädestinationsgedanken zu präludieren, der hätte entstehen
müssen, sobald das Pathos der zeitlich ewigen Höllenstrafen hinzutrat. Aber er
entstand eben nicht und das Hiobbuch blieb in seinem vom Dichter gemeinten Ergebnis bekanntlich fast völlig unverstanden, so felsenfest stand der kollektive Ver-
geltungsgedanke in der jüdischen Religiosität. Die für den frommen Juden mit dem
Moralismus des Gesetzes unvermeidlich verbundene, weil fast alle exilischen und
nachexilischen heiligen Schriften durchziehende, Rachehoffnung, welche 2½ Jahr-
tausende lang in fast jedem Gottesdienst des an den beiden unzerreißbaren Ketten:
der religiös geheiligten Absonderung von der übrigen Welt und der Diesseitsverheißungen seines Gottes, festliegenden Volkes bewußt oder unbewußt neue Nahrung
erhalten mußte, trat, da der Messias auf sich warten ließ, natürlich im religiösen
Bewußtsein der Intellektuellenschicht immer wieder zugunsten des Werts der Gott-
innigkeit rein als solcher oder eines milden stimmungsvollen Vertrauens auf göttliche Güte rein als solche und der Bereitschaft zum Frieden mit aller Welt zurück.
Dies geschah besonders, so oft die soziale Lage der zu völliger politischer Machtlosigkeit verurteilten Gemeinden eine irgend erträgliche war, — während sie in Epochen,
wie etwa den Verfolgungen der Kreuzzugszeit entweder zu einem ebenso penetranten
wie fruchtlosen Racheschrei zu Gott wieder aufflammt oder zu dem Gebet: die eigene
Seele möge vor den den Juden fluchenden Feinden „zu Staub werden", aber vor
bösen Worten und Taten sich wahren und sich allein auf die wortlose Erfüllung von
Gottes Gebot und die Offenhaltung des Herzens für ihn beschränken. Eine so unerhörte
Verzerrung es nun wäre, im Ressentiment das eigentlich maßgebende Element der historisch stark wandelbaren jüdischen Religiosität finden zu wollen, so darf allerdings
sein Einfluß auch auf grundlegende Eigenarten der jüdischen Religiosität nicht
unterschätzt werden. Denn es zeigt gegenüber dem ihm mit andern Erlösungsreligionen Gemeinsamen in der Tat einen der spezifischen Züge und spielt in keiner
anderen Religiosität negativ privilegierter Schichten eine derartig auffällige Rolle.
In irgend einer Form allerdings ist die Theodizee der negativ Privilegierten Bestandteil jeder Erlösungsreligiosität, welche in diesen Schichten vornehmlich ihre Anhängerschaft hat, und die Entwicklung der Priesterethik ist ihr überall da entgegen-
gekommen, wo sie Bestandteil einer vornehmlich innerhalb solcher Schichten
heimischen Gemeindereligiosität wurde. Seine fast völlige Abwesenheit, und ebenso
das Fehlen fast aller sozialrevolutionären, religiösen Ethik in der Religiosität des
frommen Hindu und des buddhistischen Asiaten erklärt sich aus der Art der Wieder-
geburtstheodizee; die Ordnung der Kaste als solche bleibt ewig und ist absolut gerecht. Denn Tugenden oder Sünden eines früheren Lebens begründen die Geburt
in die Kaste, das Verhalten im jetzigen Leben die Chancen der Verbesserung. Es
besteht daher vor allem keine Spur jenes augenfälligen Konflikts zwischen der durch
Gottes Verheißungen geschaffenen sozialen Prätension und der verachteten Lage
in der Realität, welcher in dem dergestalt in ständiger Spannung gegen seine Klassenlage Lebenden und in ständiger Erwartung und fruchtloser Hoffnung lebenden
Juden die Weltunbefangenheit vernichtete, und die religiöse Kritik an den gottlosen
Heiden, auf welche dann erbarmungsloser Hohn antwortete, umschlagen ließ in ein
immer waches, oft erbittertes, weil ständig von geheimer Selbstkritik bedrohtes Achten
auf die eigene Gesetzestugend. Dazu trat kasuistisches, lebenslänglich geschultes

Grübeln über die religiösen Pflichten der Volksgenossen — von deren Korrektheit ja Jahves schließliche Gnade abhing — und die in manchen Produkten der nach-exilischen Zeit so charakteristisch hervortretende Mischung von Verzagtheit an jeg-lichem Sinn dieser eitlen Welt, Sichbeugen unter die Züchtigungen Gottes, Sorge, ihn durch Stolz zu verletzen und angstvoller, rituell-sittlicher Korrektheit, die den Juden jenes verzweifelte Ringen nicht mehr um die Achtung der andern, sondern um Selbst-achtung und Würdegefühl aufzwang. Ein Würdegefühl, das — wenn schließlich doch die Erfüllung der Verheißungen Jahves der Maßstab des jeweiligen eigenen Werts vor Gott sein mußte, — sich selbst immer prekär werden und damit wieder vor dem Schiffbruch des ganzen Sinnes der eigenen Lebensführung stehen konnte.

Ein greifbarer Beweis für Gottes persönliche Gnade blieb in der Tat für den Ghetto-Juden in steigendem Maße der Erfolg im Erwerb. Allein es paßt gerade der Gedanke der „Bewährung" im gottgewollten „Beruf" für den Juden nicht in dem Sinn, in welchem die innerweltliche Askese ihn kennt. Denn der Segen Gottes ist in weit geringerem Maße als bei dem Puritaner in einer systematischen asketischen rationalen Lebens-methodik als der dort e i n z i g möglichen Quelle der certitudo salutis verankert. Nicht nur ist z. B. die Sexualethik direkt antiasketisch und naturalistisch geblieben und war die altjüdische Wirtschaftsethik in ihren postulierten Beziehungen stark traditionalistisch, erfüllt von einer, jeder Askese fremden, unbefangenen Schätzung des Reichtums, sondern die gesamte Werkheiligkeit der Juden ist ritualistisch unter-baut und überdies häufig kombiniert mit dem spezifischen Stimmungsgehalt der Glaubensreligiosität. Nur gelten die traditionalistischen Bestimmungen der inner-jüdischen Wirtschaftsethik selbstverständlich, wie bei aller alten Ethik, in vollem Umfang nur dem Glaubensbruder gegenüber, nicht nach außen. Alles in allem aber haben Jahves Verheißungen innerhalb des Judentums selbst in der Tat einen starken Einschlag von Ressentimentsmoralismus gezeigt. Sehr falsch wäre es aber, sich das Erlösungsbedürfnis, die Theodizee oder die Gemeindereligiosität überhaupt als nur auf dem Boden der negativ privilegierten Schichten oder gar nur aus Ressenti-ment erwachsen vorzustellen, also lediglich als Produkt eines „Sklavenaufstandes in der Moral". Das trifft nicht einmal für das alte Christentum zu, obwohl es seine Verheißungen mit größtem Nachdruck gerade an die geistig und materiell „Armen" richtet. An dem Gegensatz der Prophetie Jesus und ihren nächsten Konsequenzen kann man vielmehr erkennen, was die Entwertung und Sprengung der rituellen, ab-sichtsvoll auf Abschluß nach außen abgezweckten Gesetzlichkeit und dessen Folge: L ö s u n g der Verbindung der Religiosität mit der Stellung der Gläubigen als eines kastenartig geschlossenen Pariavolkes für Konsequenzen haben mußte. Gewiß enthält die urchristliche Prophetie sehr spezifische Züge von „Vergeltung" im Sinne des künftigen Ausgleichs der Lose (am deutlichsten in der Lazaruslegende) und der Rache, die Gottes Sache ist. Und das Reich Gottes ist auch hier ein irdi-sches Reich, zunächst offenbar ein speziell oder doch in erster Linie ein den Juden, die ja von alters her an den wahren Gott glauben, bestimmtes Reich. Aber gerade das spezifisch penetrante Ressentiment des Pariavolks ist das, was durch die Konse-quenzen der neuen religiösen Verheißungen ausgeschaltet wird. Und die Gefahr des Reichtums für die Erlösungschance wird wenigstens in den als eigene Predigt Jesu überlieferten Bestandteilen selbst in keiner Art asketisch motiviert und ist erst recht nicht — wie die Zeugnisse der Tradition über seinen Verkehr nicht nur mit Zöllnern (das sind in Palästina meist Kleinwucherer) sondern mit andern wohl-habenden Vornehmen beweisen — aus Ressentiment motivierbar. Dazu ist die Weltindifferenz bei der Wucht der eschatologischen Erwartungen viel zu groß. Freilich, wenn er „vollkommen", das heißt: J ü n g e r werden will, muß der reiche Jüngling bedingungslos aus der „Welt" scheiden. Aber ausdrücklich wird gesagt, daß bei Gott alles, auch das Seligwerden des Reichen, der von seinen Gütern zu scheiden sich nicht entschließen kann, wie immer erschwert, dennoch möglich sei. „Proletarische Instinkte" sind dem Propheten akosmistischer Liebe, der den geistig und materiell Armen die frohe Botschaft von der unmittelbaren Nähe des Gottesreiches und Freiheit von der Gewalt der Dämonen bringt, ebenso fremd wie etwa dem Buddha, dem das absolute Ausscheiden aus der Welt unbedingte Voraussetzung der Erlösung ist. Die Schranke der Bedeutung des „Ressentiments" und die Bedenklichkeit der allzu universellen Anwendung des „Verdrängungs"-Schemas zeigt sich aber nirgends so deutlich wie in dem Fehler Nietzsches, der sein Schema auch auf das ganz unzutreffende Beispiel des Buddhismus anwendet. Dieser aber ist das radikalste Gegenteil jedes Ressentimentsmoralismus, vielmehr die Erlösungslehre einer stolz und vornehm die Illusionen des diesseitigen wie des jenseitigen Lebens gleichmäßig verachtenden, zunächst fast durchweg aus den privilegierten Kasten, speziell der Kriegerkaste, rekrutierten Intellektuellenschicht und kann allenfalls mit der hellenistischen, vor allem der neuplatonischen oder auch der manichäischen oder der gnostischen Erlösungslehre, so gründlich verschieden diese von ihnen sind, der sozialen Provenienz nach verglichen werden. Wer die Erlösung zum Nirwana nicht will, dem gönnt der buddhistische bikkshu die ganze Welt einschließlich der Wiedergeburt im Paradiese. Gerade dies Beispiel zeigt, daß das Erlösungsbedürfnis und die ethische Religiosität noch eine andere Quelle hat, als die soziale Lage der negativ Privilegierten und den durch die praktische Lebenslage bedingten Rationalismus des Bürgertums: den Intellektualismus rein als solchen, speziell die metaphysischen Bedürfnisse des Geistes, welcher über ethische und religiöse Fragen zu grübeln nicht durch materielle Not gedrängt wird, sondern durch die eigene innere Nötigung, die Welt als einen s i n n v o l l e n Kosmos erfassen und zu ihr Stellung nehmen zu können.

In außerordentlich weitgehendem Maße ist das Schicksal der Religionen durch die verschiedenen Wege, welche der Intellektualismus dabei einschlägt und durch dessen verschiedenartige Beziehungen zu der Priesterschaft und den politischen Gewalten und sind diese Umstände wiederum durch die Provenienz derjenigen Schicht bedingt gewesen, welche in spezifischem Grade Träger des Intellektualismus war. Das war zunächst das P r i e s t e r t u m selbst, insbesondere, wo es durch den Charakter der heiligen Schriften und die Notwendigkeit, diese zu interpretieren und ihren Inhalt, ihre Deutung und ihren richtigen Gebrauch zu lehren, eine Literatenzunft geworden war. Das ist gar nicht in den Religionen der antiken Stadtvölker, speziell der Phöniker, Hellenen, Römer einerseits, in der chinesischen Ethik andererseits geschehen. Hier geriet das infolge dessen nur bescheiden entwickelte, eigentlich theologische (Hesiod) und alles metaphysische und ethische Denken ganz in die Hände von Nichtpriestern. In höchstem Maße dagegen war das Gegenteil der Fall in Indien, Aegypten und Babylonien, bei den Zarathustriern, im Islam und im alten und mittelalterlichen, für die Theologie auch im modernen Christentum. Die ägyptische, zarathustrische und zeitweise die altchristliche und während des vedischen Zeitalters, also vor Entstehung der laienasketischen und der Upanishad-Philosophie auch die brahmanische, in geringerem, durch Laienprophetie stark durchbrochenen Maße auch die jüdische, in ähnlich begrenztem, durch die sufitische Spekulation teilweise durchbrochenem, Grade auch die islamische Priesterschaft haben die Entwicklung der religiösen Metaphysik und Ethik in sehr starkem Maße zu monopolisieren gewußt. Neben den Priestern oder statt ihrer sind es in allen Zweigen des Buddhismus, im Islam und im alten und mittelalterlichen Christentum vor allen Dingen Mönche oder mönchsartig orientierte Kreise, welche nicht nur das theologische und ethische, sondern alles metaphysische und beträchtliche Bestandteile des wissenschaftlichen Denkens überhaupt und außerdem der literarischen Kunstproduktion okkupierten und literarisch pflegten. Die Zugehörigkeit der Sänger zu den kultisch wichtigen Personen hat die Hineinbeziehung der epischen, lyrischen, satyrischen Dichtung Indiens in die Veden, der erotischen Dichtung Israels in die heiligen Schriften, die psychologische Verwandtschaft der mystischen und pneumatischen mit der dichterischen Emotion, die Rolle des Mystikers in der Lyrik im

Orient und Okzident bedingt. Aber hier soll es nicht auf die literarische Produktion und ihren Charakter, sondern auf die Prägung der Religiosität selbst durch die Eigenart der sie beeinflussenden Intellektuellenschichten ankommen. Da ist nun der Einfluß des Priestertums als solcher auch da, wo es Hauptträger der Literatur war, sehr verschieden stark gewesen, je nach den nichtpriesterlichen Schichten, die ihm gegenüberstanden und seiner eigenen Machtstellung. Wohl am stärksten spezifisch priesterlich beeinflußt ist die spätere Entwicklung der zarathustrischen Religiosität. Ebenso die ägyptische und babylonische. Prophetisch, dabei aber doch intensiv priesterlich geprägt ist das Judentum des deuteronomistischen und auch des exilischen Zeitalters. Für das Spätjudentum ist statt des Priesters der Rabbiner eine ausschlaggebende Figur. Sehr stark priesterlich, daneben mönchisch geprägt ist die christliche Religiosität der spätesten Antike und des Hochmittelalters, dann wieder die Gegenreformation. Intensiv pastoral beeinflußt ist die Religiosität des Luthertums und auch des Frühcalvinismus. In ganz außerordentlich starkem Grade brahmanisch geprägt und beeinflußt ist der Hinduismus im Schwerpunkt wenigstens seiner institutionellen und sozialen Bestandteile, vor allem das Kastenwesen, welches überall entstand, wo Brahmanen zuwanderten und dessen soziale Hierarchie letztlich überall durch die Rangordnung, welche die Schätzung der Brahmanen den einzelnen Kasten zuweist, bedingt ist. Durch und durch mönchisch beeinflußt ist der Buddhismus in allen seinen Spielarten mit Einschluß vor allem des Lamaismus, in geringerem Maße auch breite Schichten der orientalisch-christlichen Religiosität. Uns interessiert nun aber hier speziell das Verhältnis einerseits der nicht priesterlichen, also neben der Mönchs- der Laienintelligenz zur priesterlichen und dann die Beziehungen von Intellektuellenschichten zu den Religiositäten und ihre Stellung innerhalb der religiösen Gemeinschaften. Da ist vor allem die grundlegend wichtige Tatsache festzustellen: daß die großen asiatischen religiösen Lehren alle Intellektuellenschöpfungen sind. Die Erlösungslehre des Buddhismus ebenso wie die des Jainismus und alle ihnen verwandten Lehren wurden getragen von vornehmen Intellektuellen mit (wenn auch nicht immer streng fachmäßiger) vedischer Bildung, wie sie zur vornehmen indischen Erziehung gehörte, von Angehörigen vor allem des Kschatriya-Adels, der sich im Gegensatz zum brahmanischen fühlte. In China waren sowohl die Träger des Konfuzianismus, vom Stifter selbst angefangen, wie der offiziell als Stifter des Taoismus geltende Laotse, entweder selbst klassisch-literarisch gebildete Beamte oder Philosophen mit entsprechender Bildung. Fast alle prinzipiellen Richtungen der hellenischen Philosophie finden in China wie in Indien ihr freilich oft stark modifiziertes Gegenbild. Der Konfuzianismus als geltende Ethik ist durchaus von der klassisch-literarisch gebildeten Amtsanwärterschicht getragen, während allerdings der Taoismus zu einer populären magischen Praxis geworden ist. Die großen Reformen des Hinduismus sind von brahmanisch gebildeten, vornehmen Intellektuellen geschaffen worden, obwohl allerdings die Gemeindebildung nachher teilweise in die Hände von Mitgliedern niederer Kasten geriet, darin also anders verlief als die gleichfalls von fachmäßig geistlich gebildeten Männern ausgehende Kirchenreformation in Nordeuropa, die katholische Gegenreformation, welche zunächst in dialektisch geschulten Jesuiten, wie Salmeron und Lainez, ihre Stützen fand, und die Mystik und Orthodoxie verschmelzende Umbildung der islamitischen Doktrin (Al Ghazali), deren Leitung in den Händen teils der offiziellen Hierarchie, teils einer aus theologisch Gebildeten, neu sich bildenden Amtsaristokratie blieb. Ebenso aber sind die vorderasiatischen Erlösungslehren des Manichäismus und der Gnosis beide ganz spezifische Intellektuellenreligionen, sowohl was ihre Schöpfer wie was ihre wesentlichen Träger und auch was den Charakter ihrer Erlösungslehre angeht. Und zwar sind es bei aller Verschiedenheit untereinander in allen diesen Fällen Intellektuellenschichten relativ sehr vornehmen Charakters, mit philosophischer Bildung, etwa den hellenischen Philosophenschulen oder dem durchgebildetsten Typus der klösterlichen oder auch der

weltlich-humanistischen Universitätsschulung des ausgehenden Mittelalters entsprechend, welche die Träger der betreffenden Ethik oder Erlösungslehre sind.
Intellektuellenschichten nun bilden innerhalb einer gegebenen religiösen Lage entweder einen schulmäßigen Betrieb aus, ähnlich etwa der platonischen Akademie
und den verwandten hellenischen Philosophenschulen und nehmen, wie diese, offiziell
gar keine Stellung zur bestehenden Religionspraxis, der sie sich äußerlich nicht
direkt entziehen, die sie aber philosophisch umdeuten oder auch einfach ignorieren.
Die offiziellen Kultvertreter ihrerseits, also in China die mit den Kultpflichten be-
lastete Staatsbeamtenschaft, in Indien das Brahmanentum, behandelten deren Lehre
dann entweder als orthodox oder (wie in China z. B. die materialistischen Lehren,
in Indien die dualistische Samkhya-Philosophie) als heterodox.   Diese vornehmlich wissenschaftlich gerichteten und nur indirekt mit der praktischen Religiosität zusammenhängenden Bewegungen gehen uns in unserem Zusammenhang
nicht näher an. Sondern die anderen, ganz speziell auf Schaffung einer religiösen
Ethik gerichteten oben erwähnten Bewegungen, zu denen in der okzidentalen Antike uns die Pythagoräer und Neuplatoniker die nächstliegenden Parallelen darstellen, — Intellektuellenbewegungen also, welche den sozial privilegierten Schichten
entweder ausschließlich entstammen oder doch von Abkömmlingen jener geleitet
oder vorwiegend beeinflußt werden.

Eine Erlösungsreligiosität entwickeln sozial privilegierte Schichten eines Volkes
normalerweise dann am nachhaltigsten, wenn sie entmilitarisiert und von der Möglichkeit oder vom Interesse an politischer Betätigung ausgeschlossen sind. Daher
tritt sie typisch dann auf, wenn die, sei es adligen, sei es bürgerlichen herrschenden
Schichten entweder durch eine bürokratisch-militaristische Einheitsstaatsgewalt
entpolitisiert worden sind, oder sich selbst aus irgendwelchen Gründen von der
Politik zurückgezogen haben, wenn also die Entwicklung ihrer intellektuellen
Bildung in ihre letzten gedanklichen und psychologischen inneren Konsequenzen
für sie an Bedeutung über ihre praktische Betätigung in der äußeren diesseitigen
Welt das Uebergewicht gewonnen hat. Nicht daß sie erst dann entständen. Im Gegen-
teil erwachsen die betreffenden gedanklichen Konzeptionen unter Umständen zeitlich gerade in politisch und sozial bewegten Zeiten als Folge voraussetzungslosen
Nachdenkens. Aber die Herrschaft pflegen diese, zunächst unterirdisch bleibenden
Stimmungen regelmäßig erst mit dem Eintritt der Entpolitisierung des Intellektuellentums zu gewinnen. Der Konfuzianismus, die Ethik eines machtvollen Beamtentums lehnt jede Erlösungslehre ab. Jainismus und Buddhismus — das radikale
Gegenstück zur konfuzianischen Weltanpassung — waren greifbarer Ausdruck einer
radikal antipolitisch, pazifistisch und weltablehnend gearteten Intellektuellen-
gesinnung. Aber wir wissen nicht, ob ihre zeitweilig erhebliche Anhängerschaft
in Indien durch Zeitereignisse vermehrt wurde, welche entpolitisierend wirkten. Die
jeglichen politischen Pathos entbehrende Zwergstaaterei der indischen Kleinfürsten
vor Alexanders Zeiten, welcher die imponierende Einheit des damals allmählich überall
vordringenden Brahmanentums gegenüberstand, war an sich geeignet, die intellektuell geschulten Kreise des Adels ihre Interessen außerhalb der Politik suchen
zu lassen. Die vorschriftsmäßige Weltentsagung des Brahmanen als Vanaprastha,
sein Altenteil und dessen populäre Heilighaltung fand daher in der Entwicklung der
nicht brahmanischen Asketen (Sramanas) Nachfolge — falls nicht umgekehrt die
Empfehlung der Weltentsagung an den Brahmanen, der den Sohn seines Sohnes sieht,
die jüngere von beiden Erscheinungen und eine Uebertragung ist. Jedenfalls über-
trafen die Sramanas, als Inhaber asketischen Charismas, in der populären Schätzung
bald das offizielle Priestertum. Der mönchische Apolitismus der Vornehmen war in
Indien in dieser Form schon seit sehr frühen Zeiten endemisch, längst ehe die apolitischen philosophischen Erlösungslehren entstanden. Die vorderasiatischen Erlösungsreligionen, sei es mystagogischen, sei es prophetischen Charakters und ebenso
die vom Laienintellektualismus getragenen, orientalischen und hellenistischen, sei

es mehr religiösen, sei es mehr philosophischen Erlösungslehren, sind (soweit sie überhaupt sozial privilegierte Schichten erfassen) fast ausnahmslos Folgeerscheinung der erzwungenen oder freiwilligen Abwendung der Bildungsschichten von politischem Einfluß und politischer Betätigung. Die Wendung zur Erlösungsreligiosität hat die babylonische Religion, gekreuzt mit Bestandteilen außerbabylonischer Provenienz, erst im Mandäismus, die vorderasiatische Intellektuellenreligiosität zuerst durch Beteiligung an den Mithras- und anderen soteriologischen Kulten, dann in der Gnosis und im Manichäismus vollzogen, auch hier, nachdem jedes politische Interesse der Bildungsschicht abgestorben war. Erlösungsreligiosität hat es wohl schon vor der pythagoreischen Sekte, innerhalb der hellenischen Intellektuellenschicht immer gegeben. Aber nicht sie beherrschte deren politisch maßgebende Schichten. Der Erfolg der Propaganda der Erlösungskulte und der philosophischen Erlösungslehre in den vornehmen Laienkreisen des Späthellenen- und des Römertums geht parallel der endgültigen Abwendung dieser Schichten von politischer Betätigung. Und das etwas geschwätzige sog. „religiöse" Interesse unserer deutschen Intellektuellenschichten in der Gegenwart hängt intim mit politischen Enttäuschungen und dadurch bedingter politischer Desinteressiertheit zusammen.

Der vornehmen, aus den privilegierten Klassen stammenden Erlösungssehnsucht ist generell die Disposition für die, mit spezifisch intellektualistischer Heilsqualifikation verknüpfte, später zu analysierende „Erleuchtungs"-Mystik eigen. Das ergibt eine starke Deklassierung des Naturhaften, Körperlichen, Sinnlichen, als — nach psychologischer Erfahrung — einer Versuchung zur Ablenkung von diesem spezifischen Heilsweg. Steigerung, anspruchsvolle Raffinierung und gleichzeitig Abdrängung der normalen Geschlechtlichkeit zugunsten von Ersatz-Abreaktionen dürften dabei ebenfalls, bedingt durch die Lebensführung des Nichts-als-Intellektuellen, zuweilen eine heute anscheinend von der Psychopathologie noch nicht in eindeutigen Regeln erfaßbare Rolle spielen, wie gewisse Erscheinungen, namentlich der gnostischen Mysterien — ein sublimer masturbatorischer Ersatz für die Orgien des Bauern — handgreiflich nahezulegen scheinen. Mit diesen rein psychologischen Bedingungen einer Irrationalisierung des Religiösen kreuzt sich das natürliche rationalistische Bedürfnis des Intellektualismus, die Welt als sinnvollen Kosmos zu begreifen, deren Produkt ebenso die (bald zu erwähnende) indische Karmanlehre und ihre buddhistische Abwandlung, wie etwa in Israel das vermutlich aus vornehmen Intellektuellenkreisen stammende Hiobbuch, verwandte Problemstellungen in der ägyptischen Literatur, die gnostische Spekulation und der manichäische Dualismus sind.

Die intellektualistische Provenienz einer Erlösungslehre und ebenso einer Ethik hat, wenn dann die betreffende Religiosität Massenreligion wird, ganz regelmäßig die Konsequenz, daß entweder eine Esoterik oder doch eine vornehme Standesethik für die Bedürfnisse der intellektuell Geschulten innerhalb der popularisierten, magisch heilandssoteriologisch umgeformten und den Bedürfnissen der Nichtintellektuellen angepaßten, offiziellen Religiosität entsteht. So die ganz erlösungsfremde konfuzianische Standesethik der Bürokratie, neben welcher die taoistische Magie und die buddhistische Sakraments- und Ritualgnade als Volksreligiositäten petrifiziert, verachtet von den klassisch Gebildeten, weiterbestehen. Ebenso die buddhistische Erlösungsethik des Mönchsstandes neben der Zauberei und Idolatrie der Laien, dem Fortbestand der tabuistischen Magie und der Neuentwicklung der hinduistischen Heilandsreligiosität. Oder aber es nimmt die Intellektuellenreligiosität die Form der Mystagogie mit einer Hierarchie von Weihen an — wie in der Gnosis und verwandten Kulten — von deren Erreichung der unerleuchtete „Pistiker" ausgeschlossen bleibt. Stets ist die Erlösung, die der Intellektuelle sucht, eine Erlösung von „innerer Not" und daher einerseits lebensfremderen, andererseits prinzipielleren und systematischer erfaßten Charakters, als die Erlösung von äußerer Not, welche den nicht privilegierten Schichten eignet. Der Intellektuelle sucht auf Wegen, deren Kasuistik ins Unendliche geht, seiner Lebensführung einen durchgehenden „Sinn" zu verleihen, also „Einheit" mit sich selbst, mit den Menschen, mit dem Kosmos. Er ist es, der die Konzeption der „Welt" als eines „Sinn"-Problems vollzieht. Je mehr der Intellektualismus den Glauben an die Magie zurückdrängt, und so die Vorgänge der Welt „entzaubert" werden, ihren magischen Sinngehalt verlieren, nur noch „sind" und „geschehen", aber nichts mehr „bedeuten", desto dringlicher erwächst die Forderung an die Welt und „Lebensführung" je als Ganzes, daß sie bedeutungshaft und „sinnvoll" geordnet seien.

Die Konflikte dieses Postulats mit den Realitäten der Welt und ihren Ordnungen und den Möglichkeiten der Lebensführung in ihr bedingen die spezifische Intellektuellenweltflucht, welche sowohl eine Flucht in die absolute Einsamkeit, oder — moderner — in die durch menschliche Ordnungen unberührte „Natur" (Rousseau) und die weltflüchtige Romantik, wie eine Flucht unter das durch menschliche Konvention unberührte „Volk" (das russische Umodnitschestwo) sein, mehr kontemplativ oder mehr aktiv asketisch sich wenden, mehr individuelles Heil oder mehr kollektiv-ethisch-revolutionäre Weltänderung suchen kann. Alle diese dem apolitischen Intellektualismus gleich zugänglichen Tendenzen nun können auch als religiöse Erlösungslehren auftreten und haben dies gelegentlich getan. Der spezifisch weltflüchtige Charakter der Intellektuellenreligiosität hat auch hier eine ihrer Wurzeln.

Diese philosophische, von — durchschnittlich — sozial und ökonomisch versorgten Klassen, vornehmlich von apolitischen Adligen oder Rentnern, Beamten, kirchlichen, klösterlichen, Hochschul- oder anderen Pfründnern irgendwelcher Art getragene Art von Intellektualismus ist aber nicht die einzige und oft nicht die vornehmlich religiös relevante. Daneben steht: der proletaroide Intellektualismus, mit dem vornehmen Intellektualismus überall durch gleitende Uebergänge verbunden, und nur in der Art der typischen Sinnesrichtung von ihm verschieden. Die am Rande des Existenzminimums stehenden, meist nur mit einer als subaltern geltenden Bildung ausgerüsteten kleinen Beamten und Kleinpfründner aller Zeiten, die nicht zu den privilegierten Schichten gehörigen Schriftkundigen in Zeiten, wo das Schreiben ein Spezialberuf war, die Elementarlehrer aller Art, die wandernden Sänger, Vorleser, Erzähler, Rezitatoren und ähnliche freie proletaroide Berufe gehören dazu. Vor allem aber: die autodidaktische Intelligenz der negativ privilegierten Schichten, wie sie in der Gegenwart in Europa im Osten dem klassischsten dem russische proletaroide Bauernintelligenz, außerdem im Westen die sozialistische und anarchistische Proletarierintelligenz repräsentiert, zu deren Beispiel aber — mit gänzlich anderem Inhalt — auch die berühmte Bibelfestigkeit der holländischen Bauern noch in der ersten Hälfte des 19. Jahrhunderts, im 17. Jahrhundert diejenige der kleinbürgerlichen Puritaner Englands, ebenso aber diejenige der religiös interessierten Handwerksgesellen aller Zeiten und Völker, vor allem und wiederum in ganz klassischer Art die jüdischen Frommen (Pharisäer, Chassidäer, und die Masse der Frommen, täglich im Gesetz lesenden Juden überhaupt) gehören. Soweit es sich hier um „Paria"-Intellektualismus handelt, — wie bei allen proletaroiden Kleinpfründnern, den russischen Bauern, den mehr oder minder „fahrenden" Leuten, — beruht dessen Intensität darauf, daß die außerhalb oder am unteren Ende der sozialen Hierarchie stehenden Schichten gewissermaßen auf dem archimedischen Punkt gegenüber den gesellschaftlichen Konventionen, sowohl was die äußere Ordnung wie was die üblichen Meinungen angeht, stehen. Sie sind daher einer durch jene Konvention nicht gebundenen originären Stellungnahme zum „Sinn" des Kosmos und eines starken, durch materielle Rücksicht nicht gehemmten, ethischen und religiösen Pathos fähig. Soweit sie den Mittelklassen angehören, wie die religiös autodidaktischen Kleinbürgerschichten, pflegt ihr religiöses Bedürfen entweder eine ethisch-rigoristische oder okkultistische Wendung zu nehmen. Der Handwerksburschenintellektualismus steht in der Mitte zwischen beiden und hat seine Bedeutung in der Qualifikation des wandernden Handwerksburschen zur Mission.

In Ostasien und Indien fehlt der Paria-, ebenso wie der Kleinbürgerintellektualismus, so viel bekannt, fast gänzlich, weil das Gemeingefühl des Stadtbürgertums,
welches für den zweiten, und die Emanzipation von der Magie, welche für beide Voraussetzung ist, fehlt. Ihre Ghatas nehmen sich selbst die auf dem Boden niederer Kasten
entstandenen Formen der Religiosität ganz überwiegend von den Brahmanen. Einen
selbständigen, inoffiziellen Intellektualismus gegenüber der konfuzianischen Bildung
gibt es in China nicht. Der Konfuzianismus also ist die Ethik des „vornehmen
Menschen", des „Gentleman" (wie schon Dvořak mit Recht übersetzt). Er ist ganz
ausgesprochenermaßen eine Standesethik, richtiger: ein System von Anstandsregeln,
einer vornehmen literarisch gebildeten Schicht. Aehnlich steht es im alten Orient
und in Aegypten, soviel bekannt; der dortige Schreiberintellektualismus gehört,
soweit er zu ethisch-religiösen Reflexionen geführt hat, durchaus dem Typus des, unter
Umständen apolitischen, stets aber vornehmen und antibanausischen Intellektualismus an. Anders in Israel. Der Verfasser des Hiob setzt als Träger des religiösen
Intellektualismus auch die vornehmen Geschlechter voraus. Die Spruchweisheit
und was ihr nahe steht, zeigt ihren von der Internationalisierung und gegenseitigen
Berührung der höheren apolitischen Bildungsschichten, wie sie nach Alexander im
Orient eintrat, stark berührten Charakter schon in der Form: die Sprüche geben sich
teilweise direkt als Produkte eines nichtjüdischen Königs, und überhaupt hat ja alle
mit „Salomo" abgestempelte Literatur irgend etwas von einem internationalen
Kulturcharakter. Wenn der Siracide gerade die Weisheit der Väter gegenüber der
Hellenisierung betonen möchte, so beweist eben dies das Bestehen jener Tendenz.
Und, wie Bousset mit Recht hervorhebt, der „Schriftgelehrte" jener Zeit ist dem
Sirachbuch nach der weitgereiste Gentleman und Kulturmensch, es geht — wie auch
Meinhold betont — ein ausgesprochen antibanausischer Zug, ganz nach Hellenenart,
durch das Buch: wie kann der Bauer, der Schmied, der Töpfer die „Weisheit" haben, die
nur Muße zum Nachdenken und zur Hingabe an das Studium zu erschließen vermag ?
Wenn Ezra als „erster Schriftgelehrter" bezeichnet wird, so ist doch einerseits die ein-
flußreiche Stellung der um die Propheten sich scharenden, rein religiös interessierten
Mönche, Ideologen, ohne welche die Oktroyierung des Deuteronomium nicht
hätte gelingen können, weit älter, andererseits aber die überragende, dem Mufti des
Islam praktisch fast gleichkommende Stellung der Schriftgelehrten, das heißt aber
zunächst: der hebräisch verstehenden Ausleger der göttlichen Gebote, doch wesent-
lich jünger als die Stellung dieses vom Perserkönig bevollmächtigten offiziellen
Schöpfers der Theokratie. Der soziale Rang der Schriftgelehrten hat nun aber
Veränderungen erfahren. In der Zeit des Makkabäerreiches ist Frömmigkeit — im
Grunde eine recht nüchterne Lebensweisheit, etwa wie die Xenophilie — und „Bil-
dung" identisch, diese (musar, $\pi\alpha\iota\delta\epsilon\prime\alpha$) ist der Weg zur Tugend, die in demselben
Sinn als lehrbar gilt, wie bei den Hellenen. Allerdings fühlt sich der fromme Intel-
lektuelle schon der damaligen Zeit ganz ebenso wie die meisten Psalmisten im scharfen
Gegensatz gegen die Reichen und Hochmütigen, bei denen Gesetzestreue selten ist.
Aber sie selbst sind eine mit diesen sozial gleichstehende Klasse. Dagegen produzierten
die Schriftgelehrtenschulen der herodianischen Zeit mit zunehmender innerer Bedrückt-
heit und Spannung durch die offensichtliche Unabwendbarkeit der Fremdherrschaft
eine proletaroide Schicht von Gesetzesinterpreten, welche als seelsorgerische Be-
rater, Prediger und Lehrer in den Synagogen — auch im Sanhedrin saßen Vertreter
— die Volksfrömmigkeit der engen gesetzestreuen Gemeindejuden (Chaberim) im
Sinne der Peruschim (Pharisaioi) prägten; diese Art des Betriebs geht dann in das
Gemeindebeamtentum des Rabbinats der talmudischen Zeit über. Im Gegensatz zu
ihnen ist eine ungeheure Verbreitung des kleinbürgerlichen und des Pariaintellektualismus durch sie erfolgt, wie sie in keinem andern Volk ihresgleichen findet: die
Verbreitung der Schreibkunst ebenso wie die systematische Erziehung im kasuistischen
Denken durch eine Art „allgemeiner Volksschulen" galt schon Philo für das Spezifi-
kum der Juden. Der Einfluß dieser Schicht erst ist es, der beim jüdischen Stadt-

bürgertum die Prophetentätigkeit durch den Kult der Gesetzestreue und des buch-religiösen Gesetzesstudiums ersetzt hat.

Diese populäre jüdische, allem Mysterienwesen durchaus fremde Intellek-tuellenschicht steht sozial entschieden unter dem Philosophen- und Mystagogentum der vorderasiatisch-hellenistischen Gesellschaft. Aber zweifellos gab es andererseits schon in vorchristlicher Zeit im hellenistischen Orient einen durch die verschiedenen sozialen Schichten hindurchreichenden Intellektualismus, welcher in den verschie-denen sakramentalen Erlösungskulten und Weihen durch Allegorie und Spekulation ähnliche soteriologische Dogmatiken produzierte, wie die wohl gleichfalls meist den Mittelschichten angehörigen Orphiker es getan haben. Mindestens einem Diaspora-schriftgelehrten wie Paulus waren diese Mysterien und soteriologischen Spekulationen — der Mithraskult war in Kilikien als Seeräuberglauben zu Pompejus' Zeit ver-breitet, wenn er auch speziell in Tarsos erst in nachchristlicher Zeit ausdrücklich inschriftlich bezeugt ist — sicher wohl bekannt und verhaßt. Wahrscheinlich aber liefen soteriologische Hoffnungen der verschiedensten Prägung und Provenienz auch innerhalb des Judentums, zumal des Provinzialjudentums, seit langem neben-einander; sonst hätte neben den Zukunftsmonarchen des herrschenden jüdischen Volks nicht schon in prophetischer Zeit der auf dem Lastesel einziehende König der armen Leute stehen und die Idee des „Menschensohns" (eine grammatikalisch er-sichtlich semitische Bildung) konzipiert werden können. An jeglicher komplizierten, über den reinen am Naturvorgang orientierten Mythos oder die schlichte Weis-sagung eines guten Zukunftskönigs, der irgendwo schon verborgen sitzt, hinaus-gehenden, Abstraktionen entfaltenden und kosmische Perspektiven eröffnenden Soteriologie aber ist stets Laienintellektualismus, je nachdem der vornehme, oder der Pariaintellektualismus, irgendwie beteiligt.

Jenes Schriftgelehrtentum nun und der dadurch gepflegte Kleinbürgerintellek-tualismus drang vom Judentum aus auch in das Frühchristentum ein. Paulus, ein Handwerker, wie dies anscheinend viele der spätjüdischen Schriftgelehrten, sehr im Gegensatz gegen die antibanausische Weisheitslehre der siracidischen Zeit, auch waren, ist ein sehr hervorragender Vertreter des Typus (nur daß in ihm freilich mehr und Spezifischeres als nur dies Element steckt); seine „Gnosis" konnte, obwohl sie dem, was das spekulative hellenistisch-orientalische Intellektuellentum darunter verstand, sehr fremd ist, immerhin später dem Marcionitismus Anhaltspunkte geben. Das Element von Intellektualismus, welches in dem Stolz darauf, daß nur die von Gott Berufenen den Sinn der Gleichnisse des Meisters verstanden, steckt, ist auch bei ihm in dem Stolz darauf, daß die wahre Erkenntnis „den Juden ein Aergernis, den Hellenen eine Torheit ist", sehr ausgeprägt. Sein Dualismus von „Fleisch" und „Geist", obwohl in eine andere Konzeption eingebettet, hat demnach auch Verwandtschaft mit der Stellungnahme der typischen Intellektuellensoteriologie zur Sinnlichkeit; eine vermutlich etwas oberflächliche Bekanntschaft mit hellenischer Philosophie scheint vorhanden. Vor allem ist seine Bekehrung nicht nur eine Vision im Sinne des hallu-zinatorischen Sehens, sondern zugleich des inneren pragmatischen Zusammensehens des persönlichen Schicksals des Auferstandenen mit den ihm wohlbekannten all-gemeinen Konzeptionen der orientalischen Heilandssoteriologie und ihrer Kult-pragmatiken, in welche sich ihm nun die Verheißungen der jüdischen Prophetie ein-ordnen. Seine Episteln sind in ihrer Argumentation höchste Typen der Dialektik des kleinbürgerlichen Intellektualismus: man staunt, welches Maß von direkt „logischer Phantasie" in einem Schriftstück wie dem Römerbrief bei den Schichten, an die er sich wendet, vorausgesetzt wird, und allerdings ist ja wohl nichts sicherer, als daß nicht seine Rechtfertigungslehre, sondern seine Konzeptionen der Beziehung zwischen Pneuma und Gemeinde und die Art der relativen Anpassung an die All-tagsgegebenheiten der Umwelt damals wirklich rezipiert wurden. Aber die rasende Wut des Diasporajudentums, dem seine dialektische Methode als ein schnöder Miß-brauch der Schriftgelehrtenschulung erscheinen mußte, gerade gegen ihn, zeigt nur, wie genau jene Methodik dem Typus dieses Kleinbürgerintellektualismus entsprach. Er hat sich dann noch in der charismatischen Stellung der „Lehrer" (διδάσκαλοι) in den alten Christengemeinden (noch in der Didache) fortgesetzt und Harnack findet im Hebräerbrief ein specimen seiner Auslegungsmethodik. Dann ist er mit dem allmählich immer stärker hervortretenden Monopol der Bischöfe und Presbyter auf die geistliche Leitung der Gemeinden geschwunden, und ist das Intellektuellentum der Apologeten, dann der hellenistisch gebildeten, fast durchweg dem Klerus angehörigen Kirchenväter und Dogmatiker, der theologisch dilettierenden Kaiser an die Stelle getreten, bis schließlich, im Osten, das aus den untersten, nichthellenischen sozialen Schichten rekrutierte Mönchtum, nach dem Siege im Bilderstreit die Oberhand gewann. Niemals ist jene Art von formalistischer Dialektik, welche allen diesen Kreisen gemeinsam war, verbunden mit dem halbintellektualistischen, halb primitiv-magischen Selbstvergottungsideal in der östlichen Kirche ganz wieder auszurotten gewesen. Aber das Entscheidende für das Schicksal des alten Christentums war doch, daß es nach Entstehung, typischem Träger und dem von diesem für entscheidend angesehenen Gehalt seiner religiösen Lebensführung, eine Erlösungslehre war, welche, mochte sie manche Teile ihres soteriologischen Mythos mit dem allgemein orientalischen Schema gemein, vielleicht manches direkt umbildend, entlehnt und mochte Paulus schriftgelehrte Methodik übernommen haben, dennoch mit der größten Bewußtheit und Konsequenz sich vom ersten Anbeginn an g e g e n den Intellektualismus stellte. Sie stellte sich gegen die jüdische ritual-juristische Schriftgelehrsamkeit ebenso wie gegen die Soteriologie der gnostischen Intellektuellenaristokratie und vollends gegen die antike Philosophie. Daß die gnostische Degradation der „Pistiker" abgelehnt wurde, daß die „Armen am Geist" die pneumatisch Begnadeten, und nicht die „Wissenden" die exemplarischen Christen sind, daß der Erlösungsweg nicht über das geschulte Wissen, weder vom Gesetz noch von den kosmischen und psychologischen Gründen des Lebens und Leidens, noch von den Bedingungen des Lebens in der Welt, noch von den geheimen Bedeutungen von Riten, noch von den Zukunftsschicksalen der Seele im Jenseits führt, — dies, und der Umstand, daß ein ziemlich wesentlicher Teil der inneren Kirchengeschichte der alten Christenheit einschließlich der Dogmenbildung, die Selbstbehauptung gegen den Intellektualismus in allen seinen Formen darstellt, ist dem Christentum charakteristisch eigen. Will man die Schichten, welche Träger und Propagatoren der sog. Weltreligionen waren, schlagwörtlich zusammenfassen, so sind dies für den Konfuzianismus der weltordnende Bürokrat, für den Hinduismus der weltordnende Magier, für den Buddhismus der weltdurchwandernde Bettelmönch, für den Islam der weltunterwerfende Krieger, für das Judentum der wandernde Händler, für das Christentum aber der wandernde Handwerksbursche, sie alle nicht als Exponenten ihres Berufes oder materieller „Klasseninteressen", sondern als ideologische Träger einer solchen Ethik oder Erlösungslehre, die sich besonders leicht mit ihrer sozialen Lage vermählte.

Der Islam hätte außerhalb der offiziellen Rechts- und Theologenschulen und der zeitweiligen Blüte wissenschaftlicher Interessen, also im Charakter seiner eigentlichen ihm spezifischen Religiosität, einen intellektualistischen Einbruch nur gleichzeitig mit dem Eindringen des Sufismus erleben können. Allein nach dieser Seite lag dessen Orientierung nicht; gerade der rationale Zug fehlt der volkstümlichen Derwischfrömmigkeit ganz und nur einzelne heterodoxe Sekten im Islam, wenn auch gelegentlich recht einflußreiche, trugen spezifisch intellektualistischen Charakter. Im übrigen entwickelte er, ebenso, wie das mittelalterliche Christentum, an seinen Hochschulen Ansätze einer Scholastik.

Wie es mit den Beziehungen des Intellektualismus zur Religiosität im mittelalterlichen Christentum bestellt war, konnte hier nicht erörtert werden. Die Religiosität wurde in ihren soziologisch-relevanten Wirkungen jedenfalls nicht durch intellektualistische Mächte orientiert, und die starke Wirkung des Mönchsrationalismus liegt auf dem Gebiet der Kulturinhalte und könnte nur durch einen Vergleich des

okzidentalen Mönchtums mit dem orientalischen und asiatischen klargestellt werden,
der hier erst später sehr kurz skizziert werden kann. Denn vornehmlich in der Eigenart ihres Mönchtums liegt auch die Eigenart der Kulturwirkung der Kirche des Okzidents begründet. Einen religiösen Laienintellektualismus kleinbürgerlichen Charakters oder einen Pariaintellektualismus hat das okzidentale Mittelalter (in einem
relevanten Maß) nicht gekannt. Er fand sich gelegentlich innerhalb der Sekten.
Die Rolle der vornehmen Bildungsschichten innerhalb der kirchlichen Entwicklung
ist nicht gering gewesen. Die imperialistischen Bildungsschichten der karolingischen,
ottonischen und salisch-staufischen Zeit wirkten im Sinne einer kaiserlich-theokra-
tischen Kulturorganisation, so wie die ossipijanischen Mönche im 16. Jahrhundert
in Rußland es taten, vor allem aber war die gregorianische Reformbewegung und
der Machtkampf des Papsttums getragen von der Ideologie einer vornehmen Intellektuellenschicht, welche mit dem entstehenden Bürgertum gemeinsam Front
gegen die feudalen Gewalten machte. Mit zunehmender Verbreitung der Universi-
tätsbildung und dem Streben des Papsttums nach Monopolisierung der Besetzung
des gewaltigen Bestandes von Pfründen, welche diese Schicht ökonomisch trugen,
zu fiskalischen oder bloßen Patronagezwecken, wendete sich die zunehmend verbreitete Schicht dieser Pfründeninteressenten zunächst wesentlich im ökonomischen
nationalistischen Monopolinteresse, dann, nach dem Schisma, auch ideologisch von
der Papstgewalt ab und gehörte zu den „Trägern" konziliarer Reformbewegung
und weiterhin des Humanismus. Die an sich nicht uninteressante Soziologie der
Humanisten, vor allem des Umschlags der ritterlichen und geistlichen in eine höfisch-
mäzenatisch bedingte Bildung mit ihren Konsequenzen, gehört nicht hierher. Vornehmlich ideologische Motive bedingten ihr zwiespältiges Verhalten bei der Glaubens-
spaltung. Soweit diese Gruppe sich nicht in den Dienst der Bildung der Refor-
mations- oder Gegenreformationskirchen stellte, wobei sie in Kirche, Schule und
Entwicklung der Lehre überaus wichtige organisatorische und systematisierende,
nirgends aber die ausschlaggebende Rolle spielte, sondern soweit sie Träger spezifischer Religiosität (in Wahrheit: einer ganzen Reihe von religiösen Einzeltypen)
wurde, sind diese ohne dauernde Nachwirkung gewesen. Ihrem Lebensniveau
entsprechend waren die klassisch gebildeten Humanistenschichten im ganzen
antibanausisch und antisektiererisch gesinnt, dem Gezänk und vor allem der Demagogie der Priester und Prädikanten abhold, daher im ganzen erastianisch oder
irenäisch gesinnt und schon dadurch zur zunehmenden Einflußlosigkeit verurteilt.

Neben geistreicher Skepsis und rationalistischer Aufklärung findet sich bei
ihnen, besonders auf anglikanischem Boden, eine zarte Stimmungsreligiosität oder,
so im Kreise von Port Royal, ein ernster, oft asketischer Moralismus, oder, so gerade
in der ersten Zeit in Deutschland und auch in Italien, individualistische Mystik.
Aber der Kampf der mit ihren Macht- und ökonomischen Existenzinteressen Beteiligten wurde, wo nicht direkt gewaltsam, dann naturgemäß mit den Mitteln einer
Demagogie geführt, der jene Kreise gar nicht gewachsen waren. Gewiß bedurften
mindestens diejenigen Kirchen, welche die herrschenden Schichten, und vor allem
die Universitäten in ihren Dienst stellen wollten, der klassisch gebildeten, d. h. theo-
logischen Polemiker und eines ähnlich gebildeten Predigerstandes. Innerhalb des
Luthertums zog sich, seinem Bunde mit der Fürstengewalt entsprechend, die Kombination von Bildung und religiöser Aktivität schnell wesentlich auf die Fachtheo-
logie zurück. Die puritanischen Kreise verspottet dagegen noch der Hudibras wegen
ihrer ostensiblen philosophischen Gelehrsamkeit. Aber bei ihnen, und vor allen
Dingen bei den täuferischen Sekten, war nicht der vornehme, sondern der plebejische
und gelegentlich (bei den Täufern in den Anfängen der durch wandernde Handwerksburschen oder Apostel getragenen Bewegung) der Pariaintellektualismus das,
was die unzerbrechliche Widerstandskraft gab. Eine spezifische Intellektuellenschicht mit besonderen Lebensbedingungen existierte hier nicht, es ist, nach dem
Abschluß der kurzen Periode der missionierenden Wanderprediger, der Mittelstand,

der davon durchtränkt wird. Die unerhörte Verbreitung der Bibelkenntnis und des Interesses für äußerst abstruse und sublime dogmatische Kontroversen, bis tief selbst in bäuerliche Kreise hinein, wie sie im 17. Jahrhundert in den puritanischen Kreisen sich fand, schuf einen religiösen Massenintellektualismus, wie er später nie wieder seinesgleichen gefunden hat und in der Vergangenheit nur mit dem spätjüdischen und dem religiösen Massenintellektualismus der paulinischen Missionsgemeinden zu vergleichen ist. Er ist, im Gegensatz zu Holland, Teilen von Schottland und den amerikanischen Kolonien, wenigstens in England selbst auch bald wieder kollabiert, nachdem die Machtsphären und -chancen im Glaubenskampf erprobt und festgestellt schienen. Aber die ganze Eigenart des angelsächsischen vornehmen Intellektualismus, namentlich seine traditionelle Deferenz gegenüber einer deistisch-aufklärerisch, in unbestimmter Milde, aber nie kirchenfeindlich gefaßten Religiosität, hat von jener Zeit her ihre Prägung behalten, welche an dieser Stelle nicht zu erörtern ist. Sie bildet aber in ihrer Bedingtheit durch die traditionelle Stellungnahme des politisch mächtigen Bürgertums und seiner moralistischen Interessen, also durch religiösen Plebejerintellektualismus, den schärfsten Gegensatz zu der Entwicklung der wesentlich höfischen, vornehmen Bildung der romanischen Länder zu radikaler Kirchenfeindschaft oder absoluter Kirchenindifferenz. Und beide, im Endeffekt gleich antimetaphysischen Entwicklungen bilden einen Gegensatz zu der durch sehr konkrete Umstände und nur in sehr geringem (wesentlich negativem) Maß durch solche soziologischer Art bedingten d e u t s c h e n unpolitischen und doch nicht apolitischen oder antipolitischen vornehmen Bildung, die metaphysisch, aber nur wenig an spezifisch religiösen, am wenigsten an „Erlösungs"-Bedürfnissen orientiert war. Der plebejische und Pariaintellektualismus Deutschlands dagegen nahm ebenso wie derjenige der romanischen Völker, aber im Gegensatz zu demjenigen der angelsächsischen Gebiete, in welchen seit der Puritanerzeit die ernsteste Religiosität nicht anstaltsmäßig-autoritären, sondern sektiererischen Charakters war, zunehmend und seit dem Entstehen des sozialistischen, ökonomisch eschatologischen Glaubens definitiv eine radikal-antireligiöse Wendung.

Nur diese antireligiösen Sekten verfügen über eine deklassierte Intellektuellenschicht, welche einen religionsartigen Glauben an die sozialistische Eschatologie wenigstens zeitweise zu tragen vermochte. Je mehr die ökonomischen Interessenten selbst ihre Interessenvertretung in die Hand nehmen, desto mehr tritt gerade dies „akademische" Element zurück; die unvermeidliche Enttäuschung der fast superstitiösen Verklärung der „Wissenschaft" als mögliche Produzentin oder doch als Prophetin der sozialen gewaltsamen oder friedlichen Revolution im Sinn der Erlösung von der Klassenherrschaft tut das Uebrige, und die einzige in Westeuropa als wirklich einem religiösen Glauben äquivalent anzusprechende Spielart des Sozialismus: der Syndikalismus, gerät infolgedessen leicht in die Lage, in jenem zu einem romantischen Sport von Nichtinteressenten zu werden.

Die letzte große, von einem nicht einheitlichen, aber doch in wichtigen Punkten gemeinsamen Glauben getragene, insofern also religionsartige Intellektuellenbewegung war die der russischen revolutionären Intelligenz. Vornehme, akademische und adlige Intelligenz stand hier neben plebejischem Intellektualismus, der getragen wurde von dem in seinem soziologischen Denken und universellen Kulturinteressen sehr hochgeschulten proletaroiden unteren Beamtentum, speziell der Selbstverwaltungskörper (das sog. „dritte Element"), von Journalisten, Volksschullehrern, revolutionären Aposteln und einer aus den russischen sozialen Bedingungen entspringenden Bauernintelligenz. Dies hatte die in den 70er Jahren des vorigen Jahrhunderts mit der Entstehung des sog. Narodnitschestwo (Volkstümlerei) beginnende, naturrechtliche, vorwiegend agrarkommunistisch orientierte Bewegung im Gefolge, welche in den 90er Jahren mit der marxistischen Dogmatik teils in scharfen Kampf geriet, teils sich in verschiedener Art verschmolz und mehrfach zuerst mit slawophil-romantischer, dann mit mystischer Religiosität oder doch Religionsschwärmerei in eine meist wenig klare Verbindung zu bringen gesucht wurde, bei manchen und zwar relativ breiten Intelligenzschichten aber, unter dem Einfluß Dostojewskys und Tolstois, eine asketische oder akosmistische persönliche Lebensführung bewirkte. In welcher Art diese Bewegung, sehr stark mit jüdischer, zu jedem Opfer bereiter proletaroider Intelligenz durchsetzt, nach der Katastrophe der russischen Revolution (von 1906) noch Leben gewinnen wird, steht dahin.

In Westeuropa haben aufklärerisch-religiöse Schichten schon seit dem 17. Jahrhundert, sowohl im angelsächsischen wie neuerdings auch französischen Kulturgebiet, unitarische, deistische oder auch synkretistische, atheistische, freikirchliche Gemeinden geschaffen, bei denen zuweilen buddhistische (oder dafür geltende) Konzeptionen mitgespielt haben. Sie haben in Deutschland auf die Dauer fast in den gleichen Kreisen wie das Freimaurertum Boden gefunden, d. h. bei ökonomischen Nichtinteressenten, besonders bei Kommunalvirilisten, daneben bei deklassierten Ideologen und einzelnen halb oder ganz proletarischen Bildungsschichten. Ein Produkt der Berührung mit europäischer Kultur ist andererseits die hinduistische (Brahma-Samaj) und persische Aufklärung in Indien. Die praktische Kulturbedeutung war in der Vergangenheit größer als sie wenigstens zur Zeit ist. Das Interesse der privilegierten Schichten an der Erhaltung der bestehenden Religion als Domestikationsmittel, ihr Distanzbedürfnis und ihr Abscheu gegen die ihr Prestige zerstörende Massenaufklärungsarbeit, ihr begründeter Unglaube daran, daß an überkommenen Glaubensbekenntnissen, von deren Wortlaut beständig jeder etwas fortdeutet, die „Orthodoxie" 10 %, die „Liberalen" 90 %, ein wirklich wörtlich von breiten Schichten zu akzeptierendes neues Bekenntnis substituiert werden könne, vor allem die verachtende Indifferenz gegenüber religiösen Problemen und der Kirche, deren schließlich höchst wenig lästige Formalitäten zu erfüllen kein schweres Opfer kostet, da jedermann weiß, daß es eben Formalitäten sind, die am besten von den offiziellen Hütern der Orthodoxie und Standeskonvention und weil der Staat sie für die Karriere fordert, erfüllt werden, — all dies läßt die Chancen für die Entstehung einer ernsthaften Gemeindereligiosität, die von den Intellektuellen getragen würde, ganz ungünstig erscheinen. Das Bedürfnis des literarischen, akademisch-vornehmen oder auch Kaffeehausintellektualismus aber, in dem Inventar seiner Sensationsquellen und Diskussionsobjekte die „religiösen" Gefühle nicht zu vermissen, das Bedürfnis von Schriftstellern, Bücher über diese interessanten Problematiken zu schreiben und das noch weit wirksamere von findigen Verlegern, solche Bücher zu verkaufen, vermögen zwar den Schein eines weit verbreiteten „religiösen Interesses" vorzutäuschen, ändern aber nichts daran, daß aus derartigen Bedürfnissen von Intellektuellen und ihrem Geplauder noch niemals eine neue Religion entstanden ist und daß die Mode diesen Gegenstand der Konversation und Publizistik, den sie aufgebracht hat, auch wieder beseitigen wird.

§ 8. Das Problem der Theodizee.

Die monotheistische Gottesidee und die Unvollkommenheit der Welt S. 297. — Verschiedene Typen der Theodizee: Messianische Eschatologie S. 297. — Jenseitsglaube, Vorsehungsglaube, Vergeltungsglaube, Prädestinationsglaube S. 298. — Die verschiedenen Lösungsversuche des Problems der Weltunvollkommenheit. S. 300.

Streng „monotheistisch" sind im Grunde überhaupt nur Judentum und Islam, selbst dieser mit Abschwächungen durch den später eingedrungenen Heiligenkult. Nur wirkt die christliche Trinität im Gegensatz zu der tritheistischen Fassung der hinduistischen, spätbuddhistischen und taoistischen Trinitäten wesentlich monotheistisch, während der katholische Messen- und Heiligenkult faktisch dem Polytheismus sehr nahe steht. Ebensowenig ist jeder ethische Gott notwendig mit absoluter Unwandelbarkeit, Allmacht und Allwissenheit, kurz absoluter Ueberweltlichkeit ausgestattet. Spekulation und ethisches Pathos leidenschaftlicher Propheten verschafft ihnen diese Qualitäten, die von allen Göttern, in voller Rücksichtslosigkeit der Konsequenz, nur der Gott der jüdischen Propheten, welcher auch der Gott der Christen und Muhammeds wurde, erlangt hat. Nicht jede ethische Gotteskonzeption hat zu diesen Konsequenzen und überhaupt zum ethischen Monotheismus geführt, nicht jede Annäherung an den Monotheismus beruht auf einer Steigerung der ethischen Inhalte der Gotteskonzeption, und erst recht nicht jede religiöse Ethik hat einen überweltlichen, das gesamte Dasein aus dem Nichts schaffenden und allein lenkenden, persönlichen Gott ins Leben gerufen. Aber allerdings ruht jede spezifisch ethische Prophetie, zu deren Legitimation stets ein Gott gehört, der mit Attributen einer großen Erhabenheit über die Welt ausgestattet ist, normalerweise auf einer Rationalisierung auch der Gottesidee in jener Richtung. Art und Sinn dieser Erhabenheit kann freilich ein verschiedener sein, und dies hängt teils mit fest gegebenen metaphysischen Vorstellungen zusammen, teils ist es Ausdruck der konkreten ethischen Interessen des Propheten. Je mehr sie aber in der Richtung der Konzeption eines universellen überweltlichen Einheitsgottes verläuft, desto mehr entsteht das Problem: wie die ungeheure Machtsteigerung eines solchen Gottes mit der Tatsache der Unvollkommenheit der Welt vereinbart werden könne, die er geschaffen hat und regiert. Das so entstehende Problem der Theodizee ist in der altägyptischen Literatur wie bei Hiob und bei Aeschylos, nur in jedesmal besonderer Wendung, lebendig. Die ganze indische Religiosität ist von ihm in der durch die dort gegebenen Voraussetzungen bestimmten Art beeinflußt: auch eine sinnvolle unpersönliche und übergöttliche Ordnung der Welt stieß ja auf das Problem ihrer Unvollkommenheit. In irgendeiner Fassung gehört das Problem überall mit zu den Bestimmungsgründen der religiösen Entwicklung und des Erlösungsbedürfnisses. Nicht durch naturwissenschaftliche Argumente, sondern mit der Unvereinbarkeit einer göttlichen Vorsehung mit der Ungerechtigkeit und Unvollkommenheit der sozialen Ordnung motivierten noch in den letzten Jahren bei einer Umfrage Tausende von deutschen Arbeitern die Unannehmbarkeit der Gottesidee.

Das Problem der Theodizee ist verschieden gelöst worden und diese Lösungen stehen im intimsten Zusammenhang mit der Gestaltung der Gotteskonzeption und auch der Art der Prägung der Sünden- und Erlösungsideen. Wir greifen die möglichst rational „reinen" Typen heraus.

Entweder der gerechte Ausgleich wird gewährt durch Verweisung auf einen diesseitigen künftigen Ausgleich: messianische Eschatologien. Der eschatologische Vorgang ist dann eine politische und soziale Umgestaltung des Diesseits. Ein gewaltiger Held, oder ein Gott, wird — bald, später, irgendwann — kommen und seine Anhänger in die verdiente Stellung in der Welt einsetzen. Die Leiden der jetzigen Generation sind Folge der Sünden der Vorfahren, für die der Gott die Nachfahren verantwortlich macht, ebenso wie ja der Bluträcher sich an die ganze Sippe hält und wie noch Papst Gregor VII. die Nachfahren bis in das siebente Glied mit exkommunizierte. Ebenso werden vielleicht nur die Nachfahren des Frommen infolge seiner Frömmigkeit das messianische Reich sehen. Der vielleicht nötige Verzicht auf eigenes Erleben der Erlösung schien nichts Befremdliches. Die Sorge für die Kinder war überall ein organisch gegebenes Streben, welches über die eigenen persönlichen Interessen auf ein „Jenseits" wenigstens des eigenen Todes hinwies. Den jeweils Lebenden bleibt die exemplarisch strenge Erfüllung der positiven göttlichen Gebote, einerseits um sich selbst wenigstens das Optimum von Lebenschancen kraft göttlichen Wohlwollens zu erwerben, andererseits um den eigenen Nachfahren die Teilnahme am Reich der Erlösung zu erringen. „Sünde" ist Bruch der Gefolgschaftstreue gegen den Gott, ein abtrünniger Verzicht auf Gottes Verheißungen. Der Wunsch, auch selbst am messianischen Reich teilnehmen zu können, treibt weiter. Gewaltige religiöse Erregung entsteht, wenn das Kommen des diesseitigen Gottesreiches unmittelbar bevorzustehen scheint. Immer wieder treten Propheten auf, die es verkünden. Aber wenn sein Kommen sich allzusehr hinauszieht, so ist eine Vertröstung auf eigentliche „Jenseits"-Hoffnungen fast unumgänglich.

Die Vorstellung von einem „Jenseits" ist im Keim mit der Entwicklung der Magie zum Seelenglauben gegeben. Zu einem besonderen Totenreich aber verdichtet sich die Existenz der Totenseelen keineswegs immer. Eine sehr häufige Vorstellung ließ vielmehr die Totengeister in Tieren und Pflanzen sich verkörpern, verschieden je nach Lebens- und Todesart, Sippe und Stand, — die Quelle der Seelenwanderungsvorstellungen. Wo ein Totenreich, zunächst an einem geographisch entlegenen Ort, später unter- oder überirdisch, geglaubt wird, ist das Leben der Seelen dort keineswegs notwendig zeitlich ewig. Sie können gewaltsam vernichtet werden oder durch Unterlassen der Opfer untergehen oder einfach irgendwann sterben (anscheinend die altchinesische Vorstellung). Eine gewisse Fürsorge für das eigene Schicksal nach dem Tode taucht, dem „Grenznutzgesetz" entsprechend, meist da auf, wo die notwendigsten diesseitigen Bedürfnisse gedeckt sind und ist daher zunächst auf die Kreise der Vornehmen und Besitzenden beschränkt. Nur sie, zuweilen nur Häuptlinge und Priester, nicht die Armen, selten die Frauen, können sich die jenseitige Existenz sichern und scheuen dann freilich oft die ungeheuersten Aufwendungen nicht, es zu tun. Vornehmlich ihr Beispiel propagiert die Beschäftigung mit den Jenseitserwartungen. Von einer „Vergeltung" im Jenseits ist keine Rede. Wo der Gedanke auftaucht, sind es zunächst nur rituelle Fehler, welche Nachteile nach sich ziehen: so in umfassendstem Maße noch im indischen heiligen Recht. Wer das Kastentabu verletzt, ist der Höllenpein sicher. Erst der ethisch qualifizierte Gott verfügt auch über die Schicksale im Jenseits unter ethischen Gesichtspunkten. Die Scheidung von Paradies und Hölle tritt nicht erst damit auf, ist aber ein relativ spätes Entwicklungsprodukt. Mit wachsender Macht der Jenseitshoffnungen, je mehr also das Leben in der diesseitigen Welt als eine nur provisorische Existenzform gegenüber der jenseitigen angesehen, je mehr jene als von Gott aus dem Nichts geschaffen und ebenso wieder vergänglich und der Schöpfer selbst als den jenseitigen Zwecken und Werten unterstellt gedacht und je mehr also das diesseitige Handeln auf das jenseitige Schicksal hin ausgerichtet wurde, desto mehr drängte sich auch das Problem des prinzipiellen Verhältnisses Gottes zur Welt und ihren Unvollkommenheiten in den Vordergrund des Denkens. Die Jenseitshoffnungen enthalten zuweilen eine direkte Umkehrung der urwüchsigen Auffassung, welche die Frage des Jenseits zu einer Angelegenheit der Vornehmen und Reichen machte, nach der Formel, „die Letzten werden die Ersten sein". Konsequent durchgeführt ist dies selbst in den religiösen Vorstellungen von Pariavölkern selten eindeutig. Aber es hat z. B. in der alten jüdischen Ethik eine große Rolle gespielt und die Annahme, daß Leiden, vor allem auch freiwilliges Leiden, die Gottheit milde stimme und die Jenseitschancen bessere, findet sich unter sehr verschiedenen Motiven, zum Teil vielleicht auch aus den Mutproben der Heldenaskese und der magischen Mortifikationspraxis heraus, entwickelt, in viele Jenseitshoffnungen eingesprengt. Die Regel, zumal bei Religionen, die unter dem Einfluß herrschender Schichten stehen, ist umgekehrt die Vorstellung, daß auch im Jenseits die diesseitigen Standesunterschiede nicht gleichgültig bleiben werden, weil auch sie gottgewollt waren, bis zu den christlichen „hochseligen" Monarchen hinab. Die spezifisch ethische Vorstellung aber ist „Vergeltung" von konkretem Recht und Unrecht auf Grund eines Totengerichts und der eschatologische Vorgang ist also normalerweise ein universeller Gerichtstag. Dadurch muß die Sünde den Charakter eines „crimen" annehmen, welches nun in eine rationale Kasuistik gebracht werden kann, und für welches im Diesseits oder Jenseits irgendwie Genugtuung gegeben werden muß, auf daß man schließlich gerechtfertigt vor dem Totenrichter stehe. Die Strafen und Belohnungen müßten der Bedeutung von Verdienst und Vergehen entsprechend abgestuft werden — wie es noch bei Dante in der Tat der Fall ist —, sie könnten also eigentlich nicht ewig sein. Bei der Blaßheit und Unsicherheit der Jenseitschancen aber gegenüber der Realität des Diesseits ist der Verzicht auf ewige Strafen von Propheten und Priestern fast immer für unmöglich gehalten worden; sie allein entsprachen auch dem Rachebedürfnis gegen ungläubige, abtrünnige, gottlose und dabei auf Erden straflose Frevler. Himmel, Hölle und Totengericht haben fast universelle Bedeutung erlangt, selbst in Religionen, deren ganzem Wesen sie ursprünglich so fremd waren wie dem alten Buddhismus. Mochten nun aber „Zwischenreiche" (Zarathustra) oder „Fegefeuer" die Konsequenz zeitlich unbegrenzter ewiger „Strafen" für eine zeitlich begrenzte Existenz abschwächen, so blieb doch stets die Schwierigkeit bestehen, überhaupt eine „Bestrafung" von Handlungen der Menschen mit einem ethischen und zugleich a l l m ä c h t i g e n , also schließlich für diese Handlungen allein verantwortlichen Schöpfer der Welt zu vereinbaren. Denn diese Konsequenz: einen unerhört großen e t h i s c h e n Abstand des jenseitigen Gottes gegenüber den unausgesetzt in neue Schuld verstrickten Menschen, mußten diese Vorstellungen ja um so mehr nach sich ziehen, je mehr man über das unlösbare Problem der Unvollkommenheit der Welt angesichts der göttlichen Allmacht grübelte. Es blieb dann letztlich nichts übrig, als jene Folgerung, in welche der Allmacht- und Schöpferglaube schon bei Hiob umzuschlagen im Begriff steht: diesen allmächtigen Gott jenseits aller ethischen Ansprüche seiner Kreaturen zu stellen, seine Ratschläge für derart jedem menschlichen Begreifen verborgen, seine absolute Allmacht über seine Geschöpfe als so schrankenlos und also die Anwendung des Maßstabs kreatürlicher Gerechtigkeit auf sein Tun für so unmöglich anzusehen, daß das Problem der Theodizee als solches überhaupt fortfiel. Der islamitische Allah ist von seinen leidenschaftlichsten Anhängern so gedacht worden, der christliche „Deus absconditus" gerade von den Virtuosen christlicher Frömmigkeit ebenfalls. Gottes souveräner, gänzlich unerforschlicher und — eine Konsequenz seiner Allwissenheit — von jeher feststehender, freier Ratschluß hat entschieden, wie für das Schicksal auf Erden, so auch für das Schicksal nach dem Tode. Die Determiniertheit des irdischen, ebenso wie die Prädestination zum jenseitigen Schicksal stehen von Ewigkeit her fest. So gut wie die Verdammten über ihre durch Prädestination feststehende Sündhaftigkeit könnten die Tiere sich darüber beklagen, daß sie nicht als Menschen geschaffen sind (so ausdrücklich der Calvinismus). Ethisches Verhalten kann hier nie den Sinn haben, die eigenen Jenseits- oder Diesseitschancen zu verbessern, wohl aber den anderen, praktisch-psychologisch unter Umständen noch stärker wirkenden: S y m p t o m für den eigenen, durch Gottes Ratschluß feststehenden Gnadenstand zu sein. Denn gerade die absolute Souveränität dieses Gottes zwingt das praktische religiöse Interesse, ihm wenigstens im Einzelfall dennoch in die Karten sehen zu wollen, und speziell das eigene Jenseitsschicksal zu wissen ist ein elementares Bedürfnis des Einzelnen. Mit der Neigung zur Auffassung Gottes als des schrankenlosen Herrn über seine Kreaturen geht daher die Neigung parallel, überall seine „Vorsehung", sein ganz persönliches Eingreifen in den Lauf der Welt zu sehen und zu deuten. Der „Vorsehungsglaube" ist die konsequente Rationalisierung der magischen Divination, an die er anknüpft, die aber eben deshalb gerade er prinzipiell am relativ vollständigsten entwertet. Es kann keinerlei Auffassung der religiösen Beziehung geben, die 1. so radikal aller Magie entgegengesetzt wäre, theoretisch wie praktisch, wie dieser, die großen theistischen Religionen Vorderasiens und des Okzidents beherrschende Glaube, keine auch, die 2. das Wesen des Göttlichen so stark in ein aktives „Tun", in die persönliche providentielle Regierung der Welt verlegte und dann keine, für welche 3. die göttliche, frei geschenkte Gnade und die Gnadenbedürftigkeit der Kreaturen, der ungeheure Abstand alles Kreatürlichen gegen Gott und daher 4. die Verwerflichkeit der „Kreaturvergötterung" als eines Majestätsfrevels an Gott so feststünde. Gerade weil dieser Glaube k e i n e rationale Lösung des praktischen Theodizeeproblems enthält, birgt er die größten Spannungen zwischen Welt und Gott, Sollen und Sein.

Systematisch durchdachte Erledigungen des Problems der Weltunvollkommenheit geben außer der Prädestination nur noch zwei Arten religiöser Vorstellungen.
Zunächst der Dualismus, wie ihn die spätere Entwicklung der zarathustrischen
Religion und zahlreiche, meist von ihr beeinflußte vorderasiatische Glaubensformen
mehr oder minder konsequent enthielten, namentlich die Endformen der babylonischen
(jüdisch und christlich beeinflußten) Religion im Mandäertum und in der Gnosis,
bis zu den großen Konzeptionen des Manichäismus, der um die Wende des 3. Jahrhunderts auch in der mittelländischen Antike dicht vor dem Kampf um die Weltherrschaft zu stehen schien. Gott ist nicht allmächtig und die Welt nicht seine
Schöpfung aus dem Nichts. Ungerechtigkeit, Unrecht, Sünde, alles also was das
Problem der Theodizee entstehen läßt, sind Folgen der Trübung der lichten Reinheit der großen und guten Götter durch Berührung mit der ihnen gegenüber selbständigen Macht der Finsternis und, was damit identifiziert wird, der unreinen Materie,
welche einer satanischen Macht Gewalt über die Welt gibt und die durch einen
Urfrevel von Menschen oder Engeln oder — so bei manchen Gnostikern — durch
die Minderwertigkeit eines subalternen Weltschöpfers (Jehovas oder des „Demiurgos") entstanden ist. Der schließliche Sieg der lichten Götter in dem nun entstehenden Kampf steht meist — eine Durchbrechung des strengen Dualismus —
fest. Der leidensvolle, aber unvermeidliche Weltprozeß ist eine fortgesetzte Herausläuterung des Lichtes aus der Unreinheit. Die Vorstellung des Endkampfs entwickelt naturgemäß ein sehr starkes eschatologisches Pathos. Die allgemeine Folge
solcher Vorstellungen muß ein aristokratisches Prestigegefühl der Reinen und Erlesenen sein. Die Auffassung des Bösen, welche bei Voraussetzung eines schlechthin
allmächtigen Gottes stets die Tendenz zu einer rein e t h i s c h e n Wendung zeigt,
kann hier einen stark spirituellen Charakter annehmen, weil der Mensch ja nicht
als Kreatur einer absoluten Allmacht gegenübersteht, sondern Anteil am Lichtreich
hat, und weil die Identifikation des Lichtes mit dem im Menschen Klarsten: dem
Geistigen, der Finsternis dagegen mit dem alle gröberen Versuchungen an sich
tragenden Materiellen, Körperlichen fast unvermeidlich ist. Die Auffassung knüpft
dann leicht an den „Unreinheits"-Gedanken der tabuistischen Ethik an. Das Böse
erscheint als Verunreinigung, die Sünde, ganz nach Art der magischen Frevel, als
ein verächtlicher, in Schmutz und gerechte Schande führender Absturz aus dem
Reich der Reinheit und Klarheit in das Reich der Finsternis und Verworrenheit.
Uneingestandene Einschränkungen der göttlichen Allmacht in Gestalt von Elementen dualistischer Denkweise finden sich in fast allen ethisch orientierten Religionen.

Die formal vollkommenste Lösung des Problems der Theodizee ist die spezifische
Leistung der indischen „Karman"-Lehre, des sog. Seelenwanderungsglaubens. Die
Welt ist ein lückenloser Kosmos ethischer Vergeltung. Schuld und Verdienst werden
innerhalb der Welt unfehlbar vergolten durch Schicksale in einem künftigen Leben,
deren die Seele unendlich viele, in anderen tierischen oder menschlichen oder auch
göttlichen Existenzen, neu zur Welt kommend, zu führen haben wird. Ethische
Verdienste in diesem Leben können die Wiedergeburt im Himmel bewirken, aber
stets nur auf Zeit, bis das Verdienstkonto aufgebraucht ist. Ebenso ist die Endlichkeit alles irdischen Lebens die Folge der Endlichkeit der guten oder bösen Taten
in dem früheren Leben der gleichen Seele und sind die vom Vergeltungsstandpunkt
aus ungerecht scheinenden Leiden des gegenwärtigen Lebens Bußen für Sünden
in einem vergangenen Leben. Der Einzelne schafft sich sein eigenes Schicksal im
strengsten Sinne ausschließlich selbst. Der Seelenwanderungsglaube knüpft an
sehr geläufige animistische Vorstellungen von dem Uebergang der Totengeister in
Naturobjekte an. Er rationalisiert sie und damit den Kosmos unter rein ethischen
Prinzipien. Die naturalistische „Kausalität" unserer Denkgewohnheiten wird also
ersetzt durch einen universellen Vergeltungsmechanismus, bei dem keine e t h i s c h
relevante Tat jemals verloren geht. Die dogmatische Konsequenz liegt in der völligen

Entbehrlichkeit und Undenkbarkeit eines in diesen Mechanismus eingreifenden allmächtigen Gottes: denn der unvergängliche Weltprozeß erledigt die ethischen Aufgaben eines solchen durch seine eigene Automatik. Sie ist daher die konsequente Folgerung aus der Uebergöttlichkeit der ewigen „Ordnung" der Welt, gegenüber der zur Prädestination drängenden Ueberweltlichkeit des persönlich regierenden Gottes. Bei voller Durchführung des Gedankens in seine letzten Konsequenzen, im alten Buddhismus, ist auch die „Seele" gänzlich eliminiert: es existieren nur die einzelnen, mit der Illusion des „Ich" verbundenen, für den Karmanmechanismus relevanten guten oder bösen H a n d l u n g e n. Alle Handlungen aber sind ihrerseits Produkte des immer gleich ohnmächtigen Kampfes alles geformten und dadurch allein schon zur Vergänglichkeit verurteilten Lebens um seine eigene, der Vernichtung geweihte Existenz, des „Lebensdurstes", dem die Jenseitssehnsucht ebenso wie alle Hingabe an die Lust im Diesseits entspringt, und der, als unausrottbare Grundlage der Individuation, immer erneut Leben und Wiedergeburt schafft, solange er besteht. Eine „Sünde" gibt es streng genommen nicht, nur Verstöße gegen das wohlverstandene eigene Interesse daran, aus diesem endlosen „Rade" zu entrinnen oder wenigstens sich nicht einer Wiedergeburt zu noch peinvollerem Leben auszusetzen. Der Sinn ethischen Verhaltens kann nur entweder, bei bescheidenen Ansprüchen, in der Verbesserung der Wiedergeburtschancen oder, wenn der sinnlose Kampf um das bloße Dasein beendet werden soll, in der Aufhebung der Wiedergeburt als solcher bestehen. Die Zerspaltung der Welt in zwei Prinzipien besteht hier nicht, wie in der ethisch-dualistischen Vorsehungsreligiosität, in dem Dualismus der heiligen und allmächtigen Majestät Gottes gegen die ethische Unzulänglichkeit alles Kreatürlichen, und nicht wie im spiritualistischen Dualismus, in der Zerspaltung alles Geschehens in Licht und Finsternis, klaren und reinen Geist und finstere und befleckende Materie, sondern in dem ontologischen Dualismus vergänglichen Geschehens und Handelns der Welt und beharrenden ruhenden Seins der ewigen Ordnung und des mit ihr identischen, unbewegten, in traumlosem Schlaf ruhenden Göttlichen. Diese Konsequenz der Seelenwanderungslehre hat in vollem Sinne nur der Buddhismus gezogen, sie ist die radikalste Lösung der Theodizee, aber eben deshalb ebensowenig wie der Prädestinationsglaube eine Befriedigung ethischer Ansprüche an einen Gott.

§ 9. Erlösung und Wiedergeburt.

Nur wenige Erlösungsreligionen haben von den vorstehend skizzierten reinsten Typen der Lösung des Problems der Beziehung Gottes zu Welt und Menschen einen einzelnen rein ausgebildet und, wo es geschah, ist diese meist nur für kurze Zeit festgehalten worden. Die meisten haben infolge gegenseitiger Rezeption und vor allem unter dem Druck der Notwendigkeit, den mannigfachen ethischen und intellektuellen Bedürfnissen ihrer Anhänger gerecht zu werden, verschiedene Denkformen miteinander kombiniert, so daß ihre Unterschiede solche im Grade der Annäherung an den einen oder anderen dieser Typen sind.

Die verschiedenen ethischen Färbungen des Gottes- und Sündengedankens stehen nun in innigstem Zusammenhang mit dem Streben nach „E r l ö s u n g", dessen Inhalt höchst verschieden gefärbt sein kann, je nachdem „wovon" und „wozu" man erlöst sein will. Nicht jede rationale religiöse Ethik ist überhaupt Erlösungsethik. Der Konfuzianismus ist eine „religiöse" Ethik, weiß aber gar nichts von einem Erlösungsbedürfnis. Der Buddhismus umgekehrt ist ganz ausschließlich Erlösungslehre, aber er kennt keinen Gott. Zahlreiche andere Religionen kennen „Erlösung" nur als eine in engen Konventikeln gepflegte Sonderangelegenheit, oft als einen Geheimkult. Auch bei religiösen Handlungen, welche als ganz spezifisch „heilig" gelten und ihren Teilnehmern ein nur auf diesem Wege erreichbares Heil versprechen, stehen sehr oft die massivsten utilitarischen Erwartungen an Stelle von irgend etwas, was wir gewohnt sind „Erlösung" zu nennen. Die pantomimisch-musikalische Feier der großen Erdgottheiten, welche zugleich den Ernteausfall und das Totenreich beherrschen, stellte den rituell reinen eleusinischen Mysten vor allem R e i c h t u m in Aussicht, daneben eine Verbesserung des Jenseitsloses, aber ohne alle Vergeltungsideen, rein als Folge der Meßandacht. R e i c h t u m, das, nächst langem Leben, höchste Gut in der Gütertafel des Schu King, hängt für die chinesischen Untertanen an der richtigen Ausführung des offiziellen Kultes und der eigenen Erfüllung der religiösen Pflichten, während irgendwelche Jenseits-hoffnungen und Vergeltungen ganz fehlen. R e i c h t u m vor allem erwartet, neben massiven Jenseitsverheißungen, Zarathustra für sich und seine Getreuen von der Gnade seines Gottes. Geehrtes und langes Leben und R e i c h t u m stellt der Buddhismus als Lohn der Laiensittlichkeit hin, in voller Uebereinstimmung mit der Lehre aller indischen religiösen innerweltlichen Ethik. Mit R e i c h t u m segnet Gott den frommen Juden. R e i c h t u m ist aber — wenn rational und legal erworben — auch eines der Symptome der „Bewährung" des Gnadenstandes bei den asketischen Richtungen des Protestantismus (Calvinisten, Baptisten, Menno-niten, Quäker, reformierte Pietisten, Methodisten). Freilich befinden wir uns mit diesen letzten Fällen bereits innerhalb einer Auffassung, welche trotzdem den Reich-tum (und irgendwelche anderen diesseitigen Güter) sehr entschieden als ein „reli-giöses Ziel" ablehnen würden. Aber praktisch ist der Uebergang bis zu diesem Stand-punkt flüssig. Die Verheißungen einer Erlösung von Druck und Leid, wie sie die Religionen der Pariavölker, vor allem der Juden, ebenso aber auch Zarathustra und Muhammed, in Aussicht stellen, lassen sich nicht streng aus den Erlösungs-konzeptionen dieser Religionen aussondern, weder die Verheißung der Weltherr-schaft und des sozialen Prestiges der Gläubigen, welche der Gläubige im alten Islam als Lohn für den heiligen Krieg gegen alle Ungläubigen im Tornister trug, noch das Versprechen jenes spezifischen religiösen Prestiges, welches den Israeliten als Gottes Verheißung überliefert wurde. Insbesondere den Juden ist ihr Gott zunächst deshalb ein Erlöser, weil er sie aus dem ägyptischen Diensthaus befreit hat und aus dem Ghetto erlösen wird. Neben solchen ökonomischen und politischen Ver-heißungen tritt vor allem die Befreiung von der Angst vor den bösen Dämonen und bösem Zauber überhaupt, der ja für die Mehrzahl aller Uebel des Lebens ver-antwortlich ist. Daß der Christus die Macht der Dämonen durch die Kraft seines Pneuma gebrochen habe und seine Anhänger aus ihrer Gewalt erlöse, war in der Frühzeit des Christentums eine der sehr im Vordergrunde stehenden und wirksamsten seiner Verheißungen. Und auch das schon gekommene oder unmittelbar vor der Tür stehende Gottesreich Jesus' von Nazareth war ein Reich der von menschlicher Lieblosigkeit, Angst und Not befreiten Seligkeit auf dieser Erde, und erst später traten Himmel und Hades hervor. Denn alle diesseitigen Eschatologien haben naturgemäß durchweg die Tendenz zur Jenseitshoffnung zu werden, sobald die Parusie sich verzögert und nun der Nachdruck darauf fällt, daß die jetzt Lebenden, die sie nicht mehr im Diesseits schauen, sie nach dem Tode, von den Toten auf-erstehend, erleben wollen.

Der spezifische Inhalt der „jenseitigen" Erlösung kann mehr die Freiheit von dem physischen oder seelischen oder sozialen Leiden des Erdendaseins bedeuten, oder mehr Befreiung von der sinnlosen Unrast und Vergänglichkeit des Lebens als solchem, oder mehr von der unvermeidlichen persönlichen Unvollkommenheit, werde diese nun mehr als chronische Beflecktheit oder als akute Neigung zur Sünde oder mehr spirituell als Gebanntheit in die dunkle Verworrenheit der irdischen Un-wissenheit aufgefaßt.

Für uns kommt die Erlösungssehnsucht, wie immer sie geartet sei, wesentlich in Betracht, sofern sie für das p r a k t i s c h e V e r h a l t e n im Leben Kon-sequenzen hat. Eine solche positive und diesseitige Wendung gewinnt sie am stärksten durch Schaffung einer, durch einen zentralen Sinn oder ein positives Ziel zusammengehaltenen, spezifisch religiös determinierten „Lebensführung", dadurch also, daß, aus religiösen Motiven, eine Systematisierung des praktischen Handelns in Gestalt seiner Orientierung an einheitlichen Werten entsteht. Ziel und Sinn dieser Lebensführung können rein jenseitig oder auch, mindestens teilweise, diesseitig gerichtet sein. In höchst verschiedenem Grade und in typisch verschiedener Qualität ist dies bei den einzelnen Religionen und innerhalb jeder einzelnen von ihnen wieder bei ihren einzelnen Anhängern der Fall. Auch die religiöse Systematisierung der Lebensführung hat natürlich, soweit sie Einfluß auf das ökonomische Verhalten gewinnen will, feste Schranken vor sich. Und religiöse Motive, insbesondere die Erlösungshoffnung, müssen keineswegs notwendig Einfluß auf die Art der Lebensführung gewinnen, insbesondere nicht auf die ökonomische, aber sie können es in sehr starkem Maße.

Die weitgehendsten Konsequenzen für die Lebensführung hat die Erlösungshoffnung dann, wenn die Erlösung selbst als ein schon im Diesseits seine Schatten vorauswerfender oder gar als ein gänzlich diesseitiger innerlicher Vorgang verläuft. Also wenn sie entweder selbst als „Heiligung" gilt oder doch Heiligung herbeiführt oder zur Vorbedingung hat. Der Vorgang der Heiligung kann dann entweder als ein allmählicher Läuterungsprozeß oder als eine plötzlich eintretende Umwandlung der Gesinnung (Metanoia), eine „Wiedergeburt" auftreten.

Der Gedanke der Wiedergeburt als solcher ist sehr alt und findet sich gerade im magischen Geisterglauben klassisch entwickelt. Der Besitz des magischen Charisma setzt fast stets Wiedergeburt voraus: die ganz spezifische Erziehung der Zauberer selbst und der Kriegshelden durch sie und die spezifische Art der Lebensführung der ersteren erstrebt Wiedergeburt und Sicherung des Besitzes einer magischen Kraft, vermittelt durch „Entrückung" in Form der Ekstase und Erwerb einer neuen „Seele", die meist auch Namensänderung zur Folge hat, — wie diese ja als Rudiment solcher Vorstellungen noch bei der Mönchsweihe vorkommt. Die „Wiedergeburt" wird zunächst nur für den berufsmäßigen Zauberer, aus einer magischen Voraussetzung zauberischen oder heldischen Charisma, in den konsequentesten Typen der „Erlösungsreligionen", zu einer für das religiöse Heil unentbehrlichen Gesinnungsqualität, die der Einzelne sich aneignen und in seiner Lebensführung bewähren muß.

§ 10. Die Erlösungswege und ihr Einfluß auf die Lebensführung.

Magie und Ritualismus S. 303. — Religiöse Reglementierung der Alltagsethik S. 305. — Die Exstase und Orgie S. 307. — Die ethisch-religiöse Heilsmethode S. 307. — Religiöses Virtuosentum S. 310. — Die Heilsgüter und Heilsbemühungen: Weltablehnende und innerweltliche Askese S. 312. — Weltflüchtige Contemplation S. 313. Verschiedenheit asiatischer und okzidentaler Mystik S. 316. — Die Heilandssoteriologien S. 319. — Erlösung durch Sakrament und Anstaltsgnade S. 320. — Erlösung durch Glauben S. 322. — Erlösung durch Prädestinationsgnade S. 328.

Der Einfluß einer Religion auf die Lebensführung und insbesondere die Voraussetzungen der Wiedergeburt sind nun je nach dem Erlösungsweg und — was damit aufs engste zusammenhängt — der psychischen Qualität des erstrebten Heilsbesitzes sehr verschieden.

I. Die Erlösung kann eigenstes, ohne alle Beihilfe überirdischer Mächte zu schaffendes Werk des Erlösten sein, wie z. B. im alten Buddhismus. Dann können die Werke, durch welche die Erlösung errungen wird,

1. rein rituelle Kulthandlungen und Zeremonien sein, sowohl innerhalb eines Gottesdienstes, wie im Verlauf des Alltags. Der reine Ritualismus ist an sich von der Zauberei in seiner Wirkung auf die Lebensführung nicht verschieden und steht zuweilen in dieser Hinsicht sogar insofern hinter der magischen Religiosität zurück, als diese unter Umständen eine bestimmte und ziemlich einschneidende Methodik der Wiedergeburt entwickelt hat, was der Ritualismus

oft, aber nicht immer vollbringt. Eine Erlösungsreligion kann die rein formalen rituellen Einzelleistungen systematisieren zu einer spezifischen Gesinnung, der „Andacht", in welcher die Riten als Symbole des Göttlichen vollzogen werden. Dann ist diese Gesinnung der in Wahrheit erlösende Heilsbesitz. Sobald man sie streicht, bleibt der nackte formale magische Ritualismus übrig und dies ist dann auch naturgemäß im Verlauf der Veralltäglichung aller Andachtsreligiosität immer wieder geschehen.

Die Konsequenzen einer ritualistischen Andachtsreligiosität können sehr verschiedene sein. Die restlose rituelle Reglementierung des Lebens des frommen Hindu, die für europäische Vorstellungen ganz ungeheuerlichen Ansprüche, welche Tag für Tag an den Frommen gestellt werden, würden bei wirklich genauer Durchführung die Vereinigung eines exemplarisch frommen, innerweltlichen Lebens mit intensivem Erwerb nahezu ausschließen. Dieser äußerste Typus der Andachtsfrömmigkeit bildet darin den äußersten Gegenpol gegen den Puritanismus. Nur der Besitzende, von intensiver Arbeit Entbundene könnte diesen Ritualismus durchführen.

Tieferliegend aber als diese immerhin vermeidbare Konsequenz ist der Umstand: daß die rituelle Erlösung, speziell dann, wenn sie den Laien auf die Rolle des Zuschauers oder auf eine Beteiligung nur durch einfache oder wesentlich rezeptive Manipulationen beschränkt und zwar gerade da, wo sie die rituelle Gesinnung möglichst zu stimmungsvoller Andacht sublimiert, den Nachdruck auf den „Stimmungsgehalt" des frommen Augenblicks legt, der das Heil zu verbürgen scheint. Erstrebt wird dann der Besitz einer inneren Z u s t ä n d l i c h k e i t, welche ihrer Natur nach v o r ü b e r g e h e n d ist und welche kraft jener eigentümlichen „Verantwortungslosigkeit", die etwa dem Anhören einer Messe oder eines mystischen Mimus anhaftet, auf die Art des Handelns, nachdem die Zeremonie vorüber ist, oft fast ebensowenig einwirkt, wie die noch so große Rührung eines Theaterpublikums beim Anhören eines schönen und erbaulichen Theaterstücks dessen Alltagsethik zu beeinflussen pflegt. Alle Mysterienerlösung hat diesen Charakter des Unsteten. Sie gewärtigt ihre Wirkung ex opere operato von einer frommen Gelegenheitsandacht. Es fehlen die inneren Motive eines B e w ä h r u n g sanspruchs, der eine „Wiedergeburt" verbürgen könnte. Wo dagegen die rituell erzeugte Gelegenheitsandacht, zur perennierenden Frömmigkeit gesteigert, auch in den Alltag zu retten versucht wird, da gewinnt diese Frömmigkeit am ehesten einen mystischen Charakter: der Besitz einer Z u s t ä n d l i c h k e i t als Ziel bei der Andacht leitet ja dazu hinüber. Die Disposition zur Mystik aber ist ein individuelles Charisma. Es ist daher kein Zufall, daß gerade mystische Erlösungsprophetien, wie die indischen und anderen orientalischen, bei ihrer Veralltäglichung alsbald immer wieder in reinen Ritualismus umschlugen. Der letztlich erstrebte seelische Habitus ist beim Ritualismus — darauf kommt es für uns an — vom r a t i o n a l e n H a n d e l n direkt a b führend. Fast alle Mysterienkulte wirkten so. Ihr typischer Sinn ist die Spendung von „Sakramentsgnade": Erlösung von Schuld durch die Heiligkeit der Manipulation als solcher; also durch einen Vorgang, welcher die Tendenz jeder Magie teilt, aus dem Alltagsleben herauszufallen und dieses nicht zu beeinflussen. Ganz anders freilich kann sich die Wirkung eines „Sakraments" dann gestalten, wenn dessen Spendung an die Voraussetzung geknüpft ist, daß sie nur dem vor Gott ethisch Gereinigten zum Heil gereicht, anderen zum Verderben. Die furchtbare Angst vor dem Abendmahl wegen der Lehre: „Wer aber nicht glaubt und doch ißt, der ißt und trinkt ihm selber zum Gericht", war bis an die Schwelle der Gegenwart in weiten Kreisen lebendig und konnte beim Fehlen einer „absolvierenden" Instanz, wie im asketischen Protestantismus und bei häufigem Abendmahlsgenuß — der deshalb ein wichtiges Merkmal der Frömmigkeit war — das Alltagsverhalten in der Tat stark beeinflussen. Die Vorschrift der B e i c h t e vor dem Sakrament innerhalb aller christlichen Konfessionen hing damit zusammen. Allein es kommt bei dieser Institution entscheidend darauf an, welches diejenige religiös vorgeschriebene Verfassung ist, in welcher das

Sakrament mit Nutzen empfangen werden kann. Fast alle antiken und die meisten außerchristlichen Mysterienkulte haben dafür lediglich rituelle Reinheit verlangt, daneben galten unter Umständen schwere Blutschuld oder einzelne spezifische Sünden als disqualifizierend. Diese Mysterien kannten also meist keine Beichte. Wo aber die Anforderung ritueller Reinheit zur seelischen Sündenreinheit rationalisiert worden ist, da kommt es nun weiter auf die Art der Kontrolle und, wo die Beichte besteht, auf deren möglicherweise sehr verschiedenen Charakter für die Art und das Maß der ihr möglichen Einwirkung auf das Alltagsleben an. In jedem Fall aber ist dann der Ritus als solcher, praktisch angesehen, nur noch das Vehikel, um das außerrituelle Handeln zu beeinflussen und auf dieses Handeln kommt in Wahrheit alles an. So sehr, daß gerade bei vollster Entwertung des magischen Charakters des Sakraments und bei gänzlichem Fehlen aller Kontrolle durch Beichte — beides bei den Puritanern — das Sakrament dennoch, und zwar unter Umständen gerade deshalb, jene ethische Wirkung entfalten kann.

Auf einem anderen und indirekten Wege kann eine ritualistische Religiosität da ethisch wirken, wo die Erfüllung der Ritualgebote das a k t i v e rituelle Handeln (oder Unterlassen) des Laien fordert und nun die formalistische Seite des Ritus zu einem umfassenden „Gesetz" derart systematisiert wird, daß es einer besonderen S c h u l u n g und Lehre bedarf, um es überhaupt genügend zu kennen, wie es im Judentum der Fall war. Daß der Jude schon im Altertum, wie Philo hervorhebt, im Gegensatz zu allen anderen Völkern, von früher Jugend an, nach Art unserer Volksschule, fortgesetzt intellektuell systematisch-kasuistisch trainiert wurde, daß auch in der Neuzeit z. B. in Osteuropa aus diesem Grunde nur die Juden systematische Volksschulbildung genossen, ist die Folge dieses Schriftgelehrsamkeitscharakters des jüdischen Gesetzes, welches die jüdischen Frommen schon im Altertum veranlaßte, den im Studium des Gesetzes Ungebildeten, den Amhaarez, mit den Gottlosen zu identifizieren. Eine derartige kasuistische Schulung des Intellekts kann sich natürlich auch im Alltag fühlbar machen, um so mehr, wenn es sich nicht mehr — wie vorwiegend im indischen Recht — um bloß rituelle kultische Pflichten, sondern um eine systematische Reglementierung auch der Alltagsethik handelt. Die Erlösungswerke sind dann eben bereits vorwiegend andere als kultische Leistungen, insbesondere

2. s o z i a l e L e i s t u n g e n. Sie können sehr verschiedenen Charakter haben. Die Kriegsgötter z. B. nehmen sehr oft in ihr Paradies nur die in der Schlacht Gefallenen auf oder diese werden doch prämiiert. Für den König empfahl die brahmanische Ethik direkt, daß er den Tod in der Schlacht suchen möge, wenn er den Sohn seines Sohnes sehe. Auf der andern Seite können sie Werke der „Nächstenliebe" sein. In jedem Fall aber kann die Systematisierung einsetzen, und es ist wie wir sahen regelmäßig die Funktion der Prophetie, eben dies zu finden. Die Systematisierung einer Ethik der „guten Werke" kann aber zweierlei verschiedenen Charakter annehmen. Die einzelnen Tugend- und Untugendhandlungen können entweder als einzelne gewertet und dem Erlösungsbedürftigen positiv und negativ zugerechnet werden. Der Einzelne als Träger seines Handelns erscheint dann als ein in seinem ethischen Standard labiles, je nach der inneren oder äußeren Situation den Versuchungen gegenüber bald stärkeres, bald schwächeres Wesen, dessen religiöses Schicksal von den tatsächlichen Leistungen in ihrem Verhältnis zueinander abhängt. Dies ist am eindeutigsten der Standpunkt der zarathustrischen Religion gerade in den ältesten Gathas des Stifters selbst, welche den Totenrichter Schuld und Verdienst der einzelnen Handlungen in genauer Buchführung gegeneinander abwägen und je nach dem Ergebnis dieser Kontokorrentrechnung dem Einzelnen sein religiöses Schicksal zumessen lassen. Es ist in noch gesteigertem Maße die Konsequenz der indischen Karmanlehre: daß innerhalb des ethischen Mechanismus der Welt keine einzelne gute oder böse Handlung jemals verloren geht, jede vielmehr unabwendbar und rein mechanisch ihre Konsequenzen, sei es in diesem Leben, sei

Lightning Source UK Ltd.
Milton Keynes UK
UKHW030846280223
417789UK00010B/358